Zu diesem Buch

«O herrliche Morgendämmerung der Freiheit, die in Gold- und Purpurglanz über unserer alten Hauptstadt anbricht», diese Begeisterung eines indischen Dichters teilen Tausende, die am Morgen des 15. August 1947 nach Neu-Delhi strömen. Für viele Inder bedeutet das Zauberwort «Unabhängigkeit», daß nun eine neue Zeit angebrochen ist. «Jetzt wird es viel zu essen geben, weil Indien frei ist.» Menschen weigern sich, im Autobus zu zahlen: «Wozu? Wir sind jetzt unabhängig. Das genügt.»

Ein knappes halbes Jahr später wird Gandhi ermordet, er, der mit seinen vier «Kampagnen des bürgerlichen Ungehorsams» das Land von britischer Herrschaft befreite und durch sein Leben in beispielhafter Anspruchslosigkeit noch heute als Vorbild für den gewaltlosen Aufstand gilt. Doch auch er kann nicht verhindern, daß der indische Subkontinent in zwei unabhängige Staaten zerfällt, in das mohammedanische Pakistan und die hinduistische Indische Union. Daß seine Befürchtungen wegen eines indisch-pakistanischen Bruderkrieges grausame Wirklichkeit werden würden, hat er nicht mehr erlebt.

Am 24. März 1947 legt Lord Louis Mountbatten seinen Eid als letzter englischer Regent auf indischem Thron im Prunksaal des *Viceroy's House* in Neu-Delhi ab. Als Sachwalter der britischen Krone soll er dafür sorgen, daß die Vorbereitungen zur Deklaration Indiens als souveräner Staat unblutig ablaufen und so eine oft nur mit brutaler Gewalt aufrechterhaltene Fremdherrschaft friedlich zu Ende geht. Mountbatten scheint das Unmögliche möglich zu machen. Doch dem Begeisterungstaumel am Tage der Unabhängigkeit folgen bald grausame Massaker zwischen Moslems und Hindus, die bis in die Gegenwart andauern.

Drei Jahre lang recherchierten die Autoren, um diese lebendige Geschichtsreportage zusammenzustellen. Ein packender Sach-Roman vom Zerfall des britischen Weltreiches und den Anfängen einer neuen Zeit.

Der Amerikaner Larry Collins leitete das Pariser Büro von «Newsweek» und hielt sich danach vier Jahre im Nahen Osten auf. Mit dem Franzosen Dominique Lapierre, Starreporter vom «Paris Match», recherchierte und verfaßte er «Brennt Paris?», einen der größten Bucherfolge der frühen sechziger Jahre. «O Jerusalem» (rororo sachbuch 6918) war das Ergebnis dreijähriger Nachforschungen; es folgte «Um Mitternacht die Freiheit», der große Indien-Roman des erfolgreichen Autorenteams.

Larry Collins
Dominique Lapierre

Um Mitternacht die Freiheit

Indiens dramatischer Weg in die Unabhängigkeit

Übersetzt von
Christian Spiel

rororo
Rowohlt

Umschlagentwurf Werner Rebhuhn
Veröffentlicht im Rowohlt Taschenbuch Verlag GmbH,
Reinbek bei Hamburg, Dezember 1978

Satz Garamond (Linotron 505 C)
Gesamtherstellung Clausen & Bosse, Leck
Printed in Germany
980-ISBN 3 499 17179 1

Inhalt

Der unerforschliche Ratschluß des Schicksals hat die verantwortungsvolle Bürde der Regierung Indiens der britischen Rasse auferlegt.

Rudyard Kipling

Der Verlust Indiens wäre für uns nicht wiedergutzumachen, ein Verhängnis. Unfehlbar würde er mit einem Prozeß einhergehen, der uns auf den Rang einer kleinen Macht herabdrücken würde.

Winston Churchill
im Februar 1931 vor dem Unterhaus

Vor langen Jahren haben wir einen Pakt mit dem Schicksal geschlossen, und nun naht die Zeit, da wir unser Gelöbnis einlösen werden ... Beim Schlag der Mitternacht, während die Welt im Schlummer liegt, wird Indien zu Leben und Freiheit erwachen. Ein Augenblick nähert sich, wie er nur selten in der Geschichte kommt: Wir schreiten aus dem Alten ins Neue, ein Zeitalter geht zu Ende, und die Seele einer so lange unterdrückten Nation findet ihre Sprache.

Jawaharlal Nehru
am 14. August 1947 vor der Verfassunggebenden Versammlung Indiens

Prolog

Ein kurzes Stück oberhalb einer kleinen Landzunge, die vom Wasser der Bucht von Bombay umspült wird, reckt sich hochmütig der gelbe Basaltbogen in die Skyline der Stadt. Die sanften Wellen stören kaum die trübe grüne Schicht aus Unrat und Abfällen vor dem Betonstreifen, der vom Triumphbogen zum Strand herabführt. Eine seltsame Welt mischt sich im Schatten des hochstrebenden Bauwerks: Schlangenbeschwörer und Wahrsagerinnen, Bettler und Touristen, vergammelte Hippies, die im Drogenrausch benommen umherliegen, das Elend und Sterben einer von Menschen überquellenden Metropole. Kaum ein Kopf hebt sich, um die Inschrift zu lesen, die sich droben ausbreitet und noch deutlich zu entziffern ist: «Errichtet zur Erinnerung an die Ankunft Ihrer Kaiserlichen Majestäten König Georg V. und Königin Mary in Indien, 2. Dezember MCMXI.»

Und doch war einstmals dieses hochgewölbte Eingangstor der Triumphbogen des größten Imperiums, das die Weltgeschichte kennt, des gewaltigen Britischen Weltreiches, in dem die Sonne nicht unterging. Für Generationen von Engländern war dies solide Bauwerk das erste, was sie vom Deck ihrer Dampfer aus von der sagenumwobenen Küste erblickten, für die sie ihre Dörfer in den Midlands oder ihre schottische Bergheimat verlassen hatten. Soldaten und Abenteurer, Händler und Verwaltungsbeamte hatten durch diese Torbogen das Land betreten, um im stolzesten Besitztum des Empire die *Pax Britannica* zu hüten, einen eroberten Kontinent auszubeuten und die «Bürde des weißen Mannes» in der unerschütterlichen Überzeugung auf sich zu nehmen, daß ihre Nation zur Herrschaft bestimmt sei und ihr Empire die Zeiten überdauern werde.

All dies scheint heute ferne Vergangenheit. Heute ist der Triumphbogen, der «Gateway of India», nicht mehr als ein Steinhaufen, wie die Trümmer Ninives oder Tyros, das vergessene Denkmal einer Ära, die vor einem knappen Vierteljahrhundert in seinem Schatten zu Ende ging.

I

Das letzte sagenumwobene Reich der Geschichte

Es war ein unerfreulicher Winter für eine große Nation. Eine melancholische Stimmung hing wie kalter Nebel über London. Kaum je hatte Englands Hauptstadt ein neues Jahr so trübselig, so düster begonnen. In der ganzen Stadt fand sich fast kein Heim, wo am Morgen dieses Feiertages der Vorrat an heißem Wasser zum Rasieren und zum Teekochen reichte. Beinahe ausnahmslos hatten die Londoner das neue Jahr in Schlafzimmern begrüßt, die so kalt waren, daß der Atem in kleinen weißen Wolken emporstieg. Nur ganz wenige feierten es mit einem Kater. Wer für die Silvesterfeier Whisky aufgetrieben hatte, war um einen Sündenpreis geschröpft worden, acht Pfund pro Flasche.

Die Straßen waren fast ausgestorben, die wenigen Passanten, die auf dem Gehsteig dahineilten, ernst gestimmte, freudlose Gestalten in abgetragenen Uniformen oder Kleidungsstücken, die, acht Jahre lang notdürftig ausgebessert, kaum noch zusammenhielten. Die wenigen Autos, die auf den Straßen zu sehen waren, huschten wie Geistererscheinungen vorbei, als plagte sie das schlechte Gewissen, weil sie Englands knappes, streng rationiertes Benzin verbrauchten. Ein beißender Geruch eigener Art, der für das London der Nachkriegszeit kennzeichnend war, erfüllte die Straßen. Es war der abgestandene Geruch nach verkohltem Holz, der wie herbstlicher Nebel von Tausenden zerbombter Häuser in die Luft stieg.

Und doch war diese traurige, freudlose Stadt die Hauptstadt einer siegreichen Nation. Erst siebzehn Monate vorher waren die Briten triumphierend aus dem furchtbarsten Krieg der Menschheitsgeschichte hervorgegangen. Was sie in jenen Jahren der Bedrängnis geleistet, welche Standhaftigkeit sie bewiesen hatten, das fand eine Bewunderung, wie sie ihnen vordem die Welt noch nie gezollt hatte. Doch ihr Sieg hatte die unbezwinglichen Briten einen bitteren Preis gekostet. Die Industrie des Landes war schwer mitgenommen, die Staatskasse leer, das einst so stolze Pfund Sterling konnte sich nur dank amerikanischer und kanadischer Währungshilfe behaupten, das Schatzamt war außerstande, die gewaltigen Schulden abzutragen, die das Land zur Finanzierung des Krieges aufgenommen hatte. Überall schlossen Eisenwerke und andere Fabriken ihre Tore. Mehr als zwei Millionen Menschen waren arbeitslos. Die Kohleförderung lag niedriger als ein Jahrzehnt vorher, was dazu führte, daß an jedem Tag irgendein Teil des Landes stundenlang ohne Stromversorgung blieb.

Für die Bewohner Londons begann mit diesem Neujahrstag das achte der Jahre, in denen fast der gesamte Konsum streng rationiert war: Nahrungsmittel, Brenn- und Treibstoff, Getränke, Gas, Strom und Kohle, Schuhe, Textilien. «Hungern und frieren», das war zur Parole eines Volkes geworden, das unter Churchills *Victory*-Symbol, des zum V gespreizten Zeige- und Mittelfingers, Hitler auf die Knie gezwungen hatte.

Nur jede fünfzehnte Familie hatte für die eben vergangenen Weihnachtstage den traditionellen Truthahn auftreiben und sich leisten können. Am Weihnachtsabend waren für viele Kinder die Strümpfe leer geblieben, in denen sie sonst die Geschenke fanden. Das Finanzministerium hatte Spielzeug mit einer Luxussteuer von hundert Prozent belastet. Das Wort, das man am häufigsten an Londoner Schaufenstern lesen konnte, hieß «keine»: «Keine Kartoffeln vorrätig», «Kein Brennholz», «Keine Kohle», «Keine Zigaretten», «Kein Fleisch». Die Realität, mit der sich Großbritannien an jenem Neujahrstag konfrontiert sah, hatte John Maynard Keynes, der bedeutendste Nationalökonom des Landes, in einem einzigen Satz von grausamer Klarheit zusammengefaßt: «Wir sind ein armes Land, und wir müssen lernen, uns darauf einzustellen.»

Doch wenn auch die Londoner an jenem Morgen nicht genug heißes Wasser für ihren Tee hatten, um das neue Jahr zu begrüßen, so besaßen sie doch etwas anderes. Sie hatten, weil sie Engländer waren, Anspruch auf ein blau-goldenes Dokument, das ihnen den Zugang zu fast einem Viertel der Erdoberfläche erschloß – einen britischen Paß. Kein anderes Volk der Welt genoß ein solches Privileg. Diese staunenswerte Ansammlung von Dominions, Territorien, Protektoraten und angegliederten Staaten, Kolonien und Besitzungen, die das Britische Weltreich darstellten, war an jenem Neujahrstag, 1947, noch weitgehend intakt. Noch immer wurde das Leben von 560 Millionen Menschen – Tamilen und Chinesen, Buschmännern und Hottentotten, prädrawidischen Nachkommen der Ureinwohner Indiens, Melanesiern, Australiern und Kanadiern – von eben jenen Engländern beeinflußt, die in ihren ungeheizten Londoner Wohnungen froren. Sie konnten an jenem Morgen nahezu dreihundert einzelne Orte auf der Erdoberfläche ihr eigen nennen, von winzigen, unbekannten Besitzungen wie Bird Island, Bramble Cay oder Wreck Reef bis zu ausgedehnten volkreichen Regionen in Afrika und Asien. Noch durfte sich England voll Stolz rühmen: Bei jedem Glockenschlag des Big Ben, der an diesem Neujahrsmorgen über die Ruinen der Londoner Innenstadt hinhallte, stieg irgendwo im Britischen Empire ein Union Jack am Fahnenmast hoch.

Kein Cäsar, kein Karl V. hatte über ein Reich geherrscht, das sich mit diesem hätte vergleichen lassen. Seit drei Jahrhunderten hatten die roten Flecke der britischen Besitzungen, die sich auf den Weltkarten ausbreiteten, die Träume von Englands Schuljungen, die Profitsucht seiner Kaufleute, den Ehrgeiz seiner Abenteurer beflügelt. Die Rohstoffe aus dem Weltreich hatten die Manufakturen im Zeitalter der Industriellen Revolution in Gang gehalten, seine Territorien einen abgeschirmten Markt für ihre Produkte gestellt. «Schwer von Gold, schwarz vom Fabrikruß, rot vom Blut der Eroberung», so war ein kleines Inselkönigreich mit weniger als fünfzig Millionen Einwohnern dank seines Empire zur mächtigsten Nation der Erde geworden, war London zur Hauptstadt der Welt aufgestiegen.

Beinahe verstohlen glitt ein schwarzer Austin Princess durch die menschenleeren Straßen dieser Hauptstadt dem Herzen der City entgegen. Als er am Buckingham-Palast vorüberfuhr und in die Mall einbog, warf sein Insasse einen nachdenklich-ernsten Blick auf die imperiale Prachtstraße, die draußen vor seinem Auge vorbeiglitt. Wie oft, so ging es ihm durch den Kopf, hat hier England die Triumphe seiner Herrschaft gefeiert. Ein halbes Jahrhundert vorher, am 22. Juni 1897, war hier Königin Victorias Karosse zu den Festlichkeiten entlanggefahren, die im Zenit des Empireglanzes – ihrem diamantenen Regierungsjubiläum – begangen wurden. Gurkhas, Sikhs, Pathanen, Housas von der afrikanischen Goldküste, Krausköpfe aus dem Sudan, Zyprioten, Jamaikaner, Malaien, Chinesen aus Hongkong, Kopfjäger aus Borneo, Australier und Neuseeländer, alle waren sie unter dem lauten Beifall dieses tatenfrohen Volkes, dessen Imperium sie angehörten, die Mall entlangmarschiert. All dies war für die Engländer jener Zeiten ein herrlicher Traum gewesen und ebenso für die Generationen, die nach ihnen die Mall gesäumt hatten. Und nun sollte ihnen auch das noch genommen werden. Das Zeitalter des Imperialismus war tot, und die Anerkennung dieser historischen Zwangsläufigkeit führte den einsamen schwarzen Austin Princess die Prachtstraße entlang, die so viele grandiose Feierlichkeiten erlebt hatte.

Der Mann, der im Fond saß, lehnte sich zurück. Vor seinen Augen hätte sich an diesem Vormittag eigentlich eine andere Szenerie entfalten sollen, ein sonnenüberstrahlter Skihang in den Schweizer Bergen. Doch hatte ihn dort ein dringender Ruf erreicht, der seine Weihnachtsferien unterbrach. Er war nach Zürich geeilt und hatte die Maschine der Royal Air Force bestiegen, die er soeben auf dem Flugplatz Northolt verlassen hatte.

Sein Wagen durchfuhr die Parliament Street und eine schmale Straße bis zu einem Hauseingang, der vielleicht öfter fotografiert worden ist als irgendein anderer in der Welt: Downing Street Nr. 10. Sechs Jahre lang hatte die Welt den schlichten hölzernen Türrahmen mit einem Mann verbunden, der einen schwarzen Homburg trug, eine Zigarre zwischen den Lippen hatte, einen Spazierstock in der Hand hielt und zwei Finger zum V des *Victory*-Zeichens aufwärts spreizte. In der Zeit, in der Winston Churchill dieses Haus bewohnte, hatte er zwei große Schlachten geschlagen: die eine, um die Achsenmächte niederzuzwingen, die andere zur Verteidigung des Britischen Empire.

An diesem Tag jedoch, dem Neujahrstag 1947, wartete in Downing Street Nr. 10 ein neuer Premierminister, ein Sozialist, von Churchill geringschätzig als ein «bescheidener Mann, der reichlich Anlaß zur Bescheidenheit hat», abqualifiziert.

Als Clement Attlee und seine Labour Party die Regierung übernahmen, hatten sie sich öffentlich festgelegt, die Auflösung des Empire einzuleiten. Für Attlee, für England mußte dieser historische Prozeß unvermeidlich damit beginnen, dem gewaltigen, dichtbevölkerten Land, das Großbritannien noch vom Khaiber-Paß bis zum Kap Komorin beherrschte – Indien –, die Freiheit zu gewähren. Das *raj*, die britische Herrschaft in Indien, diese Institution voll Glanz und Elend, war Eckstein und Daseinsrechtfertigung des Empire, seine bedeutendste Errungenschaft, die England wie seinen Augapfel hütete. Indien mit seinen Bengalischen Lanzenreitern und seinen Maharadschas in ihren Seidengewändern, seinen Tigerjagden und seinen Poloplätzen, seinen *puggree helmets*, den Tropenhelmen mit Fliegenschutz, seinem Whisky zum Dämmerschoppen, seinen Teeplantagen und den Bungalows der District Commissioners, seinen majestätischen Elefanten mit ihren Goldschabracken, seinen hungernden Wanderasketen, den Sadhus, seinen Mulligatawny-Suppen und hochmütigen *memsahibs* war die Inkarnation des Traums vom Empire gewesen. Der gutaussehende Konteradmiral, der vor Downing Street Nr. 10 aus seinem Wagen stieg, war hierhergekommen, um diesen Traum zu beenden.

Louis Francis Albert Victor Nicholas Mountbatten, Viscount of Burma, sechsundvierzig Jahre alt, war eine der bekanntesten Erscheinungen in der englischen Öffentlichkeit. Er war ein hochgewachsener Mann, über 1,80 m groß, aber nicht die geringste Spur von Fettansatz verdarb die schlanke Linie, auf die er sorgsam achtete. Trotz der strapaziösen Belastungen, die ihm die zurückliegenden sechs Jahre gebracht hatten, zeigte das Gesicht, das Millionen Lesern der englischen Massenpresse vertraut war, kaum einen Anflug von Ermattung und Abgespanntheit. Seine bemerkenswert regelmäßigen Züge, geradezu ein Idealtyp von Gesichtsbildung, der noch immer dichte dunkle Haarschopf, unter dem sich die blauen Augen strahlend abhoben, all dies ließ ihn gut fünf Jahre jünger erscheinen, als er an diesem Januarvormittag war.

Mountbatten gab sich keiner Täuschung darüber hin, warum man ihn nach London berufen hatte. Seit seiner Rückkehr vom Posten des Alliierten Oberbefehlshabers für Südostasien war er häufig in der Downing Street als Berater in Fragen der asiatischen Nationen seines ehemaligen Befehlsbereichs zu Gast gewesen.

Bei seinem letzten Besuch jedoch hatten sich die Fragen des Premierministers rasch auf Indien konzentriert, ein Land, das nicht zu seinem

Operationsbereich während des Krieges gehört hatte. Der junge Admiral hatte plötzlich «ein ganz scheußliches, höchst ungutes Gefühl» verspürt. Seine Ahnung war nicht unbegründet gewesen. Attlee hatte die Absicht, ihn zum Vizekönig von Indien zu ernennen. Das vizekönigliche Amt war der wichtigste Posten innerhalb des Empire, von dem aus eine lange Folge von Engländern über das Schicksal eines Fünftels der Menschheit bestimmt hatte. Mountbattens Aufgabe aber sollte nicht darin bestehen, in diesem Amt Indien zu regieren, sondern – eine der schmerzlichsten Missionen, die einem Engländer übertragen werden konnte – die britische Herrschaft über den Subkontinent zu beenden.

Mountbatten wollte von dieser Aufgabe nichts hören. Zwar billigte er uneingeschränkt die Ansicht, für Großbritannien sei die Zeit gekommen, sich aus Indien zurückzuziehen. Aber sein Innerstes lehnte sich dagegen auf, daß er selbst es übernehmen sollte, die alten Bande zu zerschneiden, die England mit dem Bollwerk seines Empire verbanden. Um Attlee von seinem Vorhaben abzubringen, hatte er eine lange Reihe größerer und kleinerer Bedingungen gestellt, die der Premierminister jedoch leider sämtlich akzeptiert hatte. Als der Admiral nun den Kabinettssaal betrat, hoffte er noch immer, Attlees Bemühungen, ihm die indische Mission aufzunötigen, widerstehen zu können.

Mit seiner fahlen Gesichtsfarbe, dem ohne Sorgfalt gestutzten Schnurrbart und dem ausgebeulten Tweedanzug ging von dem Mann, der Mountbatten erwartete, etwas von der grauen, trüben Stimmung der Stadt aus, durch die der Admiral eben gefahren war. Daß er, ein Premierminister der Arbeiterpartei, ein Polo spielendes Mitglied der königlichen Familie in der höchsten Position des Empire sehen wollte, dessen Auflösung seine Partei sich vorgenommen hatte, das wirkte auf den ersten Blick als ein höchst ungereimter Einfall.

Allerdings wurde sein öffentliches Image Mountbatten bei weitem nicht gerecht. Die Auszeichnungen auf seiner Marineuniform bezeugten dies. Mochte ihn die Öffentlichkeit als eine Stütze des Establishments betrachten, so waren doch Mountbatten und seine Frau für ebendieses Establishment selbst eher gefährliche Radikale. Das Kommando in Südostasien hatte ihm eine Kenntnis der nationalistischen Bewegungen in Asien verschafft, wie sie in England nur wenige besaßen. Er hatte es mit den Anhängern Ho Tschi Minhs in Indochina zu tun gehabt, mit der Gefolgschaft Sukarnos in Indonesien, Aung Sans in Burma, mit chinesischen Kommunisten in Malaia und aufsässigen Gewerkschaftlern in Singapur. Da ihm bewußt geworden war, daß sie Asiens Zukunft repräsentierten, hatte er sich bemüht, mit ihnen zu einer Verständigung zu gelangen, statt, wie ihn sein Stab und die Alliierten drängten, sie nach Möglichkeit zu unterdrücken. Die nationalistische Bewegung, mit der er es zu tun haben würde, wenn er nach

Indien ging, war die älteste und ungewöhnlichste von allen. Nach einem Vierteljahrhundert schwungvoller Agitation und Protestaktionen hatte ihre Führung dem größten Imperium der Geschichte die Entscheidung abgezwungen, die Attlees Partei getroffen hatte: rechtzeitiger Abzug aus Indien, ehe die Mächte der Geschichte und der Revolution den Briten zuvorkamen und sie aus dem Land trieben.

Die Situation in Indien, begann der Premierminister, verschlechtere sich mit jedem Tag, und deshalb sei der Zeitpunkt für eine rasche Entscheidung gekommen. Es war eines der sublimsten Paradoxa der Geschichte, daß Großbritannien an diesem kritischen Wendepunkt, da es endlich bereit war, Indien in die Freiheit zu entlassen, keine Möglichkeit fand, diesen Schritt zu tun. Was Englands größte Stunde in Indien hätte werden können, drohte sich nun in einen Alptraum unüberbietbaren Grauens zu verwandeln. Großbritannien hatte bei der Eroberung Indiens und während seiner Herrschaft über das Land relativ wenig Blut vergossen, zumindest nach kolonialen Maßstäben. Doch sein Rückzug vom Subkontinent drohte einen Gewaltausbruch auszulösen, der an Umfang und Schwere alles in den Schatten stellen würde, was die britischen Kolonialherren in den dreieinhalb Jahrhunderten ihrer Herrschaft in Indien erlebt hatten.

Die Wurzel des Problems Indien war die uralte Kluft zwischen den dreihundert Millionen Hindus und den hundert Millionen Moslems des Landes. Der traditionelle Antagonismus zwischen den beiden Religionsgemeinschaften und Volksgruppen, der durch wirtschaftliche Interessengegensätze und die englische Politik des Teilens und Herrschens verschärft wurde, hatte fast den Siedepunkt erreicht. Die Führung der hundert Millionen indischer Moslems forderte nun von England, es solle die Einheit des Landes zerstören, die es mit so viel Mühe hergestellt hatte, und ihnen einen eigenen Staat geben, eine islamische Republik. Bliebe dieses Verlangen unerfüllt, so erklärten die Moslemführer warnend, wäre der blutigste Bürgerkrieg in der Geschichte Asiens die unvermeidliche Folge.

Mit ebensolcher Entschlossenheit widersetzten sich die führenden Politiker der Kongreßpartei, die die Mehrheit der Hindus vertrat, dieser Forderung. In ihren Augen war eine Teilung des Subkontinents eine Verstümmelung ihrer historischen Heimat, eine Tat, die fast einem Sakrileg gleichkam.

England war durch diese anscheinend unversöhnlich im Widerstreit liegenden Forderungen in ein schweres Dilemma geraten. Ein ums andere Mal waren britische Bemühungen, das Problem zu lösen, fehlgeschlagen, und die Situation war schließlich so hoffnungslos geworden, daß der derzeitige Vizekönig, Feldmarschall Sir Archibald Wavell, ein wackerer, ehrlicher Soldat, dem Kabinett Attlee soeben einen drastischen Schlußstrich vorgeschlagen hatte: Wenn alles andere scheitern sollte, so seine Empfehlung, sollten die Briten «sich aus Indien in unserer eigenen Form, zu der von uns gewählten Zeit und unter angemessener Wahrung unserer Interessen zurückziehen». Und, so fuhr er fort, «wir werden jeden Versuch, unser Programm zu stören, als einen kriegerischen Akt betrachten, dem wir mit allen uns verfügbaren Mitteln begegnen werden».

England und Indien, erklärte Attlee seinem Besucher Mountbatten, bewegten sich auf eine Katastrophe zu. Diese bedrohliche Entwicklung müsse verhindert werden. Wavell sei ein Mann, der sich leider nicht aufs Reden verstehe, beinahe hoffnungslos mitteilungsunfähig. Es sei ihm nicht gelungen, einen echten Kontakt zu seinen eloquenten indischen Gesprächspartnern zu finden. Wenn eine Krise abgewendet werden solle, brauche man unbedingt ein neues Gesicht, eine neue Methode. Jeden Morgen treffe im Indienministerium ein Stoß Telegramme ein, die brutale Gewaltausbrüche in irgendeiner anderen Ecke Indiens meldeten. Mountbatten habe, so gab Attlee zu verstehen, die heilige Pflicht, den Posten zu übernehmen, den er ihm angeboten hatte.[1]

Eine düstere Ahnung überkam Mountbatten, während er dem Premierminister zuhörte. Er blieb noch immer bei seiner Meinung, daß Indien «ein absolut hoffnungsloser Fall» sei. Er empfand Sympathie und große Achtung für Wavell, mit dem er häufig die Probleme Indiens besprochen hatte, als er während seiner Tätigkeit als Oberbefehlshaber in Südostasien regelmäßig Delhi besuchte.

Wavell hat durchaus die richtigen Ideen, dachte Mountbatten. Wenn er es nicht geschafft hat, was hat es dann für einen Sinn, wenn ich es anzupacken versuche? Doch allmählich wurde ihm klar, daß er sich nicht werde drücken können. Es würde ihm nichts übrigbleiben, als eine Aufgabe zu übernehmen, die das Risiko des Scheiterns in sich barg und bei der er leicht den glänzenden Ruf verlieren konnte, den er sich im Krieg erworben hatte.

Wenn ihn aber Attlee in die Enge treiben sollte, dann war er entschlossen, dem Premierminister die politischen Bedingungen zu stellen, die ihm immerhin einige Aussicht auf Erfolg geben konnten. Wie sie auszusehen hatten, davon hatten ihm seine Gespräche mit Feldmarschall Wavell einen Begriff gegeben.

So erklärte er nun dem Premierminister, er könne das Angebot nur dann annehmen, wenn die Regierung sich bereit finde, öffentlich und unzweideutig ein präzises Datum zu nennen, an dem die englische Herrschaft über Indien zu Ende gehen werde. Nur dies, meinte Mountbatten, könne Indiens skeptische Intelligenz davon überzeugen, daß die Briten sich wirklich zurückziehen wollten. Nur dies werde ihren Führern das Gefühl der Dringlichkeit geben, das notwendig sei, um sie zu realistischen Verhandlungen zu bewegen.[2]

Zum zweiten stellte er eine Bedingung, zu der sich noch kein Vizekönig erkühnt hatte. Er forderte freie Hand bei der Durchführung seiner Aufgabe, ohne in London rückfragen zu müssen und vor allem ohne ständige Einmischungen von England her. Die Regierung Attlee konnte dem jungen Admiral sein Ziel vorgeben, aber er selbst wollte seinen Kurs bestimmen und das Schiff bis in seinen Bestimmungshafen steuern.

«Ich nehme doch an», sagte Attlee, «Sie wollen keine Vollmachten über die Regierung Seiner Majestät hinweg verlangen, oder?»

«Tut mir leid, Sir», antwortete Mountbatten, «aber um genau das ersuche ich Sie. Wie kann ich denn verhandeln, wenn ich ständig das Kabinett im Nacken sitzen habe?»

Diesen Worten folgte ein betroffenes Schweigen. Mit Befriedigung beobachtete Mountbatten, welche Wirkung seine Forderung auf den Premierminister hatte. Würde sie Attlee veranlassen, sein Angebot zurückzunehmen?

Doch der Premier gab durch einen Seufzer zu erkennen, daß er selbst diese Bedingung schlucke. Eine Stunde später trat Mountbatten mit hängenden Schultern aus der Tür von Downing Street Nr. 10. Er wußte, daß er dazu verurteilt war, Indiens letzter Vizekönig zu werden, das Schlußwort unter den Traum seiner Landsleute vom indischen Kaiserreich zu schreiben.

Als er wieder in seinen Austin Princess stieg, kam ihm ein merkwürdiger Gedanke. Es war, genau auf den Tag, fast auf die Stunde, siebzig Jahre her, daß seine Urgroßmutter auf einer Ebene außerhalb Delhis zur Kaiserin von Indien proklamiert worden war. An jenem Tag hatten die aus diesem Anlaß versammelten indischen Fürsten zum Himmel gefleht, er möge Königin Victorias «Macht und Souveränität immerdar Bestand» verleihen.

Und nun, an diesem traurigen Neujahrsvormittag, hatte einer ihrer Urenkel den Prozeß eingeleitet, der zu dem Tag führen sollte, an dem dieses «Immerdar» zu Ende war.

Die großartigsten historischen Leistungen haben bisweilen höchst triviale Ursprünge. Fünf armselige Schillinge hatten England zu dem kolonialen Abenteuer geführt, das Louis Mountbatten nun abschließen sollte. Die holländischen Beherrscher des ostindischen Gewürzhandels hatten diese Summe als Aufschlag auf den Preis eines Pfundes Pfeffer verfügt.

Aufgebracht über diese ihrer Meinung nach völlig ungerechtfertigte Preiserhöhung, hatten sich am Nachmittag des 24. September 1599 in einem baufälligen Gebäude in der Leadenhall Street, kaum eineinhalb Kilometer von der Downing Street entfernt, wo Attlee und Mountbatten zusammengetroffen waren, vierundzwanzig Kaufleute aus der Londoner City versammelt. Der Zweck ihrer Zusammenkunft war die

Gründung einer bescheidenen Handelsgesellschaft mit einem Grundkapital von 72 000 Pfund, gezeichnet von hundertfünfundzwanzig Anteilseignern. Nur das einfachste aller Motive, das Streben nach Gewinn, stand hinter ihrem Unternehmen. Ihre Gründung, die Ostindische Kompanie, gedieh und veränderte ihre Gestalt. Schließlich führte sie zur grandiosesten Schöpfung des imperialistischen Zeitalters, dem *Raj*, der Herrschaft der Briten über Indien.

Die Kompanie erhielt ihre offizielle Bestätigung am 31. Dezember 1599, als Königin Elizabeth I. einen königlichen Freibrief unterzeichnete, in dem der Gesellschaft für zunächst fünfzehn Jahre die ausschießlichen Handelsrechte mit allen Ländern jenseits des Kaps der Guten Hoffnung zugesprochen wurden. Acht Monate später ging die 500-Tonnen-Galeone *Hector* in dem kleinen Hafen Surat, nördlich von Bombay, vor Anker. Es war der 24. August 1600. Die Engländer waren nach Indien gekommen. Ihre erste Landung an diesem sagenumwobenen Gestade, das Christoph Kolumbus' Ziel gewesen war, bevor er durch Zufall Amerika entdeckte, war bescheiden. William Hawkins, der Kapitän der *Hector*, ein harter alter Seebär, war mehr Pirat als Entdeckungsreisender. Mit einer Leibwache von fünfzig angemieteten Pathanen zog er ins Innere eines Landes, dessen Sagen und Wunder bereits die Phantasie des Elisabethanischen Zeitalters entzündet hatten. Dort sollte es taubeneiergroße Rubine geben, sollten Pfeffer, Ingwer, Indigo und Zimt wachsen, dort fänden sich Bäume mit so großen Blättern, daß in ihrem Schatten eine ganze Familie Platz finden konnte, und Zaubertränke aus Elefantenhoden, die einem Mann ewige Jugend zu geben vermochten.

Von diesem Indien sah der Kapitän auf seinem Zug nach Agra herzlich wenig. Dort allerdings entschädigte ihn seine Begegnung mit dem Großmogul für die Mühsal der Reise. Von Angesicht zu Angesicht sah er sich einem Herrscher gegenüber, neben dem Königin Elizabeth geradezu als die Regentin einer Provinz erschien. Kaiser Dschahangir, der über siebzig Millionen Untertanen gebot, war der reichste und mächtigste Monarch der Welt, der vierte und letzte der Großmoguln.

Der erste Engländer, der an seinen Hof gelangte, wurde mit einer Geste begrüßt, welche die hundertfünfundzwanzig biederen Aktionäre der Ostindischen Kompanie hätte in Unruhe versetzen können, wenn sie davon gewußt hätten. Der Mogul nahm den Kapitän in den kaiserlichen Hofstaat auf und bot ihm als Willkommensgabe das schönste Mädchen in seinem Harem, eine armenische Christin. Zum Glück erbrachte Kapitän Hawkins' Ankunft in Agra auch Wohltaten, die eher dazu angetan waren, den Beifall seiner Auftraggeber zu finden. Dschahangir unterzeichnete einen kaiserlichen Ferman, der die Ostindische Kompanie ermächtigte, Handelsniederlassungen nördlich von Bombay zu errichten.

Die raschen Erfolge der Kompanie konnten sich sehen lassen. Schon bald entluden zwei Schiffe monatlich Berge von Gewürzen, Gummi, Zucker, Rohseide und Musselinbaumwolle an den Kais längs der Themse, und wenn sie wieder davonsegelten, waren ihre Laderäume mit englischen Produkten angefüllt. Eine Flut üppiger Dividenden, in manchen Jahren nicht weniger als zweihundert Prozent, ergoß sich über die glücklichen Aktionäre der Kompanie.

Die Galeonen der Kompanie erschienen vor Madras und dann im Golf von Bengalen. Einer ihrer tollkühnen Kapitäne, Job Charnock, gründete eine Ansiedlung im fieberverseuchten Gangesdelta, nahe einem Banyanbaum, unter dem er seine Wasserpfeife zu rauchen pflegte. Seine ersten Handelsniederlassungen bildeten das Fundament, auf dem Kalkutta entstand.

Die Engländer wurden von den einheimischen Herrschern und der Bevölkerung im allgemeinen freundlich aufgenommen. Anders als die fromm-fanatischen Spanier, die Südamerika im Namen eines göttlichen Erlösers eroberten, betonten sie, daß sie im Namen eines anderen Gottes, des Mammon, nach Indien gekommen seien. «Handel, nicht Land» lautete die Devise, die die Männer der Kompanie zu wiederholen nicht müde wurden.

Es war unvermeidlich, daß sie sich infolge ihrer zunehmenden Handelstätigkeit in die Lokalpolitik verstrickten. Sie waren gezwungen, sich in die Streitigkeiten zwischen den Kleinfürsten einzumischen, auf deren Territorien sie tätig waren, wenn sie ihren expandierenden Handel schützen wollten. Damit begann ein irreversibler Prozeß, der schließlich dazu führte, daß England gewissermaßen versehentlich Indien eroberte. Am 23. Juni 1757 marschierte an der Spitze von neunhundert Engländern des 39. Infanterieregiments und zweitausend indischen Sepoys (eingeborenes Fußvolk) ein wagemutiger General namens Robert Clive durch strömenden Regen gegen die Armee eines widerspenstigen Nawab und schlug sie in den Reisfeldern bei einem bengalischen Dorf namens Plassey in die Flucht.

Clives Sieg, der ihn nur dreiundzwanzig Tote und vierzig Verwundete gekostet hatte, öffnete den Londoner Kaufherren den Zugang zum nördlichen Indien. Damit begann die eigentliche Eroberung Indiens durch die Briten. Die Kaufleute der Ostindischen Kompanie wurden von den Baumeistern des Empire abgelöst; nicht mehr der Handel, sondern das Land wurde nun zum Hauptziel der Engländer in Indien.

Es folgte ein Jahrhundert der Eroberung. Obwohl die Regierung in London eigens Weisung erteilt hatte, von «Plänen zur Eroberung und territorialen Ausdehnung» Abstand zu nehmen, verfolgte eine Reihe aufeinanderfolgender ehrgeiziger Generalgouverneure genau die entgegengesetzte Politik. Nach der Maxime, «den Einwohnern Indiens kann keine größere Wohltat erwiesen werden als die Ausdehnung von

Autorität, Einfluß und Macht Großbritanniens», brachte der vierte aus jener Reihe, Richard Wellesley, die Staaten Mysore, Tranvancore, Baroda, Haiderabad und Gwalior unter britischen «Schutz», er unterwarf die kriegerischen Marathenfürsten und dehnte schließlich die englische Herrschaft über den größten Teil des Dekkan, Bengalens und des Gangestales aus.

Seine Nachfolger eroberten die Radschputenstaaten, annektierten Sind mit seinem Hafen Karatschi und unterwarfen in zwei grausamen und blutigen Kriegen gegen die Sikhs den Pandschab. So verwandelte sich innerhalb von weniger als hundert Jahren eine Kompanie von Kaufleuten in eine souveräne Macht, Buchhalter und Händler wurden von Generälen und Gouverneuren abgelöst, Lagerhäuser von Palästen, der Wettlauf nach Dividenden ging in einen Kampf um imperiale Macht über. Ohne den Plan dazu gefaßt zu haben, war England zum Nachfolger der Mogulkaiser geworden, die ihm die Tore zum Subkontinent geöffnet hatten.

Von Anfang an war es Englands Absicht gewesen, eines Tages die Besitzungen aufzugeben, die es wie von ungefähr erworben hatte. Schon 1818 schrieb der Marquess of Hastings: «Eines nicht sehr fernen Tages wird der Zeitpunkt kommen, da England aus politischen Vernunftgründen willens sein wird, die Herrschaft aufzugeben, die es allmählich und unbeabsichtigt über dieses Land erworben hat.» Indessen fällt es leichter, sich ein Weltreich zuzulegen, als es aufzugeben, und der Augenblick, den Hastings kommen sah, lag in viel weiterer Ferne, als der Marquess es sich wohl vorstellte.

Immerhin brachte die britische Herrschaft Indien beträchtliche Vorteile – die *Pax Britannica* und vernünftige Kopien der rechtlichen, administrativen und Bildungseinrichtungen, wie sie in England bestanden. Vor allem aber brachte sie Indien ein Geschenk, das zum Band zwischen seinen so verschiedenartigen Völkern und zum Ausdrucksmittel ihrer revolutionären Bestrebungen werden sollte: die englische Sprache.

Zum erstenmal traten diese Aspirationen in der blutigen Meuterei von 1857 ans Licht. Nur die Unterstützung durch eine Handvoll Maharadschas bewahrte das Gebäude so lange vor dem Einsturz, bis die Briten ihre Kräfte zusammenraffen konnten und die Erhebung mit einer Brutalität niederschlugen, die nicht hinter der der Aufständischen zurückstand.

Die wichtigste Folgewirkung des großen Aufstands war ein abrupter Wechsel in der britischen Indienpolitik. Nach 258 Jahren ertragreichen Wirkens endete die Existenz der Ehrenwerten Ostindischen Kompanie ebenso, wie sie begonnen hatte, mit einem königlichen Dekret, das am 12. August 1858 unterzeichnet wurde.

Mit diesem Akt wurde die Verantwortung für das Schicksal von dreihundert Millionen Indern in die Hände einer neununddreißigjährigen Frau gelegt, deren rundliche Gestalt die Berufung der britischen Rasse zur Weltherrschaft verkörpern sollte: Königin Victoria. Die englische Autorität in Indien ging an die Krone über, repräsentiert durch einen Vizekönig, der sozusagen als ernannter Monarch auf Zeit ein Fünftel der Menschheit regierte.

Damit begann die Viktorianische Ära, die Epoche, deren herrschende Geisteshaltung von ihrem selbsternannten Poeta laureatus, Rudyard Kipling, ausgesprochen wurde: Die Engländer seien in einzigartiger Weise mit der natürlichen Gabe versehen, «geringere Rassen, denen das Gesetz fehlt», zu beherrschen. Die Verantwortung für die Regierung Indiens, so verkündete Kipling, habe «der unerforschliche Ratschluß des Schicksals . . . der britischen Rasse auferlegt».

Diese Verantwortung wurde letzten Endes immer nur von einer kleinen Bruderschaft getragen: den 2000 Angehörigen des Indian Civil Service, der Beamtenschaft in Indien, und 10000 englischen Offizieren der indischen Armee. Ihre Autorität über 300 Millionen Menschen ruhte auf 60000 britischen Soldaten und 200000 Mann Eingeborenentruppen.

Das Indienbild dieser Männer war das pittoreske, romantische Indien aus Kiplings Erzählungen. Es war das Indien der Gentlemen-Offiziere, die, auf dem Kopf den Tschako mit Federbusch, ihren Sepoys voranritten; der Distriktrichter im glutheißen Dekkan; der prunkvollen vizeköniglichen Bälle in der Sommerresidenz in Simla im Himalaja; der Kricketturniere auf den manikürten Rasenflächen des Bengal Club von Kalkutta; der Polowettkämpfe auf den sonnverbrannten Ebenen von Radschputana; der Tigerjagden in Assam; der jungen Männer, die sich in einem Zelt mitten im Dschungel mit schwarzer Krawatte zum Dinner setzten und ein Glas Portwein auf das Wohl des König-Kaisers tranken, während in der Dunkelheit ringsum die Schakale heulten; der Offiziere im scharlachroten Waffenrock, die am Khaiber-Paß Palisaden stürmten oder im Schneeregen oder der unerträglichen Hitze der Nordwestlichen Grenzprovinz aufständische Pathanen verfolgten. Es war die Indienvorstellung einer Kaste, die ihre Überlegenheit für unangreifbar hielt und auf Veranden ihrer Klubs, zu denen nur Europäer Zutritt hatten, ihren Whisky mit Soda schlürfte. Diese Männer kamen im allgemeinen aus Familien von untadeligem Stammbaum, aber nicht so gefestigtem Wohlstand, waren Söhne wackerer anglikanischer Landpfarrer, begabte zweite Söhne des Landadels, denen das Erstgeburtrecht die Aussicht auf das Erbe nahm, von Schullehrern, Gymnasialprofessoren, Kleinadeligen, die ihr ererbtes Vermögen zielstrebig durchgebracht hatten. Auf den Sportplätzen und in den Klassenzimmern von Eton, Harrow, Charterhouse und Haileybury hatten sie die Tugenden erlernt, die sie in den Stand setzen sollten, ein Weltreich zu regieren: glänzendes sportliches Können, die Begeisterung für «männliche» Betätigungen, die Fähigkeit, den Rohrstock eines Schuldirektors auszuhalten oder die Oden Horaz' und die Verse Homers herzusagen. «Indien», schrieb James S. Mill, «war ein riesiges Gelände, wo die englische Oberschicht sich im Freien tummeln konnte.»

Das Land bot Möglichkeiten für Bewährung und Abenteuer, seine unbegrenzten Weiten lieferten eine Arena, in der Englands junge Männer eine Erfüllung finden konnten, die ihnen die Enge ihrer Heimatinsel vorenthielt. Mit neunzehn oder zwanzig Jahren, fast noch bartlos, trafen sie im Hafen von Bombay ein. Fünfunddreißig oder vierzig Jahre später kehrten sie nach England zurück, gezeichnet von Kugelnarben, Krankheiten, Verletzungen durch eine Pantherklaue oder einen Sturz beim Polo, die Gesichter verwüstet von zuviel Sonne und zuviel Whisky. Doch sie waren stolz darauf, daß sie selbst eine romantische Legende miterlebt hatten.

Das Abenteuer, das den jungen Engländer in Indien erwartete, begann im allgemeinen im wirren Treiben auf dem Bahnhof Victoria Station in Bombay. Dort, unter den neugotischen Backsteingewölben, entdeckte er das Gesicht des Landes, wo er sein Leben verbringen wollte. Es war zumeist ein schockhaftes Erlebnis. Er fand sich in einem Gewühl aufgeregt umherlaufender, stoßender, schubsender, schreiender Menschen, inmitten eines Wirrwarrs von Kisten, Koffern, Bündeln, Säcken und Ballen, alles in den Hallen des Bahnhofs planlos verstreut. Die Hitze, der beißende Geruch nach Gewürzen und Urin, der in der Sonne verdampfte, benahmen einem den Atem. Männer mit locker geschlungenem Lendentuch oder im flatternden Nachthemd, Frauen im Sari, mit nackten Armen und klirrenden Goldbändern um die Hand- und Fußgelenke, Sikh-Soldaten mit scharlachrotem Turban, ausgemergelte Sadhus mit einem gelben oder orangefarbenen Lendenschurz, mißgebildete Kinder und bettelnde Krüppel, die den Armstumpf bittend ausstreckten – all dies drängte auf ihn ein. Mit gewaltiger Erleichterung bestieg der junge Leutnant oder der neuernannte Beamte des Indian Civil Service die dunkelgrünen Waggons des *Frontier Mail-* oder des *Haiderabad-Express*. Hier, hinter den verhängten Fenstern der Erste-Klasse-Wagen, erwartete ihn eine vertraute Welt: dunkelbraune Polstersitze und ein Speisewagen mit frischer weißer Tischwäsche und Champagner im silbernen Eiskübel – vor allem aber eine Welt, in der er kaum einem indischen Gesicht begegnete außer dem des Schaffners, der seine Fahrkarte entgegennahm. Das war der erste Anschauungsunterricht für den jungen Offizier oder Beamten: England regierte Indien, aber die Engländer lebten in ihrer eigenen Welt.

Doch wenn sie ihre erste Überfahrt nach Indien hinter sich hatten, begann für die jungen Diener des Empire eine harte Schule. Sie wurden auf abgelegene Außenposten geschickt, die in der Regel nur auf primitivon Straßen oder Dschungelpfaden erreichbar und, wenn überhaupt, höchstens von einer Handvoll Europäer bewohnt waren. Wenn sie dann vier- oder fünfundzwanzig Jahre alt waren, trugen sie oft schon die alleinige Verantwortung für ein Gebiet, das vielleicht größer als Schottland war, und verkörperten Rechtsprechung und Verwaltung für eine Million Menschen oder noch mehr.

Wie ein orientalischer Wanderhändler zog der junge Beamte von Dorf zu Dorf, zu Fuß oder beritten an der Spitze einer Karawane von Dienern, Leibwächtern und Schreibern, hinter denen Esel, Kamele oder Ochsenkarren daherzogen, die sein Amts-, Schlaf-, Speise- und Badezelt sowie Lebensmittel und Wein für einen ganzen Monatsbedarf beförderten.

Auf irgendeiner staubigen Ebene oder auf einer Dschungellichtung hielt er an und ließ das Zelt aufschlagen, das ihm als Amtszimmer und Gerichtsraum diente. Hier saß er dann auf einem Feldstuhl hinter einem zusammenklappbaren Schreibtisch, von einem Diener umfächelt, der die Fliegen verscheuchte, und waltete seines Amtes als Vertreter der Krone, der für beinahe alles zuständig war. Ganz auf sich allein gestellt, der einzige Weiße in einem Umkreis von Hunderten von Kilometern, außer einem berittenen Boten ohne Verbindung zur Außenwelt, nur von seinen Gesetzbüchern unterstützt, war der junge Mann drei oder vier Jahre nach seinem Abgang von der Universität Oxford ein kleiner König.

Wenn die Sonne unterging, zog er sich in sein Badezelt zurück, wo ein Diener in eine Wanne aus Ziegenhaut Eimer voll Wasser goß, das über einem Feuer erwärmt worden war. Getreu der Tradition legte er Smoking oder Uniform an und ließ sich zum Abendessen nieder, abgeschirmt durch ein Moskitonetz. Eine Sturmlaterne beleuchtete das Zeltinnere, durch die schwarze Nacht ringsum drangen die Schreie der Dschungelvögel und hin und wieder das ferne Brüllen eines Tigers. Wenn die Sonne aufging, ließ er das Lager abbrechen und setzte seine Reise fort, um in der nächsten Ecke seines Amtsbereichs neuerlich die Bürde des weißen Mannes auf sich zu nehmen.

Durch diese Lehrzeit in den entlegenen Bezirken Indiens qualifizierte sich der junge Beamte schließlich für einen privilegierten Platz auf einer der grünen, freundlichen Inseln, von denen die Aristokratie des *Raj* Indien regierte. Diese *cantonments* waren goldene Gettos, wie Fremdkörper in den großen Städten.

Jede dieser Enklaven schloß ihre obligate grüne Gartenfläche ein, ihre eigene Schlachterei, Bank, Läden und eine gedrungene steinerne Kirche, eine stolze kleine Kopie der Gotteshäuser im heimatlichen Dorset oder Surrey. Das Herz dieser Ansiedlungen war stets das gleiche, eine Institution, die anscheinend überall dort entstand, wo mehr als zwei Engländer anzutreffen waren: ein Klub. Hier konnten sich, wenn es am späten Nachmittag kühler wurde, die ansässigen Engländer versammeln, um auf den wohlgepflegten Rasenflächen Tennis oder im weißen Flanelldress Kricket zu spielen. Zur geheiligten Stunde des Sonnenuntergangs – des *sundown* – saßen sie draußen auf dem kühlen Rasen oder auf den weiträumigen Veranden, umschwebt von weißgekleideten Dienern, die den *sundowner* servierten, den ersten Whisky des Abends.

In jedem dieser Klubs gab es eine Ecke, wo man für ein paar kurze Augenblicke Indien entfliehen und in das Land zurückkehren konnte, das man vielleicht für immer verlassen hatte. Dort saß man in einem gemütlichen Ledersessel, blätterte in einer zerlesenen, einen Monat alten *Times* oder in den *Illustrated London News*, hielt sich über die Parlamentsdebatten auf dem laufenden, über das Wachstum des Empire, die Hofberichte, die Heiraten, Geburten und namentlich die Sterbefälle, die Menschen betrafen, die man seit zwanzig Jahren nicht gesehen hatte. War die Lektüre beendet, konnte man ins Speisezimmer des Klubs gehen. Dort wurde man von dunkelhäutigen Dienern mit grellbuntem Turban betreut, saß unter einem kühlenden Zimmerfächer oder später unter einem schwirrenden Ventilator, umgeben von Tiger- und Büffelköpfen an den Wänden, und nahm getreu der Tradition die langweiligen Speisen der fernen Heimat ein.

Die Parties und Empfänge in den wichtigsten Städten Indiens – Bombay, Kalkutta, Lahore, Delhi, Simla – waren üppige Feste. «Jedermann, der auf sich hielt, besaß einen Ballsaal und einen wenigstens achtzig Fuß (24 m) langen Salon», schrieb eine Dame der oberen Gesellschaftsschicht, die im viktorianischen Indien lebte. «Damals kannte man noch nicht diese schrecklichen Buffets, wo man mit einem Teller in der Hand an einen Tisch geht, herumsteht und ißt, mit wem es einem gerade gefällt. Bei einer durchschnittlichen kleinen Abendgesellschaft sah man fünfunddreißig oder vierzig Leute, und auf jeden Gast kam ein Diener. Ladenbesitzer oder Geschäftsleute wurden niemals eingeladen; und natürlich sah man auch niemals einen Inder. Nichts war so wichtig wie die gesellschaftliche Rangstellung, und es galt als Todsünde, wenn man sie nicht beachtete. Oh, der jähe Eishauch, der über eine Abendgesellschaft strich, wenn die Ehefrau eines Beamten erleben mußte, daß sie weiter unten am Tisch placiert war als ein Offizier, der im Rang niedriger als ihr Ehemann stand.»

Man hatte seine kleinen Traditionen. Zwei Bonmots bekam jeder Besucher gleich zu Anfang serviert: «In Indien riecht alles, nur nicht die Rosen» und «Die indische Regierung ist eine Despotie von Kuriertaschen, die durch den regelmäßigen Verlust der Schlüssel erträglich gemacht wird.» Man kapitulierte niemals vor dem Klima. Selbst bei der stärksten Hitze war kein Engländer, der auf sich hielt, ohne Jackett und Krawatte anzutreffen. Nur verrückte Hunde und Engländer gingen in der Mittagshitze aus, so hieß es; aber wenn ein Gentleman oder eine Lady das Haus verließen, taten sie es nie ohne ihren *topee*, den hohen, weißen Sonnenhelm, eines der vertrauten Symbole von Britisch-Indien.

Den Ton im viktorianischen Indien gaben größtenteils die *memsahibs* an, die englischen Ehefrauen. Die gesellschaftliche Trennung zwischen Briten und Indern war weitgehend ihr Werk. Vielleicht wollten sie damit ihre Ehemänner gegen die erotischen Lockreize ihrer indischen Schwestern abschirmen, gegen eine Versuchung, der die ersten Generationen von Engländern in Indien nur zu bereitwillig erlegen waren und die einen neuen anglo-indischen Bevölkerungsteil hinterließ, der zwischen zwei Welten im Leeren hing.

Der große Zeitvertreib für die Engländer in Indien war der Sport. Die Liebe zum Kricket, Tennis, Squash und Rasenhockey war, zusammen mit der englischen Sprache, das dauerhafteste Erbe, das die Briten schließlich hinterließen. 1829 wurde der Golfsport in Kalkutta eingeführt, noch dreißig Jahre früher als in New York, und im Himalaja entstand auf fast 4000 Meter Höhe der höchstgelegene Golfplatz der Welt. Auf diesen Plätzen galt nichts als so elegant wie ein Golfbeutel, der aus einem Elefantenpenis gearbeitet war – vorausgesetzt natürlich, daß der Eigentümer den Dickhäuter selbst erlegt hatte.

Jede größere Stadt hatte ihre Jagd, wofür die Meute aus England importiert wurde. Zu regelmäßigen Zeiten galoppierten die Teilnehmer in rosarotem Jackett und weißen Breeches über die heißen, staubigen Ebenen hinter dem besten Ersatz her, den Indien für den Fuchs zu bieten hatte – dem Schakal. Die gefährlichste Sportart war die Sauhatz, bei der das Wildschwein vom berittenen Jäger mittels eines Holzspeers mit stählerner Spitze erlegt werden mußte. Die ganz Tollkühnen, so wird berichtet, seien mit dieser Waffe auch auf Schakale, Panther, ja gelegentlich sogar auf Tiger losgegangen. Der indische Nationalsport Polo wurde von den Engländern mit Eifer übernommen und schließlich zu einer britischen Institution.

Die Engländer trieben in Indien nicht nur Sport und Spiel, sie starben dort auch in großer Zahl, oft noch jung und häufig auf tragische Weise. Jede *cantonment*-Kirche hatte ihren angrenzenden Friedhof, auf dem die kleine Gemeinde ihre Toten begrub, die dem grausamen Klima, Unfällen, Malaria-, Cholera- und Dschungelfieberepedemien zum Opfer gefallen waren. Auf den Grabsteinen dieser Friedhöfe steht der bewegendste Bericht über die Engländer in Indien geschrieben.

Vom ältesten englischen Grab, der Ruhestätte einer Elizabeth Baker, die zwei Tage nach der Abfahrt aus Madras an Bord der *SS Roebuck* bei der Geburt eines Kindes starb, bis zum einsamen Grab des Leutnants George Mitchell Richmond vom 20. Pandschab-Infanterieregiment, der 1863 im Vorposten Adlernest am Khaiber-Paß fiel, zogen sich diese

Friedhöfe quer durch Indien und bezeugten den Preis der Eroberung des Landes und der Strapazen, welche die britische Herrschaft für die Engländer mit sich brachte.

Selbst wenn es sich ums Sterben handelte, blieb Indien seinen Legenden treu. Leutnant St. John Shawe von der *Royal Horse Artillery* «erlag Verletzungen, die er am 12. Mai 1866 in Chindwara durch einen Panther erlitt». Major Archibald Hibbert starb am 15. Juni 1902 in der Nähe von Raipur, nachdem er «von einem Bison aufgespießt» worden war. Harris McQuaid wurde am 6. Juni 1902 «von einem Elefanten zertrampelt». Thomas Henry Butler, Buchhalter in Jubbulpore, hatte 1897 das Mißgeschick, «im Tilman Forest von einem Tiger gefressen» zu werden.

Der Dienst in Indien brachte bizarre Gefahren mit sich. Schwester Mary vom Auslandsmissionsdienst der Church of England starb mit dreiunddreißig Jahren «beim Unterricht in der Missionsschule in Sinka, als ein von weißen Ameisen ausgehöhlter Balken ihr auf den Kopf stürzte». Generalmajor Henry Marion Durand von den *Royal Engineers*, den Königlichen Pionieren, verstarb am Neujahrstag 1871 «an den Folgen von Verletzungen, die er sich durch einen Sturz von einem *howdah* zuzog, während er seinen Elefanten durch das Duranttor in Tonk führte». Trotz seines technischen Könnens hatte der General an diesem Vormittag den Höhenunterschied zwischen dem Torbogen und seinem Elefanten falsch eingeschätzt. Für den Elefanten reichte es, für ihn selbst nicht mehr.

Ein alltäglicher, aber besserer Maßstab für den schrecklichen Zoll, den Krankheiten und unbekannte Fieber den englischen Ansiedlern in Indien abforderten, sind die Inschriften auf den Grabsteinen von ungezählten hohen Polizeibeamten, Eisenbahningenieuren, District Commissioners, Zolleinnehmern und ihren Elefanten. Niemand war vor einem frühen Tod sicher. Selbst Lady Canning, die Frau des ersten indischen Vizekönigs, die in ihrem Palast scheinbar vor den indischen Mikroben sicher war, wurde vom Dschungelfieber ergriffen und erlag ihm 1861. Wer könnte sich den Schmerz vorstellen, den das Leben in Indien Major W. R. Holroyd, Direktor des öffentlichen Unterrichtswesens im Pandschab, brachte, der auf den Grabstein seiner Frau die traurige Inschrift meißeln ließ: «Sie starb am 8. April 1875 in Rawalpindi, im Angesicht dieser Berge, von deren Luft sie sich Gesundung erhofft hatte. Vier kleine Kinder bleiben, unwissend um ihren Verlust, in England zurück, das fünfte liegt an ihrer Seite begraben.»

Nichts auf diesen Friedhöfen ist trauriger zu sehen, nichts zeigt erschütternder den Preis an Menschenleben, den die Engländer für ihr indisches Abenteuer zahlten, als die Reihen kleiner Gräber, die sich auf jedem Totenacker in erschreckender Zahl finden. Es sind die Gräber von Kindern und Säuglingen, die einem Klima zum Opfer fielen, für das sie nicht bestimmt gewesen, und Krankheiten erlagen, denen sie im heimatlichen England niemals ausgesetzt gewesen wären.

Manchmal nur ein Einzelgrab, dann wieder drei oder vier kleine Ruhestätten nebeneinander. Eine ganze Nachkommenschaft, die von der Cholera oder vom Dschungelfieber hingweggerafft wurde, und in den Epitaphien auf diesen Gräbern der zu Stein gefrorene Schmerz der Eltern.

Als namenlose Beamte oder verwegene Haudegen, wie Gary Cooper sie unsterblich machte, wenn er an der Spitze seiner Bengalischen Lanzenreiter dahingaloppierte, verwalteten und befriedeten diese Generationen von Engländern das Land wie vor ihnen noch niemand.

Sie führten ein paternalistisches Regiment, so wie ein Internatsdirektor alten Schlages eine ungebärdige Jungenschar in Zucht hielt und ihnen mit fester Hand die Erziehung beibrachte, die nach seiner Überzeugung gut für sie war. Von gelegentlichen Ausnahmen abgesehen, waren sie tüchtig und unbestechlich. Sie hatten den festen Vorsatz, Indien gemäß seinem eigenen Besten zu verwalten – doch immer bestimmten sie selbst, worin dieses Beste bestand.

Der große Nachteil für sie war die Distanz, aus der sie ihre Autorität ausübten, der Rassendünkel, der sie von den Menschen trennte, über die sie herrschten. Kein anderer hat dieses rassische Überlegenheitsgefühl treffender ausgedrückt als ein ehemaliger Angehöriger des Indian Civil Service während einer Parlamentsdebatte um die Jahrhundertwende. Es gebe, sagte er, «eine tiefe Überzeugung, die jeder Engländer in Indien im Herzen trägt, vom höchstgestellten bis zum niedrigsten, vom Plantagenverwalter in seinem einsamen Bungalow bis zum Chefredakteur im strahlenden Licht einer Provinzhauptstadt, vom Chief Commissioner, dem eine wichtige Provinz untersteht, bis zum Vizekönig auf seinem Thron – die Überzeugung jedes einzelnen dieser Männer, daß er einer Rasse angehört, die Gott zu Regierung und Herrschaft bestimmt hat».

Das blutige Sterben von 680000 Angehörigen dieser «Rasse, die Gott zu Regierung und Herrschaft bestimmt hat», in den Schützengräben des Ersten Weltkrieges, schrieb das Schlußwort unter eine bestimmte Indienlegende. Eine ganze Generation junger Männer, die sonst die indische Grenze hätte bewachen, die einsamen Distrikte verwalten können oder vielleicht auf ihren Poloponies dahingaloppiert wäre, lag nun in der flandrischen Erde. Nach 1918 wurde es zunehmend schwierig, Nachwuchs für den Indian Civil Service zu finden. Die Überlebenden des Krieges spürten den geschichtlichen Umbruch und zeigten kein Interesse für eine Laufbahn, von der sie wußten, sie würde zu Ende sein, bevor sie das Pensionsalter erreicht hatten. In wachsendem Maß wurden nun begabte Inder in den Indian Civil Service und in das Offizierskorps der indischen Armee aufgenommen.

Am Neujahrstag 1947 befanden sich nur noch knapp tausend englische Angehörige des Indian Civil Service in Indien, denen es irgendwie gelang, vierhundert Millionen Menschen in ihrem administrativen Griff zu behalten. Sie waren die letzten Bannerträger einer Elite, deren Zeit abgelaufen war. Ein Geheimgespräch in London und der unerbittliche Lauf der Geschichte hatten das Urteil über sie gesprochen.

2

Vierhundert Millionen auf der Suche nach Gott

Zehntausend Kilometer von Downing Street Nr. 10 entfernt, in einem Dorf im Gangesdelta oberhalb des Golfs von Bengalen, streckte sich ein alter Mann auf dem Lehmboden einer Bauernhütte aus. Es war genau 12 Uhr mittags. Wie an jedem Tag zu dieser Stunde griff er nach dem nassen, tropfenden Baumwollsack, den ihm ein Gehilfe entgegenhielt. In dunklen Flecken drang der Schlamm, der sich darin befand, durch die Poren. Der Mann drückte sich den Sack sorgfältig auf den Unterleib. Dann nahm er einen zweiten, kleineren, und legte ihn sich auf den kahlen Schädel.

Wie er so auf der Erde lag, wirkte er wie ein schwaches, gebrechliches Geschöpf. Doch dieser Eindruck trog. Dieser siebenundsiebzigjährige Greis mit den strahlenden Augen, die unter der Schlammpackung hervorschauten, hatte mehr dazu beigetragen, das Britische Weltreich ins Wanken zu bringen, als irgendein anderer Mensch auf der Welt. Seinetwegen sah sich ein Premierminister Englands schließlich gezwungen, Königin Victorias Urenkel nach Neu-Delhi zu entsenden, damit er nach einem Weg suche, Indien die Freiheit zu geben.

Mohandas Karamchand Gandhi war ein höchst merkwürdiger Revolutionär, der sanftmütige Prophet der ungewöhnlichsten Befreiungsbewegung der Welt. Neben ihm lagen, sorgfältig poliert, das künstliche Gebiß, das er nur beim Essen trug, und die stahlgeränderte Brille, durch die er zumeist in die Welt lugte. Er war ein kleiner Mann, kaum 1,70 Meter groß und nur gut fünfzig Kilogramm schwer, nichts als Arme und Beine wie ein Halbwüchsiger, bei dem der Rumpf noch schmächtig ist. Die Natur hatte Gandhi ein häßliches Gesicht gegeben. Von dem übergroßen Kopf standen die Ohren wie die Henkel einer Zuckerdose ab. Seine Nase, an der die großen, breitgedrückten Löcher auffielen, bog sich wie ein schwerer Schnabel über den dünnen weißen Schnurrbart. Wenn er das künstliche Gebiß nicht trug, fielen ihm die vollen Lippen über dem zahnlosen Gaumen ein. Und doch strahlte Gandhis Gesicht eine eigenartige Schönheit aus, weil es ständig belebt war. Mit den rasch wechselnden Mustern einer Laterna magica spiegelte es seine wechselnden Stimmungen und seinen kauzigen Humor wider.

Einem von der Gewalt heimgesuchten Jahrhundert hatte Gandhi seine Lehre von der *ahimsa* – der Gewaltlosigkeit – verkündet. Damit hatte er die indischen Massen mobilisiert, um England vom Subkontinent zu vertreiben, durch einen moralischen Kreuzzug statt mit einer bewaffneten Erhebung, mit Gebeten statt mit Maschinengewehren, mit verachtungsvollem Schweigen und nicht mit dem Getöse von Terroristenbomben.

Während Europa von den Massenreden eifernder Demagogen und kreischender Diktatoren widerhallte, hatte Gandhi die Volksmassen des dichtestbesiedelten Landes der Welt aufgerüttelt, ohne auch nur die Stimme zu erheben. Nicht mit Versprechungen von Macht oder Reichtum hatte er seine Anhänger um sich geschart, sondern mit einer Warnung: «Wer sich mir anschließt, muß bereit sein, auf der nackten Erde zu schlafen, grobe Kleider zu tragen, zu nachtschlafender Zeit aufzustehen, von anspruchsloser Nahrung zu leben, ja sein Klosett selbst zu säubern.» Er hatte seine Anhänger nicht in bunte Uniformen gesteckt und mit klimpernden Orden geschmückt – sie trugen groben, selbstgesponnenen Baumwollstoff. Doch diese Tracht machte sie sofort als seine Gefolgschaft erkennbar und schweißte sie psychologisch ebenso wirkungsvoll zusammen wie die Braun- und Schwarzhemden der europäischen Diktatoren.

Die Methode, mit der er Verbindung zu seinen Anhängern hielt, war primitiv. Einen großen Teil seiner Korrespondenz schrieb er mit eigener Hand. Daneben hielt er Ansprachen: vor seinen «Jüngern», bei Gebetsversammlungen, vor den Parteiausschüssen der Kongreßpartei. Er benutzte keine der Techniken, mit denen die Massen für die Ziele eines Demagogen oder einer Ideologenclique abgerichtet werden. Und trotzdem war sein Appell durch ein Land ohne moderne Kommunikationsmittel gedrungen, denn Gandhi besaß eine geniale Begabung für die schlichte Geste, die die indischen Massen ansprach. Alle diese Gesten waren ungewöhnlich und neuartig. In einem Land, das periodisch vom Hunger, einem jahrhundertealten Fluch, heimgesucht wurde, bestand die erfolgreichste Taktik, die Gandhi entwickelt hatte, paradoxerweise in der Verweigerung der Nahrungsaufnahme. Einfach dadurch, daß er nur Wasser mit Natriumbikarbonat trank, hatte er es fertiggebracht, Großbritannien zu demütigen.

Indien, ein Land religiöser Inbrunst, hatte in Gandhis gebrechlicher, schattenhafter Gestalt, in seinem instinktiv-genialen Handeln die Verheißung eines Mahatma – einer «großen Seele» – erkannt und war ihm gefolgt. Er war unstreitig eine der mitreißenden Persönlichkeiten dieses Jahrhunderts. Seinen Anhängern galt er als Heiliger. Für die englische Verwaltung, deren Abzug er beschleunigt hatte, war er ein intriganter Politiker, ein falscher Messias, dessen Kreuzzug der Gewaltlosigkeit stets zu Gewaltausbrüchen führte und der mit seinem todesbereiten Fasten immer kurz vor dem Ende aufhörte. Selbst ein so gutmütiger Mann wie Vizekönig Wavell, dessen Nachfolger Louis Mountbatten werden sollte, nannte ihn einen «bösartigen alten Aufwiegler . . . verschlagen, starrsinnig, herrschsüchtig, doppelzüngig», einen Mann, der «kaum etwas wirklich Heiligmäßiges an sich» habe.

Nur wenige Engländer, die mit Gandhi verhandelt hatten, fanden ihn sympathisch; noch weniger verstanden ihn. Dies war begreiflich, denn er verband hohen moralischen Anspruch mit einer schlauen Sprunghaftigkeit. Er war ohne weiteres imstande, die ernsten politischen Gedankengänge mit einem Diskurs über die Vorzüge geschlechtlicher Enthaltsamkeit oder eines täglichen Salzwasser-Klistiers zu unterbrechen.

Wo Gandhi war, so hieß es, da war die Hauptstadt Indiens. An diesem Neujahrstag war die Hauptstadt Indiens in dem kleinen Bengalendorf Srirampur, wo der Mahatma unter seinen Schlammpackungen lag und seine Autorität über einen gewaltigen Subkontinent ausübte, ohne Funkverbindung, ohne Strom. Die nächste Telefon- oder Telegrafenverbindung war fünfzig Kilometer entfernt und konnte nur zu Fuß erreicht werden.

Die Region Noakhali, in der Srirampur lag, war eines der am schwersten zugänglichen Gebiete Indiens, eine Ansammlung kleiner Inseln im Delta des Ganges und des Brahmaputra. Kaum sechzig Quadratkilometer groß, war sie die dichtbesiedelte Heimat von zweieinhalb Millionen Menschen, zu achtzig Prozent Moslems. Sie wohnten eng zusammengedrängt in Dörfern, die durch Kanäle und Bäche getrennt und nur mit einem Kahn oder über Seil-, Bretter- und Bambusbrücken zu erreichen waren, welche gefährlich über den reißenden Gewässern schwankten.

Der Neujahrstag 1947 in Srirampur hätte für Gandhi eigentlich ein Tag tiefer Genugtuung sein sollen, denn er stand dicht vor dem Ziel, für das er den größten Teil seines Lebens gekämpft hatte: Indiens Freiheit.

Dennoch war Gandhi tief unglücklich. Die Gründe dafür zeigten sich allenthalben in dem kleinen Dorf, in dem er sein Quartier aufgeschlagen hatte. Srirampur war einer der unaussprechlichen Ortsnamen in den Berichten gewesen, die fast täglich aus Indien auf Clement Attlees Schreibtisch gelangten. Von fanatischen Führern angestachelt und von Meldungen empört, daß in Kalkutta ihre Glaubensbrüder von Hindus umgebracht würden, hatten sich die islamischen Bewohner des Dorfes, wie die Moslems in ganz Noakhali, auf die Hindu-Minderheit gestürzt, die mit ihnen das Dorf teilte. Sie hatten gemordet, geschändet, geplündert und niedergebrannt und ihre Nachbarn gezwungen, das Fleisch ihrer heiligen Kühe zu essen. Hindus, die der Attacke entgingen, mußten über die Reisfelder um ihr Leben rennen. Die Hälfte der Hütten in Srirampur lag in Schutt und Asche. Auch die, in der Gandhi sein Lager aufgeschlagen hatte, war teilweise vom Feuer zerstört.

Die Ausschreitungen in Noakhali waren zwar nur vereinzelte Funken, doch die Leidenschaften, die sie entzündet hatten, konnten leicht den ganzen Subkontinent erfassen und in Flammen setzen. Diese Greueltaten, die vorausgegangenen Ausschreitungen in Kalkutta und die darauffolgenden in Bihar, wo sich eine Hindumehrheit mit gleicher Brutalität gegen die Moslemminderheit gewandt hatte, waren der Grund für die Besorgnis, die Attlee bei dem Gespräch mit dem Mann erfüllte, den er raschestmöglich als Vizekönig nach Neu-Delhi schicken wollte.

Sie waren auch der Grund für Gandhis Anwesenheit in Srirampur. Daß seine Landsleute so kurz vor der Stunde des Triumphes übereinander hergefallen waren, schmerzte ihn tief. Sie waren ihm auf dem Weg zur Unabhängigkeit gefolgt, doch sie hatten seine große Lehre, die Idee der Gewaltlosigkeit, nicht verstanden, mit der er sie auf diesen Weg geführt hatte. Die Katastrophe des Zweiten Weltkrieges, den die Menschheit gerade hinter sich hatte, und das Gespenst der atomaren Zerstörung, das sie nun bedrohte, schienen Gandhi der schlüssige Beweis zu sein, daß nur Gewaltlosigkeit die Menschheit retten könne. Es war sein innigster Wunsch, ein neues Indien möge Asien und der übrigen Welt einen friedlichen Weg aus der Bedrängnis zeigen. Wenn sich aber seine eigenen Landsleute gegen die Lehre wandten, mit der er sie zur Freiheit geführt hatte, was würde dann von seinen Hoffnungen bleiben?

Eine weitere Tragödie stand am Neujahrstag 1947 drohend vor Gandhis Auge. Eine Teilung Indiens nach religiösen Gesichtspunkten wäre ein Anschlag auf alles, was er vertrat. Mit allen Fasern seines Wesens wehrte er sich gegen die Zerreißung seiner geliebten Heimat, wie sie die indischen Moslempolitiker forderten und die nun auch bei vielen Engländern im Lande Anklang fand. Für Gandhi waren Indiens Menschen und Religionen so unentwirrbar miteinander verwoben wie die verschlungenen Muster eines Orientteppichs. Man konnte, so empfand er, Indien ebensowenig teilen, ohne sein innerstes Wesen zu zerstören, wie man einen Teppich zerschneiden konnte, ohne sein Muster zu zerreißen.

«Bevor ihr Indien teilt, müßt ihr meinen Leib zerteilen», hatte er immer wieder erklärt.

Er war in das verwüstete Dorf Srirampur gekommen, um einen Weg zu suchen, der verhüten konnte, daß die Krankheit, die hier ausgebrochen war, ganz Indien ergriff und ins Verderben stürzte. «Ich sehe kein

Licht in der undurchdringlichen Finsternis», hatte er geklagt, als die ersten Mordtaten einen Abgrund zwischen den Hindus und den Moslems des Landes aufrissen.

Tagelang zog Gandhi durch das Dorf, sprach zu den Bewohnern, meditierte und wartete auf seine «innere Stimme», die ihm in schweren Zeiten den Weg erhellt hatte. Seine Gefährten hatten bemerkt, daß er sich in letzter Zeit immer häufiger einer seltsamen Beschäftigung hingab: Er übte sich, die schlüpfrigen, schwankenden Brücken zu überqueren, die sich rings um das Dorf befanden.

Als er an diesem Tag seine Schlammpackungen wieder abgenommen hatte, rief er seine Anhänger zu der Hütte. Seine «innere Stimme» hatte endlich gesprochen. So wie einst heilige Hindus barfüßig über den Kontinent zu den Schreinen der Götter gepilgert waren, so wolle er zu einer Pilgerfahrt zu den vom Haß zerrissenen Dörfern Noakhalis aufbrechen, erklärte er ihnen. In den kommenden sieben Wochen werde er, zum Zeichen der Buße barfüßig, hundertachtzig Kilometer durchs Land ziehen und siebenundvierzig Dörfer in Noakhali besuchen.

Er, ein Hindu, wollte unter diese fanatisierten Moslems gehen, von Dorf zu Dorf, von Hütte zu Hütte, und versuchen, durch seine besänftigende Gegenwart den zerstörten Frieden in Noakhali wiederherzustellen. Weil dies eine Pilgerfahrt sein sollte, bestimmte er, daß nur vier oder fünf seiner Anhänger ihn begleiten sollten. Sie würden von den milden Gaben leben, die ihnen die Bewohner der von ihm besuchten Dörfer bieten würden. Die Politiker der Kongreßpartei und der Moslemliga in Neu-Delhi, sagte er, mochten sich bei ihren endlosen Debatten über Indiens Zukunft die Köpfe heiß reden, die wahren Antworten auf die Probleme des Landes müsse man in seinen Dörfern suchen. Dies sei sein letztes und größtes Experiment. Wenn es ihm gelinge, in diesen Dörfern nachbarschaftliche Gesinnung wiederzuerwecken, dann könnte dies Beispiel vielleicht die ganze Nation beflügeln. Hier in Noakhali wolle er den Versuch machen, noch einmal die Fackel der Gewaltlosigkeit zu entzünden und die Gespenster der Gewalt und der Teilung, die Indien bedrohten, zu bannen.

Bei Sonnenaufgang brach er mit seiner Begleitung auf. Gandhis hübsche neunzehnjährige Großnichte Manu hatte sein karges Reisegepäck zusammengepackt: Federhalter und Papier, Nadel und Faden, eine irdene Schüssel und einen Holzlöffel, sein Spinnrad und die drei Gurus, kleine elfenbeinerne Nachbildungen der drei Affen, die «nichts Böses hören, nichts Böses sehen, nichts Böses reden». In ein Leinwandsäckchen steckte sie die Bücher, die die Weite seines Denkens zeigten: die Bhagavadgita, einen Koran, *Leben und Lehre Jesu* und ein Buch über das jüdische Denken.

Mit Gandhi an der Spitze zog die kleine Schar über die Dorfwege, an den Weihern, Betel- und Kokospalmenhainen vorbei zu den Reisfeldern, die dahinter lagen. Die Dorfbewohner von Srirampur liefen eilig zusammen, um einen letzten Blick auf den gebeugten alten Mann zu werfen, der mit seinem Bambusstab dahinzog, auf der Suche nach einem verlorenen Traum.

Während Gandhi und seine Gefährten hinter den abgeernteten Reisfeldern allmählich den Blicken entschwanden, hörten die Dorfbewohner ihn eines der großen vertonten Gedichte von Rabindranath Tagore singen. Es war einer der Lieblingsgesänge des alten Mahatma, und während seine Gestalt in der Ferne immer kleiner wurde, lauschten sie dem Klang seiner hohen, unsicheren Stimme, die über die Reisfelder zu ihnen herklang. «Wenn sie deinem Ruf nicht folgen, geh allein, geh allein.»

Der blutige Bruderzwist, den Gandhi auf seiner einsamen Pilgerfahrt zu bändigen hoffte, hatte seit Jahrhunderten mit dem Hunger um die «Ehre» gewetteifert, Indiens schrecklichste Geißel zu sein. Das große Epos des Hinduismus, das *Mahabharata*, schildert ein furchtbares Gemetzel auf der Ebene Kurukschetra nordwestlich von Delhi im Jahr 2500 v. Chr. Der Hinduismus selbst war von den arischen Einwanderern ins Land gebracht worden, die vom Norden her eindrangen, um der eingesessenen drawidischen Bevölkerung den Subkontinent zu entreißen. Ihre Weisen hatten die heiligen Weden Jahrhunderte vor Christi Geburt an den Ufern des Indus aufgezeichnet.

Die Religion des Propheten kam viel später, nachdem die Horden Dschingis-Khans und Tamerlans sich den Weg über den Khaiberpaß erzwungen hatten, um den Hindus die Herrschaft über die große Gangesebene streitig zu machen. Auf zwei Jahrhunderte unterwarfen die mohammedanischen Großmoguln fast ganz Indien ihrem strengen und prachtliebenden Regiment und verbreiteten im Gefolge ihrer siegreichen Legionen das Wort Allahs, des Einzigen und Barmherzigen Gottes.

Die beiden großen Religionen, die auf diese Weise auf dem Subkontinent heimisch wurden, waren so verschieden voneinander, wie Manifestationen des ewigen menschlichen Dranges zum Glauben nur sein können. Während der Islam sich auf einen Mann, den Propheten, und einen präzisen Text, den Koran, stützt, ist der Hinduismus eine Religion ohne Gründer, eine geoffenbarte Wahrheit, ein Dogma, ein liturgisches Gefüge oder eine kirchenähnliche Einrichtung. Für den Islam steht der Schöpfer neben seiner Schöpfung und wacht ordnend über sein Werk. Für den Hindu sind Schöpfer und Schöpfung ein Unteilbares und Gott gewissermaßen ein allerfüllender kosmischer Geist, der sich unbegrenzt manifestiert.

So verehrt der Hindu Gott in beinahe jeder Gestalt, die ihm gefällt: in

Tieren, Ahnen, Weisen, Geistern, in Naturkräften, göttlichen Inkarnationen, dem Absoluten. Ihm erscheint Gott in Schlangen, Phalli, im Wasser und Feuer, in den Planeten und Sternen.

Für den Moslem hingegen gibt es nur einen einzigen Gott, Allah, und der Koran verbietet dem Gläubigen, ihn in irgendeiner Form oder Gestalt darzustellen. Götterbilder und Idolatrie sind dem Moslem ein Greuel, Bilder und Statuen eine Lästerung. Eine Moschee ist ein karger, erhabener Raum, in dem als Schmuck nur abstrakte Muster und die wiederholte Wiedergabe der neunundneunzig Namen Gottes geduldet werden.

Doch die größte Schranke, die das Verstehen zwischen Hindus und Moslems verhindert, ist nicht metaphysischer, sondern sozialer Natur: das Kastensystem, das Ordnungsprinzip der Hindugesellschaft. Nach der Überlieferung der Weden geht die Kaste auf Brahma, den Schöpfer, zurück. Die Brahmanen, die höchste Kaste, seien, so die Überlieferung, seinem Mund entsprungen, die Kschatriyas, Krieger und Herrscher, seinem Bizeps, die Vaisyas, Händler und Geschäftsleute, seinem Schenkel, die Sudra, Handwerker und Gewerbetreibende, seinen Füßen. Unter ihnen standen die Parias, die Unberührbaren, die nicht aus göttlicher Erde entsprungen waren.

Die Ursprünge dieses Kastensystems waren jedoch keineswegs so göttlicher Natur, wie es die Weden darstellen. Diese Ordnung entstand aus einem diabolischen Plan, mit dem die arischen Gründer des Hinduismus die Versklavung der dunkelhäutigen drawidischen Völker für alle Zeiten sichern wollten.

Das Wort für Kaste, *varda*, bedeutet Farbe, und noch Jahrhunderte später war die dunkle Haut von Indiens Unberührbaren anschaulicher Beweis für die Ursprünge des Systems.

Die fünf ursprünglichen Kasten hatten sich krebsartig wuchernd zu fast 3000 Unterkasten vermehrt, von denen 1886 allein auf die Brahmanen entfielen. Jeder Beruf hatte seine Kaste, wodurch die Gesellschaft in eine Myriade geschlossener Berufsgruppen aufgespalten wurde, innerhalb deren man kraft Geburt zu leben, zu arbeiten, zu heiraten und zu sterben gezwungen war. Die Abgrenzungen waren so scharf gezogen, daß der Eisenschmelzer einer anderen Kaste angehörte als der Schmied.

Mit dem Kastensystem verbunden ist ein zweiter Grundgedanke des Hinduismus, die Idee der Reinkarnation. Der Hindu glaubt, daß sein Körper nur eine vergängliche Kleidung für seine Seele sei. Das Leben des Körpers sei nur eine der vielen Inkarnationen seiner Seele auf ihrer Wanderschaft durch die Ewigkeit, eine Kette, die in nebuloser Verschmelzung mit dem Kosmos beginnt und endet. Das Karma, das gesammelte Gute und Böse jedes sterblichen Lebens, ist die Bürde, welche die Seele auf ihrer Wanderung stets mit sich trägt. Es bestimmt, ob diese Seele in ihrer nächsten Inkarnation in der Kastenhierarchie auf- oder absteigt. Die Institution der Kaste war ein vortreffliches Mittel, der sozialen Ungleichheit in Indien göttliche Sanktion zu geben und sie damit zu verewigen. So wie im Abendland die Kirche die Bauern im Mittelalter dazu anhielt, ihr elendes Erdendasein in Erwartung des himmlischen Paradieses zu vergessen, so hatte der Hinduismus die Armen Indiens gelehrt, die demütige Hinnahme ihres Loses sei verdienstlich und die sicherste Gewähr für ein besseres Schicksal in der nächsten Inkarnation.

Für die Moslems, die im Islam sozusagen eine Brüderschaft der Gläubigen sehen, war dieses ganze System Anathema. Die weitherzige Brüderlichkeit ihrer Religion führte Millionen Menschen, die sich vom Hinduismus abwandten, in die Moscheen der Mogulzeit. Wie nicht anders zu erwarten, waren es überwiegend Unberührbare. Sie suchten in der islamischen Brüderschaft eine soziale Anerkennung, die ihnen ihr alter Glaube nur in einer fernen Inkarnation bieten konnte.

Mit dem Zusammenbruch des Mogulreiches zu Beginn des 18. Jahrhunderts setzte eine aggressive Hindurenaissance ein, die sich über das Land verbreitete und in ihrem Gefolge eine Welle blutiger Auseinandersetzungen zwischen Hindus und Moslems brachte. Die Eroberung des Landes durch die Engländer bescherte dem vom Streit zerrissenen Subkontinent zwar die *Pax Britannica*, doch die Atmosphäre des Mißtrauens und Argwohns, in der die beiden Religionsgemeinschaften nebeneinander lebten, blieb bestehen. Die Hindus vergaßen nicht, daß die Massen der Moslems aus den Nachkommen von Unberührbaren bestanden, die vom Hinduismus abgefallen waren, um ihrem Elendsdasein zu entrinnen. Ein Hindu, der einer Kaste angehörte, berührte in Gegenwart eines Moslems keine Speisen. Ein Moslem, der die Küche eines Hindu betrat, verunreinigte sie. Wenn ein Brahmane nur von der Hand eines Mohammedaners berührt wurde, konnte es geschehen, daß er schreiend davonstürzte, um sich durch stundenlange rituelle Waschungen wieder zu reinigen.

Hindus und Moslems bewohnten zwar gemeinsam die Dörfer, denen Gandhis Besuch in Noakhali galt, ebenso wie in Tausenden von Ansiedlungen im Norden Indiens, in Bihar, den Vereinigten Provinzen, im Pandschab. Doch sie lebten in getrennten Quartieren nebeneinander. Die Grenze dazwischen bildete eine Straße oder ein Weg, häufig «Mittelweg» genannt. Auf der einen Seite wohnte kein Moslem, auf der anderen kein Hindu.

Die beiden Religionsgemeinschaften pflogen zwar gesellschaftlichen Umgang miteinander. Man nahm an den religiösen Festen der anderen Gruppe teil, benutzte gemeinsam die armseligen Arbeitsgeräte, doch damit fand die soziale Vermischung meistens schon ihr Ende. Heiraten zwischen Hindus und Moslems waren so gut wie unbekannt. Sie holten ihr Wasser aus verschiedenen Brunnen, und ein Hindu, der einer Kaste angehörte, wäre lieber verdurstet, als daß er Wasser aus einem Moslembrunnen getrunken hätte, der sich vielleicht nur ein paar Meter neben seinem eigenen befand. Im Pandschab empfingen die Hindukinder ihr kärgliches Schulwissen vom Pandit des Dorfes, der ihnen beibrachte, ein paar Brocken Pandschabi mit Weizenhalmen in den Schlamm zu schreiben. Für die kümmerliche Ausbildung der Moslemkinder im selben Dorf war der Scheich in der Moschee zuständig, der den Koran in einer anderen Sprache, in Urdu, vorlas. Selbst die primitiven Heilmittel, mit denen sie den gleichen Krankheiten zu Leibe rückten, Kuh-Urin und Kräuter, basierten auf einer unterschiedlichen Volksmedizin.

Zu dieser sozialen und religiösen Kluft war noch eine einschneidendere Trennung gekommen, die wirtschaftliche. Ungleich rascher als die Moslems hatten die Hindus die Chancen genutzt, welche die englische Erziehung und das westliche Denken Indien boten. So kam es, daß die Briten sich im Umgang mit den Moslems zwar behaglicher fühlten, die Hindus jedoch für sie Indien verwalteten. Sie stellten die Geschäftsleute, Finanziers, Verwaltungsbeamten, dominierten in den qualifizierten Berufen. Zusammen mit den Parsen, den Nachkommen persischer Zarathustra-Anhänger, brachten sie das Bank- und Versicherungswesen und die wenigen Industrien Indiens an sich.

In den kleinen und mittleren Städten beherrschten die Hindus den Handel. Die Geldverleiher waren fast immer Hindus, teils wegen ihres Talents für dieses Gewerbe, teils weil der Koran den Wucher verbietet.

Die Angehörigen der mohammedanischen Oberschicht, großenteils Nachkommen der islamischen Eroberer, waren überwiegend Grundbesitzer und Soldaten geblieben. Die mohammedanischen Massen konnten sich wegen der starren, tief eingewurzelten sozialen Verhaltensmuster nur in seltenen Fällen von der Rolle befreien, die ihren Vorfahren das Kastensystem innerhalb der Schiwareligion zugeteilt hatte. Sie waren zumeist landlose Bauern, die im Dienst eines Hindu- oder Moslemgrundherrn standen, oder in den Städten Kleinhandwerker und Arbeiter, die Arbeit und Brot von einem Hindu erhielten.

Diese ökonomische Kluft verschärfte noch die soziale und religiöse Trennung der beiden Glaubensgemeinschaften und führte dazu, daß blutige Auseinandersetzungen wie das Gemetzel, das den Frieden in Srirampur zerstört hatte, zu regelmäßigen Erscheinungen wurden. Beide religiösen Gruppen besaßen ein Arsenal von Provokationen, durch die sie sie vom Zaun brechen konnten.

Die Hindus bedienten sich der Musik. Der karge Gottesdienst in einer Moschee wird nie von Musik begleitet, und so war es für die Gläubigen Blasphemie, wenn sich musikalische Klänge in ihre Gebete mischten. Wenn die Hindus ihre mohammedanischen Nachbarn provozieren wollten, gab es kein besseres Mittel, als während des Freitagsgottesdienstes vor einer Moschee eine Kapelle aufspielen zu lassen.

Wenn die Moslems die Hindus reizen wollten, bedienten sie sich am liebsten eines jener grauen, klapperdürren Tiere, die durch die Straßen jeder Stadt trotteten oder ziellos über die Felder wanderten, Gegenstand des seltsamsten der Hindukulte: einer heiligen Kuh.

Die Verehrung der Kuh reicht in biblische Zeiten zurück, als Wohl und Gedeihen der indoeuropäischen Hirtenvölker, die in den Subkontinent einwanderten, von der Lebenskraft ihrer Herden abhing. So wie die Rabbis im alten Judäa ihrem Volk den Genuß von Schweinefleisch untersagt hatten, um sie vor der Geißel der Trichinose zu bewahren, so hatten die *Sadhus* im alten Indien die Kuh für heilig erklärt, um zu verhüten, daß in Hungerzeiten die Herden abgeschlachtet wurden, ohne die ihr Volk zugrunde gehen mußte.

Die Folge dieses Kults war, daß Indien im Jahr 1947 die größte und nutzloseste Rinderherde auf der Welt besaß: zweihundert Millionen Tiere, je eines pro zwei Inder. Vierzig Millionen Kühe produzierten ein lächerliches Rinnsal Milch, pro Kuh kaum einen halben Liter. Vierzig bis fünfzig Millionen dienten als Zugtiere, die vor die Ochsenkarren und Pflüge gespannt wurden. Die übrigen, an die hundert Millionen, waren unfruchtbare, nutzlose Geschöpfe, die ungehindert über die Felder und durch die Dörfer und Städte Indiens streiften. Tagein, tagaus zermalmten ihre rastlosen Kiefer wertvolle Nahrung, die zehn Millionen Inder vor dem Hunger hätte bewahren können.

Die einfachste Vernunftüberlegung, der elementarste Überlebensinstinkt hätte eigentlich über diese nutzlosen Tiere das Urteil sprechen müssen. Doch der Aberglaube behauptete sich mit solcher Zähigkeit, daß das Schlachten einer Kuh für die gleichen Inder, die am Hunger zugrunde gingen, damit diese Tiere ihr sinnloses Dasein weiterführen konnten, ein Greuel blieb. Selbst Gandhi erklärte, wenn der Mensch die Kuh beschütze, beschirme er in ihr Gottes Werk.

Für die Moslems war die Vorstellung, daß ein Mensch sich dazu erniedrigen könne, ein dumpfes Tier zu verehren, ein abstoßender Gedanke. Sie machten sich ein diebisches Vergnügen daraus, eine Herde störrischer Kühe direkt am Haupteingang eines Hindutempels vorbei zum Schlachthaus zu treiben. Im Laufe der Jahrhunderte hatten Tausende von Menschen diese Tiere in den Tod begleitet, als Opfer der Ausschreitungen, die unvermeidlich auf eine solche Provokation folgten.

Solange die Engländer über Indien herrschten, gelang es ihnen, ein labiles Gleichgewicht zwischen den beiden Religionsgemeinschaften zu erhalten, wobei sie zugleich den Antagonismus zwischen Hindus und Moslems nutzten, um sich die Last des Regierens zu erleichtern. Ursprünglich war das Streben nach Unabhängigkeit auf eine intellektuelle Elite beschränkt gewesen, in der Hindus und Moslems die religiösen Unterschiede ignorierten und Seite an Seite das gemeinsame Ziel verfolgten. Eine ironische Fügung wollte es, daß Gandhi diese Eintracht zerstörte.

In einem Land, das von Glaubensinbrunst stärker geprägt war als jedes andere der Welt, mußte das Ringen um die Freiheit unvermeidlich die Erscheinungsform eines Kreuzzuges annehmen, und zu einem Kreuzzug hatte Gandhi den Kampf gemacht. Kein Mensch war jemals toleranter als er, keiner wahrhaft freier von jedem Makel religiösen Vorurteils als Gandhi. Es war zutiefst sein Wunsch, die Moslems mit jeder Phase seiner Bewegung zu verbinden. Doch er war ein Hindu, und ein tiefer Glaube an Gott erfüllte sein ganzes Wesen. Unvermeidlich und ungewollt begann Gandhis Bewegung, der Kongreß, eine hinduistische Färbung anzunehmen, die den Argwohn der Moslems weckte.

Ihr Mißtrauen verstärkte sich, weil engstirnige lokale Kongreßpolitiker sich hartnäckig weigerten, die geringen politischen Befugnisse, welche die britischen Herren zugestanden, mit ihren mohammedanischen Konkurrenten zu teilen. Ein Gespenst begann die Moslems zu ängstigen: In einem unabhängig gewordenen Indien würden sie von der Hindumehrheit überwältigt werden, wären sie zum Dasein einer machtlosen Minderheit in einem Land verurteilt, das einst von islamischen Herrschern regiert worden war.

Die Gründung eines eigenen islamischen Staates auf dem Subkontinent erschien ihnen als ein Ausweg, der sie vor diesem Schicksal bewahren könnte. Der Gedanke, einen eigenen Staat für Indiens Moslems zu schaffen, fand zum erstenmal formellen Ausdruck auf viereinhalb Seiten Schreibmaschinenpapier, die in England in einem unscheinbaren Häuschen, in Cambridge, Humberstone Road Nr. 3, beschrieben wurden. Der Verfasser war ein vierzigjähriger Universitätsabsolvent und indischer Moslem namens Rahmat Ali, und das Datum, das sein Entwurf trug, war der 28. Januar 1933. Der Gedanke, daß Indien eine einheitliche Nation bilde, so schrieb Ali, sei «ein absurder Trugschluß». Er forderte einen Moslemstaat, der aus den nordwestlichen Provinzen Indiens zu errichten sei, wo die Mohammedaner das Übergewicht hatten, dem Pandschab, Kaschmir, Sind, der Nordwestlichen Grenzprovinz und Belutschistan. Für sein neues Staatsgebilde hatte er sogar einen Namen. Nach den Namen der Provinzen, die es umschloß, sollte es «Pakistan» heißen – das Land der Reinen.

«Wir werden uns», schloß er mit einer feurigen, wenn auch etwas schiefen Metapher, «nicht selbst ans Kreuz des Hindunationalismus schlagen.»

Rahmat Alis Vorschlag wurde von dem Gremium übernommen, das den Sammelpunkt der nationalen Aspirationen der Moslems bildete, der Moslemliga, und ergriff allmählich von der Phantasie der mohammedanischen Massen Besitz. Seine Verbreitung wurde durch die intransigente Haltung vieler Führer der Kongreßpartei gefördert, die an ihrer Entschlossenheit festhielten, ihren Moslemkonkurrenten keinerlei Zugeständnisse zu machen.

Das Ereignis, das die wachsende Gegnerschaft zwischen den beiden großen Religionsgemeinschaften Indiens wie ein Katalysator zu einem gewalttätigen Ausbruch brachte, fand am 16. August 1946 statt, nur fünf Monate, ehe Gandhi seine Bußfahrt antrat. Schauplatz war Kalkutta, die zweite Stadt des Britischen Weltreiches, eine Metropole, die im Ruf blutiger Gewalttätigkeit stand wie keine zweite. Kalkutta war für Generationen von Engländern ein Synonym für indische Grausamkeit gewesen. Die Hölle, das ist, so sagte einmal ein Engländer, der in Kalkutta lebte, wenn man als Unberührbarer in den Slums dieser Stadt geboren wird. Diese Slums beherbergten die dichteste Zusammenballung von Menschen auf der Erde, die in beispiellosem Schmutz und Elend dahinvegetierten. Die Hindu- und Moslemviertel waren ohne System und Verstand miteinander verwoben.

Im Morgengrauen des 16. August waren wie in religiöser Ekstase Horden von Moslems heulend aus ihren Elendsquartieren gestürmt. Sie schwangen Keulen, Eisenstangen, Schaufeln, jedes Gerät, mit dem man einem Menschen den Schädel einschlagen kann. Sie folgten einem Aufruf der Moslemliga, die den 16. August zum *Tag der direkten Aktion* ausgerufen hatte, um den Engländern und dem Kongreß zu demonstrieren, daß die indischen Moslems bereit seien, «sich Pakistan notfalls durch ‹direkte Aktion› zu verschaffen».

Mit entfesselter Wut schlugen sie jeden Hindu, dem sie begegneten, zu einer blutigen, breiigen Masse zusammen und stopften die Leichen in die offenen Abflüsse. Die Polizei wurde von panischer Angst ergriffen und verschwand von der Bildfläche. Bald stiegen über zahlreichen Stellen der Stadt Rauchsäulen auf, die Hindubasare standen in Flammen.

Später kamen die Hindus in Massen aus ihren Quartieren und suchten nach wehrlosen Moslems, um sie niederzumetzeln. So grausam die Geschichte Kalkuttas war, vierundzwanzig Stunden solcher Brutalität, solch hemmungsloser menschlicher Bösartigkeit hatte die Stadt noch nie erlebt. Wie vollgesogene Baumstümpfe trieben zahllose aufgedunsene Leichen im Hugli dem Meer entgegen. Auch die Straßen der Stadt waren mit grausam zugerichteten Toten übersät. Überall erging es den Schwachen und Wehrlosen am schlimmsten. An einer Straßenkreuzung lag eine Reihe mohammedanischer Kulis erschlagen zwischen den Stangen ihrer Rikschas, so wie sie von einer Horde Hindus überfallen worden waren. Als das Gemetzel zu Ende war, gehörte Kalkutta den

Geiern. In schmutziggrauen Schwärmen fegten sie über den Himmel und stießen immer wieder herab, um sich an den sechstausend Toten der Stadt gütlich zu tun.

Das Große Massaker von Kalkutta, wie es später genannt wurde, veränderte den Lauf der indischen Geschichte. Es löste blutige Ausschreitungen in Noakhali, wo Gandhi sich aufhielt, in Bihar und in Bombay auf der anderen Seite des Subkontinents aus.

Die Drohungen, welche die Moslems seit Jahren ausstießen, ihre Warnung vor einer Katastrophe, die über Indien hereinbrechen werde, wenn man ihnen einen eigenen Staat verweigere, nahmen nun eine beängstigende Realität an. Plötzlich war Indien mit der Horrorvision konfrontiert, die Gandhi ängstigte und in den Dschungel von Noakhali führte.

Für einen anderen Mann, den kühlen, brillanten Juristen, der seit einem Vierteljahrhundert Gandhis Hauptopponent auf der Moslemseite war, wurde diese düstere Perspektive zum Werkzeug, Indien auseinanderzureißen.

Die Geschichtsschreibung, außer der islamischen, hat Mohammed Ali Jinnah niemals den Platz eingeräumt, den er verdient. Und doch hielt dieser Mann, mehr als Gandhi oder sonst jemand, am Neujahrstag 1947 den Schlüssel zu Indiens Zukunft in der Hand. Mit diesem strengen, unbeugsamen, unnachgiebigen Messias der Moslems, der sein Volk in sein eigenes gelobtes Land führen wollte, sollte Königin Victorias Urenkel es zu tun haben, wenn er in Indien eintraf.

Im August 1946 hatte Jinnah in einem Zelt in der Nähe Bombays für seine Anhängerschaft die Bedeutung des *Tages der direkten Aktion* umrissen. Wenn die Kongreßpartei den Krieg haben wolle, so erklärte er, dann würden die Moslems «ihr Angebot ohne Zögern annehmen».

Die bleichen Lippen zu einem grimmigen Lächeln zusammengepreßt, mit Augen, in denen die unterdrückte Leidenschaft funkelte, hatte Jinnah damit dem Kongreß und den Engländern den Fehdehandschuh hingeworfen.

«Wir werden dafür sorgen, daß Indien geteilt wird», gelobte er, «oder wir werden dafür sorgen, daß es zerstört wird.»

3

Die Straße zur Freiheit

«Denken Sie sich», sagte Louis Mountbatten, «etwas Schreckliches ist geschehen.»

Die beiden Männer waren allein in der intimen Atmosphäre eines Salons im Buckingham-Palast. Bei solchen Begegnungen gab es keinerlei Förmlichkeit zwischen ihnen. Sie saßen wie zwei alte Schulfreunde beisammen und plauderten, während sie ihren Tee tranken. Heute jedoch hatte Mountbattens Gesprächston etwas Lebhafteres, eine besondere Note. Sein Vetter König Georg VI. war seine letzte Zuflucht, auf ihn richtete sich seine letzte schwache Hoffnung, er könnte irgendwie dem Makel entgehen, daß er die Bande zwischen England und Indien zerschnitt. Schließlich war der König Kaiser von Indien und hatte in der Frage seiner Ernennung zum Vizekönig das letzte Wort. Doch er sprach nicht das Wort, das der junge Admiral zu hören hoffte.

«Ich weiß», antwortete der König mit seinem schüchternen Lächeln, «der Premierminister war schon bei mir, und ich habe meine Zustimmung gegeben.»

«Sie haben zugestimmt», fragte Mountbatten betroffen. «Haben Sie sich das wirklich überlegt?»

«O ja», sagte der König ganz fröhlich. «Ich habe es mir sorgfältig überlegt.»

«Aber das ist doch eine höchst gefährliche Sache», sagte Mountbatten. «Niemand sieht eine Chance, wie man dort drüben eine Einigung erzielen soll. Es ist fast unmöglich, eine zu finden. Ich bin Ihr Vetter. Wenn ich hinüberfahre und die Sache miserabel mache, wird das auf Sie ein sehr schlechtes Licht werfen.»

«Schon», sagte der Souverän, «aber denken Sie doch, was für ein gutes Licht es auf die Monarchie werfen wird, wenn Sie Erfolg haben.»

«Nun ja», sagte Mountbatten und lehnte sich seufzend in seinen Sessel zurück. «Sie sind da sehr optimistisch.»

Immer wenn er in diesem kleinen Salon saß, mußte er an einen anderen Menschen denken, der vor Jahren auf dem Sessel gegenüber gesessen hatte. Es war ebenfalls ein Vetter von ihm gewesen, sein engster Freund, der am Tag seiner Hochzeit in St. Margaret's neben ihm gestanden hatte und jetzt eigentlich König wäre: David, der Prinz von Wales. Sie waren seit ihren frühen Knabenjahren enge Freunde gewesen. Als David 1936, als Edward VIII., auf den Thron verzichtete, für den er so glänzend vorbereitet worden war, weil er ohne die geliebte Frau an seiner Seite nicht König sein wollte, war Dickie Mountbatten ständig in den Korridoren des Palastes zu sehen gewesen, als treuer Beistand und Tröster.

Welch eine ironische Fügung, dachte Mountbatten. Als Davids Adjutant hatte er zum erstenmal den Boden des Landes betreten, das er nun in die Freiheit entlassen sollte. Es war der 17. November 1921 gewesen. Indien, so hatte der junge Mountbatten am Abend jenes Tages in sein Tagebuch geschrieben, «ist das Land, von dem man immer gehört, geträumt, gelesen hat». Nichts auf dieser ungewöhnlichen Reise des jungen Prinzen enttäuschte die Erwartungen seines Vetters. Die englische Herrschaft in Indien stand damals im Zenit, und der Erbe des Kaiserthrones mit seinem Gefolge erhielt den üppigsten und großartigsten Empfang. Ihre Reise, bei der sie den weiß-goldenen vizeköniglichen Zug benutzten, war eine einzige Folge von Paraden, Poloturnieren, Tigerjagden, Ritten auf Elefanten im Mondschein, Thés dansants, Banketten und Empfängen von unübertroffener Eleganz, die ihnen die treuesten Verbündeten der Krone, die Fürsten Indiens, gaben. Beim Abschied fand Mountbatten, Indien sei das herrlichste Land und der Vizekönig habe den großartigsten Job auf der Welt.

Und nun hatte das zustimmende Nicken eines anderen Vetters ihm selbst zu diesem «großartigen Job» verholfen.

Kurze Zeit herrschte Schweigen in dem Salon. Mountbatten spürte, daß in der Stimmung seines Vetters sich etwas veränderte.

«Es ist zu schade», sagte dann der König mit melancholischem Unterton. «Ich wollte immer hinüberfahren und Sie in Südostasien besuchen, als Sie dort im Feld standen, und dann nach Indien reisen, aber Winston Churchill hat es nie zugelassen. Dann hatte ich die Hoffnung, ich würde es wenigstens nach dem Krieg sehen. Jetzt aber fürchte ich, daß es dafür zu spät ist.»

«Traurig ist das», fuhr er fort. «Ich bin als Kaiser von Indien gekrönt worden, ohne jemals in Indien gewesen zu sein, und nun werde ich den Titel hier in London verlieren.»

Georg VI. sollte recht behalten. Er betrat niemals dieses sagenumwobene Land, den Eckstein des Weltreiches, das er von seinem älteren Bruder geerbt hatte. Nie sollte er eine Tigerjagd erleben, niemals sollten Elefanten, mit klingelndem Gold und Silber geschmückt, an ihm vorüberziehen, nie juwelengeschmückte Maharadschas sich vor ihm verneigen.

Für ihn waren nur die Krumen von der viktorianischen Tafel übriggeblieben, eine Regierungszeit, die unerwartet begann, im heraufziehenden Schatten des Krieges, die im Krieg die Zeit ihrer Reife erlebte und ihre Vollendung in den kargen Zeiten des von den Sozialisten geführten Nachkriegsengland. An dem Tag im Mai des Jahres 1937, als der Erzbischof von Canterbury den Prinzen Albert, Herzog von York, als Georg VI., von Gottes Gnaden König von Großbritannien, Irland und den britischen Dominions jenseits der Meere, Verteidiger des Glaubens, Kaiser von Indien, gekrönt hatte, waren achtundzwanzig von den neunzig Millionen Quadratkilometern Landoberfläche der Erde durch dieses oder jenes Band mit seiner Krone verbunden gewesen.

Die zentrale, historische Leistung der Regierungszeit Georgs VI. sollte in der traurigen Aufgabe bestehen, die sich in der Anwesenheit seines Vetters in diesem Salon ankündigte. Er würde in die Geschichte als der Monarch eingehen, unter dem sich die Auflösung des Britischen Empire vollzog. Als König und Kaiser eines Imperiums, das die ehrgeizigsten Reichspläne Roms, Alexanders des Großen, Dschingis-Khans, der Kalifen und Napoleons in den Schatten stellte, würde er als Oberhaupt eines Inselkönigreichs sterben, das auf dem Wege war, zu einer europäischen Nation unter anderen zu werden.

Georg VI. war sich völlig im klaren darüber, daß der Traum vom Weltreich welk geworden und der grandiose Bau, den die Minister seiner Urgroßmutter errichtet hatten, dem Untergang geweiht war. Doch wenn es verschwinden mußte, dann wäre es traurig, wenn nicht einige seiner großen Errungenschaften fortdauern könnten, wenn es nicht möglich wäre, daß sein Geist in einer neuen Form, die der Gegenwart besser entsprach, Ausdruck fände.

«Es wäre bedauerlich», sagte er, «wenn das unabhängig gewordene Indien dem Commonwealth den Rücken kehrte.»

Tatsächlich konnte das Commonwealth den Rahmen liefern, innerhalb dessen die Hoffnungen des Königs vielleicht Erfüllung finden würden. Es konnte zu einer Vereinigung vieler Rassen und unabhängiger Staaten werden mit England als Mittelpunkt und erstem unter gleichen. Durch gemeinsame Traditionen, eine gemeinsame Vergangenheit und gemeinsame symbolische Bindungen mit der britischen Krone verknüpft, wäre es dem Commonwealth vielleicht möglich, im Weltgeschehen großen Einfluß auszuüben. Zwar wäre die Substanz des Empire verschwunden, aber London könnte weiterhin für einen großen Teil der Welt kulturelles, geistiges, finanzielles und kommerzielles Zentrum bleiben. Ein Abglanz einstiger Größe würde Georgs VI. Inselkönigreich immerhin noch von den anderen europäischen Nationen jenseits des Kanals unterscheiden.

Wenn sich diese Hoffnung erfüllen sollte, war es von wesentlicher Bedeutung, daß Indien innerhalb des Commonwealth blieb, nachdem es unabhängig geworden war. Wandte es sich aber ab, dann würden die afro-asiatischen Nationen, die ihrerseits in den kommenden Jahren die Unabhängigkeit erlangen würden, fast mit Sicherheit diesem Beispiel folgen. Damit würde vom Commonwealth nichts übrigbleiben als ein Verband der weißen Dominions des Empire, statt des Gebildes, das nach der Hoffnung des Königs aus den Resten des Weltreiches entstehen sollte.

Doch Georgs VI. Premierminister und die Labour Party waren von einer langen antiimperialen Tradition geprägt und teilten die Inspiration des Königs nicht. Attlee hatte Mountbatten nicht einmal den Auftrag gegeben, sich um den Verbleib Indiens im Commonwealth zu bemühen.

Georg VI. konnte als konstitutioneller Monarch praktisch nichts tun, um seine Hoffnungen der Erfüllung näherzubringen. Sein Vetter aber hatte dazu die Möglichkeit, und Louis Mountbatten teilte die Einstellung des Königs von ganzem Herzen. Kein Mitglied der königlichen Familie hatte so ausgedehnte Reisen durch das Empire unternommen wie er. Mit dem Intellekt hatte er das nahe Ende des Weltreiches als unabänderlich erkannt und sich damit abgefunden, doch sein Herz war von Kummer erfüllt.

An diesem Januartag schlossen die beiden Männer, die in einem Salon des Buckingham-Palastes zusammensaßen, einen Pakt unter vier Augen. Louis Mountbatten sollte für ihre gemeinsame Vorstellung von der Zukunft des Commonwealth wirken.

Einige Tage später verlangte Mountbatten von Attlee, in seinen Verhandlungsauftrag solle eine spezielle Anweisung aufgenommen werden, nach Kräften darauf hinzuwirken, daß das unabhängig gewordene Indien, vereint oder geteilt, im Commonwealth verbleibe. In den Wochen, die vor ihm lagen, verfolgte Indiens neuer Vizekönig kein Ziel mit größerer Beharrlichkeit, Überredungskunst und Schlauheit als den Plan, der an jenem Januarnachmittag im Buckingham-Palast geschmiedet worden war: eine Verbindung zwischen Indien und der Krone seines Vetters zu erhalten.

Porträt eines kühnen Aristokraten

In gewisser Hinsicht schien vielleicht niemand für das hohe Amt des Vizekönigs von Indien so geeignet zu sein wie Louis Mountbatten. Sein Stammbaum ging bis auf Karl den Großen zurück. Blutsmäßig oder durch Heirat war er mit Kaiser Wilhelm II., Zar Nikolaus II., Alfons XIII. von Spanien, Ferdinand I. von Rumänien, Gustav VI. von Schweden, Konstantin I. von Griechenland, Haakon VII. von Norwegen und Alexander I. von Jugoslawien verwandt. Für Louis Mountbatten waren die europäischen Krisen Familienaffären gewesen.

Als Mountbatten am Ende des Ersten Weltkriegs achtzehn Jahre alt wurde, war die Zahl der Throne in Europa jedoch zusehends im Abnehmen begriffen. Als viertes Kind von Königin Victorias Lieblingsenkelin Viktoria von Hessen-Darmstadt und Prinz Ludwig (Louis) Battenberg, ihrem Vetter zweiten Grades, nahm er am Leben der Majestäten und Hoheiten nur indirekt teil, wenn er die Sommer seiner Jugend in den Schlössern seiner mehr begünstigten Verwandten verbrachte. Die Erinnerung an diese sommerlichen Idylle blieb ihm tief ins Gedächtnis geprägt: Teeparties auf den Rasenflächen von Schloß Windsor, bei denen jeder Gast eine Krone hätte tragen können, Fahrten auf der Jacht des Zaren, Ausritte in den Wäldern um Petersburg mit seinem bluterkranken Cousin, dem Zarewitsch, und dessen Schwester Großfürstin Marie, in die der junge Mann sich verliebte.

Angesichts dieser Herkunft hätte Mountbatten sich einem bescheiden-angenehmen Leben widmen können, mit einem anständigen Einkommen, einem symbolischen Amt, dem Dasein eines gutaussehenden Dekorstücks für die Feste einer Kaste, die sich im Niedergang befand. Doch er hatte sich für einen anderen Lebensweg entschieden und stand an diesem Wintervormittag auf dem Höhepunkt einer bemerkenswerten Laufbahn.

Mountbatten hatte gerade seinen dreiundvierzigsten Geburtstag gefeiert, als ihn im Herbst 1943 Winston Churchill, der «einen jungen und energischen Kopf» suchte, zum Oberbefehlshaber der Alliierten Streitkräfte in Südostasien ernannte. Die Autorität und Verantwortung, die ihm mit dieser Ernennung übertragen wurde, hatte nur ein einziges Gegenstück, das Oberste Alliierte Kommando, das General Dwight Eisenhower innehatte. Hundertachtundzwanzig Millionen Menschen in einem weiten Bereich Asiens waren ihm anvertraut. Es war ein Kommando, das, wie er später schrieb, «keine Siege und keine Prioritäten, nur einen schrecklichen Tiefstand der Moral, ein schreckliches Klima, einen schrecklichen Gegner und schreckliche Mängel» zu bieten hatte.

Viele seiner Untergebenen waren zwanzig Jahre älter als er oder standen drei oder vier Ränge über ihm. Manche sahen in ihm einen Playboy, der seine Zugehörigkeit zur königlichen Familie benutzt hatte, um den Smoking mit der Marineuniform und vorübergehend das Tanzparkett des Café de Paris mit dem Schlachtfeld zu vertauschen.

Er richtete die Kampfmoral seiner Männer durch Frontbesuche wieder auf, verschaffte sich bei seinen Generälen Respekt, indem er sie zwang, den Kampf in Burma ohne Rücksicht auf den Monsunregen zu führen. Er verschaffte sich durch Druck, Schmeichelei und Charme jeden Nachschub, jede Priorität, die er seinen Vorgesetzten in London und Washington abringen konnte.

Als das Jahr 1945 kam, hatten seine vorher demoralisierten und desorganisierten Streitkräfte den größten Landsieg errungen, der jemals über eine japanische Armee erfochten worden war. Nur der Abwurf der Atombombe verhinderte seinen großen strategischen Plan, die «Operation Reißverschluß», die Landung von zweihundertfünfzigtausend Soldaten an der Küste der Halbinsel Malakka. Es wäre eine amphibische Operation geworden, die an Umfang nur hinter der Landung in der Normandie zurückgestanden hätte.

Schon als Junge hatte Mountbatten beschlossen, die Laufbahn eines Marineoffiziers einzuschlagen, dem Vorbild seines Vaters nacheifernd, der mit vierzehn Jahren seine deutsche Heimat verlassen hatte und schließlich zum Amt des Ersten Seelords der Royal Navy aufgestiegen war. Mountbatten hatte kaum seine Kadettenausbildung begonnen, als ein grausamer Schlag die Karriere seines bewunderten Vaters zerstörte. Die Welle antideutscher Ressentiments, die nach Kriegsausbruch über England hinwegging, zwang den Seelord zum Rücktritt von seinem Amt. Er war von diesem Schlag tief getroffen und änderte 1917 auf Wunsch des Königs seinen Familiennamen von Battenberg in Mountbatten. (Zur gleichen Zeit entschloß sich Georg V., den Namen der Dynastie von Sachsen-Coburg-Gotha in Windsor zu ändern.) Der Sohn des zurückgetretenen Ersten Seelords gelobte, eines Tages den Posten einzunehmen, von dem die Deutschenhetze seinen Vater vertrieben hatte.

Doch dieser Aufstieg vollzog sich in den langen Jahren zwischen den beiden Weltkriegen nur langsam und ohne spektakuläre Ereignisse. Es war die Karriere eines Marineoffiziers in Friedenszeiten. Auf anderen, weniger kriegerischen Gebieten wurde der junge Mountbatten für die englische Öffentlichkeit zu einem Begriff. Mit seinem Charme, seinem ungewöhnlich guten Aussehen und seiner ansteckenden Fröhlichkeit war er einer der Lieblinge der englischen Boulevardpresse, die einem Publikum Befriedigung verschaffen wollte, das nach den Schrecken des Krieges nach Gesellschaftsberichten und Glamour hungerte. Seine Hochzeit mit Edwina Ashley, einer schönen und reichen Erbin, war das große gesellschaftliche Ereignis des Jahres 1922, und um so glanzvoller, als der Prinz von Wales sein Trauzeuge war.

In den folgenden Jahren kam es nur selten vor, daß Louis und Edwina Mountbatten nicht in den Sonntagszeitungen erwähnt wurden oder zu sehen waren – die Mountbattens mit Noël Coward im Theater, die Mountbattens in der Royal Enclosure beim Rennen in Ascot, der fesche junge Lord Louis beim Wasserskisport im Mittelmeer oder beim Empfang eines Siegespreises, den er beim Polo gewonnen hatte.

Mountbatten genoß die Bälle, Parties und Poloturniere. Doch wenn die Lustbarkeiten vorüber waren, zeigte sich ein anderer Mountbatten als der, den die Öffentlichkeit kannte. Der junge Mann hatte den Schwur nicht vergessen, den er als Junge abgelegt hatte. Mountbatten interessierte sich nicht nur für das Gesellschaftsleben, sondern war auch ein ehrgeiziger Marineoffizier voller Hingabe an seinen Beruf. Er war ein wahres Arbeitspferd, eine Eigenschaft, die zeit seines Lebens seine Untergebenen nicht zum Atemholen kommen ließ. Da er überzeugt war, die Kriege der Zukunft würden von der Wissenschaft beherrscht und durch ein überlegenes Kommunikationssystem entschieden werden, schlug er die gesellschaftlich attraktivere Laufbahn eines Deckoffiziers aus und ließ sich in der Nachrichtentechnik ausbilden.

1927 schloß er seine Nachrichtenausbildung bei der Royal Navy ab und begann ein Handbuch über sämtliche Funkgeräte zu verfassen, die bei der englischen Flotte benutzt wurden. Er war fasziniert vom technischen Fortschritt und stürzte sich in das Studium von Physik, Elektrizität und Nachrichtentechnik in jeder Form. Neue Techniken, neue Ideen, neue Geräte waren seine Leidenschaft und sein Spielzeug.

Auch bei seinen Freizeitbeschäftigungen legte er die methodisch-analytische Einstellung an den Tag, die seine Tätigkeit in der Marine kennzeichnete. Als er das Polospiel entdeckte, machte er Zeitlupenaufnahmen der besten Spieler, um ihre Technik zu studieren. Er nahm einen Polostock auseinander, untersuchte ihn bis ins kleinste und entwickelte dann einen neuen. Als er seine Studien beendet hatte, war er zwar als Spieler nur guter Durchschnitt, aber er hatte sich so viel Wissen angeeignet, daß er das maßgebende Polohandbuch verfassen konnte. Die Teams, die er führte, verloren kaum je ein Match.

Mountbatten hatte den Aufstieg Hitlers und die deutsche Aufrüstung mit wachsendem Unbehagen verfolgt. Ebenso betroffen, doch mit klarem Blick hatte er die Entwicklung in Rußland beobachtet, wo sein geliebter Onkel Nikolaus II. vom Zarenthron gestürzt und ermordet worden war. In den dreißiger Jahren verbrachten Lord und Lady Mountbatten immer weniger Zeit mit gesellschaftlichen Vergnügungen und widmeten sich zunehmend der Aufgabe, Freunden und Politikern die Augen für den Konflikt zu öffnen, den beide am Horizont heraufziehen sahen.

Am 25. August 1939 übernahm Mountbatten voll Stolz das Kommando über den Zerstörer *Kelly*, der in der Kriegsschiffswerft Tyneside auf der Helling lag. Wenige Stunden später kam im Rundfunk die Meldung, daß Stalin und Hitler einen Nichtangriffspakt geschlossen hatten. Der Kapitän der *Kelly* erfaßte sofort die Tragweite dieser Nachricht. Mountbatten gab seinen Leuten Befehl, Tag und Nacht zu arbeiten, um das Schiff früher als in den vorgesehenen drei Wochen auslaufbereit zu machen.

Als neun Tage später der Krieg ausbrach, hing der Kapitän der *Kelly*, mit einem verschmierten Overall bekleidet, über der Reling des Schiffes und klatschte zusammen mit seinen Leuten Farbe gegen den Rumpf. Doch schon am nächsten Tag war die *Kelly* im Einsatz gegen ein deutsches Unterseeboot.

«Ich werde nie den Befehl erteilen, das Schiff aufzugeben», erklärte Mountbatten seiner Besatzung. «Wir werden dieses Schiff nur verlassen, wenn es unter unseren Füßen versinkt.»

Der Zerstörer eskortierte Geleitzüge durch den Ärmelkanal, jagte U-Boote in der Nordsee, stürmte durch dichten Nebel und im Bombenhagel deutscher Flugzeuge zur norwegischen Küste, um sich an der Evakuierung der 6000 Überlebenden der Narvik-Expedition zu beteiligen. In der Mündung des Tyne wurde das Heck des Schiffes beschädigt, in der Nordsee erhielt es einen Torpedotreffer, der den Kesselraum verwüstete. Als Mountbatten Weisung erhielt, das Schiff durch Fluten zu versenken, weigerte er sich. Er verbrachte eine Nacht allein auf dem hilflos treibenden Wrack und navigierte es schließlich mit achtzehn Freiwilligen im Schlepptau in einen Heimathafen.

Ein Jahr später, im Mai 1941, schlug der *Kelly* vor der Küste Kretas die Stunde. Von einer Stukabombe getroffen, die in das Munitionsmagazin einschlug, ging sie binnen weniger Sekunden unter. Seinem Schwur getreu blieb Mountbatten auf der Brücke, bis der Zerstörer kenterte, und kämpfte sich dann an die Wasseroberfläche. Stunden um Stunden hielt er die ölbespritzten Überlebenden seiner Besatzung um ein kleines Rettungsfloß zusammen und sang mit ihnen *Roll Out the Barrel*, während deutsche Flugzeuge sie beschossen.

Mountbatten wurde für seine Taten auf der *Kelly* mit dem Kreuz des *Distinguished Service Order* ausgezeichnet, dem höchsten britischen Orden nach dem *Victoria Cross.* Fünf Monate später wurde er zu Churchill gerufen. Der Premierminister hielt nach einem wagemutigen jungen Offizier Ausschau, um ihm die Leitung der *Combined Operations* zu übertragen, einer Einsatzgruppe, die zur Entwicklung von Taktik und Technologie ins Leben gerufen worden war.

Mountbatten mit seiner Mischung aus Forschheit und wissenschaftlicher Neugier war der ideale Mann für diesen Posten. Da er für neue Ideen immer aufgeschlossen war, zog er eine Schar von Erfindern, Wissenschaftlern, Technikern, Genies und Spinnern an. Manche ihrer Projekte – wie beispielsweise ein Eisberg aus gefrorenem Meerwasser, vermengt mit fünf Prozent Zellulose, der als unsinkbarer Flugplatz dienen sollte – waren Hirngespinste. Aber sein Team entwickelte auch die Unterwasserpipeline «Pluto» von England zur Normandie, die Mulberry-Kunsthäfen und die Landefahrzeuge, welche die Invasion an der normannischen Küste ermöglichten. Diese Leistungen trugen Mountbatten schließlich mit dreiundvierzig Jahren den Posten des Oberkommandierenden in Südostasien ein.

Nun, da er im Begriff war, die anspruchsvollste Aufgabe seiner Laufbahn zu übernehmen, stand er körperlich und geistig im Zenit seines Lebens. Der Seekrieg und seine hohe militärische Stellung hatten ihm die Eigenschaft gegeben, rasche Entscheidungen zu treffen, und sein angeborenes Talent zur Führung entfaltet. Er war weder ein philosophischer Kopf noch dem abstrakten Denken zugetan, besaß aber einen scharfen, analytischen Verstand, der durch lebenslangen Fleiß gehärtet war. Er besaß keine Spur der angelsächsischen Vorliebe für den guten Verlierer. Er war ein Mann, der gewinnen wollte.

Seine jugendliche Fröhlichkeit war zu einem ungewöhnlich gewinnenden Charme und einer bemerkenswerten Gewandtheit gereift, Menschen zusammenzubringen. «Mountbatten», sagte jemand, der nicht zu seinen Bewunderern zählte, «könnte mit seinem Charme einen Geier von einer Leiche weglocken, wenn er es sich in den Kopf setzte.»

Vor allem aber besaß Mountbatten ein unerschöpfliches Reservoir an Selbstvertrauen, das Leute, die ihm nicht gewogen waren, Eitelkeit nannten. Als Churchill ihm das Oberkommando in Asien anbot, bat er sich vierundzwanzig Stunden Bedenkzeit aus.

«Wozu denn?» knurrte Churchill. «Glauben Sie nicht, daß Sie es können?»

«Sir», antwortete Mountbatten, «ich habe die angeborene Schwäche zu glauben, daß ich alles kann.»

In den Wochen, die vor ihm lagen, hatte Königin Victorias Urenkel nichts so nötig wie dieses Selbstvertrauen.

Gandhis Kreuzweg, erste Station: «Wie nutzt man die Kraft des Sonnenlichts?»

In jedem Dorf hielt er es genau wie im vorigen. Sobald der berühmteste Asiate angekommen war, ging er zu einer Hütte, nach Möglichkeit der eines Moslems, und bat um Obdach. Wurde er abgewiesen, was mitunter vorkam, ging Gandhi zu einer anderen Tür. «Wenn mich niemand aufnehmen will», hatte er gesagt, «werde ich mich zufrieden unter dem gastlichen Schatten eines Baumes ausstrecken.»

Sobald er ein Obdach gefunden hatte, nährte er sich von dem, was seine Gastgeber ihm anbieten konnten: Mangofrüchte, Gemüse, geronnene Ziegenmilch, grüne Kokosnußmilch. Jede Tagesstunde in jedem Dorf war streng eingeteilt. Gandhi betrachtete die Zeit als eine Kostbarkeit. Jede einzelne Minute, meinte er, sei ein Geschenk Gottes, das im Dienste des Menschen genutzt werden müsse. Er ordnete seine Tage nach einem seiner wenigen Besitztümer, einer sechzehn Jahre alten billigen Ingersoll-Uhr, die er stets mit einer Schnur um die Taille trug. Um zwei Uhr früh stand er auf, um in der Bhagavadgita zu lesen und sein Morgengebet zu sprechen. Anschließend hockte er bis Tagesanbruch in seiner Hütte und beantwortete geduldig mit einem Bleistift die Briefe, die er erhalten hatte. Er benutzte jeden Stift so lange, bis er den zu kurz gewordenen Stummel nicht mehr halten konnte. Der Bleistift stelle das Werk eines Mitmenschen dar, und nicht sorgsam mit ihm umzugehen, hieße, für die Arbeit dieses Menschen Gleichgültigkeit zu zeigen. Jeden Morgen verabreichte er sich zu einer präzisen Zeit ein Salzwasser-Klistier. Gandhi glaubte fest an die Heilkräfte der Natur und war überzeugt, daß er auf diese Weise die Giftstoffe aus seinen

Eingeweiden ausspüle. Jahrelang galt es als das endgültige Zeichen, daß man in seiner Gesellschaft akzeptiert wurde, wenn der Mahatma dem Betreffenden anbot, ihm ein Salzwasser-Klistier zu geben.

Wenn die Sonne aufging, begann Gandhi durch das Dorf zu wandern, wobei er unablässig mit den Bewohnern sprach und betete. Schon bald entwickelte er eine Taktik, mit der er erreichen wollte, daß in Noakhali wieder Friede und Sicherheit einkehrten. Es war ein typischer Gandhi-Trick. In jedem Dorf pflegte er so lange zu suchen, bis er einen Hindu und einen Moslem von angesehener Stellung gefunden hatte, die seinem Aufruf folgten. Dann überredete er sie, zusammen unter dasselbe Dach zu ziehen. Damit wurden sie gemeinsam zu Garanten des dörflichen Friedens. Der Moslem verpflichtete sich, zu Tode zu fasten, falls die anderen Moslems die Hindus des Dorfes angriffen. Das gleiche Versprechen legte der Hindu ab.

Doch begnügte sich Gandhi auf den blutgetränkten Wegen Noakhalis nicht damit, den Haß aus den Dörfern auszutreiben. Sobald er spürte, daß ein Dorf seine Botschaft der Bruderliebe zu verstehen begann, erweiterte er seinen Appell. Für Gandhi bestand Indien aus seinen abgelegenen, unzugänglichen Dörfern wie diesen Weilern an seinem Weg durch Noakhali. Niemand kannte sie so gut wie er. Sein Wunsch war, daß das unabhängig gewordene Indien auf dem Fundament seiner wieder mit Lebenskraft erfüllten Dörfer entstehe, und er hatte seine eigenen Vorstellungen, wie es neu zu ordnen sei.

«Ich werde euch auf meiner Rundreise zeigen, wie ihr das Wasser des Dorfes und euch selber sauberhalten könnt», erklärte er den Dorfbewohnern, «wie ihr die Erde benutzen könnt, aus der ihr gemacht seid; wie ihr die Lebenskraft aus dem unendlichen Himmel über euren Köpfen gewinnen könnt, die euch umgibt; wie ihr das Sonnenlicht richtig nutzen könnt.»

Der alternde Führer ließ es nicht bei Worten bewenden. Gandhi glaubte unerschütterlich an den Wert konkreten Handelns, sogar jeder einzelnen Tat. Zur Verzweiflung vieler seiner Anhänger, die der Meinung waren, seine Zeit sollte nach anderen Schwerpunkten eingeteilt sein, ließ er dieselbe peinliche Sorgfalt und Aufmerksamkeit walten, ob er nun einem Leprakranken eine Schlammpackung auflegte oder sich auf eine Unterredung mit dem Vizekönig vorbereitete. So ging er in jedem Dorf mit den Bewohnern zu ihren Brunnen. Häufig half er ihnen, einen besseren Standort dafür zu suchen. Er machte es sich zur Gewohnheit, die öffentlichen Latrinen zu besichtigen, und wenn sie, was zumeist der Fall war, keine besaßen, brachte er ihnen bei, wie man eine baut. Beim Graben legte er oft selbst mit Hand an. Da er überzeugt war, daß der Mangel an Hygiene die Grundursache für die hohe Sterblichkeitsrate in Indien ist, zog er seit Jahren gegen Unsitten zu Felde, wie die Verrichtung der Notdurft in der Öffentlichkeit oder das Spukken auf die Dorfwege, auf denen die meisten der Armen barfuß gingen.

«Wenn wir Inder alle auf einmal ausspucken wollten», sagte er einmal, «würde das einen Tümpel ergeben, in dem 300000 Engländer ertrinken könnten.» Sah er, daß jemand auf einen öffentlichen Weg spuckte oder beim Schneuzen den Naseninhalt dorthin beförderte, machte er dem Betreffenden milde Vorhaltungen. Er ging in die Hütten, um den Leuten zu zeigen, wie man einen einfachen Filter aus Holzkohle und Sand bastelt, um damit das Trinkwasser zu reinigen. «Der Unterschied zwischen dem, was wir tun, und dem, was wir tun könnten», bemerkte er wiederholt, «würde genügen, um die meisten Probleme der Welt zu lösen.»

Allabendlich hielt er eine offene Gebetsversammlung ab. Er lud dazu die Moslems ein und ließ es sich angelegen sein, Verse aus dem Koran vorzutragen. Bei diesen Zusammenkünften konnte ihm jeder beliebig Fragen stellen. Eines Tages machte ihm ein Dorfbewohner Vorwürfe, weil er seine Zeit in Noakhali vergeude. Er sollte statt dessen in Neu-Delhi sein und mit Jinnah und der Moslemliga verhandeln.

«Ein Führer», antwortete ihm Gandhi, «ist nur ein Spiegelbild des Volkes, das er führt.» Die Menschen müßten zuerst dazu gebracht werden, untereinander Frieden zu schließen. Dann, sagte er, «wird sich ihr Wunsch, in friedlicher Nachbarschaft zu leben, auch in ihren Führern spiegeln».

Wenn er den Eindruck hatte, daß man in einem Dorf seine Botschaft zu verstehen begann, wenn die Moslembewohner sich bereit gefunden hatten, die verängstigten Hindus in ihre Hütten zurückkehren zu lassen, machte er sich auf den Weg, um die nächste Ansiedlung aufzusuchen, fünfzehn, zwanzig Kilometer entfernt. Stets brach er genau um halb acht Uhr morgens auf. Dann zog, wie in Srirampur, die kleine Gruppe, Gandhi voran, durch Mangogärten, zwischen grünen, bemoosten Weihern hindurch, von denen Enten und Wildgänse aufflogen, wenn sie sich näherte. Die Pfade, auf denen sie dahinzogen, waren schmal und wanden sich zwischen Palmenpflanzungen und dichtem Unterholz durch. Steine und herausstehende Wurzeln erschwerten das Gehen. Manchmal mußte die kleine Prozession durch knöcheltiefen Schlamm waten. Wenn sie ihre nächste Station erreicht hatte, hatte der siebenundsiebzigjährige Mahatma oft schmerzende Blasen und Beulen an den Füßen. Bevor er wieder an sein Friedenswerk ging, gönnte er ihnen ein Bad in heißem Wasser. Dann genehmigte er sich den einzigen Luxus, den er sich auf seiner Bußfahrt erlaubte: Manu, seine neunzehnjährige Großnichte und beständige Gefährtin, massierte ihm die geschundenen Füße – mit einem Stein.

Der Prophet der Gewaltlosigkeit rüttelt einen Kontinent auf

Seit dreißig Jahren führten diese gemarterten Füße die hungernden Massen eines Subkontinents im Gebet der Freiheit entgegen. Sie hatten Gandhi in die entlegensten Ecken Indiens getragen, in Tausende solcher Dörfer, wie er sie nun besuchte, in Leprasiedlungen, in die schlimmsten Slums des Landes, in Paläste und Gefängnisse, immer auf dem Weg zu seinem hohen Ziel, Indiens Freiheit.

Mohandas Gandhi war ein Schuljunge von acht Jahren gewesen, als die Urgroßmutter der beiden Vettern, die im Buckingham-Palast beim Tee saßen, in der Nähe von Delhi zur Kaiserin von Indien proklamiert wurde. Diese grandiose Zeremonie blieb für Gandhi immer mit einem Lied verknüpft, das er mit seinen Spielkameraden in seinem Heimatort Porbandar, am Arabischen Meer, tausendzweihundert Kilometer von Delhi entfernt, auf dieses Ereignis gesungen hatte:

Seht doch den mächtigen Briten,
Herrn über den indischen Zwerg!
Schaut doch den Fleischfresser an,
Hoch ist er fast wie ein Berg!

Der Junge, dessen geistige Kraft dereinst diese ellenlangen Engländer und ihr gewaltiges Weltreich demütigen sollte, konnte der Herausforderung, die in diesem Lied lag, nicht widerstehen. Zusammen mit einem Freund kochte und verspeiste er ein Stück verbotenes Ziegenfleisch. Die Folgen waren verheerend. Der achtjährige Gandhi erbrach das Fleisch sofort und träumte in der Nacht, daß die Ziege in seinem Magen umherspringe.

Gandhis Vater war der erbliche *diwan* (Erster Minister) eines Zwergstaates auf der Halbinsel Kathiawar im Norden von Bombay, seine Mutter eine tief religiöse Frau, die sich langem Fasten hingab.

Gandhi, der vom Schicksal ausersehen wurde, zu Indiens größtem geistigen Führer zu werden, entstammte seltsamerweise nicht der Brahmanenkaste, die nach der Tradition die philosophische und religiöse Elite des Hinduismus stellt. Sein Vater gehörte der Vaisyakaste an, der Kaste der Ladenbesitzer und Kleinhandwerker, die einen Mittelplatz in der sozialen Rangordnung der Hindus einnahm, über den Unberührbaren und Sudras, doch unter den Brahmanen und Kschatriyas.

Mit dreizehn Jahren wurde Gandhi, der damaligen Tradition in Indien folgend, mit einem ihm unbekannten Mädchen namens Kasturbai verheiratet, das weder lesen noch schreiben konnte. Der Knabe, der später für die Welt zur Verkörperung von Reinheit und Askese wurde, genoß voll Entzücken die Entdeckung sexueller Freuden.

Vier Jahre später traf Gandhi ein schwerer Schlag. Mit seiner jungen

Frau ergab er sich gerade den ehelichen Freuden, als ein Pochen an der Tür das Liebesspiel unterbrach. Es war ein Diener. Gandhis Vater, meldete er, sei soeben gestorben.

Gandhi war bestürzt. Er hing mit großer Liebe an seinem Vater. Erst kurz vorher war er an seinem Sterbebett gewesen und hatte ihm geduldig die Beine massiert. Von einer Aufwallung sexueller Begierde erfaßt, hatte er sich auf Zehenspitzen aus dem Zimmer seines Vaters geschlichen und seine Frau geweckt. Dieses Trauma führte dazu, daß Gandhi die Freude an der Sexualität verlor. Ein unauslöschlicher Eindruck blieb in seiner Psyche zurück.

Nach dem Tod seines Vaters wurde Gandhi nach England geschickt, wo er die Rechte studieren sollte, um ebenfalls Premierminister eines Fürstenstaates zu werden. Für eine fromme Hindufamilie war dies ein außergewöhnliches Unternehmen. Kein Mitglied war jemals im Ausland gewesen. Gandhi wurde feierlich aus seiner Kaste ausgeschlossen, weil für die Begriffe alter Hindus seine Reise über die Meere ihn verunreinigen würde.

Gandhi war tiefunglücklich in London. Er war so verschüchtert, daß es ihm zur Qual wurde, auch nur ein einziges Wort an einen Fremden zu richten; ein ganzer Satz war eine Folter für ihn. Körperlich war er mit seinen neunzehn Jahren ein mitleiderregendes Bürschchen in der hochgeistigen Welt der Rechtsschulen, der Inns of Court. Seine billige, schlecht geschnittene Kleidung aus Bombay schlotterte um seinen spindeldürren Körper. Er war so klein, so völlig unscheinbar, daß manche seiner Kommilitonen ihn für einen Botenjungen hielten.

Der einsame, unglückliche Gandhi meinte, aus diesem Elend gebe es nur den Ausweg, daß er ein englischer Gentleman werde. Er warf seine indischen Kleider fort und legte sich eine neue Garderobe zu, einen Seidenzylinder, Smoking, Patentlederschuhe, weiße Handschuhe und einen Spazierstock mit Silberknauf. Er kaufte sich Pomade, um das widerspenstige schwarze Haar auf seinem Schädel festzukleben. Stundenlang stand er vor dem Spiegel, betrachtete seine Erscheinung und übte das Krawattenbinden. Um die gesellschaftliche Anerkennung zu erringen, nach der es ihn verlangte, erstand er eine Geige, trat in einen Tanzkursus ein, nahm sich einen Französischlehrer und versuchte die Redekunst zu erlernen.

Der Erfolg dieser rührenden Bemühungen war ebenso katastrophal wie einst seine Erfahrung mit Ziegenfleisch. Seiner Geige vermochte er nichts als ein armseliges Gekrächze zu entlocken. Seine Füße wollten den Dreivierteltakt nicht erlernen, die Zunge nicht die französische Sprache, und noch so viel Unterricht in der Kunst der wohlgesetzten Rede vermochte nicht den Geist zu befreien, der seiner beengenden Schüchternheit entfliehen wollte. Selbst ein Besuch im Bordell schlug fehl. Gandhi kam nicht weiter als bis zum Empfangssalon.

Er gab seine Versuche auf, einen englischen Gentleman aus sich zu machen, und begnügte sich wieder damit, er selbst zu sein. Als er schließlich seinen Barrister bestanden hatte, reiste er sofort und voll Erleichterung nach Indien zurück.

Seine Heimkehr war nicht gerade triumphal. Monatelang wartete er in den Gängen des Gerichtsgebäudes von Bombay auf einen Mandanten, den er vertreten könnte. Der junge Mann, dessen Stimme dereinst dreihundert Millionen Inder beflügeln sollte, erwies sich als unfähig, ein Plädoyer zu halten, das auch nur einen einzigen indischen Richter hätte beeindrucken können.

Dieses Malheur führte den ersten großen Wendepunkt in Gandhis Leben herbei. Seine tief enttäuschte Familie schickte ihn nach Südafrika, wo er einem entfernten Verwandten bei verwickelten juristischen Problemen helfen sollte. Sein Besuch war nur für ein paar Monate geplant, statt dessen blieb er ein volles Vierteljahrhundert. Dort, in diesem öden, feindseligen Land, fand Gandhi die philosophischen Grundsätze, die sein Leben und die indische Geschichte umgestalteten.

Doch als der junge Gandhi im Mai 1893 im Hafen von Durban das Schiff verließ, deutete nichts auf eine Berufung zu heiligmäßiger Askese. Im weißen Stehkragen und dem modischen Gehrock eines Barrister vom Londoner Inner Temple betrat der künftige Prophet der Armut den Boden Südafrikas. Seine Aktentasche war mit Unterlagen über den reichen indischen Geschäftsmann vollgestopft, dessen Interessen er hier vor Gericht vertreten sollte.

Die wirkliche Bekanntschaft mit Südafrika aber schloß Gandhi erst eine Woche nach seiner Ankunft, während einer nächtlichen Eisenbahnfahrt von Durban nach Pretoria. Noch vierzig Jahre später erinnerte er sich an diese Fahrt, die er als das Erlebnis empfand, das sein Leben am stärksten prägte. Auf halber Strecke nach Pretoria trat ein Weißer in sein Erste-Klasse-Abteil und forderte ihn hochmütig auf, in den Gepäckwagen überzuwechseln. Gandhi, der eine Fahrkarte Erster Klasse hatte, weigerte sich. Als der Zug auf der nächsten Station hielt, rief der Weiße einen Polizisten, und Gandhi wurde samt seinem Gepäck mitten in der Nacht ohne viel Federlesens aus dem Zug geworfen.

Ganz allein und zitternd vor Kälte, weil er den Bahnhofsvorsteher nicht um den Mantel zu fragen wagte, der mit seinem Gepäck eingeschlossen war, verbrachte Gandhi die Nacht zusammengekauert in dem unbeleuchteten Bahnhof und sann über seinen ersten brutalen Zusammenstoß mit rassischen Vorurteilen nach. Als über der kleinen Station Pietermaritzburg endlich der Morgen anbrach, war der verschüchterte, verschlossene junge Mann ein anderer Mensch geworden. Der kleine Rechtsanwalt hatte den wichtigsten Entschluß seines Lebens gefaßt. Mohandas Gandhi wollte von nun an «Nein» sagen.

Eine Woche später hielt er seine erste öffentliche Ansprache vor den

Indern Pretorias. Der Anwalt, der in den Gerichtssälen von Bombay vor Schüchternheit nicht die Sprache gefunden hatte, hatte nun zum erstenmal sein Rednertalent entdeckt. Eindringlich rief er die Inder auf, sich zur Verteidigung ihrer Interessen zusammenzuschließen und, als ersten Schritt, die Sprache ihrer Unterdrücker, der Briten, zu erlernen. Ohne sich dessen bewußt zu sein, begann Gandhi am folgenden Abend mit der Arbeit, die nach langen Jahren dreihundert Millionen Indern die Freiheit bringen sollte: Er gab einem Friseur, einem Schreiber und einem Ladenbesitzer den ersten Englischunterricht. Bald hatte er auch den ersten seiner Siege errungen, die er im nächsten halben Jahrhundert noch so oft wiederholen sollte. Er rang den Bahnbehörden Südafrikas das Zugeständnis ab, daß gutgekleidete Inder auf der Eisenbahn des Landes Erster oder Zweiter Klasse reisen durften.

Als der Rechtsstreit, der ihn nach Südafrika geführt hatte, abgeschlossen war, beschloß Gandhi, im Land zu bleiben. Er wurde sowohl der Wortführer der indischen Gemeinde in Südafrika als auch ein höchst erfolgreicher Anwalt. Trotz der rassischen Ungerechtigkeit blieb er ein getreuer Untertan des Empire und führte im Burenkrieg sogar eine Sanitätsbrigade.

Zehn Jahre nach seiner Ankunft in Südafrika brachte wiederum ein Eisenbahnzug Gandhi zu einem, dem zweiten großen Wendepunkt seines Lebens. Als er eines Abends im Jahr 1904 den Johannesburg–Durban-Expreß bestieg, gab ihm ein englischer Freund für die lange Fahrt ein Buch zum Lesen mit. Es war John Ruskins *Unto This Last.*

Während der Zug durch das südafrikanische Veldt rollte, las Gandhi die ganze Nacht das Werk des englischen Sozialphilosophen. Es war sein Damaskus-Erlebnis. Als er am folgenden Morgen in Durban ankam, hatte Gandhi ein Gelöbnis abgelegt: all seine materiellen Besitztümer aufzugeben und gemäß den Ideen Ruskins zu leben. Reichtümer, so hatte Ruskin geschrieben, seien nur Werkzeuge, um sich Macht über die Menschen zu sichern. Der Tagelöhner mit seinem Spaten diene der Gesellschaft ebenso gut wie der Anwalt mit einem Plädoyer, und das Leben der Arbeitsmühsal, das Leben dessen, der den Boden bestellt, sei das Leben, das zu leben sich lohne.

Gandhis Entschluß war um so erstaunlicher, als er in diesem Augenblick ein wohlhabender Mann war, der mit seiner Kanzlei mehr als 5000 Pfund Sterling jährlich verdiente, im damaligen Südafrika eine gewaltige Summe.

Doch schon seit zwei Jahren hatte es in Gandhis Denken gegoren. Er kam nicht mehr von der Lehre der Bhagavadgita los, daß der Verzicht auf eigene Wünsche und auf die Bindung an materielle Besitztümer die wichtigste Voraussetzung für ein geistiges Erwachen sei. Er hatte bereits seine eigenen Experimente gemacht: sich das Haar selbst geschoren, seine Wäsche selbst gewaschen, seine eigene Toilette gesäubert. Er hatte sogar bei der Geburt seines letzten Kindes geholfen. Nun fanden seine Zweifel Bestärkung in Ruskins Schrift.

Kaum eine Woche danach ließ sich Gandhi mit seiner Familie auf einer Farm in der Umgebung von Phoenix nieder, zwanzig Kilometer von Durban entfernt. Dort, auf diesem traurigen, verwilderten Gehöft, das aus einem verfallenen Schuppen, einem Brunnen, ein paar Orangen-, Maulbeer- und Mangobäumen und einem Gewimmel von Schlangen bestand, nahm Gandhis Leben das Muster an, das es bis zu seinem Tode bestimmen sollte: die Absage an materiellen Besitz und das Streben nach der Befriedigung menschlicher Bedürfnisse auf die schlichteste Art, verbunden mit einem Gemeinschaftsleben, bei dem jede Arbeit gleich wertvoll ist und alle Güter geteilt werden.

Doch noch blieb ein letzter Verzicht zu leisten. Es war das Gelöbnis der *Brahmacharya* (Keuschheit oder sexuelle Enthaltsamkeit). Jahrelang machte es Gandhi zu schaffen.

Die Wunde, die ihm der Tod seines Vaters geschlagen hatte, der Wunsch, keine weiteren Kinder mehr zu haben, sein stärker werdendes religiöses Bewußtsein – all dies trieb ihn zu seinem Entschluß. Im Jahr 1906, an einem Sommerabend, erklärte Gandhi seiner Ehefrau Kasturbai, daß er das Gelöbnis der *Brahmacharya* abgelegt habe. Mit siebenunddreißig Jahren endete für Gandhi das geschlechtliche Leben, das er mit dreizehn Jahren so beglückt aufgenommen hatte.

Doch bedeutete die *Brahmacharya* für ihn mehr als nur die Eindämmung sexueller Wünsche. Er verstand sie als Beherrschung alles Sinnlichen. Sie bedeutete ihm eine Beschränkung im Gefühlsleben, in Kost und Sprache, die Unterdrückung von Zorn, Gewaltausbrüchen und Haß, die Erreichung eines wunschlosen Zustandes, der dem Besitzlosigkeitsideal der Bhagavadgita nahekam. Keines der Gelübde, die Gandhi in seinem Leben ablegte, brachte ihm solch schwere innere Kämpfe wie das Gelöbnis der Keuschheit. Es war ein Ringen, das ihn, in dieser oder jener Form, bis an das Ende seines Lebens begleiten sollte. Aber schon die beiden Grunddoktrinen, die ihn weltberühmt machten – die Lehre von der Gewaltlosigkeit und vom bürgerlichen Ungehorsam –, formulierte Gandhi während des Kampfes gegen die Rassendiskriminierung, den er in seiner ersten Woche in Südafrika aufnahm.

Eine Stelle aus der Bibel hatte Gandhis erstes Nachdenken über die Gewaltlosigkeit veranlaßt. Er war überwältigt worden von Jesu Mahnung an seine Jünger, dem Angreifer, der sie auf eine Backe schlug, auch die andere hinzuhalten. Der kleine Mann hatte die Lehre bereits selbst angewendet und sich stoisch den Brutalitäten zahlreicher weißer Angreifer unterworfen. Der Grundsatz Auge um Auge, so fand er, könne nur in eine Welt der Blindheit führen. Man verändert die Überzeugungen eines Menschen nicht dadurch, daß man ihm den Kopf einschlägt oder eine Kugel durch den Leib schießt. Gewalt kann die Gewalttätigen nur noch mehr brutalisieren und die Opfer lediglich verbittern. Gandhi suchte eine Lehre, die durch das Beispiel der Güte Veränderungen erzwingen, welche die Menschen mit der Kraft Gottes versöhnen, statt sie durch menschliche Stärke entzweien würde.

Die südafrikanische Regierung bot ihm im Herbst 1906 die Möglichkeit, seine noch halbformulierten Theorien der praktischen Erprobung auszusetzen. Die Gelegenheit war ein Gesetz, das von allen Indern über achtzehn Jahren verlangte, sich staatlich registrieren, Fingerabdrücke abnehmen zu lassen und einen besonderen Personalausweis bei sich zu tragen. Am 11. September 1906 ergriff Gandhi vor einer Versammlung aufgebrachter Inder im Johannesburger Empire Theatre das Wort des Protestes gegen das Gesetz.

Ihm zu gehorchen, so erklärte er, würde zum Untergang ihrer Gemeinschaft führen. «Für mich gibt es nur einen Weg: zu sterben, aber sich diesem Gesetz nicht zu unterwerfen.» Zum erstenmal in seinem Leben brachte er eine öffentliche Versammlung zu dem Gelöbnis vor Gott, sich einem ungerechten Gesetz ohne Rücksicht auf die Folgen zu widersetzen. Gandhi setzte seinen Zuhörern nicht auseinander, wie sie sich wehren sollten. An diesem Septemberabend wußte er es vermutlich selbst noch nicht. Nur eines war für ihn klar: Der Widerstand sollte ohne Gewalt geleistet werden.

Der neue Grundsatz des politischen und sozialen Kampfes, der im Empire Theatre geboren wurde, hatte bald einen Namen, *Satyagraha* («wahre Kraft»). Gandhi organisierte einen Boykott der Registrierung und ließ friedliche Streikposten vor den Registrationsämtern aufziehen. Diese Aktionen trugen ihm die erste der zahlreichen Gefängnisstrafen seines Lebens ein.

Während seiner Haftzeit stieß Gandhi auf die zweite der weltlichen Schriften, die sein Denken stark beeinflussen sollte, Henry Thoreaus *Über den bürgerlichen Ungehorsam.* (Die dritte war Leo Tolstois *Das Reich Gottes ist in uns.* Er bewunderte, daß Tolstoi darauf bestand, seine moralischen Prinzipien auf sein Alltagsleben anzuwenden. Die beiden Männer hatten erstaunlich ähnliche Ideen über Gewaltlosigkeit, Erziehung, Ernährung und Industrialisierung und tauschten kurz vor Tolstois Tod Briefe aus.) Im Protest gegen die amerikanische Regierung, die die Sklaverei duldete und einen ungerechten Krieg in Mexiko führte, setzte sich Thoreau für das Recht des einzelnen ein, ungerechte Gesetze zu mißachten und einer Regierung, deren Tyrannei unerträglich geworden war, die Loyalität aufzusagen. Im Recht zu sein, erklärte er, sei ehrenvoller als Gesetzestreue.

Thoreaus Schrift wirkte wie ein Katalysator auf Gedanken, die Gandhi bereits durch den Kopf gingen. Als er aus dem Gefängnis entlassen wurde, beschloß er, sie zum Protest gegen einen Entschluß

Transvaals zu benutzen, die Grenzen für Inder zu sperren. Am 6. November 1913 traten, von Gandhi geführt, 2037 Männer, 127 Frauen und 57 Kinder einen gewaltlosen Marsch zu den Grenzen Transvaals an. Ihr sicheres Los war das Gefängnis, als Lohn erwarteten sie fürchterliche Prügel.

Als Gandhi den Zug betrachtete, spürte er plötzlich an der stillen Entschlossenheit der Menschen, was die gewaltlose Aktion großer Massen ausrichten könnte. Hier, an der Grenze von Transvaal, erkannte er die gewaltigen Möglichkeiten, die der von ihm ins Leben gerufenen Bewegung innewohnten. Aus den Hunderten, die er an diesem Novembertag anführte, konnten Hunderttausende werden, eine Menschenflut, unwiderstehlich durch den unerschütterlichen Glauben an das Ideal der Gewaltlosigkeit.

Verfolgungen, Prügel, Gefängnisurteile und wirtschaftliche Repressalien waren die Folgen dieser Tat, aber all dies konnte die Bewegung nicht zerbrechen. 1914 endete Gandhis afrikanischer Kreuzzug mit einem fast vollkommenen Sieg. Der kleine Mann konnte endlich in die Heimat zurückkehren.

Der Gandhi, der im Juli 1914 Südafrika verließ, war ein völlig anderer Mensch als der schüchterne junge Rechtsanwalt, der 1893 in Durban an Land gegangen war. Er hatte in diesem ungastlichen Land seine drei Lehrmeister entdeckt – Ruskin, Tolstoi und Thoreau, einen Engländer, einen Russen und einen Amerikaner. Aus seinen Erlebnissen und Erfahrungen hatte er die beiden Lehren, Gewaltlosigkeit und bürgerlicher Ungehorsam, entwickelt, mit denen er in den folgenden drei Jahrzehnten das mächtigste Imperium der Welt demütigen sollte.

Eine ungeheure Menschenmenge bereitete Gandhi einen Empfang wie einem Helden, als er am 9. Januar 1915 in Bombay eintraf und den Gateway of India durchschritt. Das bescheidene Köfferchen, das er in der Hand trug, hatte einen wichtigen Inhalt. Es war ein dickes Bündel von Blättern, die von handschriftlichen Aufzeichnungen bedeckt waren. Sie trugen die Überschrift *Hind Swaraj* (Indische Selbstregierung), die klar erkennen ließ, daß Afrika für Gandhi nur das Übungsgelände für den wahren Kampf seines Lebens gewesen war.

Gandhi ließ sich in der Nähe der Industriestadt Ahmedabad am Ufer des Sabarmati nieder, wo er einen *Ashram* gründete, eine Gemeinschaftsfarm ähnlich jenen, die er in Südafrika ins Leben gerufen hatte. Wie stets galt Gandhis erste Sorge den Armen. Er organisierte die Ingidobauern in Bihar gegen die Unterdrückung und Ausbeutung durch ihre englischen Grundherren, die Bauern in der unter der Dürre leidenden Provinz Bombay zum Protest gegen die drückenden Steuern, die Arbeiter in den Spinnereien von Ahmedabad gegen ihre Arbeitgeber. Zum erstenmal nahm sich ein prominenter Inder des Elends der Massen an. Bald verlieh Rabindranath Tagore, Indiens Literatur-

Nobelpreisträger, Gandhi den Beinamen, den er dann zeit seines Lebens tragen sollte: *Mahatma* – Große Seele im Bettlergewand.

Wie die meisten Inder verhielt sich Gandhi während des ersten Weltkriegs loyal gegenüber Großbritannien. Er war überzeugt, daß England diese Haltung durch Aufgeschlossenheit gegenüber den nationalen Bestrebungen Indiens vergelten werde. Doch Gandhi täuschte sich; entgegen seinen Hoffnungen wurde 1919 die Rowlatt Act erlassen, um die Agitation für die Freiheit des Landes zu unterdrücken. Lange Wochen meditierte Gandhi und suchte nach einer Taktik gegenüber den Briten. Er fand sie in einem Traum. Es war eine glänzende, erstaunlich einfache Antwort. Indien würde, bestimmte er, durch ein Schweigen, ein unheimliches Schweigen eigener Art protestieren. Er wollte etwas tun, woran vor ihm noch niemand auch nur im Traum gedacht hatte: einen *hartal*, einen Trauertag, ausrufen, der Indien in eisigem Schweigen lähmen sollte.

Wie so viele von Gandhis politischen Einfällen zeigte sich auch in diesem Plan das instinktive Gespür für eine Taktik, die sich in ein paar Worten ausdrücken ließ, auch von den schlichtesten Gemütern begriffen wurde und mit den einfachsten Gesten in die Tat umgesetzt werden konnte. Seine Anhänger brauchten sich nicht gegen die Gesetze zu vergehen oder den Schlagstöcken der Polizei zu trotzen. Sie mußten nicht mehr tun als – nichts. Indem sie ihre Läden schlossen, ihre Klassenzimmer verließen, zum Beten in ihre Tempel gingen oder einfach zu Hause blieben, konnten sie zeigen, daß sie sich mit seinem Protestaufruf solidarisch erklärten. Als Tag seines *hartal* wählte er den 7. April 1919. Es war seine erste offene Aktion gegen die britische Regierung in Indien. Indien sollte stillstehen, und die Unterdrücker sollten den unausgesprochenen Wunsch der schweigenden Massen hören.

Unglücklicherweise verhielten sich die Massen nicht überall friedlich und schweigend. Es kam zu Krawallen und Ausschreitungen. Am schlimmsten wurde es in Amritsar im Pandschab. Als daraufhin eine Ausgangssperre und ein Versammlungsverbot erlassen wurden, strömten am 13. April Tausende von Indern auf einem mit Steinen und Unrat übersäten Platz namens Jallianwalla Bagh zu einer friedlichen, aber illegalen Demonstration zusammen.

Der Platz hatte nur einen einzigen Zugang, eine schmale Gasse zwischen zwei Gebäuden. Kurz nachdem die Kundgebung begonnen hatte, marschierte durch diese Gasse Brigadegeneral Reginald Edward Dyer an der Spitze eines Trupps von fünfzig Soldaten, entschlossen, die Versammlung auseinanderzutreiben. General Dyer postierte seine Leute auf beiden Seiten des Zugangs und ließ sie ohne Warnung mit Maschinengewehren das Feuer auf die wehrlosen Inder eröffnen. Volle zehn Minuten lang schossen die Soldaten auf die in der Falle sitzenden

Menschen, die vergebens um Schonung schrien. Sie verfeuerten 1650 Schuß Munition. Ihre Kugeln töteten oder verwundeten 1516 Menschen. In der festen Überzeugung, daß er «recht gute Arbeit» geleistet habe, führte General Dyer seine Männer vom Platz.

Seine «recht gute Arbeit» wurde zu einem Wendepunkt in der Geschichte der anglo-indischen Beziehungen, noch entscheidender als der Große Indische Aufstand dreiundsechzig Jahre vorher.[3] Für Gandhi war es der endgültige Vertrauensbruch seitens des Empire, für das er in zwei Kriegen seine pazifistische Gesinnung zeitweilig geopfert hatte. Er richtete seine ganze Energie darauf, die Führung der Organisation zu erlangen, welche die nationalen Bestrebungen Indiens verkörperte.

Die Vorstellung, daß die Kongreßpartei eines Tages zum Sammelpunkt der Massenagitation gegen die englische Herrschaft in Indien werden könnte, hätte den biederen englischen Beamten, der die Partei 1885 gegründet hatte, sicherlich entsetzt. Mit dem Segen des Vizekönigs hatte Octavian Hume eine Organisation gründen wollen, um die Protesthaltung der langsam wachsenden Schicht indischer Gebildeter zu kanalisieren und ein gemäßigtes, verantwortungsbewußtes Gremium zu schaffen, das zu einem gentlemanhaften Dialog mit den britischen Herren des Landes bereit war.

Genau dieses Bild bot der Kongreß, als Gandhi auf der politischen Bühne erschien. Er war entschlossen, ihn in eine Massenbewegung umzufunktionieren, die auf sein Kredo der Gewaltlosigkeit eingestimmt war. 1920 legte Gandhi der Partei in Kalkutta einen Aktionsplan vor. Er wurde mit überwältigender Mehrheit angenommen. Von diesem Augenblick an bis zu seinem Tod war Gandhi – ob er ein Amt in der Partei innehatte oder nicht – Gewissen und Leitstern des Kongresses, der unbestrittene Führer im Ringen um die Unabhängigkeit.

Wie schon bei seinem früheren Aufruf zu einem nationalen Schweigetag, war auch diesmal Gandhis Taktik hinreißend einfach, ein Ein-Wort-Programm der friedlichen Revolution: *Noncooperation* – keine Zusammenarbeit mit den Briten. Die Inder sollten alles boykottieren, was englisch war. Studenten sollten britische Schulen, Rechtsanwälte englische Gerichte boykottieren, Arbeitnehmer in britischen Unternehmen keine Stellung annehmen, Soldaten Auszeichnungen durch die Engländer ablehnen. Gandhi gab selbst das erste Beispiel: Er schickte die beiden Orden, die er während des Burenkrieges mit seiner Sanitätsbrigade erhalten hatte, an den Vizekönig zurück.

Vor allem wollte er das Bauwerk der englischen Macht in Indien dadurch schwächen, daß er den wirtschaftlichen Pfeiler angriff, auf dem es ruhte. Die Engländer kauften die indische Rohbaumwolle zu lächerlichen Preisen und transportierten sie nach Lancashire, wo sie in den Webereien zu Textilien verarbeitet wurde. Die Fertigprodukte wurden dann wieder nach Indien verschifft und auf dem dortigen Markt, von dem nichtenglische Textilien praktisch ausgeschlossen waren, mit ansehnlichen Profiten verkauft. Es war der klassische Kreislauf imperialistischer Ausbeutung, und die Waffe, die Gandhi dagegen einzusetzen gedachte, war das genaue Gegenteil der großen Spinnereien der Industriellen Revolution, die diese Ausbeutung ermöglichten – ein primitives hölzernes Spinnrad.

Die folgenden fünfundzwanzig Jahre setzte sich Gandhi mit Tatkraft und Ausdauer dafür ein, daß die Inder ausländische Textilien gegen den groben Leinwandstoff vertauschten, der von Millionen Spinnrädern gesponnen wurde. Er war der Überzeugung, daß das Elend der halben Million indischer Dörfer vor allem auf den Verfall des dörflichen Handwerks zurückgehe, und sah in einer Wiederbelebung der Heimindustrie, deren Vorbote das Spinnrad sein sollte, den Schlüssel für die Bekämpfung der ländlichen Armut. Für die städtischen Massen sollte das Spinnen gewissermaßen eine geistige Erlösung mittels manueller Arbeit sein, eine ständige, tägliche Erinnerung an ihre Verbindung mit dem wahren Indien, dem Indien der halben Million Dörfer.

Das Spinnrad wurde zum Medium, durch das er eine ganze Reihe von Änderungen voranbrachte, die ihm am Herzen lagen. Er verband damit einen Kreuzzug, um die Dorfbewohner zu bewegen, ihre Notdurft nicht auf freiem Feld, sondern in Latrinen zu verrichten, durch tägliche Sauberkeit Hygiene und Gesundheit zu verbessern, die Malaria zu bekämpfen, für ihre Nachkommenschaft einfache Dorfschulen einzurichten, Verständnis und Harmonie zwischen Hindus und Moslems zu predigen – in einem Wort: ein umfassendes Programm zur Regeneration des ländlichen Indien.

Gandhi gab selbst das Beispiel. Jeden Tag widmete er eine Stunde seinem Spinnrad und nötigte seine Anhänger, das gleiche zu tun. Die Tätigkeit am Spinnrad wurde zu einem Ritual, einer quasireligiösen Zeremonie, die Zeit, die dabei verbracht wurde, zu einem Intermezzo des Gebets und der Einkehr. Der Mahatma begann nach dem Rhythmus des Spinnrades «Rama, Rama, Rama» (Gott) zu murmeln.

Im September 1921 gab Gandhi seiner Kampagne einen letzten Schwung, indem er für den Rest seines Lebens feierlich auf jede Bekleidung außer einem selbstgesponnenen Lendentuch und einem Schal verzichtete. Die Arbeit am Spinnrad wurde gewissermaßen zu einem Sakrament, das die stark unterschiedliche Anhängerschaft der Kongreßpartei durch einen gemeinsamen täglichen Ritus vereinte. Das Produkt des Spinnrads, Baumwollkhadi, wurde zur Einheitskleidung der Unabhängigkeitsbewegung, in die sich reich und arm, groß und klein hüllten. Schrittweise wurde Gandhis kleines hölzernes Rad zum Symbol seiner friedlichen Revolution, der Herausforderung eines erwachenden Kontinents an den weißen, westlichen Imperialismus.

Durch knöcheltiefen Schlamm und durch Wasser, auf gefährlichen, vom Steinschlag bedrohten Pfaden, endlose Nächte auf den harten Holzbrettern in den indischen Dritter-Klasse-Wagen schlafend, so zog Gandhi in die entlegensten Winkel Indiens und predigte sein Evangelium. Er sprach fünf- oder sechsmal pro Tag, in Tausenden von Dörfern.

Es war ein ungewöhnliches Schauspiel. Gandhi, barfuß, in sein Lendentuch gekleidet, mit rutschender Brille, zog auf einen Bambusstab gestützt den anderen voran. Hinter ihm kamen seine «Jünger», ebenfalls mit weißen Lendentüchern um die Hüften. Am Ende des Zuges folgte, wie eine Trophäe über dem Kopf eines Gefolgsmannes, das tragbare Klosett des Mahatma, eine anschauliche Demonstration, welchen Wert er der Hygiene beilegte.

Sein Kreuzzug war ein außergewöhnlicher Erfolg. Die Massen strömten herbei, um den Mann zu sehen, der bereits als «Große Seele» bekannt war. Seine freiwillig auf sich genommene Armut, seine Schlichtheit und Demut, seine asketische Erscheinung machten ihn sozusagen zu einem Heiligen, der aus einem fernen alten Indien ausgezogen war, um einem neuen Indien die Freiheit zu geben.

In den Städten erklärte er seinen massenhaft herbeigeströmten Zuhörern, wenn Indien sich selbst regieren wolle, müsse das Land auf Textilien aus dem Ausland verzichten. Er forderte Freiwillige auf, ihre Kleider abzulegen und ihm zu Füßen zu werfen. Schuhe, Strümpfe, Hosen, Hemden, Hüte, Mäntel türmten sich auf, bis einige Männer splitternackt vor Gandhi standen. Dann setzte der Mahatma mit einem beglückten Lächeln den Haufen in Brand, ein bizarres Freudenfeuer aus Kleidern «made in England».

Die Engländer reagierten rasch. Zwar zögerten sie, Gandhi zu verhaften, weil sie ihn nicht zum Märtyrer machen wollten. Aber um so härter gingen sie gegen seine Anhänger vor. Dreißigtausend Menschen wurden festgenommen, Versammlungen und Umzüge mit Gewalt gesprengt, Büros der Kongreßpartei durchsucht. Am 1. Februar 1922 schrieb Gandhi einen höflichen Brief an den Vizekönig, in dem er ihm mitteilte, daß er seine Aktion intensivieren wolle. Die Verweigerung der Zusammenarbeit sollte zum zivilen Ungehorsam gesteigert werden. Er riet Bauern, die Zahlung von Steuern zu verweigern, Stadtbewohnern, die englischen Gesetze zu ignorieren, und Soldaten, nicht mehr der britischen Krone zu dienen. Damit hatte Gandhi der indischen Kolonialregierung den gewaltlosen Krieg erklärt.

«Die Engländer wollen, daß wir den Kampf auf die Ebene der Maschinengewehre verlagern, wo sie die Waffen haben», warnte er die Inder. «Wir wollen das nicht. Wir können nur gewiß sein, sie zu schlagen, wenn wir den Kampf auf einer Ebene führen, wo wir die Waffen besitzen, nicht aber sie.»

Zu Tausenden folgten die Inder seinem Kampfruf, und abermals wanderten Tausende in die Gefängnisse. Der bedrängte Gouverneur von Bombay sprach vom «kolossalsten Experiment in der Geschichte, das um ein Haar Erfolg gehabt hätte».

Es scheiterte wegen eines blutigen Gewaltausbruchs in einem kleinen Dorf nordöstlich von Delhi. Gegen den Wunsch fast der gesamten Kongreßführung blies Gandhi die Aktion ab, weil er den Eindruck hatte, daß seine Anhänger die Idee der Gewaltlosigkeit noch nicht ganz begriffen hatten.

Da die Briten spürten, daß seine Sinnesänderung ihn weniger gefährlich gemacht hatte, verhafteten sie ihn. Gandhi bekannte sich des Aufruhrs, dessen er angeklagt war, schuldig und bat in einem bewegenden Appell an den Gerichtsvorsitzenden um die Höchststrafe. Er wurde zu sechs Jahren Haft im Gefängnis Yeravda in Poona verurteilt. Seine Tat bereute er nicht. «Die Freiheit», schrieb er, «findet man oft hinter Gefängnismauern, sogar am Galgen; niemals aber in Konferenzräumen, Gerichtssälen und Schulzimmern.»

Gandhi wurde vorzeitig entlassen, wie es hieß, wegen seines schlechten Gesundheitszustandes. Drei Jahre lang reiste er umher und schrieb. Geduldig schulte er seine Gefolgschaft und impfte ihr die Grundsätze der Politik der Gewaltlosigkeit ein, um zu verhindern, daß sich der Ausbruch wiederhole, der ihn vor seiner Verhaftung so tief betroffen hatte.

Am Jahresende 1929 war er zu einem weiteren Schritt nach vorn bereit. In der Silvesternacht, genau um zwölf Uhr, veranlaßte er den Kongreß zum Schwur auf *swaraj*, nichts weniger als die vollkommene Unabhängigkeit. Sechsundzwanzig Tage später wiederholten auf Versammlungen in ganz Indien Millionen von Kongreßanhängern das Gelöbnis.

Eine neue Konfrontation zwischen Gandhi und den Briten war unvermeidlich. Tagelang meditierte er und wartete darauf, was seine innere Stimme ihm für diese Machtprobe raten werde. Die Antwort, die sie ihm gab, war die schönste Frucht seiner schöpferischen Eingebung, die bizarrste, außergewöhnlichste Herausforderung, die in der modernen Geschichte an einen Gegner gerichtet wurde. Der Einfall war so simpel, seine Ausführung so dramatisch, daß Gandhi dadurch weltberühmt wurde. Paradoxerweise basierte er auf etwas, was Gandhi in seinen Anstrengungen, sexuelles Verlangen zu unterdrücken, schon Jahre vorher aufgegeben hatte: Salz.

Wenn auch Gandhi das Salz verschmähte, so gehörte es doch zur allgemeinen Kost. Es lag in großen weißen Flächen längs der Küste, Geschenk der ewigen Mutter, der See. Gewinnung und Verkauf waren jedoch Staatsmonopol, und der Verkaufspreis enthielt eine Steuer. Der Steueranteil war zwar nur gering, aber für den einfachen Mann bedeutete er jedes Jahr soviel wie ein Einkommen von zwei Wochen.

Am 12. März 1930, um halb sieben Uhr in der Frühe, zog Gandhi, leicht gebeugt, den Bambusstab in der Hand und das Lendentuch um die Hüfte geschlungen, an der Spitze eines Zuges von achtundsiebzig «Jüngern» aus seinem *Ashram* hinaus und schlug die Richtung zum Meer ein, das vierhundert Kilometer weit entfernt war. Tausende von Anhängern aus Ahmedabad säumten seinen Weg und bestreuten ihn mit grünen Blättern.

Aus aller Welt waren Journalisten zusammengeströmt, um seinem merkwürdigen Zug zu folgen. In jedem Dorf knieten die Menschen am Straßenrand, wenn Gandhi vorbeikam. In absichtlich langsamem Marschtempo näherte er sich seinem Ziel. Die Briten waren erbittert. Tag um Tag beherrschte das seltsame, fast chaplineske Bild des kleinen halbnackten Greises, der mit einem Bambusstab zum Meer hinabzog, um das Britische Empire herauszufordern, die Wochenschauen und die Weltpresse.

Am 5. April um sechs Uhr abends erreichten Gandhi und seine Begleiter bei der kleinen Stadt Dandi endlich die Küste des Indischen Ozeans. Nach einer im Gebet verbrachten Nacht zog bei Tagesanbruch die kleine Gruppe zu einem rituellen Bad ins Meer. Dann watete Gandhi an den Strand und bückte sich vor Tausenden von Zuschauern, um ein Stück abgelagertes Salz aufzuheben. Mit ernster, strenger Miene hielt er den Menschen, die ihm zusahen, die Faust entgegen. Dann öffnete er sie und zeigte ihnen die weißen Kristalle, das verbotene Geschenk des Meeres – das neueste Symbol des Kampfes um die Unabhängigkeit Indiens.

Binnen einer Woche ging es im Land drunter und drüber. Überall auf dem Subkontinent begannen Gandhis Anhänger, Salz zu sammeln und zu verteilen. Das Land wurde mit Flugschriften überschwemmt, in denen erläutert wurde, wie man Salz aus Meerwasser gewinnt. Von einem Ende Indiens zum anderen züngelten in den Straßen Feuer, in denen Textilien und andere englische Waren verbrannt wurden.

Die Engländer antworteten mit der massivsten Verhaftungswelle, die das Land je erlebt hatte. Zu Tausenden wurden die Festgenommenen in die Gefängnisse abgeführt. Unter ihnen war auch Gandhi. Doch bevor er wieder in das Gefängnis Yeravda gebracht wurde, konnte er seinen Anhängern noch eine letzte Botschaft senden.

«Eine Handvoll Salz in der Faust eines Mannes der Gewaltlosigkeit», hieß es darin, «ist zum Symbol der Ehre Indiens geworden. Die Faust, die das Salz umschließt, kann aufgebrochen werden, aber sie wird das Salz nicht hergeben.»

Drei Jahrhunderte lang hatten die Wände des Unterhauses in London von den Erklärungen der kleinen Gruppe von Politikern widergehallt, die das britische Weltreich zusammengefügt und geführt hatten. Ihre

Diskussionen und Entscheidungen hatten das Schicksal einer halben Milliarde Menschen auf dem Globus bestimmt und dazu beigetragen, die Herrschaft einer weißen, christlichen, europäischen Elite über mehr als ein Drittel der bewohnbaren Erdoberfläche aufzurichten.

Als stummer Zeuge einer nun verblassenden Größe hatte die Eichentäfelung des Parlamentssaales die Sätze William Pitts vernommen, als er den Anschluß Kanadas, Senegals und der Antillen an das Imperium verkündete, die Kolonisierung Australiens und die Entsendung des Forschungsreisenden James Cook, der mit dem Union Jack am Mast die Welt umrunden sollte. Sie hatten gehört, wie Benjamin Disraeli die Besetzung der Lebensader zwischen England und Indien, des Suezkanals, die Eroberung von Transvaal, den Sieg über die Afghanen, die Unterwerfung der Zulus und die Krönung des Empire verkündete, seinen Entschluß, Königin Victoria zur Kaiserin von Indien proklamieren zu lassen. Sie hatten vernommen, wie Joseph Chamberlain den Plan beschrieb, mit der Eisenbahnlinie Kairo–Kapstadt Afrika durch einen Gürtel aus britischem Stahl zu verbinden.

Nun saßen die Abgeordneten in gespannter Erwartung auf den Bänken. Sie fröstelten in den melancholischen Schatten, die aus den Ecken des ungeheizten Saales drangen, und harrten der Grabrede auf das Britische Weltreich. Die massige Gestalt Winston Churchills saß, in einen schwarzen Mantel gehüllt, zusammengesunken auf der Oppositionsbank. Vier Jahrzehnte, seit er als junger Kavallerieoffizier, dann als Journalist und Politiker Mitglied des Parlaments geworden war, hatte in diesem Saal seine Stimme den Traum vom Britischen Empire verkündet.

Churchill war ein Mann von seltener Klarsicht, doch auch in vielen seiner Ansichten starr und unbeweglich. Jeder Winkel des Imperiums war für ihn mit Ruhm und Glorie verbunden, keiner aber sprach in ihm solche Empfindungen an wie Indien. Churchill liebte dieses Land mit einer heftigen, ja irrealen Zuneigung. Als junger Subalternoffizier war er mit seinem Regiment, dem 4. Leibhusarenregiment der Königin, zum erstenmal nach Indien gekommen und hatte alles erlebt, was Kipling beschreibt. Er hatte auf den staubbedeckten Maidans Polo gespielt, war auf die Wildschwein- und Tigerjagd gegangen. Er war auf dem Khaiber-Paß gewesen und hatte an der Nordwestgrenze gegen die Pathanen gekämpft. Noch immer, einundvierzig Jahre nach seinem Abschied von Indien, schickte er jeden Monat zwei Pfund an den Inder, der dem jungen Offizier zwei Jahre lang als Träger gedient hatte. Diese Geste enthüllte viel von seinen Gefühlen gegenüber Indien. Er liebte das Land vor allem in der Erinnerung an das, was er selbst dort erlebt hatte, und er liebte die Vorstellung des mannhaften, aufrechten Engländers, der den Subkontinent mit fester, väterlicher Hand regierte.

Sein Glaube an den Traum vom Empire war unerschütterlich. Trotz des klaren Blickes, den er in so vielen Fragen der Weltpolitik bewiesen hatte, war Churchill im Fall Indiens blind. Nichts konnte ihn in seiner leidenschaftlichen Überzeugung wankend machen, daß die Herrschaft Englands in Indien gerecht und zum Wohle des Landes gewesen sei, daß die indischen Massen für ihre Beherrscher Dankbarkeit und Zuneigung empfänden und daß die Politiker, die für die Unabhängigkeit agitierten, ein kleinlich denkender, halbgebildeter Klüngel seien und weder die Wünsche noch die Interessen der Massen wirklich verträten. Churchill, so hatte sein eigener Indienminister mit beißendem Spott bemerkt, verstand Indien «ungefähr so gut, wie Georg III. die amerikanischen Kolonien verstanden hat».

Seit 1910 hatte er sich starrsinnig jeder Bemühung widersetzt, Indien der Unabhängigkeit näherzubringen. Verächtlich tat er Gandhi und seinen Kongreß als «Strohmänner» ab. Schmerzlicher als jeden anderen in diesem düsteren Parlamentssaal bedrückte Churchill das Wissen, daß sein Amtsnachfolger eifrig an der Aufgabe wirkte, von der er nichts hatte wissen wollen, der Auflösung des Empire. Aber wenn er und seine Konservative Partei auch – zur Überraschung der Welt – 1945 die Wahlen verloren hatten, so verfügten sie doch noch über die absolute Mehrheit im Oberhaus. Damit hatte er es in der Hand, die Unabhängigkeit Indiens um zwei Jahre hinauszuzögern. Wie ein Ausschlag breitete sich der Widerwille auf seinem grimmigen Gesicht aus, als er den unscheinbaren Sozialisten, der nun statt seiner Premierminister war, sich von seinem Platz erheben sah.

Der kurze Text, den Clement Attlee in der Hand hielt, stammte weitgehend aus der Feder des jungen Admirals, den er nach Neu-Delhi schicken wollte, um Englands Abzug aus Indien auszuhandeln, und dessen Namen er nun zum erstenmal enthüllen würde. Mit der ihm eigenen Unbekümmertheit hatte Mountbatten diesen Text an Stelle eines langen Dokuments vorgeschlagen, das Attlee selbst verfaßt hatte. Darin wurde die Aufgabe des neuen Vizekönigs in einfachen Worten umrissen. Vor allen Dingen enthielt er ein neues und wichtiges Detail, das nach Mountbattens Ansicht notwendig war, wenn man überhaupt einen Ausweg aus der verfahrenen Situation in Indien finden wolle. Sechs Wochen lang hatte er mit Attlee gerungen, um diesen Punkt mit der von ihm gewünschten Präzision zu formulieren. Die fröstelnden Abgeordneten regten sich, als Attlee seine historische Erklärung zu verlesen begann. «Die Regierung Seiner Majestät wünsche klarzumachen, daß es ihre feste Absicht ist, die notwendigen Schritte zu unternehmen, um die Übertragung der Macht in verantwortliche indische Hände spätestens bis zum Juni 1948 durchzuführen.»

Ein benommenes Schweigen verbreitete sich, als den Abgeordneten die Bedeutung dieser Worte bewußt wurde. Daß sie die unvermeidliche Folge der geschichtlichen Entwicklung und von Englands eigenem

Kurs in Indien waren, vermochte die traurige Erkenntnis nicht zu mildern, daß die englische Herrschaft über den Subkontinent nur noch eine Frist von vierzehn Monaten hatte. Für Großbritannien ging damit eine Ära zu Ende. Und damit begann, was der *Manchester Guardian* am nächsten Morgen «das größte Disengagement der Geschichte» nannte.

Die massige Gestalt auf der Oppositionsbank erhob sich, als ihr das Wort erteilt wurde, zum Protest, zu einem letzten wortgewaltigen Plädoyer für das Empire. Vor Kälte und innerer Erregung leise zitternd erklärte Churchill, die ganze Sache sei «ein Versuch der Regierung, sich glänzender Kriegshelden zu bedienen, um ein trauriges und katastrophales Geschäft zu versuchen». Wenn Attlee ein Datum für die Unabhängigkeit festlege, übernehme er eine von Gandhis «schwachköpfigsten Äußerungen – ‹Überlaßt Indien Gott›».

«Mit tiefem Kummer», klagte Churchill, «sehe ich das Britische Empire mit all seiner Herrlichkeit und den Diensten, die es der Menschheit geleistet hat, sich in Fetzen auflösen. Viele haben Großbritannien gegen seine Feinde verteidigt. Niemand kann es gegen sich selbst verteidigen . . . laßt uns nicht durch eine schändliche Flucht, durch ein verfrühtes, übereiltes Absetzen – laßt uns wenigstens nicht dem schmerzlichen Kummer, den so viele von uns empfinden, den Makel und den Hohn der Schande hinzufügen.»

Es waren die Worte eines großen Redners, zugleich aber auch eine vergebliche Auflehnung gegen den Untergang einer Sonne. Als die Glocke zur Abstimmung rief, beugten sich die Abgeordneten dem Diktat der Geschichte. Mit überwältigender Mehrheit stimmte das Unterhaus für die Beendigung der britischen Herrschaft in Indien spätestens im Juni 1948.

Gandhis Kreuzweg, zweite Station: Glasscherben und Exkremente

Je tiefer seine kleine Gruppe in das Deltagebiet von Noakhali vordrang, um so schwieriger wurde Gandhis Mission. Die Erfolge, die er bei den Moslems in den ersten Dörfern erzielen konnte, hatten die führenden Mohammedaner in den noch vor ihm liegenden alarmiert. Da sie in dem Mahatma und seiner Friedensmission eine Herausforderung an ihre eigene Autorität witterten, begannen sie die Bevölkerung gegen ihn aufzuhetzen.

An diesem Morgen führte ihn seine Pilgerfahrt an einer Koranschule vorüber, wo sieben- und achtjährige Kinder im offenen Klassenzimmer um ihren Scheich versammelt saßen. Strahlend wie ein entzückter Großvater, der seine Lieblingsenkel umarmen will, eilte Gandhi hinzu, um sich mit den Kleinen zu unterhalten. Der Scheich sprang auf. Mit raschen, zornigen Bewegungen scheuchte er die Schüler in seine Hütte, als wäre Gandhi ein böser Mann, der sie mit einem schädlichen Zauber bedrohte. Tiefbetrübt über ihre Flucht stand Gandhi vor dem Eingang zur Hütte des Scheichs und winkte traurig den Kindern zu, deren Gesichter er im Schatten erkennen konnte. Die dunklen Augen vor Neugier und Verständnislosigkeit weit aufgerissen, starrten sie zu ihm her. Schließlich legte Gandhi sich die Hand auf die Brust und grüßte sie mit *salaam*, dem mohammedanischen Friedensgruß. Nicht eine einzige Kinderhand beantwortete seine Geste. Nicht einmal diese unschuldigen Kleinen durften auf die brüderliche Botschaft reagieren, die er diesen Menschen bringen wollte. Mit einem Seufzer wandte Gandhi sich ab und setzte seinen Marsch fort.

Zuvor war es schon zu anderen Vorfällen gekommen. Vier Tage vorher hatte irgend jemand eine Bambusstütze gelockert, die eine wakkelige Brücke trug, die Gandhi überqueren mußte. Zum Glück hatte man den Anschlag entdeckt, ehe die Brücke einstürzen und Gandhi und seine Begleiter drei Meter tief in das schlammige Wasser reißen konnte. An einem anderen Vormittag war er auf seinem Weg durch einen Bambus- und Kokosnußpalmenhain gekommen. Jeder Baum schien mit einem Fähnchen geschmückt zu sein, und auf diesen Fähnchen standen Parolen wie «Geh fort, du bist gewarnt!», «Sag ja zu Pakistan» oder «Geh, zu deinem eignen Besten».

Gandhi ließ sich davon nicht beeindrucken. Physischer Mut, der Mut, Prügel ohne Protest hinzunehmen, der Gefahr mit ruhiger Entschlossenheit ins Auge zu blicken, so war Gandhis Ansicht, sei die erste Eigenschaft, die ein Verfechter der Gewaltlosigkeit besitzen müsse. Seitdem er von einem weißen Eisenbahnschaffner in Südafrika zum erstenmal Prügel bekommen hatte, hatte er diesen Mut ungezählte Male bewiesen.

Er verdrängte seinen Kummer über diese Parolen und zog gelassenheiter seiner nächsten Station entgegen. Es war eine feuchtheiße Nacht, und das angeschwemmte Erdreich auf seinem schmalen Pfad war unter dem schweren Tau glitschig geworden. Plötzlich kam die kleine Prozession zum Stehen. Gandhi, der voranging, legte seinen Bambusstab beiseite und kniete sich nieder. Unbekannte Moslemhände hatten den Weg, auf dem er barfuß gehen mußte, mit Glasscherben und Kotklumpen bestreut. Mit ruhigem Gleichmut brach Gandhi von einer kurzen Palme einen Zweig ab. Er beugte sich vornüber und nahm bescheiden die entwürdigendste Arbeit auf sich, die ein Hindu tun kann. Den Zweig als Besen benützend, begann der siebenundsiebzigjährige Bußpilger die menschlichen Exkremente von seinem Pfad zu fegen.

«Dieser halbnackte Fakir»

Seit Jahrzehnten war der hartnäckigste englische Gegner des alten Mannes, der hier geduldig den Kot von seinem Pfad entfernte, der Meisterredner des britischen Unterhauses. In seiner langen politischen Laufbahn hatte Churchill so viele denkwürdige Aussprüche von sich gegeben, daß man damit einen dicken Band hätte füllen können, aber nur wenige hatten sich der Öffentlichkeit stärker eingeprägt als der Name, den er Gandhi genau sechzehn Jahre vorher verliehen hatte: der halbnackte Fakir.

Der Anlaß zu Churchills Ausbruch war ein Wendepunkt in der Geschichte des britischen Weltreichs gewesen, der 17. Februar 1931. In der einen Hand seinen Bambusstab, während die andere den weißen Schal festhielt, war Mahatma Gandhi an jenem Vormittag die rote Sandsteintreppe zum vizeköniglichen Palast in Neu-Delhi hinaufgeschlurft. Er war noch geschwächt von seinem wochenlangen Aufenthalt in einem englischen Gefängnis, aber der Mann, der den Salzmarsch organisiert hatte, kam nicht als Bittsteller, der um die Gunst des Vizekönigs buhlen wollte. Er verkörperte Indien.

Mit seiner Faust voll Salz und seinem Bambusstab hatte Gandhi die Schleier des Tempels zerrissen. Seine Bewegung hatte eine so breite Anhängerschaft gefunden, daß der Vizekönig, Lord Irwin, sich genötigt gesehen hatte, ihn aus dem Gefängnis zu entlassen und nach Neu-Delhi einzuladen, um mit ihm als dem anerkannten Führer der indischen Massen zu verhandeln. Er war der erste und der größte aus einer langen Reihe arabischer, afrikanischer und asiatischer Politiker, die in den folgenden Jahren gleich ihm den Weg aus einem englischen Gefängnis in einen englischen Konferenzsaal gehen sollten.

Winston Churchill hatte die schicksalsträchtige Bedeutung dieser Begegnung zutreffend ausgelegt. Im gleichen Saal, in dem er gegen den bevorstehenden britischen Rückzug aus Indien protestierte, hatte er gewettert gegen «das widerliche und erniedrigende Schauspiel, wie dieser ehemalige Anwalt vom Inner Temple, jetzt ein aufrührerischer Fakir, halbnackt die Stufen zum Vizeköniglichen Palast hinaufschreitet, um dort mit dem Vertreter des König-Kaisers auf gleichem Fuß zu unterhandeln». Mit einer Klarsicht, mit der er schon die Rede vorwegnahm, die er sechzehn Jahre später hielt, sagte er: «Der Verlust Indiens wäre für uns nicht wiedergutzumachen, ein Verhängnis. Unfehlbar würde er mit einem Prozeß einhergehen, der uns auf den Rang einer kleinen Macht herabdrücken würde.»

Doch seine Worte hatten keinen Einfluß auf die Verhandlungen in Neu-Delhi. Bei acht Zusammenkünften innerhalb von drei Wochen kam dabei zustande, was man dann den Gandhi-Irwin-Pakt nannte. Er las sich geradezu wie ein Vertrag zwischen zwei souveränen Mächten, und daran ermaß sich Gandhis Triumph. In dieser Übereinkunft erklärte sich Irwin bereit, die Tausende der Gandhi-Anhänger, die ihrem Führer ins Gefängnis gefolgt waren, freizulassen. Gandhi seinerseits fand sich bereit, seine Aktion einzustellen und an einer Round-Table-Konferenz in London teilzunehmen, bei der Indiens Zukunft erörtert werden sollte.

Sechs Monate später schritt Mahatma Gandhi zum ungläubigen Staunen der englischen Nation in den Buckingham-Palast. Er erschien zum Tee beim König-Kaiser in Lendentuch und Sandalen. Als man ihn später fragte, ob er diese Aufmachung angemessen finde, antwortete er lächelnd: «Der König hatte genug für uns beide an.»

Die Round-Table-Konferenz, zu der er gekommen war, endete ergebnislos. London war noch nicht bereit, den Gedanken, Indien die Unabhängigkeit zu gewähren, ins Auge zu fassen. Die wahre Arbeit, erklärte Gandhi, liege «außerhalb der Konferenz . . . Die Saat, die jetzt gesät wird, kann dazu führen, daß sich die Gesinnung Englands erweicht.» Und dazu trug niemand mehr als er selbst bei. Englands Presse und Öffentlichkeit waren fasziniert von diesem seltsamen kleinen Mann, der das Empire durch Sanftmut in die Knie zwingen wollte.

Im Lendenschurz und mit seinem Bambusstab hatte er den Dampfer verlassen. Ihm folgten keine Adjutanten, keine Diener, nur eine Handvoll «Jünger» und eine Ziege, die gleich hinter dem Mahatma die Landungsbrücke herunterwackelte. Die Ziege war mitgereist, um Gandhi mit seiner täglichen Schüssel Milch zu versorgen. Er verschmähte die Hotels der Mächtigen und Reichen und bezog ein Siedlungshäuschen in den Slums des Londoner East End.

Der Mann, der Jahrzehnte vorher als ein schüchterner, gehemmter Student nach London gekommen war, redete nun fast pausenlos, mit Charlie Chaplin, Jan Smuts, George Bernard Shaw, dem Erzbischof von Canterbury, Harold Laski, Maria Montessori, mit Grubenarbeitern und Kindern, praktisch mit jeder bedeutenden Persönlichkeit außer Winston Churchill, der sich beharrlich weigerte, mit ihm zusammenzutreffen.

Gandhi machte in England tiefen Eindruck. Durch die Wochenschauaufnahmen seines Salzmarsches war er bereits berühmt geworden. Für die englischen Massen, die unter der Wirtschaftskrise, der Arbeitslosigkeit und krasser sozialer Ungerechtigkeit litten, war dieser Bote aus dem Osten – in seinem Baumwolltuch Christus ähnelnd und mit seiner fast noch stärker an Christus erinnernden Botschaft der Nächstenliebe – eine faszinierende, beunruhigende Gestalt.

Die westliche Welt, in der Gandhi zu Gast war, war jedoch noch nicht reif für den Ausweg, den dieser Revolutionär vorschlug, der nicht mit einem Maschinengewehr, sondern mit einer Ziege gekommen war. Schon hallten die Straßen in Mitteleuropa vom Trampeln der Stiefel und dem hysterischen Geschrei entfesselter Demagogen wider. Trotzdem aber strömten, als er die Heimreise antrat, Tausende von Franzosen, Schweizern und Italienern zu den Bahnhöfen, durch die er auf dem Weg von London zum italienischen Hafen Brindisi kam, um einen Blick auf den gebrechlichen, zahnlosen Mann zu werfen, der sich aus dem Fenster seines Dritter-Klasse-Abteils lehnte.

In Paris versammelte sich eine derart große Menge auf dem Bahnhof, daß Gandhi auf einen Gepäckkarren steigen mußte, um ihnen eine kurze Ansprache zu halten. In der Schweiz, wo er den ihm befreundeten Schriftsteller Romain Rolland besuchte, stritten sich die Milchhändler am Genfer See um das Privileg, den «König von Indien» beliefern zu dürfen. In Rom erklärte er Mussolini, der Faschismus werde «zusammenbrechen wie ein Kartenhaus»; er besuchte ein Fußballspiel und weinte über den gekreuzigten Christus in der Sixtinischen Kapelle.

Trotz dieser triumphalen Fahrt durch Europa reiste Gandhi in bedrückter Stimmung heim. «Ich komme mit leeren Händen zurück», sagte er zu den Tausenden, die sich in Bombay zu seinem Empfang versammelt hatten. Indien müsse zum zivilen Ungehorsam zurückkehren. Eine knappe Woche später war der Mann, den in London der König-Kaiser zum Tee gebeten hatte, abermals Gast Seiner Kaiserlichen Majestät – wieder einmal im Gefängnis Yeravda.

Die folgenden drei Jahre befand sich Gandhi abwechselnd in Freiheit und hinter Gittern, während in London Churchill wetterte: «Gandhi und alles, was er vertritt, muß zerschmettert werden.» Doch Churchills Widerstand konnte nicht verhindern, daß das britische Parlament 1935 eine grundlegende Verfassungsreform für Indien beschloß, die Government of India Act, die den Provinzen eine gewisse Lokalautonomie gewährte. Wieder aus dem Gefängnis entlassen, wandte sich Gandhi vorübergehend vom politischen Kampf ab und widmete drei Jahre zwei Problemen, die ihm besonders am Herzen lagen, der elenden Lage, in der sich die Millionen der Unberührbaren befanden, und der Situation in den Dörfern Indiens.

Mit dem Herannahen des Zweiten Weltkriegs verstärkte sich Gandhis Überzeugung, daß die Gewaltlosigkeit, das Leitprinzip des inneren Kampfes in Indien, die einzige Philosophie sei, die die Menschheit vor der Selbstvernichtung retten könne.

Als Mussolinis Truppen Äthiopien überrannten, forderte er die Äthiopier auf, «sich abschlachten zu lassen». Damit, so erklärte er, wäre mehr zu bewirken als durch Widerstand, denn «Mussolini will schließlich keine Wüste».

Empört über die Verfolgung der Juden durch die Nazis erklärte er, «wenn es je einen gerechten Krieg im Namen und Interesse der Menschheit geben könnte, dann wäre ein Krieg gegen Deutschland . . .

gerechtfertigt. Dennoch bin ich nicht für den Krieg». Er sprach sich für «eine ruhige, entschlossene Haltung unbewaffneter Männer und Frauen» aus, «die die Leidensfähigkeit aufbringen, die Jehova ihnen gegeben hat . . .» Das werde die Deutschen «zur Achtung der Menschenwürde bekehren».

Während Churchill von seinen Landsleuten «Blut, Schweiß und Tränen» forderte, schlug Gandhi einen anderen Weg vor, da er in den Briten ein Volk zu finden hoffte, das tapfer genug war, seine Theorie auf die endgültige Probe zu stellen. So riet er auf dem Höhepunkt der deutschen Raketenangriffe gegen London den Engländern, sie sollten Hitler und Mussolini anbieten, sich von ihren Besitzungen zu nehmen, was die beiden Diktatoren wünschten. «Erlaubt ihnen, daß sie eure schöne Insel mit ihren vielen schönen Bauwerken in Besitz nehmen. All dies werdet ihr hergeben, doch weder euren Geist noch eure Seele.»

Solches Handeln wäre die logische Anwendung von Gandhis Lehre gewesen. Aber für die Briten und namentlich für ihren unbezwinglichen Führer klangen seine Worte wie das Gefasel eines nicht ernstzunehmenden alten Narren.

Gandhi vermochte nicht einmal die Führung seiner eigenen Kongreßpartei zu überzeugen, daß der Pazifismus der richtige Weg sei. Die meisten seiner Anhänger waren entschiedene Antifaschisten und gewillt, Indien in den Kampf gegen den Faschismus zu führen, wenn sie dies als freie Männer tun konnten. Zum ersten-, doch nicht zum letztenmal gingen Gandhi und seine «Jünger» getrennte Wege.

Churchill führte sie dann wieder zusammen. Seine Einstellung zu Indien blieb starr wie eh und je. Er lehnte es ab, irgendeinen Kompromiß zu erwägen, der es den indischen Nationalisten erlaubt hätte, in den Krieg einzutreten. Als er zum erstenmal mit Franklin D. Roosevelt über die Atlantik-Charta beriet, machte er klar, daß, soweit es ihn betraf, Indien nicht unter die großzügigen Bestimmungen der Charta fallen solle. Nicht lange, und in den Gremien der Alliierten wurde ein anderer Ausspruch von ihm zitiert: «Ich bin nicht Premierminister Seiner Majestät geworden, um den Vorsitz über die Auflösung des Britischen Empire zu führen.»

Erst im März 1942, als die Japaner vor den Toren Indiens standen, fand Churchill sich unter dem Druck Washingtons und seiner eigenen Kabinettskollegen bereit, ein ernstgemeintes Angebot nach Neu-Delhi zu schicken. Als Überbringer wählte er einen Kurier, der mit einer besonders freundlichen Aufnahme rechnen konnte. Sir Stafford Cripps, Vegetarier und strenger Sozialist, verfügte über alte, freundschaftliche Beziehungen zur Führung der Kongreßpartei. Wenn man bedenkt, wer diese Offerte überbringen ließ, war sie erstaunlich großzügig. Sie bot den Indern das Maximum dessen, was von Großbritannien mitten im Krieg an Konzessionen erwartet werden konnte; die feierliche Zusage des Dominionstatus nach Japans Niederlage, was auf die Unabhängigkeit hinauslief. Zugleich jedoch enthielt sie, eingedenk der zunehmend dringenden Forderungen der Moslemliga nach einem eigenen islamischen Staat, eine Klausel, die gegebenenfalls diesem Verlangen Rechnung tragen konnte.

Achtundvierzig Stunden, nachdem Cripps eingetroffen war, erklärte ihm Gandhi, das Angebot sei unannehmbar, weil es die «ewig fortdauernde Vivisektion Indiens» ins Auge fasse. Außerdem böten die Briten den Indern die spätere Unabhängigkeit an, um sich der indischen Mitwirkung bei der gewaltsamen Verteidigung der indischen Erde zu versichern. Dieser Grund war nicht dazu angetan, den Apostel der Gewaltlosigkeit umzustimmen.

Der Mahatma hegte einen heimlichen Traum. Er war nicht dagegen, Ströme von Blut zu vergießen, vorausgesetzt, es geschah für eine gerechte Sache. Er sah im Geist, wie Reihe um Reihe friedlicher, disziplinierter Inder hinausmarschierten und unter den Bajonetten der Japaner starben, bis ihr ungeheures Opfer den Gegner einfach überwältigen, die Gewaltlosigkeit rechtfertigen und den Lauf der menschlichen Geschichte verändern würde.

Churchills Plan, entschied er, sei «ein rückdatierter Scheck auf eine angeschlagene Bank». Wenn er sonst nichts anzubieten habe, meinte Gandhi zu Cripps, könne er gleich «das nächste Flugzeug nach Hause nehmen».[4]

Der Tag nach Cripps' Abreise war ein Montag, Gandhis «Tag des Schweigens», ein Ritual, das er seit Jahren jede Woche einmal einhielt, um seine Stimmbänder zu schonen und das Gefühl der inneren Harmonie zu stärken. Zum Unglück für Gandhi und für Indien hielt an diesem Aprilnachmittag seine innere Stimme, die Stimme seines Gewissens, die Schweigevigilie nicht ein. Sie sprach zu Gandhi, und der Rat, den sie gab, erwies sich für den Mahatma als katastrophal.

Was sie sagte, lief auf die Worte hinaus, die zur nächsten Kampfparole Gandhis wurden: «Gebt Indien auf!» Die Engländer sollten, so verlangte Gandhi, die Macht in Indien sofort niederlagen und «Indien Gott oder sogar der Anarchie überlassen». Wenn die Briten aus Indien abzögen, so sein Gedankengang, hätten die Japaner keinen Grund zum Angriff.

Am 8. August 1942, kurz nach Mitternacht, rief in einem erstickend heißen Versammlungssaal in Bombay Gandhi, nackt bis zur Taille, seine Anhänger im Allindischen Kongreßausschuß zum Kampf auf. Seine Stimme war ruhig und gesammelt, aber aus seinen Worten sprach eine glühende Leidenschaft, die für ihn überraschend war. «Ich will die sofortige Freiheit», sagte er, «noch heute nacht – vor Tagesanbruch, wenn möglich . . . Hier gebe ich euch ein Mantra», sagte er zu seinen Anhängern, «handeln oder sterben. Wir werden entweder Indien befreien oder dabei sterben; wir werden die Fortdauer unserer Versklavung nicht erleben.»

Doch Gandhi erhielt vor Tagesanbruch nicht die Freiheit Indiens, sondern eine abermalige Einladung in ein britisches Gefängnis. In einer sorgfältig vorbereiteten Aktion setzten die Engländer ihn und die gesamte Kongreßführung für die Dauer des Krieges fest. Der Verhaftungsaktion folgte ein kurzer Ausbruchvon Gewalttätigkeit, doch innerhalb von drei Wochen hatten die Briten die Lage wieder unter Kontrolle.

Gandhis Taktik spielte seinen Gegnern in der Moslemliga ungewollt in die Hände, weil die Kongreßführung in einem kritischen Augenblick von der politischen Szene verschwand. Während sie im Gefängnis schmachtete, unterstützten ihre mohammedanischen Opponenten die Kriegsanstrengungen der Briten. Dadurch erwarben sie sich eine beträchtliche Dankesschuld. Gandhi scheiterte nicht nur mit seinem Vorhaben, die Engländer zur Aufgabe Indiens zu bewegen, sondern trug auch in beträchtlichem Maße dazu bei, daß sie sich verpflichtet fühlten, das Land zu teilen, bevor sie abzogen.

Dies sollte Gandhis letzter Aufenthalt in einem britischen Gefängnis sein. Als er zu Ende ging, hatte der alte Mann insgesamt 2338 Hafttage hinter sich, 249 in Südafrika, 2089 in Indien. Gandhis Wächter brachten ihn nicht im vertrauten Gelände des Yeravda-Gefängnisses unter, sondern in dem nahe gelegenen Palast Aga Khans. Fünf Monate nach Beginn seiner Haft kündigte Gandhi an, er werde in einen Hungerstreik von einundzwanzig Tagen treten. Die Gründe dafür blieben unbekannt, aber die Briten waren nicht zur Nachgiebigkeit aufgelegt. Churchill ließ Neu-Delhi wissen, wenn Gandhi freiwillig verhungern wolle, solle er es seinetwegen tun.

Als Gandhi den Hungerstreik zur Hälfte hinter sich hatte, stellten sich Schwächesymptome ein. Die unnachgiebigen Briten begannen mit diskreten Vorbereitungen für den Fall seines Ablebens. Zwei Brahmanenpriester wurden in das Gefängnis gebracht, wo sie sich für ihr Amt bei der Verbrennung bereitzuhalten hatten. Im Schutz der Nacht wurde heimlich das Sandelholz für seinen Scheiterhaufen in den Palast geschafft. Jedermann war auf seinen Tod vorbereitet, ausgenommen der vierundsiebzigjährige Gandhi selbst. Noch vermochten einundzwanzig Tage Fasten bei Salzwasser und einem gelegentlichen Tropfen Zitronen- und Musambisaft seinen Lebenswillen nicht zu zerstören. Er überlebte seinen selbstauferlegten Opfergang.

Doch ein schwerer Schlag erwartete ihn. Das Sandelholz, das für seine Verbrennung bestimmt gewesen war, sollte die Flammen des Scheiterhaufens nähren, auf dem ein anderer Toter verbrannt wurde – seine Frau. Am 22. Februar 1944 starb Kasturbai, die er als dreizehnjährige Analphabetin geheiratet hatte, während ihr Kopf in Gandhis Schoß lag. Gandhi war nicht bereit gewesen, einen seiner Grundsätze zu verleugnen, um ihr Leben zu retten. Er glaubte fest an die Heilkräfte der Natur und war auch der Ansicht, daß die Einspritzung von Medikamenten seiner Lehre von der Gewaltlosigkeit widerspreche, da dabei dem menschlichen Leib Gewalt zugefügt werde. Die Engländer, die wußten, daß seine Frau durch eine akute Bronchitis vom Tod bedroht war, hatten einen Vorrat des damals noch raren und kostbaren Penicillins in das Gefängnis fliegen lassen. Doch in letzter Minute, als Gandhi erfuhr, daß das Mittel, das vielleicht seine Frau retten konnte, ihr intravenös verabreicht werden müßte, weigerte er sich, den Ärzten die Erlaubnis dafür zu geben.

Nach ihrem Tod ging es mit Gandhis Gesundheit rasch bergab. Er zog sich Malaria, den Hakenwurm und eine von Amöben verursachte Dysenterie zu. Da kein Zweifel bestand, daß er in seinem geschwächten und deprimierten Zustand nicht mehr lange leben werde, konnte der widerstrebende Churchill endlich veranlaßt werden, seine Freilassung zu verfügen, damit er nicht in einem englischen Gefängnis sterbe.

Er sollte auch nicht in einem noch von den Briten beherrschten Indien sterben. In einer Hütte auf dem am Meer gelegenen Besitztum eines wohlhabenden Anhängers, in der Nähe von Bombay, erholte sich Gandhi langsam wieder. Währenddessen sandte Churchill, der sich nicht die Mühe gemacht hatte, die dringlichen Telegramme des Vizekönigs über die wachsende Hungersnot in Indien zu beantworten, ein mißmutiges Kabel nach Neu-Delhi. Wieso, so fragte er an, sei Gandhi noch nicht gestorben?

Einige Tage danach trat Gandhis Gastgeber in die Hütte. Er traf einen Anhänger des Mahatma im Kopfstand an, einen zweiten in Meditation versunken, einen dritten schlafend auf dem Fußboden und den Mahatma selbst auf seinem Klosett, wo er mit verzücktem Blick ins Leere starrte.

Er brach in ein unbändiges Lachen aus. Warum er lache, fragte Gandhi, als er sich von seinem Klosett erhob.

«Ach, Bapu (Vater)», sagte sein Gastgeber, «sehen Sie sich doch hier um: Einer steht auf dem Kopf, ein anderer meditiert, der dritte schläft, Sie sitzen auf dem Klosett – und diese Leute sollen Indien befreien?»

Am 20. März 1947 wartete die Maschine im frühen Morgenlicht auf der Startbahn des Flugplatzes, wo zweieinhalb Monate vorher Lord Louis Mountbatten am Neujahrstag 1947 gelandet war. Sein Leibdiener Charles Smith hatte bereits Mountbattens persönliches Gepäck im Flugzeug verstaut, insgesamt sechsundsechzig Gepäckstücke, eine Sammlung, die sogar mehrere silberne Aschenbecher mit dem Familienwappen des neuen Vizekönigs enthielt. Seine Frau hatte gedankenlos eine alte Schuhschachtel auf die Ablage über den Passagieren gelegt.

Sie mußte während des Flugs anderswo verstaut werden, was einen Augenblick der Aufregung schuf. Darin war ein Familienerbstück verpackt, eine Diamantentiara, die Lady Mountbatten tragen wollte, wenn sie zur Vizekönigin proklamiert wurde.

Verstaut waren auch sämtliche Dokumente, Anweisungen und Aide-mémoires, die dem neuen Vizekönig und seinem Stab in den kommenden Monaten zur Anleitung dienen sollten. Das wichtigste Schriftstück bestand aus nur zwei beschriebenen Seiten und war von Clement Attlee unterzeichnet. Darin war die Aufgabe Mountbattens definiert. Noch nie hatte ein Vizekönig einen solchen Auftrag erhalten. Genaugenommen hatte Mountbatten den Text selbst verfaßt. Die Mission war klar und einfach. Er sollte alles versuchen, um die Übertragung der englischen Souveränität auf eine geeinte, unabhängige Nation innerhalb des Commonwealth bis zum 30. Juni 1948 zu vereinbaren. Soweit wie möglich hatte er sich an einen Plan zu halten, der acht Monate vorher von einer Kabinettsmission formuliert worden war, die London unter Leitung von Sir Stafford Cripps nach Indien entsandt hatte. Darin wurde, als Zugeständnis an die Forderung der Moslems nach einem eigenen Staat Pakistan, ein indischer Bundesstaat mit einer schwachen Zentralregierung vorgeschlagen. Es war jedoch nicht daran zu denken, daß die streitenden Politiker Indiens zu einer Einigung darüber gezwungen werden könnten. Falls Mountbatten bis zum 1. Oktober, ein halbes Jahr nach seinem Amtsantritt, keine Möglichkeit sehen sollte, ihre gemeinsame Zustimmung zu einem Plan für ein geeintes Indien zu finden, dann sollte er eine Alternativlösung vorschlagen.

Während seine York MW-102 für den Start gecheckt wurde, ging Mountbatten auf der Startbahn mit zwei seiner alten Kriegskameraden, die mit ihm nach Indien flogen, auf und ab. Der eine war Hauptmann Ronald Brockman, Chef seines persönlichen Stabes, der andere Korvettenkapitän Peter Howes, sein erster Adjutant. Wie oft, dachte Brockman, hat dieser umgebaute Lancaster-Bomber Mountbatten an die Dschungelfront in Burma, zu den großen Konferenzen im Krieg geflogen. Der Admiral neben ihm war entgegen seiner Gepflogenheit nachdenklich und wortkarg. Ein Besatzungsmitglied meldete, daß die Maschine startbereit sei.

«Na schön», sagte Mountbatten seufzend, «jetzt geht's ab nach Indien. Es macht mir gar keinen Spaß. Die dort wollen mich nicht sehen. Vermutlich kommen wir mit einer Kugel im Rücken zurück.»

Die drei Männer bestiegen die Maschine. Die Triebwerke begannen zu laufen. Die MW-102 brauste die Startbahn entlang, flog an der Sonnenscheibe vorbei und schlug Ostkurs ein, Richtung Indien, um das große Abenteuer zu beenden, das begonnen hatte, als dreieinhalb Jahrhunderte vorher Kapitän Hawkins auf seiner Galeone *Hector* nach Osten in See gestochen war.

4

Einunddreißig Salutschüsse für ein sterbendes Reich

Gandhis Kreuzweg, dritte Station: «An der Seite eines jungen Mädchens»

Nichts konnte ihn aufhalten. Von seinem unbeugsamen Geist vorangetrieben, schleppte der alte Mann seine schmerzenden nackten Füße von Dorf zu Dorf und breitete den Balsam seiner Liebe über die Wunden Indiens. Langsam begannen sie zu heilen. Hinter der Silhouette des matten, gebeugten Gandhi kühlten sich die Leidenschaften ab. Zaghaft und unsicher breitete der Frieden seinen schützenden Mantel über das blutgetränkte Sumpfgebiet von Noakhali.

Doch die Rückkehr des Friedens bedeutete nicht, daß Gandhis Kummer ein Ende hatte. Ein innerer Kampf hatte ihn auf seinem Zug durch dieses Land voll Haß begleitet, ein Drama, das einigen seiner ältesten Mitstreiter Anlaß zur Entrüstung geben, Millionen von Indern beunruhigen und den Historikern Rätsel aufgeben sollte, die dereinst versuchen würden, all die Facetten von Mohandas Gandhis komplexem Charakter zu erfassen. Für den siebenundsiebzig Jahre alten Mann, der das Gewissen Indiens war, brachte es eine der schwersten persönlichen Krisen in seinem Leben.

Doch die Ursachen dieser Krise hatten überhaupt nichts mit dem großen politischen Kampf zu tun, in dem er seit einem Vierteljahrhundert die Hauptfigur war. Sie waren in dem Urtrieb zu suchen, den Gandhi seit vierzig Jahren zu sublimieren und zu beherrschen trachtete – der Sexualität. Sein Objekt war ein neunzehnjähriges Mädchen, seine Großnichte Manu. Manu, die schon in der Kindheit ihre Eltern verloren hatte, war von Gandhi und seiner Frau wie ihr eigenes Enkelkind aufgezogen worden. Sie hatte Kasturbai Gandhi auf ihrem Sterbelager gepflegt, und Kasturbai hatte sie in ihren letzten Augenblicken der Obhut ihres Ehemannes anempfohlen.

«Ich bin vielen ein Vater gewesen», sagte Gandhi zu dem Mädchen, «dir will ich eine Mutter sein.» Und wie eine Mutter umhegte er sie auch. Er sorgte für ihre Kleidung, Nahrung, Erziehung und religiöse Bildung. Das Problem hatte in Noakhali begonnen, während eines Gesprächs zwischen ihnen, kurz bevor Gandhi seine Pilgerfahrt antrat. Schüchtern wie ein kleines Mädchen, das seiner Mutter etwas gesteht, hatte Manu Gandhi anvertraut, daß sie noch nie das sexuelle Verlangen empfunden habe, das für ein Mädchen ihres Alters normal sei.

Für Gandhi mit seiner eigenen Anschauung über das Geschlechtliche waren ihre Worte von besonderer Bedeutung. Seitdem er selbst Keuschheit gelobt hatte, war er der Auffassung, daß sexuelle Enthaltsamkeit der wichtigste Aspekt der Selbstzucht sei, den seine der Gewaltlosigkeit verpflichteten Anhänger, Männer wie Frauen, beherrschen müßten. Die ideale gewaltlose Armee würde aus sexuell enthaltsamen Soldaten bestehen, denn andernfalls, so befürchtete Gandhi, könnte ihre moralische Kraft sie in einem kritischen Augenblick im Stich lassen.

Gandhi sah in Manus Worten die Chance, sie zur vollkommenen Jüngerin zu machen. «Wenn ich von den Millionen Töchtern Indiens», sagte er zu ihr, «nur eine einzige zu einer idealen Frau erziehen kann, indem ich dir eine ideale Mutter werde, dann habe ich der weiblichen Menschheit einen einzigartigen Dienst geleistet.» Zuerst aber glaubte er sich vergewissern zu müssen, daß sie die Wahrheit sprach. Nur seine engsten Mitstreiter würden ihn in Noakhali begleiten, sagte er zu ihr, aber sie könne mitkommen, vorausgesetzt, sie unterwerfe sich der Prüfung, der er sie unterziehen wolle.

Sie würden, erklärte er, jede Nacht das grobe Strohlager teilen, das ihm als Bett diente. Er betrachte sich als ihre Mutter; sie habe gesagt, daß sie in ihm nur mütterliche Liebe gefunden habe. Wenn sie es beide aufrichtig meinten, daß er seinem alten Keuschheitsgelübde treu bleibe und sie niemals sexuelles Verlangen gespürt habe, dann könnten sie wie Mutter und Tochter in Unschuld nebeneinander schlafen. Sollte aber einer von ihnen beiden nicht aufrichtig sein, würden sie dies bald entdecken.

Wenn Manu diese Probe bestand, so glaubte Gandhi, werde sie unter seiner ständigen und nahen Aufsicht erblühen. Seine eigene enthaltsame Lebensführung werde in ihr jede Spur sexueller Wünsche, die vielleicht noch in ihr lauerten, ersticken. Sie würde eine Klarheit des Denkens und eine Kraft der Rede entwickeln, die ihr jetzt noch fehlten. Ein neuer Geist würde sie erfüllen und ihr eine reine Hingabe an die große Aufgabe erwecken, die auf sie wartete.

Manu hatte sich einverstanden erklärt, und ihre biegsame Gestalt war Gandhis Fußspuren durch das Sumpfland von Noakhali gefolgt. Doch wie Gandhi vorausgesehen hatte, erregte sein Entschluß sofort Betroffenheit bei seiner kleinen Gefolgschaft.

«Sie glauben, ich sei verliebt», sagte er zu Manu, nachdem sie einige Nächte zusammen verbracht hatten. «Ich kann über ihre Ahnungslosigkeit nur lachen. Sie begreifen nicht.»

Nur sehr wenige verstanden ihn. Nur diejenigen seiner Anhänger, die am reinsten dachten, waren imstande, dem komplexen Gedankengang hinter dieser letzten Manifestation eines großen inneren Ringens zu folgen, das für Gandhi bis zu jenem Abend im Jahr 1906 in Südafrika zurückging, als er seiner Frau erklärt hatte, er wolle das Gelübde der

Brahmacharya auf sich nehmen. Mit diesem Gelöbnis hatte er einen Weg beschritten, der beinahe so alt war wie der Hinduismus selbst. Nur dadurch, daß er seine sexuelle Energie nach innen lenke, so hatten die alten Lehrer des Hinduismus gelehrt, könne der Mensch die seelische Intensität erlangen, die zur Selbstverwirklichung notwendig sei.

Für die *Brahmacharis*, die Männer, die sich Keuschheit gelobten, hatten die alten Weisen des Hinduismus einen Verhaltenskodex aufgestellt, der den Namen «neunfacher Schutzwall» trug. Ein wahrer *Brahmachari* sollte nicht mit Frauen, Tieren oder Eunuchen zusammen leben. Er durfte nicht auf der gleichen Matte mit einer Frau sitzen oder auch nur einen weiblichen Körperteil betrachten. Er sollte die geschlechtlichen Stimulationen eines heißen Bades, einer Ölmassage und die angeblich aufreizenden Eigenschaften von Milch, geronnenen Milchspeisen, Büffelmilchbutter oder anderer fetter Nahrung meiden.

Gandhi hatte jedoch nicht Keuschheit gelobt, um in einer Himalaja-Höhle zu leben. Ein solches Leben der Enthaltsamkeit verlange wenig Selbstzucht und habe nur ein geringes moralisches Verdienst, erklärte er. Er hatte sein Gelübde geleistet, weil er der festen Überzeugung war, die Sublimation seiner sexuellen Energien werde ihm die sittliche und geistige Kraft geben, seine Lebensaufgabe zu erfüllen. Ein *Brahmachari* nach seiner Vorstellung war ein Mann, der sein sexuelles Verlangen so vollständig unterdrückt hatte, daß er sich unbefangen in der Gesellschaft von Frauen bewegen konnte, ohne selbst Begierde zu empfinden oder zu erwecken. Ein *Brahmachari*, schrieb er, «flieht den Umgang mit Frauen nicht», denn für ihn «verschwindet der Unterschied zwischen Mann und Frau fast ganz». Der vollkommene *Brahmachari* war für ihn ein Mann, der fähig wäre, «sogar neben einer nackten Venus in all ihrer Schönheit zu liegen, ohne körperlich oder seelisch beunruhigt zu sein».

Es war ein außergewöhnliches Ideal, und Gandhis Streben danach ein außergewöhnlich schwieriges Ringen, denn sein Geschlechtstrieb hatte starke und tiefe Wurzeln. Lange Jahre nachdem er sein Keuschheitsgelöbnis abgelegt hatte, experimentierte er mit verschiedener Kost. Er suchte nach einer Diät, die sich so wenig wie möglich auf die Geschlechtsorgane auswirkte.

Dreißig Jahre der Selbsterziehung, des Gebets und geistiger Übungen waren notwendig, bis Gandhi den Punkt erreichte, an dem er die Überzeugung gewann, daß er alles sexuelle Verlangen aus seinem Geist und Körper ausgetilgt habe.

Doch sein Vertrauen in seine Leistung wurde in einer Nacht in Bombay 1936 schwer erschüttert. Es war, wie Gandhi sagte, «meine dunkelste Stunde». In dieser Nacht erwachte der damals Siebenundsechzigjährige, der dreißig Jahre vorher sein *Brahmacharya*-Gelübde abgelegt hatte, nach einem erregenden Traum, der eine Wirkung auslöste, die die meisten Männer dieses Alters recht beglückt hätte, für ihn aber eine Katastrophe war – eine Erektion. Nun hatte er den Beweis, daß er das Ideal, dem er seit drei Jahrzehnten nachstrebte, noch immer nicht erreicht hatte. Gandhi war über dieses «fürchterliche Erlebnis» so tief betroffen, daß er schwor, sechs Wochen lang vollkommenes Schweigen zu bewahren.

Monatelang sann er über die Bedeutung seines Rückfalles nach und ging mit sich zu Rate, ob er sich in eine Höhle im Himalaja zurückziehen solle. Schließlich kam er zu dem Schluß, dieses schreckliche Erlebnis sei eine Herausforderung der Mächte des Bösen gegen die Kraft seines Geistes. Er beschloß, die Herausforderung anzunehmen und mit aller Kraft dem Ziel nachzustreben, die letzten Spuren sexuellen Verlangens aus seinem Körper auszutreiben.

Langsam erweiterte er das Ausmaß des körperlichen Kontakts mit Frauen, den er sich erlaubte. Er pflegte sie, wenn sie krank waren, und ließ sich seinerseits von ihnen pflegen. Er nahm sein Bad vor aller Augen, vor Männern wie vor Frauen. Täglich ließ er sich nackt massieren, wobei ihm oft junge Mädchen als Masseusen dienten. Bei diesen Massagen gab er häufig Interviews oder besprach sich mit Politikern der Kongreßpartei. Er trug nur wenig Kleider und forderte seine «Jünger», Männer wie Frauen, auf, das gleiche zu tun, denn Kleider, sagte er, förderten eine falsche Bescheidenheit. Auf seine Nemesis Churchill ging er nur ein einziges Mal ein, als er auf dessen berühmten Ausspruch vom «halbnackten Fakir» antwortete. Er versuche beides zu sein, sagte Gandhi, denn die Nacktheit repräsentiere die wahre Unschuld, nach der er strebe. Und schließlich verkündete er, wenn Männer und Frauen ihren Keuschheitsschwur getreulich hielten, sei nichts dagegen einzuwenden, daß sie nachts in einem gemeinsamen Raum schliefen, wenn sie sich in Ausübung ihrer Pflichten bei Nachteinbruch zufällig am selben Ort befanden.

Der Entschluß, mit Manu seinen Strohsack zu teilen, um ihre geistige Entfaltung besser lenken zu können, war für Gandhi nur die natürliche Konsequenz dieser Philosophie. Innerlich gefestigt, sah er in ihren Beziehungen nichts Anstößiges oder auch nur etwas entfernt Sexuelles. Ja, es ist fast unvorstellbar, daß es zwischen ihnen zum leisesten Aufflackern geschlechtlichen Verlangens gekommen ist. Der verschlungene Gedankengang, der den Mahatma veranlaßt hatte, zu tun, was er Manu gegenüber für seine Pflicht hielt, war für ihn ausreichende Rechtfertigung seines Tuns. Vielleicht jedoch halfen ihm dabei Kräfte, die tief in seinem Unbewußten wirkten und von denen er keine Ahnung hatte.

Gandhi war an seinem Lebensabend ein einsamer Mensch. Seine Frau, die zugleich sein engster Freund gewesen war, war ihm während des Krieges im Gefängnis gestorben. Manche seiner ältesten Anhänger ließen ihn im Stich. Es bestand die Gefahr, daß der Traum zerrann, den er seit Jahrzehnten verfolgte. Er hatte niemals eine Tochter gehabt, und den einzigen persönlichen Fehlschlag seines Lebens hatte er vielleicht in seiner Rolle als Vater erlebt. Sein ältester Sohn war verbittert, weil er fand, daß sein Vater sich zu sehr anderen zuwandte und ihm damit seinen Anteil an väterlicher Zuneigung schuldig blieb. Er war ein hoffnungsloser Alkoholiker, der betrunken an das Sterbebett seiner Mutter gewankt war. Zwei andere Söhne Gandhis lebten in Südafrika und hielten kaum Verbindung zu ihrem Vater. Nur mit seinem Jüngsten hatte er eine normale Vater-Sohn-Beziehung. Jedenfalls verband, was auch der Grund gewesen sein mag, den Mahatma eine tiefe geistige Bindung mit dem schüchternen Mädchen, das so ergeben darauf beharrte, das Elend seiner letzten Lebensmonate zu teilen.

Das «Geheimnis» zwischen Gandhi und seiner Großnichte drang über seine engere Umgebung hinaus, und es begann eine Verleumdungskampagne, entfacht von den Moslemliga-Politikern, die seinen Besuch in Noakhali mit Argwohn sahen. Die Nachricht gelangte nach Delhi und wirkte als ein schwerer Schock auf die Führung der Kongreßpartei, die darauf wartete, ihre kritischen Gespräche mit dem neuen Vizekönig zu beginnen.

Bei einer abendlichen Gebetsversammlung stellte sich Gandhi schließlich den Gerüchten. Er wandte sich scharf gegen «das Gerede, Gemunkel und die Andeutungen» um seine Person und erklärte seinen Zuhörern, seine Großnichte Manu teile allnächtlich sein Lager. Dann erklärte er den Grund. Seine Worte beruhigten zwar seine unmittelbare Umgebung, aber als er sie an seine Zeitung *Harijan* zur Veröffentlichung schickte, brach der Sturm erneut los. Zwei Redakteure des Blattes kündigten aus Protest. Die Herausgeber, die einen Skandal fürchteten, taten etwas Unerhörtes: Sie weigerten sich, einen Text drucken zu lassen, den der Mahatma geschrieben hatte.

Die Krise erreichte ihren Höhepunkt in Haimchar, der letzten Station von Gandhis Fußreise. Dort enthüllte er seine Absicht, in die Provinz Bihar zu gehen, wo er diesmal auf seine Hindubrüder einwirken wollte, die die Mitglieder einer Moslemminderheit getötet hatten.

Seine Ankündigung alarmierte die Kongreßführung, die befürchtete, seine Beziehung zu Manu könnte auf die orthodoxen Hindus in Bihar eine schädliche Wirkung haben. Eine ganze Reihe Emissäre ersuchten ihn diskret, davon abzulassen, bevor er nach Bihar gehe. Gandhi lehnte ab.

Schließlich schlug Manu selbst, vielleicht auf Anraten eines dieser Abgesandten der Kongreßführung, dem alten Mahatma vor, ihren Brauch ruhen zu lassen. Sie werde ihm absolut ergeben bleiben, versprach sie. Auf nichts, was sie erreichen wollten, werde sie verzichten. Das Zugeständnis, das sie ihm vorschlage, sei nur vorübergehend, eine Konzession an die kleinlicheren Seelen in ihrer Umgebung, die ihre

Ziele nicht zu erfassen vermöchten. Sie werde zurückbleiben, wenn er nach Bihar aufbreche. Traurig stimmte Gandhi zu.

In seiner makellos weißen Marineuniform wirkte Louis Mountbatten «wie ein Filmstar» auf den dreiundzwanzig Jahre alten Hauptmann der Gardegrenadiere, der gerade zu einem seiner Adjutanten ernannt worden war. Neben seiner Frau fuhr Mountbatten heiter lächelnd in einem vergoldeten Landauer, der ein halbes Jahrhundert vorher für die Fahrt seines Verwandten Georg V. durch Delhi gebaut worden war, zum *Viceroy's House*, dem vizeköniglichen Palast, um dort seinen Einzug zu halten. Im gleichen Augenblick, in dem seine Eskorte die große Treppe des Palastes erreichte, begrüßten die Dudelsäcke des Königlich-Schottischen Füsilierregiments mit ihrem klagenden Klang Indiens letzten Vizekönig.

Mit einem schwachen, traurigen Lächeln wartete am oberen Ende der Treppe der verabschiedete Vizekönig, Lord Wavell. Allein daß diese beiden Männer zu gleicher Zeit in Neu-Delhi waren, stellte einen Bruch der Tradition dar. Normalerweise verließ der abreisende Vizekönig mit dem ihm zustehenden Gepränge Indien durch den Gateway of India, während der nächste Dampfer seinen Amtsnachfolger dem Triumphbogen entgegentrug und damit Indien die Verlegenheit ersparte, zur selben Zeit zwei regierende Götter auf seinem Boden zu haben. Mountbatten selbst hatte diesen Bruch mit der Sitte gefordert, weil er mit dem Mann sprechen wollte, vor dem er höflich den Kopf neigte, als er die oberste Stufe erreichte.

Einen Augenblick lang standen die beiden Männer im zuckenden Licht von Blitzlichtern und plauderten miteinander. Es war ein bewegendes Bild des Gegensatzes – Mountbatten, der strahlende Kriegsheld, strömte Zuversicht und Vitalität aus; Wavell, der einäugige alte Soldat, den seine Männer vergötterten, war von seinen Vorgesetzten brüsk entlassen worden, ein Mann, der erst kurz vorher seinem Tagebuch anvertraut hatte, es sei in den vergangenen zehn Jahren sein Unglück gewesen, «Rückzüge zu befehligen und Niederlagen zu lindern».[5]

Wavell geleitete Mountbatten durch das schwere Eichenportal zum Arbeitszimmer des Vizekönigs, wo er zum erstenmal mit den schwierigen Problemen konfrontiert wurde, die ihn erwarteten.

«Es tut mir wirklich leid, daß Sie mich hier ablösen müssen», begann Wavell.

Mountbatten war etwas betroffen. «Das ist aber sehr offen gesprochen. Warum? Glauben Sie nicht, daß ich der Sache gewachsen bin?»

«Nein, das ist es nicht», antwortete Wavell. «Ich mag Sie ja sehr gern, doch man hat Ihnen eine unmögliche Aufgabe übertragen. Ich habe alles mögliche versucht, dieses Problem zu lösen, aber ich sehe keine Chance. Es ist einfach unmöglich, damit fertig zu werden. Nicht nur, daß wir von Whitehall absolut keine Hilfe bekommen haben, auch hier sind wir jetzt in eine ausweglose Sackgasse geraten.»

Geduldig zählte Wavell seine Bemühungen auf, eine Lösung zu finden. Dann stand er auf und öffnete seinen Panzerschrank. Darin lagen die beiden einzigen Gegenstände, die er seinem Amtsnachfolger vermachen konnte. Der erste funkelte aus den dunklen Samtfalten eines hölzernen Etuis. Es war das diamantenbesetzte Emblem des Ordensgroßmeisters des Sterns von Indien, Insignium von Mountbattens neuem Amt, das er sich achtundvierzig Stunden später für die Zeremonie seiner Amtsübernahme als Vizekönig um den Hals hängen würde.

Der zweite Gegenstand war ein Aktendeckel aus Manilapapier, auf dem «Operation Irrenhaus» stand. Er enthielt den einzigen Vorschlag, den der wackere Wavell zur Lösung des indischen Dilemmas zu machen hatte. Mit trauriger Miene holte er ihn aus dem Safe und legte ihn auf seinen Schreibtisch.

«Irrenhaus», erläuterte er, «heißt es deswegen, weil es ein Fall für ein Irrenhaus ist. Ich sehe leider keinen anderen Ausweg.»

Der Plan sah den stufenweisen Abzug der Briten aus Indien vor, bei dem Provinz nach Provinz geräumt werden sollte. Den Anfang sollten die Frauen und Kinder machen, darauf die Zivilisten und zuletzt die Soldaten folgen, eine Absetzbewegung, die, nach Gandhis Worten, wahrscheinlich «Indien dem Chaos ausliefern» würde.

«Es ist eine schreckliche Lösung, aber die einzige, die ich noch sehe», sagte Wavell. Er nahm den Aktendeckel vom Schreibtisch und reichte ihn dem betroffenen Mountbatten.

«Es tut mir sehr, sehr leid», schloß er, «aber das ist alles, was ich Ihnen hinterlassen kann.»

Während der neue Vizekönig diese traurige Einführung in seine neuen Aufgaben erlebte, erhielt seine Frau im Stockwerk über dem vizeköniglichen Arbeitszimmer eine pikantere. Als Edwina Mountbatten in ihren Räumen angekommen war, ersuchte sie einen Diener um ein paar Bissen für die zwei Sealyham-Terrier, Mizzen und Jib, die die Mountbattens aus England mitgebracht hatten. Zu ihrer Verblüffung kamen eine halbe Stunde später zwei turbantragende Diener feierlich in ihr Schlafzimmer marschiert. Jeder der beiden trug ein Silbertablett mit einer kostbaren Porzellanplatte, auf der mehrere Scheiben frisch gebratener Hühnerbrust lagen.

Mit staunend aufgerissenen Augen betrachtete Edwina das Hühnchen. Wie solche Leckerbissen aussahen, hatte sie im Nachkriegsengland mit seiner Nahrungsmittelknappheit fast vergessen. Sie warf einen Blick auf die Terrier, die sich bellend um ihre Füße drängten, dann wieder auf das Hühnchen. Ihr Gewissen ließ es nicht zu, ein solches Essen Schoßtieren zu geben.

«Geben Sie mir das», befahl sie den Dienern.

Sie packte die beiden Platten mit festem Griff, marschierte ins Badezimmer und schloß die Tür ab. Dann begann die Frau, die in den kommenden Monaten als Vizekönigin 41 000 Menschen die fürstliche Gastlichkeit des *Viceroy's House* bieten sollte, behaglich das Huhn zu verspeisen, das für ihre Hunde bestimmt gewesen war.

Das Schlußkapitel eines großen Romans wurde aufgeschlagen. In ein paar Minuten würde an diesem Vormittag, dem 24. März 1947, der letzte englische Regent Indiens seinen scharlachgoldenen Thron einnehmen. Dann war Louis Mountbatten der zwanzigste und letzte Repräsentant einer ruhmreichen Dynastie, der letzte, der das Zepter ergriff, das von Hastings an Wellesley, Cornwallis und Curzon übergegangen war.

Der Schauplatz seiner feierlichen Amtsübernahme war die Durbar Hall, ein Prunksaal in einem Palast, dessen imposante Ausmaße nur noch in Versailles oder im Zarenschloß Peterhof ihresgleichen haben. Majestätisch, festlich und unbekümmert herrscherlich im Ausdruck, war das *Viceroy's House* in Neu-Delhi der letzte jener Paläste, die die Menschheit für einen Alleinherrscher errichtet hat. Die Fassaden des Bauwerks sind mit dem rotweißen Stein aus Barauli verkleidet. Weißer, gelber, grüner und schwarzer Marmor aus den Marmorbrüchen, die die glitzernden Mosaiken des Tadsch Mahal geliefert hatten, ziert seine Fußböden und Wände. Die Korridore sind so lang, daß im Souterrain die Diener das Fahrrad benutzten, wenn sie vom einen Ende des Gebäudes in das andere gelangen mußten.

An diesem Vormittag waren Hunderte von Dienern damit beschäftigt, den Marmor, die Schnitzereien und das Messing in den dreiundsiebzig Salons und dreihundertvierzig Zimmern auf Hochglanz zu bringen. Draußen im Mogulgarten mühten sich vierhundertachtzehn Gärtner, mehr als Ludwig XIV. in Versailles beschäftigt hatte, das verschlungene Labyrinth von Rasenquadraten, Blumenbeeten, Lauben und Wasserbassins perfekt in Ordnung zu bringen. Allein fünfzig Jungen waren nur zu dem Zweck angestellt worden, die Vögel zu verjagen. In den Stallungen zogen die fünfhundert Reiter der vizeköniglichen Leibgarde ihre scharlachroten und goldenen Waffenröcke glatt, bevor sie ihre herrlichen Rappen bestiegen. Überall im Palast huschten Diener mit einem letzten Auftrag durch die Korridore. Sie trugen einen grellen, golden-scharlachroten Turban, die weißen Jacken waren bereits mit dem Wappen des neuen Vizekönigs bestickt. Zum letztenmal bereiteten sie alle – Gärtner, Kammerdiener, Köche, Butler, Träger, Kavalleristen – die Thronbesteigung eines Mannes aus den exklusiven Reihen jener vor, für die dieses Bollwerk des Feudalismus gebaut worden war, einen Vizekönig von Indien.

In einem der Privatgemächer des Palastes betrachtete ein Mann die weiße Galauniform eines Admirals, die sein Arbeitgeber tragen würde, wenn er vom *Viceroy's House* Besitz ergriff. Kein bunter Turban zierte seinen Kopf. Charles Smith entstammte weder dem Pandschab noch Radschasthan, sondern einem Dorf in Südengland.

Mit der peinlichen Sorgfalt, die er sich in mehr als fünfundzwanzig Dienstjahren bei Lord Mountbatten erworben hatte, zog Smith die Schärpe der exklusivsten Auszeichnung der Welt, des Hosenbandordens, unter der rechten Epaulette durch und spannte sie über den Brustteil der Uniform. Dann befestigte er die goldenen Fangschnüre, die den Träger der Uniform als persönlichen Adjutanten von König Georg VI. auswiesen, unter der rechten Achselklappe.

Schließlich nahm Smith die Ordensspange seines Arbeitgebers und die vier großen Sterne, die Mountbatten an diesem Vormittag tragen würde, aus ihren Samtkästchen. Mit Liebe und Sorgfalt polierte er zum letztenmal das Gold und Silber der Auszeichnungen, des Hosenbandordens, des Ordens des Sterns von Indien, des Ordens des Indischen Kaiserreiches und des Großkreuzes des Viktoria-Ordens.

Diese Reihen von Ordensbändern und Kreuzen, die Marksteine von Louis Mountbattens Laufbahn, waren gewissermaßen auch die Meilensteine am Lebensweg von Charles Smith. Seitdem er mit achtzehn Jahren als dritter Leibdiener in Mountbattens Dienst eingetreten war, war Charles Smith seinen Weg im Schatten eines anderen Mannes gegangen. In den großen englischen Landhäusern, in den Flottenstationen des Empire, in den Hauptstädten Europas waren die Freuden seines Brotherrn, seine Siege, seine Triumphe, sein Kummer und Schmerz auch die seinen gewesen. Im Krieg war er eingezogen worden und Mountbatten schließlich nach Südostasien gefolgt. Dort hatte Charles Smith auf einem Zuschauerplatz im Rathaus von Singapur mit Tränen des Stolzes in den Augen zugesehen, wie Mountbatten, gleichfalls in einer von ihm betreuten Uniform, die Kapitulation von fast einer Dreiviertelmillion japanischer Soldaten entgegennahm und damit die schlimmste Demütigung wettmachte, die Großbritannien jemals hatte hinnehmen müssen.

Smith trat zurück, um sein Werk zu begutachten. Niemand war anspruchsvoller als Mountbatten, wenn es sich um die Herrichtung einer Uniform handelte, und an diesem Vormittag durfte Smith keinesfalls ein Fehler unterlaufen. Er knöpfte die mit der Schärpe geschmückte Jacke auf und nahm sie behutsam von der Kleiderpuppe. Dann hängte er sie sich auf die eigene Schulter und drehte sich zu einer letzten Überprüfung zu einem Spiegel hin. Einen kurzen, schmerzlich-schönen Augenblick war Charles Smith vor diesem Spiegel aus dem Schatten getreten. Eine kurze Sekunde konnte er träumen, Vizekönig von Indien zu sein.

Als Louis Mountbatten seine mit Orden und Auszeichnungen beladene Uniformjacke anlegte, mußte er unwillkürlich an jene zaubervollen Wochen ein Vierteljahrhundert früher denken, als er neben seinem Vetter, dem Prinzen von Wales, Indien entdeckte. Beide waren sie wie geblendet gewesen von der majestätischen Aura um die legendäre Persönlichkeit des indischen Vizekönigs. Solcher Prunk, solcher Luxus, solche Weihe schien die kleinste seiner Gesten zu begleiten, daß sogar der Prinz von Wales bemerkte: «Ich habe nie begriffen, wie ein König leben sollte, bis ich den Vizekönig von Indien sah.»

Mountbatten erinnerte sich an sein eigenes jugendliches Staunen über die Entfaltung kaiserlicher Macht, welche einer einzigen Person die Massen des am dichtesten bevölkerten Gebietes der Welt unterstellte. Er wußte noch, welch ehrfürchtiges Staunen er darüber empfunden hatte, wie der Hof des Vizekönigs den Glanz eines europäischen Hofes mit der etwas dekadenten Aura orientalischer Prachtentfaltung zu verbinden verstand. Und nun würde er, gegen seinen Willen, selbst den vizeköniglichen Thron einnehmen. Doch leider würde sein Amt wenig Ähnlichkeit haben mit der heiteren Abfolge von Festlichkeiten und Jagden, die seine jugendliche Phantasie erregt hatten. Er sollte das ehrgeizige Ziel seiner Jugend erreichen, doch in der realen Welt, nicht in der Märchenatmosphäre des Jahres 1921.

Ein Klopfen an der Tür unterbrach ihn in seinen Gedanken. Er wandte sich um. Der nicht leicht zu beeindruckende Mountbatten fuhr zusammen, als er die Gestalt im Türrahmen seines Schlafzimmers sah. Es war seine Frau. Eine Diamantentiara glitzerte auf ihrem rotbraunen Haar, das lange weiße Seidenkleid schmiegte sich den Kurven einer Figur an, die noch ebenso schlank und biegsam war wie an jenem Tag, als sie an seinem Arm aus St. Margaret's, der Margaretenkirche in Westminster, geschritten war.

Porträt einer anmutigen und tapferen Aristokratin

Wie ihr Ehemann, so schien auch Edwina Mountbatten das Lieblingskind einer gutgelaunten Vorsehung zu sein. Sie war eine schöne Frau. Sie besaß einen scharfen Verstand, schärfer als der ihres Mannes, wie manche fanden. Sie hatte von ihrem Großvater mütterlicherseits, Sir Ernest Cassel, ein großes Vermögen geerbt und von der Familie ihres Vaters die gesellschaftliche Stellung. Gehörten doch zu ihren Vorfahren väterlicherseits Männer wie Lord Palmerston, der große englische Premierminister im 19. Jahrhundert, und der siebente Earl von Shaftesbury, der berühmte Philanthrop und Politiker. Sie hatte nach dem frühen Tod ihrer Mutter eine traurige Kindheit verbracht, von der ihr ein introvertiertes Wesen geblieben war. Anders als ihr unbefangener

Ehemann, der immer ungescheut kritisierte, was ihm mißfiel, und selber Kritik mit überlegener Selbstsicherheit einsteckte, war Edwina Mountbatten leicht gekränkt. «Lord Mountbatten konnte man alles sagen, was man und wie man es ihm sagen wollte», bemerkte ein Mitglied ihrer Umgebung, «aber bei Lady Louis mußte man mit der größten Behutsamkeit vorgehen.»

Sie hatte ihre Schüchternheit, ihr scheues Wesen in die Zwangsjacke eines unbeugsamen Willens eingesperrt. Mit der Intensität dieses Willens hatte sie sich zu einem Menschen gemacht, für den die Natur sie nicht bestimmt hatte: eine scheinbar extrovertierte, unbefangene Frau. Aber sie mußte den Preis dafür bezahlen. Seit zehn Jahren hielt sie Reden in der Öffentlichkeit, mitunter zwei- oder dreimal in der Woche. Doch vor jeder größeren Ansprache zitterten ihr die Hände derart, daß sie sie beinahe nicht zur Ruhe zwingen konnte. Ihre Gesundheit war zerbrechlich wie eine Porzellanvase. Fast jeden Tag hatte sie unter einer grausamen Migräne zu leiden, aber davon wußte niemand außerhalb des Familienkreises etwas, denn körperliche Schwäche ließ sie sich nicht durchgehen. Im Unterschied zu ihrem Ehemann, der sich rühmen konnte, daß er sich «niemals, niemals Sorgen» mache, war Edwina stets von Sorgen erfüllt. Während er sofort in tiefen gesunden Schlaf sank, mußte seine Frau sich erst mit Pillen betäuben, bis der Schlummer sie tröstete.

Das Vierteljahrhundert, das das Ehepaar Mountbatten verband, teilte sich in zwei deutlich unterschiedliche Perioden. Während der ersten vierzehn Jahre ihrer Ehe, in denen Louis Mountbatten langsam auf der Leiter seiner Marinekarriere emporstieg, hatte er darauf bestanden, daß sie ihren Reichtum und ihre gesellschaftliche Stellung von dem Leben in den Flottenstationen trennten, in denen sie einen großen Teil ihrer Zeit verbrachten. Doch wenn sie diese Stationen verließen und sich in London, Paris und an der Riviera aufhielten, wurde Edwina, wie sich ihre Tochter erinnert, «der vollkommene gesellschaftliche Schmetterling». Sie war eine eifrige Gastgeberin und besuchte mit ebensolchem Eifer Parties und Feste. Mit der Intensität einer Fitzgerald-Heldin durchlebte sie die zwanziger Jahre. Wenn sie nicht tanzte, suchte sie das Stimulans des Abenteuers – sie charterte einen Kopra-Schoner zu einer Pazifikfahrt, flog mit dem ersten Flugzeug von Sydney nach London, überquerte zu Pferd die Anden, befuhr als erste Europäerin die Burma-Straße.

Diese sorglose, unbeschwerte Periode ihres Lebens war zu Ende gegangen, als Mussolini Abessinien überfiel. Als München kam, war der Wandel perfekt. Von nun an war ihr Leben von der Überzeugung beherrscht, daß es unmoralisch wäre, sich nicht ganz irgendeinem sozialen oder politischen Engagement hinzugeben. Die leichtlebige reiche Erbin trat nun für soziale Reformen ein, der gesellschaftliche

Schmetterling wurde zu einer engagierten Aktivistin mit einer liberalen Einstellung, die bei ihren Standesgenossen wenig Begeisterung weckte.

Während des Krieges leitete sie die St.-John-Ambulance-Brigade mit sechzigtausend Angehörigen, die wichtigste Organisation ihrer Art in England. Als Japan kapitulierte, ersuchte sie ihr Ehemann, die japanischen Kriegsgefangenenlager zu inspizieren, um die Betreuung und Evakuierung der schwersten Fälle unter den Insassen zu organisieren. Noch bevor die ersten Soldaten seiner Armeen auf der Halbinsel Malakka eingetroffen waren, wagte sich Edwina Mountbatten, nur mit einem Brief ihres Mannes versehen und lediglich von einem Sekretär, drei Offizieren aus Mountbattens Stab und einem indischen Adjutanten begleitet, in ein Gebiet, das noch vollständig von den Japanern beherrscht wurde. Sie legte die ganze Strecke bis Balikpan, Manila und Hongkong zurück, sagte den Japanern furchtlos ihre Meinung und zwang sie, ihre Gefangenen mit Nahrungsmitteln und Medikamenten zu versorgen, bis alliierte Hilfe eintraf. Tausende hungernder, schwerkranker Soldaten verdankten ihr das Leben.

Wie ihr Ehemann kehrte sie reich dekoriert aus dem Krieg zurück. Nun sollte sie in Neu-Delhi eine bedeutende Rolle an seiner Seite übernehmen, als seine erste und engste Vertraute, sein diskreter, privater Emissär in kritischen Augenblicken, sein erfolgreichster Botschafter bei den indischen Politikern, mit denen er zu verhandeln haben würde.

Wie ihr Ehemann hinterließ sie in Indien das Gepräge ihres Stils und Charakters. Als eine Frau von erstaunlicher Wandlungsfähigkeit konnte Edwina Mountbatten an einem Abend einem Festbankett für hundert Personen präsidieren, eine glitzernde Diamantentiara auf dem Haar, in ein seidenes Abendkleid gehüllt, und dann am nächsten Morgen in ihrer schlichten St.-John-Uniform durch knöcheltiefen Kot gehen, um den Kopf eines Kindes in ihren Schoß zu betten, das in einer schmutzstarrenden Elendshütte an der Cholera starb. In solchen Augenblicken pflegte sie eine Fähigkeit des Mitleidens zu zeigen, die ihrem Mann nach der Ansicht mancher Leute fehlte. Sie hielt nichts von der huldvollen Geste einer großen Dame, die beiläufig das Elend der Armen würdigt, sondern hatte ein Mitgefühl für das Leiden in Indien, das aus dem Herzen kam. Die Inder erkannten die Aufrichtigkeit von Edwina Mountbattens Gefühlen und schlossen sie ins Herz, wie sie noch nie eine Engländerin ins Herz geschlossen hatten.

Als seine Frau durch das Zimmer auf ihn zukam, mußte Mountbatten unwillkürlich denken, welch seltsamen Weg ihr Geschick sie geführt hatte. Nicht einmal eine Meile trennte das Schlafzimmer, in dem sie nun standen und einander anblickten, von der Stelle, wo er ein Vierteljahrhundert vorher Edwina Ashley gebeten hatte, seine Frau zu werden. Es war der 14. Februar 1922 gewesen, und sie hatten den fünften Tanz bei einem Ball, den der Vizekönig zu Ehren des Prinzen von Wales gab, ausgelassen und miteinander gesprochen. Ihre Gastgeberin an diesem Abend, Lady Reading, die Vizekönigin, war über die Neuigkeit nicht übermäßig erfreut gewesen. Der junge Mountbatten, hatte sie an die Tante seiner Braut geschrieben, habe keine sonderlich aussichtsreiche Karriere vor sich.

Mountbatten erinnerte sich jetzt an diese Worte. Er konnte sich ein Lächeln nicht verkneifen, nahm den Arm seiner Frau und führte sie aus dem Zimmer, um sie auf Lady Readings goldpurpurnem Thron zu installieren.

Indien war stets ein Land prunkvoller Feste gewesen, und an diesem Vormittag im März 1947, an dem Louis Mountbatten Vizekönig werden sollte, war jene Mischung aus viktorianischem Pomp und dem Gepränge der Mogul-Ära, die die Festlichkeiten der englischen Herrschaft geprägt hatte, noch immer intakt. Vor der breiten Treppe zur Durbar Hall, dem Herz des vizeköniglichen Palastes, hatten sich Ehrengarden der indischen Armee, Marine und Luftwaffe formiert. Mountbattens Leibwache, deren Lanzen im vormittäglichen Sonnenlicht funkelten, säumten in scharlachrot-goldenen Uniformröcken, weißen Breeches und schwarzen Stiefeln den Weg zum Prunksaal.

Drinnen im Saal wartete unter der weißen Marmorkuppel die Elite Indiens – die Richter des Obersten Gerichtshofes, in ihren schwarzen Roben und Allongeperücken so britisch wie die Gesetze, nach denen sie Recht sprachen; hohe Angehörige der indischen Beamtenschaft mit ihren streng angelsächsischen Profilen, zwischen die hie und da ein paar dunklere indische Gesichter gemischt waren; eine Delegation von Maharadschas, die in ihren Seidengewändern und Juwelen wie vergoldete Pfauen glänzten; vor allem aber Jawaharlal Nehru und seine Kollegen von der Kongreßpartei, in ihrer groben, selbstgesponnenen Leinwandtracht Vorboten einer Zukunft, die draußen vor der Tür wartete.

Als die ersten von Mountbattens feierlichem Zug den Saal betraten, begannen vier Trompeter, die in den Nischen rings unter der Kuppel verborgen waren, eine gedämpfte Fanfare. Der Klang der Instrumente schwoll mit dem Näherkommen des Zuges an. Die Beleuchtung im Saal, zuerst abgedunkelt, erstrahlte im Gleichklang mit dem Crescendo der Trompeten immer heller. In dem Augenblick, in dem das viezkönigliche Paar durch das große Portal schritt, leuchteten die Lampen auf, und die Trompeten stießen ein triumphales Geschmetter aus, das aus der Wölbung der Kuppel widerhallte. Mit feierlich-ernsten Mienen schritten die Mountbattens langsam durch den teppichbelegten Mittelgang ihren Thronsesseln entgegen.

Eine wachsende innere Spannung, nicht unähnlich dem Gefühl, das er einst auf der Brücke der *Kelly* kurz vor Beginn des Kampfes empfunden hatte, überkam Mountbatten. Jede Geste der Größe des Augenblicks angemessen, begaben er und seine Frau sich unter die dunkelroten Samtbaldachine über ihren vergoldeten Thronen und wandten sich der Versammlung zu. Der Oberste Richter trat nach vorn, und mit erhobener Rechten sprach Mountbatten feierlich den Eid, der ihn zum letzten Vizekönig Indiens machte.

Als er die Schlußworte des Eides sprach, hörte man von draußen dumpf die Kanonenschüsse der Königlichen Berittenen Artillerie. Im gleichen Augenblick nahmen auf dem ganzen Subkontinent andere Geschütze die einunddreißig Salutschüsse auf. In Landi Kotal oben auf dem Khaiber-Paß; in Fort Williams in Kalkutta, wo Clive mit der Schlacht von Plassey England unbeabsichtigt den Weg zur Eroberung seines indischen Reiches gewiesen hatte; in Lucknow, wo zu Ehren der Männer und Frauen, die beim Großen Aufstand von 1857 die Stadt verteidigt hatten, der Union Jack niemals eingeholt wurde; am Kap Komorin, an dessen Sandstränden die Galeonen von Königin Elizabeth I. vorübergesegelt waren; in Fort St. George in Madras, wo die Ostindische Kompanie ihre erste Landbewilligung auf einer Goldtafel hatte festhalten lassen; in Poona, Peschawar und Simla – überall, wo eine britische Garnison stand – präsentierten Soldaten, die zur Parade aufmarschiert waren, das Gewehr, als in Neu-Delhi der erste Salutschuß abgefeuert wurde.

Als das Echo des letzten Kanonenschusses in der Kuppel der Durbar Hall verhallte, trat der neue Vizekönig ans Mikrofon. Die Situation, mit der er es zu tun hatte, war so ernst, daß Mountbatten entgegen dem Rat seines Stabes beschlossen hatte, mit der Tradition zu brechen und einige Worte an die Versammlung vor ihm zu richten.

«Ich gebe mich keinen Illusionen über die Schwierigkeit meiner Aufgabe hin», sagte er. «Ich werde die größte Unterstützung der größtmöglichen Zahl brauchen, und ich bitte heute Indien um diese Unterstützung.»

Als er schloß, öffneten die Wachen die massiven Türen aus Assam-Teak. Vor Mountbatten breitete sich der überwältigende Ausblick auf den Kingsway mit seinen schimmernden Teichen aus, der sich hinunter ins Herz von Neu-Delhi spannt. Die Trompeten in der Höhe schmetterten noch einmal. Als Mountbatten den Mittelgang entlangging, spürte er plötzlich, wie die Beklemmung von ihm wich. Diese kurze Zeremonie hatte ihn in einen der mächtigsten Männer auf der Erde verwandelt. Er hielt nun eine Verfügungsgewalt in Händen, die über das Schicksal von vierhundert Millionen Menschen entschied.

Eine Dreiviertelstunde später nahm Mountbatten, nun wieder in Zivil, hinter seinem Schreibtisch Platz. Im gleichen Augenblick kam sein *jamadhar chaprassi*, sein Bürodiener, herein. Er trug einen goldenen Turban auf dem Kopf und in der Hand eine grünlederne Depeschentasche, die er mit feierlicher Geste vor den Vizekönig legte. Mountbatten öffnete sie und nahm das Schriftstück heraus, das darin lag. Es war eine eindrucksvolle Bestätigung der Macht, die soeben an ihn übergegangen war, das Gnadengesuch eines zum Tode Verurteilten. Fasziniert und entsetzt las Mountbatten den gesamten Text bis in jedes Detail. Es handelte sich um den Fall eines Mannes, der vor einer zuschauenden Menge seine Ehefrau zu Tode geprügelt hatte. Die Sache war so gründlich behandelt worden, durch so viele Instanzen gegangen, daß sich keine mildernden Umstände finden ließen. Mountbatten zögerte eine lange Minute. Dann nahm er traurig den Federhalter und vollzog seine erste Amtshandlung als Vizekönig.

«Es bestehen keine Gründe für die Ausübung des königlichen Begnadigungsrechtes», schrieb er auf den Umschlag.

Ehe Mountbatten daranging, Indiens politische Führer für seine Ideen zu gewinnen, nahm er sich vor, Indien zuerst die eigene Persönlichkeit eindrucksvoll vorzuführen. Vielleicht würde der letzte Vizekönig des Landes, wie er auf dem Flugplatz Northolt düster prophezeit hatte, mit einer Kugel im Rücken heimkehren, aber er wollte ein Vizekönig sein, wie Indien ihn noch nie erlebt hatte. Er hielt es für «unmöglich, Vizekönig zu sein, ohne ein großes, glanzvolles Theater zu inszenieren». Zwar war er nach Neu-Delhi geschickt worden, um den Abzug der Engländer ins Werk zu setzen, aber dieser Abzug sollte sich, so sein Wille, in einem Schimmer von Scharlachrot und Gold vollziehen, mit aller zum letztenmal entfalteten Pracht der englischen Herrschaft.

Er gab Weisung, das ganze feierliche Dekor seines Amtes, das während des Krieges verschwunden war, wiederherzustellen – Adjutanten in blendender Galauniform, feierliche Wachablösungen, schmetternde Regimentskapellen, funkelnde Säbel – «das ganze Drum und Dran». All dies genoß er, doch steckte dahinter nicht nur sein eigenes Gefallen am Schaugepränge, sondern eine schlaue Absicht.

Die dekorative Pracht hatte den Zweck, ihm eine Aura von strahlender Macht, einen psychologischen Rahmen zu verschaffen, in dem seine Handlungen Rückhalt fanden. Er beabsichtigte, die «Operation Irrenhaus» seines Vorgängers gewissermaßen durch eine eigene «Operation Verführung» zu ersetzen, durch eine kleine Revolution des Stils, die ebenso für die indischen Massen wie für ihre Führer berechnet war, mit denen er zu verhandeln hatte. Es sollte eine schlaue Mischung von Kontrasten sein, aus fürstlichem Pomp und einfacher Ungezwungenheit, aus den alten Prunkdarbietungen des sterbenden *raj*, der britischen Herrschaft, und neuen Initiativen, in denen das Indien von morgen seine erste Gestalt annahm.

Merkwürdigerweise begann Mountbatten seine «Revolution» mit einem Farbpinsel. Zum Entsetzen seines Stabes erteilte er den Befehl, die düstere Holztäfelung des vizeköniglichen Arbeitszimmers, in dem so viele Verhandlungen gescheitert waren, mit einer hellen, freundlichen Farbe zu überziehen, die besser geeignet war, eine entspannte Atmosphäre für seine Unterhandlungen mit den indischen Politikern zu schaffen. Er rüttelte den Palast aus der gemächlichen Routine, die sich eingebürgert hatte, und verwandelte ihn in ein betriebsames, quasimilitärisches Hauptquartier. Er führte Stabsbesprechungen ein, mit denen die tägliche amtliche Arbeit begann und die schon bald «Morgengebete» genannt wurden.

Mountbatten verblüffte seine neuen Untergebenen vom Indian Civil Service durch seine geistige Behendigkeit, die Gabe, zur Wurzel eines Problems durchzudringen, und vor allem durch seine enorme Arbeitswut, die fast an Besessenheit grenzte. Er schaffte die Parade der *chaprassis* ab, die traditionsgemäß dem Vizekönig die Schriftstücke in grünledernen Depeschentaschen in sein Arbeitszimmer brachten, wo er sie allein studierte. Er gab knappen, kurzen mündlichen Anweisungen den Vorzug.

Vor allem stellte das öffentliche Image, das Mountbatten für sich und sein Amt zu schaffen versuchte, eine radikale Veränderung dar. Seit mehr als einem Jahrhundert hatte der Vizekönig von Indien, der durch die zeremoniöse Pracht seines Amtes nach außen abgeschirmt wurde, mit dem Dalai-Lama um die Ehre gestritten, die entrückteste Gottheit im asiatischen Pantheon regierender Gottkönige zu sein. Zwei gescheiterte Attentatsversuche hatten bewirkt, daß er gewissermaßen in einen Sicherheitskokon eingesponnen war, der ihm jede Möglichkeit zum Kontakt mit den von ihm regierten Volksmassen nahm. Wenn der weiß-goldene Zug des Vizekönigs durchs Land fuhr, wurden schon vierundzwanzig Stunden vor seinem Eintreffen alle achtzig Meter Wachtposten aufgestellt. Wohin er sich auch begab, stets folgten ihm Hunderte von Leibwächtern, Polizisten und Sicherheitsbeamten. Wenn er Golf spielte, wurde fast hinter jedem Baum ein Polizist postiert. Ritt er aus, folgten ihm eine Schwadron der vizeköniglichen Leibwache und Sicherheitsbeamte.

Mountbatten war entschlossen, diese Abschirmung niederzureißen. Wenn er sich mit dem Dekor majestätischer Größe umgab, das die indischen Massen so beeindruckte, so tat er dies zum Teil deswegen, um sich ein Piedestal zu verschaffen, von dem aus er sich besonders wirkungsvoll an ebendiese Massen wenden konnte.

Als er ankündigte, er werde von nun an seinen morgendlichen Ausritt mit Frau oder Tochter ohne Eskorte absolvieren, ging ein Schauer des Entsetzens durch den Palast. Es dauerte einige Zeit, bis er sich durchgesetzt hatte, aber plötzlich bekamen die Bewohner der indischen Dörfer, durch die er bei seinem Morgenritt kam, ein Schauspiel zu sehen, das so unglaublich für sie war, daß sie an eine Sinnestäuschung glaubten: Der Vizekönig und die Vizekönigin trabten allein und ohne Begleittrupp an ihnen vorbei und winkten ihnen leutselig zu.

Dann machten er und seine Frau eine noch revolutionärere Geste, die kein Vizekönig in zweihundert Jahren zu tun geruht hatte: Sie besuchten einen Inder, der nicht zu der Handvoll privilegierter Fürsten gehörte. Zum Staunen ganz Indiens erschien das vizekönigliche Paar bei einer Gartenparty in Neu-Delhi, die Jawaharlal Nehru gab. Während Nehrus Mitarbeiter ungläubig die Augen aufrissen, nahm Mountbatten den Hausherrn am Ellbogen, spazierte zwischen den Gästen umher, unterhielt sich ungezwungen und schüttelte Hände.

Diese Geste hatte eine erstaunliche Wirkung. «Gott sei Dank», sagte Nehru am Abend dieses Tages zu seiner Schwester, «endlich haben wir einen Menschen als Vizekönig und nicht ein ausgestopftes Hemd.»

In dem Bemühen zu demonstrieren, daß nun im *Viceroy's House* ein neuer Geist der Achtung vor den Indern herrschte, gewährte Mountbatten den indischen Soldaten, von denen zwei Millionen unter ihm in Südostasien gedient hatten, eine längst überfällige Ehrung: Er nahm drei indische Offiziere als Adjutanten in seinen Stab auf. Als nächstes ließ er den Palast auch für Inder öffnen. Vor seinem Eintreffen waren nur ganz wenige Inder hierher eingeladen worden. Er instruierte seine Mitarbeiter, daß es keine Abendgesellschaften im Palast ohne einheimische Gäste geben dürfe. Und nicht nur mit ein paar «Ehren»-Indern. Von nun an wünsche er, daß zumindest die Hälfte der Gesichter an seiner Tafel indisch seien.

Seine Frau ging noch weiter. Aus Respekt für die kulinarischen Gewohnheiten ihrer indischen Gäste gab sie den Palastküchen die Anweisung, Speisen zu bereiten, die in einem Jahrhundert vizeköniglicher Gastlichkeit noch niemals im Palast serviert worden waren: indische vegetarische Gerichte. Darüber hinaus ordnete sie an, daß das Essen auf flachen indischen Tabletts zu servieren sei, während Diener hinter den Gästen Waschbecken, Wasserkrug und Handtuch nach der Tradition bereithielten, so daß die Gäste, falls sie es wünschten, an der vizeköniglichen Tafel mit den Fingern essen und sich die Kehle mit einem rituellen Gurgeln spülen konnten.

Diese Flut kleiner und größerer Gesten, die offene und echt empfundene Zuneigung, welche die Mountbattens für ein Land bezeugten, in dem ihre eigene Liebe besiegelt worden war, das Wissen, daß der neue Vizekönig ein Befreier, nicht aber ein Unterdrücker war, der Respekt der Männer, die unter ihm in Asien gekämpft hatten, all dies zusammen schuf eine starke Aura um das Paar.

Nicht lange nach ihrer Ankunft schrieb die *New York Times*, kein Vizekönig in der Geschichte habe «so vollständig das Vertrauen, den Respekt und die Sympathie des indischen Volkes errungen». Tatsächlich hatte die «Operation Verführung» schon nach wenigen Wochen einen derartigen Erfolg, daß Nehru selbst, nur halb im Scherz, zu dem neuen Vizekönig sagte, er werde allmählich ein Mann, mit dem schwierig zu verhandeln sei, weil er «mehr Menschen anziehe als sonst jemand in Indien».

Die Worte erschreckten Louis Mountbatten derart, daß er sie zuerst nicht glauben wollte. Daneben verblaßte selbst die dramatische Schilderung, die Clement Attlee ihm am Neujahrstag gegeben hatte, zur Beschreibung einer ländlichen Idylle. Doch der Mann, der sie unter vier Augen in seinem Arbeitszimmer sprach, hatte die Reputation des besten und glänzendsten Indienkenners am vizeköniglichen Hof. George Abell war außerdem der engste Mitarbeiter von Mountbattens Amtsvorgänger, Feldmarschall Wavell, gewesen.

Indien, so erklärte Abell dem Vizekönig mit eindringlicher Deutlichkeit, treibe geradewegs einem Bürgerkrieg entgegen. Mountbatten könne das Land vor diesem Verhängnis nur retten, wenn er raschestens Lösungen für die indischen Probleme finde. Die große Verwaltungsmaschinerie, die Indien regierte, sei am Zusammenbrechen, sagte Abell warnend. Der Mangel an englischen Beamten, der darauf zurückging, daß während des Zweiten Weltkrieges ein Einstellungsstopp verfügt worden war, und der wachsende Antagonismus zwischen den Hindu- und Moslembeamten würden dazu führen, daß die Herrschaft der ehrwürdigen Institution des Indian Civil Service das Jahr nicht überdauern werde. Die Zeit für Diskussionen und Debatten sei vorbei. Rasches Handeln, nicht umständliches Nachdenken sei nötig, wenn man eine Katastrophe verhindern wolle.

Diese Worte, aus dem Mund eines Mannes von Abells Gewicht, waren für den neuen Vizekönig ein Schock. Doch sie bildeten nur den Anfang einer Fülle von Meldungen und Vorfällen, in der Mountbatten während seiner ersten zwei Wochen in Indien beinahe versank. Eine ebenso düstere Analyse gab ihm der Mann, den er selbst als Chef seines Stabes ausgesucht hatte, General Lord Ismay, Winston Churchills Stabschef von 1940 bis 1945. Ismay, der als Offizier in der indischen Armee Jahre auf dem Subkontinent verbracht und einem früheren Vizekönig als Militärsekretär gedient hatte, war zu dem Schluß gekommen: «Indien ist ein Schiff mit Munition im Laderaum, das mitten im Ozean in Brand geraten ist.» Die Frage sei nur, ob man das Feuer löschen könne, bevor es die Munition erreiche.

Im ersten Bericht, den Mountbatten vom englischen Gouverneur im Pandschab erhielt, hieß es warnend, in der gesamten Provinz herrsche eine Bürgerkriegsatmosphäre. Ein nebensächlicher Absatz in diesem Bericht machte deutlich, daß die Worte des Gouverneurs die Lage zutreffend beschrieben. Darin wurde ein Zwischenfall erwähnt, der sich kürzlich in einem ländlichen Distrikt in der Nähe von Rawalpindi zugetragen hatte. Der Wasserbüffel eines Moslems war auf den Grund des Nachbarn, eines Sikh, geraten. Als der Eigentümer das Tier zurückholen wollte, kam es erst zu einer tätlichen Auseinandersetzung, dann zum Aufruhr. Zwei Stunden später lagen in den umgebenden Feldern hundert Leichen, die man wegen der Wanderlust eines Wasserbüffels mit Sensen und Messern niedergemetzelt hatte.

Fünf Tage nach der Ankunft des neuen Vizekönigs forderten in Kalkutta Streitigkeiten zwischen Hindus und Moslems 99 Menschenleben. Zwei Tage später brach in Bombay ein ähnliches Gemetzel aus, wonach 41 verstümmelte Leichen auf dem Pflaster lagen.

Angesichts dieser Gewaltausbrüche berief Mountbatten den Chef der indischen Polizei zu sich und fragte ihn, ob die Polizei imstande sei, Ruhe und Ordnung in Indien aufrechtzuerhalten.

«Nein, Euer Exzellenz», lautete die Antwort, «dazu sind wir nicht in der Lage.» Betroffen richtete Mountbatten dieselbe Frage an Feldmarschall Sir Claude Auchinleck, den Oberkommandierenden der indischen Armee. Er erhielt die gleiche Antwort.

Mountbatten stellte rasch fest, daß die Regierung, mit der zusammen er Indien regieren sollte – eine Koalition aus Kongreßpartei und Moslemliga, die sein Amtsvorgänger unter großen Anstrengungen zustande gebracht hatte –, eine Versammlung so erbitterter Feinde war, daß die Kabinettsmitglieder kaum ein Wort miteinander sprachen. Es war klar, daß die Koalition auseinanderbrechen würde, und dann mußte Mountbatten die schwere Verantwortung übernehmen, mit einer Verwaltungsmaschinerie, die dem Kollaps nahe war, ein Fünftel der Menschheit unmittelbar zu regieren.

Angesichts dieser düsteren Aussicht und von allen Seiten durch Meldungen von Gewaltausbrüchen und die Warnungen seiner erfahrensten Berater bedrängt, gelangte Mountbatten zu der vielleicht bedeutsamsten Entscheidung seiner ersten zehn Tage in Indien, die alle anderen seiner Schritte als Vizekönig prägte. Das Datum Juni 1948 für die Machtübergabe, das er selbst Attlee abgerungen hatte, war unter keinen Umständen zu halten. Einerlei, welche Lösung er für Indiens Zukunft erreichen würde, er mußte sie innerhalb von Wochen, nicht von Monaten finden.

«Die Szene hier», schrieb er am 2. April 1947 in seinem ersten Bericht an das Kabinett Attlee, «bietet ein Bild trostloser Düsternis . . . Ich sehe kaum eine Basis, auf der sich eine Übereinkunft über die Zukunft Indiens erzielen ließe.»

Nachdem der junge Admiral die Unruhe im Land geschildert hatte, richtete er eine ernste Warnung an den Mann, der ihn nach Indien geschickt hatte. «Der einzige Schluß, zu dem ich kommen konnte», schrieb er, «ist der, daß ich rasch handeln muß, wenn ich nicht erleben will, daß sich hier ein Bürgerkrieg entwickelt.»

5

«Die Flammen werden uns läutern»

Niemand sonst war in dem Raum. Nicht einmal ein Sekretär, der unaufdringlich Notizen machte, störte die beiden Männer. Wegen der akut schwierigen Situation, der er sich gegenübersah, hatte sich Mountbatten entschlossen, bei seinen Verhandlungen mit den führenden Politikern Indiens eine revolutionäre Taktik einzuschlagen. Zum erstenmal in der modernen Geschichte Indiens sollte über das Schicksal des Landes nicht an einem Konferenztisch, sondern in abgeschirmten Gesprächen unter vier Augen entschieden werden. Der Dialog, der eben im frisch getünchten Arbeitszimmer des Vizekönigs begann, war der erste in einer Reihe von Unterredungen, die bestimmen würden, ob Indien von den Schrecken des Bürgerkrieges verschont bleiben werde, den Louis Mountbatten in seinem ersten Bericht nach London als fast sicher prophezeit hatte. Vom Ergebnis dieser Gespräche würde die unmittelbare Zukunft des Subkontinents abhängen. Fünf Männer würden daran teilnehmen: Louis Mountbatten und vier indische Politiker.

Die vier Inder hatten den größeren Teil ihres Lebens damit verbracht, gegen die englische Herrschaft zu agitieren und einander zu befehden. Alle waren schon über das mittlere Lebensalter hinaus. Alle waren sie Rechtsanwälte, die ihr juristisches Handwerk in den Londoner Rechtsschulen erlernt hatten. Für jeden von ihnen waren die bevorstehenden Gespräche mit dem neuen Vizekönig die letzte große rednerische Auseinandersetzung ihres Lebens, die entscheidende Debatte, auf die sich jeder einzelne seit einem Vierteljahrhundert vorbereitet hatte. Für Mountbatten selbst gab es keine Frage, zu welchem Resultat diese Debatte führen solle. Wie für viele Engländer, war auch für ihn die Einheit Indiens das größte Erbe, das England dem Land vermachen konnte. Er hatte das tiefe Verlangen, diese Einheit zu bewahren. Der Forderung der Moslems nach der Teilung des Landes nachzukommen, würde nach seiner Überzeugung zu einer Tragödie größten Ausmaßes führen.

Jeder Versuch, Indiens Politiker zur Einigung über eine Lösung der Probleme ihres Landes auf einer Konferenz zu bewegen, war ergebnislos geblieben. Aber Mountbatten hoffte, daß es ihm, wenn er sich jeden einzelnen Politiker in der privaten Atmosphäre seines Arbeitszimmers vornahm, möglich sein werde, in der ihm verbleibenden knappen Frist eine Übereinkunft zu erzielen. Da er sich seiner Überredungskunst und vor allem der zwingenden Logik seiner Argumente sicher war, wollte er versuchen, innerhalb von Wochen zu erreichen, was seinen Vorgängern in Jahren nicht geglückt war – Indiens Politiker dazu zu bringen, daß sie irgendeiner Form der Einheit des Landes zustimmten.

Der Mann mit der weißen Kongreßmütze auf dem schütteren Haar und einer frischen Rose im dritten Knopfloch seiner Weste, der Mountbatten gegenübersaß, war eine der bekannten politischen Figuren Indiens. Auf seine eigene, etwas katzenhafte Art war Jawaharlal Nehru ebenso eindrucksvoll wie Indiens neuer Vizekönig. Die sinnlichen Züge seines Gesichts, dessen Ausdruck innerhalb eines Augenblicks von engelhafter Güte zu dämonischem Zorn wechseln konnte, zeigten häufig einen Anflug von Traurigkeit. Mountbattens Züge waren immer gesammelt, Nehrus Gesicht hingegen nie. Stimmungen und Launen glitten darüber hin wie Spiegelbilder über die Oberfläche eines Sees.

Er war der einzige führende Politiker Indiens, den Mountbatten bereits kannte. Die beiden Männer hatten sich kennengelernt, als Nehru einen Besuch in Singapur machte, wo Mountbatten sein Hauptquartier als Oberkommandierender der alliierten Streitkräfte in Südostasien hatte. Entgegen den Empfehlungen seiner Berater, sich nicht mit einem Rebellen einzulassen, dessen Schuhe noch den Staub eines englischen Gefängnishofes trugen, hatte Mountbatten den indischen Politiker empfangen. Die beiden Männer fanden einander sofort sympathisch. In der Gesellschaft des Ehepaares Mountbatten entdeckte Nehru ein England wieder, das er seit vierzig Jahren nicht mehr gesehen, das seine in britischen Gefängnissen verbrachten Jahre fast aus dem Gedächtnis getilgt hatten, jenes offene, aufgeschlossene England, das er als Schuljunge gekannt hatte. Die Mountbattens fanden großen Gefallen an Nehrus Charme, seiner Liebenswürdigkeit, seinem beweglichen Humor. Zum Entsetzen seines Stabes fuhr Mountbatten sogar mit Nehru im offenen Wagen durch Singapur. Damit, so hatten ihn seine Berater gewarnt, werde er nur einen Rebellen ehren, der gegen England arbeite.

«Ihn ehren?» hatte Mountbatten erwidert. «*Er* wird *mich* ehren. Dieser Mann wird eines Tages Ministerpräsident von Indien sein.»

Inzwischen hatte sich seine Prophezeiung erfüllt. Seiner Stellung als Ministerpräsident der indischen Interimsregierung verdankte Nehru die Ehre, als erster der vier führenden Politiker Indiens dem Vizekönig in seinem Arbeitszimmer gegenüberzusitzen.

Porträt des Mannes mit der Rose

Für Jawaharlal Nehru war das Gespräch, das soeben im vizeköniglichen Palast begann, nur die letzte Episode in einem kontinuierlichen Dialog mit den Kolonialherren seines Landes, den er zeit seines Lebens geführt hatte. In den angesehensten Landschlössern Englands war er ein umschmeichelter Gast gewesen. Er hatte vom goldenen Tafelservice des Buckingham-Palastes gespeist und ebenso von den Blechtellern eines britischen Gefängnisses. Zu seinen Gesprächspartnern hatten Professoren in Cambridge, Premierminister, Vizekönige, der König-Kaiser gehört – und Gefängniswärter.

Als Sproß einer asiatischen Aristokratie, die ebenso alt und stolz war wie die der britischen Beherrscher Indiens, der kaschmirischen Brahmanen, war Nehru mit sechzehn Jahren nach England geschickt worden, um den letzten Schliff seiner Ausbildung zu erhalten. Sieben herrliche Jahre hatte er dort verbracht, in Harrow lateinische Verben und Kricket gelernt, in Cambridge Naturwissenschaften, Nietzsche und Chaucer studiert, in den Rechtsschulen der Inns of Court die Gelehrsamkeit des großen Juristen Blackstone bewundert. Unbefangen bewegte er sich in den Salons der englischen Gesellschaft und nahm die Wertbegriffe und Manieriertheiten in sich auf, denen er dort begegnete. Die Verwandlung, die in jenen sieben Jahren in England mit ihm vor sich ging, war so vollkommen, daß seine Verwandten und Freunde ihn völlig «entindisiert» fanden, als er in sein heimatliches Allahabad zurückkehrte.

Der junge Nehru erkannte bald die Grenzen seiner «Entindisierung». Als er sich um die Aufnahme in den Britischen Klub seiner Heimatstadt bewarb, wurde er durch Abstimmung abgewiesen. Er mochte zwar in Harrow und Cambridge, den Bildungsstätten der englischen Oberschicht, gewesen sein, aber für die ausnahmslos weißen, ausnahmslos britischen – und zäh bürgerlichen – Mitglieder des Klubs war er deswegen immer noch ein Inder.

Diese bittere Zurückweisung konnte Nehru jahrelang nicht verwinden. Sie trug dazu bei, daß er den Weg einschlug, dem er sein Leben weihte, dem Kampf um Indiens Unabhängigkeit. Er schloß sich der Kongreßpartei an und qualifizierte sich schon bald durch seine fleißige Agitationsarbeit für die Aufnahme in die beste politische Bildungsstätte des Britischen Empire: englische Gefängnisse, in denen Nehru neun Jahre seines Lebens verbrachte.

In der Einsamkeit seiner Zelle, auf dem Gefängnishof mit anderen Kongreßpolitikern hatte er seine Vision des Indien von morgen geformt. Nehru war ein Idealist, von sozialrevolutionären Doktrinen erfüllt, und träumte davon, auf dem Boden Indiens seine beiden politischen Leidenschaften miteinander zu vereinen: die englische parlamentarische Demokratie und – auf wirtschaftlichem Gebiet – den Marxschen Sozialismus. Er träumte von einem Indien, das von den Fesseln der Armut wie des Aberglaubens befreit war, das die Last des Kapitalismus abgeworfen hatte, von einem Indien, in dem die Fabrikschornsteine auch außerhalb der Städte in den Himmel ragten, einem Indien, das die Segnungen der Industrialisierung genoß, zu denen ihm seine Kolonialherren den Zugang verweigert hatten.

Vielleicht schien niemand sowenig geeignet, Indien diesem Ziel entgegenzuführen, wie Jawaharlal Nehru. Unter dem groben Baumwollstoff, den er getreu den Geboten der Kongreßpartei trug, war er der englische Gentleman geblieben, der er im Grunde war. In einem Land der Mystik war er ein Anhänger des kühlen Rationalismus. Der Mann, der sich an der Universität Cambridge für die Naturwissenschaft begeistert hatte, war immer über seine Landsleute entsetzt, die sich an Tagen, die von ihren Lieblingsastrologen als unheilträchtig bezeichnet worden waren, nicht aus ihren Wohnungen rührten. Er war in einem Land, in dem das Religiöse so stark war wie nirgends sonst auf der Welt, ein erklärter Agnostiker und sprach immer wieder von dem Abscheu, den das Wort «Religion» bei ihm errege. Nehru verachtete die indischen Priester, die Sadhus, die singenden Mönche, die gottesfürchtigen Scheichs. Nach seiner Überzeugung hatten sie nichts anderes zuwege gebracht, als den Fortschritt des Landes zu verhindern, die innere Zerrissenheit zu vertiefen und den ausländischen Beherrschern Indiens die Arbeit zu erleichtern.

Und dennoch hatte das Indien jener Sadhus und der im Aberglauben befangenen Volksmengen Nehru akzeptiert. Seit dreißig Jahren fuhr er quer durchs Land und hielt Reden vor Massen von Zuhörern. Hunderttausende seiner Landsleute hatten sich an die Dächer und Seitenwände von Straßenbahnwagen geklammert, waren auf dem Land zu Fuß und mit Ochsenkarren herbeigeströmt, um ihn zu sehen und zu hören. Viele dieser Menschen hörten seine Worte gar nicht, oder wenn sie sie hörten, ging ihnen ihr Sinn nicht auf. Doch es war ihnen genug gewesen, über dem Meer von Köpfen ringsum seine schwächliche, gestikulierende Gestalt zu sehen. Sie hatten das *darshan*, eine Art geistiger Kommunion, in der Nähe eines großen Mannes empfangen, und das genügte ihnen.

Er war ein glänzender Redner und Schriftsteller, ein Mann, dem Worte kostbar waren. Schon früh von Gandhi gefördert, war er in der Hierarchie der Kongreßpartei stetig emporgestiegen und dreimal ihr Präsident gewesen. Der Mahatma hatte klar zu erkennen gegeben, daß es sein Wunsch sei, Nehru möge einst sein Erbe antreten.

Für Nehru war Gandhi ein Genie. Der kühle, pragmatisch denkende Nehru hatte nahezu alle Strategien Gandhis abgelehnt: den Aufruf zum zivilen Ungehorsam, den Salzmarsch, die Aufforderung an die Briten, aus Indien sofort abzuziehen. Doch sein Herz hatte ihn bewogen, dem Mahatma zu folgen; und sein Herz, so gestand er später, hatte ihm recht geraten.

Gandhi war gewissermaßen Nehrus Guru gewesen. Er hatte Nehru Indien zurückgewonnen, hatte ihn auf die Dörfer geschickt, damit er dort das wahre Gesicht seiner Heimat entdecke und die Leiden Indiens erfahre. Immer wenn die beiden Männer an einem Ort zusammentrafen, saß Nehru wenigstens eine halbe Stunde zu Bapujis Füßen. Manchmal sprach er, manchmal hörte er zu, zuweilen blickte er den Mahatma nur an und dachte nach. Diese Augenblicke waren für Nehru Momente tiefer geistiger Befriedigung, Minuten, in denen sein ungläubiges Herz dem Religiösen vielleicht am nächsten kam.

Zwischen den beiden Männern war eine faszinierende Vater-Sohn-Beziehung entstanden, mit all den Spannungen, all der Zuneigung, all dem unterdrückten Gefühl der Schuld, das eine solche Beziehung in sich birgt. Zeit seines Lebens hatte Nehru das instinktive Bedürfnis nach einer starken, dominierenden Persönlichkeit in seiner Nähe empfunden, nach irgendeinem Rückhalt, an dem er sich in den Krisen, die sein unbeständiges Temperament heraufbeschwor, anlehnen konnte. Zuerst hatte sein Vater, ein gutmütiger, lebenslustiger Anwalt mit einer Vorliebe für guten Whisky und Bordeaux, diese Rolle ausgefüllt. Als er starb, trat Gandhi an seine Stelle.

Nehru war Gandhi weiterhin restlos ergeben, aber in ihrer Beziehung vollzog sich ein subtiler Wandel. Eine Phase in Nehrus Leben näherte sich ihrem Abschluß. Der Sohn war bereit, das Vaterhaus zu verlassen und in die Welt hinauszugehen, die er jenseits seiner Tore sah. In dieser neuen Welt brauchte er einen neuen Guru, einen Lehrmeister, der für die Probleme empfänglicher war, die ihm hier zu schaffen machen würden.

Viel hatte sich in der Welt, in ihrem eigenen Leben verändert, seit Nehru und Mountbatten einander zum erstenmal begegnet waren, doch die wechselseitige Sympathie, die schon ihre erste Begegnung gekennzeichnet hatte, war auch jetzt im Arbeitszimmer des Vizekönigs spürbar. Das war nicht überraschend. Mountbatten wußte zwar nichts davon, aber Nehru war zum Teil selbst dafür verantwortlich, daß Mountbatten sich nun in diesem Raum befand.

Außerdem gab es viel Gemeinsames zwischen dem Sproß eines dreitausend Jahre alten Stammes kaschmirischer Brahmanen und dem Nachkommen der ältesten protestantischen Herrscherfamilie. Beide unterhielten sie sich gern und genossen die Gesellschaft des anderen. Nehru, der abstrakte Denker, bewunderte Mountbattens praktische, dynamische Natur, die Fähigkeit zu entscheidungsfreudigem Handeln, die er sich in seinem Kommando während des Krieges angeeignet hatte. Mountbatten wurde von der Subtilität des Denkens angeregt, die Nehru auszeichnete. Er war sich rasch darüber im klaren, daß Nehru als einziger indischer Politiker seinen Wunsch, eine Bindung zwischen Großbritannien und dem künftigen Indien aufrechtzuerhalten, verstehen und teilen würde.

Freimütig, wie es seine Art war, erklärte der Vizekönig seinem Gast, er habe eine ungemein schwere Verantwortung übernommen und gedenke, an das Problem Indien realistisch und ohne Illusionen heranzugehen.

Im Verlauf ihres Gesprächs erzielten die beiden Männer rasch in zwei Punkten Übereinstimmung: Ein schneller Entschluß sei notwendig, um ein Blutbad zu vermeiden, und die Teilung des Landes wäre eine Tragödie.

Dann wandte sich Nehru der Aktivität des nächsten indischen Führers zu, der Mountbattens Arbeitszimmer betreten sollte, des Pilgers, der seinen einsamen Pfad durch Noakhali und Bihar wanderte. Der Mann, dem er lange Zeit treu ergeben gewesen sei, «gehe», wie Nehru sagte, «mit einem Salbentopf umher und versuche am wunden Leib Indiens eine wunde Stelle nach der anderen zu heilen, statt die Ursache zu diagnostizieren, warum die Wunden aufbrechen, und bei der Heilung des gesamten Körpers mitzuwirken».

Die wachsende Entfremdung zwischen dem Befreier Indiens und seinen engsten Kampfgefährten, die Nehrus Worte enthüllten, gab Mountbatten einen wertvollen Hinweis darauf, wie er in Delhi vorgehen sollte. Wenn er Indiens führende Politiker nicht überzeugen konnte, die Einheit des Landes zu erhalten, dann würde er sie überreden müssen, es zu teilen. Gandhis unnachgiebige Ablehnung einer Teilung Indiens könnte sich für ihn als ein unüberwindbares Hindernis erweisen, als eine Katastrophe. Dann bestand seine einzige Hoffnung darin, die Führer der Kongreßpartei von ihrem alternden Oberhaupt zu trennen. In diesem Fall war Jawaharlal Nehru die Schlüsselfigur. Er war der Bundesgenosse, den Mountbatten unbedingt brauchte; nur er besaß möglicherweise die Autorität, um dem Mahatma Widerpart zu leisten.

Und nun hatte Nehru den Zwiespalt zwischen Gandhi und der Kongreßführung enthüllt. Mounbatten konnte in die Zwangslage geraten, diese Kluft zu erweitern und sich zunutze zu machen, wenn er zum Erfolg kommen wollte. Er scheute keine Mühe, um Nehrus Beistand zu gewinnen. Auf keinen der indischen Politiker sollte die «Operation Verführung» eine stärkere Wirkung haben als auf den realistischen Brahmanensproß. An diesem Nachmittag begann im Arbeitszimmer des Vizekönigs eine Freundschaft, die sich in den kommenden Monaten als entscheidend erweisen sollte.

Als er Nehru zur Tür brachte, sagte Mountbatten zu ihm: «Mr. Nehru, ich möchte, daß Sie in mir nicht den letzten englischen Vizekönig sehen, der die britische Herrschaft beendet, sondern den ersten, der auf dem Weg zu einem neuen Indien vorangeht.» Nehru wandte sich um, blickte den Mann an, den er auf dem Thron des Vizekönigs hatte sehen wollen. «Ah», sagte er, und ein schwaches Lächeln huschte über sein Gesicht, «jetzt weiß ich, was die Leute meinen, wenn sie sagen, daß Ihr Charme so gefährlich ist.»

Wieder einmal saß Churchills «halbnackter Fakir» im Arbeitszimmer eines Vizekönigs, «um mit dem Repräsentanten des König-Kaisers auf gleichem Fuße zu unterhandeln».

Er sieht fast wie ein kleiner Vogel aus, dachte Louis Mountbatten, während er den berühmten Mann betrachtete, ein «niedlicher, trauriger Spatz, der auf meinem Lehnsessel sitzt».[6]

Sie gaben ein seltsames Paar ab: Der Seemann aus fürstlichem Geblüt, der sich gern in eine prunkvolle Uniform kleidete, und der alte Inder, der es ablehnte, seine körperliche Blöße mit mehr als einem groben Baumwolltuch zu bedecken; der gutaussehende Mountbatten mit seinem vor Vitalität strotzenden sportgestählten Körper, und daneben Gandhi, dessen unscheinbare Gestalt in seinem Sessel fast verschwand; der Verfechter der Gewaltlosigkeit und der Berufssoldat, der seine Untergebenen ermächtigt hatte, notfalls zehntausend Tote in Kauf zu nehmen, wenn es nicht anders möglich war, die Flugplätze zu erobern, die er für den zeitgerechten Angriff auf Rangun brauchte; hier der Aristokrat und dort der Mann, der das Leben unter den Ärmsten, den elendsten Massen auf der Erde gewählt hatte. – All diese Elemente, ihre Herkunft und Erfahrung schienen diese beiden Männer zu Widersachern zu bestimmen. Und doch würde in den kommenden Monaten der Pazifist Gandhi nach der Aussage eines seiner Vertrauten in der Gesinnung des Berufssoldaten Mountbatten «das Echo mancher der ethischen Werte» finden, «die sich in seiner eigenen Seele regten». Mountbatten seinerseits war von Gandhi so tief beeindruckt, daß er nach dessen Tod erklärte: «Gandhi wird auf einer Stufe mit Christus und Buddha in die Geschichte eingehen.»

Mountbatten war an seiner ersten Begegnung mit Gandhi so viel gelegen gewesen, daß er den Mahatma nach Delhi eingeladen hatte, noch bevor er auf dem Thron des Vizekönigs saß. Gandhi hatte, wie einer seiner Gehilfen erzählt, seine Antwort sofort aufgeschrieben und mit einem vergnügten Lächeln gesagt: «Warten Sie ein paar Tage, bevor Sie den Brief aufgeben. Dieser junge Mann soll nicht glauben, ich reiße mich um seine Einladung.»

Der «junge Mann» hatte seine Einladung mit einer Geste begleitet, für die er allmählich bekannt wurde und die zuweilen seine englischen Landsleute aufbrachte. Er hatte angeboten, sein eigenes Flugzeug nach Bihar zu schicken und damit den Mahatma nach Neu-Delhi zu bringen. Gandhi lehnte jedoch die Offerte ab. Er bestand darauf, nach seiner Gewohnheit Dritter Klasse Eisenbahn zu fahren.

Um ihrer Begegnung eine Note der Herzlichkeit zu geben, hatte Mountbatten seine Frau gebeten, daran teilzunehmen. Nun saß das vizekönigliche Paar dem berühmten Mann gegenüber, und eine tiefe Besorgnis beschlich die beiden. Der Mahatma, spürten sie beide sofort, war in unglücklicher Stimmung. Hatten sie etwas falsch gemacht?

Mountbatten warf seiner Frau einen besorgten Blick zu. Gott, dachte er, wie schlimm das anfängt! So höflich, wie er konnte, fragte er Gandhi, ob ihn etwas bedrücke.

Der Mahatma gab einen langsamen, traurigen Seufzer von sich. «Wissen Sie», begann er, «seit ich in Südafrika gewesen bin, habe ich auf materielle Güter verzichtet.» Er besitze so gut wie nichts, erläuterte er, seine Bhagavadgita, sein Eßgeschirr aus Blech, Aufzeichnungen von seiner Haft im Gefängnis Yeravda, seine drei «Gurus». Und seine Uhr, die alte Ingersoll-Uhr für acht Schilling, die er mit einem Bindfaden um die Taille trug, weil er stets wissen müsse, wieviel Uhr es sei, wenn er jede Minute seines Tages der Arbeit für Gott widme.

«Und denken Sie sich», sagte er traurig, «man hat sie mir gestohlen. Irgend jemand in meinem Eisenbahnabteil auf der Fahrt nach Delhi hat mir die Uhr gestohlen.» Tränen traten dem alten Mann in seinem Sessel in die Augen. Der Vizekönig verstand sofort. Es war nicht der Verlust der Uhr, der Gandhi so schmerzte. Weh tat ihm nur, daß man ihn nicht verstanden hatte. Die Hand des Unbekannten hatte ihm in diesem überfüllten Eisenbahnwaggon nicht eine billige Uhr genommen, sondern ein kleines Stück seines Glaubens.[7]

Gandhi schwieg lange, dann begann er schließlich über das gegenwärtige Dilemma Indiens zu sprechen. Mountbatten unterbrach ihn mit einer freundlichen Handbewegung.

«Mr. Gandhi», sagte er, «zuerst möchte ich etwas über Sie selbst hören.»

Hinter den Worten des Vizekönigs stand eine bewußte Taktik. Er wollte die indischen Politiker erst näher kennenlernen, ehe er sich von ihnen mit ihren Minimalforderungen und endgültigen Bedingungen zusetzen ließ. Er wollte erreichen, daß sie sich in seiner Gegenwart entspannt fühlten, und hoffte damit eine Atmosphäre des gegenseitigen Vertrauens und der Sympathie zu schaffen, in der seine eigene dynamische Persönlichkeit stärker zur Geltung kommen würde.

Der Mahatma war entzückt. Er sprach gern über sich, und in den Mountbattens hatte er zwei liebenswürdige Menschen gefunden, die an dem, was er zu sagen hatte, echt interessiert waren. Er verbreitete sich über Südafrika, seine Erlebnisse als Sanitäter im Burenkrieg, über die Kampagne des zivilen Ungehorsams, den Salzmarsch. Der Westen, sagte er, habe einst seine Inspiration aus dem Osten empfangen, aus den Lehren Zarathustras, Buddhas, Mose, Jesu, Mohammeds, Ramas. Doch jahrhundertelang habe der Westen den Osten kulturell unterdrückt und beherrscht. Nun aber müsse er, von Gespenstern wie der Atombombe geängstigt, seinen Blick wieder nach Osten richten. Dort werde er hoffentlich die Botschaft der Liebe und des brüderlichen Verstehens finden, die er, Gandhi, zu predigen versuche.

Ihre Unterhaltung zog sich zwei Stunden hin. Sie fand ihren Höhepunkt in einer schlichten, doch außergewöhnlichen Geste, die erkennen ließ, welchen Erfolg Mountbattens Taktik gehabt, welche Resonanz sie bei Gandhi gefunden hatte.

In einer Pause des Gesprächs begab sich das Trio in den Park hinaus, um sich fotografieren zu lassen. Als die Aufnahmen gemacht waren, gingen sie wieder in den Palast zurück. Der siebenundsiebzigjährige Mahatma stützte sich beim Gehen gern auf die Schultern von zwei jungen Mädchen, die er liebevoll seine «Krücken» nannte. Nun legte der Revolutionär, der sein ganzes Leben gegen die Briten gekämpft hatte, die Hand auf die Schulter der letzten englischen Vizekönigin und trat so ruhig, als ginge er zu seiner abendlichen Gebetsversammlung, in das Arbeitszimmer des Vizekönigs.

Als Gandhi zu seinem zweiten Gespräch mit Mountbatten in das Arbeitszimmer des Vizekönigs zurückkehrte, stöhnte Delhi schon unter der ersten Gluthitze der heißen Jahreszeit. Unter dem weißen Sonnenglast schienen Funken von den hellen Dhakbäumen in den Palastgärten zu stieben, und eine Orangenschale war schon wenige Minuten, nachdem man die Frucht geschält hatte, zu dürrem Pergament verdorrt. Der einzige kühle Ort in der Stadt war Louis Mountbattens Arbeitsraum. Sein Sinn fürs Detail, der ihn veranlaßt hatte, das Zimmer tünchen zu lassen, hatte auch dafür gesorgt, daß es mit der besten Klimaanlage in Delhi ausgestattet wurde, die es ihm erlaubte, bei der erquickenden Temperatur von dreiundzwanzig Grad zu arbeiten.

Die Kühlanlage verursachte beinahe eine Katastrophe. Als Gandhi mit brutaler Plötzlichkeit aus der Backofenhitze Delhis in das kühle Arbeitszimmer kam, machte er, ein unversöhnlicher Feind moderner Technik, eine höchst unerfreuliche Bekanntschaft mit den Wohltaten der Klimaanlage. Als Mountbatten sah, daß sein Gast zitterte, läutete er nach einem Adjutanten, mit dem auch die Vizekönigin erschien.

«Großer Gott», rief Edwina Mountbatten, «der Ärmste holt sich ja eine Lungenentzündung bei dir!»

Sie eilte zu dem Apparat, schaltete ihn rasch ab, riß die Fenster auf und stürzte davon, um einen der alten Royal Navy-Pullover ihres Mannes zu holen, den sie dem zitternden Gandhi um die Schultern legte. Als der Gast schließlich wieder aufgewärmt war, führte Mountbatten ihn zum Tee auf die Terrasse. Zwei Diener brachten Mountbatten Tee in einem Service aus kostbarem Porzellan, das mit dem vizeköniglichen Wappen geschmückt war. Manu, die Gandhi begleitete, servierte dem Mahatma das karge Mahl, das sie für ihn mitgebracht hatte: Zitronensuppe, Ziegen-Dickmilch und Datteln. Gandhi verzehrte es mit einem Löffel, bei dem der abgebrochene Griff durch ein Bambusstück ersetzt war, das er mit einem Bindfaden am Stielstummel befestigt hatte. Die zerbeulten Blechteller, von denen der Mahatma aß, waren jedoch ebenso englisch wie das Sterlingsilber des vizeköniglichen Services – sie stammten aus dem Gefängnis Yeravda.

Lächelnd bot Gandhi seinem Gastgeber von der Dickmilch an. «Sie ist ziemlich gut», sagte er. «Versuchen Sie doch.»

Mountbatten blickte den gelben, porridgeähnlichen Brei mit nicht eben ungetrübter Begeisterung an. «Ich glaube, davon habe ich eigentlich noch nie gekostet», murmelte er und hoffte, damit die Generosität seines Gastes irgendwie abzuschrecken. Doch Gandhi ließ sich nicht so leicht entmutigen.

«Macht nichts», sagte er lachend. «Bei allem muß man einmal anfangen. Versuchen Sie's jetzt.»

Mountbatten saß in der Falle. Mit zusammengebissenen Zähnen nahm er einen Löffel voll und fand es «scheußlich».

Hier auf der Terrasse endete das Vorgeplänkel ihrer Gespräche. Nun begann für Mountbatten die heikle Aufgabe, mit Gandhi zu verhandeln, der für alle seine Amtsvorgänger eine schwere Probe ihrer Geduld und Beherrschung gewesen war.

Der Mahatma war für die Engländer allerdings immer ein schwieriger Verhandlungspartner gewesen. Die Wahrheit war für Gandhi die höchste Form der Wirklichkeit. Doch Gandhis Wahrheit hatte zwei Formen: die absolute und die relative. Solange der Mensch im «Fleische» lebe, seien ihm nur flüchtige Ahnungen der absoluten Wahrheit vergönnt. Im täglichen Leben müsse er mit ihrer relativen Form zurechtkommen. Gandhi bediente sich gern eines Gleichnisses, um den Unterschied zwischen den beiden Arten der Wahrheit zu illustrieren. Man stecke die linke Hand in eine Schüssel voll eiskalten, und anschließend in eine voll lauwarmen Wassers, pflegte er zu sagen. Das lauwarme Wasser komme einem heiß vor. Dann stecke man die rechte Hand in eine Schüssel voll heißen Wassers und danach in die gleiche mit dem lauwarmen. Jetzt fühle sich das lauwarme Wasser kalt an, obwohl es dieselbe Temperatur wie vorher habe. Die absolute Wahrheit, so pflegte er zu sagen, das sei die gleichbleibende Temperatur des Wassers, doch die relative Wahrheit, wie die menschliche Hand sie wahrnehme, schwanke. Wie aus diesem Gleichnis zu schließen war, betrachtete Gandhi die relative Wahrheit keineswegs als etwas Starres. Sie konnte sich verändern, so wie seine Sicht eines Problems sich veränderte. Dies machte ihn zu einem flexiblen Denker, es ließ ihn aber auch seinen englischen Gesprächspartnern als wankelmütig erscheinen. Selbst einer seiner «Jünger» rief einmal verzweifelt aus: «Gandhi, ich verstehe Sie nicht. Wie konnten Sie letzte Woche das eine sagen, und diese Woche etwas ganz anderes?» – «Ach», gab ihm Gandhi zur Antwort, «weil ich seit letzter Woche etwas dazugelernt habe.»

Der neue indische Vizekönig begann daher das ernste Gespräch mit dem Mahatma mit einem unbehaglichen Gefühl. Er war nicht überzeugt, daß der kleine Mann neben ihm, der «wie ein Spatz zirpte», ihm helfen könne, eine Lösung der indischen Krise auszutüfteln, aber er war sich bewußt, daß Gandhi alle Versuche, eine Lösung zu finden, torpedieren konnte. Die Hoffnungen zahlreicher anderer englischer Vermittler waren an seinen jähen, unberechenbaren Kehrtwendungen gescheitert. Gandhi war daran schuld gewesen, daß Cripps 1942 unverrichteter Dinge nach London zurückkehren mußte. Seine Weigerung, in Grundfragen nachzugeben, hatte mit dazu beigetragen, daß Wavells Bemühungen, den indischen Knoten zu lösen, erfolglos blieben. Seiner Taktik war es weitgehend zuzuschreiben, daß der letzte Versuch der Briten, das Problem durch die Entsendung einer Kabinettsmission zu lösen, ebenfalls fehlgeschlagen war. Der Plan, den diese Mission entworfen hatte, sollte nun Mountbatten als Ausgangsbasis dienen. Noch am Abend vorher hatte Gandhi in seiner Gebetsversammlung wiederholt, Indien werde nur über seiner Leiche geteilt werden.

Wenn Mountbatten gegen seinen eigentlichen Willen zu der Entscheidung, Indien zu teilen, getrieben werden sollte, würde er sich in der höchst unerfreulichen Situation befinden, Gandhi seinen Willen aufzwingen zu müssen.

Es sei, erklärte er Gandhi, um ihr Gespräch mit der richtigen Note zu beginnen, immer der Grundsatz der Briten gewesen, nicht vor der Gewalt zurückzuweichen. Aber mit seinem gewaltlosen Kreuzzug habe er gesiegt, und die Engländer würden sich, komme, was wolle, aus Indien zurückziehen. An dem bevorstehenden Abzug sei nur ein einziger Punkt wesentlich, antwortete Gandhi. «Teilen Sie Indien nicht», sagte er. «Zerreißen Sie unser Land nicht», bat der Prophet der Gewaltlosigkeit, «auch wenn das heißt, ‹Ströme von Blut› zu vergießen.»

Eine Teilung Indiens, versicherte der betroffene Mountbatten seinem Gast, sei die letzte Lösung, die er wünsche. Doch welche anderen Wege stünden ihm offen?

Gandhi hatte eine Alternative. So verzweifelt wünschte er, die Teilung zu verhüten, daß er eher bereit war, den Moslems das neue Indien zu überlassen, als es mittendurch zu schneiden. Mountbatten solle die dreihundert Millionen Hindus der Herrschaft der Moslems unterstellen, seinen Konkurrenten Jinnah und die Moslemliga mit der Regierungsbildung beauftragen und dieser Regierung die Macht übergeben. Er solle Jinnah ganz Indien übergeben, nicht nur den Teil, den Jinnah wolle, lautete sein Vorschlag.

«Und Sie meinen, daß Ihre eigene Kongreßpartei das akzeptieren wird?» fragte Mountbatten.

«Der Kongreß», erwiderte Gandhi, «will vor allem die Teilung vermeiden. Er wird alles tun, um sie zu verhüten.»

«Und was», fragte der Vizekönig, «würde Jinnah dazu sagen?»

«Wenn Sie ihm sagen, der Vorschlag geht von mir aus, wird er antworten: ‹Dieser durchtriebene Gandhi›», sagte der Mahatma lachend.

Mountbatten schwieg einen Augenblick. Gandhis Vorschlag schien ihm utopisch. Andererseits aber wollte er auch keine Idee, die Indien vielleicht zusammenhalten konnte, so leichthin abtun.

«Ich will Ihnen etwas sagen», antwortete er. «Wenn Sie mir die feierliche Zusicherung bringen können, daß der Kongreß Ihren Plan akzeptieren, daß er aufrichtig versuchen wird, für sein Gelingen zu sorgen, dann bin ich bereit, diesem Vorschlag näherzutreten.»

Gandhi sprang bei diesen Worten fast vom Sessel hoch. «Ich werde kreuz und quer durch Indien ziehen», versicherte er Mountbatten, «um die Menschen dazu zu bringen, ja zu sagen, wenn Sie diese Entscheidung treffen.»

Ein paar Stunden später sprach ein indischer Journalist mit Gandhi, der zu seiner abendlichen Gebetsversammlung ging. Der Mahatma, fand er, «schien vor Glück überzusprudeln». Als sie sich dem Ziel Gandhis näherten, wandte sich dieser plötzlich dem Reporter zu. Mit einem zufriedenen Lächeln flüsterte er: «Ich glaube, ich habe das Schicksal gewendet.»

Dieser Mann versucht ja, mit mir Schlitten zu fahren, dachte Louis Mountbatten ungläubig. Seine «Operation Verführung» war plötzlich und völlig unerwartet von dem eisenharten Politiker gestoppt worden, der ihm im Sessel gegenübersaß. Der Besucher, der seinen Dhoti wie eine Toga über die Schultern geschlungen hatte, wirkte mit seinem rotglänzenden Schädel und seiner strengen Miene auf den Vizekönig eher wie ein römischer Senator als ein indischer Politiker.

Doch Vallabhbhai Patel war Indiens Politiker par excellence. Er lenkte die Maschinerie der Kongreßpartei mit fester, rücksichtsloser Hand. Mountbatten hatte erwartet, daß von den vier Indern, mit denen er sprechen wollte, mit diesem am leichtesten zurechtzukommen wäre. Ebenso wie der Vizekönig war er ein praktisch denkender, pragmatischer Mann, der zäh, aber realistisch feilschte. Aber die Spannung zwischen den Gesprächspartnern war so real und fühlbar, daß Mountbatten glaubte, sie mit Händen greifen zu können.

Diese Spannung hatte in keiner Weise mit den großen Problemen zu tun, vor denen Indien stand. Ihre Ursache war ein Stück Papier, ein routinemäßiges Protokoll aus Patels Innenministerium, das mit irgendeiner Ernennung zu tun hatte. Mountbatten aber hatte aus dem Blatt eine wohlberechnete Herausforderung herausgelesen, die sich gegen seine Autorität richtete.

Patel stand in dem wohlverdienten Ruf, ein zäher Bursche zu sein. Er hatte das fast instinktive Bedürfnis, jedem seiner Gesprächspartner das Maß zu nehmen, um abzuschätzen, wie weit er ihn treiben könne. Das

Blatt Papier auf seinem Schreibtisch war nach Mountbattens Ansicht ein Test, eine kleine Prüfung, die er mit Patel veranstalten mußte, bevor er die ernsten Dinge angehen konnte.

Während Vallabhbhai Patel in einem Gerichtssaal in Bombay hin und her schritt und sein Plädoyer für die Geschworenen zusammenfaßte, wurde ihm ein Telegramm gebracht. Er warf einen kurzen Blick darauf, steckte es in die Tasche und setzte mitten im Satz seine Ausführungen fort. Das Kabel meldete den Tod seiner Frau.

Dieser Vorfall, der zur Vallabhbhai-Legende gehörte, war bezeichnend für diesen Mann. Gefühlsduseleien, so bemerkte einer seiner Kampfgefährten einmal, paßten nicht zu Patels Charakter. Die Bemerkung traf nicht ganz zu. Patel konnte durchaus ein Mann der Gefühle sein, aber er hielt sie immer sorgfältig hinter der gefaßten Miene verschlossen, die er der Welt zuwandte. Wenn er einen entschiedenen Eindruck machte, dann den eines Mannes, der sich völlig in der Gewalt hat.

In einem Land, in dem die Menschen pausenlos sprechen und mit Worten um sich werfen wie Seeleute, die drei Monate auf See gewesen sind, mit Geld, geizte Patel mit seinen Sätzen. Seine Tochter, die seit dem Tod seiner Frau ständig um ihn war, wechselte nur selten zehn Sätze am Tag mit ihm. Doch wenn Patel zu reden beschloß, hörten ihm die Menschen zu.

Patel war Inder vom Scheitel bis zur Sohle. Sein Heim in Delhi war mit Büchern angefüllt, aber jedes hatte Indien zum Thema und war von einem Inder geschrieben. Er war als einziger der großen indischen Politiker der ländlichen Erde des Subkontinents entsprossen. Sein Vater war ein Bauer in der Provinz Gudscharat gewesen, und Patel lebte noch immer im ländlichen Lebensrhythmus. Er stand seiner Herkunft getreu um vier Uhr morgens auf und lag mit ebensolcher Regelmäßigkeit jeden Tag um halb zehn Uhr im Bett. Die ersten Stunden nach dem Erwachen brachte Patel täglich auf dem Klosett zu, wo er den größten Teil seiner Lektüre erledigte, dreißig Zeitungen, die ihm jeden Tag aus allen Teilen Indiens zugesandt wurden. Eifersüchtig wachte seine Tochter Maniben über sein Leben. Seit zwei Jahrzehnten war sie seine Sekretärin, sein Adjutant, seine Vertraute und Herrin des Haushalts. So eng waren sie miteinander verbunden, daß sie sogar das Schlafzimmer teilten. Sein Engagement für den indischen Nationalismus hatte Patel von seinem Vater übernommen, der im Großen Aufstand von 1857 an der Seite eines örtlichen Warlords gegen die Briten gekämpft hatte. In den Winternächten seiner Knabenjahre war er am Dungfeuer ihrer Bauernkate gesessen und hatte den Erzählungen seines Vaters aus seiner Kampfzeit während des Großen Aufstandes gelauscht. Bald danach war er endgültig in die Stadt gezogen, um in den großen

Spinnereien von Ahmedabad, wo Gandhi sein erstes *Ashram* gründete, Arbeit anzunehmen. Nachts studierte er, sparte fast jede Rupie, die er verdiente, bis er, mit dreiunddreißig Jahren, so viel Geld zusammengebracht hatte, daß er nach London fahren und dort die Rechte studieren konnte.

Er sah nie das London der Salons von Mayfair, wo Nehru ein gefeierter Gast gewesen war. Das einzige, was er von der Stadt kennenlernte, war die Bibliothek der Inns of Court. Zweimal täglich ging er aus Sparsamkeitsgründen die fünfzehn Kilometer zu Fuß, die sein Quartier von den Rechtsschulen trennten. An dem Tag, an dem er in diesem Heiligtum der Jurisprudenz seine Zulassung als Barrister erhielt, machte er wieder einen Fußmarsch, diesmal zum Londoner Hafen, um seine Rückreise zu buchen. Nach seiner Heimkehr verließ er Indien nie wieder.

Er ließ sich in Ahmedabad nieder und vertrat als glänzender Anwalt die Interessen der Fabrikbesitzer, deren Lohnsklave er einst gewesen war. Patel hatte nicht einmal von seiner allabendlichen Bridgepartie im Ahmedabad-Klub aufgeblickt, als er Gandhi zum erstenmal dort reden hörte. Dann aber brachte ihm irgend jemand den Text der Rede, die der Mahatma gehalten hatte, und als er sie las, stieg eine Vision vor ihm auf – die Vision, die sein Vater vor einem Dungfeuer in den Winternächten seiner Knabenzeit in ihm entzündet hatte.

Er suchte Gandhi auf und bot ihm seine Dienste an. Als Gandhi 1922 erkunden wollte, was durch zivilen Ungehorsam zu erreichen wäre, betraute er Patel mit der Organisation einer Probekampagne in hundertsiebenunddreißig Dörfern des Bardoli-Bezirks bei Bombay, in dem siebenundachtzigtausend Menschen lebten. Patel leistete so vorzügliche und gründliche Arbeit, daß die Kampagne Gandhis Hoffnungen bei weitem übertraf. Von Stund an teilte Patel mit Nehru in der Unabhängigkeitsbewegung den Platz gleich hinter Gandhi. Mit Hilfe seiner speziellen Begabung hatte er die politische Organisation der Kongreßpartei bis in die entlegensten Ecken Indiens ausgebaut.

Patel war immer voller Mißtrauen gegenüber seinem Konkurrenten Nehru. Die beiden Männer waren natürliche Rivalen um das erste Amt in Indien, das im Begriff stand, eine dreihundertjährige Kolonialära zu beenden, und ihre Vorstellungen, wie dieses Indien aussehen solle, waren einander entgegengesetzt. Patel qualifizierte Nehrus utopischen Traum von der Errichtung einer neuen Gesellschaft als «Papageiengekrächze vom Sozialismus» ab. Die kapitalistische Gesellschaftsordnung funktioniere gut, meinte er; es komme nur darauf an, sie auf indische Verhältnisse zuzuschneiden, damit sie noch besser funktioniere, nicht aber, sie um eines unrealisierbaren Ideales willen abzuschaffen.

«Patel», bemerkte einer seiner Mitarbeiter, «stammte aus einer Industriestadt mit Maschinen, Fabriken und Textilien. Nehru kam aus einer

Gegend, wo man Blumen züchtet und Obst anbaut.»

Er machte sich über Nehrus Begeisterung für Außenpolitik, für die großen Weltprobleme, lustig. Er wußte, wo die Macht konzentriert war, nämlich dort, wo er war, im Innenministerium. Er versicherte sich der Loyalität der künftigen Polizei des unabhängigen Indien, der Sicherheits- und Informationsorgane. Mochte Nehru auch den Mantel des Nachfolgers von Gandhi tragen, so ging er doch unsicheren Schrittes, denn Patel wußte, daß die Legionen hinter ihm nach einem zweiten Cäsar verlangten. Wie Jinnah, mit dem ihn ein herzliches Verhältnis verband, wurde Patel von jenen unterschätzt, die auf der Bühne der indischen Politik nur Gandhi und Nehru sahen. Sie täuschten sich. Patel war, wie einer seiner Mitarbeiter sagte, «Indiens letzter Mogul».

Der Vizekönig blickte auf das Blatt Papier, über das er sich geärgert hatte, und reichte es dann über den Schreibtisch Patel hinüber. Mit ruhiger Stimme ersuchte er ihn, es zurückzunehmen. Patel lehnte dies brüsk ab.

Mountbatten betrachtete den indischen Politiker. Er würde die Unterstützung dieses Mannes brauchen, der eine große Organisation repräsentierte. Aber er war überzeugt, sie nie zu erhalten, wenn er ihn nicht jetzt klein bekam.

«Na schön», sagte Mountbatten. «Ich will Ihnen sagen, was ich tun werde. Ich werde jetzt meine Maschine bestellen.»

«Was?» sagte Patel. «Warum?»

«Weil ich zurückfliege», antwortete Mountbatten. «Ich wollte den Job ohnehin nicht. Ich habe nur auf jemanden wie Sie gewartet, der mir eine Entschuldigung liefert, die Sache hinzuwerfen und aus einer unmöglichen Situation herauszukommen.»

«Sie reden doch nicht im Ernst?» rief Patel.

«Nicht im Ernst?» antwortete Mountbatten. «Sie glauben doch nicht, daß ich hierbleiben und mich von einem Burschen wie Ihnen schikanieren lassen werde? Sie nehmen entweder dieses Protokoll zurück, oder einer von uns nimmt den Hut. Und lassen Sie sich gesagt sein, wenn ich gehe, werde ich zuvor Ihrem Ministerpräsidenten, Mr. Jinnah und der Regierung Seiner Majestät erklären, warum ich abtrete. Der Zusammenbruch Indiens, der die Folge sein wird, das Blut, das vergossen wird, ist von niemandem anderen zu verantworten als von Ihnen.»

Patel starrte Mountbatten ungläubig an.

Mountbatten, erklärte er, wolle doch das Amt des Vizekönigs nicht zugrunde richten, nachdem er es erst einen Monat innehabe.

«Mr. Patel», antwortete ihm Mountbatten, «Sie kennen mich anscheinend nicht. Entweder Sie nehmen das Protokoll hier und jetzt zurück, oder ich werde den Ministerpräsidenten holen lassen und meinen Rücktritt erklären.»

Darauf folgte ein langes Schweigen. «Wissen Sie», sagte Patel dann mit einem Seufzer, «das Verflixte ist, daß ich glaube, Sie meinen es ernst.»

«Da haben Sie verdammt recht», antwortete Mountbatten.

Patel streckte die Hand aus, nahm das anstößige Protokoll von Mountbattens Schreibtisch und riß es langsam in Fetzen.

Gandhis Kreuzweg, vierte Station: Die Jünger trennen sich vom Meister

Eine einsame Glühbirne, an der verkohlte Insekten klebten, baumelte von der Decke der Hütte. In ihrem fahlen Licht hockte Gandhi, nackt bis zur Taille, auf einer Strohmatratze auf dem Zementboden. Die anderen hatten sich um ihn versammelt und diskutierten erregt. Mit ihren dunklen Augen, in denen Ehrfurcht und freudige Begeisterung funkelten, schauten die Gassenjungen aus der Straßenfegerkolonie Bangi, dem stinkenden Elendsviertel der Unberührbaren, die Delhis Straßen fegten und Toiletten säuberten, durch das Fenster auf ihren Propheten und seine «Jünger».

Die Männer, die sich um Gandhi drängten, waren die künftigen Führer eines freien Indien. Sie hielten sich in jenem Armenquartier auf, wo aus den offenen Abflußrinnen der Gestank menschlicher Exkremente die Luft verpestete und die Gesichter der Bewohner die Narben von hundert Krankheiten trugen, weil Gandhi beschlossen hatte, während seines Aufenthalts in Delhi sich hier einzuquartieren. Der Kampf für die Unterdrückten in der Hindugesellschaft, die Unberührbaren, die er *harijans*, Kinder Gottes, nannte, war ihm ebenso ein Herzensanliegen wie das Ringen um die Freiheit Indiens.

Die Unberührbaren stellten ein Sechstel der indischen Bevölkerung. Durch ihre «Sünden» in einer früheren Inkarnation zu einem Dasein außerhalb des Kastensystems verurteilt, waren sie an ihrer dunklen Haut, ihrer kriecherischen Unterwürfigkeit und ihrer zerlumpten Kleidung leicht zu erkennen. In ihrem Namen drückte sich die Befleckung aus, die schon der geringste Kontakt mit ihnen dem Hindu aus einer Kaste brachte und die durch ein rituelles Reinigungsbad abgewaschen werden mußte.

Selbst ihre Fußspuren auf der Erde konnten ein Brahmanenviertel entweihen. Ein Unberührbarer mußte demütig beiseite treten, wenn ein Hindu aus einer Kaste des Weges kam, weil sonst sein Schatten darauf fallen und den Hindu beschmutzen würde. In manchen Gegenden Indiens durften die Unberührbaren ihre armseligen Hütten überhaupt nur nachts verlassen. Sie wurden die «Unsichtbaren» genannt.

Kein Hindu durfte in Anwesenheit eines Unberührbaren essen, Wasser trinken, das ein Unberührbarer aus einem Brunnen geholt hatte, Geräte benutzen, die durch die Berührung eines Unberührbaren verunreinigt waren. Viele Hindutempel waren diesen Ausgestoßenen verschlossen. Ihre Kinder wurden nicht in die Schulen aufgenommen. Selbst noch im Tode blieben sie Parias. Unberührbare durften nicht die allgemeinen Verbrennungsstätten benutzen. Da sie ausnahmslos zu arm waren, um sich das Holz für ihre eigenen Scheiterhaufen leisten zu können, wurden ihre Toten zumeist nicht von Flammen, sondern von Geiern verschlungen.

In manchen Teilen Indiens waren sie noch immer Leibeigene, die zusammen mit den Gütern, auf denen sie arbeiteten, ge- und verkauft wurden. Ein junger Unberührbarer hatte zumeist den Wert eines Ochsen. In einem Jahrhundert des sozialen Fortschritts genossen sie nur ein einziges Privileg, das damit zusammenhing, daß sie von den vegetarischen Speisevorschriften des Hinduismus ausgenommen waren. Wenn eine heilige Kuh einer Epidemie zum Opfer fiel, durfte der Unberührbare, der den verwesenden Kadaver davonkarrte, das Fleisch an seine Pariabrüder verkaufen.

Gandhi hatte seit seiner Heimkehr aus Südafrika ihre Sache zu der seinen gemacht. Sein erstes *Ashram* in Indien wäre beinahe ein Fehlschlag geworden, weil er Unberührbare dort aufgenommen hatte. Er massierte und pflegte sie. Er hatte es sich sogar nicht nehmen lassen, zur Demonstration seiner Parteinahme für die Unberührbaren öffentlich den entwürdigendsten Akt zu vollziehen, den ein Hindu aus einer Kaste auf sich nehmen konnte: Er säuberte das Klosett eines Unberührbaren. 1922 war er für diese Ausgestoßenen sogar beinahe gestorben, als er in einen Hungerstreik trat, um eine politische Reform zu durchkreuzen, von der er befürchtete, sie werde die Absonderung der Unberührbaren von der indischen Gesellschaft institutionalisieren. Wie ein Unberührbarer – falls er überhaupt reisen konnte – fuhr Gandhi immer in der Dritten Klasse durch Indien. Er lebte in ihren Slums und bemühte sich dadurch, Indien zu zwingen, daß es sich des Elends dieser Menschen bewußt blieb.[8]

In wenigen Monaten, ja Wochen würden die Männer um Gandhi Minister sein, in den gewaltigen Regierungsgebäuden residieren, von denen aus die Engländer das Land beherrscht hatten, und in amerikanischen Wagen, von Chauffeuren gelenkt, durch Delhi fahren. Er hatte sie bewußt zu dieser Pilgerfahrt in eines der schlimmsten Elendsviertel Indiens genötigt, um sie an die sozialen Realitäten des Landes zu erinnern, das sie bald regieren würden.

An diesem Abend waren die Männer um Gandhi mit den politischen Realitäten beschäftigt. Es herrschte eine erstickende Hitze, und Ghandi bediente sich seiner eigenen Klimaanlage – eines nassen Handtuchs, das er sich wie einen Turban um den kahlen Schädel gewickelt hatte. Zu seinem Kummer war die Stimmung seiner Anhänger in der Straßenkehrerhütte ebenso erhitzt wie die Nachtluft ringsum. – Gandhi hatte sich getäuscht, als er ein paar Tage vorher Mountbatten leidenschaftlich versichert hatte, die Kongreßpartei sei bereit, alles zu tun, um die Teilung des Landes zu verhindern. An seinem Irrtum zeigte sich die langsam breiter werdende Kluft zwischen dem alten Mahatma und den Männern um ihn, die er zu Führern der Kongreßpartei herangebildet hatte.

Ein Vierteljahrhundert waren diese Männer Gandhi gefolgt. Sie hatten ihre westlichen Anzüge gegen seine Baumwolltracht vertauscht und die Finger zum ungewohnten Rhythmus des Spinnrades bewegt. In seinem Namen waren sie den Knüppeln der Polizei entgegengelaufen und durch die Tore englischer Gefängnisse gewandert. Sie hatten die gelegentlich aufkommenden Zweifel ihrer rationalen Denkart unterdrückt und waren ihm auf seine unwahrscheinlichen Kreuzzüge gefolgt, dem Triumph entgegen, der nun winkte: der Unabhängigkeit Indiens.

Sie waren ihm aus vielerlei Gründen gefolgt, vor allem jedoch, weil sie erkannten, daß seine einzigartige Begabung, die Seele Indiens anzusprechen, die Unterstützung der Massen für ihren Unabhängigkeitsfeldzug zu mobilisieren vermochte. Die potentiell vorhandenen Meinungsverschiedenheiten zwischen ihnen waren im gemeinsamen Ringen gegen die Briten verborgen geblieben. Nun aber, an diesem Abend in Delhi, kamen die unterschiedlichen Auffassungen ans Licht, als man Gandhis Plan diskutierte, Jinnah zum Ministerpräsidenten zu machen. Wenn sie seinen Plan nicht billigten, argumentierte Gandhi, könnte der neue Vizekönig sich in eine Ecke getrieben fühlen, aus der nur die Teilung Indiens als Ausweg blieb. Bei seiner Wanderung durch die Dörfer in Noakhali und später in Bihar hatte Gandhi ungleich besser, als es den Politikern in Delhi möglich war, begriffen, welch eine Tragödie die Teilung heraufbeschwören würde. In den Hütten und Sümpfen Noakhalis hatte er gesehen, welches Unheil der Haß zwischen den Religionsgemeinschaften anrichten konnte, sobald er einmal entfesselt war. Die Teilung, erklärte er, brächte die Gefahr, daß diese Leidenschaften sich freie Bahn schufen. Inständig bat er seine Anhänger, seinen Vorschlag anzunehmen. Er biete die letzte Chance, die Einheit Indiens zu erhalten und eine Tragödie zu verhüten.

Er vermochte Nehru und Patel nicht umzustimmen. Es gab ein Höchstmaß für den Preis, den sie für die Erhaltung der Einheit Indiens zu zahlen bereit waren, und die Übertragung der Macht an ihren Erzfeind Jinnah überstieg dieses Maß. Sie teilten nicht Gandhis Überzeugung, daß die Teilung unvermeidlich zu einer Eruption der Gewalt führen werde. Mit gebrochenem Herzen würde Gandhi dem Vizekönig melden müssen, daß er nicht imstande gewesen sei, seine Mitstreiter zu seiner Ansicht zu bekehren. Der wirkliche Bruch kam erst einige Zeit später, aber Gandhi und die Männer, die er herangebildet hatte, näherten sich rasch dem Punkt, an dem sich ihre Wege trennten. Gandhis lebenslanger Kreuzzug hatte in der kalten Einsamkeit eines unbeleuchteten südafrikanischen Bahnhofswartesaales begonnen. Sein Höhepunkt stand nun kurz bevor, doch für ihn würde er enden, wie er begonnen hatte – in der Einsamkeit.

An diesem Nachmittag im April brauchte die Klimaanlage im Arbeitszimmer des Vizekönigs nicht zu summen. Die Kälte, die von dem strengen und distanzierten Führer der Moslemliga ausging, reichte völlig hin, die Atmosphäre zu kühlen. Vom ersten Augenblick an war Mohammed Ali Jinnah, wie Mountbatten feststellte, «mit äußerster Kälte und dünkelhaftem Hochmut» aufgetreten.

Der Mann, der letzten Endes den Schlüssel für die Lösung des indischen Dilemmas in der Hand hielt, war der letzte der führenden Politiker, die das Arbeitszimmer des Vizekönigs betraten. Noch ein Vierteljahrhundert später war ein Nachhall von Mountbattens Betroffenheit aus seiner Stimme herauszuhören, als er sagte: «Wie völlig aussichtslos meine Aufgabe in Indien sein würde, wurde mir erst klar, als ich Mohammed Ali Jinnah zum erstenmal begegnete.»

Ihre Zusammenkunft hatte mit einem Schnitzer begonnen, bezeichnend für den pedantischen, berechnenden Jinnah, der keiner spontanen Geste fähig war. Da er wußte, daß er zusammen mit dem Ehepaar Mountbatten fotografiert werden würde, hatte er eine kleine Höflichkeitsfloskel vorbereitet, die Edwina Mountbatten schmeicheln sollte. Er nahm als selbstverständlich an, daß die Vizekönigin bei den Aufnahmen zwischen Mountbatten und ihm stehen werde. – Der arme Jinnah! Nicht Edwina, sondern er selbst landete in der Mitte. Doch er konnte sich nicht helfen. Er war wie ein Computer programmiert, und die sorgfältig eingelernte Schmeichelei mußte heraus. «Ah», sagte er mit einem strahlenden Lächeln, «eine Rose zwischen zwei Dornen.»

In Mountbattens Arbeitszimmer begann Jinnah das Gespräch damit, daß er dem Vizekönig eröffnete, er sei gekommen, um ihm präzise zu sagen, was er zu akzeptieren bereit sei. Wie er es bei Gandhi getan hatte, unterbrach Mountbatten ihn mit einer Handbewegung. «Mr. Jinnah», sagte er, «ich bin nicht bereit, in diesem Stadium über Bedingungen zu diskutieren. Schließen wir erst einmal Bekanntschaft miteinander.»

Dann richtete Mountbatten die Waffen seiner «Operation Verführung» auf den Moslempolitiker. Jinnah erstarrte. Für den zurückhaltenden, ja abweisenden Mann, der sich nicht einmal vor seinen engsten Kampfgefährten gehenließ, muß allein schon der Gedanke, über sein

Privatleben zu sprechen und von sich selbst etwas preiszugeben, entsetzlich gewesen sein.

Unbeirrt gab Mountbatten sich dennoch alle Mühe. Er bot sämtliche Reserven seines umgänglichen, einnehmenden Wesens auf. Zäh verging die Zeit, die ihm wie eine Ewigkeit vorkam, aber sein einziger Lohn war ein gelegentliches, einsilbiges Knurren von dem Mann neben ihm. Schließlich, nach fast zwei Stunden, begann Jinnah sich zu lockern. Als der Moslemführer das Arbeitszimmer verlassen hatte, sagte Mountbatten mit einem tiefen Seufzer zu Alan Campbell-Johnson, seinem Presseattaché: «Mein Gott, war der kalt! Das Gespräch ist fast ganz damit vergangen, ihn aufzutauen.»

Porträt Mohammed Ali Jinnahs, des Gründers von Pakistan

Der Mann, der eines Tages als der Vater Pakistans gefeiert werden sollte, hatte von dieser Idee einer Staatsgründung zum erstenmal bei einem Bankett im Londoner Waldorf-Hotel im Frühjahr 1933 gehört. Der Gastgeber war Rahmat Ali, der die Idee zu Papier gebracht hatte. Rahmat Ali hatte das Bankett, mit Austern und koranwidrigem Chablis, auf eigene Kosten veranstaltet, weil er Jinnah, Indiens führenden Moslempolitiker, dazu bringen wollte, seine Bewegung zu übernehmen. Er empfing eine ernüchternde Abfuhr. Die Errichtung eines Staates Pakistan, erklärte ihm Jinnah, sei «ein unmöglicher Traum».

Tatsächlich hatte der Mann, den Rahmat Ali vergeblich zu überreden versuchte, die Führung einer mohammedanischen Separatistenbewegung zu übernehmen, seine politische Karriere damit begonnen, daß er Einigkeit zwischen Hindus und Moslems predigte. Seine Familie stammte wie Gandhi von der Halbinsel Kathiawar. Und wenn nicht Jinnahs Großvater aus irgendeinem unbekannten Grund zum Islam übergetreten wäre, hätten die beiden politischen Erzfeinde derselben Kaste angehört. Wie Gandhi war auch Jinnah nach London gereist, um dort die Rechte zu studieren, und hatte seinen Barrister gemacht. Im Gegensatz zu Gandhi war er jedoch als Engländer aus London zurückgekommen.

Er trug ein Monokel und vorzüglich geschnittene Leinenanzüge, die er drei- oder viermal am Tag wechselte, um im feuchtheißen Klima von Bombay immer kühl und korrekt zu wirken. Er liebte Austern und Kaviar, Champagner, Kognak und guten Bordeaux. Er war ein Mann von untadeligem persönlichem Charakter und in Gelddingen absolut integer, nach den Worten eines seiner engen Vertrauten «der letzte Viktorianer, ein Parlamentarier im Stil von Gladstone oder Disraeli».

Als ein glänzender und höchst erfolgreicher Anwalt ging Jinnah selbstverständlich in die Politik. Ein ganzes Jahrzehnt arbeitete er daran, die Hindus und Moslems der Kongreßpartei in einer gemeinsamen Front gegen die Engländer zu halten. Seine Ernüchterung über den Kongreß kam mit Gandhis Aufstieg. Der immer tadellos gekleidete Jinnah war nicht gesonnen, in einem schmutzigen britischen Gefängnis halbnackt, mit einem Lendentuch bekleidet und einer albernen weißen Mütze auf dem Kopf zu landen. Ziviler Ungehorsam, erklärte er Gandhi, sei etwas für «Unwissende und Analphabeten».

Der Wendepunkt in Jinnahs politischer Laufbahn trat nach den Wahlen von 1937 ein, als die Kongreßpartei sich weigerte, mit ihm und seiner Moslemliga die Ämterpfründen in jenen Gebieten Indiens zu teilen, wo es eine starke Moslemminderheit gab. Jinnah, ein Mann von maßloser Eitelkeit, nahm die Haltung des Kongresses als einen persönlichen Affront. Er gewann die Überzeugung, daß er und die Moslemliga niemals einen fairen Anteil an der Macht erhalten würden, wenn der Kongreß an die Regierung kam. Der ehemalige Verfechter der Einheit zwischen Hindus und Moslems wandelte sich zum unnachgiebigen Propagandisten eines künftigen Pakistan, das er kaum vier Jahre früher noch als einen «unmöglichen Traum» abgetan hatte.

Man konnte sich kaum einen Mann vorstellen, der weniger als Führer der indischen Moslemmassen geeignet zu sein schien. Das einzige, was Mohammed Ali Jinnah zum Moslem machte, war der Umstand, daß er zufällig Moslems als Eltern hatte. Er trank Alkohol, rasierte sich jeden Morgen sorgsam und mied ebenso sorgfältig jeden Freitag die Moschee. In Jinnahs Weltsicht hatten Allah und der Koran keinen Platz. Sein politischer Gegner Gandhi kannte aus dem heiligen Buch der Mohammedaner mehr Suren als er selbst. Jinnah hatte die erstaunliche Leistung zustande gebracht, die Masse der neunzig Millionen indischer Moslems hinter sich zu scharen, obwohl er von ihrer traditionellen Sprache, dem Urdu, nur ein paar Sätze sprechen konnte.

Jinnah verachtete die indischen Volksmassen. Er verabscheute den Schmutz, die Hitze und das Menschengewimmel Indiens. Gandhi fuhr Dritter Klasse, um mit den Menschen zusammenzukommen, Jinnah reiste Erster, weil er ihnen aus dem Wege gehen wollte.

Während sein Gegner das einfache Leben zum Fetisch machte, genoß Jinnah Prunk und Pomp. Es bereitete ihm den schönsten Genuß, wie ein Fürst durch die Moslemstädte Indiens zu ziehen. Er fuhr unter Triumphbögen dahin, ihm voran Elefanten in silbernem Zaumzeug und eine Kapelle, die *God Save the King* schmetterte – die englische Hymne aus dem Grund, weil sie, wie Jinnah erklärte, die einzige Melodie sei, welche die Massen kannten.

Sein Leben war ein Vorbild an Ordnung und Disziplin. Selbst der Phlox und die Petunien in seinem Garten marschierten in schnurgeraden, disziplinierten Reihen von seiner Villa weg; und wenn der Herr des Hauses hier weilte, dann nicht, um die Schönheit der Flora zu bewundern, sondern um sich zu vergewissern, daß präzise Ordnung im Garten herrschte. Juristische Handbücher und Zeitungen waren seine ausschließliche Lektüre. Das Zeitunglesen schien überhaupt die einzige Leidenschaft dieses merkwürdigen Mannes zu sein. Von überallher aus der Welt ließ er sich die Blätter zuschicken. Er zerschnitt sie, kritzelte Notizen auf die Ränder und klebte die Ausschnitte mit pedantischer Sorgfalt in Hefte, die sich in den Schränken seines Arbeitszimmers zu staubbedeckten Stößen stapelten.

Für seine Hindurivalen hatte Jinnah nur Verachtung übrig. Nehru nannte er «einen Peter Pan», einen «Literaten», der «ein englischer Professor, nicht aber ein Politiker hätte werden sollen», «einen arroganten Brahmanen, der seine hinduistische Tücke unter einem Firnis westlicher Bildung versteckt». Gandhi war für Jinnah «ein verschlagener Fuchs», «ein hinduistischer Erweckungsprediger».

Den Anblick, den der Mahatma bot, als er sich während einer Gesprächspause in Jinnahs Villa auf einem der kostbaren Perserteppiche ausstreckte und sich seine Schlammpackung auf den Bauch legte, hatte Jinnah weder vergessen noch vergeben.

Unter den Moslems hatte Jinnah keine Freunde, nur Anhänger. Er hatte Kampfgefährten, keine «Jünger», und er ignorierte seine Familie, mit Ausnahme seiner Schwester. Er lebte allein mit seinem Traum von Pakistan. Er war fast 1,80 Meter groß, wog aber nur vierundfünfzig Kilo. Seine Gesichtshaut war so straff, daß von seinen hohen, hervorstehenden Backenknochen ein Glühen auszugehen schien. Er hatte dichtes silbergraues Haar und – merkwürdig für einen Mann, dessen Schwester und einzige Gefährtin siebzehn Jahre lang Zahnärztin gewesen war – den Mund voll gelber, fauliger Zahnstümpfe. Jinnahs Erscheinung war so streng, von so gesammeltem Ernst, daß eine Aura der Stärke von ihm ausging. Doch dieser Eindruck trog. In Wirklichkeit war er ein kranker Mann, der sich, wie sein Arzt sagte, seit drei Jahren nur «mit Willenskraft, Whisky und Zigaretten» aufrechthielt.

Die erste dieser drei Medizinen war der Schlüssel zu Jinnahs Charakter und Leistungen. Seine Gegner warfen ihm so manche Sünde vor, seine Freunde so manche Kränkung. Aber niemand, weder Feind noch Freund, bezichtigte Jinnah jemals eines Mangels an Willensstärke.

Mountbatten und Jinnah führten in den ersten beiden Aprilwochen 1947 sechs kritische Gespräche. Es waren die entscheidenden Unterredungen – insgesamt nicht ganz zehn Stunden lang –, die letzten Endes über die Lösung des indischen Problems bestimmten. Mountbatten ging in sie mit «der ungeheuersten Einbildung», er «könnte Menschen überzeugen, das Richtige zu tun», nicht sosehr wegen seiner Überredungskunst, sondern weil er «das Talent habe, die Fakten im günstigsten Licht darzustellen». Wie er später erzählte, habe er jeden Trick versucht, der ihm einfiel, jeden Appell, den er sich ausdenken konnte, um Jinnahs Entschlossenheit, die Teilung Indiens herbeizuführen, zu erschüttern. Doch nichts verfing. Kein Trick, kein Argument konnte den Moslemführer von seinem leidenschaftlichen Entschluß abbringen, den «unmöglichen Traum» von Pakistan Wirklichkeit werden zu lassen.

Jinnah verdankte seine entscheidende Position vor allem der Tatsache, daß er sich zum absoluten Diktator der Moslemliga aufgeschwungen hatte. Es gab Männer unter ihm, die vielleicht willens gewesen wären, über einen Kompromiß zu verhandeln, aber sie schwiegen darüber, solange Mohammed Ali Jinnah am Leben war.

Als ihre Gesprächsrunde begann, waren Mountbatten und Jinnah sich immerhin in einem Punkt einig – daß rasch gehandelt werden müsse. Indien, erklärte Jinnah, sei über das Stadium hinaus, in dem eine Kompromißlösung möglich gewesen wäre. Es bleibe nur noch eine «chirurgische Operation», die rasch durchgeführt werden müsse. Andernfalls, erklärte er warnend, werde das Land zugrunde gehen.

Als Mountbatten der Besorgnis Ausdruck gab, die Teilung könnte zu Blutvergießen und Gewaltausbrüchen führen, beruhigte ihn Jinnah. Sobald die von ihm vorgeschlagene «Operation» durchgeführt sei, wäre es mit allen Schwierigkeiten vorbei, und die beiden Hälften Indiens würden in glücklicher Harmonie zusammen leben. Die Situation sei ähnlich wie bei einem Fall, den er einmal vor Gericht vertreten habe, einem Streit zwischen zwei Brüdern, die sich wegen des Testaments ihres Vaters in den Haaren lagen. Doch zwei Jahre, nachdem das Gericht den Rechtsstreit entschieden habe, seien sie wieder die besten Freunde gewesen. So werde es auch mit Indien gehen, prophezeite Jinnah dem Vizekönig.

Die indischen Moslems, argumentierte Jinnah mit Nachdruck, seien eine Nation «mit eigener Kultur und Zivilisation, Sprache und Literatur, Kunst und Architektur, mit eigenen Gesetzen und moralischen Vorschriften, Sitten und Traditionen, mit eigenem Kalender und eigenständiger Geschichte . . . Indien war nie wirklich eine Nation», behauptete Jinnah. «Das sieht nur auf der Landkarte so aus . . . Die Kühe, die ich essen will, läßt mich der Hindu nicht töten. Jedesmal, wenn mir ein Hindu die Hand schüttelt, muß er sie sich anschließend waschen. Das einzige, was der Moslem mit dem Hindu gemeinsam hat, ist die Versklavung durch die Briten.»

Die Teilung Indiens, die Jinnah vorschlug, war für ihn die natürliche Lösung. Voraussetzung war jedoch, daß dadurch ein lebensfähiger Staat entstand, was bedeutete, daß zwei der großen Provinzen, der Pandschab und Bengalen, Pakistan zugeschlagen werden müßten, obwohl in beiden eine gewaltige Anzahl Hindus lebte.

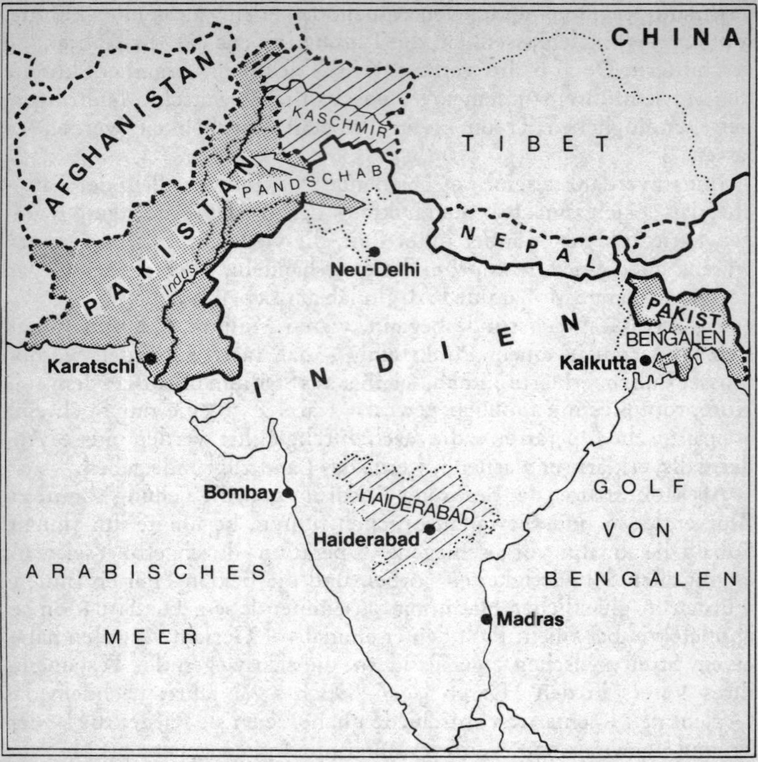

Die Teilung Britisch-Indiens in zwei Staaten, Indien und Pakistan
Die beiden Provinzen Pandschab und Bengalen wurden aufgeteilt. Um sich mit ihren Volksgruppen, von denen die Teilung sie getrennt hatte, wiederzuvereinigen, traten zehn Millionen Hindus, Moslems und Sikhs den größten Exodus der Geschichte an.

Mountbatten konnte dem nicht zustimmen. Jinnahs Argumentation für Pakistan basiere ja darauf, daß die Moslemminderheit nicht von der Hindumehrheit beherrscht werden sollte. Wie wäre es dann zu rechtfertigen, die Hinduminderheit im Pandschab und in Bengalen in einen Moslemstaat einzugliedern? Wenn Jinnah auf der Teilung Indiens bestehe, um seinen islamischen Staat zu bekommen, dann würde die gleiche Logik, mit der er sein Ziel anstrebe, ihn, Mountbatten, zwingen, den Pandschab und Bengalen zu teilen.

Jinnah protestierte, damit bekäme er ein wirtschaftlich nicht lebensfähiges, «mottenzerfressenes Pakistan».

Mountbatten, der ihm sein Pakistan überhaupt nicht zugestehen wollte, sagte dem Moslempolitiker, wenn er der Ansicht sei, daß der Staat, den er bekommen solle, tatsächlich so «mottenzerfressen» sei, dann wäre es doch am besten, er ließe seinen Plan gleich fallen.

«Ach», versetzte Jinnah darauf, «Euer Exzellenz verstehen nicht. Ein Mann ist zuerst Pandschabi oder Bengale und dann erst Hindu oder Moslem. Die Menschen haben eine gemeinsame Geschichte, Sprache, Kultur und Wirtschaft. Sie dürfen sie nicht trennen. Das gibt nur endloses Blutvergießen und fortwährend Schwierigkeiten.»

«Mr. Jinnah, ich stimme Ihnen völlig zu.»

«Ja?»

«Natürlich», fuhr Mountbatten fort. «Ein Mann ist nicht in erster Linie Pandschabi oder Bengale und dann erst Hindu oder Moslem, sondern er ist zuallererst einmal Inder. Sie haben das unwiderlegliche Argument für die Einheit Indiens geliefert.»

«Aber Sie verstehen ganz und gar nicht», konterte Jinnah, und die Diskussion ging wieder von vorne an.

Mountbatten war über Jinnahs Starrsinn verblüfft. «Ich hätte niemals geglaubt», erzählte er später, «daß ein intelligenter Mann, gebildet, an den Inns of Court geschult, imstande sein könnte, einfach die Ohren zu verschließen, wie Jinnah es tat. Es war nicht so, daß er nicht begriffen hätte. Das schon, aber er zog gewissermaßen ein Rouleau herunter. Er war bei der ganzen Geschichte der böse Geist. Die anderen ließen sich überzeugen, Jinnah nicht. Solange er lebte, war nichts zu machen.»

Der Höhepunkt ihrer Unterredungen kam am 10. April, weniger als drei Wochen nach Mountbattens Ankunft in Indien. Zwei Stunden lang bat, schmeichelte, stritt und argumentierte er mit Jinnah, um Indiens Einheit zu erhalten. Mit der ganzen Eloquenz, die ihm zu Gebote stand, malte er ein Bild der Größe, die Indien erlangen könnte: Vierhundert Millionen Menschen, alle durch eine zentrale Unionsregierung verbunden, mit der ganzen Wirtschaftskraft, die ihnen aus der zunehmenden Industrialisierung zuwachsen würde, im fortschrittlichsten Staatswesen des Fernen Ostens, würden eine bedeutende Rolle in der Weltpolitik spielen. Mr. Jinnah wolle doch sicher diese große Chance nicht verschenken und den Subkontinent zur Existenz einer drittrangigen Macht verurteilen.

Jinnah blieb ungerührt. Er war, so Mountbattens trauriges Resümee, «ein psychopathischer Fall, versessen auf sein Pakistan, koste es, was es wolle».

Als Jinnah sich verabschiedet hatte, saß Mountbatten nachdenklich in seinem Arbeitszimmer. Er erkannte, daß er ihm vermutlich sein Pakistan werde zugestehen müssen. Er war bei seiner Mission in Delhi in erster Linie dem Land verpflichtet, das ihn hierhergeschickt hatte,

Großbritannien. Die Einheit Indiens zu erhalten, war sein tiefer Wunsch, aber nicht um den Preis, daß sein eigenes Land in einem Indien, das im Chaos der Gewalt unterging, hoffnungslos gefangen saß.

Er mußte eine Lösung finden, er mußte sie rasch finden, und er konnte sie niemandem mit Gewalt aufzwingen. Als militärischer Befehlshaber hatte er eine Neigung zu raschen, entscheidenden Aktionen entwickelt. So verhielt er sich auch jetzt. In späteren Jahren wurde Mountbatten von seinen Kritikern vorgeworfen, daß er seine Entscheidung zu schnell getroffen, daß er wie ein ungestümer Seemann, nicht aber wie ein Staatsmann gehandelt habe, doch Mountbatten war nicht gesonnen, noch mehr Zeit an die Diskussion mit Jinnah zu vergeuden, die nach seiner Ansicht nur ein vergebliches Argumentieren war.

Er stellte sich mit ungeschminktem Realismus der Einsicht, daß er mit seiner «Operation Verführung» bei dem Moslemführer erfolglos geblieben war. Weder logische Gründe noch Mountbattens Charme und Überredungskunst hatten etwas bei ihm auszurichten vermocht. Als einzige Lösung schien die Teilung Indiens zu bleiben. Nun mußte der Vizekönig noch Nehru und Patel dazu bringen, daß sie sie grundsätzlich akzeptierten, und dafür einen Plan entwerfen, den sie unterstützen würden.

Am folgenden Vormittag berichtete er seinem Stab über sein Gespräch mit Jinnah. Dann wandte er sich mit traurigem Gesicht Lord Ismay, dem Chef seines Stabes, zu. Die Zeit sei gekommen, sagte er, einen Plan für die Teilung Indiens zu entwerfen.

Mountbattens Entscheidung mußte unvermeidlich eines der großen Dramen der modernen Geschichte auslösen. Gleichgültig, wie sie ausgeführt würde, sie würde zwangsläufig mit der Zerstückelung eines großen Landes enden, dessen Einheit das stolzeste Ergebnis von dreieinhalb Jahrhunderten britischer Kolonisation war. Um die harten Forderungen Mohammed Ali Jinnahs zu erfüllen, mußten zwei der eigenständigsten Gebiete Indiens, der Pandschab und Bengalen, geteilt werden. Das Ergebnis würde Pakistan zu einem geographischen Mißgebilde machen, einem Staat aus zwei Teilen, die durch tausendfünfhundert Kilometer Himalaja, rein indisches Territorium, getrennt waren. Zwanzig Tage, länger als ein Brief von Karatschi nach Marseille brauchte, würden für die Seereise um den Subkontinent notwendig sein, wenn man von der einen Hälfte Pakistans in die andere gelangen wollte. Für einen Nonstopflug zwischen den beiden Landesteilen waren viermotorige Maschinen nötig, für den neuen Staat ein kostspieliger Luxus.

Doch so groß auch die geographische Entfernung zwischen den beiden Hälften Pakistans sein würde, so gering war sie im Vergleich zu der psychologischen Distanz zwischen den beiden Völkern, die sie bewohnten. Außer dem Glauben an Allah hatten die Pandschabis und die Bengalen nichts gemeinsam. Sie waren ebenso verschieden wie Finnen und Griechen. Die Bengalen waren klein, dunkelhäutig und agil, rassemäßig den asiatischen Massen zugehörig. Die Pandschabis, in deren Adern das Blut von Eroberergenerationen aus dreitausend Jahren floß, stammten ursprünglich aus den Steppen Zentralasiens, und ihre Gesichtszüge trugen die Spuren Turkestans, Rußlands, Persiens, der arabischen Wüsten. Weder Geschichte noch Sprache oder Kultur boten eine Brücke, die zwischen diesen beiden Völkern eine Verbindung herstellen konnte. Ihr Zusammenschluß in einem gemeinsamen Staat Pakistan wäre eine Vereinigung entgegen allen Geboten der Logik.

Der Pandschab war das Juwel in der Krone Indiens. Halb so groß wie Frankreich, erstreckte es sich im Nordwesten des Subkontinents vom Indus bis zur Bannmeile Delhis. Es war ein Land schimmernder Flüsse und goldener Weizengarben, weiter, fruchtbarer Felder, die sich über den blauen Horizont dehnten, eine von den Göttern gesegnete Oase mitten im unfruchtbaren Indien. Sein Name bedeutet «Land der fünf Flüsse», nach den fünf Strömen, denen der Pandschab seine natürliche Fruchtbarkeit verdankt. Der berühmteste von ihnen ist einer der großen Ströme der Erde, der Indus, der dem indischen Subkontinent seinen Namen gegeben hat.

Fünftausend Jahre einer bewegten Geschichte hatten den Pandschab geformt und ihm seine Identität gegeben. Über seine Ebenen waren die asiatischen Eroberer auf ihren struppigen Steppenpferden galoppiert. Im Pandschab war das heilige Buch des Hinduismus, die Bhagavadgita, durch ein mystisches Zwiegespräch zwischen Krischna und dem Kriegerkönig Ardschuna entstanden. Die Armeen der Perserkönige Darius und Cyrus, die Mazedonier Alexanders des Großen hatten auf seinen Ebenen ihre Lager aufgeschlagen. Skythen und Parther hatten sie in Besitz genommen, bis sie von den Horden der Hunnen zerstreut wurden und die Kalifen den polytheistischen Hindumillionen ihre monotheistische Religion aufzwangen. Drei Jahrhunderte Mogulherrschaft führten Indien auf den Gipfelpunkt seiner Macht. Dann eroberten die Sikhs mit ihren aufgerollten Bärten und dem ungeschnittenen Haar, das sie unter einem bunten Turban verbargen, die Provinz, bis sie ihrerseits den letzten Eroberern, den Engländern, erlagen.

Der Pandschab war ebenso subtil und komplex wie die Mosaiken, welche die Monumente der glorreichen Mogulvergangenheit schmükken. Dieses Gebiet aufzuteilen, war undenkbar. Fünfzehn Millionen Hindus, sechzehn Millionen Moslems und fünf Millionen Sikhs teilten die Wohnviertel und Gassen seiner 17932 Städte und Dörfer. Obwohl verschiedener Religionszugehörigkeit, sprachen sie eine gemeinsame Sprache, hatten sie gemeinsame Traditionen und waren sie gleich stolz auf ihre Eigenart als Pandschabis. Ihre wirtschaftliche Koexistenz wies ein noch verschlungeneres Muster auf. Der Wohlstand der Provinz beruhte auf einem von Menschen bewirkten Wunder, das seiner Natur nach nicht geteilt werden konnte, dem riesigen Netz von Bewässerungskanälen, welche die Engländer angelegt und die den Pandschab zur Kornkammer Indiens gemacht hatten. Von Osten nach Westen überzogen sie die gesamte Provinz, hatten weite Landstriche unfruchtbarer Wüste kultiviert und Millionen Pandschabis zu einem besseren Leben verholfen. Das Eisenbahn- und Straßennetz der Provinz, das für den Transport der Produkte des Pandschab in die übrigen Teile Indiens gebaut worden war, folgte dem gleichen Schema. Die Grenze zwischen den Gebieten eines geteilten Pandschabs, wo sie auch gezogen würde, mußte von Norden nach Süden verlaufen und damit das Bewässerungs- und Verkehrssystem des Landes durchschneiden. Ebenso würde sie die Bevölkerungsgruppe der stolzen und kriegerischen Sikhs in zwei Hälften trennen, wodurch mindestens zwei Millionen Sikhs mit dem ergiebigen Boden, den sie der Wüste abgerungen hatten, und einigen ihrer heiligsten Stätten einem Moslemstaat zugeschlagen würden.

Einerlei, wo die Grenzlinie verlaufen würde, das Ergebnis war mit Sicherheit ein Alptraum für Millionen Menschen. Nur ein Bevölkerungsaustausch von einem Ausmaß, wie ihn die Geschichte bis dahin nicht kannte, konnte Ordnung in das katastrophale Durcheinander bringen, das die unvermeidliche Folge wäre. Vom Indus bis zu den Brücken von Delhi gab es nicht eine einzige Stadt, nicht ein einziges Dorf, keine Baumwollpflanzung, keinen Weizenacker, die nicht irgendwie gefährdet waren, wenn der Teilungsplan, mit dessen Entwurf Lord Ismay beauftragt worden war, durchgeführt werden sollte.

Die Teilung Bengalens am anderen Ende des Subkontinents barg die Gefahr einer zweiten Tragödie. Mit einer größeren Bevölkerung als Großbritannien und Irland zusammen, war Bengalen von fünfunddreißig Millionen Moslems und dreißig Millionen Hindus bewohnt, die sich über ein Gebiet verteilten, das von den Dschungeln am Fuße des Himalaja bis zu den dampfenden Sumpfgebieten reichte, durch die die tausend Seitenflüsse des Ganges und des Brahmaputra dem Golf von Bengalen entgegenströmten. Bengalen war, obwohl von zwei Religionsgruppen bewohnt, noch mehr als der Pandschab ein Land von eigenem Charakter. Die Bengalen, ob Hindus oder Moslems, waren der gleichen rassischen Herkunft, sie sprachen dieselbe Sprache, hatten eine gemeinsame Kultur. Sie saßen auf typisch bengalische Art auf dem Fußboden, sprachen ihre Sätze in einer eigenen bengalischen Kadenz, die stets mit einem Crescendo endete. Sie feierten den bengalischen Neujahrstag am 15. April. Ihre Dichter, wie Tagore, waren der Stolz aller Bengalen.

Sie waren die Nachkommen einer Kultur, deren Wurzeln in eine vorchristliche Ära zurückreichten, als in Bengalen eine buddhistische

Zivilisation blühte. Von einer Hindudynastie in den ersten nachchristlichen Jahrhunderten zur Aufgabe ihres buddhistischen Glaubens gezwungen, hatten die Ostbengalen das Erscheinen von Mohammeds Kriegern an ihrer Grenze als Befreiung von der Unterdrückung durch die Hindus begrüßt und den Islam mit Freuden angenommen. Seither war Bengalen in zwei Hälften geteilt: der Osten hing dem Islam an, der Westen dem Hinduismus.

Wenn der Pandschab als Liebling der Gottheit erschien, so galt Bengalen ihr Fluch. Das Land wurde von Dürreperioden heimgesucht, die mit fürchterlichen, vom Taifun hochgepeitschten Überschwemmungen abwechselten. So war Bengalen ein riesiges dampfendes Sumpfland, in dessen feuchtheißer Atmosphäre Reis und Jute gediehen, die beiden Agrarprodukte, denen es seinen unsicheren Wohlstand verdankte. Ihr Anbau richtete sich nach den religiösen Grenzlinien der Provinz: Reis im hindubewohnten Westen, Jute im Ostteil, wo die Moslems lebten. Aber entscheidend für die Existenz Bengalens waren nicht seine landwirtschaftlichen Erzeugnisse. Entscheidend war eine Stadt, die den Engländern als Sprungbrett für die Eroberung Indiens gedient hatte: die zweitgrößte Stadt des Empire und größter Hafen Asiens – Kalkutta, der Schauplatz der furchtbaren Massaker im August 1946.

Alles in Bengalen – Straßen, Bahnstrecken, das Nachrichtensystem, die Industrie – war nach Kalkutta ausgerichtet. Wenn Bengalen in eine östliche und westliche Hälfte aufgeteilt werden sollte, würde Kalkutta wegen seiner geographischen Lage mit Sicherheit dem hinduistischen Westteil zufallen, wodurch der von Moslems bewohnte Osten langsam, aber unerbittlich verkümmern müßte. Zwar wurde fast die gesamte Jute der Welt in Ostbengalen produziert, aber sämtliche Fabriken, die die Bastfaser zu Seilen, Säcken und Stoff verarbeiteten, waren um Kalkutta, mithin in Westbengalen, konzentriert. Im Osten, aus dem die Jute kam, wurden fast keine Nahrungsmittel angebaut, und die Millionen, die dort lebten, waren auf den Reis angewiesen, der in dem von den Hindus bewohnten Westteil angepflanzt wurde.

Im April 1947 prophezeite der letzte englische Gouverneur von Bengalen, Sir Frederick Burrows, daß Ostbengalen, das heutige Bangladesch, bei einer Teilung Indiens zum «größten ländlichen Elendsgebiet auf der Erde» herabsinken werde.

Doch ein noch weitaus unlogischerer Aspekt des Teilungsprojektes lag darin, daß Jinnahs Pakistan kaum die Hälfte der indischen Moslems von den angeblichen Ungerechtigkeiten einer künftigen Hinduherrschaft erlösen würde, was ja die ursprüngliche Begründung für den neuen Staat gewesen war. Die übrigen Moslems waren so weit über den Rest Indiens verstreut, daß sie unmöglich abzusondern waren. Wie

Inseln in einem Meer von Hindus würden sie die ersten Opfer bei einem Konflikt zwischen den beiden Staaten sein, die Geiseln, die in Gefahr gerieten, wenn Pakistan nicht Wohlverhalten gegenüber Indien zeigte. Nach wie vor würden fast fünfzig Millionen Moslems in Indien leben, was das Land zum Staat mit der drittgrößten Moslembevölkerung der Welt machen würde, hinter Indonesien und dem neuen Pakistan, das aus seinem Leib herausgeschnitten werden sollte.

Hätten Louis Mountbatten, Jawaharlal Nehru oder Mahatma Gandhi im April 1947 von einem wichtigen Geheimnis gewußt, so wäre die Teilung, die Indien bedrohte, vielleicht zu vermeiden gewesen. Dieses Geheimnis fand sich auf der grauen Oberfläche einer Filmaufnahme, und diese Aufnahme hätte die politische Gleichung in Indien umstürzen können und beinahe mit Sicherheit den Verlauf der asiatischen Geschichte verändert. Doch das Geheimnis dieser Aufnahme war so kostbar, daß es selbst der englische C.I.D., einer der tüchtigsten Geheimdienste der Welt, nicht kannte.

Den wichtigsten Teil der Aufnahme bildeten zwei dunkle Kreise, nicht größer als zwei Tischtennisbälle. Jeder war von einem unregelmäßigen weißen Rand gesäumt. Darüber erstreckte sich auf der grauen Filmschicht eine Milchstraße von weißen Punkten dem oberen Ende des Brustkorbes entgegen. Die Aufnahme war ein Röntgenbild, das zwei menschliche Lungenflügel zeigte. Die schwarzen Kreise stellten Kavernen dar, klaffende Löcher im lebenswichtigen Lungengewebe. Die kleine Kette weißer Punkte zeigte Bereiche, wo sich weiteres Lungen- und Pleuragewebe bereits verhärtete und die Diagnose bestätigte: Die Lunge auf dem Röntgenbild wurde von der Tuberkulose zerfressen. Die Krankheit war schon so weit vorangeschritten, daß der Mann, dessen Lunge diese Aufnahme zeigte, vielleicht nur noch zwei oder drei Jahre zu leben hatte. In einem unbeschrifteten Umschlag versiegelt, lag diese Aufnahme im Panzerschrank der Praxis von Dr. J. A. L. Patel, einem Arzt in Bombay.

Die Lunge, die darauf abgebildet war, gehörte dem harten, unnachgiebigen Mann, der Louis Mountbattens Bemühungen, die Einheit Indiens zu erhalten, durchkreuzt hatte. Mohammed Ali Jinnah, das einzige nicht aus dem Weg zu räumende Hindernis zwischen Mountbatten und der indischen Einheit, war ein todgeweihter Mann.

Im Juni 1946, neun Monate vor Mountbattens Eintreffen, hatte Dr. Patel die Röntgenaufnahme aus dem Entwicklerbad genommen und die schreckliche Krankheit entdeckt, die Jinnah mit einem baldigen Ende bedrohte. Die Tuberkulose, jene grausame Geißel, der jährlich Millionen unterernährter Inder zum Opfer fielen, hatte sich in der Lunge des siebzigjährigen Propheten eines islamischen Staates Pakistan eingenistet. Zeit seines Lebens war Jinnah schwach auf der Brust gewesen.

Lange vor dem Zweiten Weltkrieg war er wegen Komplikationen, die sich aus einer Rippenfellentzündung ergaben, in Berlin behandelt worden. Seit damals hatten häufige Bronchitisanfälle an seiner Kraft gezehrt und die Atmungsorgane derart geschwächt, daß er nach der Anstrengung einer großen Rede stundenlang nach Luft rang.

Ende Mai 1946 erlitt der Führer der Moslemliga in Simla neuerlich eine schwere Bronchitisattacke. Seine ihm treu ergebene Schwester schaffte ihn in einen Zug nach Bombay, doch unterwegs verschlimmerte sich sein Zustand. Er wurde so alarmierend, daß sie ein dringendes Telegramm an Dr. Patel sandte. Der Arzt fuhr den beiden entgegen und bestieg den Zug, in dem sich Jinnah und seine Schwester befanden, vor Bombay. Er sah sofort, daß der Zustand seines Patienten «verzweifelt schlecht» war. Er warnte Jinnah, er werde einen Zusammenbruch erleiden, wenn er versuche, den Empfang durchzustehen, der ihn am Hauptbahnhof von Bombay erwartete, und schaffte ihn in einem Vorstadtbahnhof aus dem Zug und in ein Krankenhaus. In diesem Hospital entdeckte, während Jinnah sich langsam erholte, Dr. Patel die Krankheit, die zum bestgehüteten Geheimnis in Indien werden sollte. – Wäre Jinnah irgendein beliebiger Tuberkulosekranker gewesen, so hätte man ihn für den Rest seines Lebens in ein Sanatorium eingewiesen. Aber Jinnah war kein gewöhnlicher Patient. Als er aus dem Krankenhaus entlassen wurde, brachte Dr. Patel ihn in seine Praxis. Er wußte, daß Jinnah durch seine Art zu leben seine eigene Energie aufzehrte.

Traurig eröffnete der Arzt seinem Freund und Patienten, daß er an einer tödlichen Krankheit leide. Er nähere sich der Erschöpfung seiner körperlichen Reserven. Falls er seine Arbeitsbelastung nicht drastisch reduziere, sich nicht viel häufiger eine Ruhepause gönne, die Zigaretten und den Alkohol aufgäbe und seine Atmungsorgane schone, habe er nur noch ein, zwei Jahre zu leben.

Jinnah nahm diese Hiobsbotschaft ohne Bewegung auf. Sein blasses Gesicht blieb ausdruckslos. Es komme nicht in Frage, erklärte er Dr. Patel, daß er den Kreuzzug seines Lebens für ein Bett im Sanatorium aufgebe. Nur das Grab werde ihn von der Aufgabe wegreißen, die er sich gestellt habe: Indiens Moslems an diesem kritischen Wendepunkt ihrer Geschichte Führer zu sein. Er werde nur insoweit dem Rat des Arztes folgen und seine Arbeitslast vermindern, als es mit dieser hohen Pflicht vereinbar sei. Jinnah wußte, wenn seine Hindufeinde erfuhren, daß er todkrank war, würde sich ihre ganze Einstellung ändern. Sie würden versuchen, Zeit zu gewinnen, bis er gestorben war, um dann mit den gefügigsten Männern in der Hierarchie der Moslemliga seinen Lebenstraum zu vernichten.[9]

Jinnah nahm seine Arbeit wieder auf, alle zwei Wochen durch eine Injektion gestärkt, die Dr. Patel ihm insgeheim verabreichte. Er machte keinerlei Anstalten, dem Rat seines Arztes zu folgen, und wollte nicht zulassen, daß seine bevorstehende Begegnung mit dem Tod ihn um seine andere Begegnung, die mit der Geschichte, bringe. Mit bewundernswertem Mut, mit einem Kraftaufwand und einem verzehrenden Eifer, der seine Lebensflamme noch ein letztes Mal aufflackern ließ, warf sich Jinnah dem großen Ziel seines Lebens entgegen. «Es muß rasch gehen», hatte er bei seinen ersten Diskussionen über Indiens Zukunft zu Mountbatten gesagt, «das ist die Essenz des Paktes». Das gleiche galt für Mohammed Ali Jinnahs eigenen Pakt mit dem Schicksal.

Die elf Männer, die um den ovalen Tisch im Konferenzsaal saßen, warteten mit ernsten Gesichtern auf Lord Mountbatten, der die Beratung eröffnen würde. Sie waren gewissermaßen die Nachkommen der vierundzwanzig Gründerväter der Ostindischen Kompanie, jener Männer, deren Händlersinn dreieinhalb Jahrhunderte früher England übers Meer nach Indien geführt hatte. Sie waren die tragenden Säulen eines aus Habgier geborenen Imperiums, die Gouverneure der elf Provinzen Britisch-Indiens. Nur zwei von ihnen waren Inder.

Als tüchtige und pflichtgetreue Männer dienten sie Indien durch die verantwortungsbewußte Ausübung ihrer Amtsgewalt, wie sie es in einem Leben der Arbeit und des Dienstes gelernt hatten. Indien seinerseits gab ihnen die Möglichkeit, in einer Pracht zu leben, die fast königlich zu nennen war. Die Amtssitze, in denen sie residierten, waren Paläste mit Scharen von Dienern und Gehilfen. Ihnen unterstanden Territorien, die ebenso groß und volkreich waren wie die größten europäischen Staaten. Sie fuhren durch ihre Provinzen im Komfort ihres eigenen Eisenbahnwaggons, durch ihre Städte im Rolls-Royce mit turbangeschmückter Eskorte, durchquerten ihre Dschungel auf dem Rücken eines Elefanten.

Ihre Zusammenkunft war für Mountbatten etwas unbehaglich. Mit seinen sechsundvierzig Jahren war er der Jüngste am Konferenztisch. Keine der üblichen Qualifikationen für sein Amt hatte er nach Delhi mitgebracht, weder eine glänzende parlamentarische Karriere noch den Ruf eines Verwaltungsgenies. Vergleichsweise war er ein Fremder in diesem Land, dem die meisten der elf Gouverneure ihre ganze Laufbahn gewidmet hatten, dessen komplexe Geschichte sie beherrschten, dessen Dialekte sie erlernt hatten. Manche von ihnen waren zu Experten auf Teilgebieten der Landeskunde geworden und genossen in aller Welt Ansehen. Es waren stolze Männer, die jeden Plan, den ihnen der Neuling in ihrer Mitte vorlegen würde, sicherlich mit Skepsis aufnahmen.

Andererseits war Mountbatten der Ansicht, daß sein Mangel an Fachwissen nicht so nachteilig sei, wie es zunächst schien. Auch sie, die Fachleute, hatten ja keine Lösung gefunden, weil sie, nach seiner Vermutung, «zu tief im Denken der alten Schule des *raj* verwurzelt waren und immer einen Ausweg zu finden versuchten, der dem System, so wie es bestand, möglichst wenig Gewalt antat». Mountbatten begann damit, daß er jeden der elf Gouverneure bat, die Situation in seiner Provinz zu schildern. Acht der Männer zeichneten das Bild von Gebieten, in denen zwar eine gefährliche Unruhe herrschte, die Situation aber noch unter Kontrolle war. Erst das Porträt, das die Gouverneure der drei kritischen Provinzen entwarfen – des Pandschabs, Bengalens und der Nordwestlichen Grenzprovinz – ernüchterte die Versammlung.

Als erster sprach Sir Olaf Caroe, mit ernster Miene, die Augen voller Müdigkeit. Er hatte die ganze Nacht kein Auge zugetan, weil ständig Telegramme über neue Schwierigkeiten in der ihm unterstellten Nordwestlichen Grenzprovinz eintrafen. Caroe hatte fast seine gesamte Laufbahn in diesem Randgebiet des Empire verbracht. Keiner seiner westlichen Zeitgenossen besaß soviel Wissen wie er über die ungebärdigen, aufsässigen Pathanenstämme, die dort lebten, ihre Kultur und ihre Sprache. Seine Hauptstadt Peschawar beherbergte noch einen der malerischsten Basare der Welt, und einmal wöchentlich zog eine Kamelkarawane aus Kabul den Khaiber-Paß herab, um ihn mit Fellen, Obst, Wolle, Steingut, Uhren und Zucker zu versorgen. Manche dieser Waren waren sogar aus der Sowjetunion herausgeschmuggelt worden. Die labyrinthischen Höhlen seiner gebirgigen Provinz gewährten zahlreichen Werkstätten Schutz, die eine Flut schmuckreicher und tödlicher Waffen für die Mahsuds, Afridis und Wasiris produzierten, die legendären Kriegerstämme der Pathanen.

Caroe erklärte warnend, die Situation in der Nordwestlichen Grenzprovinz könne jeden Augenblick außer Kontrolle geraten, und wenn dies geschähe, könnte der alte Alptraum der Briten von Horden aus dem Nordwesten, welche die Tore des Empire aufsprengten, Wirklichkeit werden. Die Pathanenstämme in Afghanistan stünden schon bereit, über den Khaiber-Paß nach Peschawar und zu den Ufern des Indus zu strömen, um sich ein Land zu holen, das sie schon seit hundert Jahren als das ihre beanspruchten. «Wenn wir uns nicht vorsehen», sagte er, «dann bekommen wir es mit einer internationalen Krise zu tun.»

Das Bild, das Sir Evan Jenkins, der wortkarge Gouverneur des Pandschabs, zeichnete, war noch düsterer als die Schilderung Caroes. Jenkins, ein Waliser, hing am Pandschab mit ebensolcher Leidenschaft wie Caroe an seiner Provinz. Dem alten Junggesellen wurde von seinen Kritikern sogar vorgeworfen, er sei mit seiner Provinz derart verheiratet, «daß er vergesse, daß das übrige Indien auch noch existierte». Gleichgültig, wie die Lösung der indischen Frage aussehen werde, sagte er, im Pandschab werde es mit Sicherheit zu Gewaltausbrüchen kommen. Würde die Teilung Indiens beschlossen, wären mindestens vier

Divisionen notwendig, um die Ordnung aufrechtzuerhalten. Aber auch wenn es nicht dazu komme, sähe man sich immer noch der Forderung der Sikhs nach einem eigenen Territorium gegenüber. «Es ist lächerlich zu prophezeien, der Pandschab werde in Flammen aufgehen, wenn er geteilt wird», sagte Jenkins. «Er steht bereits in Flammen.»

Der dritte Gouverneur, Sir Frederick Burrows von Bengalen, lag krank in Kalkutta, aber der Überblick, den sein Vertreter über die Situation in der Provinz gab, war ebenso alarmierend wie die Berichte aus der Nordwestlichen Grenzprovinz und dem Pandschab.

Als die Gouverneure schließlich ihre Berichte beendet hatten, verteilten Mountbattens Mitarbeiter an jeden der Anwesenden mehrere Blätter Papier. Darauf standen, gab Mountbatten bekannt, die Einzelheiten «eines der möglichen Pläne, die derzeit geprüft werden». Das Dokument, das als «Balkan-Plan» bezeichnet wurde, war der erste Entwurf des Teilungsplans, mit dessen Ausarbeitung Mountbatten eine Woche vorher Lord Ismay beauftragt hatte.

Durch die versammelten Gouverneure ging eine Welle des Erschreckens, als sie das Schriftstück durchzulesen begannen. Sie waren Verfechter und Baumeister der Einheit Indiens. Die meisten von ihnen hatten ihre Lebensaufgabe darin gesehen, die Bande zu stärken, die, wie sie nun erfahren mußten, die abziehenden Briten vielleicht lösen würden.

Nach dem Plan – dessen Name mit Recht an die Balkanisierung der mitteleuropäischen Staaten nach dem Ersten Weltkrieg gemahnte – sollte jede der elf Provinzen Indiens selbst entscheiden dürfen, ob sie sich Pakistan anschließen oder bei Indien verbleiben wolle. Eine dritte Möglichkeit bestand darin, die eigene Unabhängigkeit zu proklamieren, vorausgesetzt, die Hindu- wie die Moslembevölkerung sprach sich mehrheitlich dafür aus. Mountbatten erklärte den versammelten Gouverneuren, daß er «nicht leichthin die Hoffnung auf ein geeintes Indien aufgeben» werde. Die Welt solle erfahren, daß Großbritannien jeden erdenklichen Versuch unternommen habe, die Einheit des Landes zu bewahren. Wenn dies mißlänge, dann müsse Klarheit darüber bestehen, daß «die Inder und nicht die Briten für die Teilung des Landes verantwortlich seien». Ein künftiges Pakistan wäre an sich schon so lebensunfähig, daß man ihm eine Chance geben solle, «an seinen eigenen Schwächen zu scheitern», so daß später «die Moslemliga in Ehren in ein geeintes Indien zurückkehren» könne.

Die elf Männer, welche die vereinigte Weisheit der Beamtenschaft repräsentierten, die Indien seit einem Jahrhundert verwaltete, zeigten keinerlei Begeisterung für die Idee, das indische Dilemma durch eine Teilung des Landes zu lösen. Doch eine andere Lösung wußten sie auch nicht vorzuschlagen.

Am Abend dieses Tages beendeten die Gouverneure mit ihren Ehefrauen im prunkvollen Speisesaal des vizeköniglichen Palastes, wo die ersten neunzehn Vizekönige wie geisterhafte Richter aus der Vergangenheit auf sie herabblickten, ihre letzte Konferenz mit einem feierlichen Bankett, dem das vizekönigliche Paar präsidierte. Nach dem Diner trugen die Diener Karaffen mit Portwein auf. Als die Gläser gefüllt waren, erhob sich Louis Mountbatten zu einem Trinkspruch. Keiner der Gäste war sich dessen bewußt, aber mit diesem Toast ging eine Tradition zu Ende. Nie wieder würde ein Vizekönig von Indien vor seinen versammelten Gouverneuren den hergebrachten Trinkspruch ausbringen, mit dem nun Mountbatten seinen Vetter hochleben ließ: «Ladies und Gentlemen, auf den König-Kaiser!»

Der ehrfurchtgebietende weiße Kegel des Nanga Parbat füllte die runden Bordfenster der vizeköniglichen Maschine aus; 8126 Meter reckte er seinen gemeißelten Gipfel in den Himmel. Von einem Ende des Horizonts bis zum anderen konnten die Insassen der Maschine die dunklen, schneebedeckten Mauern der großen Gebirgskette verfolgen, zu der der Nanga Parbat gehört, die Barrieren vor jenen trostlosen Eisregionen, die man das Dach der Welt nennt. Die York nahm Kurs nach Süden, überflog die Windungen des Indus und begann den Anflug auf die festungsartige, von Lehmmauern umgürtete Stadt Peschawar, die legendenumwobene Hauptstadt der Nordwestlichen Grenzprovinz.

Während die Maschine dem Flugplatz zustrebte, erblickten die Insassen plötzlich eine gewaltige, quirlende Menschenmenge, die eine hart bedrängte Kette von Polizisten nur mit Mühe in Schach halten konnte. Louis Mountbatten hatte beschlossen, die Gespräche in seinem kühlen Amtszimmer vorübergehend auszusetzen, um persönlich das politische Fieber in seinen beiden unruhigsten Provinzen, dem Pandschab und der Nordwestlichen Grenzprovinz, zu messen.

Die Nachricht, daß der Vizekönig kommen werde, hatte sich wie ein Lauffeuer durch die Grenzprovinz verbreitet. Seit vierundzwanzig Stunden strömten, von den Führern der Moslemliga aufgerufen, aus allen Ecken und Enden der Provinz Zehntausende auf Peschawar zu. Auf überladenen Lastwagen, in Omnibussen, Personenautos und Sonderzügen waren die Menschen singend und winkend zur größten Demonstration, die Peschawar jemals erlebt hatte, in die Provinzhauptstadt geeilt.

Nun machten sich diese hochgewachsenen, hellhäutigen Pathanen bereit, dem Vizekönig einen unerwarteten Empfang zu bereiten. Müde und wegen der Hitze aufgebracht, gehorchten sie kaum noch den Weisungen ihrer Führer und steigerten sich allmählich in eine gefährliche Erregtheit. Die Polizei hatte sie auf einem riesigen, von niedrigen

Mauern umgebenen Areal zusammengedrängt, zwischen einem Bahndamm und den Mauern der alten Mogulfestung von Peschawar. Die gereizte, aufsässige Menge drohte die versöhnlichen Töne der «Operation Verführung» im mißtönenden Geknatter von Gewehrfeuer untergehen zu lassen.

Die Menschen waren wegen der paradoxen politischen Situation in ihrer Provinz gekommen, die zwar zu 93 Prozent von Moslems bewohnt, aber von der Kongreßpartei beherrscht wurde. Der führende Politiker der Provinz war ein mohammedanischer Stammeshäuptling namens Abdul Ghaffar Khan, ein bärtiger Riese, anzusehen wie ein alttestamentarischer Prophet, der es sich zur Lebensaufgabe gemacht hatte, Gandhis Botschaft der Liebe und des passiven Widerstands den Pathanen zu bringen, für die Blutsfehde und -rache etwas Selbstverständliches waren. Sie waren dem widerspruchsvollen Politiker gefolgt, bis er, als getreuer Gefolgsmann Gandhis, sich gegen Jinnahs Forderung nach einem islamischen Staat stellte. Seither hatte sich die Bevölkerung, von Jinnahs Agenten angestachelt, gegen Ghaffar Khan und die Regierung gewandt, die er in Peschawar installiert hatte. Die gewaltige, brüllende Menschenmenge, die Mountbatten, seine Frau und seine siebzehnjährige Tochter Pamela empfing, sollte den letzten Beweis dafür liefern, daß die Moslemliga und nicht der «Grenz-Gandhi» die Provinz hinter sich hatte. Der besorgte Gouverneur Sir Olaf Caroe verstaute Mountbatten und seine Begleitung rasch in einem eskortierten Wagen, um sie zu seiner Residenz zu bringen. Die Menschenmenge, die stündlich unruhiger wurde, drohte aus dem Areal auszubrechen, in dem die Polizei sie hielt, und zum Amtssitz des Gouverneurs zu stürmen. Falls es dazu kam, würde der hoffnungslos unterlegenen Militärabteilung, die die Residenz bewachte, nichts übrigbleiben, als das Feuer zu eröffnen. Dies mußte zu einem fürchterlichen Blutbad führen. Mountbattens Hoffnungen, eine Lösung zu finden, und seine Regentschaft als Vizekönig würden in einem entsetzlichen Gemetzel untergehen.

Der besorgte Gouverneur war der Meinung, es gebe nur einen einzigen Ausweg: Wenn Mountbatten selbst vor die Demonstranten träte, könnte sein Anblick sie vielleicht besänftigen. Der Polizeichef und der militärische Kommandeur der Provinz lehnten diesen Vorschlag als hirnverbrannt ab.

Mountbatten überlegte ein paar Sekunden. Dann sagte er: «Gut, ich will's riskieren.» Zur Bestürzung Caroes und seiner Sicherheitsbeamten bestand Edwina darauf, ihn zu begleiten.

Ein paar Minuten später setzte ein Jeep das vizekönigliche Paar und den Gouverneur am Fuß des Bahndammes ab. Auf der anderen Seite des gefährdeten Deiches machten hunderttausend erhitzte, staubbedeckte, wütende Menschen ihrem Grimm in einem unverständlichen, ohrenbetäubenden Geschrei Luft. Mountbatten nahm seine Frau an der Hand und kletterte mit ihr die Böschung hinauf. Als sie oben angekommen waren, mußten sie feststellen, daß nur fünf Meter vor ihnen die Wogen eines Meeres von Turbanen anbrandeten. Der Boden unter ihren Füßen erzitterte von der Wucht, mit der die gigantische Menschenmenge gegen den Damm herandrängte. Einen Augenblick wurde den Mountbattens schwindlig vor diesem furchterregenden Ozean von Menschen, in deren Schreien und Gestikulationen sich die ungeheuren Massen Indiens mit ihren Leidenschaften verkörperten. Staubspiralen stiegen in die Luft. Es war ein entscheidender Augenblick in der «Operation Verführung», ein Augenblick, in dem alles geschehen konnte.

Sir Olaf Caroe beobachtete die beiden, wie sie unschlüssig auf die Menge blickten, und ein Schauer überlief ihn. Von diesen Demonstranten trugen zwanzig-, dreißig-, vierzigtausend Menschen ein Gewehr bei sich. Jeder Verrückte, jeder blutgierige Narr konnte die Mountbattens abknallen «wie Enten auf einem Teich». Während der ersten Sekunden spürte Caroe, daß die Menge in einer gefährlichen Stimmung war. Es wird schiefgehen, dachte er.

Mountbatten wußte nicht, was er tun sollte. Er beherrschte keine einzige Silbe Paschto, die Sprache dieser Menschen. Während er noch überlegte, ereignete sich etwas völlig Unerwartetes: Die Menge begann sich zu beruhigen. Ein merkwürdiges Vibrieren erfaßte sie, das vielleicht einem möglichen Attentäter die Hand sinken ließ. Bei seiner unvorhergesehenen Begegnung mit dem berühmtesten Kriegervolk des Empire hatte Mountbatten zufällig die kurzärmelige, locker sitzende Buschjacke an, die er schon als alliierter Oberbefehlshaber in Burma getragen hatte. Ihre Farbe – Grün – faszinierte die Demonstranten. Grün war die Farbe des Propheten, das gesegnete Grün der Hadschis, der heiligen Männer, die die Pilgerfahrt nach Mekka unternommen hatten. Instinktiv nahmen die Zehntausende von Menschen diese grüne Uniformjacke als ein Zeichen der Solidarität mit ihnen, als ein Kompliment an ihre große Religion.

Mountbatten hielt noch immer die Hand seiner Frau fest, blickte aber geradeaus. Er flüsterte Edwina zu: «Winke ihnen zu!» Langsam und anmutig hob sie mit ihm zusammen die Hand. Einen Augenblick schien Indiens Schicksal in diesen beiden Händen zu liegen, die sich vor der Menschenmenge in die Luft hoben. Plötzlich brach aus der Menge ein Schrei, dann tosender Lärm. Aus Zehntausenden von Kehlen drang in vielfältiger Wiederholung ein Zuruf, der zeigte, daß die gefahrvollsten Sekunden der «Operation Verführung» überstanden waren.

«Mountbatten Zindabad!» schrien die verbitterten Pathanenkrieger. *«Mountbatten Zindabad!»* (Hoch lebe Mountbatten!)

Achtundvierzig Stunden nach dieser Konfrontation mit den Pathanen landeten Mountbatten und seine Frau im Pandschab. Sir Evan Jenkins fuhr mit dem vizeköniglichen Paar sofort zu einem Dorf, vierzig Kilometer außerhalb von Rawalpindi. Dort konnte der betroffene Mountbatten sich von der Richtigkeit der zwei Wochen vorher ausgesprochenen Warnung des Gouverneurs überzeugen, daß seine Provinz in Flammen stehe. Zum erstenmal sah er mit eigenen Augen, welche Greuel im grausamen Frühjahr des Jahres 1947 in Indien wüteten.

Der Marineoffizier, der erlebt hatte, wie vor Kreta der größte Teil seiner Besatzung mit dem Wrack der *Kelly* unterging, der Oberbefehlshaber, der Millionen Soldaten durch den blutigen Dschungelkrieg in Burma geführt hatte, war erschüttert wie noch nie von dem Anblick, der sich ihm in diesem Dreitausendfünfhundert-Seelen-Dorf bot, das einst typisch für die fünfhunderttausend indischen Dörfer gewesen war.

Jahrhunderte hindurch hatten in Kahutas ungepflasterten Gassen zweitausend Hindus und Sikhs friedlich neben tausendfünfhundert Moslems gelebt. An diesem Tag aber waren das steinerne Minarett der Moschee in der Dorfmitte und dicht daneben die runde Kuppel des *gurudwara* der Sikhs die einzigen erkennbaren Überreste von Kahuta.

Kurz vor Mountbattens Visite war eine Streife des britischen Norfolk-Regiments auf einer routinemäßigen Patrouillenfahrt durch das Dorf gekommen. Die Bewohner von Kahuta lagen, wie sie es seit Generationen taten, ruhig und in gegenseitigem Vertrauen im Schlaf. Als der Tag anbrach, hatte das Dorf praktisch zu bestehen aufgehört. Die Hindus und Sikhs waren alle tot oder in panischer Angst in die Nacht geflohen.

Wie ein Wolfsrudel war eine Horde Moslems über Kahuta hergefallen und hatte mit Eimern voll Benzin die Behausungen in den Sikh- und Hinduvierteln in Brand gesetzt. Wer den Flammen entkam, wurde gepackt, gefesselt, mit Benzin übergossen und angezündet, so daß er wie eine Fackel verbrannte. Das Feuer, das nicht mehr zu bändigen war, griff auf die Behausungen der Moslems über und vollendete das Zerstörungswerk.

Ein paar Hindufrauen, die aus ihren Betten gerissen, vergewaltigt wurden und zum Übertritt zum Islam gezwungen werden sollten, überlebten das Massaker; andere hatten sich, schon ergriffen, wieder losgerissen und sich in die Flammen gestürzt, um gemeinsam mit ihren Angehörigen zu sterben.

«Bis ich nach Kahuta fuhr», berichtete Mountbatten nach London, «hatte ich das Ausmaß der Greuel, die sich abspielten, nicht voll erfaßt.»

Nach seiner Konfrontation mit den Demonstranten in Peschawar war der Anblick des verwüsteten Pandschab-Dorfes der letzte Beweis, dessen Mountbatten bedurfte. Die Beurteilung, zu der er nach den zehntägigen Gesprächen in seinem Amtszimmer in Neu-Delhi gekommen war, hatte sich als zutreffend erwiesen. Rasches Handeln war das absolute, das oberste Gebot, sollte Indien gerettet werden. Wenn er nicht unverzüglich handelte, würde Indien zusammenbrechen und in dem entstehenden Chaos auch die Herrschaft der Briten und sein eigenes Amt. Und wenn rasch gehandelt werden mußte, dann gab es nur einen einzigen Ausweg aus der Sackgasse, die Lösung, vor der er persönlich zurückschreckte, die aber von der politischen Situation im Land diktiert wurde – die Teilung.

Gandhis Kreuzweg, fünfte Station: Ein einsamer Mann und sein zerstörter Traum

Die letzte, schmerzliche Etappe auf Mahatma Gandhis lebenslanger Pilgerfahrt begann am Abend des 1. Mai 1947, in derselben armseligen Hütte im Straßenfegerviertel von Neu-Delhi, wo er zwei Wochen vorher vergeblich seine Kollegen beschworen hatte, seinem Plan zur Erhaltung der Einheit Indiens zuzustimmen. Gandhi saß mit gekreuzten Beinen auf dem Fußboden, um den kahlen Schädel wiederum ein nasses Handtuch, und folgte bekümmert der Diskussion, welche die Männer um ihn führten, das «Oberkommando» der Kongreßpartei. Der Punkt, an dem sich die Wege Gandhis und dieser Männer endgültig trennten, war erreicht. Die langen Gefängnisjahre Gandhis, seine Hungerstreiks, seine *hartals* und Boykottaktionen hatten schließlich zu dieser Zusammenkunft geführt. Er hatte das Gesicht Indiens verändert und eine der authentischen politischen Philosophien seines Jahrhunderts entwickelt, um seine Landsleute durch Gewaltlosigkeit zur Unabhängigkeit zu führen; und nun drohte sein glänzender Triumph zu einer persönlichen Tragödie für ihn zu werden. Seine Parteigänger waren am Ende ihrer Geduld und bereit, die Teilung Indiens als den letzten, unvermeidlichen Schritt zur Unabhängigkeit hinzunehmen.

Gandhi widersetzte sich der Teilung nicht einfach aus irgendeiner mystischen Hingabe an die Einheit Indiens. Die Jahre, die er in den Dörfern Indiens verbracht hatte, hatten ihm ein instinktives Gespür für den Charakter seines Landes gegeben. Die Teilung, sagte ihm seine Ahnung, werde sich nicht auf eine «chirurgische Operation» beschränken, wie Jinnah dem Vizekönig versichert hatte. Sie würde ein grausames Gemetzel auslösen. In Tausenden der Dörfer, die er so gut kannte, würde der Freund über den Freund, der Nachbar über den Nachbarn, der Fremde über den Fremden herfallen. Ihr Blut würde um eines abscheulichen und sinnlosen Zieles willen vergossen werden, der Teilung des Subkontinents in zwei verfeindete Staaten, die dazu verdammt waren, einander die Eingeweide aus dem Leib zu fressen. Gandhi war überzeugt, daß Generationen von Indern den Preis des Irrtums bezahlen müßten, den zu begehen man sich anschickte.

Gandhis Tragödie war, daß er an diesem Abend keine echte Alternative vorzuschlagen, daß er nur seinen Instinkt hatte, dem diese Männer in der Vergangenheit so oft gefolgt waren. Doch an diesem Abend galt er nicht mehr als Prophet. «Sie nennen mich einen Mahatma», sagte er später voll Bitterkeit zu einem Freund, «aber ich sage dir, sie behandeln mich nicht einmal wie einen Straßenkehrer.»

Wie Mountbatten waren Nehru, Patel und all die anderen der Ansicht, Indien treibe einer Katastrophe entgegen und die Teilung, wie schmerzlich sie auch wäre, sei die einzige Möglichkeit, das Land davor zu retten. Gandhi war zutiefst überzeugt, daß sie sich täuschten. Aber selbst wenn sie nicht im Irrtum waren, hätte er dem Chaos den Vorzug vor der Zerreißung des Landes gegeben.

Jinnah, sagte er zu seinen Parteigängern, werde sein Pakistan niemals bekommen, es sei denn, die Briten gäben es ihm. Dies aber würden die Engländer niemals tun, wenn sie sich dem unnachgiebigen Widerstand der Kongreßmehrheit gegenübersähen. Sie besäßen ein Einspruchsrecht gegen jede Lösung, die Mountbatten vorschlage. Sie sollten die Briten zum Abzug auffordern, bat er die Kongreßführer inständig, einerlei, zu welchen Folgen dies führen werde. Sie sollten die Briten auffordern, das Land «Gott, dem Chaos, notfalls der Anarchie zu überlassen, aber abzuziehen».

Wir werden durchs Feuer gehen, so dachte er, aber das Feuer wird uns läutern.

Doch er war ein Rufer in der Wüste. Selbst seine beiden Stellvertreter, die er persönlich ausgesucht hatte, waren nicht willens, ein letztes Mal auf die Stimme zu hören, die so oft ihren gemeinsamen Zielen Ausdruck gegeben hatte.

Patel war schon vor Mountbattens Ankunft bereit gewesen, die Teilung zuzugestehen. Er war ein alternder Mann, hatte zwei Herzanfälle hinter sich und wollte die Debatten beenden und endlich an die Aufgabe gehen, ein unabhängiges Indien aufzubauen. Man solle Jinnah doch seinen Staat geben, meinte er; er würde sich ohnehin nicht behaupten können. Fünf Jahre später werde die Moslemliga bei ihnen demütig an die Tür klopfen und um die Wiedervereinigung betteln.

Nehru war von innerer Pein zerrissen. Er schwankte zwischen seiner tiefen Zuneigung zu Gandhi und seinen neuen Gefühlen bewundernder Freundschaft für die Mountbattens. Gandhi sprach sein Herz an, Mountbatten seinen Verstand. Vom Instinkt her lehnte Nehru die Teilung des Landes ab, doch sein Verstand sagte ihm, daß sie die einzig mögliche Lösung sei. Seit Mountbatten zu dem Schluß gekommen war, daß es keinen anderen Weg gebe, hatte er zusammen mit seiner Frau allen Charme und alle Überredungskunst der «Operation Verführung» aufgeboten, um Nehru für seine Ansicht zu gewinnen. Ein Argument war ausschlaggebend: War Jinnah nicht mehr da, dann konnte sich Hinduindien die starke Regierung geben, die Nehru brauchte, wenn er den sozialistischen Staat seiner Träume aufbauen wollte. So stellte er sich schließlich gegen den Mahatma, dem er so lange gefolgt war.

Als Patel und Nehru sich für die Teilung aussprachen, schloß sich ihnen die übrige Kongreßführung rasch an. Nehru wurde bevollmächtigt, dem Vizekönig mitzuteilen, der Kongreß bleibe zwar «der Idee eines geeinten Indien leidenschaftlich verbunden», werde aber die Teilung hinnehmen, vorausgesetzt, daß die beiden großen Provinzen Pandschab und Bengalen aufgeteilt würden. Der Mann, der sie zu ihrem Triumph geführt hatte, war allein mit einem Sieg, der ihm vergällt war, allein mit seinem zerronnenen Traum.

Am folgenden Tag, dem 2. Mai, um sechs Uhr nachmittags startete die vizekönigliche York MW-102 vom Flughafen Palam zum Flug nach London, genau vierzig Tage, nachdem sie in Delhi gelandet war. Diesmal war der wichtigste Insasse Mountbattens Stabschef Lord Ismay. Er trug einen Plan für die Teilung Indiens bei sich, den er der Regierung Seiner Majestät unterbreiten sollte.

Alle Hoffnungen Mountbattens waren schließlich an Jinnahs stahlharter Entschlossenheit und Intransigenz gescheitert. Den einzigen Faktor, der den Dingen einen anderen Lauf hätte geben können, Jinnahs Krankheit, kannte er nicht. Zeit seines Lebens sollte Mountbatten auf sein Unvermögen, Jinnah umzustimmen, als die eine große Enttäuschung seiner Laufbahn zurückblicken. Wie tief ihn selbst die Aussicht bekümmerte, daß er in die Geschichte als der Mann eingehen werde, der Indien geteilt hatte, läßt sich an einem Schriftstück ermessen, das mit Lord Ismay in der vizeköniglichen Maschine nach London flog. Es war Mountbattens fünfter persönlicher Bericht für das Kabinett Attlee.

Die Teilung Indiens, schrieb er, sei «reiner Wahnsinn» und «niemand könnte mich jemals dazu bringen, ihr zuzustimmen, wäre nicht dieser unglaubliche Haß zwischen den Religionsgruppen, der alle ergriffen hat und keinen anderen Weg offenläßt . . . Die Verantwortung für diese verrückte Entscheidung», so schrieb er, müsse «für die Augen der Welt eindeutig den Indern angelastet werden» und «eines Tages werden sie die Entscheidung, die sie zu fällen im Begriff sind, noch bitter bereuen».

6

«Eine offene Wunde, aus der Indiens bestes Blut strömt»

Eine Klimaanlage brauchte Louis Mountbatten hier nicht. Allein schon der Ausblick von seinem Arbeitszimmer reichte, daß ihm kühl wurde: die schneebedeckten Gipfel des Himalaja, der höchsten Gebirgskette der Welt, der Gletschermauer, die Indien von Tibet und China trennt. Sein Auge schreckte nicht mehr vor öden Landschaften zurück, die in Indiens gnadenloser Hitze verdorrten. Alles breitete sich in sattem Grün vor seinem Blick aus: smaragdgrüne Rasenflächen, hochragende Fichtengruppen, zarte Büschel von Gebirgsfarnen. Erschöpft von wochenlangen, pausenlosen Belastungen, war Mountbatten einer Tradition gefolgt, die seine Vorgänger im Amt des Vizekönigs begründet hatten. Als Lord Ismay nach London abgeflogen war, hatte Mountbatten Delhi mit dem bizarrsten Produkt der englischen Herrschaft in Indien vertauscht, einer merkwürdig deplacierten, höchst britischen Schöpfung mitten in den Ausläufern des Himalaja: der kleinen Stadt Simla.

Fünf Monate im Jahr wurde dieses Sussex-Städtchen en miniature – auf 2000 Meter Höhe dicht unter dem Dach der Welt – zu einer großen Hauptstadt, zu dem Platz, von dem aus die Engländer ihr Indisches Reich und seine angeschlossenen Satelliten vom Roten Meer bis Burma regierten. Es war ein kostbarer kleiner Ort mit seinem achteckigen Musikpavillon, seinen breiten Esplanaden, den untadeligen Gartenanlagen, dem Tudor-Turm der Christ Church Cathedral, dessen Glocken nach der kraftvollen Tradition des viktorianischen Christentums aus Kanonen gegossen waren, die die Briten in den Sikh-Kriegen erbeutet hatten. Tausendfünfhundert Kilometer vom Meer entfernt, durch eine Schmalspurbahn erreichbar, für Autos praktisch unzugänglich, thronte Simla erhaben-verächtlich über den sonnverbrannten, übervölkerten Ebenen Indiens, kühl, grün und unverkennbar britisch.

Alljährlich Mitte April, wenn es warm wurde, gab die Abreise des Vizekönigs nach Simla in seinem weiß-goldenen Zug das Signal, daß in der Gebirgshauptstadt die Saison begann. Das Personal der britischen Herrschaft folgte: Leibwächter, Sekretäre, Adjutanten, Generäle, Botschafter mit ihren Stäben, sämtliche hohen Beamten des Indian Civil Service. Ihnen nach strömte eine Heerschar von Schneidern, Friseuren, Stiefelmachern und Sattlern, Silberschmieden, die den Hof Seiner Exzellenz des Vizekönigs belieferten, Wein- und Spirituosenhändlern, *memsahibs* mit ihren Bergen von Reisegepäck, ihren Scharen von Dienern und ihrem lärmenden Nachwuchs. Bis 1903 ging die Eisenbahn nur bis Kalka, sechzig Kilometer vor Simla, und dort stieg die ganze burleske Gesellschaft in zweispännige Tongas um, in denen sie die achtstündige Fahrt durch die Hügel nach Simla hinauf zurücklegte. Das Gepäck folgte auf Ochsenkarren oder auf dem Rücken von Trägern. Lange Reihen von Kulis schleppten auf ihren gekrümmten Rücken einen endlosen Strom von Garnelenkonserven, Gänseleberpastete, Würsten, Bordeaux und Champagner für die Bankette, die der Saison in Simla eine Eleganz gaben, welche in Indien nicht ihresgleichen hatte.

Die Kulis waren notwendig, weil in Simla weder das Klappern von Hufen noch das Rattern von Verbrennungsmotoren, sondern nur das sanfte Trappeln menschlicher Füße zu vernehmen war. Nach einer alten Tradition durfte es in Simla nur drei Kutschen, später Automobile, geben, die des Vizekönigs, des Oberkommandierenden der indischen Armee und des Gouverneurs des Pandschabs. Als Gott, einer lokalen Anekdote zufolge, um die Genehmigung ersuchte, sich in Simla ein Auto halten zu dürfen, erhielt er abschlägigen Bescheid. Bis zum Abzug der Briten aus Indien war das gängige Beförderungsmittel in dem Städtchen die Rikscha. Sie war großzügig bemessen – «keines von diesen elenden kleinen Dingern, die einem an den Rippen kleben», sagte ein Rikscha-Besitzer –, und um sie die steilen Hänge von Simla bergab und bergauf zu ziehen, waren vier Männer notwendig. Ein fünfter lief danebenher, um die anderen abzulösen.

Die Kulis trugen traditionsgemäß keine Schuhe. Dafür wurden sie jedoch von ihren Arbeitgebern durch ihre prachtvolle Uniform entschädigt. Die Familien in Simla wetteiferten um die Ehre, die elegantesten Kulis zu beschäftigen. Wer von ihnen im Dienst des Vizekönigs stand, hatte den exklusiven Anspruch auf Scharlachrot. Ein Schotte steckte seine Kulis in Schottenröcke. Ein anderer Bewohner Simlas hatte gar zwei Uniformen für seine Rikscha-Schlepper, eine für tagsüber, die andere für den Abend. Die Kulis trugen fast ausnahmslos auf der Brust ihrer Berufskleidung die Initialen der Familie, in deren Dienst sie ihre Lunge verausgabten. Die Kulis von Simla litten beinahe alle an Tuberkulose.

Die Feste, zu denen sie ihre Arbeitgeber schleppten, waren glanzvoll, und die allerglanzvollsten fanden in der vizeköniglichen *Lodge* statt. Die Rikschas der Simla-Aristokratie trugen rote Rosetten, die ihre Besitzer berechtigten, bei großen Bällen und Gartenfesten den Privateingang des Vizekönigs zu benutzen. Die anderen waren mit weißen Rosetten gekennzeichnet und auf den öffentlichen Eingang verwiesen. Doch welche Farbe ihre Rosette auch hatte, eines Vorzugs konnten sich die Insassen einer Rikscha sicher sein: Abgesehen von ein, zwei Maharadschas würden sie sich nicht mit den Bürgern des Landes gemein machen müssen, das ihrer Herrschaft unterstand.

«Wie glanzvoll ein Ball in der vizeköniglichen *Lodge* war», schwärmte eine Dame, «das kann man sich einfach nicht vorstellen. Die langen Reihen der Rikschas, die sich in der Nacht langsam den Berg hinauf bewegten. Jede hatte ihre kleine Petroleumlaterne, die in der Dunkelheit leuchtete, und das einzige Geräusch war das leise Trappeln Hunderter nackter Füße.»

Das Herz von Simla war die Mall, eine breite Prachtstraße, vom einen Ende des Bergkammes, auf dem Simla liegt, bis zum anderen, eine rein englische Ansammlung von Teelokalen, Banken und Geschäften. Das Pflaster der Straße war so sauber geschrubbt wie das vizekönigliche Porzellan. Am einen Ende stand die Christ Church Cathedral, in die allsonntäglich der Armeechef, in voller Uniform, die Kolonie führte, um dort «einen richtigen Chor, lauter englische Stimmen», zu hören. Bis zum Ersten Weltkrieg war die Mall für Inder verbotenes Gelände.

In diesem Verbot drückte sich das ganze Wesen von Simla aus. Der jährliche Umzug in das hochgelegene Städtchen war mehr als nur eine Flucht aus der Hitze in eine Gegend, wo die Jahreszeit kühler war. Es war eine raffinierte, subtile Bestätigung des rassischen Überlegenheitsgefühls der Briten, der «göttlichen Gnade», die es den Engländern ermöglichte, abseits der wimmelnden braunen Massen drunten in den sonnverbrannten Ebenen zu leben.

Von diesem alten Simla war schon viel verschwunden, als Louis Mountbatten Anfang Mai 1947 dort eintraf. Jetzt durften Inder sogar die Mall betreten – vorausgesetzt, sie trugen nicht die Tracht ihres Landes.

Trotz seiner intensiven, erschöpfenden Verhandlungen war Mountbatten zuversichtlicher und fröhlicher Stimmung. Schließlich hatte er in sechs Wochen erreicht, was seine Vorgänger in Jahren nicht zustande gebracht hatten. Er hatte Attlee einen Plan geschickt, der Großbritannien einen ehrenvollen Abzug aus Indien und den Indern selbst eine wenn auch schmerzliche Lösung ihres Dilemmas bot.

Da es ihm gelungen war, vor seiner Abreise aus London Attlee Handlungsvollmacht abzuringen, war er nicht genötigt gewesen, die formelle Zustimmung der führenden indischen Politiker zu seinem Plan einzuholen, ehe er ihn nach England schickte. Er mußte dem Kabinett Attlee nur garantieren, daß sie ihn annehmen würden, wenn er ihnen vorgelegt wurde.

Mountbattens Plan war aus den Erkenntnissen destilliert, die er in der ungestörten Atmosphäre seines Arbeitszimmers gewonnen hatte. Er war eine sorgfältige Lagebeurteilung, die auf seiner Kenntnis der Empfindungen und Überzeugungen jedes der Politiker beruhte, mit denen er gesprochen hatte, und dessen, was sie akzeptieren würden, wenn es zum Schwur kam. Er war sich seiner Beurteilung der Lage so sicher, daß er kurz vor seiner Abreise nach Simla seine Absicht bekundet hatte, ihnen den Plan nach seiner Rückkehr am 17. Mai vorzulegen.

Doch Simlas erfrischendes Klima und seine olympische Ruhe veranlaßten ihn zum Nachdenken, und damit kamen nagende Zweifel, wie sie für Mountbatten ganz uncharakteristisch waren. Seit sein Plan in London eingetroffen war, hatte ihn ein Strom von Depeschen überschwemmt, in denen das Kabinett Modifikationen des Textes vorschlug, die zwar nichts an der Substanz, wohl aber am Ton ändern würden.

Ernster aber war die eigentliche Sorge, die ihn erfüllte. Sollte der Plan, den er nach London gesandt hatte, in seiner ganzen Tragweite Wirklichkeit werden, würde der große indische Subkontinent nicht in zwei, sondern in drei unabhängige Staaten aufgeteilt werden. Mountbatten hatte seinem Vorschlag eine Klausel eingefügt, die den fünfundsechzig Millionen Hindus und Moslems, die in Bengalen lebten, die Möglichkeit geben würde, sich zu einem einheitlichen Staat mit dem großen Hafen Kalkutta als Hauptstadt zusammenzuschließen.

Im Gegensatz zu Jinnahs anomalem, zweiteiligen Staatsgebilde schien ein solcher Staat auf die Dauer lebensfähig zu sein, und Mountbatten hatte deshalb Bengalens Politiker, Hindus wie Moslems, unter der Hand ermuntert, diesen Plan zu unterstützen. Er hatte sogar festgestellt, daß Jinnah sich seiner Idee nicht widersetzen würde. Allerdings hatte er sie weder Nehru noch Patel vorgetragen, und dieses Versäumnis bereitete ihm jetzt Sorgen. Würden sie einen Plan hinnehmen, der sie die große Hafenstadt Kalkutta mit ihrem Gürtel von Textilfabriken kosten könnte, deren Eigentümer die finanzielle Hauptstütze ihrer Partei darstellten? Wenn sie ablehnten, dann stand Mountbatten, nach all den Versicherungen, die er der Regierung in London gegeben hatte, vor Indien, England und der Welt blamiert da.

Plötzlich kam ihm eine Eingebung. Er würde sich privat, informell bei dem indischen Politiker erkundigen, den er, zum Kummer seiner Mitarbeiter, eingeladen hatte, mit ihm in Simla Urlaub zu machen. Mehr denn je sah der Vizekönig in seiner Beziehung zu dem liebenswürdigen und eleganten Jawaharlal Nehru die Hauptstütze seiner Politik in Indien und die größte Hoffnung für ein herzliches Einvernehmen zwischen Großbritannien und dem ehemaligen Britisch-Indien in den kommenden Jahren.

Auch die Freundschaft zwischen seiner Frau und dem indischen Ministerpräsidenten war gewachsen. Frauen wie Edwina Mountbatten waren an sich schon eine Seltenheit und noch seltener im Indien des Jahres 1947. Niemand hatte es besser verstanden, Nehru aus seiner Zurückgezogenheit zu lösen, wenn ihn Zweifel und Niedergeschlagenheit befielen, als die attraktive Aristokratin, die so viel Mitgefühl, Intelligenz und Herzlichkeit ausstrahlte. Oft hatte sie es beim Tee, bei einem Spaziergang im Park des Palastes, beim Schwimmen im Swimmingpool des Vizekönigs mit ihrem Charme fertiggebracht, Nehru aus seiner düsteren Stimmung zu locken, eine heikle Situation zu glätten und die Bemühungen ihres Mannes diskret zu unterstützen.

Mountbatten war entschlossen, seiner Eingebung zu folgen. Er berief seine Mitarbeiter, die er aus Delhi mitgebracht hatte, in sein Arbeitszimmer und erläuterte ihnen seine Besorgnisse und seinen Einfall.

Sein Stab war entsetzt. Den Plan Nehru zu zeigen, ohne ihn auch Jinnah vorzulegen, wäre ein vollkommener Vertrauensbruch gegenüber dem Moslemführer, bekam Mountbatten zu hören. Wenn Jinnah dahinterkäme, wäre die Position des Vizekönigs zerstört.

Mountbatten schwieg lange und trommelte mit den Fingerspitzen auf die Tischplatte.

«Tut mir leid», sagte er schließlich, «Ihre Argumente sind absolut vernünftig. Aber ich habe so einen Riecher, daß ich ihn Nehru zeigen muß, und dem werde ich folgen.»[10]

Am Abend dieses Tages bat Mountbatten Nehru zu einem Glas Wein in sein Arbeitszimmer. Wie beiläufig reichte er dem Kongreßpolitiker eine Abschrift des Plans, so wie er in London modifiziert worden war, und bat ihn, das Schriftstück vor dem Einschlafen durchzulesen. Dann könne Nehru ihn vielleicht wissen lassen, wie es die Kongreßpartei vermutlich aufnehmen werde. Geschmeichelt und erfreut sagte Nehru zu.

Ein paar Stunden später, während Mountbatten sich seiner gewohnten abendlichen Entspannung widmete und die Stammtafel seiner Familie zeichnete, begann Jawaharlal Nehru den Text zu prüfen, in dem die künftige Karte seines Landes umrissen wurde. Er war entsetzt. Das Bild von Indien, das sich aus den Seiten dieses Schriftstücks ergab, war alptraumhaft: ein Land, das nicht in zwei Teile geteilt, sondern in ein Dutzend Trümmer zerstückelt war. Die Tür, die Mountbatten für Bengalen offengehalten hatte, würde, so sah Nehru voraus, zu einer offenen Wunde werden, aus der das beste Blut Indiens strömte. Er sah Indien seiner Lunge beraubt, der Hafenstadt Kalkutta mit ihren Spinnereien, Fabriken, Stahlwerken; Kaschmir, sein geliebtes Kaschmir, als unabhängigen Staat, regiert von einem Despoten, den er verachtete; Haiderabad als einen gewaltigen, unverdaulichen mohammedanischen Brocken im Unterleib Indiens und ein halbes Dutzend weiterer Fürstenstaaten nach ihrer eigenen Unabhängigkeit schreien. Der Plan, davon war er überzeugt, würde alle separatistischen Tendenzen in Indien, die auseinanderstrebenden sprachlichen, kulturellen und rassischen Verschiedenheiten noch verschlimmern, bis der Subkontinent in die Gefahr geriet, in eine Vielzahl schwacher, einander feindselig gesinnter Staaten auseinanderzufallen. Die Briten hatten Indien drei Jahrhunderte nach der Devise «Teile und herrsche» regiert. Nun hatten sie vor, sich nach einer anderen aus dem Staub zu machen: «Zerstückeln und aufgeben». Weiß im Gesicht und bebend vor Zorn schritt er in das

Schlafzimmer seines Vertrauten Krishna Menon, der ihn nach Simla begleitet hatte. Mit einer wütenden Bewegung schleuderte er den Plan auf Krishna Menons Bett.

«Es ist alles vorbei!» rief er.

Die erste Ahnung von der heftigen Reaktion seines Freundes erhielt Mountbatten durch einen Brief, der am nächsten Tag frühmorgens bei ihm eintraf. Er war für den Vizekönig, der seiner Sache sicher war, «eine Bombe». Als er ihn las, stürzte der ganze Bau, den er in den zurückliegenden sechs Wochen mühselig errichtet hatte, wie ein Kartenhaus zusammen. Mountbattens Plan, schrieb Nehru, habe bei ihm den Eindruck der «Zerstückelung, des Konflikts und der Unordnung» hinterlassen. Er sei tief bestürzt und überzeugt, daß er bei der Kongreßpartei erbitterte Ablehnung finden werde.

Als der so selbstsichere Vizekönig, der vor der Welt stolz angekündigt hatte, er werde binnen zehn Tagen eine Lösung des indischen Dilemmas präsentieren, Nehrus Worte las, erkannte er plötzlich, daß er überhaupt keine Lösung hatte. Der Plan, den das englische Kabinett an ebendiesem Tage erörterte und von dem er Attlee versichert hatte, die Inder würden ihn akzeptieren, würde von der Kongreßpartei niemals gutgeheißen werden.

Mountbattens Kritiker mochten ihm allzu große Selbstsicherheit vorwerfen, aber er war nicht der Mann, sich durch Rückschläge entmutigen zu lassen. Statt sich wegen Nehrus Reaktion einem Anfall von Depression hinzugeben, gratulierte er sich zu seinem «Riecher», daß er Nehru den Plan gezeigt hatte, und machte sich daran, den Schaden zu reparieren.

Zum Glück für ihn überstand seine Freundschaft mit Nehru diesen Schock. Auf Mountbattens Ersuchen fand Nehru sich bereit, noch eine Nacht in Simla zu bleiben, um dem Vizekönig Zeit zu geben, einen revidierten Plan zu entwerfen, der für die Kongreßpartei vielleicht akzeptabel war. Dieser neue Entwurf mußte die Schlupflöcher schließen, die Nehru so entsetzt hatten. Er würde den Provinzen und Fürsten Indiens nur eine einzige Alternative lassen – sich Indien oder Pakistan anzuschließen.

Der Traum von einem unabhängigen Bengalen war ausgeträumt. Dennoch blieb Mountbatten überzeugt, daß Jinnahs Doppelstaat nicht lebensfähig sei. Einige Zeit später prophezeite er einem indischen Bekannten, C. R. Rajagopalachari, in einem Vierteljahrhundert würde Ostbengalen nicht mehr zu Pakistan gehören. Seine Vorhersage erfüllte sich mit der Loslösung und Gründung von Bangladesch im Jahr 1971.

Zur Überarbeitung seines Planes rief Mountbatten den höchstrangigen Inder am vizeköniglichen Hof zu sich in sein Arbeitszimmer. Es war ein Gipfel der Ironie, daß an diesem kritischen Wendepunkt der Inder, an den Mountbatten sich wandte, noch nicht einmal dem Indian Civil Service, jener erlauchten Beamtenelite, angehörte. Kein akademischer Grad aus Oxford oder Cambridge schmückte die Wände seines Büros. Keine Familienbeziehungen hatten seinen Aufstieg beschleunigt. V. P. Menon war eine seltsame Erscheinung, die im vizeköniglichen Palast aus dem Rahmen fiel: ein Selfmademan.

Als ältester Sohn einer Familie mit zwölf Kindern hatte Menon mit dreizehn Jahren die Schule verlassen und nacheinander als Bauarbeiter, Kumpel, Hilfsarbeiter in einer Fabrik, Heizer bei der Südindischen Eisenbahngesellschaft, erfolgloser Baumwollmakler und Schullehrer sein Brot verdient oder zu verdienen versucht. Schließlich brachte er sich selbst das Schreibmaschinenschreiben mit zwei Fingern bei und verschaffte sich durch seine Wortgewandtheit 1929 eine Anstellung als Büroschreiber in der Indischen Stadtverwaltung von Simla.

Daran schloß sich eine Karriere, die vielleicht so kometenhaft war wie keine andere in der Geschichte dieser Behörde. 1947 war Menon auf dem Posten des Reform Commissioner angelangt, dem höchsten Amt, das jemals ein Inder im Stab eines Vizekönigs eingenommen hatte. Auf diesem Posten hatte er sich rasch das Vertrauen und, später, die Freundschaft Mountbattens erworben.

Mountbatten erklärte Menon, daß er noch vor Einbruch der Nacht die Charta revidieren müsse, die Indien seine Unabhängigkeit geben sollte. Das wesentliche Element, die Teilung, müsse erhalten bleiben, und ebenso müsse die Last der Wahl weiterhin den Indern selbst zufallen.

Menon erledigte seine Aufgabe gemäß Mountbattens Instruktionen bis zum Sonnenuntergang. Zwischen dem Mittag- und dem Abendessen hatte er eine Tour de force hinter sich gebracht. Der Mann, der zu Beginn seiner Laufbahn mit zwei Fingern die Schreibmaschine bearbeitet hatte, hatte seine Karriere damit gekrönt, daß er auf einer Veranda mit Blick auf den Himalaja in knapp sechs Stunden einen Plan umarbeitete, der die Zukunft eines Fünftels der Menschheit regeln, den Subkontinent neu ordnen und die Landkarte der Welt verändern sollte.

Gandhis Kreuzweg, sechste Station: «Man braucht mich nicht mehr»

Der schlanke Leib Manus, die an einer heftigen Blinddarmentzündung erkrankt war, zitterte unter den Decken, die ihr Großonkel auf sie gehäuft hatte. Das Fieber hatte ihre Augen matt gemacht. Ihr zarter Körper hatte sich zusammengekrümmt, in einem instinktiven Versuch, die furchtbaren Schmerzen zu lindern, die ihr den Unterleib zerrissen. Schweigend und sorgenvoll umsorgte sie Gandhi.

Wieder einmal sah sich der Mann, dessen «Jünger» sich in einer leidenschaftlichen Debatte in der Unberührbarensiedlung von Neu-Delhi von ihm losgesagt hatten, einer Anfechtung seines Glaubens gegenüber. Seit er während einer Pockenepidemie in Südafrika die Kranken gepflegt hatte, war Gandhi von dem tiefverwurzelten Glauben an die heilende Kraft der Natur erfüllt. Er lehnte die moderne Medizin ab, weil sie das Physische zum Nachteil des Geistigen betone, weil sie Pillen und Medikamente verschreibt, während Selbstbeherrschung und Selbstzucht nötig seien, weil es ihr zu sehr um das Geld geht. Die Felder Indiens, sagte er, seien voll von natürlichen Heilkräutern, die Gott dort habe wachsen lassen, um die Krankheiten der Menschen zu heilen. Für Gandhi war die Heilung durch die Natur eine Fortsetzung seiner Philosophie der Gewaltlosigkeit. Aus diesem Grund hatte er es abgelehnt, den Körper seiner Frau der Gewalttat einer Injektionsnadel auszusetzen, als sie sterbenskrank im Palast des Aga Khan lag.

Als Manu zum erstenmal über Schmerzen im Unterleib geklagt hatte, verordnete ihr Gandhi die Behandlung, die die Natur gebot: Schlammpackungen, strenge Diät und Einläufe.

Ihr Zustand verschlimmerte sich. Nun, sechsunddreißig Stunden später, war die Situation kritisch geworden. Gandhi hatte, trotz seines festen Glaubens an die Heilkraft der Natur, sich eingehend mit westlicher Medizin beschäftigt. Jahrelang war er in Krankenhäusern gewesen und hatte Kranke umsorgt, und er wußte sehr wohl, welches Leiden seine Großnichte befallen hatte.

Wie in Noakhali hatte sie unbegrenztes Vertrauen zu ihm. Sie hatte sich völlig seinen Händen anheimgegeben, bereit, alles zu tun, was er wünschte. Gandhi war innerlich zerrissen. Seine Naturbehandlung hatte versagt. Ihr Fehlschlag war für ihn wie Manus Erkrankung eine Manifestation geistiger Unvollkommenheit. Aber er hatte «nicht den Mut», ein ihm «anvertrautes Mädchen so sterben zu lassen». Er gab sich geschlagen. «Mit äußerstem Widerstreben» beschloß er, seiner todkranken Großnichte die Gewalttätigkeit eines Skalpells zu erlauben. Manu wurde in höchster Eile ins Krankenhaus geschafft, zu einer Blinddarmoperation in letzter Minute.

Während sie unter der Betäubungsspritze das Bewußtsein verlor, legte Gandhi ihr sanft die Hand auf die Stirn. «Halte dich an Ramanama», sagte er, «und alles wird gut.»

Stunden später nahm einer der Ärzte, der über Gandhis abgezehrtes, gespanntes Gesicht betroffen war, den Mahatma beiseite. Er bat Gandhi, sich Ruhe zu gönnen, die Belastung, die auf ihm liege, zu mindern. «Die Menschen brauchen Ihre Dienste mehr denn je.»

Gandhi sah ihn mit einem untröstlichen Blick an. «Weder die Menschen noch die Mächtigen brauchen mich», antwortete er voll Trauer. «Mein einziger Wunsch ist, inmitten meiner Arbeit zu sterben, mit dem Namen Gottes auf den Lippen.»

7

Elefanten, Rolls-Royce-Limousinen und Maharadschas

Der Diener mit dem Turban auf dem Kopf näherte sich in ehrfurchtsvollem Schweigen der massigen Gestalt. Er ging barfuß über die Tiger-, Panther- und Antilopenfelle, die den Fußboden bedeckten, und brachte seinem Herrn ein silbernes Tablett ans Bett, das 1921 in London in Auftrag gegeben worden war, zur Erinnerung an den Indienbesuch Seiner Königlichen Hoheit, des Prinzen von Wales. Aus der feuervergoldeten Silberkanne auf dem Tablett drang der köstliche Duft einer Teemischung, die zweimal wöchentlich zusammen mit den dazugehörigen Keksen vom Londoner Delikatessenhaus Fortnum and Mason per Flugzeug nach Indien geliefert wurde. An den Wänden des Schlafzimmers hingen ausgestopfte Tierköpfe und silberne Trophäen, die der Herr dieses Raumes mit seinem Jagdgewehr, Polostock oder Kricketschläger erlegt und gewonnen hatte.

Der Diener stellte das Tablett auf einem kleinen Tisch neben dem Bett ab und verbeugte sich vor seinem Gebieter. Der Mann war ein Sikh, dessen ebenholzschwarzer, in einem Seidennetz zusammengerollter Bart das verschlafene Gesicht umrahmte.

«Der Morgentee, Master», flüsterte der Diener in unterwürfigem Ton.

Die über 1,90 Meter lange Gestalt unter ihm streckte sich in einer langen, katzenhaften Bewegung. Als sie sich auf die Füße schwang, tauchte aus dem Hintergrund ein zweiter Diener auf, um die muskulösen Schultern mit einem Seidengewand zu bedecken. Seine Hoheit Yadavindra Singh, der achte Maharadscha des indischen Fürstentums Patiala, blickte einem neuen Tag entgegen.

Yadavindra Singh präsidierte dem seltsamstem Gremium der Welt, einer Versammlung, wie sie ähnlich in der Geschichte der Menschheit unbekannt war. Er war Kanzler der indischen Fürstenkammer. An diesem Morgen im Mai 1947, fast zwei Jahre nach dem Feuersturm über Hiroshima und dem Ende des Zweiten Weltkrieges, herrschten die 565

Maharadschas, Nawabs, Radschas und anderen Regenten noch immer als absolute erbliche Souveräne über ein Drittel der Bodenfläche Indiens und ein Viertel seiner Bevölkerung. Daran zeigte sich, daß es unter der englischen Herrschaft zwei Indien gegeben hatte, das Indien der Provinzen, das von der Zentralregierung in Bombay verwaltet wurde, und das andere Indien der 565 Potentaten.

Der Anachronismus dieser Fürstentümer stammte aus der Zeit der unsystematischen Eroberung des Subkontinents durch die Briten. Damals durften Herrscher, die die Engländer mit offenen Armen aufnahmen oder sich auf dem Schlachtfeld als würdige Gegner erwiesen hatten, ihre Throne behalten, vorausgesetzt, daß sie Großbritannien als die oberste Macht in Indien anerkannten. Dieses System wurde in einer Reihe von Verträgen zwischen den einzelnen Herrschern und der britischen Krone rechtlich festgelegt. Die Fürsten hatten die Oberherrschaft des König-Kaisers, repräsentiert durch seinen Vizekönig in Neu-Delhi, anerkannt und ihm die Führung ihrer Außenpolitik und Verteidigungsangelegenheiten abgetreten. Dafür garantierte ihnen Großbritannien die fortdauernde Autonomie ihrer Staaten.

Manche Fürsten wie der Nizam von Haiderabad oder der Maharadscha von Kaschmir herrschten über Staaten, die es an Bodenfläche und Einwohnerzahl mit den Ländern Westeuropas aufnahmen. Andere, wie die Fürsten auf der Halbinsel Kathiawar, lebten in ehemaligen Ställen und regierten Kleinstaaten, die nicht größer als der Central Park in New York waren. Ihre Bruderschaft umfaßte den reichsten Mann der Welt und Fürsten, die so arm waren, daß ihr ganzes Reich aus einer Kuhweide bestand. Mehr als vierhundert Fürsten regierten Länder, die keine dreißig Quadratkilometer groß waren. Einige von ihnen boten ihren Untertanen eine Verwaltung, die weitaus besser war als die der Engländer in Indien. Andere waren kleine Despoten und mehr darauf bedacht, die Einnahmen ihres Staates für ihre kostspieligen Vergnügungen zu verschwenden, als das Los der Bevölkerung zu verbessern.

Doch wie ihre politischen Neigungen auch beschaffen waren, die Zukunft der 565 indischen Fürsten mit ihren durchschnittlich 11 Titeln, 5,8 Frauen, 12,6 Kindern, 9,2 Elefanten, 2,8 privaten Eisenbahnwagen, 3,4 Rolls-Royce-Limousinen und 22,9 pro Jahr erlegten Tigern stellte im Frühjahr 1947 ein ernstes Problem dar. Keine Lösung der indischen Gleichung konnte aufgehen, wenn sie nicht die besondere Situation der Maharadschas berücksichtigte.

Für Gandhi, Nehru und die Kongreßpartei lag die Lösung auf der Hand. Die Souveränität der Fürsten war abzuschaffen, ihre Staaten sollten in das unabhängige Indien eingegliedert werden. Diese Lösung war schwerlich geeignet, bei Yadavindra Singh und Männern seinesgleichen Anklang zu finden. Sein Staat Patiala im Herzen Indiens war einer der reichsten, und er gebot über eine Armee, die Divisionsstärke besaß und mit Centurion-Panzern ausgerüstet war; mit ihr konnte er notfalls seine Souveränität verteidigen.

Eine Stimmung der Besorgnis und Spannung umgab den Kanzler der Indischen Fürstenkammer, während er seinen Morgentee trank. Er wußte nämlich an diesem Maimorgen etwas, von dem der Vizekönig von Indien nichts ahnte. Er wußte, daß zehntausend Kilometer von seinem Palast entfernt, in London, ein Mann sich mit allen Kräften dafür einsetzte, daß seine Zukunft und die seiner fürstlichen Kollegen nicht aussah wie die, die ihnen Nehru und die Sozialisten im Kongreß zugedacht hatten.

Der Mann, der sich für die indischen Fürsten verwenden sollte, war kein Inder, sondern ein Engländer. Er hielt sich ohne Wissen oder Billigung des Vizekönigs in England auf. Sir Conrad Corfield, Sohn eines Missionars, verkörperte eine der großen Stärken und zugleich Schwächen der Briten, die Indien verwaltet hatten. Corfield hatte den größten Teil seiner Laufbahn im Dienst indischer Fürstenstaaten verbracht, und diese Staaten bedeuteten für ihn infolgedessen Indien. Was gut für die Fürsten Indiens war, war auch gut für Indien, so dachte er. Ihre Feinde, Nehru und den Kongreß, haßte er mit einer Inbrunst, die mindestens so stark war wie die der Fürsten selbst.

Corfield war im Mai 1947 Politischer Sekretär des Vizekönigs und übte für ihn stellvertretend die Autorität aus, welche die Fürsten an den König-Kaiser abgetreten hatten.

Mountbatten war seit seiner Ankunft in Delhi völlig damit beschäftigt gewesen, eine Lösung des Konflikts zwischen der Kongreßpartei und der Moslemliga zu finden, und hatte deshalb wenig Zeit gehabt, sich mit Corfield und den Fürsten auseinanderzusetzen. Das kam Corfield nicht ungelegen. Argwöhnisch betrachtete er die wachsende Freundschaft seines Chefs mit Nehru und war nach London geflogen, um für seine Fürsten bessere Bedingungen auszuhandeln, als nach seiner Ansicht Mountbatten sie ihnen zu gewähren bereit war.

Corfield brachte sein Anliegen in einem Raum vor, der mit Rücksicht auf die indischen Fürsten eine einmalige Besonderheit hatte. Das achteckige Arbeitszimmer des Indienministers in London, seit den Tagen von John Morley der «vergoldete Käfig» genannt, konnte durch zwei Türen betreten werden, die sich gegenüber dem Schreibtisch des Ministers befanden. Die beiden Türen waren in ihren Maßen und ihrer Gestaltung völlig identisch. Auf diese Weise konnten zwei Maharadschas von gleichem Rang im selben Augenblick eintreten, ohne daß einer von ihnen auf sein Vortrittsrecht verzichten und damit einen Prestigeverlust hinnehmen mußte.

Corfield trug dem Mann, dem dieser Raum als Arbeitszimmer diente, dem Earl of Listowel, seinen Fall mit Engagement und Verve vor.

Indiens Fürsten, argumentierte er, hätten ihre Hoheitsrechte der britischen Krone und nur dieser allein abgetreten. Diese Rechte sollten in dem Augenblick, in dem Indien unabhängig werde, an sie zurückfallen. Dann stehe es ihnen frei, neue Arrangements mit Indien oder Pakistan auszuhandeln. Oder sie könnten, wenn es ihr Wunsch und zu verwirklichen sei, unabhängig werden. Alles, was darunter bleibe, meinte er, wäre eine Verletzung der Verträge zwischen Großbritannien und den Fürstentümern.

Im streng juristischen Sinn hatte Corfield mit seiner Interpretation recht. Die praktischen Konsequenzen jedoch waren unausdenkbar. Wenn die Schlußfolgerungen aus Corfields leidenschaftlichem Plädoyer realisiert würden, wäre Indien von einer Balkanisierung bedroht, deren Ausmaß selbst das überstieg, was Nehru in Simla so entsetzt hatte.

Rudyard Kipling hatte einst geschrieben, es scheine, als habe die Vorsehung die Maharadschas geschaffen, um der Menschheit ein blendendes Schauspiel zu bieten, ein Traumbild von Marmorpalästen, Tigern, Elefanten und Juwelen. Sie waren – mächtig oder bescheiden, reich oder arm – eine höchst ungewöhnliche Rasse, die den Stoff für die Legenden jenes Indien lieferte, das nun seinem Ende entgegenging. Die Schilderungen ihrer Laster und Tugenden, ihres üppigen, verschwenderischen Lebensstils, ihrer Launen und Verschrobenheiten hatten einen ganzen Sagenschatz genährt und eine Welt verzaubert, die nach exotischen Träumen verlangte. Ihre Zeit ging nun zu Ende, doch wenn die Maharadschas verschwunden waren, war die Welt ein Stück langweiliger geworden.

Die Legende, die Indiens Fürsten umgab, war das Werk einer vergleichsweise kleinen Zahl aus ihrer Gruppe, jener Herrscher, die den Reichtum, die Zeit und das Verlangen hatten, sich den extravagantesten Wünschen zu ergeben. Eine Reihe verzehrender Leidenschaften verband jene verschwenderischen Herren, und sie gaben sich diesen Passionen mit seltenem Eifer hin. Dazu gehörten die Jagd, Automobile, der Sport, ihre Paläste und Harems, am meisten aber hatten es ihnen Edelsteine angetan.

Der Maharadscha von Baroda verehrte Gold und Edelsteine wie Gottheiten. Sein Hofgewand war aus gesponnenen Goldfäden, und nur eine einzige Familie in seinem Staat hatte das Recht, es zu weben. Alle Mitglieder der Familie ließen sich die Fingernägel überlang wachsen und dann kammartig einkerben, um die Goldfäden sorglich in senkrechte Reihen streifen zu können.

Zu seiner Sammlung historischer Diamanten gehörte der Stern des Südens, der siebtgrößte Edelstein seiner Art in der Welt, den Napoleon III. Kaiserin Eugenie geschenkt hatte. Das kostbarste Spielzeug in seiner Schatztruhe war eine Kollektion von Wandteppichen, die aus Perlen bestanden, zwischen denen schmückende Muster aus Rubinen und Smaragden eingewoben waren.

Noch bemerkenswerter war die Sammlung des Maharadschas von Bharatpur. Seine Meisterstücke aus Elfenbein waren von einer einzigen Familie in jahrelanger, mühevoller Arbeit geschnitzt worden. Der größte Topas der Welt schimmerte wie ein Zyklopenauge aus dem Turban des Maharadschas von Kapurthala. Sein aprikosenfarbener Glanz verband sich mit dem Schimmer von dreitausend Diamanten und Perlen.

Der sagenumwobene Schatz der Maharadschas von Dschaipur war an einem Berghang in Radschasthan vergraben; die Stelle wurde über Generationen hinweg von einem besonders kriegerischen Radschputenstamm bewacht. Jeder Maharadscha durfte einmal in seinem Leben dieses unterirdische Schatzhaus betreten und die Steine aussuchen, die seiner Regierung Glanz geben sollten. Unter den Schätzen, die es barg, waren ein Halsschmuck aus drei Reihen Rubinen, jeder von der Größe eines Taubeneis, und drei riesige Smaragde, wovon der größte neunzig Karat wog.

Das Prachtstück der großen Sammlung des Sikh-Maharadschas von Patiala war ein Perlenhalsschmuck, der bei Lloyd's in London mit einer Million Dollar versichert war. Die erstaunlichste Kostbarkeit war jedoch ein Brustschmuck, dessen strahlende Oberfläche aus 1001 herrlich aufeinander abgestimmten blauweißen Diamanten bestand. Bis zur letzten Jahrhundertwende pflegte der Maharadscha einmal im Jahr nackt, nur mit diesem Brustschmuck angetan, vor seinen Untertanen zu erscheinen, wozu sein Geschlechtsorgan in voller Erektion prangte. In dieser Darbietung sah man gewissermaßen eine irdische Manifestation des Schiwaling, Schiwas Geschlechtsorgan. Während der Maharadscha dergestalt einherschritt, klatschten seine Untertanen fröhlich Beifall. Ihre Ovationen galten sowohl den Ausmaßen des fürstlichen Gliedes als auch den magischen Kräften, die, wie man glaubte, von ihm ausstrahlten und böse Geister aus dem Land trieben.

Einem Maharadscha von Mysore enthüllte einst ein chinesischer Weiser, das wirkkräftigste Aphrodisiakum der Welt seien gemahlene Diamanten. Diese Offenbarung führte zu einer raschen Verarmung des Staatsschatzes. Hunderte von Edelsteinen wurden in den Mühlen des Fürsten zu Staub zermahlen. Die Tänzerinnen, denen die daraus zusammengerührten Liebestränke zugute kommen sollten, wurden auf Elefanten, die in den Rüsseln Rubine und an den Ohren Ringe aus den letzten Diamanten des Maharadschas trugen, durch seinen Staat geführt.

Ein Maharadscha von Baroda ritt auf einem Elefanten einher, der noch prächtiger ausstaffiert war. Das Tier war ein hundert Jahre altes

Ungeheuer, dessen Stoßzähne in zahlreichen Kämpfen zwanzig Gegner durchbohrt hatten. Alles, was der Dickhäuter an sich trug, war aus Gold: der Reitsitz Seiner Hoheit, das Geschirr, die Schabracke. Beide Ohren des Dickhäuters waren mit zehn Goldketten geschmückt, deren Wert pro Kette 60000 Pfund betrug. Jede Kette symbolisierte eine der Ruhmestaten des Herrschers.

Seit Generationen war der Elefant das bevorzugte Beförderungsmittel der Fürsten. Symbol der kosmischen Ordnung, aus dem Haupte Ramas geboren, war er in der Mythologie des Hinduismus der Pfeiler des Universums, die stützende Strebe des Himmels und der Wolken. Einmal im Jahr warf sich der Maharadscha von Mysore vor dem größten Bullen seiner Elefantenherde nieder, um durch diesen Kniefall das Bündnis mit den Mächten der Natur neu zu beleben.

Vor der Jahrhundertwende beschloß ein Maharadscha von Gwalior, seinen Palast mit einem Kronleuchter auszustatten, dessen Maße darauf berechnet waren, den größten Lüster im Buckingham-Palast zu übertreffen. Als Seine Hoheit den Beleuchtungskörper in Venedig in Auftrag gegeben hatte, gab ihm jemand zu bedenken, daß das Dach des Palastes für das Gewicht möglicherweise zu schwach sei. Der Maharadscha löste das Problem dadurch, daß er mittels eines eigens konstruierten Krans den schwersten Dickhäuter aus seinen Stallungen aufs Dach hieven ließ. Als es unter dem Gewicht des Tieres nicht zusammenbrach, erklärte der Fürst – wie sich zeigte, zu Recht –, daß es auch das Gewicht seines neuen Kronleuchters aushalten werde.

Mit dem Erscheinen des Automobils wurden die fürstlichen Elefanten unvermeidlich auf zeremonielle Aufgaben beschränkt. Sie büßten ihre Funktion als Beförderungsmittel ein. Das erste Auto, das 1892 nach Indien importiert wurde, ein französischer De Dion Bouton, war für die Garage des Maharadschas von Patiala bestimmt. Der Nizam von Haiderabad legte sich seinen Wagenpark mittels einer Technik zu, die seiner legendären Knausrigkeit würdig war. Jedesmal, wenn er innerhalb der Mauern seiner Hauptstadt ein Automobil sah, das sein Interesse weckte, ließ er dem Eigentümer bestellen, Seine Erhabene Hoheit würde sich freuen, es als Geschenk zu erhalten. 1947 quoll die Garage des Nizams von Hunderten von Autos über, die er nie benutzte.

Das Lieblingsspielzeug der indischen Fürsten unter den Automobilen war, es konnte nicht anders sein, der Rolls-Royce. Sie importierten ihn in sämtlichen Formen und Größen, als Limousine, Coupé, Kombiwagen, ja sogar als Lastkraftwagen. Der Dion des Maharadschas von Patiala schrumpfte in seinen «Autostallungen» schließlich zu einem Zwerg neben den mechanisierten Elefanten des Fürsten zusammen, siebenundzwanzig gewaltigen Rolls-Royce-Limousinen. Der exotischste Rolls-Royce in Indien war ein Kabriolett mit Silberkarosserie, das der Maharadscha von Bharatpur sein eigen nannte. Es hieß, daß von dem Silbergehäuse geheimnisvolle, sexuell stimulierende Schwingungen ausgingen, und die freigebigste Geste des Maharadschas bestand darin, einem fürstlichen Bruder das Gefährt zu einer Hochzeit zu leihen.

Der Maharadscha hatte auch einen Rolls-Royce in Spezialanfertigung für seine Jagden in Auftrag gegeben. 1921 nahm er eines Tages den Prinzen von Wales und seinen jungen Adjutanten Lord Louis Mountbatten in diesem Gefährt zur Jagd auf Hirschziegenantilopen mit. «Der Wagen», schrieb am Abend dieses Tages der spätere Vizekönig von Indien in sein Tagebuch, «fuhr durch wildes, offenes Land, rumpelte durch Löcher und über Stock und Stein, schlingernd und schaukelnd wie ein Boot auf hoher See.»

Das ungewöhnlichste fürstliche Vehikel in Indien war jedoch ein Lancaster, dessen Karosserie und Ausstattung nach dem bizarren Entwurf des Maharadschas von Alwar angefertigt worden waren. Innen und außen war der Wagen mit Gold verkleidet. Der Chauffeur, der ein Lenkrad aus geschnitztem Elfenbein steuerte, ruhte auf einem Kissen aus Goldbrokat. Dahinter war das Automobil eine perfekte Nachbildung der Krönungskarosse der englischen Könige. Dank irgendeines Wunders der Mechanik vermochte der Motor dieses gewichtige Gefährt noch mit hundert Kilometer pro Stunde über die Straßen zu treiben.

Dank ihren reichen Einkünften, Zöllen und Steuern, die sich in ihren Staaten ansammelten und ihnen zu beliebiger Verfügung standen, konnten es sich die Maharadschas wie kaum jemand sonst leisten, ihren persönlichen Capricen zu frönen.

Die Leidenschaft des Maharadschas von Gwalior, der in einem der bestverwalteten Staaten Indiens herrschte, waren elektrische Eisenbahnen. Selbst in seinen maßlosesten vorweihnachtlichen Wunschträumen könnte ein kleiner Junge sich keine Anlage ausmalen, die an die des Maharadschas herangekommen wäre. Sie war auf einem gewaltigen Eisentisch in der Mitte des Bankettsaals des Palastes montiert und umfaßte sechsundsiebzig Meter Schienen aus massivem Silber. Tunnels, die eigens in die Palastmauern gebohrt worden waren, verlängerten die Geleise in die fürstliche Küche. Die Gäste des Maharadschas wurden um den Tisch placiert, während der Herrscher am Kopfende vor einem gewaltigen Schaltpult saß, das mit Hebeln, Schaltern und Alarmsignalen bestückt war. Von seinem Pult aus konnte der Fürst den Gästen das Gemüse servieren, die Kartoffeln durch den Speisesaal schaukeln lassen oder einen Schnellzug in die Küche schicken, wenn ein Gast noch mehr von einem Gericht wünschte. Ebenso konnte er einen Gast um das Dessert bringen, indem er einen Hebel bediente, worauf der Zug mit dem Nachtisch an dem bereitgehaltenen Teller vorübersauste.

Eines Abends kam es mitten während eines Galadiners zu Ehren des Vizekönigs zu einem Kurzschluß im Schaltpult des Herrschers. Unter den entgeisterten Blicken der Exzellenzen liefen seine elektrischen Züge Amok und rasten von einem Ende des Speisesaales zum andern. Ohne Ansehen der Person schleuderten sie Bratensoße, Roastbeef und Erbsenpüree auf die hohen Gäste. Es war eine Katastrophe ohne Beispiel in den Annalen des Eisenbahnwesens.

Die Passion des Nawab von Dschunagadh, eines Briefmarken-Fürstentums nördlich von Bombay, waren Hunde. Seinen Lieblingstieren wies er Apartments mit Telefon, Strom und Dienerschaft zu, Quartiere von einer Eleganz und einem Komfort, wie sie nur einer kleinen Handvoll seiner Untertanen zur Verfügung standen. Wenn einer der Hunde starb, wurde er zu den Klängen des Chopinschen Trauermarsches zu einem Marmormausoleum im Hundefriedhof getragen.

Die Hochzeit seiner Lieblingshündin Roshana mit einem Labradorrüden namens Bobby beging er mit einer grandiosen Zeremonie, zu der er sämtliche Fürsten, Zelebritäten und Würdenträger Indiens, unter ihnen auch den Vizekönig, einlud. Zu seinem Kummer lehnte der Vizekönig ab. Doch 150000 Menschen säumten den Weg des Hochzeitszuges, der von der Leibwache des Fürsten und seinen Elefanten in Galaputz angeführt wurde. Nach der Parade gab der Maharadscha ein üppiges Bankett zu Ehren des jungen Hundepaares, bevor die Neuvermählten in ihre herrlich ausgestattete Suite geführt wurden, um dort die Ehe zu vollziehen. Diese Veranstaltung kostete den Maharadscha 60000 Pfund, eine Summe, die ausgereicht hätte, für ein ganzes Jahr die Grundbedürfnisse von 12000 seiner 620000 in Armut lebenden Untertanen zu befriedigen.

Die Paläste der großen Maharadschas waren Bauwerke, die an Größe und Pracht – wenn auch nicht unbedingt im Geschmack – mit dem Tadsch Mahal wetteiferten. Der Palast des Fürsten von Mysore übertraf mit seinen sechshundert Räumen sogar die Ausmaße des vizeköniglichen Palastes in Delhi. Allein zwanzig Räume beherbergten die Sammlung von Tigern, Panthern, Elefanten und Bisons, die drei Generationen von Fürsten in den Dschungeln des Staates erlegt hatten.

Dem Maharadscha von Kapurthala war bei einem Besuch in Versailles die Erkenntnis gekommen, er sei in einer früheren Inkarnation Ludwig XIV. gewesen. Er beschloß, das Prachtschloß des Sonnenkönigs in seinem Zwergstaat nachbauen zu lassen. Er ließ französische Architekten und Innenausstatter ins Land kommen und sich am Fuß des Himalaja eine verkleinerte Kopie des Schlosses von Versailles errichten. Den Bau füllte er mit Sèvres-Vasen, Gobelins und französischen Antiquitäten an, bestimmte Französisch zur Sprache seines Hofes und bekleidete seinen Sikh-Hofstaat mit den Puderperücken, Silberwesten, Bundhosen und Schnallenschuhen der Höflinge des Sonnenkönigs.

Die Thronsessel in manchen dieser Paläste waren die kunstreichsten und luxuriösesten Sitzgelegenheiten, die jemals zur Aufnahme eines menschlichen Hinterteils ersonnen wurden. Der Thron des Maharadschas von Mysore war aus einer Tonne Gold angefertigt und über neun Stufen, gleichfalls aus massivem Gold, zu ersteigen; sie symbolisierten die neun Stufen, auf denen der Gott Wischnu zur Wahrheit emporstieg. Der Thron des Herrschers von Orissa war ein gewaltiges Bett. Er hatte es bei einem Antiquitätenhändler in London erstanden und mit der angemessenen Zahl von Juwelen bestücken lassen. Der besondere Reiz der Liegestatt bestand darin, daß sie eine getreue Kopie von Königin Victorias Hochzeitsbett war.

Der Thron des Nawabs von Rampur stand in einem Saal von der Größe einer Kathedrale. Die Säulen um das Podium, auf dem er ruhte, waren Darstellungen nackter Frauen in weißem Marmor. Das Originellste an seinem Thron ging auf einen anderen Einfall des Sonnenkönigs zurück. In den schweren Goldbrokat des Kissens war ein Loch geschnitten, durch das sich eine direkte Verbindung zu einem Nachttopf erschloß. Dergestalt konnte der Herrscher unter einem Donner von geziemender Fürstlichkeit seinen erlauchten Leib erleichtern, ohne den Fluß der Regierungsgeschäfte unterbrechen zu müssen.

Oft wurde den indolenten Herren, die diese gloriosen Paläste bewohnten, die Zeit lang. Um sie auszufüllen, gaben sie sich zwei Formen des Zeitvertreibs hin: dem Sex und dem Sport. Gleichgültig ob der Fürst Hindu oder Moslem war, stets gehörte der Harem zum Palast eines richtigen Herrschers, und er wurde regelmäßig mit jungen Tänzerinnen und Konkubinen aufgefüllt.

Im allgemeinen waren auch die Dschungelgebiete seines Staates die Privatdomäne des Herrschers, ihre Fauna und namentlich die Tiger, von denen es 1947 noch 20000 in Indien gab, die gehegte Beute seines Jagdgewehrs. Der Maharadscha von Bharatpur erlegte mit acht Jahren seinen ersten Tiger. Als er fünfunddreißig war, hatte er die Felle der von ihm geschossenen Tiger zusammennähen und damit seine Empfangsräume auslegen lassen. Die Tigerfellteppiche reichten von Wand zu Wand. Der Maharadscha von Gwalior erlegte insgesamt mehr als 1400 Tiger und verfaßte ein Werk, das für ein begrenztes, doch erlesenes Publikum bestimmt war: einen *Leitfaden für die Tigerjagd*.

Der anerkannte Meister seiner Generation in beiden Aktivitäten war der Sikh-Fürst Sir Bhupinder Singh, genannt «der Prachtliebende», siebenter Maharadscha von Patiala und Vater des Kanzlers der Fürstenkammer. Während der Zeit zwischen den beiden Weltkriegen verkörperte Sir Bhupinder gleichsam die Fürsten Indiens. Mit seiner über 1,90 Meter großen Gestalt, seinen zwei Zentnern und siebzig Pfund, seinen sinnlichen Lippen und den arrogant blickenden Augen, seinem schwarzen Schnurrbart, der zu zwei Nadelspitzen hochgezwirbelt war, und dem sorgfältig aufgerollten schwarzen Backenbart wirkte er wie die Figur auf einer Elfenbeinminiatur der Mogulzeit, die ins 20. Jahrhundert geraten ist.

Sein Appetit war so riesenhaft, daß er imstande war, im Verlauf eines anstrengenden Tages nahezu zwanzig Pfund Nahrungsmittel zu vertilgen. Zwei Brathühner waren für ihn ein kleiner Imbiß zum Tee. Er war ein leidenschaftlicher Polospieler und errang an der Spitze seiner «Tiger von Patiala» auf den Poloplätzen der Welt so viele silberne Trophäen, daß er damit einen ganzen Saal anfüllen konnte. Seine Stallungen beherbergten fünfhundert der besten Poloponies der Welt.

Vom frühesten Jünglingsalter an bewies Bhupinder Singh ein bemerkenswert verfeinertes Talent für einen ebenso fürstlichen Zeitvertreib, die erotischen Genüsse. Als er das reife Mannesalter erreichte, überstieg die Leidenschaft für seinen Harem sogar seine Polo- und Jagdpassion. Persönlich beaufsichtigte er die ständige Auffüllung des Bestands, wählte Neuerwerbungen mit geschultem Kennerauge für Abwechslung in der äußeren Erscheinung und Leistungsfähigkeit in der Praxis aus. Als die Institution in ihrer höchsten Blüte stand, beherbergte sie nicht weniger als dreihundertfünfzig Damen.

Während der sengendheißen Pandschab-Sommer zog der Harem am Abend ins Freie, zu Bhupinders Schwimmbad. Der Fürst stellte in Abständen eine Schar barbusiger Mädchen als Nymphen um den Rand auf. Eisklumpen, die im Wasser des Bassins tanzten, kühlten die heiße Luft aufs angenehmste, während der Herrscher sich träge in der Flut wiegte und von Zeit zu Zeit anlegte, um eine Brust zu liebkosen oder einen Schluck Whisky zu trinken. Die Wände und Decken in den Privatgemächern Bhupinders waren mit Darstellungen der erotischen Tempelskulpturen bedeckt, für die Indien zu Recht berühmt ist, ein wahrer Katalog von Kopuliermöglichkeiten, die den erfinderischsten Geist und den athletischsten Körper erschöpfen mußten. Eine breite silberne Hängematte in einer Ecke des Gemachs ermöglichte es Bhupinder Singh, die Gesetze der Schwerkraft zu überwinden, während er einige der komplizierteren Manöver auszuführen versuchte, zu denen die Deckenmalereien anregten.

Um seinen unersättlichen Appetit auf diesem Gebiet zu befriedigen, schlug der phantasievolle Maharadscha einen Weg ein, der es ihm gestattete, die Reize seiner Konkubinen seinem sich wandelnden Geschmack anzupassen. Sir Bhupinder öffnete die Türen seines Harems für eine Heerschar von Parfumhändlern, Juwelieren, Haarkünstlern, Kosmetikern und Kleidermachern. Er unterhielt sogar ein Team französischer, englischer und indischer Schönheitschirurgen, die auf Anforderung die Physiognomie seiner Favoritinnen entsprechend dem letzten Geschmack des Herrschers oder den Diktaten der Londoner Modezeitschriften veränderten, welche seine Paläste regelmäßig erreichten. Um seine fürstlichen Gelüste noch mehr zu stimulieren, verwandelte er einen Flügel des Harems in ein Laboratorium, in dessen Reagenzgläsern und Phiolen eine exotische Mixtur von Duftstoffen, Kosmetika, Lotions und Liebestränken produziert wurde.

Doch all diese pikanten Verfeinerungen vermochten nur die verhängnisvolle Schwäche des Maharadschas in seinem Liebestempel zu vertuschen. Welcher Mann – und selbst ein Sikh, mit dem die Natur es so gut gemeint hatte wie mit Sir Bhupinder – wäre imstande gewesen, die 350 raffiniert geschulten und hochmotivierten Damen zu befriedigen, die hinter den Gittern des Harems lauerten? Ein Rückgriff auf potenzstärkende Mittel war da unvermeidlich. Die indischen Ärzte des Herrschers ersannen zahlreiche Präparate, die auf Gold, Perlen, Gewürzen, Silber, Kräutern und Eisen basierten. Das zeitweise wirkungsvollste Mittel, das sie zusammenrührten, bestand aus einer Mischung von zerriebenen Karotten und einem pürierten Spatzenhirn.

Als der wohltuende Effekt dieses Aphrodisiakums zu schwinden begann, zog Sir Bhupinder eine Gruppe französischer Sextechnologen bei, von denen er natürlich annahm, sie besäßen auf diesem Gebiet besonderen Sachverstand. Doch leider erwiesen sich auch die Wirkungen ihrer auf Radium beruhenden Behandlungsmethode als vorübergehend. Wie ihre Vorgänger hatten sie kein Heilmittel für die wahre Krankheit, an der der Maharadscha litt. Es war nicht Mangel an sexueller Vitalität, der dem reichgeschmückten Herrscher zu schaffen machte. Er hatte sich ein Leiden zugezogen, das nicht wenige seiner übersättigten fürstlichen Kollegen plagte. Es war die Langeweile. Und daran starb er.

In einem so tiefreligiösen Land wie Indien war es selbstverständlich, daß Legende und Volkssage einigen Fürsten göttliche Abkunft zuschrieben. Die Maharadschas von Mysore betrachteten den Mond als ihren Ahnherrn. Einmal jährlich, zur Tagundnachtgleiche im Herbst, wurde der Maharadscha in den Augen seines Volkes zu einem lebenden Gott. Neun Tage schloß er sich, wie ein Sadhu in seiner Himalajahöhle, in einem verdunkelten Raum seines Palastes ein. Er wusch und rasierte sich nicht. Keine Menschenhand durfte ihn berühren, kein Auge ihn anschauen während der Tage, in denen, wie man glaubte, ein Gott in seinem Körper wohnte. Am neunten Tag erschien er wieder. Ein Elefant, mit goldenen Teppichen behängt, die Stirn mit einem smaragdbesetzten Schild bedeckt, wartete vor dem Palasttor, um den Herrscher inmitten einer Eskorte von Lanzenträgern auf Kamelen und Pferden zu einem Ziel zu tragen, das einem Gott nicht eben anstand: dem Rennplatz von Mysore.

Dort drängten sich die Massen seiner Untertanen, und der Maharadscha wurde von Mantra-skandierenden Brahmanenpriestern gebadet, rasiert und gelabt. Wenn die Sonne versank und die Dunkelheit sich über den Rennplatz senkte, brachte man dem Fürsten einen pechschwarzen Rappen. Im selben Augenblick, in dem er ihn bestieg, wurden Tausende von Fackeln um die Rennstrecke angezündet. In ihrem flackernden, rötlichen Schein galoppierte der Herrscher unter dem Applaus seiner Untertanen über die Bahn. Die meisten klatschten aus Dankbarkeit, weil der Sohn des Mondes zu seinem Volk zurückgekehrt war, manche waren vielleicht nur für das malerische Spektakel dankbar, das ihnen der Herrscher geboten hatte.

Die Maharadschas von Udaipur leiteten ihre Abkunft von einem noch imposanteren Gestirn her, der Sonne. Sie besaßen den ältesten und angesehensten Thron in Indien, den sie seit mindestens zweitausend Jahren in ununterbrochener Folge innehatten. Auch der Herrscher von Udaipur wurde einmal im Jahr zu einem leibhaftigen Gott. Am Bug einer Galeere, die Kleopatras Nilschiff ähnelte, stand er aufrecht, während man ihn über den von Krokodilen wimmelnden See um seinen Palast feierlich zur symbolischen Wiederinbesitznahme seines fürstlichen Hauses zurückruderte. Auf dem Deck hinter ihm hatten die Edlen seines Hofes in langen weißen Musselingewändern in einer Haltung dankbarer Verehrung Aufstellung genommen, anzusehen wie der Chor einer griechischen Tragödie.

Weniger grandios in ihren Prätentionen göttlicher Abstammung, doch nicht minder fromm, waren die Herrscher von Benares, der heiligen Stadt an den Ufern des Ganges. Der Tradition gemäß hatte das Auge des Maharadschas dieser gesegneten Gefilde beim morgendlichen Erwachen ein einzigartiges Bild zu schauen, das hinduistische Symbol kosmischer Ewigkeit, eine heilige Kuh. Täglich wurde, wenn der Morgen dämmerte, eine Kuh ans Fenster des fürstlichen Schlafgemaches geführt und durch einen Rippenstoß veranlaßt, mit ihrem Muhen den gottesfürchtigen Maharadscha aus dem Schlummer zu wecken. Als der Herrscher einmal dem Nawab von Rampur einen Besuch abstattete, warf die Ausführung dieses Morgenrituals ein ernstes Problem auf, da der fürstliche Gast im ersten Stockwerk des Palastes untergebracht war. Der Nawab fand schließlich eine ingeniöse Lösung, um das fromme Erwachen seines Gastes in ungeschmälerter Form sicherzustellen. Er kaufte einen Kran, der allmorgendlich mittels einer Schlinge eine Kuh an das Schlafzimmerfenster des Maharadschas hievte. Das von der ungewohnten Reise verängstigte Tier muhte so anhaltend und durchdringend, daß nicht nur der Maharadscha erwachte, sondern auch die meisten anderen Bewohner des Palastes aus dem Schlaf gerissen wurden.

Fromm oder ungläubig, Hindus oder Moslems, reich oder arm, dekadent oder heiligmäßig, die Maharadschas waren seit beinahe zwei Jahrhunderten die zuverlässigsten Stützen der englischen Herrschaft in

Indien. Gerade in ihren Beziehungen zu den Fürstenstaaten hatten sich die Briten am wirkungsvollsten der Devise «Teile und herrsche» bedient, nach der sie, wie man ihnen vorwarf, Indien regierten. Theoretisch konnten die Engländer einen Herrscher wegen schlechter Regierung von seinem Thron entfernen. Tatsächlich aber durfte sich ein indischer Fürst jede Schändlichkeit bis hin zu einigen diskreten Morden erlauben, ohne daß die Briten ihm Scherereien machten, vorausgesetzt, seine Loyalität blieb ungeschmälert. Das unvermeidliche Ergebnis war eine Reihe loyaler, fürstlicher Enklaven, die wie Anker gegen einen revolutionären Sturm zwischen jenen Gebieten Indiens verteilt waren, die der britischen Herrschaft direkt unterstanden.

Die Loyalität der Fürsten nahm auch greifbarere Gestalt an. Die Lanzenreiter des Maharadschas von Dschodhpur führten den Angriff an, mit dem Allenby in seinem Palästinafeldzug am 23. September 1917 Haifa den Türken entriß. Bikaners Kamelkorps kämpfte in zwei Kriegen in China, in Palästina, in Ägypten, in Frankreich und unter Mountbattens Kommando in Burma an der Seite der Briten. Gwalior sandte den bedrängten Engländern 1917 drei Infanteriebataillone und ein Lazarettschiff. Alle diese Truppen wurden von den Herrschern selbst, nicht von der Regierung Indiens rekrutiert, ausgerüstet, besoldet und unterhalten. Der Maharadscha von Dschaipur, Major beim *Lifeguards*-Regiment, führte sein Erstes Dschaipur-Infanterieregiment persönlich beim Sturm auf die Höhen von Monte Cassino 1943. Der Maharao-Radscha von Bundi, der mit seinem Bataillon am Burmafeldzug teilnahm, wurde mit dem *Military Cross* ausgezeichnet.

Die Briten gaben ihrer Dankbarkeit gegenüber ihren getreuen und generösen Vasallen dadurch Ausdruck, daß sie sie mit Ehrungen und den Geschenken überhäuften, die die Fürsten am meisten schätzten: edelsteinbesetzte Orden. Den Herrschern von Gwalior, Cooch Behar und Patiala wurde die Auszeichnung zuteil, als Ehrenadjutanten Edwards VIII. bei dessen Krönung neben der königlichen Karosse reiten zu dürfen. Die Universitäten Oxford und Cambridge verliehen den Maharadschas und ihren Sprößlingen akademische Titel, verdientermaßen oder ehrenhalber. Die juwelengeschmückte Brust und die Krone der meisten loyalen indischen Fürsten zierten glitzernde Orden: der Orden des Sterns von Indien oder der Orden des Indischen Kaiserreiches.

Doch die Rangstellung eines Herrschers in der fürstlichen Hierarchie wurde durch die Zahl der Salutschüsse bestimmt, die ihm gewährt wurden. Es stand im Belieben des Vizekönigs, diese Zahl zu erhöhen, und so den Geehrten für außergewöhnliche Verdienste auszuzeichnen oder auch sie zur Strafe herabzusetzen. Größe und Einwohnerzahl seines Staates waren nicht allein ausschlaggebend für den Salut eines Herrschers. Treue gegenüber der Macht, die über ihnen stand, sowie

Blut und Geld, das sie für deren Verteidigung ausgaben, zählten ebensoviel. Fünf Herrscher – die Regenten von Haiderabad, Gwalior, Kaschmir, Mysore und Baroda – hatten Anspruch auf die höchste Huldigung, einundzwanzig Salutschüsse. Hinter ihnen folgten die Staaten, denen ein neunzehn-, siebzehn-, fünfzehn-, dreizehn-, elf- und neunschüssiger Salut zustand. Für 425 unglückliche Radschas und Nawabs, die unbedeutende Zwergfürstentümer regierten, gab es überhaupt keinen. Sie waren Indiens vergessene Fürsten, für die die Kanonen niemals erdröhnten.

Das Indien der Maharadschas, wie es die Legende kennt, bestand aus deren Extravaganzen und Verschrobenheiten, aber es konnte vielfach auch beträchtliche Leistungen aufweisen. Wo die Herrscher aufgeklärte Männer, oft mit westlicher Bildung, waren, erfreuten sich ihre Untertanen einer Reihe von Wohltaten und Privilegien, die in den der britischen Herrschaft direkt unterstellten Landesteilen unbekannt waren. Bereits vor der Jahrhundertwende wurde in Baroda die Polygamie verboten und kostenlose und allgemeine Schulbildung eingeführt. Der Herrscher des Staates hatte sich für die Unberührbaren mit einem Engagement eingesetzt, das zwar weniger bekannt wurde, darum aber nicht weniger aufrichtig war als Gandhis Feldzug. Er schuf Einrichtungen, um ihnen Obdach und Ausbildung zu geben, und finanzierte aus seiner eigenen Tasche das Studium von Bhimrao Ramji Ambedkar, der später ihr Führer wurde, an der Columbia-Universität in New York. Der Maharadscha von Bikaner hatte zum Nutzen seiner Untertanen einen Teil seines Wüstenreiches in Radschasthan in ein Paradies künstlicher Seen und Gärten verwandelt. Der Herrscher von Bhopal verschaffte den Frauen in seinem Staat eine Gleichrangigkeit im gesellschaftlichen Status und Ansehen, die in Indien nicht ihresgleichen hatte. Mysore besaß die beste naturwissenschaftliche Fakultät in Asien, Industriebetriebe und eine Kette von Staudämmen zur Stromerzeugung.

Mit dem Zweiten Weltkrieg bestieg allmählich eine neue Generation von Herrschern die indischen Fürstenthrone, Männer, die im allgemeinen weniger prachtliebend und selbstsüchtig waren als ihre Väter und mit klarerem Blick erkannten, daß ihre Staaten Veränderung und Reformen brauchten. Eine der ersten Handlungen des achten Maharadschas von Patiala bestand darin, den Harem seines Vaters, Sir Bhupinder Singh, des Prachtliebenden, zu schließen. Der Maharadscha von Gwalior heiratete eine Bürgerliche, die hochbegabte Tochter eines Beamten, und zog aus dem gewaltigen Palast seines Vaters aus. Doch zum Unglück dieser Männer und vieler anderer, die ihre Staaten verantwortungsbewußt und tüchtig regierten, waren für die Öffentlichkeit die indischen Maharadschas unlösbar mit den Exzessen und Extravaganzen einiger weniger aus ihren Reihen verbunden.

Für zwei der indischen Fürstenstaaten, deren Herrscher das höchste Privileg von einundzwanzig Salutschüssen genossen, war die Initiative, die Sir Conrad Corfield in London unternahm, von großer Bedeutung. Beide Staaten waren von enormer Größe. Beide waren ringsum vom Land umschlossen. Beide hatten einen Herrscher, der einer anderen Religion anhing als die überwältigende Mehrheit seiner Untertanen. Beide Fürsten hegten den gleichen Traum: ihre Länder in völlig unabhängige, souveräne Staaten umzuwandeln.

Von all den exotischen, bizarren Herrschern in Indien war ohne Zweifel der bizarrste Rustum-i-Dauran Arustu-i-Zeman Wal Mamalik Asif Jah Nawab Mir Osman Alikhar Bahadur Musafrul Mulk Nizam al-Mulk Sipah Solar Fateh Jang, Seine Erhabene Hoheit, Getreuester Bundesgenosse der Britischen Krone, der siebente Nizam von Haiderabad. Als frommer und gebildeter Moslem lenkte er mit einer islamischen Herrenkaste den größten und volkreichsten Staat in Indien, in dem zwanzig Millionen Hindus, aber nur drei Millionen Moslems im Herzen des Subkontinents lebten. Er war ein schwächlicher, kleiner alter Herr, kaum 1,60 Meter groß, mit einem Körpergewicht von nur vierzig Kilo. Lange Jahre fleißigen Betelkauens hatten von seinen Zähnen nur eine Reihe fauliger, rötlichbrauner Stummel übriggelassen. Er lebte in ständiger Furcht, von irgendeinem seiner Höflinge vergiftet zu werden, und hatte überall seinen Speisenvorkoster dabei, der seine abwechslungslose Kost von Rahm, Süßigkeiten, Früchten, Betelnüssen und einer allabendlichen Schüssel Opium teilen mußte. Der Nizam war der einzige Herrscher in Indien, der Anspruch auf die Anrede «Erhabene Hoheit» hatte, eine Auszeichnung, die ihm das dankbare Großbritannien als Entgelt für die 100-Millionen-Dollar-Spende verliehen hatte, mit der er während des Ersten Weltkriegs den Briten beigesprungen war.

1947 galt der Nizam als der reichste Mann der Welt, und die Legenden um seinen Reichtum wurden nur noch von den Geschichten über seinen Geiz übertroffen, mit dem er ihn zusammenzuhalten trachtete. Seine Kleidung bestand aus einem zerknautschten Baumwollpyjama und häßlichen Pantoffeln, die er für ein paar Rupien auf dem Markt seiner Hauptstadt hatte kaufen lassen. Seit dreißig Jahren trug er den gleichen beschmutzten, mit einer Schuppenkruste bedeckten Fes. Obwohl er ein goldenes Tafelservice für hundert Personen besaß, aß er, in seinem Schlafzimmer auf einer Matte hockend, von einem Blechteller. Er war derart vom Geiz zerfressen, daß er die Zigarettenstummel zu Ende rauchte, die seine Gäste hinterlassen hatten. Wenn ihn ein Staatsbankett nötigte, Champagner servieren zu lassen, achtete er sorgsam darauf, daß die einzige Flasche, die er widerstrebend herausgerückt hatte, höchstens drei oder vier Plätze weiter gelangte. Als 1944 eine Visite Wavells bei ihm bevorstand, fragte der Nizam telegrafisch in

Delhi an, ob der Vizekönig angesichts seiner hohen Kriegsausgaben wirklich darauf bestehe, Champagner vorgesetzt zu bekommen. Einmal in der Woche, nach dem Sonntagsgottesdienst, kam der englische Resident zu Besuch. Unfehlbar erschien ein Diener mit einem Tablett, auf dem sich je eine Tasse Tee, ein Keks und eine Zigarette für den Nizam und seinen Gast befanden. Eines Sonntags kam der Resident unangekündigt mit einem besonders vornehmen Besucher. Der Nizam wisperte seinem Diener etwas zu, worauf dieser ein zweites Tablett mit ebenfalls einer Tasse Tee, einem Keks und einer Zigarette brachte.

In den meisten Staaten herrschte der Brauch, daß die Notabeln einmal im Jahr ihrem Herrscher das symbolische Geschenk eines Goldstückes darbrachten, das der Fürst berührte und dann dem Eigentümer zurückgab. In Haiderabad war die Gabe mitnichten symbolischer Natur. Der Nizam packte gierig jedes Goldstück und warf es in eine Tüte neben seinem Thron. Einmal geschah es, daß die Münze danebenfiel. Wie der Blitz war Seine Hoheit auf Händen und Knien und jagte um die Wette mit dem Besitzer durch den Saal hinter dem davonrollenden Goldstück her.

Das Schlafzimmer des Herrschers machte den Eindruck einer Elendshütte. Die Einrichtung bestand aus einem altersschwachen Bett, einem wackeligen Tisch, drei Küchenstühlen, überquellenden Aschenbechern und Papierkörben, die einmal im Jahr, am Geburtstag des Nizam, geleert wurden. Sein Arbeitszimmer war angefüllt mit Stapeln von Staatsdokumenten, auf denen fingerdick der Staub lag, die Zimmerdecke sah wie ein Wald von Spinnweben aus.

Doch in diesem Palast war in geheimen Winkeln ein Vermögen versteckt, das man nicht hätte zählen können. In einer Schublade im Schreibtisch war, in altes Zeitungspapier eingewickelt, der Jacob-Diamant verstaut, ein Klumpen von der Größe einer Limone – 280 kostbare, funkelnde Karat schwer. Der Nizam benutzte den Stein als Briefbeschwerer. In den verwilderten Gärten stand ein Konvoi Dutzender von Lastkraftwagen, die das Gewicht ihrer Ladung, massive Goldbarren, bis zu den Achsen in den Schlamm drückte. Die Juwelen des Nizam – von denen es hieß, ihre Zahl sei so gewaltig, daß man allein mit den Perlen die Gehsteige um den Londoner Piccadilly Circus bedecken könnte – waren wie Kohlen auf dem Fußboden mehrerer Kellerräume aufgehäuft, Saphire, Smaragde, Rubine, Diamanten wahllos durcheinandergemischt. Er besaß mehr als zehn Millionen Dollar in Bargeld, Sterling-Rupien, die er in altes Zeitungspapier gewickelt und in Kellerecken und Speichern seines Palastes versteckt hatte. Dort erbrachten sie gewissermaßen Negativzinsen – alljährlich zernagten Ratten Tausende von Dollar aus dem Vermögen des Fürsten.

Der Nizam besaß eine ansehnliche Armee, die mit schwerer Artillerie und Flugzeugen ausgerüstet war. So verfügte er über alle Voraussetzungen, sich unabhängig zu machen, bis auf zwei – einen Seehafen und die Unterstützung seiner Bevölkerung.

Die Hindus, die die überwältigende Mehrheit der Bevölkerung Haiderabads stellten, verabscheuten die Moslemminderheit, von der sie beherrscht wurden. Dennoch stand für den geizigen, leicht debilen Herrscher eines Staates, der halb so groß wie Frankreich war, die Zukunft seines Landes außer jedem Zweifel.

«Endlich!» rief er und sprang aus seinem Sessel, als Sir Conrad Corfield ihm die britische Entscheidung mitteilte, Indien bis zum Juni 1948 zu verlassen. «Endlich werde ich frei sein!»

Eine ähnliche Ambition erfüllte die Brust eines weiteren mächtigen Fürsten, der am anderen Ende Indiens residierte. Hari Singh, der Maharadscha von Kaschmir, Herr über das «verzauberte Tal», eine der schönsten und sagenumwobensten Gegenden der Welt, war ein Hindu aus einer hohen brahmanischen Unterkaste, dessen vier Millionen Untertanen überwiegend Moslems waren. Sein Staat, den ehrfurchtgebietenden Gipfeln des Himalaja gegenüber, war der Speicher unter dem Dach der Welt, den fernen, winddurchtosten Weiten von Ladakh, Tibet und Sinkiang, ein wichtiger Knotenpunkt, wo mit Sicherheit Indien, ein zukünftiges Pakistan, China und Afghanistan aufeinanderstoßen würden.

Hari Singh war ein schwacher, unbeständiger, unentschlossener Mann, der seine Zeit zwischen opulenten Schlemmermählern in seiner Winterhauptstadt Dschammu und den schönen, blumenreichen Lagunen seiner Sommerresidenz Srinagar, des Venedig des Ostens, teilte. Er hatte seine Herrschaft mit ein paar halbherzigen Reformansätzen begonnen, aber diese Politik schon bald gegen ein autoritäres Regiment vertauscht, das die Gefängnisse des Landes mit seinen politischen Gegnern gefüllt hielt. Erst kürzlich hatte dort kein anderer als Jawaharlal Nehru in Haft gesessen. Der Maharadscha hatte Nehru verhaften lassen, als dieser versuchte, den Staat zu besuchen, der seine Heimat war. Auch Hari Singh besaß eine Armee, mit der er die Grenzen seines Staates verteidigen und seinem Anspruch auf Unabhängigkeit Nachdruck verleihen konnte.

8
«Ein Tag unter dem Fluch der Sterne»

Der Mann, der im Auto nach Downing Street Nr. 10 unterwegs war, hätte eigentlich zerknirscht oder doch wenigstens besorgt sein sollen. Louis Mountbatten war weder das eine noch das andere. Auf Ersuchen Premierminister Attlees war er nach London geflogen, um persönlich zu erläutern, was in Simla vorgefallen war. Lord Ismay hatte ihn am Flugplatz gewarnt: Das Kabinett sei äußerst irritiert über sein Vorgehen.

Doch Mountbatten hatte in seiner Aktentasche den neuen Entwurf seines Planes. Er war überzeugt, daß er den Schlüssel zur Lösung des indischen Problems enthielt. Vor seiner Abreise aus Simla hatte er von Nehru die Zusicherung erhalten, daß die Kongreßpartei ihn akzeptieren werde. Mountbatten hatte nicht die Absicht, «irgend etwas zu beschönigen». Statt dessen hatte er vor, den alten Plan durch seinen neuen zu ersetzen und Attlee und seinen Ministern zu sagen, «wie glücklich sie sich schätzen durften, daß ich meinen Riecher hatte».

Guten Mutes und lächelnd stieg Mountbatten aus dem Wagen und ging, an den zuckenden Blitzlichtern vorbei, in das Haus, in dem er nur fünf Monate vorher seinen schweren Auftrag erhalten hatte.

Er wurde von Attlee, Sir Stafford Cripps und den anderen wichtigen Mitgliedern des Kabinetts erwartet, die mit Indien befaßt waren. Der Empfang war von gedämpfter Herzlichkeit. Mountbatten ließ sich davon nicht beeindrucken und nahm Platz. «Ich habe mich nicht zu entschuldigen versucht», erzählte er später, «und auch keine Erklärungen gegeben. Ich war, nicht einmal so sehr aus Einbildung, absolut sicher, daß alles von mir abhing und daß sie wirklich das tun mußten, was ich ihnen sagte.»

Als Folge der Abänderungen an seinem ursprünglichen Entwurf, die ihm nach Delhi gekabelt wurden, sagte er, sei ihm die Eingebung gekommen, ihn Nehru zu zeigen. Dabei seien bestimmte grundsätzliche Einwände zutage getreten, die zu einer Katastrophe geführt hätten, wäre der Plan der Kongreßpartei formell vorgelegt worden. Diese Einwände seien in seinem neuen Entwurf berücksichtigt und er sei überzeugt, er präsentiere damit dem Kabinett einen Plan, den alle Beteiligten akzeptieren würden. Außerdem, sagte er zu Attlee, könne er nun eine wichtige Neuigkeit enthüllen.

Es war ihm gelungen, das Versprechen einzulösen, das er vor seiner Abreise nach Indien dem König gegeben hatte. Nun konnte er dem Kabinett verbindlich zusagen, daß Indien und Pakistan als unabhängig gewordene Staaten innerhalb des Britischen Commonwealth mit England verbunden bleiben würden. Jinnah war immer dafür gewesen, das künftige Pakistan im Commonwealth zu halten, aber für die Kongreßpartei war der Gedanke schwer zu schlucken gewesen. Schließlich war die englische Krone das Symbol gewesen, gegen das sich ihr Ringen um die Unabhängigkeit gerichtet hatte. Während seines Aufenthalts in Simla hatte er eine Nachricht von Vallabhbhai Patel erhalten. Der schlaue Kongreßpolitiker wußte, daß Mountbatten es eilig damit hatte, die Macht in indischen Händen zu sehen. Dieser Eindruck war richtig. Patel schlug Mountbatten eine zeitsparende Taktik für die eigentliche Machtübertragung vor: Er solle einfach Indien und Pakistan zu unabhängigen Dominions innerhalb des Commonwealth, wie beispielsweise Kanada, proklamieren. Falls Mountbatten rasch handle, lange vor dem alten Termin des 30. Juni 1948, dann würde der Kongreß, versprach Patel, in seiner Dankbarkeit die Bindungen ans Commonwealth, die sich aus dem Dominionstatus ergeben, nicht wieder lösen.

Mountbatten war hoch erfreut. Patels Vorschlag lief genau auf das hinaus, was er selbst im geheimen ansteuerte. Er wies sogleich V. P. Menon an, die Idee in die Neufassung des Planes einzuarbeiten, den er Attlee vorlegen wollte.

Nun komme es, erklärte er Attlee und seinen Ministern, vor allem darauf an, schnell zu handeln. Der Plan der Machtübertragung in Indien, den er ihnen vorgelegt hatte, sei für die Inder annehmbar, versicherte er. Er würde beide Staaten im Commonwealth halten. Wenn jetzt eine Verzögerung einträte, würde dies die Gefahr mit sich bringen, daß England in die Lage geriete, vor der er seit seiner Ankunft in Indien warne – daß auf dem Subkontinent ein Bürgerkrieg ausbreche. Sie, die Mitglieder des Kabinetts, hätten nun die Entscheidung in der Hand. Wie rasch, fragte er, könnten sie die notwendigen Gesetze durchs Unterhaus bringen, damit sein Plan Wirklichkeit werde?

Es war ein eindrucksvolles Schauspiel, das Mountbatten inszenierte. Er setzte seine ganze Dynamik und Überredungskunst ein. Als er seine Darlegungen beendet hatte, fraß ihm das Kabinett, das kurz vorher noch «vor Zorn gebebt» hatte, aus der Hand. Es nahm seinen neuen Entwurf an, ohne auch nur ein einziges Komma zu verändern.

«Donnerwetter!» rief Ismay, der so viele stürmische Szenen in der Downing Street miterlebt hatte. «Ich habe ja schon manche großen Leistungen in meinem Leben gesehen, aber was Sie mit diesen Leuten gerade gemacht haben, übertrifft alles!»

Die vertraute Gestalt, die in dem Bett saß, in einem karierten Morgenmantel, der von den Schultern hing, mit einer halbgeränderten Brille auf dem Nasenrücken und, wie immer, einer schief zwischen den Lippen hängenden Zigarre, war eines der Inventarstücke von Mountbattens Lebenskreis.

Zu seinen frühen Erinnerungen gehörte das Bild, wie der junge, schneidige Erste Lord der Admiralität im Salon der Mountbattens saß und sich mit dem älteren Mountbatten, damals Erster Seelord, unterhielt. Mountbattens Mutter hatte den Sohn einmal heiter gewarnt, der Mann, der eines Tages zum Symbol des europäischen Widerstandes gegen Hitler werden sollte, sei «unzuverlässig». Er hatte in ihren Augen eine unverzeihliche Sünde begangen: ein Buch nicht zurückgegeben, das er ausgeliehen hatte.

Der junge Marineoffizier und der Politiker, der mit seiner Forderung nach Englands Aufrüstung auf taube Ohren stieß, hatten sich in den Monaten nach Abschluß des Münchner Abkommens miteinander angefreundet. Später, nachdem Mountbatten von Churchill sein erstes wichtiges Kommando im Krieg, die Leitung der «Combined Operations», erhalten hatte, war eine enge Beziehung zwischen den beiden Männern entstanden. Mountbatten hatte häufig Churchills Kriegsquartier in der Downing Street Nr. 10 besucht.[11]

Mountbatten wußte, daß Churchill ihn mochte, aber, wie er fand, «aus den verkehrten Gründen. Er hielt mich für einen Säbelraßler, einen Kriegsmann. Von meiner politischen Einstellung hatte er keine Ahnung.» Der junge Admiral war überzeugt, man hätte ihn wegen seiner Ansichten über die Zukunft Südostasiens «wie eine heiße Kartoffel fallenlassen», wenn Churchill 1945 wiedergewählt worden wäre.

Nun war er auf Attlees Ersuchen gekommen, um Churchill zu etwas zu bewegen, was eine der schmerzlichsten Handlungen in der politischen Laufbahn des alten Tory wäre. Er wollte seinen persönlichen Segen für den Plan, mit dem die unvermeidliche Auflösung von Churchills geliebtem Empire beginnen sollte.

«Winston», hatte Attlee zu Mountbatten gesagt, als er ihn bat, Churchill aufzusuchen, «hält den Schlüssel in der Hand. Weder ich noch sonst jemand in meiner Regierung hätte eine Chance, ihn zu überzeugen. Für Sie aber hat er was übrig. Er vertraut Ihnen, Sie könnten es schaffen.»

Ihre Begegnung ließ sich schwierig an. Churchill, wie Mountbatten wußte, hielt schon den bloßen Gedanken, daß den Indern erlaubt werden könnte, den Versuch der Selbstregierung zu unternehmen, für ein Verhängnis. «Er war», erinnerte sich Mountbatten, «der absolut aufrichtigen Überzeugung, das Schlimmste, was Indien widerfahren könne, sei die Beseitigung der effizienten englischen Verwaltung mit ihrer bewährten Integrität, an deren Stelle ein ganzer Verein ‹unerfahrener Inder, die nur Theorien im Kopf haben›, treten würde.»

Während Mountbatten über seine Bemühungen in Indien berichtete, hielt er den Blick auf den mächtigen Kahlschädel geheftet, der ihn aus dem Bett anglänzte. Seit einem halben Jahrhundert lehnte Churchill jeden Schritt ab, der Indien auf dem Weg zur Unabhängigkeit voran, bringen konnte. Ein letztes Nein aus Churchills Mund wäre ein vernichtender Schlag für alle Hoffnungen Mountbattens. Da Churchill die Mehrheit im Oberhaus hinter sich hatte, war er in der Lage, das Inkrafttreten des Gesetzes über die Unabhängigkeit Indiens um zwei Jahre hinauszuzögern.

Dies aber wäre nach der Überzeugung des jungen Admirals eine absolute Katastrophe. Die Zustimmung der Kongreßpartei zu seinem Plan war daran gebunden, daß der Dominionstatus unverzüglich gewährt wurde. Seine Regierung in Delhi, seine Verwaltung, der ganze Subkontinent mit dem kaum noch zu bändigenden Haß zwischen den beiden großen Religionsgemeinschaften würden die zwei Jahre schlechterdings nicht überleben, um die Churchill, wenn der Zorn ihn dazu trieb, den Lauf der Geschichte aufhalten konnte.

Mit halb geschlossenen Augen hörte Churchill sich Mountbattens Argumentation an. Er hatte den unergründlichen Ausdruck einer Buddhafigur, die in transzendentaler Meditation versunken ist. Nichts, nicht einmal die Schreckensvision, daß Indien im Chaos, in bürgerkriegsähnliche Zustände, versinken könnte, vermochte eine Bewegung auf seiner Miene hervorzurufen.

Mountbatten hatte jedoch aus Simla ein Argument mitgebracht, das auf die Gefühle des alten Politikers nicht ohne Wirkung blieb. Es war die Zusage der Kongreßpartei, den Dominionstatus zu akzeptieren, falls er unverzüglich gewährt würde. Als er geschickt die Aussicht beschrieb, daß die unversöhnlichsten Feinde der Britenherrschaft in Indien sich bereit fänden, innerhalb des Britischen Commonwealth zu bleiben, ging eine merkliche Veränderung in Churchills Ausdruck vor sich. Sein geliebtes Empire lag zwar im Sterben, doch hier zeigte sich wenigstens die Hoffnung, daß etwas davon bleiben würde. Es würde etwas bleiben von dem alten, romantischen Indien, wo Churchill sich als junger Mann getummelt hatte. Ungleich wichtiger aber noch: Einige der Bindungen an England, die Churchill in aller Aufrichtigkeit als unerläßlich für Indiens künftiges Wohl ansah, konnten nun erhalten werden.

Mißtrauisch blickte er Mountbatten an. Ob er etwas Schriftliches habe, fragte er. Mountbatten sagte, er habe einen Brief von Nehru, der jetzt bei Attlee liege. Darin werde zu verstehen gegeben, daß der Kongreß zur Zustimmung bereit sei, vorausgesetzt, der Dominionstatus werde unverzüglich gewährt.

Und wie es mit seinem alten Gegner Gandhi stehe.

Gandhi, räumte Mountbatten ein, sei ein unkalkulierbarer Faktor. Er stelle die einzige potentiell ernste Gefahr dar. Aber er hoffe, ihn im Fall einer Krise mit Hilfe Nehrus und Patels in Schach halten zu können.

Churchill dachte mit düsterer Miene nach, die Zigarre zwischen die Zähne geklemmt.

Dann verkündete er schließlich, wenn Mountbatten das öffentlich und in aller Form gegebene Ja sämtlicher indischer Parteien zu seinem Plan ihm vorlegen könne, stünde «das ganze Land» hinter ihm. Er und die Konservative Partei würden gemeinsam mit der Labour-Partei das historische Gesetzeswerk, das Mountbatten brauche, noch vor der Sommerpause durchs Parlament bringen. Indien könnte nicht in Jahren oder Monaten unabhängig werden, sondern binnen Wochen, ja Tagen.

Wie dunkle Säulen stieg an einzelnen Punkten des Subkontinents der Rauch von Scheiterhaufen in den Himmel. Weder Büffelmilchbutter noch Sandelholz nährten diese Verbrennungen, die in aller Eile vorgenommen wurden. Die prasselnden Flammen hatten keine Mantra-singende Trauergemeinde als Zeugen, sondern englische Beamte mit unbewegten Gesichtern. Papier war es, was diese Flammen verzehrten, vier Tonnen Dokumente, Berichte und Akten. Auf Weisung Sir Conrad Corfields verwandelten sich in diesen Feuern die schmutzigen Geheimnisse einiger der turbulentesten und pittoreskesten Episoden der Geschichte Indiens zu Asche, die Sünden, Laster und Skandale von fünf Maharadschagenerationen. Diese Dossiers, von den aufeinanderfolgenden Repräsentanten der Britenherrschaft mit liebevoller Sorgfalt aufgezeichnet und katalogisiert, hätten in den Händen der künftigen indischen und pakistanischen Verwaltung zu Instrumenten der Erpressung werden können – ein Verwendungszweck, der auch den Engländern nicht als völlig undenkbar erschienen war, als sie beschlossen, dieses Archiv anzulegen.

Da Corfield sich für die Zukunft der Maharadschas nicht mehr verbürgen konnte, war er entschlossen, zumindest ihre Vergangenheit zu schützen. Während seines Besuches in London hatte er die Zustimmung der Regierung zur Vernichtung dieser Dossiers erlangt. Kaum nach Delhi zurückgekehrt, erteilte er Weisung, sämtliche Unterlagen zu verbrennen, die mit dem Privatleben seiner Schützlinge zu tun hatten.

Sir Conrad zündete persönlich das erste Feuer unter den Fenstern seines Arbeitszimmers an und warf die Dokumente hinein, die in einem sechzig Zentimeter hohen Safe verborgen gelegen hatten, zu dem nur er allein den Schlüssel besaß. Das Destillat der pikantesten fürstlichen Skandalgeschichten aus anderthalb Jahrhunderten ging in Sir Conrads kleinem Freudenfeuer in Rauch auf und trieb über die Dächer und Straßen von Delhi davon. Als Nehru über den Vorgang informiert wurde, protestierte er unverzüglich gegen die Vernichtung von Dokumenten, die in seinen Augen einen kostbaren Teil des indischen Erbes darstellten.

Doch es war schon zu spät. In Patiala, Haiderabad, Indore, Mysore, Baroda, in Porbandar, Gandhis Heimat am Golf von Arabien, in Chitral im Himalaja und in den Regenwäldern von Kotschin gaben bereits englische Beamte den Klatsch einer ganzen Ära den Flammen anheim.

Allein die Beschreibungen der sexuellen Absonderlichkeiten mancher indischer Fürsten hätten genügt, ein ordentliches Feuer stundenlang zu unterhalten.

Ein ehemaliger Nawab von Rampur hatte mit mehreren benachbarten Fürsten eine Wette abgeschlossen, wer von ihnen innerhalb eines Jahres die meisten Jungfrauen deflorieren könne. Der Beweis dieser «Eroberungen» sollte ein dünner Goldring sein, der jedem deflorierten Mädchen durch die Nasenscheidewand gezogen wurde. Der Nawab schickte seine Höflinge aus, um die Dörfer seines Staates wie auf einer Treibjagd zu durchkämmen, und gewann die Wette mühelos. Als das Jahr vorüber war, hatte er eine solche Menge Ringe gesammelt, daß sie eingeschmolzen mehrere Pfund reinen Goldes ergaben.

Der Scheiterhaufen, auf dem die Dokumente über den Maharadscha von Kaschmir verbrannten, vernichtete die Spuren eines der schmutzigsten Skandale, die England zwischen den Weltkriegen erlebt hatte. Im Londoner Savoy Hotel wurde der stürmische Fürst mit einer attraktiven Bettgenossin von einem Mann, den er für ihren Gatten hielt, in flagranti ertappt. In Wahrheit war der Maharadscha einer Erpresserbande in die Hände gefallen, die anschließend den Staat Kaschmir auf dem Umweg über das fürstliche Privatkonto um einen beträchtlichen Teil seiner Einkünfte erleichterte. Der Fall platzte schließlich, als der echte Ehemann der jungen Dame zur Polizei ging, weil er fand, er sei für die zeitweilige Überlassung seiner Frau nicht angemessen entschädigt worden. In dem Prozeß, der darauf folgte, wurde die Identität des fürstlichen Pechvogels hinter dem Pseudonym «Mr. A.» versteckt. Infolge dieses Ungemachs war Hari Singh endgültig von den Frauen desillusioniert. Er kehrte nach Kaschmir zurück, wo er in der Gesellschaft junger Männer neue Horizonte der Sinnenlust entdeckte. Die Einzelheiten seines Treibens wurden den Repräsentanten der Krone getreulich hinterbracht. Nun entschwanden sie, vom frischen Bergwind Srinagars getragen, in den Himmel über dem Himalaja.

Der Nizam von Haiderabad kombinierte seine Leidenschaften für Fotografie und Pornographie und legte sich auf diese Weise eine Kollektion von Pornofotos zu, die als die umfangreichste in Indien galt. Um seine Sammlung ständig zu vergrößern, hatte der alternde Nizam in den Gästezimmern seines Palastes automatische Kameras in den Wänden und Decken einbauen lassen, die genau beobachteten, was seine Besucher in ihren Schlafzimmern trieben. Selbst im Gästebadezimmer hatte der Fürst hinter dem Spiegel eine Kamera installieren lassen. Ihre Ausbeute – eine Porträtgalerie der Großen und Halbgroßen Indiens beim Verrichten ihrer Notdurft – nahm einen Ehrenplatz in seiner Sammlung ein.

Der jüngste Bericht im Dossier des Nizam handelte von den Bemühungen des britischen Residenten, dafür zu sorgen, daß die sexuellen Gepflogenheiten seines Sohnes und Thronerben einem künftigen Nizam angemessen waren. Mit allem Takt, der ihm zu Gebote stand, deutete der biedere Gentleman an, es seien ihm Gerüchte zu Ohren gekommen, aus denen hervorgehe, daß die Vorliebe des jungen Prinzen sich nicht gerade auf Prinzessinnen erstreckte. Der Nizam ließ seinen Sohn kommen. Anschließend befahl er, eine besonders attraktive Insassin seines Harems holen zu lassen. Gegen den Protest des peinlich berührten Residenten wies er seinen Sohn an, augenblicklich und öffentlich die infame Unterstellung zu widerlegen, daß ihm möglicherweise die Neigung mangle, die Dynastie fortzupflanzen.

Von all den Skandalen, die in den Flammen von Sir Conrad Corfields Scheiterhaufen verschwanden, hatte keiner eine so abstoßende Spur hinterlassen wie die vierzigjährige Herrschaft des Fürsten eines von achthunderttausend Menschen bewohnten Kleinstaates am Rand von Radschasthan. Der Maharadscha von Alwar besaß einen derart kultivierten Charme, daß es ihm gelang, mehrere Vizekönige nacheinander zur Duldung seines Treibens zu verleiten. Er war dem Glauben verfallen, eine Reinkarnation des Gottes Rama zu sein. Dies veranlaßte ihn, ständig schwarze Seidenhandschuhe zu tragen, um seine göttlichen Finger vor der beschmutzenden Berührung sterblichen Fleisches zu schützen. Er ging darin so weit, daß er sie nicht einmal ablegen wollte, als er dem König von England die Hand schüttelte.

Angesichts seiner weltlichen Stellung als Fürst und der Überzeugung, ein göttliches Wesen zu sein, war der Maharadscha nicht geneigt, sich in der Ausübung seiner Macht zurückzuhalten. Er war einer der besten Jäger in Indien und machte sich einen Spaß daraus, Kinder als Köder für Tiger zu verwenden. Er holte sie sich aus jeder beliebigen Hütte und versicherte den entsetzten Eltern, er sei sicher, das Raubtier zu erledigen, bevor es ihren Sprößling zerreißen könne. Ein Homosexueller von perversem Geschmack, machte er das fürstliche Bett zur Militärakademie, wo sich junge Männer für ihren Eintritt in die Offiziersränge seiner Armee zu qualifizieren hatten.

Zwei Vorfälle während der Zeit, als Lord Willingdon Vizekönig war, setzten seinem Machtmißbrauch ein Ende. Bei einer Einladung im *Viceroy's House* saß Alwar neben Lady Willingdon, die recht überschwenglich einen großen Diamantring bewunderte, den er am Finger trug. Der Maharadscha streifte ihn ab und reichte ihn der Vizekönigin, damit sie ihn genau inspizieren konnte.

Lady Willingdons Bewunderung war nicht völlig selbstlos. Es war traditioneller Brauch, daß ein indischer Fürst einem Vizekönig oder seiner Gemahlin jeden Gegenstand, den sie besonders bewunderten, als Geschenk offerierte. Lady Willingdon, die bemerkenswert bewundernde Augen bekam, wenn ihr Blick auf Edelsteine fiel, hatte auf diese Weise während ihres Aufenthalts in Indien eine höchst ansehnliche Schmucksammlung zusammengebracht. Sie streifte Alwars Ring über den Finger, betrachtete ihn entzückt und gab ihn dann seinem Eigentümer zurück.

Alwar befahl diskret einem Diener, ihm eine Fingerschale zu bringen. Als sie vor ihm stand, begann die Rama-Reinkarnation unter den entsetzten Blicken der übrigen Gäste den Ring sorgfältig abzuwaschen, um jede Spur zu tilgen, die vielleicht vom Finger der Vizekönigin zurückgeblieben war. Dann streifte er ihn wieder über die eigene Hand.

Das letzte, unverzeihliche Verbrechen, das der hemmungslose Maharadscha, zumindest für seine englischen Wohltäter, beging, ereignete sich auf einem Polofeld. Ergrimmt über die Bockigkeit eines seiner Ponies während eines Spiels, ließ er zwischen zwei Spielachteln die arme Kreatur mit Benzin übergießen und zündete sie mit eigener Hand an. Dieser öffentliche Akt flagranter Grausamkeit gegen ein Tier wog in den Schalen der Justiz schwerer als seine private, doch ebenso zerstörerische Brutalität gegenüber manchem seiner Sexualpartner. Der Maharadscha wurde abgesetzt und in die Verbannung geschickt.

Der Fall des Maharadschas von Alwar war zwar eine Ausnahme, doch nicht das einzige Vorkommnis, das die Beziehungen zwischen den puritanischen Briten in Indien und ihren extravaganten Vasallen belastete. Zusammen mit den Berichten über die sexuellen Ausschweifungen der Fürsten verschwanden auch die anderen dunklen Affären in Sir Conrad Corfields brennenden Scheiterhaufen.

Das schwerste Vergehen war einem Maharadscha von Baroda zuzuschreiben. Er war mißvergnügt darüber, daß die Engländer ihrem Residenten in seinem Staat – einem schlichten und, wie der Maharadscha fand, recht gewöhnlichen Obersten – einen Kanonensalut ähnlich wie ihm bewilligt hatten. Er gab zwei Kanonen aus massivem Gold in Auftrag, um den Salut des Residenten an Resonanz zu überbieten. Der Resident war nun seinerseits darüber verärgert, sandte einen ungünstigen Bericht über den sittlichen Lebenswandel des Fürsten nach London und beschuldigte ihn, die Frauen in seinem Harem wie Sklavinnen zu behandeln.

Der erzürnte Maharadscha ließ seine besten Astrologen und heiligen Männer kommen, um sich von ihnen über ein geeignetes Mittel, den Obersten loszuwerden, beraten und die richtige Gestirnskonstellation dafür angeben zu lassen. Sie empfahlen eine Vergiftung durch Diamantenstaub. Der Fürst wählte einen Stein von Eichelgröße aus, der ihm für einen Mann von Obristenrang angemessen erschien, und seine Astrologen zermahlten ihn zu Puder.

Das höchst unverdauliche Resultat wurde eines Abends dem Residenten heimlich ins Abendessen gemischt, aber bevor es seine gewünschte Wirkung tun konnte, brachte man den Obersten wegen der starken Schmerzen in ein Krankenhaus, wo man ihm den Magen leerpumpte.

Der Mordversuch an einem Vertreter der Krone wurde zu einer Staatsaffäre. Die Richter des Maharadschas blieben unbeeindruckt von der Versicherung seiner Brahmanenpriester, sie hätten alle notwendigen Riten ausgeführt, um die Reinkarnation der Seele des Residenten sicherzustellen. Der Maharadscha wurde abgesetzt und wegen Unfähigkeit, einen von der britischen Krone abhängigen Staat richtig zu regieren, in die Verbannung geschickt.

Die Vernichtung dieser Dossiers war nicht die einzige Folge von Corfields Besuch in London. Andere Aktionen waren weniger malerisch, aber potentiell ungleich bedeutsamer. Aus allen Gegenden Indiens trafen nun in Delhi Briefe von verschiedenen Fürsten ein, in denen sie die Regierung Britisch-Indiens von ihrer Absicht in Kenntnis setzten, die Abkommen aufzukündigen, die es den indischen Eisenbahnen, der Post, dem Telegrafendienst und anderen Einrichtungen möglich machten, ihr Territorium zu benutzen. Es war ein taktischer Schachzug, der die starke Verhandlungsposition der Fürsten bei der bevorstehenden Auseinandersetzung ins Licht rücken sollte, doch daneben eröffnete der Schritt eine Schreckensperspektive: ein Indien, in dem keine Züge verkehren, keine Post zugestellt werden und das Kommunikationssystem nicht mehr funktionieren konnten.

Robert Clives Augen blickten glanzlos aus ihrem Ölgemälde an der Wand auf die sieben indischen Politiker herab, die hintereinander in das Arbeitszimmer des Vizekönigs traten. Als die Repräsentanten von vierhundert Millionen Indern, Menschen, die Gandhi «armselige Exemplare der Menschheit mit glanzlosen Augen» nannte, erschienen sie an diesem Vormittag, am 2. Juni 1947, in diesem Raum, um die Dokumente in Augenschein zu nehmen, durch die ihre Völker den Kontinent zurückerhielten, dessen Eroberung die Engländer zwei Jahrhunderte vorher begonnen hatten. Erst achtundvierzig Stunden zuvor hatte der Vizekönig diese Papiere, die von der englischen Regierung formell gebilligt worden waren, aus London mitgebracht.

Einer nach dem anderen nahmen sie ihre Plätze an dem runden Tisch in der Mitte des Raumes ein: Nehru, Patel und der Parteipräsident Acharya Kripalani für die Kongreßpartei; Jinnah, Liaquat Ali Khan und Rab Nishtar für die Moslemliga. Baldev Singh war als Sprecher der sechs Millionen Menschen anwesend, die von den Worten, die hier gesprochen werden sollten, ungleich heftiger betroffen wurden als alle anderen Bewohner des Landes: der Sikhs.

An der Wand saßen die beiden Chefberater Mountbattens, Lord

Ismay und Sir Eric Mieville. Den Mittelplatz am Tisch nahm der Vizekönig ein. Ein Fotograf des Palastes machte rasch eine Aufnahme der versammelten Männer als historisches Dokument. Dann legte in einem Schweigen, das nur durch nervöses Räuspern unterbrochen wurde, ein Sekretär jedem einzelnen einen Aktendeckel aus Manilapapier vor, der eine Kopie des Planes enthielt.

Zum erstenmal seit seiner Ankunft in Delhi mußte Mountbatten nun seine Diplomatie der Gespräche unter vier Augen mit einer Konferenz am runden Tisch vertauschen. Er hatte jedoch beschlossen, selbst das Wort zu führen. Er war nicht gesonnen, das Risiko einzugehen, daß das Treffen zu einer Generaldebatte wurde, die möglicherweise in ein erbittertes Wortgefecht ausartete und seinen sorgfältig ausgetüftelten Plan zerstörte.

Im Gefühl der historischen Bedeutung dieser Zusammenkunft begann er mit der Feststellung, er habe in den zurückliegenden fünf Jahren an mehreren wichtigen Treffen teilgenommen, deren Beschlüsse den Kriegsverlauf beeinflußt hätten. Aber er könne sich an keine Zusammenkunft erinnern, bei der Entscheidungen von solch historischer Tragweite fallen würden wie diejenige, die sie vor sich hätten.

Mountbatten skizzierte kurz die Gespräche, die er seit seinem Eintreffen in Delhi geführt hatte, und hob hervor, daß sie ihm das Gefühl äußerster Dringlichkeit gegeben hätten.

Dann fragte er Jinnah der Form halber ein letztes Mal, ob er bereit sei, ein geeintes Indien zu akzeptieren, wie es der Plan der Kabinettsmission vorgesehen habe. Jinnah verneinte, worauf Mountbatten zu der Angelegenheit überging, derentwegen sie zusammengekommen waren. In knappen Worten umriß er die einzelnen Punkte seines Planes. Die Klausel über den Dominionstatus, die Churchills Unterstützung gewonnen hatte, so betonte er, spiegle keineswegs den Wunsch Großbritanniens wider, auch in Zukunft den Fuß in der Tür zu behalten, sondern solle sicherstellen, daß Großbritannien seinen Beistand nicht abrupt zurückziehe, wenn er noch gebraucht werde. Er befaßte sich länger mit Kalkutta und mit dem schweren Schicksal, das den Sikhs bevorstand.

Er wolle sie nicht ersuchen, sagte er, einem Plan, der zum Teil ihren Grundsätzen widerspreche, die volle Zustimmung zu geben. Er bitte sie nur darum, ihn in friedlichem Geist hinzunehmen und zu geloben, ihn ohne Blutvergießen auszuführen.

Am nächsten Vormittag wolle er wieder mit ihnen zusammentreffen, erklärte er. Er hoffe jedoch, daß schon früher, vor Mitternacht, alle drei Parteien, Moslemliga, Kongreß und die Sikhs, ihre Bereitschaft erkennen lassen würden, den Plan als Grundlage einer endgültigen Regelung der indischen Frage zu akzeptieren. In diesem Fall schlage er vor, daß er, Nehru, Jinnah und Baldev Singh am Abend des nächsten Tages ihre

Übereinkunft gemeinsam über den Allindischen Rundfunk bekanntgäben. In London werde Clement Attlee eine bestätigende Erklärung abgeben.

«Meine Herren», schloß er, «ich hätte Ihre Reaktion auf den Plan gern bis Mitternacht.»

Eine unausgesprochene Befürchtung war mit Louis Mountbatten nach Delhi zurückgeflogen, eine Besorgnis, die seine Genugtuung über das in London Erreichte und seinen «gewaltigen Optimismus» für die Zukunft trübte. Es war die Befürchtung, daß «dieser unberechenbare kleine Mahatma Gandhi» sich ihm in den Weg stellen könnte. Diese Möglichkeit machte dem Vizekönig zu schaffen. Er hatte bereits eine echte Sympathie für den «betrübten kleinen Spatzen» entwickelt. Die Vorstellung, daß er, der Berufssoldat, der Vizekönig, dem Apostel der Gewaltlosigkeit in einer Kraftprobe um die Zukunft der Nation, die Gandhi symbolisierte, entgegentreten müßte, erschreckte ihn.

Diese Aussicht war höchst real. Wenn Jinnah der Mann war, der seine Hoffnung, Indien geeint zu erhalten, zerstört hatte, so war Gandhi derjenige, der seine Hoffnung, das Land zu teilen, zunichte machen konnte. Mountbatten war seit seiner Ankunft in Indien diskret bemüht gewesen, die führenden Kongreßpolitiker auf seine Seite zu ziehen, so daß er im Fall einer Kraftprobe hoffen durfte, den Mahatma für eine kurze, aber entscheidende Stunde zu neutralisieren.

Dies war einfacher gewesen, als er erwartet hatte. «Ich hatte das ganz sonderbare Gefühl», erzählte er aus der Erinnerung, «daß sie irgendwie alle hinter mir standen, gegen Gandhi. Sie haben mich ermutigt, ihn sozusagen stellvertretend für sie herauszufordern.»

Doch sein unberechenbarer Spatz hatte, wie Mountbatten gut wußte, größere Mittel zur Verfügung als die Führer der Partei. Er hatte die Partei selbst hinter sich, die Millionen der Vier-Anna-Mitglieder[12], die ihn tief verehrten, und er hatte die ungewöhnliche Begabung, daß er die Menschen zur Tat anfeuern konnte. Wenn er beschloß, sich über die Politiker hinwegzusetzen und sich unmittelbar an die Massen Indiens zu wenden, konnte er eine schreckliche Zerreißprobe zwischen dem Vizekönig, Nehru und Patel auf der einen Seite und seiner ungeheuren geistigen Macht auf der anderen Seite erzwingen.

Nach außen hin hatte alles den Anschein, als bereite er sich darauf vor. An dem Tag, an dem Mountbattens Maschine mit dem Vizekönig und seinem Teilungsplan London verließ und wieder Kurs auf Indien nahm, hatte Gandhi vor seiner abendlichen Gebetsversammlung erklärt: «Und wenn das ganze Land in Flammen steht, wir werden keinen Zoll Pakistan überlassen.»

Innerlich jedoch stand es anders um ihn. Der Monat, der seit dem Beschluß des Arbeitsausschusses des Allindischen Zentralkomitees der

Kongreßpartei verstrichen war, war für Gandhi eine Periode tiefer Sorge, Unruhe und Unsicherheit gewesen. Jeder Instinkt, jede Faser seines Wesens sagte ihm, daß die Teilung unrichtig wäre. Doch er spürte nicht nur, daß die Kongreßführung sich ihm entfremdete, sondern war sich auch zum erstenmal nicht sicher, ob die indischen Massen seinem Ruf Folge leisten würden.

Als er eines Tages in der Frühe durch die Straßen von Delhi ging, sagte einer seiner Mitarbeiter zu ihm: «In der Stunde der Entscheidung wird Ihr Urteil nicht mehr viel zählen. Man ist über Sie und Ihre Ideale hinweggegangen.»

«Ja», erwiderte Gandhi bitter, «alle drängen sich, meine Fotografien und Standbilder zu bekränzen. Aber niemand will auf mich hören.»

Ein paar Tage später war Gandhi irrtümlich um halb vier Uhr morgens erwacht, eine halbe Stunde vor der üblichen Zeit seines Morgengebets. Er hatte seinen Brauch, neben Manu zu schlafen, wiederaufgenommen, woran er bis zu seinem Tod festhielt. Manu, die in der Straßenkehrerhütte neben seiner Strohmatte auf dem Fußboden lag, lauschte, wie Gandhi vor sich hin seufzte.

«Heute bin ich allein», sagte er leise, als wollte er es der Nacht zuflüstern. «Sogar Patel und Nehru glauben, daß ich unrecht habe und daß der Friede bestimmt zurückkehren wird, wenn man sich auf die Teilung einigt . . . Sie fragen sich, ob ich nicht nachgelassen habe, weil ich alt werde.» Es folgte eine lange Pause, dann seufzte Gandhi: «Vielleicht haben sie alle recht, und nur ich tappe im dunkeln.»

Abermals trat ein langes Schweigen ein, und dann hörte Manu ihn einen letzten Satz murmeln: «Ich werde es vielleicht nicht mehr erleben», sagte er, «aber sollte das Unheil, das ich fürchte, über Indien hereinbrechen und seine Unabhängigkeit in Gefahr geraten, dann soll die Nachwelt wissen, welch tiefen Schmerz diese alte Seele empfunden hat, als sie daran dachte.»

Die «alte Seele», die diese Worte murmelte, sollte am 2. Juni um 12.30 Uhr das Arbeitszimmer des Vizekönigs betreten, anderthalb Stunden nach den Politikern, um sich zu Mountbattens Plan zu äußern. Gandhis Reaktion war dem Vizekönig am wichtigsten, er erwartete sie am dringendsten. Der Geist des Mahatma hatte über jeder Minute der vorhergehenden Zusammenkunft geschwebt, an der Gandhi nicht teilgenommen hatte, weil er in der Kongreßpartei kein Amt innehatte. Während Mountbatten auf Gandhi wartete, gingen ihm sorgenvolle Gedanken durch den Kopf, welche Worte er gleich vernehmen werde und ob Gandhis innere Stimme mit ihren unberechenbaren Eingebungen einen Konflikt heraufbeschwören werde.

Gandhi, für den die Pünktlichkeit beinahe ein Fetisch war, trat genau auf die Minute in den Raum, als die goldene Uhr auf dem Kaminsims leise halb ein Uhr schlug.

Mountbatten erhob sich hinter seinem Schreibtisch und ging durch den Raum, um seinen Besucher mit einem Lächeln und einem herzlichen Willkommen zu empfangen. Doch auf halbem Wege blieb er verblüfft stehen. Gandhi drückte den rechten Zeigefinger auf die Lippen, wie eine Mutter, die einem Kind bedeutet, still zu sein. Bei diesem Anblick erfaßte den Vizekönig eine Welle der Erleichterung. Gott sei Dank, dachte er, ein Tag des Schweigens!

Es war Montag. Die Stimme, die Indiens Massen gegen Mountbatten hätte mobilisieren können, war stumm wie seit Jahren an jedem Montag. Gandhi hielt sich getreulich an sein Gelöbnis, jede Woche einen Schweigetag zu halten. Mountbatten würde die Antwort, auf die er an diesem Junitag mit solcher Spannung wartete, nicht erhalten.

Der Mahatma nahm in einem Sessel Platz und zog unter den Falten seines Lendentuches einen Stoß schmutziger, gebrauchter Briefumschläge hervor sowie einen Bleistiftstummel, der kaum fünf Zentimeter lang war. Selbst einen Fetzen Papier ließ er nicht ungenutzt. Eigenhändig schnitt er die Kuverts auf, in denen seine Post eintraf, und verwandelte sie in ordentliche kleine Notizblöcke, die er dann von oben bis unten mit seiner Krakelschrift bedeckte.

Als Mountbatten seinen Plan erläutert hatte, leckte Gandhi die Spitze seines Bleistiftstummels ab und begann, seine erste, rätselhafte Reaktion auf die wichtigsten und sicherlich erschütterndsten Worte, die er in seinem Leben hören sollte, auf der Rückseite eines gebrauchten Briefumschlags niederzuschreiben. Als er fertig war, hatte er die Rückseiten von fünf alten Kuverts bedeckt, die Mountbatten sorgfältig für die Nachwelt aufbewahrte.

«Ich kann leider nicht sprechen», hatte Gandhi geschrieben. «Als ich den Entschluß faßte, montags zu schweigen, sah ich zwar zwei Ausnahmen vor, nämlich für dringende Gespräche mit hohen Amtsträgern und bei der Pflege von Kranken. Aber ich weiß, Sie wollen nicht, daß ich mein Schweigen breche.

Es gibt einige Dinge, über die ich sprechen muß, doch nicht heute. Wenn wir uns wiedersehen, werde ich reden.»

Damit verließ er das Arbeitszimmer des Vizekönigs.

Die langen Korridore des vizeköniglichen Palastes lagen in lautlosem Dunkel. Nur hin und wieder schwebte ein weißgekleideter Diener, der irgend etwas zu besorgen hatte, über die Läufer dahin. Doch in Louis Mountbattens Arbeitszimmer brannte noch Licht: Der Vizekönig führte die letzte Unterredung dieses strapaziösen Tages.

Er starrte seinen Gast verständnislos, ungläubig an. Die Kongreßpartei hatte rechtzeitig ihre Bereitschaft erkennen lassen, seinen Plan zu akzeptieren. Das gleiche hatten die Sikhs getan. Und nun wollte ihn ausgerechnet der Mann hinhalten, dessen Forderungen er befriedigen sollte, der Mann, dessen unnachgiebiger Wille die Teilung Indiens erzwungen hatte. Auch Mohammed Ali Jinnah hatte gewissermaßen seinen Schweigetag. Alles, worauf er Jahre hingearbeitet hatte, war erreicht und wartete nur noch auf seine Zustimmung. Aber aus irgendeinem geheimnisvollen Grund konnte Jinnah sich nicht überwinden, das Wort auszusprechen, das er in seiner ganzen Laufbahn zu sprechen abgelehnt hatte – «ja».

Jinnah, ein Kettenraucher, inhalierte tief den Rauch einer Craven A in seiner Zigarettenspitze aus Jade und wiederholte ein ums andere Mal, daß er sich über die Reaktion der Moslemliga auf den Plan nicht äußern könne. Er müsse ihn erst dem Rat der Liga vorlegen und brauche mindestens eine Woche, um seine Mitglieder nach Delhi zu holen.

All die Frustration, die sich bei seinen Verhandlungen mit Jinnah angesammelt hatte, wallte in Mountbatten hoch. Jinnah hatte sein verdammtes Pakistan bekommen. Sogar die Sikhs hatten den Plan geschluckt. Alles, worauf er hingearbeitet hatte, war ihm schließlich in den Schoß gefallen, und jetzt, buchstäblich fünf Minuten vor zwölf, schickte er sich an, alles zu zerstören, das ganze Gebäude einzureißen durch seine unbegreifliche Unfähigkeit, ein einziges Wort, sein Ja, auszusprechen.

Mountbatten brauchte Jinnahs Zustimmung unbedingt. In London wartete Attlee ungeduldig. In weniger als vierundzwanzig Stunden würde er seine historische Erklärung vor dem Unterhaus abgeben. Der Vizekönig hatte sich gegenüber Attlee und seiner Regierung persönlich verbürgt, daß sein Plan Erfolg haben und daß es nicht mehr zu plötzlichen Störungen kommen werde, wie seinerzeit durch Nehru in Simla. Mit ungeheurer Mühe war es ihm gelungen, die widerstrebende Kongreßpartei so weit zu bringen, daß sie schließlich bereit war, die Teilung hinzunehmen. Sogar Gandhi hatte sich, wenigstens vorläufig, umgehen lassen. Ein Zögern Jinnahs in letzter Stunde, schon die leiseste Andeutung, daß er ein letztes Zugeständnis herausholen wollte, mußte das ganze sorgsam verschnürte Paket auseinandersprengen.

«Mr. Jinnah», sagte Mountbatten, «wenn Sie glauben, ich könnte diese Stellung eine Woche lang halten, während Sie Ihre Anhänger nach Delhi kommen lassen, dann müssen Sie verrückt sein. Sie wissen doch, daß die Auseinandersetzung den Siedepunkt erreicht hat.

Sie haben Ihr Pakistan bekommen, obwohl es eine Zeit gegeben hat, in der niemand daran glaubte. Ich weiß, Sie nennen es mottenzerfressen, aber es ist trotzdem Pakistan. Und jetzt hängt alles davon ab, daß Sie morgen zusammen mit allen anderen zustimmen. Der Kongreß hat sein Ja von Ihrer Zustimmung abhängig gemacht. Wenn die Leute den Verdacht schöpfen, daß Sie sie hinhalten wollen, werden sie ihr Einverständnis sofort zurückziehen, und dann sind wir in einer schauderhaften Situation.»

Nein, nein, protestierte Jinnah, es müsse alles seinen geregelten, rechtmäßigen Gang gehen. «Ich bin nicht die Moslemliga», sagte er.

«Jetzt hören Sie aber auf, Mr. Jinnah», sagte Mountbatten trotz seiner wachsenden Erbitterung mit eiskalter Ruhe. «Versuchen Sie mir das nicht einzureden. Das können Sie der Welt weismachen. Aber versuchen Sie sich doch nicht vorzumachen, daß ich nicht wüßte, wer in der Moslemliga das Sagen hat!»

Nein, beharrte Jinnah, es müsse alles seinen richtigen, geordneten Gang gehen.

«Mr. Jinnah», sagte Mountbatten, «ich will Ihnen jetzt mal etwas sagen. Ich denke nicht daran, zuzulassen, daß Sie Ihren eigenen Plan kaputtmachen. Ich kann Ihnen nicht erlauben, die Lösung hinzuwerfen, für die Sie sich so sehr eingesetzt haben. Ich beabsichtige, die Zustimmung in Ihrem Namen zu geben.

Morgen werde ich auf der Sitzung erklären, ich habe vom Kongreß eine Antwort mit einigen Vorbehalten bekommen, die ich sicher werde ausräumen können. Ich werde sagen, daß der Kongreß zugestimmt hat und daß die Sikhs zugestimmt haben.

Und dann werde ich erklären, ich hätte am vergangenen Abend ein sehr langes, sehr freundschaftliches Gespräch mit Mr. Jinnah geführt, wir seien die einzelnen Punkte des Planes durchgegangen, und Mr. Jinnah habe mir seine persönliche Zusage gegeben, daß er dem Plan zustimme.

Und in diesem Augenblick werde ich mich Ihnen zuwenden, Mr. Jinnah. Ich möchte nicht, daß Sie sprechen. Ich möchte nicht, daß der Kongreß Sie zwingt, Farbe zu bekennen. Ich möchte nur eines von Ihnen: daß Sie nicken, als Zeichen, daß Sie mir beipflichten.

Wenn Sie nicht nicken, Mr. Jinnah», schloß Mountbatten seinen Monolog, «dann ist es aus mit Ihnen, und dann kann ich nichts mehr für Sie tun. Alles wird zusammenbrechen. Das ist keine Drohung. Das ist eine Prophezeiung. Wenn Sie in diesem Augenblick nicht nicken, dann habe ich hier nichts mehr zu bestellen. Dann haben Sie Ihr Pakistan verloren und können sich von mir aus zum Teufel scheren.»

Das Treffen begann genauso, wie der Vizekönig es geplant hatte. Wiederum verurteilte Mountbatten die versammelten Politiker zu einem ungewohnten Schweigen und führte selbst das Wort. Wie er erwartet habe, erklärte er, hätten alle drei Parteien ernste Bedenken gegen den Plan, und er sei dankbar, daß sie sie ihm gegenüber geäußert hätten. Trotzdem aber habe die Kongreßpartei ihr Ja zugesagt. Das gleiche hätten die Sikhs getan. Er habe, sagte er dann, gestern abend ein langes, freundschaftliches Gespräch mit Mr. Jinnah geführt, der ihm versichert habe, der Plan sei akzeptabel.

Während Mountbatten diese Worte sprach, wandte er sich Jinnah zu, der rechts von ihm saß. In diesem Augenblick hatte der Vizekönig nicht die geringste Ahnung, was der Moslemführer tun werde. Der Kapitän der *Kelly*, der Oberbefehlshaber, der auf der Imphal-Ebene mit einem ganzen Armeekorps von den Japanern umzingelt worden war, erinnerte sich später an diese winzige Zeitspanne als an «den heikelsten Augenblick» in seinem ganzen Leben. Eine nicht enden wollende Sekunde lang starrte er Jinnahs unbewegtes, ausdrucksloses Gesicht an. Dann gab Jinnah langsam, mit einem Widerstreben, das ihm in jeder Pore seines Gesichts geschrieben stand, seine Zustimmung durch das schwächste Nicken, das er sich abringen konnte. Sein Kinn senkte sich kaum einen Zentimeter.

Mit dieser kurzen, beinahe unmerklichen Geste hatte eine Nation von neunzig Millionen Menschen ihre endgültige Sanktion erhalten. Wie unvollkommen die Form dieses Staatsgebildes, wie schwierig die Begleitumstände seiner Geburt auch sein würden, der «unmögliche Traum» von Pakistan stand nunmehr vor seiner Verwirklichung. Mountbatten hatte genug Zustimmung, um fortzufahren. Bevor irgendeiner der sieben Männer noch einen letzten Zweifel oder Vorbehalt in Worte fassen konnte, erklärte er, der Plan stelle von nun an die Grundlage für eine Regelung des indischen Problems dar.

Während die sieben Männer erst allmählich erfaßten, wie ungeheuer die Tragweite der soeben getroffenen Entscheidung war, ließ Mountbatten jedem der Anwesenden ein vierunddreißig Seiten langes, engbeschriebenes Dokument vorlegen. Das letzte Exemplar ergriff er selbst mit beiden Händen, hob es über den Kopf und schlug es mit Wucht auf den Tisch. Dann las der Vizekönig den imposanten Titel seines ebenso imposanten Schriftstücks vor – «Die administrativen Konsequenzen der Teilung».

Es war ein sorgfältig ausgetüfteltes Taufgeschenk Mountbattens und seines Stabes an die indischen Politiker, ein Leitfaden für die Herkulesarbeit, die sie nun vor sich hatten. Seite um Seite faßte es in seinem langweiligen Amtsjargon zusammen, welche enormen Folgen sich aus ihrer Entscheidung ergaben. Keiner der sieben Männer war auch nur im entferntesten auf den Schock vorbereitet, den sie erlebten, als sie die Blätter des Dokuments umzuschlagen begannen. Sie hatten die Aufgabe vor sich, den umstrittenen Nachlaß von vierhundert Millionen Menschen zu ordnen, die Besitztümer aufzuteilen, die aus den dreitausend Jahren des Nebeneinanderlebens auf dem Subkontinent zurückgeblieben waren, die Früchte von drei Jahrhunderten technischer Entwicklung zu zerteilen. Die Bargeldbestände in den Banken, Briefmarken in den Postämtern, Bücher in den Bibliotheken, Schulden und Guthaben, das drittgrößte Eisenbahnnetz der Welt, Gefängnisse und Häftlinge, Tintenfässer, Besen, Forschungszentren, Krankenhäuser, Universitäten, Einrichtungen und Gegenstände aller Art und ohne Zahl mußten sie nun unter sich aufteilen.

Ein betroffenes Schweigen erfüllte das vizekönigliche Arbeitszimmer, als sie zum erstenmal ermaßen, was vor ihnen lag. Mountbatten hatte die ganze Szene sorgfältig inszeniert, und die Reaktion der indischen Politiker war genau die von ihm erhoffte. Er hatte diese sieben Männer gezwungen, sich mit einem Problem auseinanderzusetzen, das so gewaltig war, daß sie in den paar Wochen der Koexistenz, die ihnen noch blieben, weder die Zeit noch die Energie für Vorwürfe finden würden.

Gandhi erhielt die Nachricht von der Entscheidung, während er nach seinem abendlichen Spaziergang ein Fußbad nahm. Eine seiner «Jüngerinnen» war eben damit beschäftigt, ihm mit einem Stein die Füße zu massieren, als eine zweite in die Hütte gestürmt kam und die Meldung von Mountbattens zweiter Zusammenkunft mit den Politikern brachte. Wie ein Fleck breitete sich auf Gandhis ausgemergeltem Gesicht die Trauer aus. «Möge Gott sie beschützen und ihnen allen Weisheit schenken», sagte er seufzend, als die Botin mit ihrem Bericht fertig war.

Am Abend dieses Tages, des 3. Juni 1947, kurz nach sieben Uhr erklärten die vier wichtigsten Konferenzteilnehmer im Studio des Allindischen Rundfunks in Delhi feierlich ihre Zustimmung zur Aufteilung des Subkontinents in zwei souveräne Staaten.

Wie es seinem Amt zukam, sprach der Vizekönig als erster. Seine Worte waren voll Zuversicht, seine Ansprache kurz, der Ton mied jeden Überschwang. Nach ihm trat Nehru ans Mikrofon, der Hindi sprach. Auf seinem Gesicht spiegelte sich Traurigkeit, als er seinen Zuhörern sagte, «die große Bestimmung Indiens» erfülle sich «in Qual und Leiden». Er forderte sie dringend auf, den Plan zu akzeptieren, der ihm so tiefen persönlichen Kummer gemacht habe, und sagte abschließend: «Es ist keine Freude in meinem Herzen, wenn ich Ihnen diese Vorschläge empfehle.»

Der nächste war Jinnah. Nichts konnte seine ungeheure, doch zutiefst zwiespältige Leistung besser veranschaulichen als diese Ansprache. Mohammed Ali Jinnah war nicht imstande, seinen Anhängern die Nachricht, daß er ihnen einen eigenen Staat erkämpft hatte, in einer Sprache mitzuteilen, die sie verstanden. Er mußte Indiens neunzig Millionen Moslems von der «schicksalhaften Entscheidung», auf dem Subkontinent einen islamischen Staat zu schaffen, in englischer Sprache unterrichten. Ein Rundfunksprecher verlas anschließend seine Worte in Urdu.

Der Prophet der Gewaltlosigkeit fand seine Sprache am Tag nach dem Ja der Politiker zu Mountbattens Plan wieder. Die kurze Schonfrist, die der Vizekönig dank Gandhis Schweigetag gewonnen hatte, war vorüber, und nun stand er vor der gefürchteten Konfrontation. Am 4. Juni, kurz nach Mittag, erhielt Mountbatten eine eilige Nachricht: Gandhi bereite sich darauf vor, bei seiner Gebetsversammlung am Abend mit der Kongreßführung zu brechen und den Teilungsplan zu verwerfen. Mountbatten entsandte unverzüglich einen Emissär und ließ Gandhi zu einem Besuch einladen.

Der Mahatma trat um sechs Uhr abends in das Arbeitszimmer des Vizekönigs. Seine Gebetsversammlung war um sieben Uhr. Dies ließ Mountbatten nicht einmal eine Stunde Zeit, eine mögliche Katastrophe abzuwenden. Schon sein erster Blick auf Gandhi verriet ihm, wie es in dem Mahatma aussah. In seinem Sessel kauernd «wie ein Vogel mit gebrochenen Flügeln», hob Gandhi ständig die Hand, ließ sie wieder sinken und klagte mit kaum hörbarer Stimme: «Es ist so furchtbar, es ist so furchtbar.»

Mountbatten wußte, daß Gandhi in diesem Zustand zu allem fähig war. Wenn er den Teilungsplan öffentlich verurteilte, mußte das verheerende Folgen haben. Nehru, Patel und die anderen Kongreßpolitiker, die der Vizekönig so geduldig umschmeichelt und zur Zustimmung gebracht hatte, würden gezwungen sein, offen mit Gandhi oder aber ihre Übereinkunft mit ihm, Mountbatten, zu brechen. Mountbatten nahm sich vor, jedes Argument aufzubieten, das seine fruchtbare Phantasie ihm eingeben konnte, und sagte einleitend zu Gandhi, wie sehr er seine Gefühle verstehe, daß das geeinte Indien, dem er sein ganzes Leben geweiht hatte, durch den Teilungsplan zerstört werde.

Während er sprach, durchzuckte ihn plötzlich eine Idee. Die Zeitungen, sagte er, hätten den Plan «Mountbatten-Plan» getauft, aber sie hätten ihn «Gandhi-Plan» nennen sollen. Gandhi nämlich, erklärte Mountbatten, verdanke er sämtliche wichtigen Punkte. Der Mahatma sah ihn verblüfft an.

Ja, fuhr der Vizekönig fort, er, Gandhi, habe ihm geraten, die Wahl dem indischen Volk zu überlassen, und dies sehe der Plan vor. Die von der Bevölkerung gewählten Provinzversammlungen könnten über Indiens Zukunft entscheiden. Jede einzelne Provinzversammlung könne wählen, ob sie sich Indien oder Pakistan anschließen wolle. Gandhi habe die Briten gedrängt, Indien sobald wie möglich zu verlassen, und dies zu tun, seien sie nun im Begriff.

«Wenn durch irgendein Wunder die Versammlungen für die Einheit des Landes stimmen», sagte Mountbatten zu Gandhi, «dann haben Sie, was Sie wünschen. Wenn sie nicht zustimmen, dann erwarten Sie von uns doch sicher nicht, daß wir uns dieser Entscheidung mit Waffengewalt widersetzen.»

Mit Vernunftgründen und Bitten, unter Einsatz all seines Charmes trug Mountbatten sein Plädoyer vor – wie einer von Gandhis engen

Mitarbeitern später schrieb, «mit einem Geschick, einem Überzeugungs- und Verkaufstalent, um das ihn der Verfasser des Buches *Wie man Freunde gewinnt und Menschen beeinflußt* hätte beneiden können». Der Mann, von dessen Worten in einer knappen Stunde Indiens Zukunft weitgehend abhängen würde, war zwar noch immer ein vehementer Gegner der Teilung, doch das leidenschaftliche Plädoyer des Vizekönigs hatte ihn schwankend gemacht. Gandhi, der bald achtundsiebzig wurde, war zum erstenmal seit dreißig Jahren unsicher, ob er die indischen Massen noch im Griff hatte, und mit den Führern seiner Partei zerstritten. In seiner Unsicherheit und Verzweiflung wartete er auf ein wegweisendes Wort seiner inneren Stimme, die ihn durch so viele Krisen seiner Laufbahn geleitet hatte. Doch an diesem Juniabend schwieg sie, und Gandhi war von Zweifeln bedrängt. Sollte er seinem Instinkt treu bleiben und die Teilung verurteilen, selbst um den Preis, Indien in Aufruhr und Chaos zu stürzen, wie er einmal gefordert hatte? Oder sollte er auf den Vizekönig hören, der verzweifelt für Vernunft plädierte?

Mountbatten hatte sein Plädoyer noch nicht beendet, als es für den Mahatma Zeit wurde, sich zu verabschieden. Er entschuldigte sich; er erlaube sich niemals, zu einer abendlichen Gebetsversammlung zu spät zu kommen.

Eine knappe Stunde später saß Gandhi mit übereinandergeschlagenen Beinen auf einer Plattform über einem ungepflasterten Platz im Herzen der Unberührbarenkolonie von Delhi und verkündete sein Urteil über den Teilungsplan. Viele Menschen in der Menge vor ihm waren nicht zum Beten gekommen, sondern um von den Lippen des Propheten der Gewaltlosigkeit einen Ruf zu den Waffen, einen feurigen Angriff auf Mountbattens Vorhaben zu hören. Doch an diesem Abend ertönte kein solcher Schrei aus dem Mund des Mannes, der so oft erklärt hatte, er werde sich lieber bei lebendigem Leibe zerstückeln lassen als die Aufteilung seines Landes hinnehmen.

Es habe keinen Sinn, dem Vizekönig die Schuld an der Teilung zu geben, sagte er. Sie müßten auf sich selbst blicken und in ihren eigenen Herzen nach der Erklärung für das suchen, was geschehen sei. Louis Mountbattens Überredungskunst hatte den höchsten und schwersten Triumph in seinem Amt als Vizekönig errungen.

Was Gandhi betrifft, so vergaben ihm viele Inder niemals sein Schweigen an diesem Tag, und der schwache alte Mann, dem das Herz schwer war wegen der bevorstehenden Zerreißung seines Landes, sollte schon bald den Preis ihres Grolls bezahlen.

Noch nie hatte das schmucke Bauwerk, das für die Debatten der indischen Gesetzgeber errichtet worden war, eine Darbietung wie diese erlebt. In freier Rede, mit einer Autorität und Klarheit vorgetragen, die selbst seine schärfsten Kritiker tief beeindruckte, enthüllte Louis Mountbattens Ansprache vor der indischen und Weltöffentlichkeit die Einzelheiten eines der wichtigsten Geburtsscheine der Geschichte. Er sprach über den Plan, der den Aufstieg eines Fünftels der Menschheit zu voller Unabhängigkeit ordnen sollte – den Beginn einer neuen Ära, in der die «Dritte Welt» auf der Bühne der Geschichte erschien.

Es war erst das zweite Mal in der Geschichte Britisch-Indiens, daß ein Vizekönig eine Pressekonferenz abhielt. Es war auch das letzte Mal. Dreihundert Journalisten, Korrespondenten aus der Sowjetunion und den Vereinigten Staaten, aus China und Europa und zwischen ihnen die Vertreter der indischen Presse – alle folgten der Rede des Vizekönigs mit ungewöhnlicher Aufmerksamkeit.

Für Mountbatten war die Pressekonferenz die Krönung einer außergewöhnlichen Tour de force. In knapp zwei Monaten hatte er, nahezu im Alleingang, das Unmögliche erreicht, einen Dialog mit den führenden Politikern Indiens in Gang gesetzt, die Basis für eine Übereinkunft geschaffen, seine indischen Gesprächspartner dazu bewogen, sie anzunehmen, die uneingeschränkte Unterstützung durch die Regierung in London gewonnen. Mit Geschicklichkeit und ein bißchen Glück hatte er die Klippen auf seiner Route umschifft. Und zu guter Letzt hatte er sich sogar in den Käfig des alten Löwen gewagt, Churchill dazu gebracht, seine Klauen einzuziehen und auch seine knurrende Billigung errungen.

Mountbatten schloß seine Rede unter prasselndem Beifall und stellte sich den Fragen. Er tat es ohne Besorgnis. «Ich war schließlich dabeigewesen», erzählte er später. «Ich war der einzige, der jeden Augenblick miterlebt hatte.»

Als das Trommelfeuer der Fragen nachzulassen begann, ertönte plötzlich die anonyme Stimme eines indischen Reporters durch den Saal. Seine abschließende Frage war der letzte freie Fleck in dem Puzzlespiel, das Mountbatten ein halbes Jahr vorher aufgegeben worden war.

«Sir», sagte die Stimme, «wenn sich alle einig sind, daß die Zeit für die Machtübergabe drängt, dann haben Sie doch sicher an einen Termin gedacht?»

«Allerdings», antwortete Mountbatten.

«Und wenn Sie einen Termin festgesetzt haben, Sir, wie lautet dieses Datum?»

Eine Folge rascher Berechnungen schoß dem Vizekönig durch den Kopf, während er dem Fragesteller zuhörte. In Wahrheit hatte er noch kein Datum ausgewählt. Aber er war überzeugt, daß es ein sehr frühzeitiges sein müsse.

«Ich mußte den Gang der Dinge beschleunigen», berichtete er später. «Ich wußte, ich mußte das Parlament zwingen, die Vorlage noch vor der Sommerpause zu verabschieden, um das Ganze zusammenzuhalten. Wir saßen am Kraterrand eines Vulkans, auf einer gezündeten Bombe, und wir wußten nicht, wann sie hochgehen wird.» Wie die Szenen eines Horrorfilms huschten vor Louis Mountbattens geistigem Auge die verkohlten Leichen von Kahuta vorüber. Sollte nicht ein Ausbruch ähnlicher Gewalttaten ganz Indien in einen apokalyptischen Abgrund reißen, mußte er rasch handeln. Nach dreitausend Jahren indischer Geschichte und zweihundert Jahren *Pax Britannica* blieben nach der Überzeugung des Vizekönigs nur noch ein paar Wochen, die das Land vom Chaos trennten.

Er blickte starr in den Saal, in dem sich die Menschen drängten. Alle Gesichter waren ihm zugewandt. Eine erwartungsvolle Stille, in der nur das Rauschen der hölzernen Ventilatorblätter unter der Saaldecke zu hören war, erfüllte den Raum. «Ich war fest entschlossen, zu zeigen, daß ich die Sache in der Hand hatte», erinnerte er sich.

«Ja», antwortete er auf die Frage, «ich habe einen Termin für die Übergabe der Macht gewählt.»

In Wahrheit wirbelten ihm, während er diese Worte sprach, die möglichen Termine noch wie die Zahlen auf einem sich drehenden Rouletterad durch den Kopf. Anfang September? Mitte September, Mitte August? Plötzlich hielt das Rad an, und die kleine Kugel rollte in ein Fach, das so richtig zu sein schien, daß Mountbattens Entscheidung sofort feststand. Es war ein Datum, das für ihn mit den triumphalsten Stunden seines eigenen Lebens verknüpft war, der Tag, an dem sein langer Feldzug durch den Dschungel von Burma mit der bedingungslosen Kapitulation des japanischen Kaiserreiches geendet hatte. Eine Periode der asiatischen Geschichte war mit dem Zusammenbruch des feudalen Japan der Samurai zu Ende gegangen. Gab es für die Geburt des neuen, demokratischen Asien, das an seine Stelle trat, ein passenderes Datum als den zweiten Jahrestag der japanischen Kapitulation?

Mit einer von innerer Bewegung bedrängten Stimme verkündete der Sieger der Dschungelschlachten in Burma, der nun Indien seine Freiheit geben sollte:

«Die endgültige Übertragung der Macht in indische Hände wird am 15. August 1947 stattfinden.»

Mountbattens spontaner Entschluß, aus eigener Initiative den Termin zu verkünden, an dem Indien unabhängig wurde, schlug wie eine Bombe ein. In den Gängen des Unterhauses, in Downing Street Nr. 10, im Buckingham-Palast wirkte die Nachricht wie ein Schock. Niemand, nicht einmal Attlee selbst, hatte geahnt, daß Mountbatten in solcher Eile Englands indisches Abenteuer beenden würde. Ebensowenig Ahnung, was Mountbatten tun werde, hatten seine engsten Mitarbeiter in Delhi. Nicht einmal die indischen Politiker, mit denen er so viele

Stunden während der strapaziösen Monate April und Mai verbracht hatte, waren andeutungsweise unterrichtet gewesen, daß er mit solch entschlossener Eile vorgehen werde.

Nirgends löste die Wahl des Datums solche Überraschung und Betroffenheit aus wie in den Reihen einer Gemeinschaft, die Millionen von Hindus unter einer Tyrannei hielt, die härter war als die der Engländer, der Kongreßpartei und der Maharadschas zusammengenommen. Mountbatten hatte sich den unverzeihlichen Mißgriff zuschulden kommen lassen, seine Wahl bekanntzugeben, ohne zuvor die Repräsentanten der machtvollsten okkulten Körperschaft in Indien, der Astrologen, zu Rate zu ziehen.

Kein Volk der Erde unterwarf sich so willfährig der Macht und den Machtansprüchen der Astrologen wie die Inder. Nirgends hatten sie einen so großen Einfluß. Jeder Maharadscha, jeder Tempel, jedes Dorf hatte Astrologen, die wie kleine Diktatoren herrschten. Millionen Inder hätten nicht im Traum daran gedacht, eine Reise anzutreten, einen Gast zu empfangen, einen Vertrag zu unterschreiben, auf die Jagd zu gehen, einen neuen Anzug anzuziehen, ein neues Schmuckstück zu kaufen, eine Tochter zu verheiraten oder gar ihr eigenes Leichenbegängnis vorzubereiten, ohne vorher einen Astrologen konsultiert zu haben.

Die Astrologen, die in ihren Himmelskarten die göttliche Ordnung der Dinge zu erkennen glauben, maßten sich eine Macht an, die sie zu Herren über Millionen von Menschen machte. Kinder, die unter einem Unglück bringenden Stern geboren waren, wurden häufig von ihren Eltern ausgesetzt. Selbstmörder brachten sich zu der Stunde um, die von den Astrologen als besonders günstig für den Freitod bezeichnet wurde. Sie bestimmten, welche Tage einer Woche glückbringend waren und welche nicht. Der Sonntag und auch der Freitag waren unvermeidlich Unglückstage. Jedermann in Indien hätte mit Hilfe eines Mittels, das gar nichts Okkultes hatte, nämlich des Kalenders, entdecken können, daß im Jahr 1947 der 15. August zufällig auf einen Freitag fiel.

Kaum war im Rundfunk Mountbattens Datum bekanntgegeben worden, begannen in ganz Indien die Astrologen ihre Karten zu befragen. Die Sterndeuter in der heiligen Stadt Benares und etliche andere im Süden des Landes ernannten den 15. August unverzüglich zu einem derart unheilvollen Tag, «daß Indien besser daran täte, die Briten noch einen weiteren Tag zu ertragen, als die ewige Verdammnis zu riskieren».

In Kalkutta hatte der junge Astrologe Swami Madananand kaum aus dem Radio das Datum erfahren, eilte er schon zu seinen Himmelskarten. Er holte sein *navamanch* heraus, eine riesige kreisrunde Karte mit einer Reihe konzentrischer Kreise, auf denen die Tage und Monate des Jahres, die Zyklen von Mond und Sonne, die Planeten, die Tierkreiszeichen und die Positionen der siebenundzwanzig Gestirne eingetragen waren, die das Schicksal der Erde beeinflussen. In der Mitte befand sich eine Weltkarte. Der Sterndeuter verdrehte die Kreise auf seiner Karte, bis sie alle auf den 15. August gerichtet waren. Darauf begann er von der Karte Indiens in der Mitte aus Linien zum Rand seines Rades zu ziehen. Plötzlich richtete er sich entsetzt auf. Seine Berechnungen kündigten Unheil an. Am 15. August würde Indien unter dem Tierkreiszeichen Makra (Steinbock) stehen. Eine der Besonderheiten dieses Zeichens bestand darin, daß es alle zentrifugalen Kräfte – und damit die Teilung Indiens – mit unerbittlicher Feindschaft bedrohte. Noch viel schlimmer aber war, daß Indien an diesem Unglückstag unter dem Einfluß des Saturn, eines bekanntermaßen unheilvollen Gestirns, und des Sternes Rahu stehen werde, den die Astrologen als den «Stern ohne Hals» bezeichneten und der fast nur bösartige Wirkungen hervorrief. Von der Mitternachtsstunde des 14. August ab und den gesamten 15. August über würden Saturn, Jupiter und Venus zusammen im unheilvollsten aller Himmelshäuser stehen, dem neunten Haus von Karamstahn. Wie Tausende seiner Kollegen war der junge Astrologe überwältigt von der ungeheuren Katastrophe, die sie enthüllt hatten.

«Was haben sie getan? Was haben sie nur getan?» rief er hinauf zu den Sternen, deren Walten er deutete.

Trotz der Disziplin seiner körperlichen und seelischen Kräfte, die er durch jahrelanges Yogatraining, durch Meditation und Tantrastudien in einem Tempel im Bergland von Assam erworben hatte, geriet der Sterndeuter außer Fassung. Er nahm ein Blatt Papier, setzte sich hin und schrieb einen dringenden Appell an den Mann, der unabsichtlich zum Schuldigen an dieser himmlischen Katastrophe geworden war.

«Geben Sie», beschwor er Mountbatten, «aus Liebe zu Gott Indien seine Unabhängigkeit nicht am 15. August. Wenn danach Überschwemmungen, Dürre, Hungersnot und Massaker folgen, dann deshalb, weil das freie Indien an einem Tag geboren wurde, der unter dem Fluch der Sterne stand.»

9

Die komplizierteste Scheidung der Geschichte

Niemals zuvor war etwas versucht worden, was diesem Unternehmen auch nur im entferntesten ähnlich gewesen wäre. Nirgends gab es Leitlinien, Präzedenzfälle, hilfreiche Erkenntnisse aus der Vergangenheit, um den größten, den kompliziertesten Scheidungsprozeß der

Geschichte ordentlich abzuwickeln, die Trennung einer Familie von vierhundert Millionen Menschen mitsamt ihrem Hab und Gut, das sie in Jahrhunderten des Zusammenlebens erworben hatte.

Genau dreiundsiebzig Tage blieben, die Scheidungsurkunden fertigzustellen. Um sicherzustellen, daß alle Beteiligten unter ständigem, nicht nachlassendem Druck arbeiteten, hatte Mountbatten einen Abreißkalender drucken lassen, der auf seine Weisung überall in Delhi in den Amtszimmern aufgehängt wurde. Es war wie der Countdown vor einer Atomexplosion. Auf jeder Seite des Kalenders stand in einem großen roten Quadrat die Zahl der Tage, die bis zum 15. August noch blieben.

Die letzte Verantwortung für die Vorbereitung der gigantischen, unvorstellbar komplizierten Vermögenstrennung trugen zwei Männer, beide Juristen. Sie bewohnten fast identische Bungalows, fuhren zu ihren nur durch ein paar Türen getrennten Büros in Vorkriegs-Chevrolets, bezogen das gleiche Gehalt und zahlten mit gleicher Regelmäßigkeit ihren Monatsbeitrag in denselben Pensionsfonds. Der eine war ein Hindu, der andere ein Mohammedaner.

Jeden Tag vom Juni bis zum August saßen Chaudhuri Mohammed Ali, der Moslem, und H. M. Patel, der Hindu, über ihren Kuriertaschen, ihren wohlgeordneten Stapeln handgeschriebener Akten, jeder mit roten Bändern fest zusammengeschnürt, und plagten sich ab, das Hab und Gut ihrer vierhundert Millionen Landsleute aufzuteilen. Sie gingen dabei nicht nur mit der in britischen Amtsstuben erlernten Ordnung und Präzision vor, sondern mußten auch – eine letzte Ironie – das Vermögen Indiens in der Sprache ihrer Kolonialherren auseinanderdividieren, auf englisch. Über hundert Beamte, auf mehrere Ausschüsse und Unterausschüsse verteilt, arbeiteten ihnen zu. Die Empfehlungen der beiden Männer gingen wiederum zur letzten Entscheidung an einen Teilungsrat, dem der Vizekönig präsidierte.

Die Kongreßpartei reklamierte sogleich das kostbarste Stück aus der Vermögensmasse, den Namen «Indien». Sie lehnte es ab, das neue Dominion «Hindustan» zu taufen, und bestand darauf, in Gremien wie den Vereinten Nationen mit dem indischen Namen die indische Identität zu vertreten, da ja Pakistan sich aus dem gemeinsamen Verband löse.

Wie bei den meisten Scheidungsprozeduren kam es beim Geld zum erbittertsten Streit zwischen den beiden Parteien. Die wichtigste Summe bildete die Staatsschuld, die beim Rückzug Großbritanniens zurückblieb. Nachdem England jahrzehntelang der Vorwurf gemacht worden war, es beute Indien aus, würde es sein indisches Abenteuer mit fünf Milliarden Dollar Schulden beenden, die es bei denjenigen aufgenommen hatte, die von den Briten angeblich ausgebeutet worden waren. Dieser gewaltige Schuldenberg war während des Zweiten Weltkrieges entstanden, ein Teil des enormen Preises, den Großbritannien für den Sieg zahlen mußte, der das Land bankrott gemacht und den großen historischen Prozeß, der nun begann, vorbereitet hatte.

Daneben mußten die flüssigen Aktiva aufgeteilt werden, die Bargeldbestände der Staatsbanken, die Goldbarren in den Gewölben der Bank von Indien, alles bis zu den schmutzigen Rupienscheinen und den zerfetzten Briefmarken im Safe des District Commissioner bei den Kopfjägerstämmen der Naga.

Dieses Problem erwies sich als derart heikel, daß es erst gelöst wurde, als H. M. Patel und Mohammed Ali in ein Zimmer eingeschlossen wurden, mit der Weisung, dort zu bleiben, bis sie sich geeinigt hätten. Wie die Dattelverkäufer im Basar von Lahore feilschten sie miteinander, bis sie sich schließlich darüber verständigten, daß Pakistan 17,5 Prozent der Bargeldbestände der Staatsbank und der Sterlingguthaben bekommen und dafür 17,5 Prozent der indischen Staatsschuld übernehmen solle.

Die beiden Männer empfahlen auch, das bewegliche Inventar des gewaltigen indischen Verwaltungsapparates zu 80 Prozent auf Indien und zu 20 Prozent auf Pakistan zu verteilen. Überall in Indien begann man in den Ämtern die Stühle, Tische, Besen und Schreibmaschinen zu zählen. Manche der Listen, die so erstellt wurden, zeigten ein mitleiderregendes Bild. So ergab sich beispielsweise, daß das ganze Inventar im Landwirtschaftsministerium eines Landes, das wie kein anderes auf der Erde vom Hunger heimgesucht wurde, aus 425 Schreibtischen, 85 großen Tischen, 85 Beamtensesseln, 850 gewöhnlichen Stühlen, 50 Hutständern, sechs Hutständern mit Spiegel, 130 Bücherregalen, vier eisernen Panzerschränken, 20 Tischlampen, 170 Schreibmaschinen, 120 Ventilatoren, 120 Uhren, 110 Fahrrädern, 600 Tintenfässern, drei Dienstwagen, zwei Sofagarnituren und 40 Nachttöpfen bestand.

Die Aufteilung all dieser Gegenstände führte zu Streitereien, zu Gefeilsche und Gezerre. Sektionschefs versuchten, ihre besten Schreibmaschinen zu verstecken oder ihre schadhaften Schreibtische und Sessel gegen neue zu vertauschen, die ihren Moslemrivalen zugeteilt worden waren. Manche Ämter verwandelten sich förmlich in Suks, wo würdevolle hohe Beamte im Leinenanzug, denen eine Bevölkerung von Hunderttausenden unterstand, ein Tintenfaß gegen einen Wasserkrug verhökerten, einen Schirm- gegen einen Hutständer, 125 Stecknadelkissen gegen einen Nachttopf. Erbittert stritt man sich um das Geschirr, das Tafelsilber und die Porträts in staatlichen Palästen. Eines aber blieb immerhin unumstritten. Die Weinkeller fielen überall dem hinduistischen Indien zu, und das moslemische Pakistan erhielt eine Gutschrift für seinen Anteil an den Beständen.

Die kleinliche Habgier, zu der es bei diesen Aufteilungen mitunter kam, war unglaublich. In Lahore verteilte Patrick Rich, der Polizeichef, die Ausrüstung der Polizei zwischen seinem mohammedanischen und seinem Hindustellvertreter. Rich teilte alles anteilig zu: die Kniegamaschen, Turbane, Gewehre, Schlagstöcke. Der letzte Posten bestand aus den Instrumenten der Polizeikapelle. Rich verteilte auch sie, eine Flöte für Pakistan, eine Trommel für Indien, eine Trompete für Pakistan, zwei Schellen für Indien, bis nur noch ein einziges Instrument übrig war, eine Posaune. Er wollte seinen Augen nicht trauen, als seine beiden Stellvertreter, die seit Jahren Kameraden waren, mit den Fäusten aufeinander losgingen, um diese letzte Posaune ihrem Land zu sichern.

Tage vergingen mit Auseinandersetzungen darüber, wer die Renten der Witwen von Seeleuten zahlen sollte, die den nassen Tod gefunden hatten. Sollte Pakistan sämtliche Moslemwitwen versorgen, gleichgültig, wo sie lebten? Sollte Indien die Renten der Hinduwitwen in Pakistan zahlen? Pakistan würde seinen Anteil am indischen Straßen- und Eisenbahnnetz bekommen, mehr als ein Viertel. Waren nun die Bulldozer, Karren und Schaufeln der Straßenverwaltung und die Lokomotiven, Waggons und Güterwagen der Eisenbahn nach der Achtzig-zu-zwanzig-Regel aufzuteilen oder entsprechend dem tatsächlichen Anteil der beiden Staaten am Straßen- und Eisenbahnnetz?

Zu einer der erbittertsten Auseinandersetzungen kam es um die Bücherbestände in den indischen Bibliotheken. Die Ausgaben der *Encyclopaedia Britannica* wurden gerecht verteilt, der eine Band für das eine Land, der nächste für das andere. Wörterbücher riß man mitten auseinander, A bis K fiel Indien zu, der Rest ging an Pakistan. War von einem Buch nur ein Exemplar vorhanden, hatten die Bibliothekare selbst zu entscheiden, welches der beiden Dominions das größere «natürliche» Interesse daran habe. Manche dieser vermeintlich intelligenten Männer gerieten beim Streit, welcher Staat ein größeres natürliches Interesse an *Alice im Wunderland* und *Sturmhöhe* habe, handgreiflich aneinander.

Manches ließ sich einfach nicht aufteilen. Das Innenministerium konstatierte mit nüchternem Klarblick: «Die Aufgaben des bestehenden Geheimdienstes dürften durch die Teilung des Landes kaum geringer werden», und die Beamten weigerten sich hartnäckig, auch nur einen Akt oder ein Tintenfaß an Pakistan zu übergeben.

Es gab auf dem gesamten Subkontinent nur eine einzige Druckerei, die in der Lage war, die unerläßlichen Insignien nationaler Identität herzustellen, Briefmarken und Banknoten. Die Inder lehnten es ab, sie mit ihren künftigen Nachbarn zu teilen. Infolgedessen mußten Tausende von Moslems eine provisorische Währung für ihren neuen Staat fabrizieren, indem sie auf gewaltige Stapel indischer Rupiennoten mit einem Gummistempel das Wort «Pakistan» stempelten.

Unvermeidlich spiegelten sich auch Indiens uralte Leiden in dieser Vermögenstrennung wider. Ostbengalen, das an Pakistan fiel, würde 1947 einen Fehlbedarf von 70000 Tonnen Reis und 30000 Tonnen

Weizen haben. Die Moslems baten die indische Regierung dringend, 11000 Tonnen überschüssigen Reis zurückzugeben, die ihre westliche Provinz Sind bereits nach Delhi geschickt hatte. Die Bitte wurde nicht erfüllt – nicht weil die Hindus zu geizig gewesen wären, sondern aus einem Grund, der sich aus der traurigen Realität des Landes ergab: Der Reis war bereits verzehrt.

Zu den Beamten mit ihrem Gezänk kamen noch die Ansprüche der Scharfmacher. Die Moslems wollten, daß das Tadsch Mahal abgebrochen und nach Pakistan transportiert werde, weil es von einem Mogulherrscher erbaut worden war. Hindu-Sadhus reklamierten den Indus, der mitten durch das mohammedanische Indien floß; die gewagte Begründung bestand darin, daß zweieinhalb Jahrtausende vorher ihre heiligen Weden an den Ufern des Flusses aufgezeichnet worden waren.

Beide Dominions zeigten nicht die geringste Hemmung, nach den farbenfrohesten Symbolen Britisch-Indiens zu greifen. Der weiß-goldene vizekönigliche Zug, der die ausgebrannten Ebenen des Dekkan auf den bestbewachten Schienen der Geschichte durchquert hatte, fiel Indien zu. Die Privatwaggons des Oberkommandierenden der indischen Armee und des Gouverneurs der Provinz Pandschab gingen an Pakistan.

Die ungewöhnlichste Aufteilung fand im vizeköniglichen Marstall statt. Es ging um zwölf Kutschen. Mit ihrem schmuckreichen Äußeren aus handgeschmiedetem Gold und Silber, dem funkelnden Geschirr, den scharlachroten Kissen verkörperten sie den ganzen Pomp majestätischer Unnahbarkeit, der die Untertanen des Vertreters der englischen Krone zugleich fasziniert und empört hatte. Jeder Vizekönig, jeder Souverän, jede fürstliche Hoheit, die in der modernen Geschichte Indien besuchte, hatte sich in einer dieser Prachtkutschen durch die Hauptstadt Britisch-Indiens fahren lassen. Es waren die vizeköniglichen Staatskarossen, sechs davon in Gold, sechs in Silber. Die beiden Garnituren auseinanderzureißen wäre ein Jammer gewesen, weshalb man beschloß, daß ein Dominion die goldenen Karossen erhalten solle und das andere sich mit den silbernen zufriedengeben müsse.

Mountbattens Adjutant, Korvettenkapitän Peter Howes, schlug vor, die Verteilung durch eine höchst plebejische Geste zu entscheiden, einen Münzwurf. Neben ihm standen Major Yacoub Khan, soeben ernannter Kommandeur der Leibwache des pakistanischen Generalgouverneurs, und Major Gobind Singh, Befehlshaber der vizeköniglichen Leibwache, und schauten zu, wie das Silberstück glitzernd in die Luft emporstieg.

«Wappen!» rief Gobind Singh.

Die Münze fiel mit hellem Klang auf den Boden. Die drei Männer beugten sich darüber. Dem Sikh-Major entrang sich ein Freudenschrei. Fortuna hatte bestimmt, daß in den vizeköniglichen Goldkarossen die

Führer eines neuen, sozialistischen Indien durch die Straßen ihrer Hauptstadt fahren konnten.

Sodann teilte Howes die Geschirre, Peitschen, Stiefel, Perücken und Uniformen der Kutscher auf, die zu jeder Karossengarnitur gehörten. Als er damit fertig war, blieb noch ein letzter Gegenstand. Es war das vizekönigliche Posthorn, auf dem der Kutscher des Gefährts seine schmetternden, feierlichen Signale geblasen hatte.

Der junge Marineoffizier überlegte einen Augenblick. Es war abzusehen, daß das Instrument, wenn es auseinandergebrochen würde, niemals wieder einen Ton von sich gäbe. Er konnte natürlich noch einmal eine Münze entscheiden lassen. Plötzlich kam ihm ein besserer Einfall. Er hielt seinem indischen Kollegen das Horn hin. «Das können Sie ja nicht gut teilen», sagte er. «Ich finde, es gibt nur eine einzige faire Lösung. Ich werde es selbst behalten müssen.»

Mit einem Lächeln klemmte Howes sich das Posthorn unter den Arm und schlenderte aus dem Marstall hinaus.[13]

Doch nicht nur die Bücher, Banknoten und Bürostühle eines Fünftels der Menschheit mußten in jenen hektischen Sommerwochen des Jahres 1947 aussortiert und aufgeteilt werden. Das gleiche galt für Hunderttausende von Menschen, die Angehörigen der riesigen Armee öffentlicher Angestellter und Arbeiter, vom Eisenbahnpräsidenten und den höchsten Ministerialbeamten bis zu Straßenkehrern, Laufboten, Trägern und *Babus*, jenen unerträglichen kleinlichen Schreibern, die die indische Verwaltung wie Unkraut durchwuchern. Jeder durfte wählen, ob er Indien oder Pakistan dienen wolle. Dann wurden sie, in getrennten Trupps, in das eine oder das andere Dominion verfrachtet.

Die schmerzhafteste Teilung betraf jedoch 1,2 Millionen Hindus, Sikhs, Moslems und Engländer, die zusammen der stolzesten Einrichtung angehörten, die England in Indien geschaffen hatte, der indischen Armee.

Mountbatten hatte Jinnah eindringlich zugeredet, die Armee noch ein Jahr intakt zu lassen. Unter einem britischen Oberstkommandierenden sollte sie als die beste Garantin für den Frieden auf dem Subkontinent in den unruhigen Wochen nach der Teilung beiden Staaten verantwortlich sein. Jinnah hatte abgelehnt: Die Armee sei das unverzichtbare Attribut staatlicher Souveränität. Er wünsche, daß Pakistan am 15. August seine eigene Armee habe, innerhalb seiner eigenen Grenzen. So würde die indische Armee, zu zwei Dritteln Indien und zu einem Drittel Pakistan zugeschlagen, wie alles andere auf dem Subkontinent aufgeteilt werden und mit ihr eine große Legende ins Grab sinken.

Von den Helden Kiplings zu den Bengalischen Lanzenreitern

Die indische Armee . . . Schon der Name allein beschwor alte, romantische Bilder herauf: Gunga Din, aus dem Mannschaftsstand hervorgegangene Offiziere auf einer Zechtour, die Straße nach Mandalay, Gary Cooper, der seine Bengalischen Lanzenreiter einen Felshang hinauftreibt. Die indische Armee hatte das viktorianische Indien-Ideal besser als alles andere verkörpert: dunkelhäutige, schneidige Soldaten, fest in der Treue zu ihrer fernen Kaiserin, geführt von mutvollen Engländern, mannhaft unter dem Kugelhagel der Pathanen, sportlich, streng, doch väterlich zu ihren Männern, Burschen, die in der Messe einen vertrugen. Die Taten dieser Armee, die Leistungen ihrer Helden waren der Stoff, aus dem die englische Indien-Legende gewoben war.

Da waren die Sepoys, die indischen Infanteristen, die bei der Belagerung von Arcot ihren britischen Offizieren ihre letzten Reisrationen anboten, weil sie die Schmerzen des Hungertodes leichter ertragen konnten; die Guides-Kavalleristen, die 1857 nach Delhi galoppierten, um die Meuterer anzugreifen; die Männer vom 6. Gurkha-Regiment, wie sie den Bergkamm erstürmten, von dem aus die Türken den Strand von Gallipoli beherrschten; die Sowars vom 11. Kavallerieregiment, dem Leibregiment des Prinzen Albert Victor, das 2. königliche *Lancer*- und das 18. *Lancer*-Regiment, die bei Meikiki in der Libyschen Wüste dem Anprall von Rommels Panzern standhielten, die Kapitulationsaufforderung des Feldmarschalls verächtlich zurückwiesen und durch ihren tapferen Widerstand vielleicht Ägypten retteten.

Die Armee war ursprünglich eine Sammlung von Privatarmeen im Dienst der Ostindischen Kompanie gewesen. In jenen frühen Zeiten wurde sie von freibeuterischen Söldnern befehligt, die ihre eigene Truppe aufstellten und dann an die Kompanie vermieteten. Im Lauf der Zeit bildete sich eine gewisse Aura um ihre Namen; in Wahrheit jedoch waren viele dieser Männer habgierige, brutale Gesellen gewesen, denen es nur darum ging, Reichtümer zusammenzuraffen.

Der Große Indische Aufstand von 1857 veränderte die Armee ebenso, wie er fast alles andere in Indien veränderte. Mit diesen Veränderungen begann ihr Mythos, ihre Saga. Während der folgenden fünfundsiebzig Jahre zog die indische Armee die besten Absolventen der Militärakademie Sandhurst an sich, die tatendurstigen, ehrgeizigen Söhne des Klein- und Großbürgertums, die eine militärische Laufbahn einschlagen wollten, sich aber den Eintritt in eines der angesehenen englischen Regimenter nicht leisten konnten, bei denen ein Offizier mit seinem Sold nicht einmal eine anständige Figur in der Messe machen konnte. Während die verwöhnten Söhne der Reichen zur Garde gingen und dort Amateursoldaten wurden, fuhren die aufgeweckten jungen Leute, die Besten ihrer Jahrgänge, nach Indien, wo das Leben billiger und der Sold um die Hälfte höher war, um dort Berufssoldaten zu werden, die ihr Handwerk beherrschten.

Während in den langen Jahren der *Pax Britannica* die englische Armee ein Leben des Exerzierens und der Paraden führte, stand die indische Armee im Kampf. Sie kämpfte fast pausenlos an den Pässen und Berggipfeln der Nordwestgrenze, in Landi Kotal, den Khaiber-Paß hinauf und hinab. Es war ein abweisendes, trostloses Terrain schluchtenreicher Gebirge, steiler Felswände, kahler Täler, wo es kaum einen Busch als Deckung gab, im Sommer von der Sonne ausgebrannt, im Winter von eiskalten Regengüssen durchtost. Man kämpfte gegen einen grausamen Feind, die Pathanen, die Wasiris und Mahsuds, die ihren Gefangenen mit dem Messer den Garaus machten.

Aber die Pathanen waren auch tapfere Feinde, intelligent und schlau, und ihre britischen Gegner zollten ihnen die zähneknirschende Bewunderung, die einem guten Gegner zustand. Diese Grenzkriege waren ein tödliches Spiel, nach grausamen Regeln, wurden aber mit einem Hauch der Sportplätze von Eton ausgetragen. Man schlug keine Schlachten, sondern kämpfte in Scharmützeln, ein Offizier mit ein paar Männern, die einen Vorposten hielten oder eine Bergspitze sicherten. Der Kampf forderte vor allem Mut, Führungstalent, Einfallsreichtum und Initiative sowie ein enges, vertrauensvolles Verhältnis zwischen den Offizieren und ihren Mannschaften.

Zwar waren die Einsätze an der Grenze für den jungen Offizier strapazenreich, aber das Leben, das sie in den Garnisonen führten, war ein herrliches Dasein. Angesichts des Überflusses an Dienerschaft in Indien, der niedrigen Lebenshaltungskosten und der besonderen Privilegien, die der Armee eingeräumt wurden, fiel es jenen jungen Männern leicht, das Leben von Gentlemen zu führen, als die sie galten. «Pug» Ismay, der Chef von Mountbattens Stab, berichtete, wie er als junger Subalternoffizier, von der Fahrt durch den Schmutz und die Hitze erschöpft, zum erstenmal die Offiziersmesse seines Regiments betrat. Seine künftigen Kameraden saßen «in unserer schmucken Kasinotracht in Scharlachrot, Dunkelblau und Rot» um die Tafel, hinter jedem Offizier ein Diener «in fleckenlosem weißen Musselin mit einem Gürtel in den Regimentsfarben und dem Regimentswappen auf dem Turban . . . Zwei oder drei Schalen voll roter Rosen und ein paar Stücke blitzblank polierten Tafelsilbers» prangten auf dem makellosen Leinentischtuch. Über dem Kaminsims hing ein Ölgemälde des fürstlichen Ehrenobersten des Regiments, und die Wände ringsum zierten «die Köpfe von Tigern, Leoparden, Schraubenhornziegen und Steinböcken».

Damals kostümierten sich die Offiziere wie Operettenfiguren. Die *Yellowboys* vom *Skinner's-Horse*-Bataillon trugen aprikosenfarbene Kasinojacken, andere kleideten sich in Scharlachrot und Gold, Azurblau, Pfefferminzgrün und Silber. Einmal im Monat hielt jedes Regiment sein *Dining In*, ein festliches Bankett. Von einem Neuankömmling wurde erwartet, daß er sich bei einer solchen Festlichkeit bis zur Besinnungslosigkeit betrank und dann stramm zum Frühappell um sechs Uhr morgens erschien. Ein Trompetensignal eröffnete gewöhnlich ein solches Bankett, und dann marschierten die Offiziere, goldbetreßt und mit glänzend gewichsten Stiefeln hinter ihrem Obersten in die Messe. Dort verzehrten sie im Kerzenschein an einer mit Kristall, Blumen und schimmerndem Silber überladenen Tafel Speisen, wie es sie opulenter in Indien nicht gab. War der letzte Gang abgeschlossen, machte eine Karaffe mit Portwein im Uhrzeigersinn die Runde, beim Regimentschef beginnend. Jeder Bruch dieser Tradition war unvorstellbar.

Stets folgten drei Trinksprüche, die der Chef ausbrachte: auf den König-Kaiser, den Vizekönig, das Regiment. Beim 7. Kavallerieregiment warf der Kommandeur nach jedem Trinkspruch das Glas über die Schulter. Hinter ihm wartete mit gemessenem, ausdruckslosem Gesicht der indische Kasino-Sergeant, der bei jedem Glaswurf die Hacken zusammenschlug und dabei die Scherben unter seinem rechten Absatz zertrat. Die Kasinos der Armee waren wohlversehen mit Whisky, Rheinwein und Champagner, für jeden Offizier mit der Unterschrift unter einen Bon erreichbar. Der Mann, den es um jeden Preis zu meiden galt, war, wie ein Chronist der indischen Armee berichtet, «ein Offizierskamerad, der in der Messe Wasser trank».

Der kostbarste Besitz jedes Regiments war seine Silbersammlung, eine Kollektion von Trophäen, die seine ungeschriebene Geschichte darstellten. Jeder neue Offizier, der zum Regiment kam, stiftete dem Kasino ein Stück, in das sein Name und das Datum seiner Ankunft eingraviert waren. Daneben gab es Siegestrophäen von Triumphen des Regiments beim Polo oder Kricket und auf dem Schlachtfeld. Das 7. Kavallerieregiment besaß einen breitrandigen Pokal, der seinen Spitznamen bei einem ausgelassenen Bankett in den dreißiger Jahren erhielt. Die Leutnants waren wie betrunkene College-Studenten auf den Kasinotisch gestiegen und hatten gemeinsam fröhlich in den Pokal uriniert. Das Gefäß, das den Erguß aus den vom Champagner geschwollenen Blasen nicht aufzunehmen vermochte, erhielt umgehend den Ehrennamen «Überfluß-Pokal».

Der Vormittag war für den Offizier mit Exerzieren und seinem Soldatenhandwerk ausgefüllt, doch der Rest des Tages gehörte ihm selbst. Es gab *eine* akzeptable Art, ihn zu nutzen – beim Sport. Von einem jungen Offizier wurde erwartet, daß er seine Energien an einer gesunden Betätigung austobte, sei es beim Polo, bei der Wildschweinhatz, beim Büchsensport, Kricket, Hockey oder beim Ausritt mit der Meute. Es war eine Zucht, die sich mit den kalten Bädern der Jesuiten vergleichen ließ, denn ein Vergnügen fehlte diesem idyllischen Leben in bemerkenswertem Maß, die Erotik. Den Offizieren der indischen Armee wurde diskret zu verstehen gegeben, daß es nicht gern gesehen war, wenn sie vor Mitte Dreißig heirateten. Seit dem Großen Aufstand hielt man nicht mehr viel von indischen Mätressen. Bordelle galten zwar für die Mannschaften als ein notwendiges und angemessenes Ventil, doch Offiziere und Gentlemen wurden nicht ermutigt, sie aufzusuchen. Statt dessen empfahl sich ein scharfer Ritt auf dem Pferd.

Jeder Offizier erhielt zwei Monate Jahresurlaub, aber man konnte sich viel mehr verschaffen, wenn es an der Grenze ruhig blieb. Dann begaben sich die jungen Offiziere der Armee auf die Panther- und Tigerjagd in den Dschungeln Zentralindiens. Sie jagten in den Vorbergen des Himalaja den Schneeleoparden, den Steinbock und den Schwarzbären oder stellten mit der Angelrute an den rasch fließenden Bächen in Kaschmir der indischen Barbe nach. Ismay hatte seine ersten Urlaube auf einem Hausboot in Srinagar verbracht, umgeben von flammenden Lotosblüten auf dem Wasser, während seine Poloponies am nahe gelegenen Ufer angepflockt waren. Wenn die heiße Jahreszeit kam, zog er weiter zum 2700 Meter hoch gelegenen Gulmarg, «wo der Poloplatz aus echtem englischen Rasen bestand und wo man einen Klub hatte, in dem wir uns alle zusammensetzen und die Welt in Ordnung bringen konnten».

Sie hatten die Welt nicht in Ordnung gebracht, diese jungen Offiziere der indischen Armee. Aber sie waren mit ihren Gewehren, die sie ebenso zielsicher auf die bengalischen Tiger wie auf die rebellischen Stämme an Indiens unruhigen Grenzen richteten, mit ihren Kasernenballaden, ihrem abendlichen Glas Whisky mit Soda, ihren Puggree-Sonnenhelmen und ihren Polostöcken die stolzen, fernen Wächter des größten Imperiums der Weltgeschichte gewesen.

Mit dem Ersten Weltkrieg begann die zweite große Verwandlung der indischen Armee. Von 1918 an wurden an der Militärakademie Sandhurst pro Jahr zehn Plätze für indische Kadetten reserviert. 1932 wurde in Dehra Dun eine indische Militärakademie nach dem Vorbild von Sandhurst gegründet. Die jungen indischen Offiziere, die aus diesen Institutionen hervorgingen, waren von den englischen, nach deren Beispiel sie geformt waren, nicht zu unterscheiden. Vor allem aber gelang es den Briten, zwischen ihnen den trennenden Graben einzuebnen, der die beiden Religionsgemeinschaften auf dem Subkontinent spaltete, und ihnen eine gemeinsame Loyalität gegenüber Armee und Regiment einzupflanzen.

Die indische Armee, bis 1945 auf 2,5 Millionen Mann verstärkt, kämpfte mit Auszeichnung im Zweiten Weltkrieg. Sie nahm an den Feldzügen in Italien, Libyen und Burma teil. Und nun sollte, als unvermeidliche Folge des Beschlusses, Indien zu teilen, die Streitmacht, deren größter Stolz in Jahrzehnten des Abenteuers und des Kampfes ihre Immunität gegen den indischen Völkerhader gewesen war, von ebendiesem Hader auseinandergerissen werden.[14]

Ein hektographiertes Formular, das Anfang Juli jedem indischen Offizier der Armee vorgelegt wurde, war das Werkzeug ihrer Zerstörung. Darauf hatte jeder Befragte anzugeben, ob er in die indische oder in die pakistanische Armee eintreten wolle. Den Hindu- und Sikhoffizieren der indischen Armee wurde die Wahl leichtgemacht, da Jinnah sie in seiner Armee nicht haben wollte. Sie entschieden sich ausnahmslos dafür, in indische Dienste zu treten.

Jene Moslems jedoch, deren Familien nach der Teilung auf indischem Gebiet leben würden, wurden durch dieses einfache Blatt Papier vor ein heikles Problem gestellt. Sollten sie ihre Heimat, die Wohnstätten ihrer Vorfahren, vielfach ihre Familien verlassen, um in der Armee eines Staates zu dienen, der auf ihre Treue nur auf Grund dessen Anspruch erhob, daß sie Moslems waren? Oder sollten sie in dem Land bleiben, mit dem sie so viele Bande verknüpften, und das Risiko eingehen, daß antiislamische Ressentiments ihnen die Karriere verdarben?

Einer von denen, die sich mit dieser schweren Entscheidung herumschlugen, war Oberstleutnant Enaith Habibullah, der schon bei El Alamein dabeigewesen war. Habibullah nahm schließlich Wochenendurlaub und fuhr zu seiner Familie nach Lucknow, wo sein Vater Vizekanzler der Universität war. Seine Mutter trat mit fanatischer Leidenschaft für Pakistan ein.

Nach dem Mittagessen lieh er sich den Wagen seines Vaters aus und fuhr durch die Straßen von Lucknow. Er betrachtete das Zuhause seiner Vorfahren, mittelalterlicher Barone im Königreich Oudh. Die berühmte Residenz trug noch die Narben der Granateneinschläge vom Aufstand des Jahres 1857. Dafür, dachte er, haben meine Ahnen ihr Leben gegeben, das ist das Indien, von dem ich in England in der Schule und unter dem Granathagel der Deutschen in der Westlichen Wüste geträumt habe. Dies ist meine Heimat, hierher gehöre ich. Ich werde bleiben.

Für Major Yacoub Khan, einen jungen Moslemoffizier der vizeköniglichen Leibwache, war die Entscheidung die ernsteste seines Lebens. Er fuhr ebenfalls heim zu seiner Familie, um seinen Entschluß zu überdenken. Seine Angehörigen lebten im Fürstenstaat Rampur, wo sein Vater Erster Minister seines Onkels, des Nawab, war.

Voll innerer Bewegung sah er das väterliche Herrenhaus wieder, gleich neben dem prachtvollen Palast seines Onkels. So viele glückliche Erinnerungen verbanden sich mit diesem Haus – an Weihnachten, wenn hundert Gäste vom goldenen Tafelservice der Familie speisten; an die Jagden; an die Büchsen, die auf dem schlingernden Rücken von zwanzig oder dreißig Elefanten in den Dschungel gerichtet waren; an die glanzvollen Bälle, die darauf folgten und bei denen im Palast seines Onkels ein ganzes Orchester aufspielte; an die langen Reihen der Rolls-Royce-Limousinen, die vorfuhren; an den Champagner, der in Strömen floß. Er dachte an die Zelte zurück, die mit Satinkissen und Orientteppichen ausgestattet, mitten im Dschungel aufgeschlagen wurden, er erinnerte sich der Schätze an Leckerbissen, die zu den Picknicks mitgenommen worden waren. Er wanderte durch den Palast seines Onkels und nahm noch einmal alles in sich auf, das geheizte Schwimmbad, den großen Bankettsaal mit Ölporträts von Königin Victoria und Georg V. Diesem Leben, ging es ihm durch den Sinn, ist der Untergang bestimmt in dem sozialistischen Indien, das aus der Teilung hervorgehen wird. Was für einen Platz würde dieses Indien jemandem wie ihm bieten, dem Moslemsproß einer Fürstenfamilie?

Am Abend versuchte er seiner Mutter seinen Entschluß zu erklären; er wolle all dies aufgeben und nach Pakistan gehen.

«Du hast dein Leben gelebt», sagte er zu seiner Mutter, «ich habe meines noch vor mir. Ich glaube nicht, daß es nach der Teilung in Indien für Moslems eine Zukunft gibt.»

Die alte Dame blickte ihn halb zornig, halb ungläubig an. «Ich verstehe das alles nicht», sagte sie. «Wir leben hier seit zwei Jahrhunderten. *Ham hawa-ké bankön davara âyé*», sagte sie auf Urdu. «Auf den Flügeln des Windes haben wir uns auf die indischen Ebenen herabgelassen. Wir haben die Plünderung von Delhi mit angesehen. Wir haben den Großen Aufstand erlebt. Deine Vorväter haben mit den Briten um das Land gekämpft. Und jetzt haben wir hier eine Heimat gefunden. Hier sind unsere Gräber», sagte sie traurig.

«Ich bin alt», schloß sie. «Meine Tage sind gezählt. Ich verstehe nichts von Politik, aber als Mutter habe ich selbstsüchtige Wünsche. Ich fürchte, was du vorhast, wird uns voneinander trennen.»

Keineswegs, beteuerte ihr Sohn. Es handle sich nur darum, daß er statt in Delhi in Karatschi stationiert sein werde.

Am nächsten Morgen fuhr er ab. Es war ein herrlicher Sommertag. Zum Zeichen der Trauer trug seine Mutter einen weißen Sari, in dem sie sich als ein heller Fleck vom dunklen Sandstein des Hauses hinter ihr abhob. Sie hielt den Koran über den Kopf ihres Sohnes und hieß ihn darunter durchgehen. Dann nahm sie das heilige Buch und küßte es. Gemeinsam sprachen sie ein paar Verse als Abschiedsgebet. Als sie ihre letzten Worte gesprochen hatte, blähte sie die Wangen und blies dem Sohn sanft ihren Atem ins Gesicht, damit ihr Gebet ihm auch gewiß folge.

Als Yacoub Khan die Tür des Packard öffnete, der ihn zum Bahnhof bringen sollte, wandte er sich um, um zum Abschied zu winken. Die alte Frau stand aufrecht und würdevoll in ihrer Trauer da und konnte ihm nur zunicken. Hinter ihr sandten ihm eine Schar Diener aus den Fenstern der Villa winkend ihren Abschiedsgruß. Eines dieser Fenster gehörte zu dem Zimmer, das Yacoub Khan als junger Mann bewohnt hatte. Es war noch immer vollgestopft mit seinen Kricket-Schutzpolstern und Fotoalben, den Pokalen, die er beim Polo gewonnen hatte, all den Erinnerungsstücken seiner Jugend. Es eilt ja nicht, dachte er. Sobald er sich in Pakistan eingerichtet habe, werde er zurückkommen und alles abholen.

Yacoub Khan täuschte sich. Er sollte nie mehr in das Heim seiner Familie zurückkehren, seine Mutter niemals wiedersehen. Schon ein paar Monate später führte er ein Bataillon der pakistanischen Armee in Kaschmir über einen schneebedeckten Steilhang gegen eine Stellung, die von Männern gehalten wurde, welche seine Offizierskameraden in der indischen Armee gewesen waren. Unter den Einheiten, die seinen Ansturm aufhalten wollten, war auch eine Kompanie des *Garhwal*-Regiments. Ihr Anführer war, wie der launische Kriegsgott es wollte, ebenfalls ein Moslem. Doch im Gegensatz zu Yacoub Khan hatte er im Juli 1947 eine andere Entscheidung getroffen. Er entschloß sich, in dem Land zu bleiben, wo er geboren war. Auch er hieß Khan, Younis Khan, und war Yacoubs jüngerer Bruder.

Die komplizierteste Aufgabe im Zusammenhang mit der Teilung Indiens fiel auf die Schultern eines einsamen Mannes, der im Juni 1947 in seinem Londoner Anwaltszimmer arbeitete. Da er aus Oxford mit der besten Note im Schlußexamen und einem Stipendium des Allerseelen-Colleges gekommen war, war Sir Cyril Radcliffe von einer Aura der Brillanz umgeben, wie manche Männer von einer Aura der Askese oder der Intriganz umgeben sind. Radcliffe, Sohn eines wohlhabenden Jagdliebhabers, hatte sich der Jurisprudenz mit einer Leidenschaft ergeben, die sich nur mit der lebenslangen Passion seines Vaters für die Pirsch auf Fasan und Schneehuhn vergleichen ließ; Radcliffe war ein etwas untersetzter Mann von täuschend milder Miene und, wie man im Sommer 1947 allgemein fand, der glänzendste Barrister in England.

Er besaß zwar ein enzyklopädisches Wissen über einen gewaltigen Themenbereich, wußte aber praktisch so gut wie nichts über Indien. Er hatte nie über das Land geschrieben oder mit irgendeinem seiner komplexen juristischen Probleme zu tun gehabt. Ja, Sir Cyril Radcliffe hatte niemals den Boden des Subkontinents betreten. Paradoxerweise war genau dies der Grund, warum er am Nachmittag des 27. Juni 1947 in das Amt des englischen Lordkanzlers geholt wurde.

Das zentrale Problem, das in Mountbattens Teilungsplan vom 3. Juni ungelöst geblieben war, bestand darin, wo die Grenzlinien innerhalb der Provinzen Bengalen und Pandschab zu ziehen seien. Nehru und Jinnah, so legte der Lordkanzler Radcliffe dar, seien sich bewußt, daß sie sich niemals über eine Grenzlinie verständigen könnten, und hätten deshalb beschlossen, diese Aufgabe einer Grenzziehungskommission zu übertragen, deren Vorsitzender ein angesehener englischer Jurist sein sollte. Für diese Aufgabe würde ein Mann gebraucht, der Indien nicht kannte und niemals ein Wort über die Probleme des Landes geschrieben oder gesprochen habe. Erfülle er diese Voraussetzungen nicht, werde er mit Sicherheit von der einen oder anderen Seite als unqualifiziert oder befangen betrachtet. Radcliffes hohes Ansehen als Jurist und seine ebenso erfreuliche Unkenntnis Indiens ließen ihn, so führte der Lordkanzler aus, als den idealen Kandidaten erscheinen.

Radcliffe lehnte sich betroffen zurück. Er hatte an diesem Juninachmittag kaum eine Ahnung, wo der Pandschab und Bengalen auf der Landkarte überhaupt zu finden waren. Der Versuch, diese beiden Provinzen aufzuteilen, war das letzte, was er sich als Aufgabe wünschte. Wenn er auch von Indien nichts wußte, so kannte er sich in juristischen Dingen doch genügend aus, um zu wissen, daß es ein undankbarer Auftrag war. Aber wie so viele Engländer seines Alters und Herkommens besaß er ein tiefverwurzeltes Pflichtgefühl. Englands Beziehung zu Indien war einzigartig gewesen, und wenn an diesem kritischen Punkt die führenden Politiker Indiens, die sich praktisch über nichts sonst hatten einigen können, imstande gewesen waren, sich über die Bestellung eines Engländers für jene ungeheuer schwierige Aufgabe zu verständigen, dann blieb ihm wohl nichts anderes übrig, als den Auftrag anzunehmen.

Eine Stunde später entfaltete der Indienminister zu Radcliffes Orientierung eine gewöhnliche Karte des Subkontinents auf seinem Schreibtisch. Während sein Finger dem Lauf des Ganges und des Indus nachfuhr, auf den grünen Fleck zeigte, der den Pandschab darstellte, und den weißen Kammlinien des Himalaja folgte, entdeckte Radcliffe zum erstenmal die Umrisse der riesigen Provinzen, die zu teilen er sich bereit gefunden hatte: achtundachtzig Millionen Menschen mit ihren Behausungen, ihren Reisfeldern, Jutepflanzungen, Obstgärten und Viehweiden, Eisenbahnlinien und Fabriken, Zehntausende von Quadratkilometern – all das reduziert auf ein Stück buntes Papier auf dem Schreibtisch eines Londoner Regierungsbeamten.

Und nun sollte er auf einem ähnlichen Stück Papier die Linien einzeichnen, die einen ganzen Subkontinent teilten.

Mountbatten blieb kaum Zeit, seinen Triumph – die mühsam errungene Zustimmung der einander befehdenden Politiker zum Teilungsplan – auszukosten, als er sich schon mit einem noch komplizierteren Problem konfrontiert sah. Diesmal würden seine Gesprächspartner in Neu-Delhi nicht eine Handvoll in der englischen Rechtstradition geschulter Anwälte sein, sondern die 565 Angehörigen der Herde vergoldeter Pfauen Seiner Hoheit Yadavindra Singhs, die Maharadschas und Nawabs von Indien.

Die unberechenbaren, unbeständigen und gelegentlich unverantwortlich denkenden Herrscher, die in der Fürstenkammer des Maharadschas von Patiala zusammengeschlossen waren, zwangen den Vizekönig, den Alptraum ins Auge zu fassen, der Indien seit Jahrhunderten bedrängte. Indiens Politiker konnten zwar das Land teilen, doch die Fürsten konnten es zerstören. Sie bedrohten den Subkontinent nicht nur mit einer Zweiteilung, sondern mit einer tödlichen Zerstückelung in eine Vielzahl von Einzelstaaten. Sie drohten, all die spalterischen Tendenzen verschiedenartiger Rassenzugehörigkeit, Religionen, Regionen und Sprachen zu entfesseln, die unter der brüchigen Oberfläche der indischen Einheit auf ihre Befreiung lauerten. Die Fürsten besaßen ihre Privatarmeen, ihre eigene Luftstreitmacht, sie waren in der Lage, das Netz der indischen Bahnen, der Post, des Telefon- und Telegrafendienstes zu zerreißen, ja sogar die Struktur der zivilen Luftfahrt zu verändern. Ihrem Drängen nach Unabhängigkeit nachzugeben würde bedeuten, einen verhängnisvollen Prozeß in Gang zu setzen: die Zersplitterung des Subkontinents. Die Überreste von Britisch-Indien würden zu einem Sammelsurium miteinander verfeindeter Territorien werden, das unfehlbar die Begierde Chinas, des größten Nachbarn Indiens, erwecken mußte.

Sir Conrad Corfields geheime Blitzreise nach London hatte zumindest einen begrenzten Erfolg erbracht. Das Londoner Kabinett hatte anerkannt, daß theoretisch seine Argumentation begründet sei, sämtliche früheren Prärogativen, welche die Fürsten einst dem König-Kaiser abgetreten hatten, müßten nun an sie zurückfallen. Er hatte den Fürsten, die ihm so am Herzen lagen, einen Notausgang geöffnet, und nun zögerte er nicht, auf die wichtigsten Maharadschas einzuwirken, ihn zu benutzen.

«Niemand», bemerkte Mountbatten mit einer gewissen Bitterkeit in einem Bericht nach London, «hatte mir den leisesten Hinweis gegeben, daß das Problem der Fürsten ebenso schwierig, wenn nicht noch schwieriger als das Britisch-Indiens sein würde.»

Zum Glück war niemand besser geeignet, mit Indiens Fürsten zurechtzukommen, als Mountbatten. Schließlich stand er auf gleicher Stufe mit ihnen. Er besaß in den Augen dieser Herrscher die untadeligste Referenz: Bande der Blutsverwandtschaft zur Hälfte der europäischen Herrscherhäuser und, was am meisten zählte, zu der Krone, die sie so lange beschirmt hatte. Mountbatten hatte das sagenumwobene indische Kaiserreich zum erstenmal bei vielen der Fürsten kennengelernt, deren Throne er nun zu liquidieren sich anschickte. Überall auf seiner Rundreise mit dem Prinzen von Wales waren sie seine Gastgeber gewesen. Auf ihren Elefanten war Mountbatten durch ihre Dschungel geritten, um Tiger aufzuspüren. Er hatte aus ihren Silberbechern Champagner getrunken, von ihrem goldenen Tafelservice die östlichen Leckerbissen gespeist, unter den Kristallüstern ihrer Ballsäle mit dem Mädchen getanzt, das dann seine Ehefrau wurde.

Unter der Handvoll Männer in Indien, die dem Vizekönig so nahe standen, daß sie ihn privat mit dem familiären «Dickie» ansprechen durften, waren mehrere Maharadschas, mit denen er sich auf jener Reise angefreundet hatte.

Aber trotz seiner Verbindungen zu Herrscherhäusern und seiner freundschaftlichen Einstellung zu den indischen Fürsten war Mountbatten doch ein klarblickender Realist und der liberalen Denkart verpflichtet, die ihn für eine Labour-Regierung annehmbar gemacht hatte. Mochten die Väter der Fürsten auch die zuverlässigsten Freunde der britischen Herrschaft in Indien gewesen sein, in der neuen Ära, die nun begann, mußte England sich seine Freunde anderswo suchen, unter den Sozialisten der Kongreßpartei. Mountbatten war entschlossen, diese Freunde zu gewinnen und Indiens natürliche Interessen nicht denen einer kleinen Kaste anachronistischer Autokraten unterzuordnen.

Das Beste, was er für seine fürstlichen Freunde tun konnte, bestand darin, sie vor sich selber zu retten, vor ihren Wunschphantasien, den größenwahnsinnigen Träumen, denen sie sich in der privilegierten Isolation ihrer Staaten so leicht hatten hingeben können. Seitdem er ein junger Mann gewesen war, hatte Mountbatten immer ein schreckliches Bild verfolgt, das ihn sogar noch 1947 zum Weinen bringen konnte. Es war ein Anblick, den er zwar nicht selbst gesehen, sich aber oft vorgestellt hatte: die grauenhafte Szene im Keller von Jekaterinburg, wo der Zar, sein Onkel, der Vetter und die Kusinen, mit denen er so oft gespielt hatte, unter ihnen Großfürstin Marie, die er sich insgeheim als Braut gewünscht hatte, ermordet wurden. Er wußte, es gab Hitzköpfe unter den indischen Fürsten, die imstande waren, sich in ihrer Verantwortungslosigkeit in Abenteuer zu stürzen, die ihre Paläste in Schlachthäuser verwandeln würden wie den Keller des Zarenschlosses. Der Kurs, dem sie nach dem Wunsch seines eigenen politischen Sekretärs folgen sollten, konnte genau dahin führen.

Viele der Fürsten wähnten in Mountbatten ihren Retter, glaubten, er werde das Wunder vollbringen, das ihre privilegierte Stellung erhalten würde. Diese Hoffnung trog. Er hatte weder die Macht noch den Wunsch, so zu handeln. Statt dessen wollte er seine lieben alten Freunde überzeugen, daß ihnen keine andere Wahl bleibe, als still und ohne Protest in der Versenkung zu verschwinden.

Er wollte, daß sie jeden Anspruch auf Unabhängigkeit aufgaben und noch vor dem 15. August ihre Bereitschaft erklärten, sich entweder Indien oder Pakistan anzuschließen. Dafür war er bereit, seine vizekönigliche Autorität bei Nehru und Jinnah einzusetzen, daß ihnen zum Lohn für ihr Entgegenkommen das bestmögliche Arrangement für ihre persönliche Zukunft gewährt würde.

Mountbatten schlug den Handel, den er vorhatte, zuerst Vallabhbhai Patel vor, dem indischen Minister, der für die Fürstenstaaten zuständig war. Wenn sich, erklärte der Vizekönig, der Kongreß bereit fände, den Fürsten ihre Titel, ihre Paläste und ihr Privatvermögen zu lassen, ihnen Immunität gegen eine Verhaftung zu gewähren, ihren Anspruch auf englische Auszeichnungen und ihren quasi-diplomatischen Status zu erhalten, dann werde er sie zu bewegen versuchen, daß sie vor dem 15. August eine Beitrittsakte unterzeichneten, in der sie auf ihre weltliche Macht verzichteten, sich der Indischen Union anschlossen und ihren Anspruch auf Unabhängigkeit aufgaben.

Es war ein sehr verlockendes Angebot. Patel wußte genau, daß es innerhalb der Kongreßpartei niemanden gab, der mit der Autorität eines Mountbatten mit den Fürsten hätte umgehen können. Aber, sagte er zu Mountbatten, «es müssen alle sein. Wenn Sie mir einen Korb bringen, in dem sämtliche Äpfel des Baumes sind, werde ich ihn kaufen. Sind nicht alle Äpfel drin, dann nicht.»

«Wären Sie mit einem Dutzend weniger zufrieden?» fragte der Vizekönig.

«Zu viele», erwiderte Patel, «ich gebe Ihnen zwei.»

«Zu wenige», sagte Mountbatten.

Ein paar Minuten feilschten der letzte Vizekönig und Patel wie Teppichhändler um diese Staaten mit einer Einwohnerschaft, die zwei Drittel der Bevölkerung der Vereinigten Staaten betrug. Schließlich wurden sie sich über eine Zahl handelseinig: sechs. Sie erleichterte nicht gerade die Herkulesarbeit, die Mountbatten vor sich hatte. 565 Maharadschas minus sechs und ein paar weiteren für Pakistan – damit blieben noch mehr als 550 Äpfel, die Mountbatten in den wenigen Wochen, die bis zum 15. August blieben, pflücken mußte.

Das Angebot, das Nehru vortrug, war das ungewöhnlichste, das jemals einem Engländer von einem Inder gemacht wurde. Es sollte das einzige seiner Art in den Annalen des Empire bleiben. Im vizeköniglichen Arbeitszimmer, in dem sie so viele sorgenschwere Stunden gemeinsam verbracht hatten, bat Jawaharlal Nehru den letzten Vizekönig, den letzten Inhaber des Thrones, gegen den so viele Inder gekämpft hatten, in aller Form als erster das angesehenste Amt zu übernehmen, das das unabhängig gewordene Indien zu vergeben hatte: den Posten des Generalgouverneurs.

Den Keim dieser Idee verdankte Nehru seinem Rivalen Jinnah. Um sicherzustellen, daß Pakistan seinen angemessenen Anteil an der Scheidungsmasse erhalte, hatte Jinnah den Vorschlag gemacht, Mountbatten solle über den 15. August hinaus bleiben, sozusagen als höchster Schiedsrichter, bis die Teilung vollendet war.

Mountbatten betrachtete die Offerte zwar als eine hohe Ehre, aber er hatte ernste Bedenken, sie anzunehmen. Die vier Monate in Indien waren ein glänzender Erfolg für ihn gewesen. Zusammen mit seiner Ehefrau konnte er nun, wie sie gehofft hatten, das Land «in Glanz und Glorie» verlassen. Er war sich nur zu sehr im klaren darüber, daß in naher Zukunft Schwierigkeiten lauerten und daß ein längerer Aufenthalt seine Taten verdunkeln könnte. Und wenn er das Amt richtig ausüben wollte, brauchte er nach seiner Ansicht ein ähnliches Angebot von Jinnah.

Doch der todkranke Moslemführer konnte nicht dem farbenfrohen Gepränge des höchsten Staatsamtes der Nation widerstehen, für die er so hart gearbeitet hatte. Er selbst, erklärte er Mountbatten, wolle Pakistans erster Generalgouverneur werden.

Mountbatten argumentierte, Jinnah habe sich den verkehrten Job ausgesucht. Nach dem konstitutionellen Vorbild Englands, das in den beiden Dominions gelten sollte, besitze der Premierminister alle Macht. Die Rolle des Generalgouverneurs sei nur symbolischer Art, vergleichbar der des Souveräns, ein Amt ohne echte Machtbefugnisse.

Sein Argument ließ Jinnah ungerührt. «In Pakistan», antwortete er kühl, «werde ich Generalgouverneur sein, und der Premierminister wird sich nach mir zu richten haben.»

Attlee, Churchill, der König, alle erkannten, welche Ehre England durch Nehrus Angebot widerfuhr, und drängten Mountbatten, es anzunehmen. Jinnah schloß sich ihnen an.

Doch bevor er es annehmen konnte, brauchte er noch den Segen eines einzigen Mannes. Daß der Mann, der Indien zur Freiheit geführt hatte, die Ernennung eines Engländers zum ersten Staatsoberhaupt des unabhängigen Indien billigen würde, schien zunächst unvorstellbar. Außerdem hatte der Mahatma mit einer bezeichnend kauzigen Geste der Welt bereits seinen idealen Kandidaten für das Amt präsentiert: eine Unberührbare, eine junge Straßenfegerin «von furchtloser Gesinnung, unbestechlich und von kristallner Reinheit».

Doch trotz aller Verschiedenheit der Ansichten war zwischen Gandhi und dem um dreißig Jahre jüngeren Admiral eine echte *Affinität* entstanden. Mountbatten war von Gandhi fasziniert. Er liebte seinen lausbübischen Humor. Vom ersten Augenblick hatte er Gandhi und seinen Ideen mit Aufgeschlossenheit gegenübergestanden. Mit jeder ihrer Begegnungen hatte seine Sympathie und die seiner Frau für den Mahatma zugenommen.

Gandhi, der selbst viel Herzlichkeit besaß, hatte die Gefühle der Mountbattens ihm gegenüber gespürt und erwiderte sie. Eines Nachmittags im Juli 1947 trat der Mann, der so lange Jahre in englischen Gefängnissen gesessen hatte, in das Arbeitszimmer des Vizekönigs. Dort bat Gandhi seinen Gastgeber, die Aufforderung der Kongreßpartei anzunehmen, der erste Generalgouverneur des Staates zu werden, den Gandhi nach fünfunddreißig Jahren des Kampfes Mountbattens Landsleuten abgerungen hatte.

Gandhis Worte waren eine ungeheure Huldigung für Mountbatten und eine ebenso große Huldigung für die Briten. Der Vizekönig betrachtete voll Bewegung den kleinen Mann, der in seinem Sessel fast verschwand. Wir haben ihn eingesperrt, wir haben ihn gedemütigt, wir haben ihn verächtlich gemacht, wir haben ihn ignoriert, dachte er, und er hat trotzdem die Seelengröße, dies zu tun. Fast zu Tränen gerührt dankte der Vizekönig Gandhi für dessen ermunternde Bitte.

Gandhi quittierte seine Worte mit einem kaum merklichen Nicken und setzte seine Rede fort. Mit einer Handbewegung deutete er auf den Palast und den Garten. All dies, sagte er zu Mountbatten, der die königliche Atmosphäre dieser Anlage liebte, ihren Glanz genoß, dem all die Verfeinerungen des Lebens in diesem Palast teuer waren – mit alledem müsse es in einem unabhängigen Indien ein Ende haben. Seine anmaßende Opulenz, seine Verbindung mit der Vergangenheit seien ein Affront für die in Armut lebenden indischen Massen. Die neuen Führer des Landes müßten ein Beispiel geben. Mountbatten werde, so hoffe er, als erstes Staatsoberhaupt damit beginnen. Er solle doch aus diesem Palast ausziehen und in einem einfachen Haus ohne Dienerschaft wohnen. Luytens Prunkbau könne in ein Krankenhaus verwandelt werden.

Mountbatten erstarrte, ein schiefes Lächeln erschien auf seinem Gesicht. Der Schlaukopf, dachte er, er verlangt beinahe von mir, daß ich mein eigenes Klosett säubere. Attlee, der König, Nehru und Jinnah drängten ihn zu einem Amt, das ihn mit den düstersten Vorahnungen erfüllte. Und nun wollte dieser sympathische, verschlagene kleine Greis ihn in Indiens ersten Sozialisten verwandeln, in das machtlose Staatsoberhaupt von vierhundert Millionen Menschen, das seinen Amtssitz in einem spartanischen Bungalow haben sollte, den er jeden Morgen eigenhändig ausfegen mußte.

Das helle Arbeitszimmer Mountbattens erschien Sir Cyril Radcliffe wie durch Welten von der Düsterkeit seines eigenen Arbeitsraumes in den Inns of Court getrennt. Der Unterschied war fast so groß wie der zwischen der Darstellung seiner Aufgabe, die man ihm in London gegeben hatte, und dem realistischen Bild, das ihm nur wenige Stunden nach seinem Eintreffen in Neu-Delhi soeben der Vizekönig lieferte.

Theoretisch, erläuterte Mountbatten, solle ihm in jeder Provinz ein Gremium aus vier Richtern zur Seite stehen, mit gemeinsamen Empfehlungen, wo die Grenzlinien zu ziehen seien. Tatsächlich aber, teilte Mountbatten ihm mit, müsse er die alleinige Verantwortung für alle Entscheidungen tragen, da es ganz unwahrscheinlich sei, daß diese Richter – von den verfeindeten Parteien als gegnerische Anwälte zweier konträrer Auffassungen gestellt – sich jemals über irgendeinen Punkt einigen würden.

Radcliffe sollte bei der Ziehung seiner Grenzlinien «die aneinander angrenzenden, mehrheitlich von Moslems oder Nichtmoslems bewohnten Gebiete feststellen». Daneben habe er «andere Faktoren zu berücksichtigen». Niemand habe die geringste Absicht, ihm darzulegen, welcher Art diese «anderen Faktoren» seien oder welches Gewicht er ihnen beilegen solle. Dies würde nur zu einer weiteren endlosen Auseinandersetzung zwischen Nehru und Jinnah führen.

Die Ironie wollte es, daß das einzige spezifische Kriterium, das man Radcliffe an die Hand gab, auf einer falschen Annahme beruhte. In der Überzeugung, daß Indien und Pakistan künftig friedliche Beziehungen miteinander pflegen würden, ermächtigte Feldmarschall Sir Claude Auchinleck, der Oberbefehlshaber der indischen Armee, Radcliffe, die Elemente außer Betracht zu lassen, die normalerweise vorrangig sind, wenn ein Staat seine Grenzen bestimmt: Verteidigungsgesichtspunkte.

Doch dies war erst der Anfang, bevor Radcliffe der wirkliche Schock traf. Zwar hatte er mit einer heiklen Aufgabe gerechnet, aber er war in der sicheren Annahme nach Delhi gekommen, daß er wenigstens die Zeit und die Mittel haben werde, sie wohlüberlegt und -abgewogen auszuführen.

Nun hörte er von Mountbatten, er müsse seine Entscheidung tunlichst bis zum 15. August treffen, und bis zu diesem Datum waren es nur noch ein paar Wochen. Mountbattens Worte besagten, daß er nicht einmal einen kurzen Blick auf die Gebiete würde werfen können, die er teilen sollte. Wenn man ihn unter einen so schrecklichen Zeitdruck setze, sagte er warnend zum Vizekönig, müßten die Grenzlinien unweigerlich mit Fehlern und Irrtümern, zum Teil vielleicht ernster Natur, behaftet sein.

Mountbatten gab zu, daß Radcliffe an sich recht habe. Aber die Zeit dränge. Indien werde eben alle Anomalien in Kauf nehmen müssen, die unvermeidlich in Radcliffes Entscheidung einflössen. Er könne Radcliffe nur eine einzige Instruktion geben, aber die sei sehr bestimmt: den Auftrag bis zum 15. August abzuschließen.

Radcliffe, ein selbstbewußter Mann von unabhängiger Denkart, war nicht bereit, den Bescheid des Vizekönigs als letztes Wort hinzunehmen. Er stattete sowohl Nehru als auch Jinnah einen Besuch ab. Jedem legte er dieselbe Frage vor: Ob es absolut notwendig sei, bis zum 15. August endgültige Grenzlinien, gleichgültig wie mangelhaft, zu ziehen? Beide gaben eine nachdrücklich bejahende Antwort.

Angesichts ihrer bestimmten Auskunft blieb Radcliffe nichts übrig, als sich zu weigern oder sich zu fügen. Um die Vivisektion des Pandschabs und Bengalens durchzuführen, brauchte er, wie er erkannte, kein Skalpell. Er brauchte dafür ein Fleischerbeil.

Kaum zwanzig Kilometer von den Fenstern des vizeköniglichen Arbeitszimmers entfernt begannen die ersten Felder einer der beiden großen indischen Provinzen, die von Sir Cyril Radcliffes Hand tranchiert werden sollten, des Pandschabs. Noch niemals hatte die Kornkammer Indiens eine so üppige Ernte versprochen wie in diesem Jahr: auf den fruchtbaren Feldern reiften vollkörnige Gerstenhalme und sonnverbrannter Weizen, wogten Mais- und Zuckerrohrpflanzen. Schon trotteten mit langsamem, mühsamem Tritt die Ochsen über die staubbedeckten Straßen und schleppten die Plattformen auf hölzernen Rädern dahin, auf die die ersten Früchte der ertragreichsten Scholle Indiens gehäuft waren.

Die Dörfer, denen sie schnaufend entgegentrotteten, waren einander bis auf wenige Einzelheiten gleich: ein Teich, bedeckt mit grünem Schlamm, an dem Frauen ihre Wäsche wuschen und Jungen mit einem gelegentlichen Rutenhieb schwarzen Wasserbüffeln die Dungkruste abwuschen; eine Ansammlung von Plätzen, umgeben von Lehmmauern, auf denen Büffel, Ziegen, Kühe, Hunde und barfüßige Kinder sich durch knöcheltiefen Schlamm und Pfützen von Kuh-Urin, der in der Sonne verdampfte, ihren Weg suchten; ein höckriger Ochse, der stumpf seinen endlosen Kreis um den Mühlstein trottete und Körner zu Mehl mahlte; ein Bienenschwarm von Frauen, die dampfende Haufen frischen Kuhdungs zu flachen Scheiben formten, mit denen sie das Feuer unter ihren Kochtöpfen unterhielten.

Das Herz des Pandschabs war die einstige Hauptstadt des Reichs von Tausendundeiner Nacht, Lahore, die verwöhnte Prinzessin der Großmoguln. Die islamischen Kaiser hatten Lahore mit den schönsten Werken ihrer geschickten Kunsthandwerker geschmückt: Aurangzebs große Moschee, deren Fayencekacheln noch durch den Staub der Jahrhunderte schimmern, mit den neunundneunzig Namen Gottes auf dem Marmor des Zenotaphs; die gewaltige Festung Akbars mit ihren emaillierten Terrassen und filigranartigen Marmorgittern; das Mausoleum Nur Jahans, der gefangenen Schönen, die ihren Entführer geheiratet hatte und Kaiserin geworden war; das Grabmal Anarkalis, der «Granatapfelblüte», der Zierde von Akbars Harem, die lebendig begraben worden war, weil sie seinem Sohn ein Lächeln geschenkt hatte; die dreihundert plätschernden Fontänen der Shalamargärten.

Kosmopolitischer als Delhi, aristokratischer als Bombay, älter als Kalkutta, war Lahore für viele die attraktivste der indischen Städte. Ihr

Herzstück bildete die Mall, ein breiter Boulevard, gesäumt von Cafés, Geschäften, Restaurants und Theatern.

Lahore nannte mehr Bars als Buchläden sein eigen. In den Kabaretts drängten sich mehr Besucher als Gläubige in den Tempeln und Moscheen. Das Vergnügungsviertel war das eleganteste in ganz Indien, und die Stadt genoß seit langem den Ruf, das Paris des Ostens zu sein.

Hier hatten die Engländer die besten der Erziehungsstätten errichtet, in denen sie eine neue Generation indischer Führer heranzogen. Diese Schulen waren – von den gotischen Türmen ihrer Kapellen bis zu ihren Kricketplätzen, ihren mit Latein und Griechisch überladenen Stundenplänen, ihren rohrstockschwingenden Lehrern, den Schulmützen und Blazers mit ihren aufgestickten Wappen und Sprüchen wie «Himmelslicht, leuchte uns voran» und «Mut zum Wissen» – vollkommene Kopien ihrer englischen Vorbilder, die man auf die heißen Ebenen des Pandschabs verpflanzt hatte.

Die vergilbten Fotografien ihrer Fußballmannschaften, Kricket- und Hockeyteams blickten von den Wänden, Reihe um Reihe kleiner dunkler Gesichter, die unter dem Schirm der Rugbykappe hervorlugten. Stolz hielten sie ihre Hockeystäbe und Kricketschläger in der Hand. Seite an Seite hatten diese jungen Männer, Hindus, Moslems und Sikhs, beim Schulgottesdienst gestanden und mit dröhnender Stimme die alten christlichen Hymnen gesungen, gemeinsam die Werke Chaucers und Thackerays studiert, auf den Sportplätzen einander Blessuren beigebracht, wenn sie den männlichen Tugenden der Beherrscher des Landes nachstrebten.

Lahore war vor allem eine tolerante Stadt, wo die Unterschiede zwischen den Religionsgruppen traditionsgemäß weniger Bedeutung hatten als sonstwo in Indien. 500000 Hindus, 100000 Sikhs und 600000 Moslems lebten hier relativ friedlich zusammen. Auf dem Tanzparkett des Gymkhana Club und Cosmopolitan Club war die Distanz zwischen den Angehörigen der verschiedenen Religionsgemeinschaften oft auf einen dünnen Sari reduziert, wenn Sikhs, Moslems und Hindus miteinander Rumba oder Foxtrott tanzten. Bei Empfängen, Abendgesellschaften und Bällen vermischte man sich zwanglos miteinander, und die prachtvollen Villen der von den Reichen bewohnten Vororte hatten als Eigentümer ebensogut Hindus wie Sikhs, Moslems, Christen und Parsen.

All dies war ein schöner Traum gewesen, der sich im Juni 1947 rasch seinem Ende näherte. Schon seit Januar hielten fanatische Propagandisten der Moslemliga in den Gebieten des Pandschabs, wo die Moslems das Übergewicht hatten, geheime Versammlungen ab. Mit Hilfe von Fotoaufnahmen, Schädeln und Knochen angeblicher Moslemopfer, die in anderen Gegenden Indiens der Grausamkeit der Hindus erlegen waren, putschten sie den Haß zwischen den Volksgruppen auf. Hin und wieder wurde ein Verstümmelter von Versammlung zu Versammlung geschickt, um seine Wunden vorzuzeigen. Eine abgestimmte Kampagne von Krawallen und Demonstrationen hatte die Koalitionsregierung aus Hindus, Sikhs und Moslems, die seit einem Jahrzehnt die Provinz verwaltete, zum Rücktritt gezwungen. Infolgedessen hatte sich der englische Gouverneur des Pandschabs, Sir Evan Jenkins, genötigt gesehen, die Verwaltung selbst zu übernehmen.

Zu einer ersten Welle von Gewaltausbrüchen war es im März gekommen, nachdem ein führender Sikh unter dem Ruf *«Pakistan Murdabad»* (nieder mit Pakistan) eine Stange mit der Fahne der Moslemliga umgehauen hatte. Die Moslems hatten dieser Herausforderung eine rasche und blutige Antwort erteilt. Bei den Zusammenstößen, zu denen es anschließend kam, waren mehr als dreitausend Menschen, zumeist Sikhs, umgekommen. Generalleutnant Frank Messervy, Chef des nördlichen Kommandobereichs der indischen Armee, flog über mehrere von Moslems verwüstete Sikhdörfer und war entsetzt über die Reihen um Reihen ermordeter Bewohner, die «wie Fasane nach einer Jagd aufgereiht» waren.

Es war den Behörden schließlich gelungen, die Ordnung wiederherzustellen, aber seitdem war es mit zunehmender Häufigkeit zu Gewaltausbrüchen ähnlich dem gekommen, dem das Dorf Kahuta zum Opfer gefallen war, das Mountbatten im April besucht hatte.

Das Gift, das diese Greueltaten verbreiteten, mußte unvermeidlich auch in die Straßen von Lahore einsickern. Sir Cyril Radcliffe besuchte die Stadt, den Kopf voller Fabeln, die er in England über das märchenhafte Lahore gehört hatte, die glanzvolle Weihnachtssaison, die Jagdbälle, das großstädtische gesellschaftliche Leben. Doch davon entdeckte er in Lahore kaum noch einen Nachhall. Statt dessen erlebte er «Hitze und Staubstürme, Ausschreitungen und Brandstiftungen».

Schon waren hunderttausend Menschen angsterfüllt von den Straßen geflohen. Trotz der schrecklichen Hitze hatten die Bewohner den alten Pandschabibrauch aufgegeben, im Sommer unter freiem Himmel zu schlafen. Zu groß war die Gefahr geworden, daß einem im Schlaf die Kehle durchgeschnitten wurde. In manchen Teilen der Stadt legten mohammedanische Jugendliche einen Draht über die Straße, den sie rasch straffzogen, wenn ein Radfahrer in schnellem Tempo daherkam. Ihre Opfer waren stets Sikhs, die sich durch ihren Bart und Turban verrieten.

Am schlimmsten ging es innerhalb eines zwölf Kilometer langen steinernen Gürtels zu, der alten, von Akbar erbauten Stadtmauer von Lahore, die eines der dichtestbesiedelten Gebiete der Welt umschloß. Hier lebten 300000 Moslems sowie 100000 Hindus und Sikhs. Diese Volksmenge brodelte wie gärender Schaum in einem Labyrinth von

Gassen, Suks, Läden, Tempeln, Moscheen und baufälligen Unterkünften. All die Gerüche, Schreie, all der Lärm der asiatischen Basare hatten sich hier vereinigt. Auf jedem freien Platz wimmelte es von ambulanten Händlern. Auf runden Blechtabletts, auf großen Tellern, die auf dem Kopf balanciert wurden, auf rollenden Karren boten sie ihre Waren feil: in Fett gebratene würzige Fleischklößchen, Pyramiden von Orangen, klebrige Berge von *halva* und *barji*, orientalischen Süßigkeiten, Papajas, Guajavas, Stapel von Bananen, mahagonifarbene Datteln, alles von einer dunklen Fliegenwolke umgeben. Kinder, deren Augen von der Granulose weiß verkrustet waren, preßten mit rostigen Pressen den Sirup aus Zuckerrohrstengeln.

Hier befanden sich die Geschäfte der Juweliere, in deren Auslagen die goldenen Reifen und Spangen funkelten, in denen viele Hindus traditionsgemäß ihre Ersparnisse anlegten; das Quartier der Parfumhändler mit ihren Weihrauchstäbchen und exotischen Essenzen in chinesischen Flakons, aus denen der Parfumhändler seine Duftstoffe je nach den Wünschen des Kunden zusammenmischte; Schuhmacherläden, in denen lange Reihen goldbestickter Pantoffeln, vorne spitz zulaufend und wie der Bug einer Gondel aufwärtsgebogen, sich zum Kauf anboten. Kunsthandwerker, die hier ihre Läden hatten, stellten Pokale und Schmuckgegenstände aus grasgrünem Emaille aus, mit Silber eingelegtes Zinngerät, Metallarbeiten aus gesponnenem Gold, fast so fein wie Zuckerwatte, lackierte Tabletts und Dosen aus Rosen- und Sandelholz, mit Elfenbein- und Perlmuttmosaiken eingelegt.

Es gab Geschäfte, wo Waffen verkauft wurden, Dolche und *kirpans*, die Ritualschwerter der Sikhs. Blumenhändler saßen hinter Bergen von Rosen und Jasmingirlanden, die von ihren Kindern wie Perlen an einer Schnur aufgereiht wurden. Man sah Teehändler mit einem Dutzend verschiedener Teesorten, von pechschwarz bis olivgrün. Da hockten die Tuchhändler barfuß in ihren Buden, und hinter ihnen stapelten sich die Tuchballen in Dutzenden von Farben. Dann gab es Geschäfte, in denen Hochzeitsturbane, üppig mit Gold aufgeputzt, und bestickte Westen aus weicher Rohseide zum Verkauf angeboten wurden, und dazwischen Schmuckstücke aus farbigem Glas, die Smaragde, Rubine und Saphire der Armen – jedes Handwerk und Gewerbe der Welt war hier in einem lärmenden, pittoresken Durcheinander vertreten. Nun aber ging die Mordlust in den Gassen der Altstadt von Lahore um. Sie schlug sinn- und wahllos zu, nur weil das Opfer einen Sikhturban oder einen muselmanischen Spitzbart trug. Die Mörder waren *goondas*, Totschläger, aus allen drei Bevölkerungsgruppen. Sie pirschten auf der Suche nach einem Angehörigen einer gegnerischen Religionsgruppe durch die Altstadt, stießen in ihre Nachbarviertel vor, schlugen zu und tauchten in dem Gassengewirr wieder unter.

Der Tod, erinnerte sich ein englischer Polizeibeamter, «konnte wie der Blitz zuschlagen. Im Nu war alles vorüber. Noch bevor man das Wort ‹Messer› sagen konnte, sah man schon einen Menschen sterbend auf der Straße liegen, jede Tür war verschlossen und niemand in Sicht.»

Die Mordtaten hielten ein grausiges Gleichgewicht zwischen Moslems und Nichtmoslems. «Heute sind die Moslems einen Punkt vorne», bemerkte der Generalinspektor der Polizei von Lahore, John Bannet. «Wer möchte wetten, daß ihn die Hindus sich nicht heute nacht zurückholen?»

Jeden Sonnabend stellte die Polizei zwei Wochenübersichten zusammen, eine über die Kriminalität und die andere über geheime politische Aktivitäten. Da Bannet nicht entscheiden konnte, in welche Kategorie Mordtaten zwischen den Bevölkerungsgruppen aufgenommen werden sollten, gab er, mit dem Gründlichkeitssinn des britischen Beamten, Weisung, sie in beide einzutragen.

Der Mann, der darüber entscheiden sollte, welchem Dominion Lahore zufallen sollte, war eine so umstrittene Figur, daß der Gouverneur des Pandschabs, Sir Evan Jenkins, sich weigerte, ihm seine Gastfreundschaft anzubieten. So nahm Cyril Radcliffe im Hotel Falletti Quartier, 1860 von einem Neapolitaner gegründet, der sich in eine Kurtisane aus Lahore verliebt hatte. Mit verzweifelter Anstrengung mühte sich Radcliffe, die Richter, die ihn unterstützen sollten, zu einem Minimum an Übereinstimmung zu bringen. Mountbatten hatte recht gehabt. Es war vergebliche Mühe.

Jedesmal, wenn er ausging, fielen die Hitze und die Inder über ihn her, die mit allen Mitteln seine Entscheidung zu beeinflussen versuchten. In ihrer bewegenden Furcht, daß er mit einem Federstrich ein in lebenslangem Mühen erworbenes Vermögen vernichten könnte, waren sie bereit, ihm alles für eine Grenzlinie anzubieten, die ihrer Volksgruppe günstig wäre.

Um den Zudringlichkeiten aus dem Wege zu gehen, zog er sich abends in die letzte «Zutritt-nur-für-Europäer»-Bastion von Lahore zurück, den Punjab Club, der von seinen Mitgliedern scherzhaft «das Schwein» genannt wurde.

Auf den Rasenflächen des Klubs, neben ihm sein Assistent vom Indian Civil Service, trank der Mann, der nichts von Indien wußte, seinen abendlichen Whisky mit Soda und fragte sich, wo er in der heißen und haßzerrissenen Stadt jenseits dieses Gartens einen Nachhall des glanzvollen Lahore der Legende finden könnte.

Für ihn würde Lahore immer in der Erinnerung an die Geräusche und Bilder bestehen, die am dunklen Horizont um den Punjab Club in die Luft stiegen; hin und wieder ein sprühender Funkenregen von einem brennenden Basar, klagendes Sirenengeheul von Polizeifahrzeugen, der durchdringende Kampfruf der gegnerischen Gruppen in der

Stadt, das «Sat Sri Akal» der Sikhs, das «Allah Akbar» der Moslems und das unheilkündende Trommeln der hinduistischen Fanatiker von der *Rashtriya Swajam Sewak Sangh* (R.S.S.S.), das wie ein Tamtam fern durch die feindselige Nacht dröhnte.

Fünfzig Kilometer östlich von Lahore liegt die zweite große Stadt des Pandschabs, Amritsar, deren uralte Gassen die heiligste Stätte der Sikhreligion umgeben, den Goldenen Tempel. Aus dem schimmernden Wasser eines Sees erhebt sich der weiße Marmortempel am Ende eines Dammwegs. Seine mit glänzendem Blattgold belegte Kuppel beherbergt das Original des heiligen Buchs der Sikhs, das *Granth Sahib*, dessen Seiten in Seide eingehüllt sind und täglich mit frischen Rosen bedeckt werden. Die Stätte genießt solche Verehrung, daß sie nur mit einem Besen aus Pfauenfedern gefegt werden darf.

Im Jahr 1947 praktizierten die sechs Millionen Sikhs, die dieses Heiligtum verehren, die einzige auf dem Boden Indiens entstandene Religion. Mit ihrem wehenden Bart und ihrem unter dem weißen Turban aufgetürmten Haar, das sie nie schnitten, oft von imposanter Größe und körperlicher Erscheinung, gehörten die Sikhs einer Volksgruppe an, die zwar nur zwei Prozent der Bevölkerung Indiens stellte, aber zugleich die rührigste war. Sie hielten am stärksten zusammen und waren der kriegerischste Menschenschlag des Landes.

Die Sikhreligion entstand aus dem Zusammenprall des monotheistischen Islams mit dem polytheistischen Hinduismus auf den Schlachtfeldern längs der unruhigen Grenzen des Pandschabs. Gegen Ende des 15. Jahrhunderts wurde die Sikhreligion von Nanak, einem Hinduguru, gestiftet, der eine Vereinigung zwischen Hindus und Mohammedanern herstellen wollte und verkündete: «Es gibt keinen Hindu. Es gibt keinen Moslem. Es gibt nur einen Gott, die Höchste Wahrheit.» Unter den Mogulkaisern blühte die neue Religion auf, begünstigt durch die Verfolgung, jene große unfreiwillige Helferin der Religionen. Angesichts der grausamen Unterdrückung wandelte der zehnte und letzte Guru aus der Familie des Stifters, in der die Würde erblich geworden war, die Religion, die ursprünglich Hindus und Moslems hatte miteinander versöhnen sollen, in eine militante Glaubensgemeinschaft um. Gobind Singh versammelte seine fünf getreuesten Anhänger, die *Panj Pijaras* (die «fünf Geliebten») und ließ sie aus einer gemeinsamen Schale Zuckerwasser trinken, das mit einem zweischneidigen Dolch umgerührt wurde. Dadurch wurde ihre Kastenzugehörigkeit beendet. Er proklamierte sie zu den Gründern seiner neuen Kampfbruderschaft, der *Khalsa*, der Gemeinschaft der «Reinen», und taufte jeden auf einen neuen Namen, der mit Singh («Löwe») endete. Sie sollten, erklärte der Guru, sich deutlich von den Massen abheben und rasch zu erkennen sein, so daß sie niemals ihren Glauben würden ableugnen können.

Deshalb müßten sie den Mut entwickeln, ihn mit dem Einsatz ihres Lebens zu verteidigen.

Von nun an, befahl er, müßten die Sikhs das Gesetz der fünf K befolgen. Sie würden sich Bart und Haupthaar wachsen lassen (*kesh*); sie würden einen stählernen Kamm (*khanga*) in ihrem Haar befestigen; kurze Hosen (*kucha*) tragen, die ihnen die zum Kampf notwendige Beweglichkeit gaben; einen stählernen Reif (*kara*) um das rechte Armgelenk und immer ein Schwert (*kirpan*) bei sich tragen. Sie waren verpflichtet, weder zu rauchen noch Alkohol zu trinken, keinen Geschlechtsverkehr mit einer Mohammedanerin auszuüben oder Fleisch zu essen, das nach Moslemsitte geschlachtet war, indem man den Tieren die Kehle durchschnitt.

Der Niedergang des Mogulreiches gab den Sikhs die Chance, in ihrem geliebten Pandschab einen eigenen Staat zu gründen. Die englischen Truppen in ihren scharlachroten Uniformröcken bereiteten dieser kurzen Stunde des Ruhms bald ein Ende, aber bevor die Sikhs dem Ansturm erlagen, fügten sie 1849 – in der Nähe des Dorfes Chillian Wala – den Briten ihre schlimmste Niederlage in Indien bei.

Im Juli 1947 lebten noch fünf von den sechs Millionen indischer Sikhs im Pandschab. Sie stellten zwar nur 13 Prozent der Bevölkerung, besaßen aber 40 Prozent des Bodens und produzierten fast zwei Drittel der landwirtschaftlichen Erträge. Fast ein Drittel der Soldaten der indischen Streitkräfte waren Sikhs, und nahezu die Hälfte der Auszeichnungen, die Angehörige der indischen Armee in zwei Weltkriegen errangen, entfiel auf sie.

Die Tragödie des Pandschabs bestand darin, daß Moslems und Sikhs zwar unter der Herrschaft der Briten, doch niemals unter der Herrschaft der einen oder der anderen Religionsgemeinschaft zusammen leben konnten. Während die Sikhs im Pandschab die Herren waren, wurden, so jedenfalls erinnerten sich die Moslems, «Moscheen entweiht, Frauen geschändet, Gräber dem Erdboden gleichgemacht, Moslems ohne Rücksicht auf Alter und Geschlecht abgeschlachtet, mit dem Bajonett aufgespießt, erdrosselt, erschossen, in Stücke gehackt, bei lebendigem Leib verbrannt».

Bei den Sikhs wurden die Erzählungen von den Leiden, die ihnen die Moslems zugefügt hatten, in der volkstümlichen Überlieferung gesammelt. Jedes Kind mußte sie wie ein Evangelium auswendig lernen, sobald es verständig genug war. Beim Goldenen Tempel stand ein Museum, das dem Zweck diente, im Gedächtnis jeder neuen Sikhgeneration die Einzelheiten jeder Entwürdigung, jeder Greueltat lebendig zu erhalten, die ihre Vorfahren von den Moslems erduldet hatten. In blutrünstigen Darstellungen schilderten zahlreiche monumentale Ölgemälde, wie man Sikhs, die nicht zum Islam übertreten wollten, die Beine spreizte und sie mittendurch säbelte, wie sie zwischen gewaltigen

Mühlsteinen zu Brei zerquetscht wurden; wie Sikhfrauen vor den Toren des Mogulpalastes in Lahore mit ansehen mußten, wie ihre Säuglinge von der Prätorianergarde des Herrschers aufgespießt und geköpft wurden.

Daß die Sikhs auf die Gewalttaten, die im März gegen ihre Gemeinschaft verübt worden waren, nicht reagiert hatten, waren sowohl den Moslems als auch den Politikern in Delhi eine Überraschung und ein Trost gewesen. Die Sikhs hätten ihren alten Kampfgeist verloren, flüsterte man, das Wohlleben habe sie schlaff gemacht.

Dies war eine gravierende Fehleinschätzung. Anfang Juni, während der Vizekönig und seine indischen Gesprächspartner sich gerade auf die Teilung Indiens einigten, hatten sich die Führer der Sikhs insgeheim im Hotel Nedou in Lahore zu einer Beratung getroffen. Man wollte die Strategie festlegen, welche die Sikhs verfolgen sollten, falls die Teilung des Landes beschlossen wurde. Wortführer der Versammlung war jener hitzköpfige Fanatiker, der eine Stange mit der Fahne der Moslemliga umgehauen und damit die Zusammenstöße im März ausgelöst hatte. Tara Singh – den seine Anhänger «Master» nannten, weil er ein Hilfsschullehrer war, hatte durch die von ihm provozierten Gewaltausbrüche viele Angehörige verloren und war nun von einer einzigen Leidenschaft beseelt: Rache zu nehmen.

«Sikhs», hatte er in einer Rede ausgerufen, in der schon die Tragödie anklang, die den Pandschab bald heimsuchen sollte, «Sikhs, seid bereit, euch selbst zu opfern wie die Japaner und die Nazis. Schon bald wird unser Land überrannt, werden unsere Frauen entehrt werden. Erhebt euch und vernichtet wieder einmal den eindringenden Feind, den Moslem. Unsere Muttererde verlangt Blut. Mit unserem Blut und dem Blut unserer Feinde werden wir ihren Durst stillen!»

In Neu-Delhi nötigte jeder neue Tag dem vielgeplagten Vizekönig und seinem Stab eine Menge großer und kleiner Entscheidungen ab. Es gab endlose Debatten darüber, wer die Pensionen Tausender von Engländern zu zahlen habe, die durch die Entlassung Indiens in die Unabhängigkeit vorzeitig in den Ruhestand versetzt wurden, und unter welchen Bedingungen die Hunderte von Zivilisten und Offizieren, die auf Ersuchen Indiens und Pakistans noch im Land blieben, arbeiten würden.

Mountbattens Interimsregierung, zum großen Teil aus Ministern der Moslemliga und der Kongreßpartei bestehend, zeigte infolge der Belastungen durch die bevorstehende Teilung erste Schwächesymptome. Um sie bis zum 15. August funktionsfähig zu erhalten, traf der Vizekönig ein einfallsreiches Arrangement. Die Kongreßpartei erhielt sämtliche Ministerposten, aber jeder Minister bekam einen Aufpasser, der von der Moslemliga gestellt wurde und dem Ressortchef über die Schulter schaute, um sicherzustellen, daß er Pakistan nicht benachtei-

Macht unsre Bücher billiger!...

ligte. Mountbatten beauftragte einen britischen General, Sir Robert Lockhart, die Volksabstimmung zu überwachen, die festlegen sollte, ob die Nordwestliche Grenzprovinz sich Indien oder Pakistan anschließen werde.

Das allerlästigste Problem bildete Mountbattens impulsiv gefaßter Entschluß, den 15. August als Datum für die Entlassung Indiens in die Unabhängigkeit festzusetzen. Ein Aufgebot von Astrologen ließ schließlich die indischen Politiker wissen, der 15. August sei für den Beginn der modernen Geschichte ihres Staates ein völlig ungeeigneter Tag. Am 14. August bestünde eine beträchtlich günstigere Konstellation der Gestirne. Sofort akzeptierte der erleichterte Vizekönig den Kompromiß, den die indischen Politiker vorschlugen, um die Himmelskörper günstig zu stimmen: Indien und Pakistan sollten am 14. August 1947, mit dem Schlag der Mitternachtsstunde, unabhängige Dominions werden.[15]

Dreißig Jahre lang hatte das dreifarbene Tuch aus handgesponnenem Baumwollkhadi, das in Indien schon bald den Union Jack ablösen sollte, über den Versammlungen, Märschen und Demonstrationen eines Volkes geflattert, das nach seiner Unabhängigkeit dürstete. Gandhi hatte das Banner der militanten Kongreßpartei selbst entworfen. In die Mitte der waagerechten Streifen aus Safrangelb, Weiß und Grün hatte er sein persönliches Wappen placiert, das schlichte Instrument, das er den Massen Indiens als Werkzeug zu ihrer gewaltlosen Erlösung vorgeschlagen hatte, das Spinnrad.

Nun, da die Unabhängigkeit in Reichweite war, wandten sich Stimmen aus den Reihen der Kongreßpartei dagegen, daß «Gandhis Spielzeug», wie sie es nannten, das Recht haben sollte, das Zentrum ihrer künftigen Nationalflagge einzunehmen. Für eine wachsende Zahl militanter Parteiangehöriger war sein Spinnrad ein Symbol der Vergangenheit, etwas Weibisches, das Signum eines archaischen Indien, das sich auf sich selbst zurückzog.

Auf ihr beharrliches Verlangen wurde der Ehrenplatz auf der Nationalflagge einem anderen Rad zugeteilt, dem Zeichen, das die Erobererkrieger Aschokas, des Gründers des Hindureiches, auf ihren Schilden geführt hatten. Eingerahmt von zwei Löwen, die Kraft und Mut verkörperten, wurde Aschokas stolzes Symbol der Stärke und Herrschaftsgewalt, sein *dharma chakra*, das Rad der kosmischen Ordnung, zum Wahrzeichen des neuen Indien.

Gandhi war tief traurig, als er von dem Beschluß erfuhr. «Welchen künstlerischen Wert der Entwurf auch haben mag», schrieb er, «ich werde mich weigern, eine Fahne zu grüßen, die ein solches Symbol hat.»

Gandhis Kreuzweg, siebte Station: «Gott der Gita, verschone mein geliebtes Indien»

Diese Enttäuschung war jedoch nur der Anfang all der Kümmernisse, die den alten Führer in dem Staat erwarteten, für dessen Gründung er so viel getan hatte. Gandhis geliebtes Indien wurde nicht nur geteilt, das abgetrennte Indien hatte auch kaum eine Ähnlichkeit mit dem Indien, für das Gandhi sein Leben lang gekämpft hatte.

Gandhi hatte immer davon geträumt, ein modernes Indien zu schaffen, das Asien und der Welt ein lebendiges Beispiel seiner sozialen Ideale bieten werde. Für seine Kritiker waren diese Ideale das ungereimte Hirngespinst eines alten Sonderlings. Seine Anhänger hingegen sahen in ihnen einen Rettungsring, den ein vernünftig gebliebener alter Mann in einer Welt, die verrückt wurde, der Menschheit zuwarf.

Der Mahatma war entgegengesetzter Ansicht als jene, die argumentierten, Indiens Zukunft hänge von seiner Fähigkeit ab, der industriellen und technokratischen Gesellschaft des Westens nachzueifern, die das Land kolonialisiert hatte. Indiens Heil, erklärte er, liege im Gegenteil darin, «alles zu vergessen, was es in den letzten fünfzig Jahren gelernt hat». Er wandte sich gegen beinahe sämtliche westlichen Ideologien und Systeme, die in Indien Wurzel geschlagen hatten. Die Wissenschaft, argumentierte er, solle nicht über menschliche Werte, die Technik nicht über die Gesellschaft bestimmen, und die Zivilisation bestehe nicht in der endlosen Vermehrung menschlicher Bedürfnisse, sondern in ihrer bewußten Beschränkung auf wesentliche Dinge, die von allen gerecht geteilt werden könnten. Die westliche Zivilisation, die so viele seiner Anhänger bewunderten, habe die Macht in den Händen einer Minderheit auf Kosten des Interesses der Mehrheit konzentriert. Für die Armen im Westen sei dies eine fragwürdige Wohltat, für die Völker der Dritten Welt aber eine ernste Gefahr.

Sein neues Indien wollte Gandhi auf den fünfhunderttausend Dörfern aufbauen, auf jenem Indien, das nicht von der modernen Technik entstellt war und das den Ablauf der Jahreszeiten nach dem Zyklus seiner religiösen Feste einteilte, die Jahrzehnte nach der Erinnerung an Mißernten, die Jahrhunderte nach dem Gespenst seiner furchtbaren Hungersnöte. Er wollte, daß jedes dieser Dörfer zu einer autarken Einheit werde, die imstande war, ihre eigene Nahrung und Kleidung zu produzieren, ihre Jugend auszubilden und ihre Kranken zu pflegen. Er predigte, daß «viele blutige Kriege in Asien durch eine zusätzliche Schüssel Reis hätten vermieden werden können», und suchte ständig nach neuer Nahrung für Indiens hungrige Landbevölkerung. Er experimentierte mit Sojabohnen, Erdnüssen, Mangokernen. Er wandte sich gegen maschinell polierten Reis, weil dadurch die harte, an Vitamin B reiche Schale entfernt würde.

Er war dafür, Indiens Textilfabriken zu schließen und sie durch das Spinnrad zu ersetzen. Dies sollte ein Teil des Programms sein, den Arbeitslosen in den Dörfern zu Arbeit zu verhelfen und zusätzliche Arbeitsplätze zu schaffen, die die Dorfbewohner in ihrer Heimat halten würden.

In seinem ökonomischen Manifest hieß es: «Die traditionellen alten Geräte, der Pflug und das Spinnrad, haben unsere Weisheit und Wohlfahrt begründet. Wir müssen zur alten Einfachheit zurückkehren.» Wenn der Mensch einen Traktor erfinde, der Milch, Dickmilch und Dung ersetzen könne, dann werde er ihn den indischen Bauern als Ersatz für die Kuh empfehlen.

Sein Alptraum war eine von Maschinen beherrschte Industriegesellschaft. Sie trieb Indiens Dorfbewohner in die Slums der Städte, zerstörte die Bindungen an die ursprüngliche soziale Umwelt, ersetzte die familiären und religiösen Bande durch ein namenloses Elendsdasein in einer Industrielandschaft und stellte obendrein Produkte her, die der Mensch in Wirklichkeit gar nicht brauchte.

Er predigte nicht, wie man ihm bisweilen vorwarf, die Armut. Bittere Armut führe zu moralischem Niedergang und zu Gewalt, die er verabscheute. Doch die gleiche Folge habe die Übersättigung mit materiellen Gütern. Ein Volk mit überquellenden Kühl- und Kleiderschränken, einem Auto in jeder Garage und einem Radiogerät in jedem Zimmer könne psychisch gefährdet und moralisch verdorben sein. Gandhi wollte, daß der Mensch den rechten Mittelweg zwischen entwürdigendem Darben und besinnungslosem Konsumieren finde.

Er war auch für eine egalitäre, klassenlose Gesellschaft, weil nach seiner Ansicht soziale und wirtschaftliche Ungleichheit ein Brutklima der Gewalt erzeuge. In dem Indien, wie Gandhi es sich vorstellte, sollte jede Arbeit, körperliche wie geistige, den gleichen Lohn erhalten. In seinem Staat sollte das Wahlrecht nicht von der Qualifikation durch Besitz, sondern durch Arbeit abhängen. Jedermann müsse seinen Beitrag körperlicher Arbeit für den Staat leisten. Keiner, nicht einmal Heilige und Weise, wäre davon ausgenommen. Der Mann, der Gräben schaufelt, würde sein Wahlrecht automatisch bekommen, aber der Anwalt oder der Millionär müßte es sich durch Schwielen an den Händen verdienen.

Am wichtigsten war Gandhi, daß die Führer des Landes dem Volk ein Vorbild gaben. Es war nicht nur so dahingesagt gewesen, als er den Vizekönig mit dem Vorschlag verblüffte, den vizeköniglichen Palast mit einem einfachen Bungalow zu vertauschen. Wenn man Vorrechte abschaffen wolle, so war stets seine Ansicht gewesen, müsse man selbst auf sie verzichten.

Tatsächlich hatte kein anderer der großen Sozialpropheten seines Jahrhunderts, weder Lenin noch Mao, so rigoros nach den eigenen

Idealen gelebt.[16] Gandhi beschränkte sogar seine tägliche Nahrungsaufnahme auf das Minimum, das er brauchte, weil er die kargen Nahrungsmittelvorräte seines Landes, in dem es so viele Hungernde gab, nicht mißbrauchen wollte.

Gandhi hatte seine Theorien mit einer Reihe erheiternder Widersprüche verfochten. In Gebetsversammlungen überall im Land hatte er das Maschinenzeitalter verurteilt, aber er hatte sich dazu eines seiner wichtigsten Neuheiten bedient, des Mikrofons, und die 50000 Rupien im Jahr, mit denen er sein erstes *Ashram* unterhielt, waren ihm von einem Industriellen gespendet worden, G. D. Birla, dessen Textilfabriken in geradezu idealer Weise den industriellen Alptraum des Mahatma verkörperten.

Nun, da der Unabhängigkeitstag heranrückte, bereitete er mit seinen Ideen, an denen er hartnäckig festhielt, einem fabianischen Sozialisten wie Nehru und einem glühenden Bewunderer des Kapitalismus wie Patel peinliche Verlegenheiten. Sie glaubten an die Maschine, an die Industrie, die Technik, all die Apparaturen, die der Westen nach Indien gebracht hatte und die Gandhi ein solcher Dorn im Auge waren. Sie sehnten sich danach, die riesigen Fabriken und Industriekomplexe zu bauen, die er verabscheute, Indien in das Korsett von Fünfjahresplänen zu spannen. Selbst Nehru, Gandhis geliebter Sohn, hatte geschrieben, den Vorstellungen des Mahatma zu folgen, würde bedeuten, rückwärts, in die Vergangenheit, zu gehen, Indien der beengendsten Autarkie, der seiner Dörfer, zu unterwerfen. Zum Kummer Nehrus und anderer Kongreßpolitiker ließ es sich der Mahatma jedoch nicht nehmen, öffentlich die Grundsätze zu verkünden, nach denen, wie er hoffte, Nehru, Patel und die anderen führenden Männer des neuen Indien leben würden.

Jeder Minister, erklärte er, solle ausschließlich einfachen Baumwollstoff tragen und in einem schlichten Bungalow ohne Dienerschaft leben. Er solle kein Auto besitzen. Er solle sich vom Makel des Kastensystems lösen, wenigstens eine Stunde täglich mit körperlicher Arbeit verbringen, mit Spinnen oder dem Anbau von Gemüse, um die Nahrungsmittelknappheit zu mildern. Er solle auf «ausländische Möbel, Sofas, Tische und Sessel» verzichten und sich ohne Leibwächter bewegen. Vor allem aber war Gandhi überzeugt, daß «kein führender Politiker im unabhängig gewordenen Indien zögern wird, sein eigenes Klosett zu säubern».

Seine Worte, naiv und doch unbestreitbar weise, zeigten das Dilemma, das mit den Idealen Gandhis verbunden war. Sie waren eine vollkommene Anleitung für unvollkommene Akteure. Ein Vierteljahrhundert nach seinem Tod bestand das schlimmste Übel der indischen Politik in der Bestechlichkeit und Käuflichkeit eben jener Kongreßminister, von denen er gehofft hatte, sie würden in seine Fußstapfen treten.

Trotz der Unruhe, die Gandhi wegen Indiens Zukunft erfüllte, galt im Juli 1947 seine Hauptsorge den Gewalttaten, die den Subkontinent nach wie vor heimsuchten. Er bestand darauf, zusammen mit Nehru die Hindus und Sikhs aufzusuchen, die in Massen aus dem Pandschab flüchteten.

Es war eine erschütternde Konfrontation. Zweiunddreißigtausend Menschen, die Überlebenden aus etwa hundert Dörfern, waren zweihundert Kilometer von Delhi entfernt im ersten indischen Flüchtlingslager zusammengepfercht worden. Die Hitze und der Schmutz waren unerträglich.

Mit Schreien des Zorns und jammernden Klagerufen umringten sie Gandhis Wagen. Ein Meer des Elends umdrängte ihn. Die Gesichter waren vor Wut und Haß verzerrt, die Blicke voller Verzweiflung. Fliegenschwärme bedeckten die noch offenen Wunden der Unglücklichen. Eine mächtige Staubwolke wurde von ihren rennenden Füßen hochgewirbelt, drang in die Nasenlöcher und ausgedörrten Kehlen und hinterließ überall einen puderfeinen Schleier.

Gandhi kümmerte sich den ganzen Tag um die Flüchtlinge und versuchte, in dem improvisierten Lager etwas Ordnung zu schaffen. Er zeigte den Menschen, wie man Latrinen aushebt, belehrte sie über sanitäre Einrichtungen und Hygiene, organisierte eine Notapotheke und nahm sich der Kranken und Verletzten an.

Am Spätnachmittag fuhren Gandhi und Nehru nach Delhi zurück. Erschöpft und niedergeschlagen streckte sich der Mahatma im Fond des Wagens aus und schlief ein. Seine Füße ruhten auf den Knien des Schülers, der sich erst zwei Monate vorher von ihm abgewandt hatte.

Den Blick geradeaus gerichtet, das sonst so ausdrucksvolle Gesicht zu einer Maske erstarrt, saß Nehru lange schweigend da und dachte über die furchtbare Bedeutung des Unglücks nach, das er soeben entdeckt hatte. Dann begann er langsam und zart, als wollte er mit der sanften Berührung den Schmerz wiedergutmachen, den er ihm zugefügt hatte, die Füße des schlafenden Mannes zu massieren, dem er so lange Zeit seines Lebens gefolgt war.

Als die Sonne unterging, wachte Gandhi auf. Zu beiden Seiten ihres Wagens breiteten sich riesige Zuckerrohr-, Weizen- und Reisfelder aus, einem fernen unsichtbaren Horizont entgegen. Schwacher Dunst hing über der Ebene und filterte die letzten Strahlen der Sonne.

Es war eine gesegnete Stunde, so uralt und ewig wie Indien selbst. Aus Tausenden von Lehmhütten stieg der Rauch von den Feuern auf, über denen das Abendessen zubereitet wurde, *chapati*-Fladen und *channa*-Körner, das karge Mahl der indischen Bauern. Überall kauerten die Frauen, drückten den ausgeblichenen Sari an die Schulter, schürten, mit klingelnden Reifen an den bloßen Armen, ihr Feuer und legten die runden, flachen Scheiben aus getrocknetem Kuhdung nach.

Der Rauch, der von diesen zahllosen Kuhdung-Feuern aufstieg und die Luft mit seinem stechenden Geruch durchtränkte, das war der Duft, der vom Leib der Mutter Indien ausging.

Als die Nacht hereinbrach, ließ Gandhi den Wagen anhalten und setzte sich am Straßenrand zu seinem Abendgebet nieder. Seine gebeugte Gestalt war eins mit dieser gewaltigen, trauernden Ebene. Im Fond des Wagens saß Nehru mit geschlossenen Augen. Die Finger gegen die Lider gedrückt, lauschte er der hohen, zitternden Stimme eines gebrochenen Mannes, der den Gott der Bhagavadgita anflehte, sein geliebtes Indien vor dem Schicksal zu bewahren, das er kommen sah.

10

«Wir werden immer Brüder bleiben»

Das feierliche Pochen eines schwarzen Ebenholzstabes hatte in London alle großen Stunden des Britischen Empire angekündigt. Seit Jahrhunderten rief der Stab des königlichen Boten eine Delegation des Unterhauses in das Oberhaus, wo sie Zeuge des *Royal Assent*, der königlichen Sanktion, wurde: der letzten Bestätigung der Gesetze, die Englands imperiale Macht bis an die Enden der Welt trugen. Das alte Ritual hatte sich nicht verändert, aber an diesem Sommertag kündigte das metronomisch exakte Pochen ein Leichenbegängnis an – das Leichenbegängnis des Britischen Weltreiches und damit der Herrschaft des weißen Mannes über drei Viertel des Erdballs. Eines der Gesetze, die an diesem Freitag, dem 18. Juli 1947, auf die königliche Genehmigung warteten, sollte einem Fünftel der Erdbevölkerung die Freiheit geben und für alle Zeiten die Bindung zwischen Großbritannien und Indien lösen.

Als England im Zenit seiner imperialen Macht stand, hatten die Männer auf den Bänken von Westminster in aller Welt aufsässige Elemente durch die Entsendung eines Kanonenbootes oder durch eine Abteilung britischer Soldaten zur Räson bringen können. Der letzte europäische Staat, der das Abenteuer einer Weltreichsgründung unternahm, hatte mehr Meere befahren, mehr Länder erschlossen, mehr Schlachten geschlagen, mehr Menschenleben geopfert, mehr Kassen erschöpft, mehr Menschen regiert – und gerechter regiert – als jede andere imperiale Macht. Ja, irgend etwas im Charakter dieses Inselvolkes schien die Briten für jenen kurzen Augenblick in der Geschichte zu befähigen, als man es für selbstverständlich hielt, daß weiße, christliche

Europäer «die Herrschaft über Palme und Kiefer ausübten».

Das Instrument, mit dem eine neue Generation von Männern in Westminster alledem ein Ende machen sollte, befand sich in einem Lederetui, das mit dem königlichen Wappen verziert war. Es lag zusammen mit einem Stapel ähnlicher Dokumente auf dem langen Tisch, der den Saal teilt, in dem das Oberhaus tagt.

Das Gesetz über die Unabhängigkeit Indiens war ein Muster an Knappheit und Einfachheit. Um Indien die Freiheit zu geben, hatten die Abgeordneten nur zwanzig Artikel und sechzehn Schreibmaschinenseiten gebraucht. Noch niemals war eine so bedeutungsvolle Vorlage mit solcher Schnelligkeit ausgearbeitet und gebilligt worden. Kaum sechs Wochen waren notwendig gewesen, um sie zu entwerfen und durch die Lesungen in beiden Häusern des Parlaments zu bringen. Die Debatten, die diese Lesungen begleiteten, waren von Würde und Zurückhaltung bestimmt gewesen. Es habe, erklärte Clement Attlee vor dem Unterhaus, als er die historische Vorlage einbrachte, Beispiele in der Geschichte gegeben, «wo ein Staat unter Gewaltandrohung gezwungen wurde, die Macht einem anderen Volke abzutreten. Aber es kam nur selten vor, daß ein Volk, das lange die Macht über eine andere Nation ausübte, sie aus freien Stücken aufgab.»

Selbst Winston Churchill, der der «ordentlichen kleinen Vorlage», wie er sie nannte, melancholisch seine Zustimmung gab, hatte seinem Rivalen Attlee einen seltenen Tribut gezollt, als er die Klugheit würdigte, Louis Mountbatten zum letzten Vizekönig zu bestimmen. Aber wahrscheinlich trafen keine Worte, die während dieser Debatten gesprochen wurden, die Stimmung der englischen Volksvertreter besser als eine Bemerkung von Viscount Herbert Samuel.

«Vom britischen *raj*», sagte er, «kann man sagen, was Shakespeare im *Macbeth* über den Thane von Cawdor sagen läßt: ‹Nichts im Leben stand so gut ihm als der Abschied von dem Leben.›»

Nun nahm, unter Führung von Premierminister Clement Attlee, eine dreißig Mann starke Abordnung aus dem Unterhaus ihren Platz hinter der Schranke im Oberhaus ein, um den Schlußakt von Britisch-Indien als Zeuge mitzuerleben.

Das eine Ende des Saales wurde von Symbolen der königlichen Macht beherrscht, zwei vergoldeten Thronsesseln, auf erhöhtem Platz unter einer mit dem Königswappen bestickten Tapisserie. Davor befand sich der «Wollsack», der gepolsterte Sitz des Lordkanzlers von England. Zwischen den Thronen und dem «Wollsack» stand ein langer Tisch mit den Gesetzesvorlagen, die an diesem Tag auf die Genehmigung durch Georg VI. warteten.

Der Vertreter des Königs, der «Schreiber der Krone», nahm seinen Platz an der einen Seite des langen Tisches ein. Der «Schreiber des Parlaments» den seinen auf der Gegenseite. Er griff nach der ersten

Vorlage des Stapels und verlas in feierlichem Ton den Titel: «Vorlage über die Südlondoner Gasversorgung».

«Le Roi le veult» – «Es ist der Wille des Königs», antwortete der «Schreiber der Krone» mit der altehrwürdigen normannischen Formel, mit der seit Jahrhunderten verkündet wurde, daß der Souverän geruhe, ein königliches Dekret oder ein parlamentarisches Gesetz in Kraft zu setzen.

Der «Schreiber des Parlaments» nahm die nächste Vorlage von dem Stapel, der vor ihm lag.

«Vorlage über den Pierbau in Felixstowe», las er vor.

«Le Roi le veult», antwortete der «Schreiber der Krone».

Der «Schreiber des Parlaments» griff nach dem nächsten Gesetz.

«Vorlage über die Unabhängigkeit Indiens», las er.

«Le Roi le veult», kam die Antwort.

Bei diesen Worten überzog eine leichte Röte Attlees Gesicht, und er senkte die Augen. Im Saal herrschte Schweigen, als das Echo der Stimme des «Schreibers» verklang. Es war zu Ende. Mit vier altfranzösischen Worten war Britisch-Indien in Gesellschaft eines Gaswerks und eines Fischerkais in die Geschichte eingegangen.

Es war die letzte Sitzung der exklusivsten Bruderschaft der Welt. Unter ihren Brokatjacken, ihren ordenüberladenen Uniformen und ihren juwelenglitzernden Turbanen vom Schweiß bedeckt, warteten fünfundsiebzig der bedeutendsten Maharadschas und Nawabs von Indien sowie *diwans* (Erste Minister), die weitere vierundsiebzig Fürsten vertraten, in der feuchten Schwüle eines Sommertags in Neu-Delhi, um aus dem Munde des Vizekönigs zu erfahren, was die Geschichte ihnen bestimmt hatte.

Mountbatten, an dessen weißer Galauniform die Auszeichnungen funkelten, betrat den kleinen halbkreisförmigen Saal der Fürstenkammer. Der schwarzbärtige, über 1,90 Meter große Kanzler der Kammer, der Maharadscha von Patiala, geleitete ihn zum Podium, wo Mountbatten gelassen die unglücklichen Männer vor ihm ins Auge faßte.

Der Vizekönig war bereit, die Äpfel in Vallabhbhai Patels Korb zu werfen. Sein heftigster Widersacher, Sir Conrad Corfield, saß in diesem Augenblick in einem Flugzeug, das ihn nach London und in eine vorzeitige Pensionierung brachte. Er hatte lieber Indien verlassen, als diesen bizarren Verein von Herrschern, denen er seine Karriere gewidmet hatte, zur Hinnahme einer Politik zu drängen, mit der er nicht einverstanden war. Der Vizekönig sah ihn nicht ungern scheiden. Mountbatten war der Überzeugung, daß sein Kurs das beste Arrangement sei, das die Fürsten überhaupt erhoffen konnten, und hatte den festen Vorsatz, sie zur Annahme seiner Politik zu zwingen, sosehr sie auch dagegen protestieren würden.

Er sprach ohne Notizen, offen und engagiert. Mit Nachdruck forderte er seine Zuhörer auf, die Beitrittsakte zu unterzeichnen und damit ihre Staaten entweder mit Indien oder Pakistan zu vereinen. Zu bewaffnetem Widerstand zu greifen, betonte er, würde nur zu Blutvergießen und einer Katastrophe führen. «Blicken Sie zehn Jahre voraus», beschwor er sie. «Stellen Sie sich vor, wie dann die Situation in Indien und der Welt sein wird, und haben Sie den Weitblick, entsprechend zu handeln.»

Doch Mountbatten wußte, daß der Lauf der Geschichte die bunte Versammlung wenig beeindruckte. Es war fünf Minuten vor zwölf für sie; die Welt, wie sie sie kannten, brach zusammen, aber das Argument, das ihnen am stärksten einleuchtete, betraf die Orden, die sie stolz an der Brust trugen. Wenn sie die Akte unterzeichneten, sagte Mountbatten lockend, habe er guten Grund für die Annahme, daß Patel und die Kongreßpartei ihnen erlauben würden, auch künftig von seinem Vetter, dem König, die Auszeichnungen und Titel anzunehmen, an denen ihnen so viel lag.

Als der Vizekönig seine Rede beendet hatte, forderte er die Fürsten auf, ihm Fragen zu stellen. Mountbatten war erschüttert über die Absurdität dessen, was er zu hören bekam. So lächerlich erschienen manche der Sorgen, die die Fürsten hatten, daß der Vizekönig sich fragte, ob diese Männer und ihre Chefminister wirklich begriffen, was mit ihnen geschah. Ein Mitglied der erlauchten Versammlung sorgte sich in erster Linie darum, ob er das exklusive Recht auf die Tigerjagd in seinem Staat behalten könne, wenn er sich Indien anschlösse. Der *diwan* eines anderen Fürsten, dessen Herr in diesem kritischen Augenblick nichts Besseres zu tun hatte, als eine Rundreise zu den europäischen Spielkasinos zu machen, brachte das Argument vor, er wisse nicht, wie er sich verhalten solle, da sein Herrscher in diesem Augenblick auf hoher See sei.

Mountbatten überlegte einen kurzen Augenblick, dann nahm er einen großen, kugelförmigen gläsernen Briefbeschwerer, der vor ihm auf dem Rednerpult lag, in die Hand. Wie ein orientalischer Weiser der Vergangenheit drehte er ihn zwischen den Fingern hin und her und erklärte: «Ich werde die Antwort für Sie in meiner Kristallkugel suchen.»

Er furchte tiefgründig die Stirn und fixierte die Kugel mit dem geheimnisvollsten Blick, dessen er fähig war. Zehn Sekunden erfüllte ein banges, drückendes Schweigen den Saal, das lediglich vom mühsamen Schnaufen der korpulenteren Fürstlichkeiten unterbrochen wurde. Schließlich wurden okkulte Praktiken in Indien nicht auf die leichte Schulter genommen, nicht einmal von den Maharadschas.

«Ah», flüsterte Mountbatten, nachdem er so viel Dramatik aus der Szene herausgeholt hatte, wie ihm möglich war, «ich sehe Ihren Fürsten. Er sitzt am Kapitänstisch seiner Hochseejacht. Er sagt – ‹Ja, was gibt's?› – er sagt: ‹Unterschreiben Sie die Beitrittsakte.›»

Am folgenden Tag vereinte zum letztenmal ein Festbankett einen Vizekönig von Indien und die Fürsten des Landes, Nachkommen von Generationen von Herrschern, die die zuverlässigsten Stützen der britischen Herrschaft gewesen waren. Vom Bewußtsein des Augenblicks tief bewegt, forderte Mountbatten die ältesten und treuesten Bundesgenossen der britischen Krone zu einem letzten Trinkspruch auf den König-Kaiser auf.

«Sie stehen vor einer Revolution», sagte er. «In kurzer Zeit werden Sie Ihre Souveränität für immer verlieren. Es ist unabänderlich. Kehren Sie dem Indien, das am 15. August entsteht, nicht den Rücken zu. Dieses Indien wird nicht genug fähige Männer besitzen, die es im Ausland vertreten können.» Es werde Ärzte brauchen, Anwälte, tüchtige Beamte, ausgebildete Offiziere, um die Lücken zu schließen, die die abziehenden Briten hinterließen. Viele der Anwesenden seien im Ausland erzogen worden, besäßen Erfahrung in der Führung ihrer Staaten, seien alte Soldaten, und Indien würde ihre Kenntnisse und Fähigkeiten brauchen. Sie könnten ein Playboyleben an der Riviera führen, aber sie könnten auch der Nation ihre Dienste anbieten und in der indischen Gesellschaft eine neue Rolle finden. Er war sich ganz sicher, wie ihre Entscheidung auszufallen habe. «Vermählen Sie sich mit dem neuen Indien», bat er seine Zuhörer.

Wie ein Kanu, das durch Stromschnellen schießt, suchte sich der Kombiwagen zwischen den ausgefahrenen Gleisen und Felsbrocken auf der Piste, die parallel neben dem Gebirgsfluß Trika herlief, seinen Weg. Das Gesicht des Mannes am Steuer, mit seinen sinnlichvollen Lippen, seinen argwöhnischen Augen, seinem Kinn, das unter den schwammigen Wangen verschwand, war ein getreues Spiegelbild seines Charakters. Er war ein schwacher, haltloser Mensch, dem seine Orgien und Perversionen den Namen eines Borgia des Himalaja eingetragen hatten. Leider jedoch war Hari Singh, der vor dem Krieg als «Mr. A.» die Phantasie der Leser der englischen Sensationspresse erregt hatte, auch noch etwas anderes. Er war der legitime Hinduherrscher des strategisch bedeutsamsten Fürstenstaates in Indien, der riesigen, dünnbesiedelten Drehscheibe Kaschmir, wo Indien, China, Tibet und Pakistan aufeinanderstießen.

An diesem Morgen nahm ein besonders hochgestellter Gast den Sitz neben Hari Singh ein. Louis Mountbatten kannte den Maharadscha, seit sie – während der Indienreise des Prinzen von Wales – Seite an Seite über den manikürten Rasen seines Polofeldes in Dschammu galoppiert waren. Mountbatten hatte sich eigens zu dem Besuch in Hari Singhs

Hauptstadt Srinagar angesagt, um den widerstrebenden Herrscher zu einer Entscheidung über Kaschmirs Zukunft zu zwingen.

Die Logik der Situation schien eindeutig zu verlangen, daß Kaschmir sich Pakistan anschließe. Die Bevölkerung war mohammedanisch. Es war eines der Gebiete, die Rahmat Ali für einen islamischen Staat vorgesehen hatte, als er seinen unmöglichen Traum zum erstenmal formulierte. Das «k» in Pakistan stand für Kaschmir.

Mountbatten akzeptierte diese Logik. Er habe, erklärte er dem Maharadscha, die von Vallabhbhai Patel im Namen der künftigen Regierung Indiens ausgesprochene Zusicherung mitgebracht, daß Indien keine Einwände erheben werde, wenn Hari Singh sich, angesichts der geographischen Lage seines Landes und seiner überwiegend mohammedanischen Bevölkerung, zum Anschluß an Pakistan entschließe. Außerdem habe Jinnah ihm erklärt, Hari Singh wäre, wiewohl ein Hinduherrscher, in seinem Dominion willkommen, und man werde ihm einen ehrenvollen Platz einräumen.

«Ich will mich unter keinen Umständen Pakistan anschließen», erwiderte Hari Singh.

«Nun ja», sagte Mountbatten, «es liegt bei Ihnen, aber ich finde, Sie sollten sich das sorgfältig überlegen, da ja schließlich fast neunzig Prozent Ihrer Bevölkerung Moslems sind. Sonst müssen Sie sich Indien anschließen. In diesem Fall werde ich dafür sorgen, daß eine Division Infanterie hier heraufgeschickt wird, um Ihre Grenzen zu schützen.»

«Nein», antwortete der Maharadscha, «ich will auch nicht zu Indien. Ich will unabhängig sein.»

Das waren genau die Worte, die der Vizekönig nicht hören wollte. «Es tut mir leid», sagte er erregt, «aber unabhängig werden können Sie nicht. Sie haben einen Binnenstaat, der zu groß und unterbevölkert ist. Am schlimmsten jedoch finde ich, daß Ihre Haltung unvermeidlich zum Zwist zwischen Indien und Pakistan führen muß. Sie werden zwei Länder, die wie Hund und Katze miteinander stehen, zu Nachbarn haben. Sie werden die Ursache sein, wenn es zwischen den beiden zu einer Kraftprobe kommt. Am Schluß wird Ihr Land zum Schlachtfeld werden. Sie werden Ihren Thron und vielleicht das Leben verlieren, wenn Sie sich nicht vorsehen.»

Der Maharadscha schüttelte den Kopf. Er wahrte ein düsteres Schweigen, bis er das komfortable Lager erreicht hatte, das von seinen Dienern an einer Biegung des Flusses aufgeschlagen worden war und in das er seinen hochgestellten Gast zum Forellenangeln eingeladen hatte. Hari Singh sorgte für den Rest des Tages dafür, daß Mountbatten ihn nicht unter vier Augen sprechen konnte. Der Vizekönig mußte den ganzen Tag damit verbringen, im kristallklaren Wasser der Trika die Angel auszuwerfen. Aber selbst die Forellen waren zu keinem Entgegenkommen bereit. Sein Adjutant machte den gesamten Fang.

Während der folgenden beiden Tage setzte Mountbatten seine Seelenmassage fort. Am dritten Tag hatte er schließlich das Gefühl, daß sein alter Freund langsam ins Wanken gerate. Er nötigte ihm die Zustimmung ab, am nächsten Vormittag in Anwesenheit seines Premierministers eine Sitzung abzuhalten, auf der eine gemeinsame Grundsatzerklärung entworfen werden sollte.

«Einverstanden», sagte der Maharadscha, «wenn Sie es unbedingt wollen.»

Am nächsten Morgen erschien ein Adjutant in der Suite des Vizekönigs. Seine Hoheit, meldete er, lasse sich entschuldigen, aber sie leide an einer Magenverstimmung, und der Leibarzt erlaube nicht, daß der Herrscher an der Sitzung teilnehme.

Mountbatten zweifelte nicht daran, daß es sich um eine Ausrede handelte. Hari Singh weigerte sich sogar, seinen alten Freund vor dessen Abreise zu empfangen. Ein Problem, das ein volles Vierteljahrhundert die Beziehungen zwischen Indien und Pakistan vergiften und den Weltfrieden gefährden sollte, hatte in diesem diplomatischen Bauchgrimmen seinen Ursprung.

Anderswo hatte Mountbatten beträchtlich mehr Erfolg bei seinen Bemühungen, Vallabhbhai Patels Apfelkorb zu füllen. Für manche Fürsten wurde die Unterzeichnung der Beitrittsurkunde zu einer Tragödie. Wenige Sekunden, nachdem er seine Unterschrift geleistet hatte, erlag ein Radscha aus Zentralindien einem Herzschlag. Der Rana von Dholpur erklärte Mountbatten mit Tränen in den Augen: «Damit zerbricht eine Allianz zwischen meinen Vorfahren und den Vorfahren Ihres Königs, die seit 1765 besteht.» Der Gaekwar von Baroda, aus dessen Ahnenreihe ein Maharadscha einem britischen Residenten Diamantenstaub eingeflößt hatte, brach nach der Unterzeichnung in den Armen V. P. Menons zusammen und schluchzte wie ein Kind. Der Herrscher eines Zwergstaates zögerte mit seiner Unterschrift tagelang, weil er noch immer an das fürstliche Gottesgnadentum glaubte. Die acht Maharadschas des Pandschabs unterzeichneten bei einer feierlichen Zeremonie im Speisesaal des Palastes von Patiala, wo Sir Bhupinder Singh, «der Prachtliebende», einst die üppigste Gastlichkeit in Indien entfaltet hatte. Dieses Mal, so erinnerte sich ein Teilnehmer, «war die Atmosphäre so traurig-düster, als hätten wir uns zu einer Verbrennung versammelt».

Eine kleine Gruppe von Fürsten widerstand hartnäckig den Überredungsversuchen Mountbattens, V. P. Menons und Patels. Der Druck auf diese letzten Widerspenstigen verstärkte sich um so mehr, je näher der 15. August heranrückte. Wo es lokale Organisationen der Kongreßpartei gab, organisierte Patel Demonstrationen, um die Fürsten zum Einlenken zu bewegen. Der Maharadscha von Orissa wurde von einer Menschenmenge in seinem Palast belagert; sie ließ ihn erst wieder frei, als er seine Unterschrift geleistet hatte. Der Premierminister von Travancore wurde von einem Demonstranten mit einem Dolch im Gesicht verletzt. Erschüttert kabelte der Maharadscha nach Delhi, er werde sich Indien anschließen.

Keiner der Beitritte verlief so stürmisch wie der des jungen Maharadschas von Dschodhpur. Der Fürst hatte eben erst nach dem Tod seines Vaters den Thron bestiegen. Er hatte eine Reihe exzentrischer Hobbies wie das Fliegen, Tänzerinnen und Zaubertricks – von denen ihm keines, wie er wohl wußte, die Sympathie der Sozialisten in der Kongreßpartei einbrachte. Zusammen mit seinem fürstlichen Kollegen, dem Maharadscha von Dschaisalmer, arrangierte er eine geheime Zusammenkunft mit Jinnah in Delhi, um sich bei dem Moslemführer zu erkundigen, welcher Empfang sie erwartete, falls sie ihre hauptsächlich von Hindus bewohnten Staaten in sein Dominion eingliederten.

Jinnah war begeistert von der Vorstellung, seinen Kongreßrivalen zwei wichtige Fürstenstaaten zu entreißen. Er zog einen leeren Bogen Papier aus seiner Schreibtischschublade und reichte ihn dem Maharadscha von Dschodhpur.

«Schreiben Sie einfach Ihre Bedingungen darauf», sagte er, «und ich werde sie unterschreiben.»

Die beiden Männer ersuchten um Bedenkzeit, sie wollten sich die Sache in ihrem Hotel überlegen. Dort fanden sie V. P. Menon vor, der auf sie wartete. Er hatte aus einer seiner geheimnisvollen Quellen einen Tip über das Vorhaben der beiden Fürsten erhalten, das, wenn es glückte, weitere Staaten zum Anschluß an Pakistan bewegen konnte. Menon erklärte dem Maharadscha von Dschodhpur, der Vizekönig bitte um einen dringenden Besuch im Palast.

Menon bat den Fürsten, in einem Vorzimmer Platz zu nehmen, und begab sich auf eine hektische Suche nach Mountbatten. Schließlich fand er den Vizekönig, der von Menons Unternehmen keine Ahnung hatte, in seiner Badewanne. Menon bat ihn inständig, nach unten zu kommen und den widerborstigen Maharadscha ins Gebet zu nehmen.

Der Vizekönig erklärte dem jungen Herrscher, sein kürzlich verstorbener Vater wäre über sein Verhalten empört gewesen. Es sei eine Verrücktheit, aus rein egoistischen Gründen seine Hinduuntertanen dem islamischen Pakistan eingliedern zu wollen. Er versprach dem Fürsten, er und Menon würden Patel dazu bringen, seine persönlichen Kapricen mit einem möglichst nachsichtigen Auge zu betrachten.

Mountbatten überließ es Menon, dem unbesonnenen jungen Maharadscha die Unterschrift unter eine vorläufige Übereinkunft abzuringen. Als er den Raum verlassen hatte, zog der Fürst einen Füllfederhalter aus der Tasche, der in seiner Zauberwerkstatt hergestellt worden war. Er unterzeichnete den Text und schraubte dann die Spitze ab, unter der eine Miniaturpistole, Kaliber 0.22, zum Vorschein kam, die er auf Menons Kopf richtete.

«Ich lasse mich von Ihren Drohungen nicht einschüchtern!» rief er. Mountbatten hörte den Lärm, kehrte um und beschlagnahmte die Pistole.

Drei Tage später brachte Menon die endgültige Beitrittsurkunde in den Palast des Maharadschas. Grollend unterschrieb der Fürst. Dann beschloß er, seine Vergangenheit mit einem Fest zu begraben, bei dem Menon gegen seinen Willen den Ehrengast abgeben mußte. Den ganzen Nachmittag goß er dem armen Beamten Whisky und Champagner in die Kehle. Anschließend inszenierte der Fürst ein regelrechtes Bankett mit Braten und Wild, einem Orchester und Tänzerinnen. Für Menon, einen prüden Vegetarier, war der Abend ein Alptraum. Doch das Schlimmste sollte erst noch kommen. Der betrunkene Maharadscha schleuderte wutentbrannt seinen Turban auf den Boden, weil ihm die Musik zu laut war. Er schickte die Kapelle und die Tänzerinnen fort und verkündete, er werde nun Menon in seiner Privatmaschine nach Delhi fliegen. Er legte einen Blitzstart hin und führte seinem Fluggast, dem speiübel war, jede Kunstflugfigur zu Gemüte, die er beherrschte, bevor er ihn auf dem Flughafen Delhi wieder auf den Boden setzte. Würgend und grün im Gesicht krabbelte Menon fast auf allen vieren aus dem Flugzeug, aber seine zitternden Hände umklammerten das Dokument, das einen weiteren Apfel in Patels Korb brachte.

Der Vizekönig würde bis zum 15. August seinen Vertrag mit Patel einlösen können. Der Korb quoll bereits von Äpfeln über. Fünf Maharadschas, deren Staaten innerhalb Pakistans lagen, schlossen sich Jinnah an. Sämtliche übrigen, mit drei Ausnahmen, hatten Mountbatten und Menon für Indien gesichert.

Doch die Ausnahmen hatten es in sich. Von einer Kabale fanatischer Moslems angestachelt, die um ihre Privilegien in einem hinduistischen Indien bangten, hatte der Herrscher des größten und volkreichsten Fürstenstaates auf indischem Boden für alle Ratschläge Mountbattens sich taub gestellt. Der Nizam von Haiderabad ignorierte jede Bemühung, ihn zu einer Übereinkunft mit Indien zu bewegen, und versuchte, allerdings vergebens, Großbritannien zu zwingen, seinen Staat als unabhängiges Dominion anzuerkennen. Von seinem Palast, der mit Juwelen und in altes Zeitungspapier eingewickelten Banknoten vollgestopft war, schickte der geizige Fürst bittere Klagen aus, daß er «von seinem ältesten Bundesgenossen im Stich gelassen» worden sei und «die Bande einer alten Zuneigung» zwischen ihm und dem König-Kaiser zerrissen würden. Auch der Maharadscha von Kaschmir beharrte auf seiner Weigerung, sich einem der beiden Dominions anzuschließen.

Der Grund, der den dritten und letzten Fürsten vom Anschluß an Indien abhielt, war anderer Natur. Ein Agent der Moslemliga hatte ihm eingeflüstert, die erste Handlung des unabhängig gewordenen Indien werde darin bestehen, seine geliebten Hunde zu vergiften. Daraufhin hatte der Nawab von Dschunagadh beschlossen, sich Pakistan anzuschließen, ungeachtet des Umstands, daß sein von Hindus bewohnter Zwergstaat keine gemeinsame Grenze mit Pakistan haben würde.

«Meine Herren, das ist Inspektor Savage vom Sicherheitsdienst des Pandschabs», eröffnete Louis Mountbatten den beiden verblüfften indischen Politikern am 5. August in seinem Arbeitszimmer. «Er hat etwas zu berichten, was Sie hören sollten.»

Was immer Savage mitzuteilen hatte, er durfte mit der gespannten Aufmerksamkeit Jinnahs und Liaquat Ali Khans rechnen, denn das Amt, das er vertrat, galt als die beste britische Geheimdienstorganisation in Indien.

Nervös räusperte sich Savage und begann. Die Informationen, die er zu enthüllen im Begriff stand, waren Gefangenen bei Verhören abgerungen worden, die der Geheimdienst in einem nicht benutzten Seitenflügel der Irrenanstalt von Lahore durchgeführt hatte. Sie waren so geheim, daß Savage sie am Abend vorher in Lahore auswendig hatte lernen müssen, weil er sie nicht schriftlich nach Neu-Delhi zu bringen wagte.

Eine Gruppe von Sikhextremisten, berichtete Savage, habe sich mit der fanatischsten politischen Gruppe in Indien, der R.S.S.S., zusammengetan. An ihrer Spitze stehe der Schullehrer Tara Singh, der bei jener Geheimzusammenkunft der Sikhführung in Lahore seine Parteigänger aufgerufen hatte, Indien in einem Blutbad zu ertränken. Die beiden Gruppen hätten vereinbart, ihre Mittel und Reserven zu einer doppelten Terroraktion zu vereinigen.

Die Sikhs, die über die bessere Organisation, Ausbildung und Kenntnis im Umgang mit Explosivstoffen verfügten, sollten die schwerbewachten *Pakistan Specials* zerstören, jene Züge, die das dem neuen Staat zugeteilte Personal und Material von Delhi nach Karatschi befördern sollten. Tara Singh habe bereits einen Funker mit Gerät am Abgangsbahnhof placiert, der den Sikhgruppen, die zum Angriff auf den ersten Sonderzug bestimmt waren, Abfahrtszeit und Strecke des Zuges melden solle.

Die zweite Aktion, sagte Savage, sei der R.S.S.S. übertragen worden, deren Hindumitglieder sich, im Gegensatz zu den Sikhs, unschwer als Moslems ausgeben könnten. Die Gruppe sei dabei, eine nicht bekannte Anzahl ihrer fanatischsten Anhänger in die Stadt Karatschi einzuschleusen. Jeder von ihnen sei mit einer Mills-Handgranate ausgerüstet, wie sie die Britische Armee verwendete. Keiner wisse vom andern, so daß eine einzelne Verhaftung den Plan nicht gefährden könne.

Diese Männer sollten sich am 14. August längs der Route aufstellen, die Mohammed Ali Jinnah auf seinem Triumphzug durch die Straßen Karatschis, vom Parlamentsgebäude bis zu seinem Amtssitz, zurücklegen werde. Wie ein fanatischer junger Serbe Europa in die Greuel des Ersten Weltkrieges gerissen hatte, so sollte einer jener Terroristen den Gründer Pakistans in der Stunde seines Triumphes durch eine in seinen offenen Wagen geschleuderte Handgranate ermorden. Diese grausige Mordtat, so hoffe man bei der R.S.S.S., werde den gesamten Subkontinent in einen blutigen Bürgerkrieg stürzen, aus dem die zahlenmäßig überlegenen Hindus als Sieger hervorgehen müßten.

Das Gesicht des Mannes, den sie ermorden wollten, wurde weiß, als er Savages Worte hörte. Liaquat Ali Khan, der neben ihm saß, verlangte erregt, daß Mountbatten die gesamte Sikhführung verhaften lasse. Betroffen überlegte der Vizekönig, wie er sich verhalten solle. Die Sikhführer festzunehmen, fürchtete er, könnte durchaus den Bürgerkrieg auslösen, auf den es die R.S.S.S. abgesehen hatte.

Er wandte sich an den jungen Geheimdienstbeamten und sagte: «Nehmen wir an, ich bitte den Gouverneur, die Sikhführung verhaften zu lassen, was geschieht dann?» Savage dachte bei sich: Du machst mir schön angst. Er wußte, daß sich die Sikhführer im Goldenen Tempel von Amritsar aufhielten, dessen Keller voller Waffen waren. Kein Sikh- oder Hindupolizist würde dem Befehl Folge leisten, sie zu verhaften, und Moslempolizisten hineinzuschicken war undenkbar.

«Sir», antwortete er, «leider gibt es im Pandschab nicht mehr genug zuverlässige Polizisten für eine derartige Aktion. Es fällt mir schwer, das zu sagen, aber ich sehe keine Möglichkeit, einen solchen Befehl auszuführen.»

Mountbatten überlegte einen Augenblick. Dann erklärte er, er wolle von Sir Evan Jenkins, dem Gouverneur des Pandschabs, und den beiden Männern, die nach dem 15. August den indischen und den pakistanischen Teil der Provinz regieren sollten, eine gemeinsame Empfehlung einholen.

Liaquat Ali Khan fuhr vom Sessel hoch. «Sie wollen Mr. Jinnah ermorden lassen!» protestierte er.

«Wenn Sie wirklich so denken», erwiderte Mountbatten, «dann werde ich im selben Wagen mit ihm fahren und mich zusammen mit ihm umbringen lassen. Aber ich bin nicht bereit, ohne die Zustimmung dieser Männer die Führer von sechs Millionen Sikhs in den Kerker werfen zu lassen.»

Am Abend kehrte Savage nach Lahore zurück. Aus Sicherheitsgründen hatte er sich das Schreiben Mountbattens an Jenkins in die Unterhose gesteckt. Er traf Jenkins auf einem Empfang im Garten des Hotels Falletti. Als der Mann, der vom Pandschab mehr verstand als jeder andere westliche Zeitgenosse, den Brief des Vizekönigs las, ließ er mutlos die Schultern hängen.

«Wir können nichts gegen die Terroristen tun», sagte Sir Evan Jenkins.

Fünf Tage danach, in der Nacht vom 11. auf den 12. August, führten die Kommandos Tara Singhs den ersten Teil des Programms durch, das sie mit der R.S.S.S. vereinbart hatten. Zwei Ladungen Gelatinedynamit jagten den ersten *Pakistan Special* neun Kilometer östlich des Bahnhofs Giddarbaha im Distrikt Ferozepore in die Luft.

In der Klausur eines mit grünen Rolläden und mit Stuck verzierten Bungalows, den ihm der Vizekönig in der Nähe seines Palastes zur Verfügung gestellt hatte, begann Sir Cyril Radcliffe, der Barrister, der nie zuvor in Indien gewesen war, in der drückenden Sommerhitze auf einer Generalstabskarte des Königlichen Pionierkorps die Grenzlinien zu ziehen, die achtundachtzig Millionen Inder voneinander trennen sollten.

Das gnadenlose Arbeitstempo, das ihm vorgeschrieben war, hatte ihm keine andere Möglichkeit gelassen, als seinen Auftrag in der Einsamkeit jenes Bungalows auszuführen. Da er keinerlei Kontakt zu den Gebieten hatte, die er teilen sollte, blieb ihm nichts übrig, als sich die Auswirkung seiner Arbeit auf jene historisch gewachsenen Regionen an Hand abstrakter Landkarten, Bevölkerungstabellen und Statistiken auszumalen.

Täglich war er gezwungen, von einer Bewässerungsanlage ein Stück wegzuoperieren, ohne daß er die Folgen seiner Operation an Ort und Stelle überblicken konnte. Radcliffe wußte, daß im Pandschab Wasser Leben bedeutete, doch er war nicht in der Lage, die Auswirkungen seiner Grenzziehung auf nur eine einzige Überlaufrinne, ein einziges Schleusentor oder Reservoir im voraus abzuschätzen.

Niemals würde er über das Reisfeld gehen oder die Jutepflanzung mit eigenen Augen sehen, die er nun mit seinem Bleistift auseinanderriß. Kein einziges der Dörfer, die seine Grenze teilen würde, konnte er besuchen, um die Auswirkungen auf die unglücklichen Bauern zu sehen, die vielleicht von ihren Feldern, von ihren Brunnen und Straßen abgeschnitten wurden. Niemand konnte die menschlichen Tragödien lindern, die seine Grenze unausweichlich heraufbeschwören mußte. Gemeinden würden von ihrem Ackerland, Fabriken von ihren Güterbahnhöfen, Kraftwerke von ihren Überlandleitungen abgeschnitten werden, und dies alles wegen der schrecklichen Eile, welche die führenden indischen Politiker Radcliffe vorgeschrieben hatten. Sie zwang ihn, jeden Tag durchschnittlich fünfzig Kilometer Grenze in einem Land zu ziehen, über dessen Wirtschaft, Landwirtschaft und vor allem über dessen Menschen er nicht das geringste wußte.

Selbst die Werkzeuge, die er besaß, erwiesen sich als unzureichend.

Es war fast unmöglich, auch nur eine Generalstabskarte aufzutreiben, die er als Arbeitsgrundlage verwenden konnte. Auf den Karten, die er schließlich fand, waren häufig einzelne Angaben ungenau. Die fünf großen Flüsse des Pandschabs, bemerkte er, hatten die seltsame Neigung, mehrere Kilometer von den Flußbetten abzuweichen, die der angesehene Vermessungsdienst der Provinz ihnen zugeteilt hatte. Die Bevölkerungsstatistiken, die ihm als Hauptstütze dienen sollten, waren unzulänglich und wurden von beiden Seiten zur Untermauerung ihrer gegensätzlichen Ansprüche ständig verzerrt.

Mit Bengalen war es nicht ganz so schwierig. Radcliffe zögerte lange, wie er mit Kalkutta verfahren solle. Er fand, Jinnahs Ansprüche hätten viel für sich, weil dadurch ein ungestörter Fluß der Juteproduktion von den Feldern über die verarbeitenden Fabriken bis zum Hafen gewährleistet werden könnte. Schließlich aber kam er doch zu dem Schluß, daß die überwiegend aus Hindus bestehende Bevölkerung mehr Gewicht habe als ökonomische Erwägungen. Als diese Frage gelöst war, fiel ihm der Rest des Problems Bengalen leichter. Trotzdem aber war seine Grenze «nichts anderes als eine Bleistiftlinie auf einer Landkarte» mit all der damit verbundenen Willkür. Fast nirgends in diesem Gewirr von Sümpfen, Marschland und tiefgelegenen Feldern konnte er die geographischen Anhaltspunkte finden, nach denen man bei Grenzziehungen sucht: Flüsse oder einen Gebirgszug.

Der Pandschab war ein ungleich schwierigerer Fall. Lahores fast gleichstarke Bevölkerungsgruppen forderten jede lautstark die Stadt für sich. Für die Sikhs konnte Amritsar mit seinem Goldenen Tempel nur in Indien liegen, doch war es wie ein Keil zwischen Moslemgebieten eingezwängt.

Dazu kam das Mosaik kleiner Siedlungsgebiete von Religionsgemeinschaften, die über die Provinz verstreut waren. Entweder, sagte sich Radcliffe, richte er sich ausschließlich nach dem Bevölkerungsaspekt und schaffe damit eine Unzahl kleiner Enklaven, zu denen niemals ein Zugang zu sichern sei, oder aber er lasse sich von den geographischen Bedingungen und dem Ziel einer brauchbareren Grenze leiten und gehe über jene kleinen Siedlungsgebiete hinweg, mit all den bedauernswerten Folgen für die Menschen, die er damit verurteilte, inmitten einer feindseligen Mehrheit leben zu müssen.

Vor allem aber litt Radcliffe unter der grausamen, entnervenden Hitze dieser schrecklichen Sommerwochen. Die drei Zimmer seines Bungalows waren ein wahres Chaos von Landkarten, Dokumenten und Berichten, alle auf dünnem indischem Reispapier geschrieben. Wenn er mit aufgekrempelten Hemdsärmeln über seinen Schreibtisch gebeugt saß, blieben diese Blätter an seinen schweißbedeckten Unterarmen kleben und hinterließen, nachdem er sie abgelöst hatte, Stigmata eigener Art: den verschmierten grauen Abdruck maschinengeschriebener Worte, an denen vielleicht die Hoffnungen, die inständigen Bitten Tausender menschlicher Wesen hingen.

Nur die langsam rotierenden Holzblätter eines Ventilators, der von der Decke hing, sorgten für etwas Luftbewegung in Radcliffes Bungalow. Hin und wieder, wenn auf geheimnisvolle Weise der Strom stärker wurde, drehte der mechanische Fächer durch und peitschte wilde Böen durch den Raum. Wie Laub im Herbstwind stoben dann Dutzende von Radcliffes Papieren umher, die Dörfer des unseligen Pandschabs, die der Sturm vor sich hertrieb.

Schon sehr früh wurde Radcliffe klar, daß sein Bericht, wenn er veröffentlicht wurde, zu einem furchtbaren Gemetzel führen müsse. Er konnte tun, was er wollte. Während er sich mit der Grenzziehung abplagte, erhielt er fast täglich Meldungen aus Pandschabdörfern – vielleicht gerade aus jenen Gemeinden, über deren Schicksal er eben entschied –, wo Menschen, die seit Generationen nebeneinander lebten, plötzlich außer Rand und Band gerieten und in wütender Mordgier übereinander herfielen.

Radcliffe hatte kaum einen Kontakt zur Außenwelt. Jedesmal, wenn er sich auf eine Cocktailparty oder Abendgesellschaft wagte, wurde er von Leuten umringt, die ihn mit ihren Forderungen bedrängten. Nur beim Spazierengehen fand er Erholung. Am Nachmittag wanderte er über die Anhöhe, auf der 1857 die Engländer zur Niederschlagung des Aufstands in Delhi ihre Truppen zusammengezogen hatten.

Um Mitternacht ging er, am Rand der Erschöpfung, in der drückenden Hitze unter den Eukalyptusbäumen in seinem Garten spazieren. Gelegentlich begleitete ihn sein junger Assistent vom I.C.S. Nur hin und wieder unterhielten sie sich. Radcliffes Gefühl für das Schickliche erlaubte ihm nicht, die schreckliche Last, die ihn bedrückte, mit irgend jemandem zu teilen, und sein junger Assistent war zu vorsichtig, um ihn darauf anzusprechen. Und so unterhielten sich die beiden ehemaligen Oxfordstudenten in der heißen indischen Nacht über Oxford.

Langsam, Schritt für Schritt, zog Radcliffe seine Grenze über die Landkarte Indiens. Ein Gedanke ließ ihn bei diesem mühsamen Werk nicht los: Ich erledige diese fürchterliche Arbeit, so rasch und so gut ich kann, sagte er sich, aber das ist ja ganz egal, denn wenn ich damit fertig bin, werden sie ohnehin übereinander herfallen und einander totschlagen.

Im Pandschab hatten sie damit schon angefangen. Die Straßen und Bahnstrecken der einstmals bestverwalteten indischen Provinz waren nicht mehr sicher. Sikhhorden durchstreiften wie Apachenbanden das Land und fielen über Moslemdörfer oder Moslemviertel her. Die Mordtaten, die sie begingen, waren von einer besonderen Brutalität. Sie schnitten ihren männlichen Moslemopfern die beschnittenen Genitalien ab und stopften sie ihnen oder niedergemetzelten Moslemfrauen in den Mund. In Lahore raste eines Abends ein Radfahrer aus einer Gasse heraus an einem überfüllten Kaffeehaus vorbei, wo der berüchtigtste Moslemgangster der Stadt hofzuhalten pflegte. Er schleuderte einen riesigen, bauchigen Messingtopf auf die vollbesetzte Terrasse. Der Topf rollte scheppernd durch das Café, während die Besucher sich zu Boden warfen und Deckung suchten. Als er nicht explodierte, öffnete ihn ein Kellner. Der Topf enthielt das Geschenk eines Sikh-Gangsterkollegen aus Amritsar für den Moslemgangster. Er war mit beschnittenen Penissen gefüllt.

So sinnlos, so chaotisch wüteten Mord und Brandstiftung in Lahore, daß es einem englischen Polizeibeamten vorkam «wie eine Stadt, die Selbstmord begeht». Das Zentralpostamt wurde mit Tausenden von Postkarten überschwemmt, die an Hindus oder Sikhs adressiert waren. Auf der Vorderseite zeigten sie Männer und Frauen, die vergewaltigt und niedergemetzelt wurden. Auf der Rückseite stand folgender Text: «So ergeht es unseren Sikh- und Hindubrüdern und -schwestern, wenn die Moslems die Macht übernehmen. Flieht, bevor diese Unmenschen Euch das gleiche antun.» Die Postkarten waren Teil einer psychologischen Kampagne, mit der die Moslemliga die Sikhs und Hindus in Panik versetzen wollte. – Moslems, die in den besseren Vierteln von Lahore wohnten, malten einen grünen Halbmond, das Symbol des Islam, an ihre Türpfosten, um ihre Villen vor mohammedanischen Horden zu beschützen.

Da die Polizei, die in Lahore wie überall im Pandschab weitgehend aus Moslems bestand, sich aufzulösen begann, fiel die Aufgabe, die Flut der Gewalttaten aufzuhalten, in zunehmendem Maße einer Handvoll englischer Polizeibeamter zu. «Man bekam eine seelische Hornhaut», erzählte Patrick Farmer, ein Polizist, der bis zu diesem Zeitpunkt in fünfzehn Dienstjahren im Pandschab nur einmal einen Schuß abgefeuert hatte. «Man lernte, zuerst von seiner Maschinenpistole Gebrauch zu machen und hinterher Fragen zu stellen.»

Ein anderer englischer Polizist berichtete, wie er durch die dunklen Basare von Lahore ritt. Der Horizont war von Bränden gerötet, und von den Dächern über ihm riefen die Moslems einander durch die Nacht Warnungen zu. Wie die Schreie von Schakalen hörte man leise Rufe in der Dunkelheit: «Paßt auf, paßt auf, paßt auf!»

Auf Waffensuche in einer *mahalla*, einem Elendsviertel in der Altstadt, stieß Gerald Savage, der Beamte, der vor dem geplanten Attentat auf Jinnah gewarnt hatte, die Tür einer Hütte auf. In dem schmutzigen, unbeleuchteten Raum sah er auf einem Bettgestell einen alten Mann, der die Pocken hatte und im Sterben lag. Ein fürchterlicher Gestank erfüllte die Hütte. Bestürzt über diesen unerwarteten Anblick schloß Savage stöhnend die Tür.

Diese Männer, die Indien ergeben und erfüllt waren vom Glauben an ihre Fähigkeit, im Pandschab Ordnung zu bewahren, sahen voll Erbitterung die Welle der Gewalt, die ihre Provinz überflutete. Sie gaben den Sikhs und der Moslemliga die Schuld, vor allem aber dem stolzen Admiral im vizeköniglichen Palast zu Neu-Delhi und der – in ihren Augen unentschuldbaren – Hast, mit der er die britische Herrschaft in Indien ihrem Ende entgegenführte.

Selbst die Natur schien entschlossen, ihnen ihre letzte Stunde im Pandschab zu vergällen. Sie weigerte sich, ihnen mit einem meteorologischen Phänomen zu Hilfe zu kommen, das ihnen vielleicht die Rettung gebracht hätte. Tag um Tag suchten sie mit bangen Blicken den Himmel nach den Wolken des Monsuns ab, der nicht kommen wollte. Mit seinen peitschenden Sturzbächen hätte er die Brände löschen können, die in den Städten des Pandschabs wüteten, der kühle Wind hätte der mörderischen Hitze, die die Menschen zur Raserei trieb, vielleicht ein Ende bereitet. Der Monsun war, wie die Polizisten immer sagten, die wirksamste Waffe gegen Ausschreitungen in Indien, aber er war auch die einzige Waffe, über die sie nicht verfügen konnten.

In Amritsar ging es noch schlimmer zu. Mordtaten waren in den Basaren und Gassen der Stadt ebenso an der Tagesordnung wie das öffentliche Verrichten der Notdurft. Die Hindus in Amritsar hatten die grausame Taktik entwickelt, auf einen arglosen Moslem zuzugehen und ihm Salpeter- oder Schwefelsäure ins Gesicht zu schütten. Überall waren Brandstifter am Werk.

Schließlich wurde die Armee alarmiert und eine achtundvierzigstündige Ausgangssperre verhängt. Aber selbst diese Maßnahmen bewirkten nur eine kurze Ruhepause. Eines Tages, nachdem eine besonders heftige Welle von Brandstiftungen über die Stadt hinweggegangen war, griff der Polizeichef Rule Dean in seiner Verzweiflung zu einem letzten Mittel, über das in seinem Handbuch zur Bekämpfung von Ausschreitungen nichts stand. Er ließ seine Polizeikapelle zum Hauptplatz marschieren. Dort, im Herzen der von Flammen heimgesuchten Stadt, versuchte sie, das Prasseln der Großbrände mit Operettenmelodien von Gilbert und Sullivan zu übertönen, als könnten die volkstümlichen Weisen einer Stadt, die dem Wahnsinn verfiel, die Vernunft zurückgeben.

Um nach dem 15. August im Pandschab die Ordnung zu sichern, hatte Mountbatten beschlossen, eine Spezialtruppe von 55 000 Mann aufzustellen. Sie sollte sich aus Angehörigen bestimmter Einheiten der indischen Armee zusammensetzen, wie den Gurkhas, deren Disziplin und nepalesische Herkunft sie gegen den wütenden Haß zwischen den Volksgruppen relativ immun machten. Diese Einheit, die Pandschab-Grenztruppe, wurde einem Briten, Generalmajor G. R. «Pete» Rees, unterstellt. Die Streitmacht hatte die doppelte Stärke dessen, was nach der Schätzung des Provinzgouverneurs notwendig war, um im Fall der Teilung Indiens die Ordnung im Pandschab aufrechtzuerhalten. Doch als dann der Sturm losbrach, wurde sie wie ein Strohhalm beiseite gefegt.

Die ungeschminkte Wahrheit war, daß niemand – weder Nehru noch Jinnah, Sir Evan Jenkins, der wohlinformierte Gouverneur des Pandschabs, und der Vizekönig selbst – das Ausmaß und die Form der Katastrophe vorhersahen, die sich zusammenbraute. Daß ihnen diese Fehleinschätzung unterlief, erstaunte später die Historiker und machte Mountbatten zum Zielpunkt massiver Kritik.

Nehru und Jinnah, beide tolerant und nicht bigott, begingen gemeinsam den Fehler, daß sie unterschätzten, in welchem Ausmaß der Zwist zwischen den Religionsgruppen die Massen des Subkontinents zu entflammen vermochte. Beide glaubten sie aufrichtig, die Teilung werde die gewalttätigen Leidenschaften nicht schüren, sondern abkühlen. Sie waren vernünftig und rational denkende Männer und nahmen an, ihre Anhänger würden auf die Entwicklung ebenso vernünftig reagieren wie sie selbst. In der Euphorie über die bevorstehende Unabhängigkeit ließen sie sich dazu verleiten, ihre Wünsche für Realität zu halten und Mountbatten, der relativ neu im Lande war, damit anzustecken.

Die einzige führende Persönlichkeit Indiens, die die Ausmaße der bevorstehenden Tragödie erkannte, war der Mann, der alles aufgeboten hatte, um die Teilung zu verhindern. Gandhi war so tief mit dem Leben der indischen Massen verbunden, er hatte ihre Kümmernisse und Leiden geteilt, ihre tägliche Existenz mitgelebt, daß er ein einzigartiges Gespür für die Stimmung seines Volkes besaß. Er war, wie seine Anhänger manchmal sagten, wie der Prophet in einer altindischen Legende, der in einer kalten Winternacht am wärmenden Feuer sitzt. Plötzlich beginnt der Prophet zu zittern.

«Sieh dich draußen um», sagt er zu einem seiner Jünger, «irgendwo im Dunkeln ist ein Armer, der friert.»

Der Jünger sucht und findet tatsächlich einen Mann. Genauso stark, hieß es, war Gandhis intuitives Gespür für die Seele Indiens.

Eine Mohammedanerin griff Gandhi eines Tages wegen seines Widerstands gegen die Teilung an. «Wenn zwei Brüder, die im selben Haus zusammen gelebt haben, sich trennen und in zwei verschiedenen Häusern leben wollen, hätten Sie dann etwas dagegen?» fragte sie.

«Ach», antwortete ihr Gandhi, «wenn wir uns nur wie zwei Brüder trennen könnten. Das werden wir nicht. Es wird eine Orgie des Blutvergießens sein. Wir werden uns im Leib der Mutter, die uns trägt, in Stücke reißen.»

Der wahre Alptraum, der Mountbatten in diesen letzten Tagen verfolgte, war nicht der Pandschab. Es war Kalkutta. Nach Kalkutta Truppen zu entsenden, wäre, wie er wußte, ein nutzloses Unterfangen. Wenn erst einmal in den Slums und Basaren dieser Stadt, die von Menschen wimmelten, der Aufruhr losbrach, wäre er auch mit der größten Truppenzahl nicht zu bändigen. Außerdem hatte die Aufstellung der Pandschab-Grenztruppe fast sämtliche Einheiten der indischen Armee absorbiert, die im Fall einer Auseinandersetzung zwischen den Religionsgemeinschaften als zuverlässig gelten konnten.

Um die Ruhe in dieser Stadt zu erhalten, brauchte er eine andere Taktik. Er entschied sich schließlich für ein Hasardspiel, aber die Lage in Kalkutta war so brisant, die Möglichkeiten, der Gefahr zu begegnen, waren so begrenzt, daß ohnedies nur ein Wunder die Situation retten konnte. Um in der häßlichsten Stadt der Welt einem katastrophalen Zusammenprall zwischen den Volksgruppen vorzubeugen, hoffte er, seinen traurigen Spatzen, Mahatma Gandhi, einzuspannen.

Ende Juli erläuterte er Gandhi seine Idee. Mit seiner Grenztruppe könne er zwar den Pandschab halten, wenn es aber in Kalkutta losgehe, seien sie erledigt: «Ich kann überhaupt nichts tun. Wir haben dort unten eine Brigade stehen, aber ich beabsichtige nicht einmal, sie zu verstärken. Wenn Kalkutta in Flammen aufgeht, nun, dann geht es eben in Flammen auf.»

«Ja, mein Freund», erwiderte Gandhi, «das ist die Frucht Ihres Teilungsplans.»

Das mag stimmen, räumte Mountbatten ein, aber weder er, Gandhi, noch sonst jemand sei in der Lage gewesen, eine Alternativlösung vorzuschlagen. Jetzt aber könne er etwas tun. Vielleicht wäre es ihm möglich, durch die Kraft seiner Persönlichkeit und sein Ideal der Gewaltlosigkeit in Kalkutta etwas zu bewirken, was Truppen nicht fertigbrächten: die Aufrechterhaltung des Friedens. Er, Gandhi, sei die einzige Verstärkung, die er seinen bedrängten Soldaten schicken wolle. «Gehen Sie nach Kalkutta», drängte er den Mahatma, «als meine Ein-Mann-Grenztruppe.»

Aber Gandhi war, trotz Mountbattens dringendem Appell, nicht gesonnen, nach Kalkutta zu fahren. Er hatte bereits beschlossen, den ersten Tag der Unabhängigkeit Indiens im Gebet, am Spinnrad und mit Fasten zu verbringen, bei der geängstigten Hinduminderheit in Noakhali, für deren Sicherheit und Schutz er auf seiner Pilgerfahrt am Neujahrstag sein Leben verpfändet hatte. Doch Mountbatten war nicht der einzige, der ihn beschwor, in die angsterfüllten Elendsviertel Kalkuttas zu gehen.

Noch jemand drängte ihn dazu, ein Mann, der sich als Bundesgenosse Gandhis höchst merkwürdig ausnahm. Der siebenundvierzig Jahre alte Moslemführer Shaheed Suhrawardy entsprach genau dem Prototyp des korrupten, käuflichen Politikers, den Gandhi in einem neuen Indien von politischer Verantwortung ferngehalten sehen wollte. Suhrawardys politisches Kredo war einfach: Wenn man einmal in ein Amt gewählt worden ist, gibt es keinen Grund, es wieder aufzugeben. Er hatte sich an der Macht zu halten verstanden, indem er skrupellos öffentliche Gelder für den Unterhalt einer Privatarmee verwendete, die seine politischen Gegner buchstäblich mit Keulen zum Schweigen brachte.

Während der Hungersnot in Bengalen im Jahr 1943 hatte Suhrawardy tonnenweise Hilfssendungen von Getreide, das für die hungernde Bevölkerung bestimmt war, abgefangen und auf dem Schwarzmarkt verkauft, was ihm Millionen Rupien einbrachte. Er trug maßgeschneiderte Seidenanzüge und zweifarbige Schuhe aus Krokodilleder. Während sich Gandhi die vergangenen vier Jahrzehnte seines Lebens abgemüht hatte, die letzten Spuren sexuellen Verlangens aus seiner Psyche zu tilgen, hatte Suhrawardy seiner Begierde freien Lauf gelassen und sich anscheinend das anspruchsvolle Ziel gesetzt, sämtliche Kabarett-tänzerinnen und Freudenmädchen Kalkuttas in sein Bett zu bringen. Der Inhalt des Glases, das Gandhi in der Hand hielt, bestand stets aus Wasser mit einem Schuß Natriumbikarbonat. Suhrawardys Glas enthielt zumeist Champagner.

Während der Mahatma sich von zerdrückten Sojabohnen und Dickmilch ernährte, labte sich Suhrawardy vorzugsweise an Filet Mignon, exotischen Currygerichten und Desserts, die sich an seinem Körper als schwellende Fettwülste von der Brust bis zu den Lenden festsetzten.

Am schlimmsten aber war, daß an seinen Händen Blut klebte. Suhrawardy hatte die Greuel inszeniert, die Kalkutta an Jinnahs «Tag der direkten Aktion» im August 1946 heimsuchten; damals Premierminister von Bengalen, erklärte er den Tag zu einem öffentlichen Feiertag und ließ seine Moslemanhänger wissen, daß die Polizei nicht einsatzbereit sei. Die Angst, daß die Hindus von Kalkutta sich für diese Untaten nun rächen könnten, war es, die Suhrawardy veranlaßte, Gandhi um Hilfe zu bitten.

Er begab sich in höchster Eile zum *Ashram* Sodepur, wo sich der Mahatma gerade aufhielt, und traf ihn noch rechtzeitig am Vorabend seiner Abreise nach Noakhali. Er bat Gandhi, nach Kalkutta zu kommen. Nur er, sagte Suhrawardy, könne die Moslems dort retten und den Haß dämpfen, der die Stadt bedrohe.

«Schließlich», sagte er bittend zu Gandhi, «haben die Moslems genausoviel Anspruch auf Sie wie die Hindus. Sie haben doch immer gesagt, daß Sie uns ebenso wie den Hindus gehören.»

Gandhi hatte immer das einzigartige Talent besessen, das Gute an einem Feind zu erkennen. Er spürte, daß Suhrawardy sich wirklich um seine mohammedanischen Glaubensbrüder sorgte.

Wenn er nach Kalkutta gehe, sagte Gandhi, dann nur unter zwei Bedingungen. Erstens müsse Suhrawardy den Moslems in Noakhali eine feierliche Sicherheitsgarantie für die unter ihnen lebenden Hindus abringen. Wenn auch nur ein einziger Hindu getötet würde, bliebe ihm, Gandhi, nichts übrig, als bis zu seinem Tod zu fasten. Damit schob er Suhrawardy die moralische Verantwortung für sein eigenes Leben zu.

Als Suhrawardy ihm die gewünschte Zusage gab, sprach Gandhi über den zweiten Punkt ihres Geschäfts. Er schlug ein Bündnis vor, wie es sich zwischen zwei ungleicheren Partnern nicht denken ließ. Er werde in Kalkutta bleiben, vorausgesetzt, daß Suhrawardy Tag und Nacht unbewaffnet und ohne Leibwächter in einem der heruntergekommensten Slums von Kalkutta an seiner Seite weile. Dort würden sie gemeinsam ihr Leben für den Frieden der Stadt verpfänden.

«Ich sitze hier fest», schrieb Gandhi nach Delhi, nachdem Suhrawardy seinen Vorschlag angenommen hatte, «und gehe ein schweres Risiko ein . . . Die Zukunft ist ungewiß. Seid auf der Hut!»

Auf Mountbattens berühmtem Kalender waren die letzten Tage der britischen Herrschaft in Indien angebrochen. Für den überarbeiteten Vizekönig und seinen Stab waren sie «die hektischsten überhaupt», und jeder Tag brachte neue schwierige Probleme. Die Volksabstimmung in der Nordwestlichen Grenzprovinz – die das Gebiet schließlich Pakistan zuteilte – mußte organisiert werden, ebenso ein Referendum in Sylhet, in der Nähe der großen Teeplantagen von Assam. Die Festlichkeiten, mit denen der Unabhängigkeitstag begangen werden sollte, waren vorzubereiten. Die Führung der Kongreßpartei verlangte «viel Pomp» in der großen Tradition Britisch-Indiens. Ihr nüchterner grauer Sozialismus hatte noch einen Tag Zeit.

Der Kongreß gab Weisung, in ganz Indien am 15. August die Schlachthöfe zu schließen. In sämtlichen Kinos des Landes sollte es kostenlose Vorstellungen geben, in Neu-Delhi jedes Schulkind eine Tafel Schokolade und eine Unabhängigkeitsmedaille erhalten. Es gab schwierige Probleme. In Lahore erklärten die Behörden, «angesichts der ernsten Situation» habe man von Feierlichkeiten Abstand genommen. Die Führung der rechtsgerichteten Hinduorganisation *Mahasabha*, die über die Teilung Indiens aufgebracht war, teilte ihren Anhängern mit, es sei «unmöglich, an den Freudenfeiern zum 15. August teilzunehmen». Sie forderte ihre Mitglieder auf, all ihre Kraft für die Wiedervereinigung des «verstümmelten Vaterlandes» einzusetzen.

Ein protokollarischer Zank behinderte zeitweilig die Planung für die pakistanischen Unabhängigkeitsfeiern am 14. August. Der stolze Jinnah wünschte den Vortritt vor dem Vizekönig, obwohl sein Dominion erst um Mitternacht unabhängig wurde.

Noch andere Enttäuschungen erwarteten den Moslemführer. Eines der sechs Pferde seiner Staatskarosse, die er durch einen Münzwurf geerbt hatte, lahmte. Der Vizekönig mußte ihm für seinen feierlichen Einzug in Karatschi einen Rolls-Royce anbieten. Jinnah entwarf persönlich den Plan der Festlichkeiten zur Geburt von Pakistan. Sie hätten mit einem Staatsbankett in seiner Residenz am 13. August beginnen sollen. Doch einer seiner Mitarbeiter erinnerte den Mann, der das Staatsoberhaupt der bedeutendsten islamischen Nation der Welt werden sollte, taktvoll an den Umstand, daß der 13. August in die letzte Woche des Fastenmonats Ramadan fiel, in dem jeder gläubige Moslem auf der Welt von Sonnenaufgang bis -untergang fasten soll.

Während der Vizekönig und die Führer der beiden Dominions sich um jene zahllosen Einzelheiten kümmerten, lief die Sanduhr der dreieinhalb Jahrhunderte britischer Herrschaft in Indien vor dem Hintergrund klirrender Eiswürfel in ungezählten Cocktailgläsern und mit Stentorstimme ausgebrachter Trinksprüche auf *Auld Lang Syne*, die gute alte Zeit, langsam aus. Überall auf dem Subkontinent wurde das Ende einer Ära mit einer dichten Folge von Parties, häuslichen Einladungen, Tees, Abendgesellschaften und Abschiedsempfängen begangen.

Viele Engländer, vor allem jene, die die Riten des Handels vollzogen, der ihre Vorfahren einst an diese Gestade geführt hatte, blieben natürlich im Land. Für 60000 andere jedoch – Soldaten, Beamte, Polizeiinspektoren, Eisenbahningenieure, Förster, Angestellte des Telefon- und Telegrafendienstes – schlug die Stunde der Rückkehr zu ihrer fernen heimatlichen Insel. Für manche würde sich der Übergang abrupt und schmerzlich vollziehen. Von einem Tag auf den anderen würden sie das prächtige Herrenhaus eines Gouverneurs und seine große Dienerschar mit einem Häuschen auf dem Land und einer Pension vertauschen müssen, die schon bald unter der Inflation dahinschmolz. Nur wenigen würde im spartanischen Labour-England, in das sie heimkehrten, das angenehme Leben in Indien mit seinen Klubs und Poloturnieren, den Dienern und den Jagden nicht fehlen. Zwar war bei den Engländern auf dem Subkontinent der Scherz üblich gewesen, der beste Blick auf Indien biete sich vom Heck eines Peninsular-and-Oriental-Dampfers, der von Bombay in Richtung Heimat auslief. Doch in den bevorstehenden Wochen sollten sich viele Engländer von Indien und der Bucht von Bombay voll Trauer verabschieden.

In Hunderten von Bungalows wurden die Spitzendeckchen, das Silbergeschirr, das man zur Hochzeit als Geschenk bekommen hatte, die Tigerfelle mit den Erinnerungen, die an ihnen hingen, die Ölbilder schnauzbärtiger Onkel, die beim 9. *Lancers*-Regiment gefallen waren, die Puggree-Helme, die düsteren, ernsten Möbel, die vierzig Jahre vorher mit dem Schiff aus England gekommen waren, für die Rückreise verpackt.

Menschen, deren größter Fehler, wie Churchill einmal bemerkte, in ihrem Hang zur Absonderung bestand, schieden mit einer überraschenden Aufwallung leutseliger Umgänglichkeit. Wie in indirekter Anerkennung der neuen Ordnung, die auf den Abschied der Briten folgen würde, vermischten sich Saris, *sherwani*-Jacken und schlichtes Baumwolltuch mit den Straßenanzügen und den Kleidern der Damen in den Klubs und Heimen der Engländer, wo man ein solches Bild vorher nur selten zu sehen bekommen hatte. Eine ungewöhnliche Stimmung, ein ungewohnt freundschaftlicher Ton verbreitete sich bei diesen Zusammenkünften. Es war einzigartig: Ein Volk von Kolonisatoren verließ die Menschen, die es beherrscht hatte, in einem Ausbruch von Herzlichkeit und Freundschaft.

Der Basar von Alt-Delhi, der Chandni Chowk, wimmelte von englischen Beamten, die vor der Heimkehr ihr Grammophon, ihren Kühlschrank oder sogar ihr Auto gegen Perserteppiche, Elefantenstoßzähne, Elfenbein, Gold- und Silbersachen und bisweilen auch gegen die ausgestopften Kadaver der Tiere tauschten, die in den Dschungeln des Subkontinents zu jagen ihnen niemals vergönnt gewesen war.

Zurück blieb die traurige Hinterlassenschaft der britischen Herrschaft, die Denkmäler, die Standbilder und die einsamen Friedhöfe, auf denen fast zwei Millionen Briten in Oscar Wildes «wandernden Gräbern» lagen.

Die Gräberfelder, in denen sie ruhten, würden nicht mehr zu England gehören, immerhin aber blieb ihre Obhut in britischer Hand. Ihre Verwaltung sollte, wie vereinbart wurde, künftig der britischen Regierung direkt unterstehen, weil es «undenkbar [war], daß wir unsere Toten Ausländern überließen». In England ließ der Erzbischof von Canterbury für den Unterhalt der Grabstätten sammeln.

Man beschloß, den berühmten Brunnen von Cawnpore, in den Nana Sahibs Rebellen auf dem Höhepunkt des Großen Aufstandes 950 Männer, Frauen und Kinder hinabgestürzt hatten, auf den Friedhof der Allerseelenkirche der Stadt zu verlegen. Am Brunnen war die Inschrift angebracht: «Dem ewigen Gedenken einer großen Zahl von Christen, vor allem Frauen und Kindern, geweiht, die an dieser Stätte von den Rebellen Nana Dhondu Pants von Bithur niedergemacht und, Tote und Sterbende, in den Brunnen hinuntergeworfen wurden.» Am 15. August ließ man sie überdecken, um die Gefühle der Inder nicht zu verletzen.

Der Abzug war von Ereignissen begleitet, die fast rührend englisch zu nennen waren. Um seinen wackeren kleinen Poloponies das Schicksal zu ersparen, an der Deichsel eines zweirädrigen Tongakarrens ihre alten Tage zu fristen, faßte so mancher englische Offizier den schweren Entschluß, seine Tiere mit dem Dienstrevolver zu töten. Oberst

George Noel Smyth, der letzte Kommandeur der Stabsschule in Quetta, ließ die hundert Jagdhunde seiner Anstalt umbringen, weil er kein geeignetes Zuhause für sie fand. Die Tötung dieser «reizenden Kameraden, mit denen wir so viele Stunden beim Sport verbracht hatten», war, bemerkte der Oberst, «eine der schmerzlichsten Aufgaben meiner Laufbahn». Selbst der Stab des Vizekönigs diskutierte trotz des Zeitmangels in einer Sitzung darüber, was im geteilten Indien mit dem Indischen Jagdhundklub geschehen solle.

Mountbatten erließ strenge Weisung, daß alles in Indien zu verbleiben habe – Porträts von Clive, Hastings und Wellesley, die Denkmäler seiner Urgroßmutter Victoria, die Siegel, das Silbergeschirr, die Fahnen und Uniformen, all das bunte Dekor der britischen Herrschaft sollte Indien und Pakistan überlassen werden, die dann selbst zu entscheiden hatten, was sie damit anfangen wollten.

Großbritannien, so bemerkte Lord Ismay, wünsche, daß Indien «auf unsere Verbindung in den vergangenen zweihundert Jahren mit Stolz zurückblickt. Zwar kann es sein, daß sie von diesen Erinnerungsstükken nichts wissen wollen, aber das sollen sie selbst bestimmen.»

Trotz der Weisungen des Vizekönigs wurden jedoch nicht alle Schätze aus der Zeit der britischen Herrschaft zurückgelassen. Gelegentlich nahmen englische Offiziere der indischen Armee ein Stück vom Silberbestand ihres Regiments mit. In Bombay wurden zwei Zollbeamte in das Büro ihres scheidenden Vorgesetzten, Victor Matthews, zitiert.

«Wir liquidieren zwar das Empire», sagte Matthews knurrend, «aber diesen Schatz werden wir den Indern nicht ausliefern.» Er deutete auf eine große Feldkiste hinter seinem Schreibtisch, zu der er als einziger den Schlüssel besaß.

John Ward Orr, einer der beiden Beamten, schloß die Kiste auf, voller Neugier, ob sie vielleicht eine kostbare Hinduskulptur oder eine juwelenstrotzende Buddhafigur enthielt. Zu seiner Überraschung stellte er fest, daß sie mit sauber aufgestapelten Büchern angefüllt war. Er nahm eines zur Hand und erkannte sofort, um welche Art Schatz es sich handelte. Die Kiste war ein Musterbeispiel für den Pflichteifer eines puritanischen Beamten. In einem Land, wo die Tempelwände mit den erotischsten Skulpturen geschmückt waren, die jemals eine Menschenhand formte, barg dieser «Giftkoffer» eine Auswahl der pornographischen Schriften, die Englands eifrige Zollbeamte während eines halben Jahrhunderts für zu anstößig gehalten hatten, um ihnen die Einfuhr nach Indien zu erlauben. Orr nahm eine heraus, ein Album mit dem Titel *Die 39 Liebesstellungen.* Die prosaischen Verrenkungen, die darin empfohlen wurden, hatten mit den eleganten und phantasievollen Freuden, welche die Hindugottheiten in den Tempeln von Khajuraho genossen, etwa soviel gemeinsam wie der schwerfällige Walzer einer fülligen Matrone mit den Pirouetten der Primaballerina des russischen Balletts.

Matthews reichte mit feierlicher Miene William Witcher, dem dienstälteren der beiden Beamten, den Schlüssel der Kiste. Er könne nun, erklärte er, beruhigt Indien verlassen, denn der Schatz des Zollamtes von Bombay werde in britischem Gewahrsam bleiben.[17]

Er war allein wie immer. Schweigend ging Mohammed Ali Jinnah auf ein schlichtes Steingrab zu, das sich in einer Ecke des Moslemfriedhofs von Bombay befand. Dort tat er, was in späteren Tagen Millionen anderer Moslems gleichfalls tun sollten. Bevor Jinnah in sein gelobtes Land Pakistan aufbrach, legte er ein letztes Bukett Blumen auf das Grab, das er für immer in Indien zurückließ.

Jinnah war ein merkwürdiger Mensch, doch in seinem Leben war vielleicht nichts so merkwürdig und seinem Charakter scheinbar so fremd gewesen, wie die tiefe, leidenschaftliche Liebe, die den strengen Moslemführer mit der Frau verbunden hatte, die in diesem Grab ruhte. Ihre Liebe und Ehe hatte gegen den gesamten gesellschaftlichen Kanon verstoßen, der damals in Indien galt. Ja, eigentlich hätte Jinnahs Frau nicht einmal auf einem islamischen Friedhof liegen dürfen. Ruttenbhai Jinnah, die Ehefrau des indischen Moslemführers, war keine Mohammedanerin, sondern durch Geburt Mitglied der Parsen, der Nachkommen der zoroastrischen Feueranbeter, die die Leichname ihrer Toten auf Wachttürmen den Geiern zum Fraß darbieten.

Jinnah war schon einundvierzig gewesen, scheinbar ein eingefleischter Junggeselle[18], als er sich während eines Ferienaufenthalts im Mount-Everest-Hotel in Darjeeling in Ruttie, die siebzehnjährige Tochter eines engen Freundes, verliebte. Ruttie war von Jinnah ebenso fasziniert gewesen. Ihr Vater war wütend und erwirkte einen Gerichtsbeschluß, der es seinem ehemaligen Freund untersagte, Ruttie zu sehen. Doch an ihrem achtzehnten Geburtstag schritt Ruttie, in einem Sari und unter jedem Arm einen Schoßhund, stolz aus der Millionärsvilla ihres Vaters hinaus, um Jinnahs Frau zu werden.

Ihre Ehe dauerte zehn Jahre. Ruttie Jinnah entwickelte sich zu einer Frau von aufsehenerregender Schönheit, von legendärer Attraktivität in einer Stadt, die in aller Welt für ihre schönen Frauen berühmt war. Sie liebte es, ihre schlanke Figur in durchsichtigen Saris und enggeschnittenen Kleidern zu zeigen, die Bombays biedere Gesellschaft schockierte. Sie war sowohl eine Dame der Gesellschaft, heiter und lebenslustig, als auch eine glühende, wortgewandte indische Nationalistin.[19]

Der Unterschied in Alter und Temperament mußte unvermeidlich zu Spannungen führen. Rutties Extravaganz und freimütige Art waren oft peinlich für Jinnah und behinderten seine politische Karriere. So leidenschaftlich der strenge Jinnah sie liebte, fiel es ihm doch schwer, mit dieser quecksilbrigen, munteren Frau zurechtzukommen. Sein

Traum zerrann 1928, als seine schöne Ruttie, die er liebte, aber nicht verstehen konnte, ihn verließ. Ein Jahr danach, im Februar 1929, starb sie an einer Überdosis Morphium, die sie eingenommen hatte, um die Schmerzen einer chronischen Kolitis zu lindern. Jinnah hatte bereits die öffentliche Demütigung, als sie ihn verließ, tief geschmerzt. Nun war er untröstlich. Als er die erste Handvoll Erde in das Grab geworfen hatte, auf dem er nun seinen Blumenstrauß niederlegte, weinte er wie ein Kind. Es war das letzte Mal, daß irgend jemand in der Öffentlichkeit eine Gefühlsregung an Jinnah wahrnahm. Von diesem Augenblick an weihte der einsame und verbitterte Mann sein Leben der Aufgabe, Indiens Moslems zu befreien.

Das einzige, was von dem perfekten englischen Gentleman geblieben war, war das Monokel, das er noch immer herrenhaft vor das rechte Auge geklemmt hatte. Verschwunden waren die makellos weißen Leinenanzüge und zweifarbigen Schuhe. Mohammed Ali Jinnah flog in einer Kleidung nach Karatschi, die er nur selten getragen hatte, seit er ein halbes Jahrhundert vorher nach England zum Rechtsstudium gereist war: eine enge, knielange Jacke, *sherwani* genannt, knöchellange *churidars*, Beinkleider, und dazu Pantoffeln.

Sein neuernannter Marineadjutant, ein junger Offizier namens Syed Ahsan, der bis zum Vortag Adjutant des Vizekönigs gewesen war, folgte Jinnah über die Gangway der silbergrauen DC-3, die Mountbatten ihm für seinen historischen Flug nach Karatschi, der Hauptstadt des neuen Pakistan, zur Verfügung gestellt hatte. Als Jinnah die oberste Stufe erreicht hatte, wandte er sich zu einem letzten Blick auf die Stadt um, in der er seinen erbarmungslosen Kampf um seinen islamischen Staat geführt hatte. «Vermutlich», murmelte er, «ist dies das letzte Mal, daß ich einen Blick auf Delhi werfe.»

Das Haus Aurangzeb Road Nr. 10, wo er unter einer gewaltigen Landkarte Indiens, auf der die Grenzen seines unmöglichen Traums in Grün eingetragen waren, residiert hatte, war verkauft. Die Ironie fügte es, daß der neue Eigentümer ein wohlhabender Hinduunternehmer namens Seth Damia war. In wenigen Stunden würde er an dem Fahnenmast, an dem jahrelang das grün-weiße Banner der Moslemliga geflattert hatte, die Fahne hochziehen, die die neue Funktion des Hauses als Hauptquartier der «Liga gegen das Schlachten von Kühen» kennzeichnete, die heilige Fahne der Kuh.

Müde von der Anstrengung, die paar Stufen zum Flugzeug hinaufzusteigen, sank Jinnah auf seinen Sitz und rang nach Atem. Er starrte regungslos vor sich hin, während der britische Pilot die Triebwerke anlaufen ließ und die Startbahn entlangrollte. Als die DC-3 abhob, murmelte Jinnah vor sich hin: «So, das wäre vorbei.»

Er verbrachte den ganzen Flug schweigend, mit Zeitunglesen, seiner

Leidenschaft. Nacheinander nahm er die Blätter vom Stapel auf dem Sitz links von ihm, las sie, faltete sie dann ordentlich zusammen und legte sie auf einen Stoß, der sich rechts von ihm erhob. Keine Spur einer Gefühlsregung zeigte sich auf seinem Gesicht, während er die Lobreden auf seine Leistungen las. Nicht ein einziges Mal während des ganzen Fluges sprach er ein Wort, gab er auch nur die leiseste Andeutung dessen, was ihn bewegte, was dieser Flug für ihn bedeutete, der ihn der Verwirklichung seines Traumes entgegentrug.

Als die Maschine über Karatschi angekommen war, sah Jinnahs Marineadjutant plötzlich in der Tiefe, wie «die gewaltige Wüste mit ihren kleinen Hügeln sich in einen weißen See von Menschen verwandelte».

Jinnahs Schwester ergriff aufgeregt die Hand ihres Bruders. «Jinn, Jinn, sieh doch!» rief sie. Jinnah blinzelte kühl zum Fenster hinaus. Seine Miene blieb unbewegt, während er einen kurzen Augenblick auf die gewaltigen Massen hinabstarrte, in deren Namen er für die Gründung Pakistans gekämpft hatte. «Ja», sagte er, «allerhand Leute.»

Der Moslemführer war von dem Flug derart erschöpft, daß er kaum imstande zu sein schien, sich von seinem Sitz zu erheben, als die DC-3 ausgerollt war. Der Adjutant bot ihm den Arm, um ihm aus der Maschine zu helfen. Jinnah verschmähte ihn. Der Quaid-e-Azam, der «oberste Führer», kehrte nicht auf den Arm eines anderen gestützt nach Karatschi zurück. Noch einmal raffte Jinnah seinen unbezwingbaren Willen zusammen und schritt aufrecht, ohne Hilfe, die Gangway hinab und durch die schreiende, fast hysterisch erregte Menge zu seinem wartenden Wagen.

Auf der ganzen Strecke nach Karatschi breitete sich das Menschenmeer längs der Straße aus. Aus der dichtgedrängten Menge erschallte immer wieder der Zuruf: *«Pakistan Zindabad!»* Nur einmal trat Stille ein. Sie fuhren durch ein Hinduviertel, und Jinnah bemerkte: «Schließlich haben sie auch nicht viel Grund zum Jubeln.» Später fuhr Jinnah, ebenso unbewegt, wie er es auf dem ganzen Flug gewesen war, durch das kleinbürgerliche Viertel, in dem er am ersten Weihnachtsfeiertag 1876 in einem einstöckigen Sandsteinhaus geboren worden war.

Erst als er langsam die Stufen zum Regierungsgebäude hinaufstieg, das von nun an seine Residenz als Pakistans erster Generalgouverneur war, verriet er etwas von den Gefühlen, die er empfunden haben muß. Er blieb am oberen Ende der Treppe stehen, um Atem zu holen, wandte sich um und blickte seinen neuen Marineadjutanten an. Seine Augen schienen zu glühen, und einen kurzen Augenblick huschte die schwache Andeutung eines Lächelns über sein Gesicht.

«Wissen Sie», flüsterte er mit heiserer Stimme Syed Ahsan zu, «ich hätte nie erwartet, daß ich in meinem Leben Pakistan noch sehen werde.»

Der große Augenblick, für den Lord Louis Mountbatten nach Indien entsandt worden war, stand bevor. In knapp sechsunddreißig Stunden würden die dreieinhalb Jahrhunderte englischer Präsenz in Indien zu Ende gehen und zwei Staaten, der zweit- und der fünftgrößte der Welt, das Erbe Britisch-Indiens antreten. Das Ende kam rascher, als irgend jemand vorhergesehen hatte, einschließlich des letzten Vizekönigs, der fünf Monate vorher in seiner York auf dem von morgendlichen Nebeln verhangenen Flugplatz Northolt gestartet war.

Nun, da das Ende sich näherte, wurden Mountbattens Handlungen von einer großen Sorge bestimmt. Er wollte, daß die Briten sich mit einem glorreichen Abschied von Indien trennten, daß ihr Abzug sich in einer Atmosphäre des Verständnisses und des Wohlwollens vollzog, in der eine neue Verbindung zwischen Großbritannien und den aus seinem Indischen Kaiserreich hervorgegangenen Staaten entstehen konnte.

Mountbatten wußte, daß es etwas gab, das von einem Augenblick zum nächsten die Atmosphäre verderben konnte, die er mit so viel Mühe geschaffen hatte. Es war der Schiedsspruch über die indisch-pakistanische Grenze, den Sir Cyril Radcliffe in diesen Stunden in seinem Bungalow fertigstellte. Er durfte auf keinen Fall bekanntwerden, ehe die Unabhängigkeitsfeiern vorüber waren.

Mountbatten war sich bewußt, daß diese Entscheidung zu ernsten Komplikationen führen mußte. Indien und Pakistan begannen ihr staatliches Leben, ohne daß die Führer beider Nationen sich über zwei wesentliche Komponenten ihrer Staatlichkeit im klaren waren: die Zahl der Bürger und den endgültigen Verlauf der Grenzen. Tausende von Menschen in Hunderten von Dörfern im Pandschab und in Bengalen würden den 15. August in Angst und Ungewißheit verbringen müssen. Sie konnten nicht feiern, weil sie nicht wußten, welchem Dominion sie zugeschlagen würden.

Es würde Gebiete geben, in denen die Verwaltungs- und Polizeibefugnisse nicht geregelt waren. Doch trotz alledem war Mountbatten entschlossen, den Schiedsspruch über den 15. August hinaus geheimzuhalten. Gleichgültig, welche Entscheidung Radcliffe getroffen hatte, sie mußte, wie Mountbatten klar erkannte, den Zorn beider Seiten erregen. «Die Inder sollen sich über ihren Unabhängigkeitstag freuen», argumentierte er, «und die elende Situation nachher ins Auge fassen.»

«Ich habe beschlossen», berichtete er nach London, «daß die führenden Männer Indiens die Einzelheiten des Schiedsspruches vor dem 15. August nicht erfahren sollen; sonst bestünde die Gefahr, daß all unsere Arbeit und die Hoffnung auf gute anglo-indische Beziehungen am Tage der Machtübergabe zunichte würden.»

Radcliffes Assistent lieferte am Vormittag des 13. August den Bericht des englischen Juristen in zwei versiegelten Umschlägen im vizeköniglichen Palast ab. Auf Mountbattens Befehl wurden sie in einer seiner grünledernen Kuriertaschen eingeschlossen. Die Tasche wurde auf seinen Schreibtisch gelegt, kurz bevor er zur Mittagsstunde die Reise nach Karatschi zur pakistanischen Staatsgründungsfeier antrat. Während in den nächsten zweiundsiebzig Stunden Indien sich einem Freudentaumel hingab, ruhten die Umschläge in der Kuriertasche des Vizekönigs wie die bösen Geister in der Büchse der Pandora und warteten auf die Drehung eines Schlüssels, um einen jubelnden Kontinent durch ihren Inhalt jäh zu ernüchtern.

In Kasernen und *cantonments* erwiesen Hindu-, Sikh- und Moslemsoldaten der großen Armee, die zusammen mit dem Subkontinent zweigeteilt wurde, dem sie gedient hatte, einander die letzte Huldigung. In Delhi richteten die Kavalleristen der Sikh- und Dograschwadronen von *Probyn's Horse*, einem der alten, legendenumrankten Kavallerieregimenter der Armee, den Kameraden von der scheidenden Moslemschwadron des Regiments ein gigantisches Bankett aus. Gemeinsam verspeisten sie auf einem Paradefeld ein letztes Festmahl aus Bergen von dampfendem Reis, Curryhühnchen und der traditionellen Süßspeise des Regiments, gebackenem Reis mit Karamel, Zimt und Mandeln. Als das Schlemmermahl beendet war, faßten Sikhs, Moslems und Hindus einander an den Händen und tanzten einen letzten *bhanga*, eine furiose Farandole, die den Höhepunkt des bewegendsten Abends in der Geschichte ihres Regiments bildete.

In den Gebieten, die an Pakistan fielen, richteten die Moslemregimenter ihren Sikh- und Hindukameraden, die nach Indien gingen, ähnliche Festmähler aus. In Rawalpindi gab das 2. Kavallerieregiment seinen bisherigen Kameraden eine gewaltige *barakana*, ein Abschiedsbankett. Sämtliche Sikh- und Hinduoffiziere verabschiedeten sich, viele mit Tränen in den Augen, von Oberst Mohammed Idriss, einem Moslem, der sie durch einige der erbittertsten Schlachten des Zweiten Weltkrieges geführt hatte.

«Wohin ihr auch geht», antwortete ihnen Idriss, «wir werden immer Brüder bleiben, weil wir zusammen unser Blut vergossen haben.»

Dann setzte sich Idriss über den Befehl hinweg, den er vom Hauptquartier der künftigen pakistanischen Armee erhalten hatte und in dem gefordert wurde, daß alle scheidenden indischen Soldaten und Offiziere vor ihrem Abschied die Waffen abzuliefern hätten. «Diese Männer sind Soldaten», sagte er. «Sie sind mit ihren Waffen hierhergekommen. Sie werden sie auch mitnehmen.»

Am nächsten Morgen verdankten die Hindu- und Sikhsoldaten ihr Leben nur der ritterlichen Geste ihres ehemaligen Moslemkommandeurs. Eine Stunde nach der Abfahrt aus Rawalpindi geriet der Zug, in dem sich die Sikhs und Hindus vom 2. Kavallerieregiment befanden, in einen Hinterhalt der Nationalgarde der Moslemliga. Ohne ihre Waffen wären sie niedergemacht worden.

Der bewegendste Abschied fand auf den Rasenflächen und im Ballsaal einer Institution statt, die einst eine der privilegiertesten Stätten der britischen Herrschaft in Indien gewesen war, des Imperial Delhi Gymkhana Club. Die gedruckten Einladungskarten, die von den «Offizieren der Streitkräfte des Dominions Indien» versandt wurden, luden die Gäste zu einem «Abschiedsempfang zu Ehren ihrer alten Kameraden, der Offiziere der Streitkräfte des Dominions Pakistan», ein.

Eine Stimmung «überwältigender Traurigkeit und Unwirklichkeit» lag über dem Abend, wie sich ein indischer Teilnehmer erinnerte. Mit ihren sorgfältig gestutzten Schnurrbärten, ihren Sam-Browne-Gürteln, ihren englischen Uniformen und ihren Auszeichnungen, die sie im Dienst für Großbritannien erworben hatten, wirkten die Männer unter den Lampionketten, als stammten sie alle aus der gleichen Prägeform. Im Ballsaal leuchteten die bunten Saris ihrer Frauen durch das matte Licht.

Vor allem aber plauderten und tranken sie an der Bar und erzählten sich zum letztenmal die alten Geschichten; die Geschichten aus dem Kasino, aus der Wüste, aus den Dschungeln Burmas, von den Streifzügen, die sie gegen ihre eigenen Landsleute an der Grenze unternommen hatten, von den Strapazen und Freuden einer langen Laufbahn, die sie in der Brüderschaft der gemeinsamen Uniform und gemeinsam erlebter Gefahren hinter sich gebracht hatten.

Keiner dieser Männer konnte sich an jenem wehmütigen Abend die Rolle vorstellen, die ihnen bald aufgenötigt werden würde. Statt dessen umarmten sie einander unter aufmunternden Zurufen wie «Im September geht's auf die Sauhatz» oder «Vergiß nicht das Polospiel in Lahore» oder «Wir müssen uns den Steinbock vornehmen, der uns letztes Jahr in Kaschmir entgangen ist».

Als die Zeit kam, den Abend zu beenden, kletterte Brigadier Cariappa, ein Hindu vom 7. Radschputenregiment der 1. Division, auf das Tanzpodium und gebot Schweigen. «Wir sind hier», sagte er, «um einander ‹Auf Wiedersehen› und nur ‹Auf Wiedersehen› zu sagen, weil wir einander im gleichen Geist der Freundschaft wiedersehen werden, der uns immer verbunden hat. Wir haben so lange ein gemeinsames Schicksal geteilt, daß unsere Vergangenheit untrennbar ist.» Er faßte die Erlebnisse, die sie verbanden, zusammen und schloß mit den Worten: «Wir waren Brüder. Wir werden immer Brüder bleiben. Und wir werden niemals die herrlichen Jahre vergessen, die wir gemeinsam erlebt haben.»

Als der Brigadier seine Ansprache beendet hatte, trat er nach hinten und ergriff eine silberne Trophäe, die mit einem Tuch bedeckt war. Er reichte sie dem ranghöchsten der anwesenden Moslemoffiziere, Brigadier Aga Raza, als Abschiedsgeschenk der Hinduoffiziere für ihre mohammedanischen Waffenbrüder. Raza zog die Schutzhülle von der Trophäe und hob sie den Zuschauern entgegen. Von einem Silberschmied in Neu-Delhi angefertigt, stellte sie zwei Sepoys dar, einen Hindu und einen Moslem, die Seite an Seite standen und ihre Gewehre auf einen gemeinsamen Feind richteten.

Nachdem Raza im Namen der anwesenden Moslems Cariappa für das Geschenk gedankt hatte, setzte das Orchester mit *Auld Lang Syne* ein. Instinktiv und spontan faßten die Offiziere einander an den Händen. Binnen weniger Sekunden hatten sie, Arm in Arm, einen Kreis gebildet. Ohne Unterschied hakten sich Moslems und Hindus ein und wiegten sich im Gleichklang hin und her. Ihre dröhnenden Stimmen erfüllten die feuchte, drückende Nacht von Delhi mit der Weise des alten schottischen Liedes.

Auf diesen letzten Chor folgte ein langes Schweigen. Dann gingen die indischen Offiziere zur Tür des Ballsaales und stellten sich mit den Gläsern in der Hand in zwei Reihen längs der Stufen und der Rasenfläche auf, die zur Hauptstadt hinunterführte. Einer nach dem anderen gingen ihre pakistanischen Kameraden durch diese Doppelreihe in die Nacht hinaus. Die Inder zu beiden Seiten hoben das Glas zu einem letzten, stummen Toast.

Sie sollten sich wiedersehen, wie sie einander versprochen hatten – viel früher und unter ungleich tragischeren Umständen, als irgendeiner von ihnen es sich an diesem Abend vorstellen konnte. Nicht auf den Poloplätzen von Lahore sollten die ehemaligen Waffengefährten einander wiederbegegnen, sondern in Kaschmir auf dem Schlachtfeld. Dort würden sie die Gewehre nicht mehr Seite an Seite auf einen gemeinsamen Feind richten, sondern gegeneinander.

11

«Beim Schlag der Mitternacht, während die Welt im Schlummer liegt ...»

Gandhis Kreuzweg, achte Station: «Gandhi, du bist ein Verräter!»

Sechsunddreißig Stunden vor dem Termin, an dem Indien unabhängig werden sollte, verließ Mahatma Gandhi die erquickenden Kokospalmenhaine des *Ashrams* Sodepur, um sich auf die Suche nach einem

Wunder zu begeben. Sein Ziel war nur sechzehn Kilometer vom *Ashram* entfernt, doch es schienen Lichtjahre dazwischenzuliegen. Die ganze Erdoberfläche kannte keinen Ort, der der Hölle näher kam als die heruntergekommenen Elendsviertel von Rudyard Kiplings *City of the Dreadful Night* – Kalkutta. Dort, in dieser gewalttätigsten Stadt der Welt, hoffte der sanftmütige Erzengel der Gewaltlosigkeit das Wunder zu vollbringen, zu dem die Armee des Vizekönigs nicht imstande war. Abermals rüstete sich der Vorkämpfer der indischen Unabhängigkeit, sein Leben für seine Landsleute einzusetzen – diesmal nicht, um sie von den Engländern zu befreien, sondern von dem Haß, der ihre Herzen vergiftete.

Selbst in ihren Legenden und in der Wahl ihrer Gottheiten, die sie verehrte, betete die Stadt, die Gandhi am Ende seiner kurzen Fahrt erwartete, die Gewalt an. Ihre Schutzpatronin war Kali, die Hindugöttin der Vernichtung, ein feuerzüngiges Ungeheuer, umgeben von Schlangen und menschlichen Totenschädeln. Täglich verneigten sich Tausende Einwohner Kalkuttas in Verehrung vor ihr. Früher hatte man in geheimen Tempeln nahe der Stadt zu ihren Ehren Kinder geschlachtet, und noch immer wurden ihr Tieropfer dargebracht, mit deren Blut sich die Gläubigen benetzten.

Im August 1947 verbarg ein Trugbild des Wohlstands die Realität von Kalkutta. Das üppige Grün des Maidan, die georgianischen Prachthäuser und die Niederlassungen der großen Handelsfirmen längs der Chowringhee Road waren nur Firnis, eine täuschende Fassade. Hinter ihnen, eine Gasse des Jammers um die andere, eine von Menschen bewohnte Kloake, die dichteste Konzentration von Menschen, die sich auf der ganzen Erde befand. Sie umschloß 400000 Bettler und Arbeitslose sowie 40000 Leprakranke. Die Slums, in denen sie dahinvegetierten, waren ein Inferno des Gestanks, die Straßen dieser Viertel enge, vollgestopfte Gassen mit offenen Abflußrinnen, überquellend von Unrat, Urin und Exkrementen, von denen sich Horden von Ratten und Kakerlaken, summende Schwärme von Fliegen und Moskitos ernährten. Das Wasser, das aus den wenigen Pumpen floß, war in der Regel durch die verwesenden Kadaver im Hugli verseucht, aus dem es stammte. Einmal in der Woche schritten die erbarmungslosen *zamindars* durch jene Gassen, um in jedem Winkel dieser Hölle den Mietzins zu kassieren.

In der Stunde, in der Indien an der Schwelle seiner Freiheit stand, lebten in Kalkutta drei Millionen Menschen in einem Zustand chronischer Unterernährung. Sie fristeten ihr Leben mit einer täglichen Kalorienzahl, die noch geringer war als die in Hitlers Todeslagern.

Diese Slums waren Brutstätten der Gewalt in all ihren Formen. In Kalkutta wurde für einen Mundvoll Reis gemordet. Mit den Greueln des *Tages der direkten Aktion* im August 1946 hatte die Gewalt in der Stadt eine neue Dimension angenommen, genährt von dem bitteren

Religions- und Rassenfanatismus, der die Bevölkerungsgruppen der Hindus und Moslems erfüllte. Seitdem war nicht ein einziger Tag vergangen, der nicht seinen Tribut an Opfern des Hasses zwischen den Volksgruppen gefordert hätte. In politischen *goonda*-Banden (Schlägergangs), die bewaffnet waren mit Keulen, Messern, Pistolen, tückischen Stahlzinken, sogenannten Tigerklauen, mit denen man Augäpfel herausreißen konnte, beobachteten sie einander voller Furcht und Argwohn. Während Indien sich anschickte, seine langerstrebte Freiheit zu feiern, standen sie, die Elenden aus den Slums von Kalkutta, auf dem Sprung, in einer Orgie des Gemetzels und der Verwüstung eine Entschädigung für ihr trostloses Dasein zu suchen.

Am Nachmittag des 13. August kurz nach drei Uhr traf der Mann, der sie irgendwie noch aufhalten wollte, in einem klapprigen Vorkriegs-Chevrolet in ihrer Mitte ein. Vorsichtig kroch Gandhis Wagen die Beliaghata Road entlang, an einer Ansammlung von Schuppen mit Wellblechdächern vorbei auf eine niedrige Mauer zu, die die Hausnummer 151 hatte. Dort erhob sich über einem offenen Fleck Erde, das vom Monsunregen in einen schlammigen Brei verwandelt war, ein verfallenes Gebäude wie aus dem Bühnenbild zu einem Stück von Tennessee Williams.

Die breiten Terrassen des *Hydari House* mit ihren Säulen und Balustraden hatten einst den Traum von einer palladischen Villa verkörpert, den irgendein englischer Handelsherr vergangener Tage in die Tropen verpflanzt hatte. Der gegenwärtige Eigentümer, ein reicher Moslem, hatte das Haus schon lange Zeit vorher den Ratten und Kakerlaken überlassen, die in den Korridoren ihr Unwesen trieben. Man hatte es ausgefegt, die schwärzlichen, trockenen Haufen menschlicher Exkremente auf die mit Chlorkalk bestreute Erde gekehrt und das Klosett – eine Seltenheit in Kalkutta, die das Haus dem Mahatma empfohlen hatte – repariert. Das Gebäude war bereit, Gandhi mit seiner Begleitung aufzunehmen. Hier, inmitten von Gestank, Schmutz und Unrat, mußte er nun seine Suche nach einem Wunder beginnen.

Die Menschen, auf die er einwirken wollte, erwarteten ihn bereits, eine erregte, aufgebrachte Menge in Unterhemden und Dhotis. Sie waren alle Hindus, und viele von ihnen hatten mitansehen müssen, wie am *Tag der direkten Aktion* Familienangehörige von Moslembanden massakriert, ihre Frauen und Töchter geschändet wurden. Als sein Wagen heranfuhr, begannen sie Gandhis Namen zu schreien. Doch zum erstenmal seit drei Jahrzehnten waren es nicht Jubelrufe, sondern Verwünschungen.

Mit vor Wut und Haß verzerrten Gesichtern riefen sie: «Geh und rette die Hindus in Noakhali! Rette die Hindus, nicht die Moslems!» und «Verräter an den Hindus!» Dann, als Gandhis Auto anhielt, bereiteten sie dem Mann, der der halben Welt als ein Heiliger galt, ihren

Empfang. Sie bombardierten den Wagen mit Steinen und Flaschen.

Langsam öffnete sich eine der Türen. Mit der einen Hand den Schal festhaltend, die andere zu einer Friedensgebärde erhoben, so ging der Greis allein dem Steinhagel entgegen.

«Ihr wollt mir Übles antun», rief Gandhi, «also komme ich zu euch.»

Bei diesem Anblick, bei diesen Worten erstarrte die Menge. Gandhi näherte sich den Demonstranten, und nun redete die Stimme, die vor Königen und Vizekönigen für die Sache Indiens plädiert hatte, diesen Menschen zu, Vernunft anzunehmen. «Ich bin hierhergekommen», sagte er, «um den Moslems ebenso wie den Hindus zu dienen. Ich werde mich unter euren Schutz stellen. Wenn ihr den Wunsch habt, fallt doch über mich her», fuhr er fort. «Ich bin fast am Ende meines Lebensweges angekommen. Ich habe nur noch eine kurze Strecke vor mir. Aber wenn ihr wieder den Verstand verliert, dann will ich es nicht lebend mitansehen.»

Durch seine Anwesenheit in der Beliaghata Road, erklärte er, rette er die Hindus von Noakhali. Die Moslemführer, die schuld daran seien, daß dort so viele Hindus niedergemetzelt wurden, hätten ihm ihr Wort verpfändet: Am 15. August werde keinem Hindu in Noakhali ein Leid geschehen. Sie wüßten, er würde zu Tode fasten, wenn sie ihr Versprechen nicht hielten.

Als Gegenleistung für diese Zusage war er nach Kalkutta gekommen. So wie er den Moslemführern in Noakhali die Verantwortung für die Sicherheit der Hindus in ihrer Mitte aufgebürdet hatte, so wollte er, wie die aufgebrachte Menschenmenge vor ihm, die Hindus von Kalkutta bewegen, die Moslems in der Stadt unter ihren Schutz zu nehmen. Dahinter stand unausgesprochen, daß Kalkuttas Hindus, wenn sie nicht auf ihn hörten und eine Raserei des Mordens entfesselten, für seinen Tod verantwortlich wären.

Dies war die Essenz seiner gewaltlosen Strategie: ein Vertrag zwischen den feindlichen Parteien mit seinem Leben als letztem Unterpfand.

«Wie kann ich, der ich als Hindu geboren bin, als Hindu handle, als Hindu wie die Hindus lebe, denn ein Feind der Hindus sein?» fragte er seine aufgebrachten Landsleute.

Gandhis Plädoyer, seine eindrucksvoll-schlichten Worte, beunruhigten und verblüfften die Menge. Er versprach, sich mit einer Abordnung aus ihrer Mitte noch weiter zu unterhalten, und quartierte sich dann mit seinen Begleitern in der verrotteten Villa ein.

Doch die Schonfrist war nur kurz. Als Suhrawardy eintraf, kam es zu einem erneuten Haßausbruch. Brüllend und johlend umringte die Menge das Haus. Ein Stein durchschlug eine der wenigen heil gebliebenen Fensterscheiben, und die Scherben flogen durch das Zimmer, in dem Gandhi saß. Darauf folgte ein wahres Trommelfeuer, das die übrigen Fenster zertrümmerte. Wie riesige Hagelschloßen prasselten die Steine gegen die verfallenden Außenmauern des Hauses.

Äußerlich unbewegt hockte sich Gandhi mit eingesunkenen Schultern und gesenktem Kopf auf dem Fußboden in einem mittleren Raum des Hauses nieder und begann geduldig, seine Briefe zu beantworten. Und doch hatte sein Leben einen Wendepunkt erreicht, der ihn betroffen machte. An diesem drückendheißen Augustnachmittag, nur wenige Stunden, bevor Indiens langer Marsch in die Freiheit endete, hatte sich eine Menschenmenge aus seinem eigenen Volk gegen ihn gewandt, zum erstenmal seit jenem Januartag im Jahr 1915, als er durch den Gateway of India in seine Heimat zurückgekehrt war.

«Sir, die Vorbereitungen zu dem Attentat sind angelaufen.» Louis Mountbatten erstarrte sichtlich bei diesen Worten und folgte dem Mann, der sie gesprochen hatte, an eine Stelle unter der Tragfläche seiner Maschine, wo niemand ihr Gespräch mithören konnte.

Sämtliche Berichte, sagte der Geheimdienstler, bestätigten die Informationen, die Mountbatten in Delhi erhalten habe. Wenigstens eine Bombe, vermutlich aber mehrere würden auf den offenen Wagen geworfen werden, in dem der Vizekönig und Jinnah am folgenden Vormittag durch die Straßen von Karatschi fahren sollten. Trotz angestrengter Bemühungen sei es ihnen nicht gelungen, auch nur einen einzigen der Hindufanatiker festzunehmen, welche die R.S.S.S. zur Durchführung des Anschlags in die Stadt eingeschleust habe.

Zu Mountbattens Verdruß tauchte plötzlich seine Frau hinter ihnen auf. Sie hörte die letzten Sätze des Geheimdienstmannes mit. «Ich werde mit dir fahren», sagte sie in entschiedenem Ton.

«Das läßt du schön bleiben», antwortete ihr Ehemann. «Es gibt keinen Grund, daß wir uns beide in Stücke zerreißen lassen.»

Ohne auf ihre Diskussion zu achten, sprach der Beamte weiter. «Jinnah besteht darauf, in einem offenen Wagen zu fahren», sagte er. «Es wird sehr langsam gehen. Ich fürchte, unsere Möglichkeiten, Sie zu schützen, sind ziemlich begrenzt.» Nach Ansicht des Geheimdienstmannes gab es nur einen Weg, eine Katastrophe abzuwenden.

«Sir», bat er, «Sie müssen Jinnah dazu bringen, daß er die Fahrt absagt.»

Achtzehn Stunden nachdem eine aufgebrachte Menge gegen den größten Inder des Jahrhunderts Steine geschleudert hatte, machte sich Gandhis bedeutendster politischer Gegner am 14. August, einem Donnerstag, um neun Uhr morgens bereit, den letzten Triumph seines langen Kampfes zu erleben.

Mohammed Ali Jinnah hatte zuwege gebracht, was dem leiderfüllten Mann in der Ruine des *Hydari House* mißglückt war. Trotz vieler

Vernunftgründe, die dagegensprachen, und vor allem trotz der tödlichen Krankheit, die in seiner Lunge lauerte, hatte Jinnah die Teilung Indiens erreicht, die Gandhi um jeden Preis hatte verhindern wollen. In wenigen Augenblicken würde ein schlichter Versammlungssaal in Karatschi Zeuge der Geburt des volkreichsten mohammedanischen Staates der Welt werden. Auf den Sitzreihen der muschelförmigen Halle waren die Repräsentanten der siebzig Millionen Menschen versammelt, die Jinnah auf ihrer Hedschra zur Eigenstaatlichkeit angeführt hatte.

Es war eine buntgemischte Versammlung: würdevolle Pandschabis mit grauen Astrachanpelzmützen und enggeknöpften *sherwanis*; finster dreinblickende Pathanen; Wasiris, Mahsuds, Afridis mit ihren grünen und goldenen Turbanen und mit Schnauzbärten, die ihre von Wind und Wetter ausgedörrten Gesichter wie Narben zierten; kleine, dunkelhäutige Bengalen, Vertreter einer pakistanischen Provinz, die Jinnah nie gesehen hatte und deren Bewohnern er mißtraute; Stammeshäuptlinge aus Belutschistan; Frauen aus dem Industal, die den Kopf mit einem seidenen *burqa* umhüllt hatten; Frauen aus dem Pandschab in goldgestreiften Jacken, ihren *shalwars*, über bauschigen Beinkleidern.

Neben Jinnah saß der Vizekönig, dessen widerstrebenden Händen der Moslemführer seinen Staat entrissen hatte. Mountbatten trug seine weiße Admiralsuniform und seine geliebten Orden. Seine Gestalt paßte ideal zu diesem festlichen Anlaß, der ersten der Feierlichkeiten, mit denen während der folgenden sechsunddreißig Stunden Englands Herrschaft über den Subkontinent in aller Form beendet wurde.

Mit einem gezwungenen Lächeln, das über sein gesammeltes Gesicht glitt, erhob sich Mountbatten, um die Glückwünsche des Königs für sein neuestes Dominion zu übermitteln. Dann erklärte er zur Feier eines Ereignisses, das er nie zu erleben gehofft hatte:

«Die Geburt Pakistans ist ein historisches Ereignis. Die Geschichte scheint sich zuweilen mit der äußersten Langsamkeit eines Gletschers voranzubewegen, dann wieder wie ein Sturzbach dahinzuschießen. In dieser Stunde, in diesem Teil der Welt haben unsere vereinten Bemühungen das Eis zum Schmelzen gebracht und einige Hindernisse aus dem Flußbett geräumt, und wir werden von der vollen Strömung getragen. Es ist keine Zeit, zurückzublicken. Wir können nur nach vorne schauen.»

Bei diesen Worten blickte der Vizekönig seitwärts, zu Jinnah hin. Sein hochmütiges Gesicht, die pergamentartige Haut, zeigte selbst in diesem Augenblick nicht mehr Bewegung als die Totenmaske eines Pharaos.

«Ich möchte Mr. Jinnah meine Anerkennung aussprechen», erklärte der Vizekönig. «Unser enger persönlicher Kontakt und das gegenseitige vertrauensvolle Verständnis, das sich daraus entwickelt hat, sind meiner Ansicht nach die besten Vorzeichen für künftige gute Beziehungen.»

Während Mountbatten diese rituellen Phrasen ablas, mußte er unwillkürlich daran denken, daß er in wenigen Augenblicken wegen des starrsinnigen Mannes, an die sie gerichtet waren, sein Leben aufs Spiel setzen mußte. Sowenig es ihm gelungen war, Jinnah von seinem erträumten Pakistan abzubringen, sowenig hatte er ihn zu bewegen vermocht, den feierlichen Triumphzug aufzugeben. Die Fahrt abzusagen oder in einem geschlossenen Wagen durch die Straßen von Karatschi zu jagen, wäre Jinnah als ein Akt jämmerlicher Feigheit erschienen. Er hätte es niemals über sich gebracht, die Geburtsstunde des Staates, für den er soviel auf sich genommen hatte, durch eine solche Geste herabzuwürdigen. Komme, was wolle, Mountbatten mußte sich in einem offenen Wagen der Bombe eines Attentäters darbieten, an der Seite eines Mannes, der ihm unsympathisch war, und zur Feier eines neuen Staates, gegen dessen Gründung er sich so vehement gestemmt hatte.

«Die Zeit ist gekommen, von Ihnen Abschied zu nehmen», schloß er. «Möge Pakistan immer gedeihen ... und möge es fortan in Freundschaft mit seinen Nachbarn und allen Nationen der Welt leben.»

Dann war Jinnah an der Reihe. In seinem weißen *sherwani*, der bis zu seinem ausgemergelten Hals zugeknöpft war, wirkte er wie ein Papst, der den Gläubigen eine Audienz gewährt. England und die Völker, die es kolonisiert hatte, schieden als Freunde voneinander, sagte er in Übereinstimmung mit seinem Vorredner, «und ich hoffe aufrichtig, daß wir immer Freunde bleiben werden.» Pakistan, versprach er, werde der islamischen Tradition der Duldsamkeit gegenüber anderen Religionen folgen und sie tätig üben. Sein Land, erklärte er, werde es «nicht fehlen lassen an einer Gesinnung der Freundschaft gegenüber unseren Nachbarn und allen Nationen der Welt».

Dann, fast ehe es ihnen bewußt wurde, waren die Ansprachen zu Ende, und nun wurde es ernst. Seite an Seite traten die beiden Männer aus der Halle. Vor ihnen wartete der schwarze, offene Rolls-Royce, in dem sie ihre gefährliche Fahrt antreten sollten. Der verdammte Karren sieht wie ein Leichenwagen aus, dachte Mountbatten. Eine kurze Sekunde lang blickte er eindringlich seine Frau an. Er hatte ihren Chauffeur strikt angewiesen, reichlichen Abstand zu seinem Wagen zu halten. Aber er war überzeugt, daß sie eine Möglichkeit finden werde, ihren Willen durchzusetzen.

Während sie auf den wartenden Rolls-Royce zugingen, drängten sich Mountbatten eine Reihe grausiger Bilder auf. Die Bilder vor seinem inneren Auge hatten mit der bevorstehenden Fahrt nichts zu tun. Es waren die gespenstischen Erinnerungen an andere Triumphfahrten, an die er denken mußte, als er den Stammbaum seiner Familie zeichnete, seine einzige Zerstreuung in Indien. Auf einen der Äste hatte er sorgfältig den Namen des Zaren Alexander II., seines Großonkels, eingetragen und daneben den Vermerk: «Verstorben am 13. Februar 1881.» Alexander II. war in St. Petersburg von einer Bombe zerrissen worden, die ein Attentäter in seine offene Karosse geschleudert hatte. Weiter unten, auf demselben Ast seiner Vorfahren, fand sich der Name eines anderen Onkels, des Großfürsten Sergius, der 1904 unter fast identischen Umständen von der Bombe eines Anarchisten getötet worden war. Und wieder auf einer anderen Seite stand der Name seiner Kusine Ena, die zu ihrer Vermählung mit dem spanischen König Alfons XIII. fuhr, ihr seidenes Hochzeitskleid mit dem Blut des Kutschers bedeckt, der von einer gegen ihre Karosse geschleuderten Bombe zerfetzt worden war. Diese Phantome aus der Vergangenheit schienen sich nun neben den Vizekönig in seinen offenen Rolls-Royce zu drängen.

Sein Blick traf sich mit dem Jinnahs, als der Wagen anfuhr. Sie sprachen kein Wort. Mountbatten hatte Jinnah immer nur gespannt erlebt, aber nun, fand er, hatte die Spannung, die von ihm ausging, fast etwas Greifbares, Lebendiges. Ein ohrenbetäubender vizeköniglicher Salut von einunddreißig Kanonenschüssen hallte hinter ihnen drein, als sie die Fahrt durch die Straßen von Karatschi antraten. Dort warteten die Menschen, die gewaltigen, freudig erregten, jubelnden Massen, ein Meer anonymer Gesichter, in dem sich irgendwo, an irgendeiner Straßenecke, an einer Biegung, auf einem Fensterbrett oder Hausdach das Gesicht des Mannes verbarg, der sie töten wollte. Die vier Kilometer lange Strecke war von Soldaten gesichert, aber sie standen alle mit dem Rücken zu den Menschenmassen. Gegen die Bombe eines Attentäters konnten sie keinen Schutz bieten.

Mountbatten hatte in späteren Jahren das Gefühl, als hätte diese halbstündige Fahrt vierundzwanzig Stunden gedauert. Sie bewegten sich kaum rascher voran als ein rüstiger Fußgänger. Die Menschenmassen säumten jeden Zentimeter der Route, drei Meter tief auf den Gehsteigen. Sie klammerten sich an Laternenpfosten und Telefonstangen, hielten sich an Fensterbrettern fest, säumten die Dächer. Ohne zu ahnen, welche Spannung die Männer in dem Rolls-Royce erfüllte, riefen sie immer wieder ihr *Zindabad* – für Pakistan, für Jinnah, für den Vizekönig.

Ohne die Möglichkeit eines Entrinnens fuhren die beiden Männer langsam durch dieses Meer von Gesichtern. Jeden Augenblick konnte eine Handgranate auf ihren Wagen fliegen. Sie waren gezwungen, der jubelnden, begeisterten Menge zu danken, und hatten keine andere Wahl, als eine groteske Fröhlichkeit zu mimen. Mountbatten vergaß nie, wie er in rhythmischen Bewegungen die Hand hob und senkte und sich zu einem ständigen Lächeln zwingen mußte, während sein Blick unentwegt über die Menge glitt, die Gesichter musterte und nach einem düster-starrenden Blick suchte, einem angsterfüllten Augenpaar, ir-

Victoria, Kaiserin von Indien
Sie regierte das größte Imperium der Welt. Die Monarchin, in der sich die «Berufung der britischen Rasse zur Weltherrschaft» verkörperte, ließ sich am 1. Januar 1877 zur Kaiserin von Indien proklamieren. Dieses gewaltige Territorium, von 300 Millionen Menschen bevölkert, wurde zum Juwel ihrer Krone. Alle Maharadschas, die sich am Krönungstag in Delhi versammelt hatten, flehten den Himmel an, er möge der britischen Herrschaft ewige Dauer verleihen.
(Foto Roger-Viollet)

Das letzte große Weltreich der Geschichte

Ein zaghaft begonnenes koloniales Abenteuer, das schließlich zur Eroberung Indiens führte, legte den Grundstein zum letzten, von Romantik umwobenen Imperium der Welt. Mit seinem aus 347 Räumen bestehenden Palast und den Schwadronen seiner Leibgarde war der Vizekönig von Indien einer der mächtigsten Männer des Empire. Seine Ankunft in Indien war von außergewöhnlichem Gepränge begleitet – 1936 hielt der Marquess of Linlithgow in Bombay seinen Einzug durch den «Gateway of India» (rechts oben). An der Vorderseite des Monuments steht die Inschrift: «Errichtet zur Erinnerung an die Ankunft Ihrer Kaiserlichen Majestäten König Georg V. und Königin Mary in Indien, 2. Dezember MCMXI» (rechts unten). Zwei Generationen junger Engländer betraten durch diesen Triumphbogen das Land, um die *Pax Britannica* bis in die entlegensten Gegenden Indiens zu tragen.
(Aufnahmen D. Conchon, Fox und Roger-Viollet)

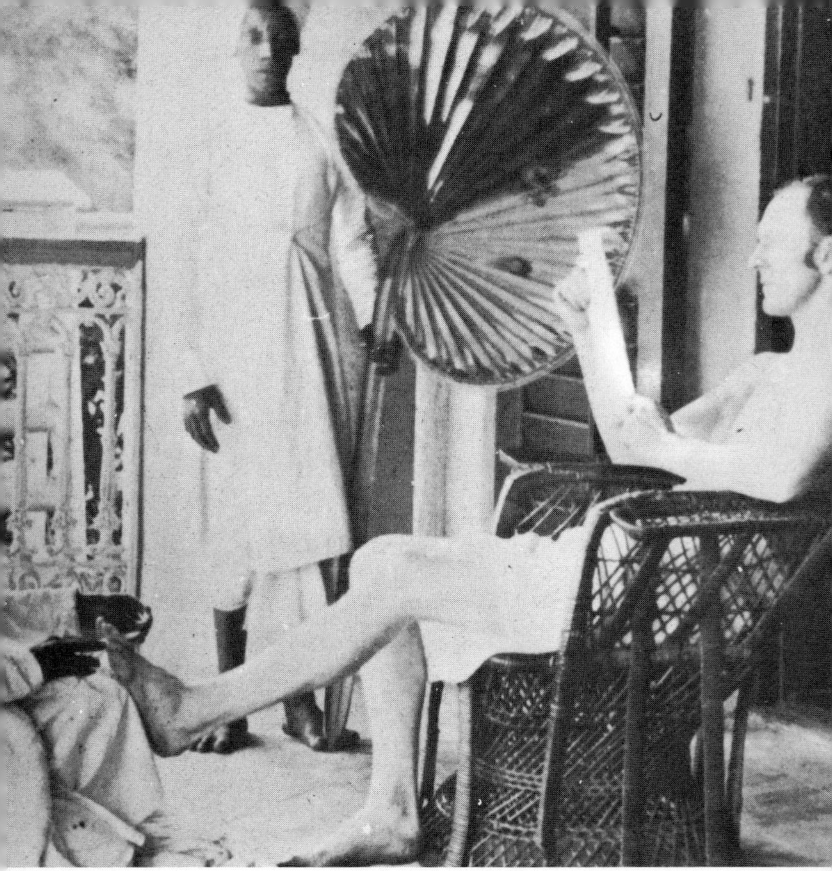

Aller Prunk Asiens für eine Handvoll Gentlemen
«Der unerforschte Ratschluß des Schicksals», schrieb Rudyard Kipling, «hat die verantwortungsvolle Bürde der Regierung Indiens der britischen Rasse auferlegt.» Dieses Kredo imperialen Herrschaftsstrebens inspirierte Generationen junger Engländer, die in den endlosen Weiten des Subkontinents eine Arena fanden, in der sie ihr Verlangen nach Macht und Abenteuern ausleben konnten. Das Indien ihrer Tage existiert nicht mehr. Links oben: Umgeben von der Dienerschaft des vizeköniglichen Palastes hat das Ehepaar Mountbatten mit seinen Töchtern für eine Aufnahme Platz genommen (1947). Links Mitte: Der Gouverneur des Pandschabs empfängt Maharadschas aus seiner Provinz zum Tee. Links unten: Ein Diner mit Smoking und Abendkleid in der Offiziersmesse eines Kavallerieregiments der indischen Armee. Oben: Der «Sahib» und seine Diener.
(Aufnahmen Popperfoto und R.T.H.P.L.)

In den Dschungeln Kiplings jagten die britischen Herren Tiger, Panther, Büffel und Wildschweine
Das größte Freizeitvergnügen der Briten in Indien waren der Sport und die Jagd. 1947 gab es in den indischen Dschungeln noch mehr als 25 000 Tiger. Die Jagden, regelrechte Expeditionen, bei denen die Schützen auf Elefanten saßen, dauerten manchmal mehrere Tage (links: eine Jagd des Maharadschas von Vidschayanagar an der nepalesischen Grenze). Jede Stadt, die etwas auf sich hielt, besaß eine Jagdgesellschaft (rechts oben) mit einer aus England importierten Meute. Am sportlichsten war jedoch die Wildschweinhatz zu Pferd und mit der Lanze (rechts unten, in Meerut). Der erste Jäger, der ein Wildschwein erlegte, erhielt den Siegerpokal. (Aufnahmen Popperfoto und Fox)

Die Autoren auf den Spuren des indischen Kaiserreiches
Links Pakistan, rechts Indien. Im Verlauf ihrer langen Recherchen haben Dominique Lapierre (links) und Larry Collins (rechts) eine Rast eingelegt. Sie stehen zu beiden Seiten der historischen Grenze, die seit 1947 das alte *Empire of India* teilt. Obwohl Indien und Pakistan seit dem Abzug der Engländer dreimal gegeneinander Krieg geführt haben, konnten sich Lapierre und Collins zusammen mit den beiden Chefs der Grenzposten von Wagah zu einer Aufnahme stellen: links der pakistanische Major Abdul Natif, rechts der indische Oberst Bhular. Beide tragen den britischen Offiziersstock in der Hand, Erbe jener Tage, in denen sie gemeinsam in der berühmten indischen Armee gedient haben. (Aufnahme D. Conchon)

Lord und Lady Mountbatten auf dem Thron Indiens
Am 24. März 1947 wurde Louis Mountbatten, Urgroßenkel der Königin Victoria, an der Seite seiner Ehefrau Edwina letzter Vizekönig von Indien. Der junge Admiral, ein hochangesehener Kriegsheld aus dem Zweiten Weltkrieg und Vetter des englischen Königs, erhielt von der Regierung Attlee den Auftrag, den Rückzug Großbritanniens aus seinen indischen Besitzungen auszuhandeln. Fünf Monate nach seiner Ankunft in Neu-Delhi wurden Indien und Pakistan unabhängig.

In Indien begann ihre Liebe
Es war 1921 in Indien, als der junge Marineleutnant Louis Mountbatten sich in Edwina Ashley verliebte. Ihre Vermählung war das große gesellschaftliche Ereignis des Jahres 1922 in England (links oben: rechts neben Edwina Mountbatten der Prinz von Wales, der künftige Edward VIII. und Herzog von Windsor). Fünfundzwanzig Jahre später: Die Mountbattens trafen vor ihrem neuen Wohnsitz ein, dem Palast des Vizekönigs von Indien (links unten). In Peschawar erlebten sie die dramatischsten Augenblicke ihrer Mission. Hand in Hand traten sie 100 000 rebellierenden Stammeskriegern gegenüber. Sie wurden mit Ovationen empfangen.

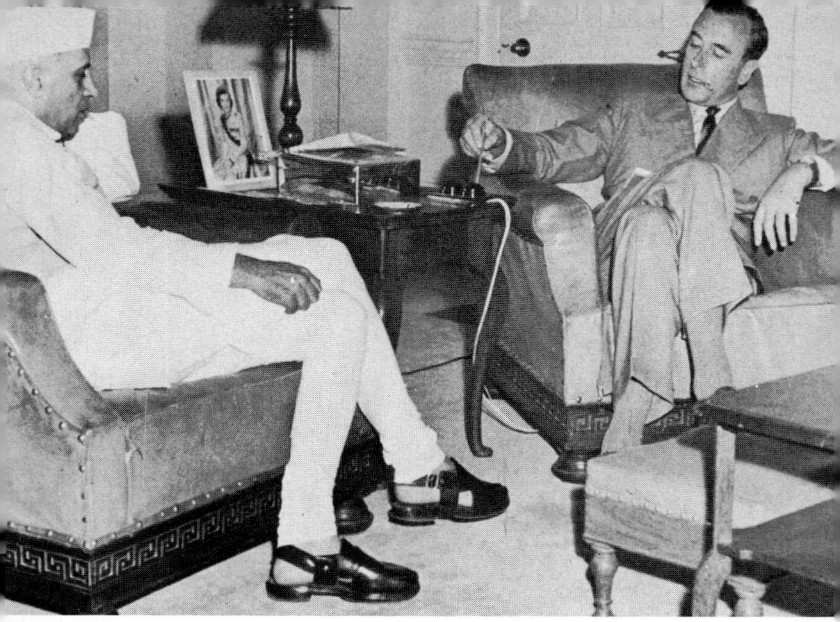

«Operation Verführung»
Mit einer revolutionären Taktik führte Louis Mountbatten seine Verhandlungen mit den drei großen indischen Politikern: Er gab Gesprächen unter vier Augen den Vorzug vor großen Konferenzen. Die drei Inder hatten ihr Leben lang gegen die englische Herrschaft gekämpft, ohne einander zu verstehen. Links oben: der Hindu Jawaharlal Nehru; links unten: der Moslem Mohammed Ali Jinnah; rechts: das Ehepaar Mountbatten mit Gandhi, dem Verkünder der Gewaltlosigkeit, der die indischen Massen in ihrer Auflehnung gegen Großbritannien angeführt hatte.

Dreißig Jahre Kampf um die Befreiung von 400 Millionen Menschen

Mit seinem schlichten Dhoti bekleidet, fuhr Gandhi mehrmals nach London, um die Unabhängigkeit seines Landes zu fordern (oben, im Jahr 1931). Seine Kampagnen des zivilen Ungehorsams, des Boykotts britischer Waren, der Schweigedemonstrationen und schließlich der Zweite Weltkrieg zwangen Großbritannien, die Forderung des Mahatma zu erfüllen. Am 2. Juni 1947 gab Lord Mountbatten den führenden indischen Politikern den Rückzug Großbritanniens und die Teilung des Landes in zwei Staaten, Pakistan und die Indische Union, bekannt (unten). Links von Mountbatten die Hindus Nehru und Kripalani als Vertreter der Kongreßpartei und Baldev Singh, der Vertreter der Sikhs, rechts vom Vizekönig Mohammed Ali Jinnah, Liaquat Ali Khan und Rab Nishtar als Repräsentanten der Moslemliga. Im Hintergrund Mountbattens Mitarbeiter Lord Ismay. Gandhi, der keine offizielle Position in der indischen Hierarchie einnahm, blieb dieser historischen Zusammenkunft fern.

(Aufnahmen Popperfoto)

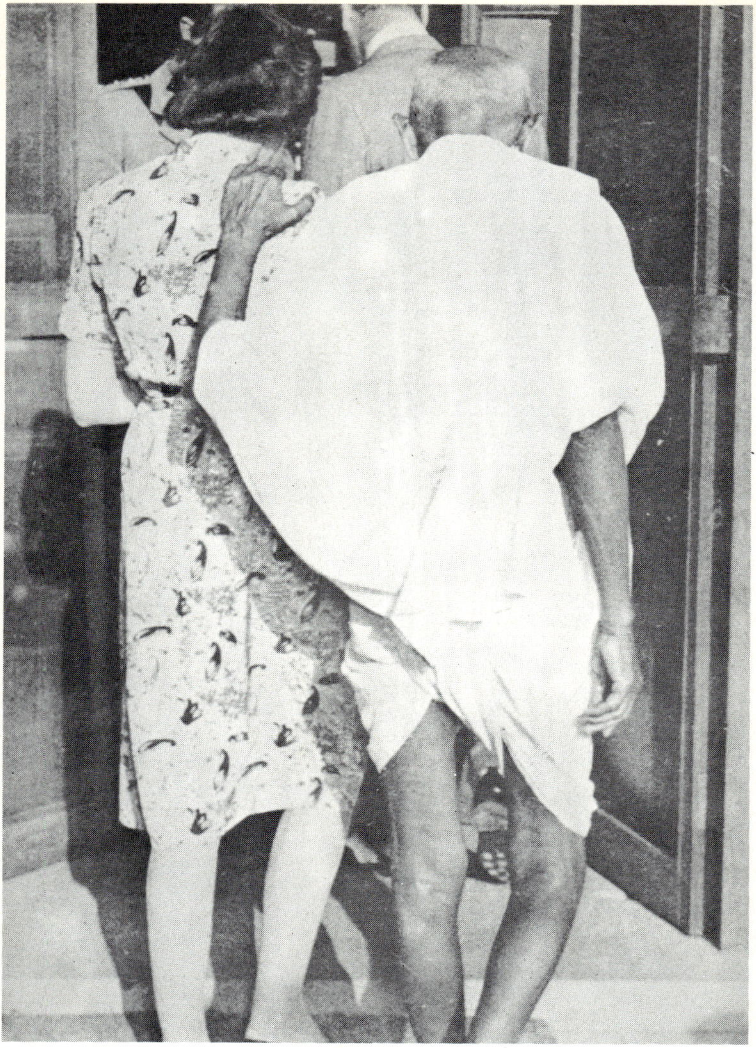

Der alte Widersacher der Engländer stützte sich auf die Schultern der Vizekönigin

Mountbatten wurde nach seiner Ankunft in Neu-Delhi klar, daß Gandhi den Schlüssel für die Lösung des indischen Problems in den Händen hielt. Zwischen dem Verkünder der Gewaltlosigkeit und dem Vizekönig entwickelten sich Bande der Sympathie, die Großbritannien und Indien vor einem Desaster bewahrten. Am Ende ihrer ersten Begegnung legte der schärfste Widersacher der Briten in einer spontanen Geste der letzten Vizekönigin von Indien die Hand auf die Schulter.

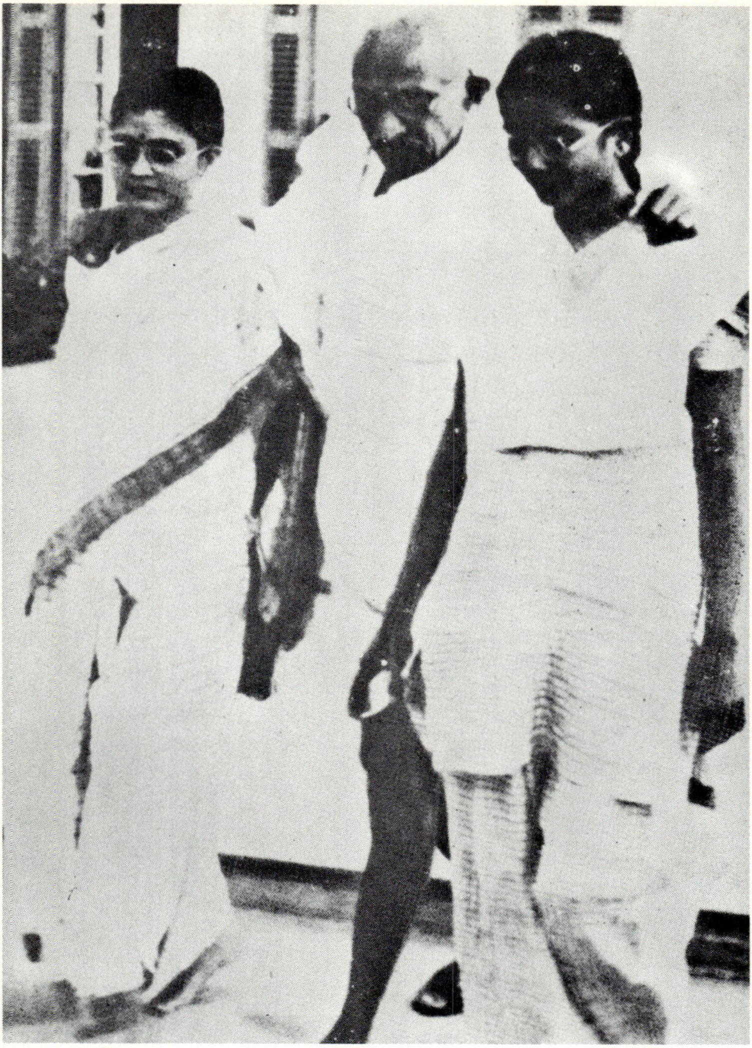

Die «Krücken» des Mahatma
Von seinen zwei treuen Großnichten, der neunzehnjährigen Manu (links) und Abha, begleitet, unternahm Gandhi den letzten Kreuzzug seines Lebens, um Hindus und Moslems miteinander zu versöhnen. In jedem Dorf schlief Manu in der primitiven Hütte, die ihnen die Bauern als Unterkunft boten, an seiner Seite. Sie massierte ihn, betete mit ihm, machte ihm die Schlammpackungen, verabreichte ihm das Klistier, pflegte ihn, wenn er müde und krank war, und aß mit ihm aus derselben Schüssel.

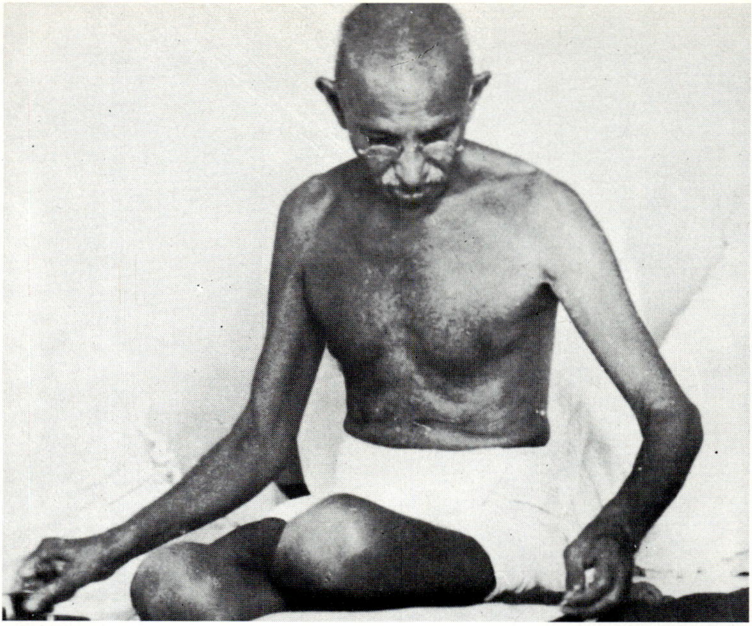

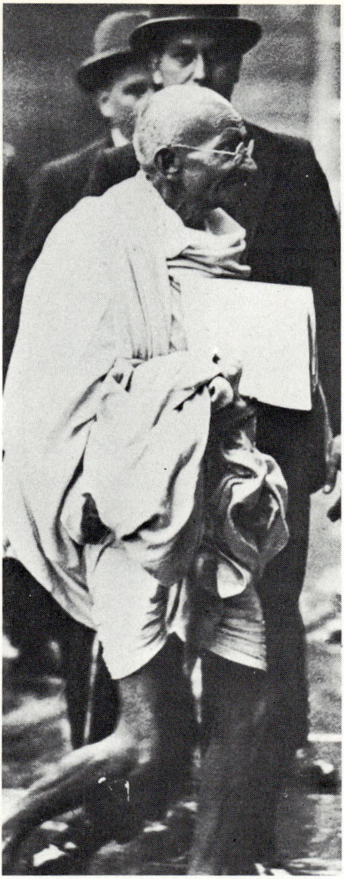

Ein Leben der Entsagung, um die Ketten eines Kontinents zu zerbrechen
Gandhi, den Churchill abschätzig einen «halbnackten Fakir» nannte, zog dreißig Jahre lang durch Indien bis in die entlegensten Winkel des Landes, um sein Volk zur Freiheit aufzurütteln und seinen Landsleuten die Botschaft von Liebe und Brüderlichkeit zu bringen. Seine freiwillige Armut, seine Einfachheit, seine Demut machten ihn zu einem Heiligen, der aus einer fernen Vergangenheit gekommen war, um ein neues Indien zu schaffen. Jeden Tag arbeitete er einige Stunden am Spinnrad, das er zum Symbol seiner Botschaft gewählt hatte. In der Eisenbahn fuhr er stets nur dritter Klasse, und niemals trug er, nicht einmal als er den englischen König besuchte, etwas anderes als ein schlichtes Baumwolltuch. Zur Teestunde nahm er, selbst in Gesellschaft des Vizekönigs, ein wenig Dickmilch in einer Schüssel zu sich, die er aus seinem letzten Gefängnisaufenthalt mitgebracht hatte.

Jinnah und Nehru, zwei große Volksführer

Bei einem Dinner, das 1931 in London stattfand (links oben) und an dem der Moslemführer Mohammed Ali Jinnah (+) teilnahm, wurde zum erstenmal die Idee eines unabhängigen islamischen Staates geäußert. Dieser Staat sollte den Namen Pakistan tragen. Sechzehn Jahre danach, am 14. August 1947, nahm Jinnah, der Vater Pakistans, in Karatschi die letzte Parade der englischen Truppen ab (links Mitte). Einige Stunden später proklamierte Jawaharlal Nehru, Indiens Ministerpräsident, im Thronsaal des vizeköniglichen Palastes zu Neu-Delhi die Unabhängigkeit seines Landes und forderte Lord Mountbatten auf, das Amt des ersten indischen Generalgouverneurs zu übernehmen (links unten). Für Nehru, den «Mann mit der Rose» (rechts), war die Erringung der Unabhängigkeit der krönende Abschluß eines langen politischen Kampfes. Nehru hatte neun Jahre in englischen Gefängnissen verbracht und in dieser Zeit über sein neues Indien nachgedacht. Als Idealist träumte er davon, auf dem Boden Indiens die parlamentarische Demokratie englischen Musters mit dem marxistischen Sozialismus verbinden zu können. Er wollte ein zentralistisches Indien ohne Elend und Aberglaube, das mit seinen rauchenden Fabrikschloten ins 20. Jahrhundert eintrat. (Aufnahmen Camera-Press-Holmès-Lebel)

Mit dem Ende Britisch-Indiens verschwand die sagenumwobene Welt der Maharadschas

565 Maharadschas, Radschas und Nawabs herrschten 1947 über ein Drittel des indischen Territoriums und ein Viertel seiner Bevölkerung. Die Fürsten besaßen im Durchschnitt 11 Titel, 5,8 Frauen, 12,6 Kinder, 9,2 Elefanten, 2,8 private Salonwagen und drei bis vier Rolls-Royce-Limousinen. Unter seinem vergoldeten Sonnenschirm begab sich Yadavibdra Singh, der Maharadscha von Patiala, zu seiner Krönung (links Mitte). Um den Hals trug er ein Kollier aus acht Perlenketten, das bei Lloyd's für eine Million Dollar versichert war. Der Nizam von Haiderabad (links unten mit Gehstock) galt als der reichste Mann der Welt. Er war ein legendärer Geizhals und besaß Koffer voll Dollar- und Pfundnoten, die in altes Zeitungspapier eingewickelt waren. Der Maharadscha von Kapurthala (links oben), ein fortschrittlich eingestellter Fürst, gab seinem Land Schulen, Krankenhäuser und sogar ein Parlament. Sein Palast war eine Kopie des Schlosses von Versailles, wo französisch gesprochen und Evianwasser getrunken wurde. Die Throne der Maharadschas bestanden im allgemeinen aus massivem Gold (rechts unten). Manche Herrscher (rechts oben der Maharadscha von Bikaner) ließen sich zu Jubiläen mit Gold aufwiegen.

(Aufnahmen Popperfoto, Keystone)

Der 500. Tiger des Maharadschas von Udaipur
Obwohl seit seiner Kindheit gelähmt, war der Maharadscha Bupal Singh von Udaipur ein passionierter Raubtierjäger. Er begab sich in einer Art gepanzertem Schilderhäuschen in den Dschungel. Sobald ein Raubtier aufgespürt worden war, trieben es ihm seine Treiber mit Hilfe von Fackeln und lautem Geschrei vor die Büchse. Der Maharadscha, der ein vortrefflicher Schütze war, verfehlte selten seine Beute. Er hatte seinen ersten Tiger schon im Alter von acht Jahren erlegt. (Aufnahmen Keystone)

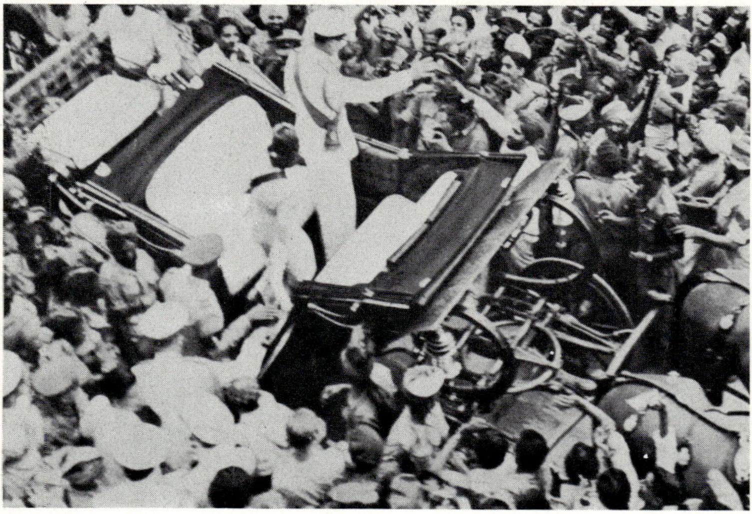

Ein Kontinent huldigt dem Mann, der Indien die Freiheit gab
Die Herrschaft Großbritanniens über Indien ging am 15. August 1947 zu Ende. In den Straßen von Karatschi, der Hauptstadt des neuen Staates Pakistan, wo die letzten englischen Truppen in Ehrenformation angetreten waren (oben), in den Boulevards von Neu-Delhi, in denen sich die jubelnden Menschen drängten, akklamierte ein ganzes Volk voll Dankbarkeit seinem letzten Vizekönig und feierte in überschwenglichem Taumel seine Unabhängigkeit. In Neu-Delhi versank die Karosse mit Lord und Lady Mountbatten in einem Meer jubelnder Massen.

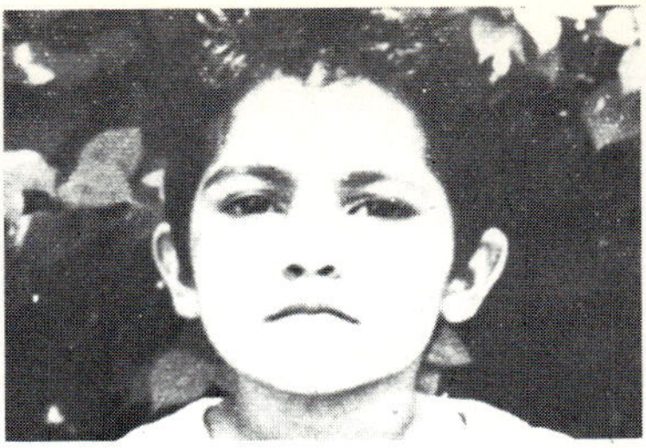

Diese Liebenden siegten über den Haß. Während ihre Volksgruppe überall im Pandschab übereinander herfielen, hielten der Sikh K. S. Duggal, Journalist bei Radio Lahore, und die Mohammedanerin Aisha Ali, Medizinstudentin in Neu-Delhi, an ihrer Liebe fest und heirateten. (Aufnahme aus der Sammlung der Autoren)

Als ein Kind der Liebe, doch Opfer des Hasses, wurde Tanvier Boota Singh einem Sikh-Vater und einer mohammedanischen Mutter geboren, die während des Exodus aus einer Flüchtlingskolonne verschleppt worden war. Als seine Ehefrau unter Zwang nach Pakistan gebracht wurde, beging der Vater der kleinen Tanvier Selbstmord. (rechts oben)

Edwina Mountbatten mühte sich ohne Schonung ihrer Person, das Unglück der Opfer zu lindern. Sie mobilisierte Hilfsquellen, spornte die Freiwilligen an und rettete so Tausenden das Leben. (links unten)

Für diesen unglücklichen Kuli in Kalkutta, der zwischen den Stangen seiner Rikscha niedergemetzelt wurde, war die Unabhängigkeit nur ein Traum. Wie 500 000 seiner Landsleute bezahlte er für den religiösen Fanatismus, der den Subkontinent vergiftete, mit seinem Leben. (Associated Press)

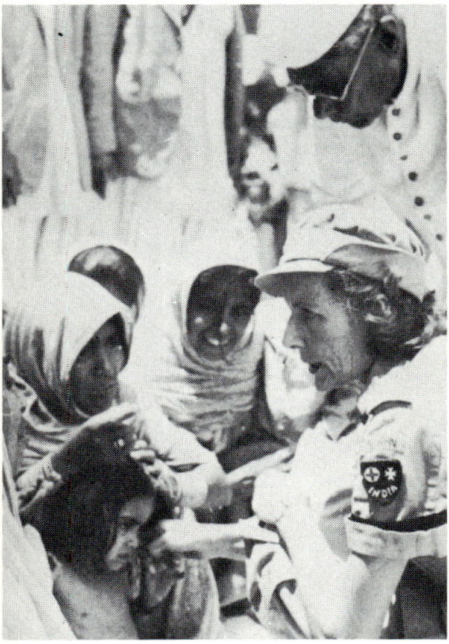

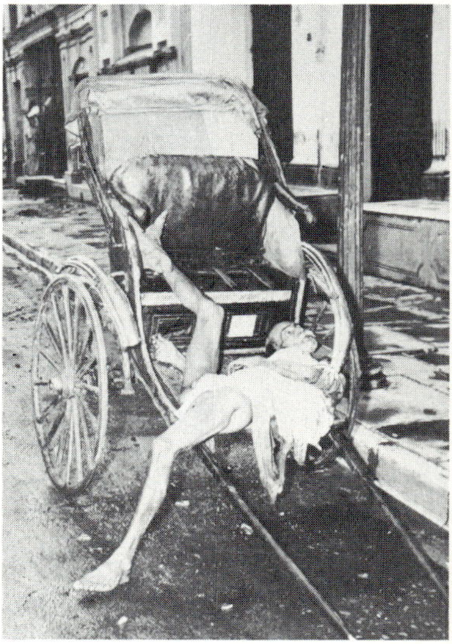

Die Teilung Indiens löste eine apokalyptische Tragödie aus
Der englische Jurist Sir Cyril Radcliffe (hier im Kreis seiner indischen Mitarbeiter) zeichnete auf einer Generalstabskarte den Grenzverlauf zwischen Pakistan und Indien ein und löste damit ungewollt eine der größten Tragödien der Geschichte aus. Von Gewalttaten heimgesucht, versank die Provinz Pandschab im Chaos. Lord und Lady Mountbatten im Dorf Kahuta, wo 450 Sikhs niedergemetzelt worden waren (unten).

Die größte Völkerwanderung der Geschichte durchzog den brennenden Pandschab

Zehn Millionen Hindus, Sikhs und Moslems flohen nach der Teilung Indiens aus ihrer Heimat. Augen und Kehlen vom Staub entzündet, die Füße von der Hitze der Steine und des Asphalts verbrannt, von Hunger und Durst gemartert, von Mörderbanden angegriffen, so zogen die Verdammten aus dem Pandschab Indien und Pakistan entgegen. Schwerbeladene Ochsenkarren brachen unter ihrer Last zusammen. Die wenigen Züge, die noch fuhren, wurden das Ziel von Überfällen. Viele erreichten die Endstation mit Waggons voller Leichen. (Aufnahmen Margaret Bourke-White, Life Inc., Associated Press)

Der Opfertod Gandhis
Am 30. 1. 1948 wurde Gandhi ermordet. Der Mörder (links Mitte) gehörte einer Extremistengruppe an, die von Veer Savarkar (links, mit Fes) geleitet wurde. Manu und Abha (rechts), Lord und Lady Mountbatten (Mitte) gaben Gandhi das letzte Geleit.

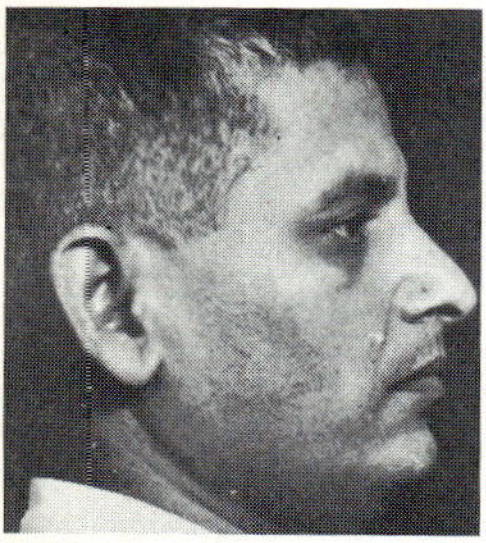

Nathuram Godse, 39 Jahre alt, Attentäter, ehemaliger Schneider, der Redakteur wurde. Besondere Kennzeichen: Träumte von einem geeinten Indien, aß gern Erdnüsse und litt an Migräneanfällen. Er wurde gehängt.

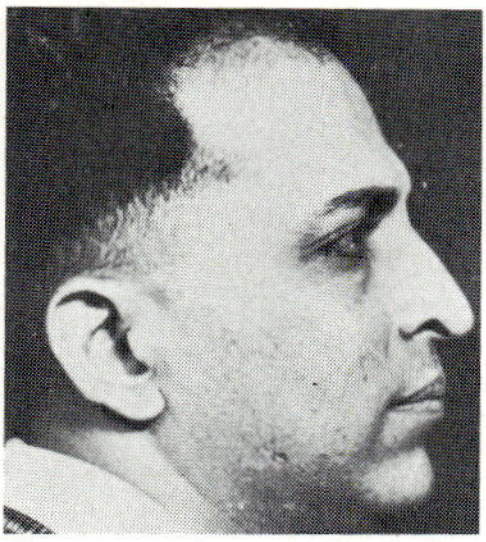

Narayan Apte, 34 Jahre alt, ehemaliger Mathematiklehrer, der Zeitungsherausgeber wurde. Besondere Kennzeichen: Liebte Intrigen, schöne Frauen und las die Zukunft aus der Hand. Er wurde ebenfalls gehängt.

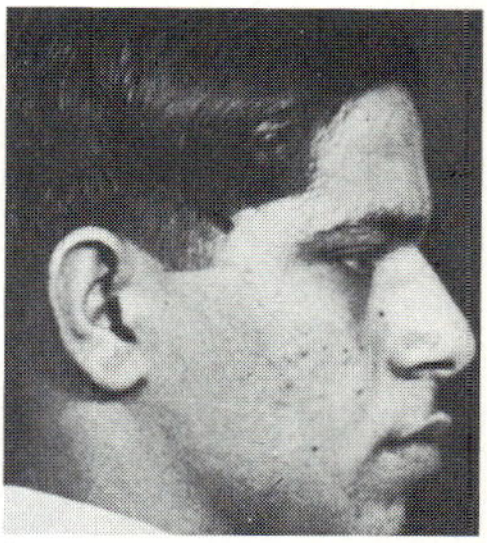

Madanlal Pahwa, 20 Jahre alt, ehemaliger Matrose, Flüchtling, der alles verloren hatte. Besondere Kennzeichen: Bereit, um jeden Preis an den Moslems Rache zu nehmen. Zu lebenslanger Haft verurteilt.

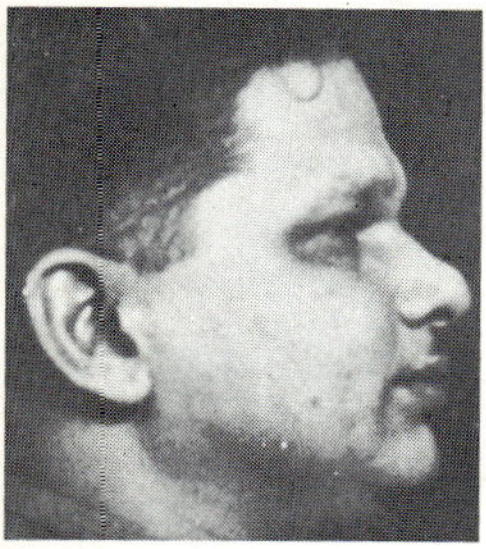

Vishnu Karkare, 37 Jahre alt, Pensionsbesitzer, militanter Extremist. Besondere Kennzeichen: Vegetarier, hatte seine Pension in ein Waffenarsenal umgewandelt. Zu lebenslanger Haft verurteilt.

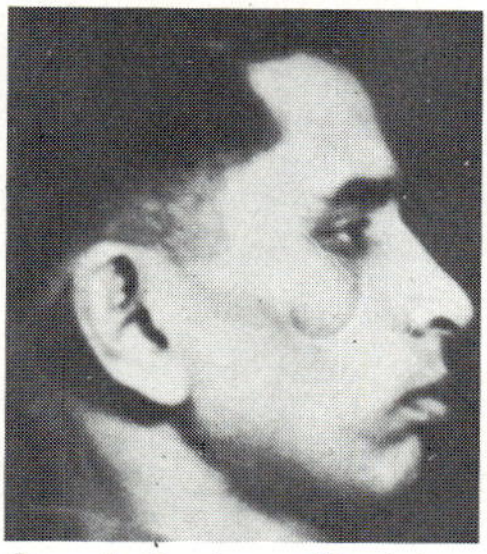

Gopal Godse, 29 Jahre alt, Bruder des Attentäters, führt ein Geschäft in Poona. Besondere Kennzeichen: wollte Gandhi um jeden Preis töten. Zu lebenslanger Haft verurteilt.

Digamber Badge, 39 Jare alt, Waffenhändler und Hersteller kugelsicherer Westen. Besondere Kennzeichen: 37 Verhaftungen, aber nur einmal verurteilt. Als Kronzeuge auf freien Fuß gesetzt.

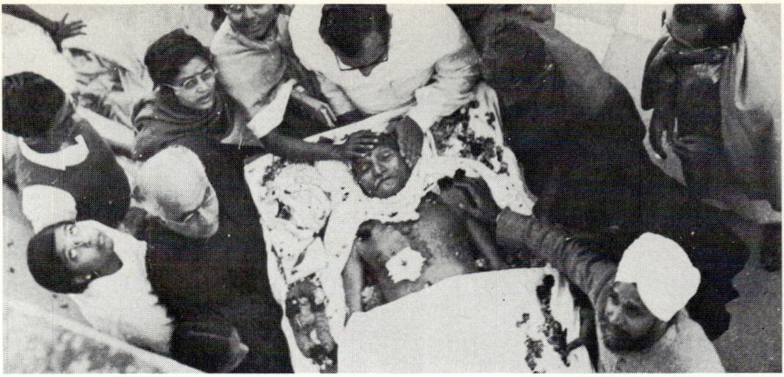

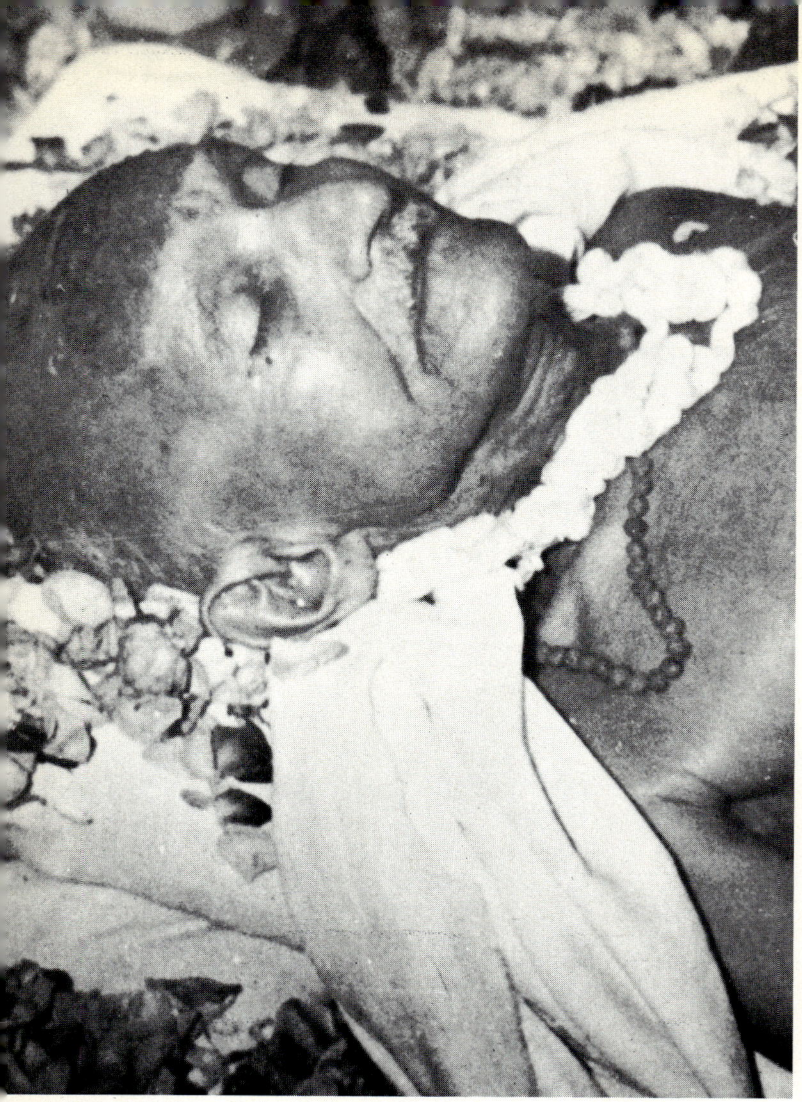

Indiens Mahatma starb mit dem Namen Gottes auf den Lippen
Der Befreier Indiens wurde im Trauerzug zu seinem Scheiterhaufen geleitet. Gandhis Leichnam war in ein einfaches Baumwolltuch gehüllt, eine Girlande aus Baumwollgarn umgab den Hals, der Kopf ruhte auf einem Kissen aus Blumen. Nach der Verbrennung wurde seine Asche zu der Stelle gebracht, wo Ganges und Yamuna zusammenfließen, und dem Wasser anvertraut, das schon die Asche von Millionen unbekannter Inder fortgetragen hat, Menschen, deren Freuden und Leiden Gandhi geteilt hatte. Dann vereinigte sich der Mahatma für immer mit der Kollektivseele seines Volkes.

gendeinem Hinweis, der ihm sagte: «Da! Da wird es passieren!»

Es war nicht das erste Mal, daß er sich in Indien in einer derartigen Situation befand. Während der Rundreise des Prinzen von Wales hatte der Geheimdienst ein geplantes Attentat aufgedeckt. Am 8. Dezember 1921 sollte eine Bombe auf den Wagen des Thronfolgers geschleudert werden, während er durch die Straßen von Bharatpur fuhr. Man hatte den jungen Mountbatten veranlaßt, sich für seinen Cousin auszugeben und in dem Wagen an der Spitze des Zuges zu fahren, in dem sonst der Prinz selbst saß.

Die Erinnerung an dieses Erlebnis ging ihm blitzartig durch den Sinn, während er das Meer von Gesichtern vorübergleiten sah. Wer ist es? dachte er immer wieder. Ist es der, dem ich zuwinke? Oder der neben ihm? Dann kamen ihm alberne Gedanken. Der Militärsekretär eines Gouverneurs von Bengalen fiel ihm ein, der die Bombe eines Attentäters mit der Hand aufgefangen und zurückgeschleudert hatte. Aber dann erinnerte er sich wieder, daß er es ja niemals fertiggebracht hatte, einen Kricketball aufzufangen. Er dachte immerzu an seine Frau im Wagen hinter ihm und fragte sich, ob es ihr gelungen sei, sich über seine Anweisungen hinwegzusetzen. Trotzdem wagte er es nicht, auch nur eine Sekunde in seiner Wachsamkeit nachzulassen und sich umzublicken, ob ihr Wagen aufgeschlossen hatte.

Als der Zug in Sichtweite des Balkons vor seinem Hotelzimmer an der Victoria Road kam, packte ein junger Mann den Colt, Kaliber 45, in seiner Jackentasche fester. Während er die Gesichter der Menschen beobachtete, die aus den Fenstern des Hauses gegenüber winkten, entsicherte er langsam seine Waffe. Als Mountbattens Wagen sich dem Balkon näherte, schickte G. D. Savage, der junge Offizier vom Geheimdienst des Pandschabs, der das geplante Attentat in Delhi enthüllt hatte, «ein Gebet zum Himmel». Eigentlich hatte er gar kein Recht, diese Waffe zu tragen. Vierundzwanzig Stunden vorher war er aus dem Dienst bei der Pandschabpolizei ausgeschieden, und er stand vor seiner Rückreise nach England.

Mountbatten und Jinnah in ihrem Rolls-Royce verbargen ihre Befürchtungen noch immer hinter einem huldvollen Lächeln und leutseligen Winken. Sie waren beide so völlig mit dem Wagnis beschäftigt, das sie auf sich genommen hatten, daß sie kein einziges Wort miteinander gesprochen hatten, seit sie in den Wagen gestiegen waren. Die Eitelkeit, die ihm so viele seiner Kritiker als seine größte Schwäche vorwarfen, war dem Vizekönig nun die stärkste Stütze, während die innere Belastung immer stärker wurde. Diese Menschen haben mich gern, sagte er sich immer wieder vor, schließlich habe ich ihnen ja die Unabhängigkeit gebracht. Er vermochte nicht zu glauben, daß es in dieser Zuschauermenge Menschen geben könnte, die ihn töten wollten. Seine Gegenwart, dachte er allen Ernstes, konnte vielleicht Jinnah retten. Sie werden ihn doch nicht töten, redete er sich beruhigend zu, wenn ihnen klar wird, daß sie mit ihm auch mich umbringen.

Droben auf seinem Balkon hielt Savage den Atem an, als der Wagen unter seinen Füßen vorüberrollte. Er behielt die Hand am Colt, bis der Rolls-Royce den Bereich verlassen hatte, in dem er seinen Insassen noch Schutz bieten konnte. Dann trat er in sein Zimmer und goß sich ein Glas Whisky ein.

Vor dem Rolls-Royce wichen nun die *huzzahs* und *Zindabads* einem bedrohlichen Schweigen. Ein Hinduviertel, sagte Mountbatten zu sich, hier wird es passieren. Fünf bange Minuten lang kroch die Wagenkolonne an der stummen Menge längs der Elphinstone Road, Karatschis Hauptgeschäftsstraße, vorüber. Fast sämtliche Geschäfte hier gehörten Hindus, die das Ereignis, das ihre Moslemnachbarn feierten, mit Bitterkeit und Furcht erfüllte.

Doch es geschah nichts. Unvermittelt und tröstlich wie die Lichter eines Hafens für den Kapitän eines vom Hurrikan geschüttelten Schiffes erhob sich vor dem Rolls-Royce das Tor des Regierungspalastes. Die nervenaufreibendste Fahrt in Mountbattens Leben war vorüber.

Als der Wagen langsam ausrollte, entspannte sich Jinnah zum ersten und einzigen Mal in Gegenwart des Vizekönigs. Seine eisige Fassade verschwand, und ein warmes Lächeln erhellte seine Züge. Er packte den Vizekönig mit seiner knochigen Hand am Knie und murmelte: «Gott sei Dank! Ich hab Sie lebend zurückgebracht!»

Mountbatten richtete sich auf seinem Sitz auf. Was für eine bodenlose Frechheit! dachte er. «*Sie* haben *mich* lebend zurückgebracht?» fragte er ungläubig. «Großer Gott, *ich* hab doch *Sie* lebend zurückgebracht!»[20]

Gandhis Kreuzweg, neunte Station: «Ein Tag der Trauer»

Er war wie immer zur vereinbarten Stunde bereit. Schlag fünf Uhr erschien Gandhis gebrechliche Gestalt im Eingang des *Hydari House*. Leicht vornübergebeugt, die Hände auf die Schultern der zwei jungen Mädchen gestützt, die er seine Krücken nannte, schlurfte er mit raschen Schritten zwischen den Menschen hindurch, die sich im Hof des Hauses drängten und auf ihn warteten.

Die Zeremonie, zu der er sich begab, war auf einen ebenso genauen Zeitpunkt festgelegt wie alles in der pedantischen Ordnung von Gandhis Tagesablauf. Hatte Lenin seine Revolution in den konspirativen Gesprächen vorbereitet, hatten die Nazis ihre «nationale Revolution» im pomphaften Gepränge ihrer Nürnberger Parteitage geformt, so waren die regelmäßigen Versammlungen, die Gandhi auf dem langen

Marsch zur Freiheit Indiens abhielt, seiner Natur entsprechend Gebetsversammlungen.

In Städten und Dörfern, in Londoner Slums und britischen Gefängnissen waren diese Gebetszusammenkünfte das bevorzugte Mittel jenes Genies der Mitmenschlichkeit, mit seinen Anhängern in Verbindung zu treten. Auf ihnen hatte er über den Nährwert von ungeschältem Reis, die Schrecken der Atombombe, die Wichtigkeit regelmäßigen Stuhlgangs, die erhabenen Schönheiten der Bhagavadgita, die Segnungen der geschlechtlichen Enthaltsamkeit, das Unrecht des Imperialismus, den Grundgedanken der Gewaltlosigkeit gesprochen. Diese täglichen Ansprachen, die von Mund zu Mund weitergegeben wurden, über die die Zeitungen und der Rundfunk berichteten, hielten seit langem seine Bewegung zusammen.

Nun bereitete er sich im offenen Hof jenes verfallenen Hauses, in einer Stadt voll Furcht und Haß, auf die letzte öffentliche Gebetsversammlung vor, auf der er in einem Indien unter britischer Herrschaft sprechen würde. Den ganzen Tag über hatte Gandhi Hinduabordnungen empfangen und ihnen den «Gewaltverzichtsvertrag» erläutert, den er für Kalkutta vorschlug. Dadurch, daß er sein Vorhaben immer wieder erklärte, hoffte er zu erreichen, daß vom *Hydari House* ein neuer Geist in die Stadt ausstrahle. Die fast zehntausend Menschen, die sich zu seiner ersten Gebetsversammlung in Kalkutta eingefunden hatten, bezeugten, daß er mit seinen Bemühungen wenigstens einigen Erfolg hatte.

«Von morgen an», sprach er zu den Versammelten, «werden wir von der englischen Zwangsherrschaft erlöst sein. Aber von Mitternacht ab», sagte er klagend, «wird auch Indien ein geteiltes Land sein. Morgen wird ein Tag der Freude sein, doch ebenso ein Tag der Trauer.»

Die Unabhängigkeit, sagte er warnend, werde ihnen allen eine schwere Bürde auferlegen. «Wenn Kalkutta zu Vernunft und Brüderlichkeit zurückfindet», sprach er, dann «kann vielleicht ganz Indien gerettet werden.» Doch «wenn die Flammen des Bruderzwistes zwischen den Volksgruppen das ganze Land erfassen, wie soll sich dann unsere neu geborene Freiheit behaupten können?»

Der Mann, der diese Freiheit für Indien errungen hatte, erklärte seinen Zuhörern, daß er nicht zu jenen gehören werde, die ihren Anbruch mit Jubel begrüßten. Er forderte seine Anhänger auf, den Tag der Unabhängigkeitserklärung so wie er zu verbringen, «mit Fasten und im Gebet für die Rettung ganz Indiens und mit möglichst viel Zeit am Spinnrad», denn dieses geliebte hölzerne Rad sei Träger der Botschaft, die am ehesten ihr Land vor dem Verhängnis retten könne.

Trotz all der Hoch- und Jubelrufe, die Jinnahs Wagen gefolgt waren, als er durch die Straßen von Karatschi fuhr, wurde die Gründung des

Staates, den er, wie er später sagte, «mit einem Schreiber und einer Schreibmaschine» errungen hatte, erstaunlich kühl aufgenommen. Die Feiern, schrieb die Londoner *Times*, seien «von einem überraschenden Mangel an Begeisterung der Massen gekennzeichnet» gewesen und hätten in einer «Stimmung allgemeiner Apathie» stattgefunden. Es war fast, als hätte eine Vorahnung kommenden Unheils den Enthusiasmus der Millionen gedämpft, die Jinnah in ihr gelobtes Land geführt hatte.

Seltsamerweise war ausgerechnet in Ostbengalen, in den Gebieten, aus denen bald Ostpakistan entstehen sollte – dem späteren Schlachtfeld des Krieges um Bangladesch –, die Stimmung am festlichsten. Khwaja Mohiuddin, der designierte Premierminister von Ostpakistan, verließ um die Mittagsstunde an Bord eines winzigen, mit Fahnen der Moslemliga geschmückten Dampfers indischen Boden. Stunde um Stunde kämpfte sich das Schiff durch das vom Monsun angeschwollene Gangesdelta, um Mohiuddin zu seiner neuen Hauptstadt Dakka zu bringen.

Jedesmal wenn der kleine Dampfer an einer Siedlung oder an einer baufälligen Mole, die sich in das schlammige Wasser des Deltas hinaus erstreckte, anlegte, kamen scharenweise Ruderboote, Kanus und Segelboote herbei, um ihn zu begrüßen. *«Pakistan Zindabad!»* riefen die Menschen in den Fahrzeugen.

«Alle sangen», erzählte Mohiuddins Sohn. «Das Glück sprach den Menschen aus den Augen.» Ein Element jedoch fehlte, das eigentlich zur Feier einer Staatsgründung gehört hätte. Entlang der ganzen Route des Dampfers war keine pakistanische Fahne zu sehen. In Dakka entdeckte Mohiuddin den Grund: In ganz Ostbengalen gab es keine einzige.

In Lahore, wo die Stimmung infolge der Gewalttaten und der bedrückenden Ungewißheit über die noch nicht bekanntgegebene Grenzlinie dem Siedepunkt nahe war, versah Bill Rich die ihm noch verbliebenen Pflichten als letzter britischer Polizeichef. Vor seinem schäbigen Amtszimmer hörte Rich ein rhythmisches Klatschen. Ein Junge schüttete mit Schwung einen Kübel Wasser um den anderen gegen das *kas-kas tati*, die Bambusjalousie, um sie in der drückenden Hitze abzukühlen. Rich hatte alles in seinen Kräften Stehende getan, um zu verhindern, daß Lahore ins Chaos glitt. Aber, dachte er traurig, es war nicht genug. Die schöne Hauptstadt der Großmoguln versank in einer Flut von Angst und Haß. Als Zeugnis für die Nachwelt trug er in das *Police Order Book* eine Zusammenfassung der Greuel ein, deren Zeuge er geworden war. Dann rief er seinen muslimischen Amtsnachfolger herein.

Rich nahm ein Formular zur Hand, das bei der Wachablösung verwendet wurde. Es war in zwei gleiche Hälften geteilt. Auf seine eigene Hälfte schrieb er: «Ich habe übergeben» und setzte seinen Namen darunter. Sein Nachfolger schrieb: «Ich habe übernommen» auf die andere Hälfte und unterschrieb gleichfalls. Rich salutierte, schüttelte seinen wenigen Mitarbeitern, die untätig herumstanden, die Hand und ging traurig davon.

In Karatschi verbrachte Jinnah den Nachmittag damit, die Räume des riesigen Gebäudes zu inspizieren, das ab Mitternacht sein Amtssitz sein würde. Nichts entging seinem forschenden Blick. Als er das Bestandsverzeichnis kontrollierte, stellte er betroffen fest, daß die Krokketgeräte fehlten. Er erteilte seinem jungen Marineadjutanten seinen ersten amtlichen Befehl: Er solle die fehlenden Schläger und Tore suchen und sie in den Palast zurückbringen.

Der Mann, der zum erstenmal den unmöglichen Traum eines pakistanischen Staates in Worte gefaßt hatte, verbrachte den 14. August allein in seinem Häuschen in Cambridge, Humberstone Road Nr. 3. Niemals sollte Rahmat Ali ein Triumphzug durch die Straßen Karatschis zuteil werden, nie würden ihm die Massen ihre Dankbarkeit für sein Werk entgegenjubeln. Sein Traum gehörte nun einem andern, dem Mann, der ihn verächtlich abgetan hatte, als Rahmat Ali ihn bat, sein Vorkämpfer zu werden. An dem Tag, an dem sein Ideal Wirklichkeit wurde, saß Rahmat Ali über einem neuen Traktat, diesmal einer Anklageschrift gegen Jinnah, weil er die Teilung des Pandschabs hingenommen hatte. Aber sein Protest war in den Wind gesprochen. Das pakistanische Volk sollte die Grabstätte Mohammed Ali Jinnahs mit einem Monument schmücken, das eine Million Dollar kostete, aber der Mann, der ihm die Idee eingegeben hatte, würde seine letzte Ruhe in einem einfachen Nummerngrab in New Market, auf einem englischen Friedhof, finden.

Sie machten sich bei Sonnenuntergang auf den Weg. Ein Flötenspieler, der eine *nagasaram* blies, ging wie ein unansehnlicher Kranich vor ihrem Automobil her und führte es durch die Straßen Neu-Delhis, in denen sich die Menschen drängten. Alle achtzig Meter blieb der Flötenspieler stehen, kauerte sich auf dem Asphalt nieder und schickte einen geisterhaften Ton durch die Abenddämmerung. Die beiden heiligen Männer in dem Auto hinter ihm starrten mit unirdischer Gleichgültigkeit geradeaus. Es waren *sannyasin*, Männer, die im höchsten Zustand der Exaltation lebten, den ein Brahmane erlangen kann. Dieser Zustand hatte etwas derart Erhabenes, daß er nach dem Glauben der Hindus denen, die ihn erreichten, in einem einzigen Leben eine reichere Fülle geistiger Gnaden schenkte, als ein gewöhnlicher Mensch in zehn Millionen Reinkarnationen zu erlangen hoffen durfte.

Diese Männer mit der nackten Brust, den Aschenstreifen auf der Stirn, dem verfilzten Haar, das sich schwarz um ihre Schultern ringelte, waren Pilger aus einem anderen, einem zeitlosen Indien. Jeder von beiden hatte neben sich die drei Besitztümer, die ihnen in ihrem Leben des Verzichts erlaubt waren: einen siebenknotigen Bambusstab, eine Kürbisflasche und ein Antilopenfell.[21] Jedesmal wenn eine Gestalt in einem Sari zu den Fenstern ihres Taxis, eines Ford, Baujahr 1937, hereinspähte, wandten sie den Blick ab. Die Regeln ihrer Gemeinschaft waren so streng, daß sie nicht nur auf jeglichen Umgang mit Frauen zu verzichten hatten, sondern daß es ihnen sogar untersagt war, ein weibliches Wesen auch nur anzublicken. Allmorgendlich mußten sie sich den Kopf mit Asche bedecken, als Symbol der Vergänglichkeit des Körpers. Sie lebten von Almosen, verzehrten im Stehen das einzige Mahl, das ihnen am Tag gestattet war, und tranken *pancha gavia*, ein Getränk, das zu gleichen Teilen aus den fünf Gaben der heiligen Kuh bestand: Milch, Dickmilch, halbflüssiger, geläuterter Butter, Urin und Dung.

Einer der beiden Männer trug an diesem Abend eine große Platte aus massivem Silber, auf der ein zusammengefaltetes Stück goldgestreifter weißer Seide lag, das *Pitambaram*, das Tuch Gottes. Der andere trug ein anderthalb Meter langes Zepter, eine Flasche mit heiligem Wasser aus dem Tanjore, einen Beutel voll heiliger Asche und einen Beutel mit gekochtem Reis, der bei Tagesanbruch Nataraja, dem Tanzenden Gott, in seinem Tempel in Madras dargebracht worden war.

Die kleine Prozession zog durch die Straßen der Hauptstadt, bis sie vor einem einfachen Bungalow, York Road Nr. 17, anhielt. Auf der Eingangstreppe begegneten diese Abgeordneten aus dem Indien des Aberglaubens und des Okkultismus dem Propheten eines neuen Indien der Wissenschaft und des Sozialismus. So wie einst heilige Hindumänner den Königen des alten Indien ihre Insignien der Macht überbracht hatten, so waren nun die *sannyasin* in die York Road gekommen, um ihre uralten Symbole des Herrscherrechts dem Mann darzubieten, der im Begriffe stand, die Führung eines modernen indischen Staates zu übernehmen.

Sie besprengten Jawaharlal Nehru mit heiligem Wasser, streuten ihm heilige Asche auf die Stirn, legten ihm das Zepter auf die Arme und umhüllten ihn mit dem Tuch Gottes. Für den Mann, der nicht müde wurde, seinen Abscheu für das Wort «Religion» zu bekunden, war ihr ritueller Akt eine lästige Manifestation all dessen, was er an seiner Nation beklagte. Doch er ließ ihn mit beinahe heiterer Ergebenheit über sich ergehen. Es war fast, als hätte dieser stolze Anhänger der Vernunft instinktiv begriffen, daß er angesichts der vor ihm liegenden gewaltigen Aufgaben keine der Hilfen – und käme sie vom Okkultismus – gänzlich außer acht lassen dürfe.

In *cantonments*, Gouverneurssitzen, Marinestationen, Ämtern; im Fort William in Kalkutta, wo mit Clive alles begonnen hatte, im Fort St. George in Madras, im *Viceregal Lodge* in Simla; in Kaschmir, im

Nagaland, in Sikkim und in den Dschungeln von Assam glitten Tausende britischer Flaggen, die drei Jahrhunderte hindurch Großbritanniens Herrschaft über den Subkontinent symbolisiert hatten, zum letztenmal am Fahnenmast herab. Sie wurden nicht feierlich aus dem Himmel über Indien eingeholt. Mountbatten hatte klar zu erkennen gegeben, daß er keine solchen Zeremonien wünsche. Nehru hatte zugestimmt, daß sie nicht stattfinden sollten, «wenn die Einholung des Union Jack in irgendeiner Weise die Gefühle der Briten verletzen würde». Und so glitt der Union Jack wie allabendlich bei Sonnenuntergang an diesen Tausenden von Fahnenstangen herab, um still und ohne Protest in die Geschichte Indiens einzugehen. Am nächsten Tag, dem 15. August, würde bei Sonnenaufgang die Fahne des freien Indien an seine Stelle treten.

Auf dem Scheitel des Khaiber-Passes lauschte Hauptmann Kenneth Dance, Regimentsadjutant der *Khyber Rifles*, der als einziger Engländer an dieser historischen Einfallspforte zurückgeblieben war, wie die sieben Schläge einer Glocke durch die stille Abendluft hallten. Daß eine Wachstubenglocke jede Stunde schlug, war seit Jahrzehnten in allen Standorten der indischen Armee Tradition, da vor 1939 nur wenige ihrer *Sepoys* sich eine eigene Uhr leisten und noch weniger die Zeit ablesen konnten. Als der letzte Schlag ertönte, stieg Dance zur Wachstube auf dem Dach des Forts Landi Kotal hinauf. Ein Hornist stand mit einem silbernen Signalhorn bereit, den Zapfenstreich zu blasen. In der Tiefe schlängelte sich die vom Fort beherrschte Straße nach Dschamrud hinunter und dem Tor entgegen, durch das in fünf Jahrtausenden die Eroberer in die indischen Ebenen eingedrungen waren. Jede Biegung an dieser Straße, jeder ockerbraune nackte Felsvorsprung an ihrem Rand hatte ihre Betontafel, auf der eines Gefechtes der Armee, der Dance angehörte, oder eines seiner Landsleute gedacht wurde, der im Kampf um diese geschichtsträchtige Talschlucht gefallen war.

Der Hornist stand stramm und hob sein Instrument. Eine Ära ging zu Ende, und der Khaiber-Paß mit all seinen Legenden verließ für immer die englische Obhut, während Dance zu der melancholischen Weise des Hornisten die Fahne einholte. Er machte sie von der Leine los und faltete sie zusammen. «In sicherem Gewahrsam nach England, woher sie gekommen war», wollte er sie zurückbringen. Dann schenkte er seinem Regiment eine Messingglocke, die er bei einem Schiffslieferanten in Bombay gekauft hatte, als Ersatz für die Wachstubenglocke. Darauf hatte er den Satz prägen lassen: «Geschenk von Cpt. Kenneth Dance für die Khyber Rifles, 14. August 1947.»

Mitten auf dem Subkontinent fand in dem von Granateneinschlägen gezeichneten Turm, der die heiligsten Erinnerungen des *raj* barg, ebenfalls eine formlose Zeremonie statt. Der Turm des Residentensitzes von Lucknow war der einzige Platz im gesamten Britischen Empire, wo der Union Jack nie eingeholt wurde. Die Mauern des Bauwerks waren unverändert geblieben seit jenem Tag im Jahr 1857, als die tausend Überlebenden im Residentenpalast die Kolonne begrüßten, die sie nach langer Belagerung durch die meuternden indischen Truppen entsetzte. Der Turm war zum Wallfahrtsort des Indischen Kaiserreiches geworden, ein Symbol jener Mannhaftigkeit, die die Briten befähigte, in der Bedrängnis standzuhalten – oder, wie manche Kritiker sagten, ein Sinnbild der Arroganz, welche sie überhaupt erst nach Indien geführt hatte.

Am Abend des 13. August um 10.00 Uhr hatte Feldwebelleutnant J. R. Ireland, dem die Obhut über den Turm anvertraut war, den Union Jack eingeholt. Nun stand ein Trupp Pioniere im Erdgeschoß des Turmes, wo «über dem höchsten Punkt des Daches das Banner von England wehte». Einer nahm ein Beil zur Hand und hieb die metallene Fahnenstange ab. Ein anderer hackte die Basis aus ihrem gemauerten Fundament. Dann wurde das Loch sorgfältig auszementiert. Niemals sollte die Flagge eines anderen Staates am geheiligten Fahnenmast von Lucknow wehen.

In seinem Haus York Road Nr. 17 hatte Jawaharlal Nehru sich gerade die Asche der *sannyasin* vom Gesicht gewaschen und zum Abendessen niedergesetzt, als das Telefon läutete. Seine Tochter Indira und sein Gast Padmaja Naidu konnten ihn in seinem Arbeitszimmer hören, wie er schrie, um sich bei der schlechten Verbindung verständlich zu machen.

Die beiden Frauen erschraken, als er zurückkam. Aschfahl ließ er sich auf seinen Stuhl fallen und schlug die Hände vors Gesicht, unfähig zu sprechen. Schließlich schüttelte er den Kopf und blickte sie an. In seinen Augen schimmerten Tränen. Er war aus Lahore angerufen worden. Dort waren die Hindu- und Sikhviertel der Hauptstadt von der Wasserversorgung abgeschnitten worden. Die Menschen wurden in der schrecklichen Sommerhitze vor Durst fast wahnsinnig, doch wenn Frauen und Kinder sich aus ihren *mahallas* wagten und um einen Eimer Wasser bettelten, wurden sie von Moslemhorden getötet. Schon wüteten an einem Dutzend Stellen der Stadt Brände, die nicht mehr zu bändigen waren.

Wie betäubt sagte er: «Wie soll ich es fertigbringen, heute abend zu sprechen? Wie kann ich denn so tun, als freute ich mich über Indiens Unabhängigkeit, wenn Lahore, unser herrliches Lahore, brennt?»

Das Schreckensbild, das Jawaharlal Nehru ängstigte, stand in all seinem Grauen vor den Augen eines zwanzigjährigen englischen Hauptmanns der Gurkhas. Als Captain Robert E. Atkins in seinem Jeep über die buckelige Eisenbahnbrücke fuhr, die nach Lahore hineinführt, zählte er ein halbes Dutzend großer Brände, die ihren Funkenregen in die Nacht schleuderten. Sofort fiel ihm ein anderes Bild ein: die Feuerwand hinter der nächtlichen Kulisse Londons nach dem Großangriff im Jahr 1940.

Hinter Atkins fuhren die zweihundert Männer seiner Kompanie als Vorhut einer Kolonne von zweihundert Lastwagen und fünfzig Jeeps, die sein gesamtes Bataillon nach Lahore brachten. Atkins und seine erschöpften Männer gehörten der Pandschab-Grenztruppe an und waren seit Tagesanbruch in höchster Eile nach Lahore gerast. Das Unglück wollte es, daß der Streitmacht zwar fünfundfünfzigtausend Mann zugeteilt worden waren, die indische Armee jedoch bis zum Vorabend des 15. August nicht einmal zehntausend in ihre Stellungen zu bringen vermocht hatte.

Während Hauptmann Atkins zu dem ihm zugeteilten Biwakgelände auf dem Grundstück des Gymkhana Clubs fuhr, sah er auf den Straßen keine Menschenseele. Eine unheilkündende, bedrohliche Stille, nur unterbrochen vom fernen Prasseln der Brände, umgab seinen Konvoi.

Dieser junge Engländer, in einem *cantonment* der indischen Armee in Poona geboren, war hier, weil ein großer Ehrgeiz sein Leben erfüllte: Er wollte seinem Vater nacheifern, einem pensionierten Obersten der Armee, der Atkins nun angehörte.

Während Atkins in das bedrohliche Dunkel ringsum spähte, fiel ihm plötzlich der letzte Abend ein, den er vor einem Jahr mit seinem Vater verbracht hatte. Im Madras Club hatten sie Billard gespielt und sich über Politik unterhalten. Beim Spiel hatte sein Vater gesagt: «Ja, Indien wird bald unabhängig werden, und wenn es soweit ist, wird es ein entsetzliches Blutvergießen geben.»

Mein Vater, dachte Atkins, als er sich an die Prophezeiung erinnerte, kennt sein Indien wirklich.

Kein Brandstifter hatte das kleine Feuer angezündet, das in Neu-Delhi im Garten von Dr. Rajendra Prasad, dem Präsidenten der Verfassunggebenden Versammlung, brannte. Es war ein heiliges Feuer, von dem brahmanischen Priester, der daneben saß und rhythmisch seine Mantras skandierte, nach wedischem Ritus geweiht und gereinigt. Zusammen mit der Erde (der Allmutter) und dem Wasser (dem Lebensspender) bildet das Feuer (Kraftspender und Zerstörer) die materielle *trimurti* oder Dreieinigkeit des Hinduismus. Es ist die unerläßliche Beigabe jedes hinduistischen Ritus, der große Reiniger, das göttliche Fahrzeug, das den Menschen zu seinen Ursprüngen zurückbringt, zur Asche, aus der er entstanden ist.

«O Feuer», sang der Brahmanenpriester, «du bist das Angesicht aller Götter und aller gelehrten Männer. Dir ist die Kraft gegeben, bis in die innersten Winkel des menschlichen Herzens zu dringen und die Wahrheit zu entdecken.»

Während er seinen atonalen Gesang wiederholte, zogen die gelehrten Männer und Frauen, die in Kürze das freie Indien regieren sollten, einer hinter dem andern an den Flammen vorbei. Ein zweiter Brahmanenpriester besprengte jeden mit einigen Tropfen Wasser. Dann traten sie zu einer Frau, die sie mit einem Kupfergefäß erwartete, das mit Palmenblättern bedeckt war. Jeder der Minister blieb vor ihr stehen. Sie tauchte den rechten Zeigefinger in das Gefäß und drückte dann mit der Fingerspitze einen hellroten Fleck auf seine oder ihre Stirn. Es war ein *tilak*, das «dritte Auge», das die Realität hinter dem äußeren Schein sieht, ein Symbol, das die Träger dieses mystischen Males gegen die Einwirkung des bösen Auges oder gegen die Ränke jener beschützen würde, die ihnen übelwollten. Dergestalt auf die schwere Bürde vorbereitet, die sie erwartete, traten die Männer und Frauen hintereinander in die fahnengeschmückte Halle der Verfassunggebenden Versammlung, wo sie in wenigen Minuten die Macht über ein Sechstel der Bevölkerung der Erde übernehmen würden.

Die letzten Dokumente waren unterzeichnet, die letzte Depesche abgeschickt. Die Stunde war gekommen, für immer die Monogrammstempel und Siegel des Vizekönigs wegzuräumen, all das Drum und Dran dessen, was eines der machtvollsten politischen Ämter der Welt gewesen war. Mountbatten, der in seinem Arbeitszimmer allein war, sann vor sich hin. Für eine kleine Weile bin ich noch ein mächtiger Mann, dachte er. Ich sitze hier und lenke noch ein paar Minuten eine Maschinerie, die Macht über Leben und Tod von vierhundert Millionen Menschen hatte.

Während er seinen Gedanken nachhing, fiel ihm eine Erzählung von H. G. Wells ein, *Der Mann, der Wunder wirken konnte*, die Geschichte eines Mannes, der einen Tag lang die Macht hat, jedes Wunder zu tun, zu dem er Lust verspürt. Ich sollte auch ein Wunder tun, dachte er, aber was für eines?

Plötzlich richtete er sich auf. «Gott!» sagte er laut. «Jetzt fällt's mir ein. Ich werde die Begum von Palanpore zur ‹Hoheit› machen!» Fröhlich drückte er auf die Summer, die seine Mitarbeiter in das Arbeitszimmer riefen.

Mountbatten und der Nawab von Palanpore waren während des Indienbesuchs des Prinzen von Wales rasch Freunde geworden. Während eines Besuchs, den er 1945 als Oberbefehlshaber in Südostasien dem Nawab und seiner gescheiten, attraktiven australischen Gemahlin, der Begum, abgestattet hatte, kam der britische Resident, Sir William Croft, zu Mountbatten. Die Frau des Nawabs, sagte er, sei zum Islam übergetreten, sie habe den Sari und alle anderen landesüblichen Gepflogenheiten angenommen, nehme sich in vorbildlicher Weise sozialer Aufgaben an, aber der Nawab sei untröstlich, weil der Vizekönig ihr nicht den Titel «Hoheit» verleihen wolle, da sie keine Inderin sei.

Als Mountbatten nach Delhi zurückgekehrt war, hatte er sich persönlich beim Vizekönig Lord Wavell für die Begum verwendet, doch vergeblich. London wäre nicht bereit, einen Schritt zu unternehmen, der dazu führen konnte, daß ein ganzer Schwarm von Fürsten Europäerinnen heirateten und die gesamte Fürstenkaste untergraben würden.

Sobald seine Mitarbeiter sich eingefunden hatten, gab ihnen Mountbatten seine Absicht bekannt, der Begum von Palanpore die Würde einer «Hoheit» zu verleihen.

«Aber», protestierte einer seiner Mitarbeiter, «das können Sie doch nicht tun!»

«Wer sagt, ich kann nicht?» sagte Mountbatten lachend. «Ich bin ja schließlich Vizekönig, oder nicht?» Er ließ sich einen Pergamentbogen bringen und diktierte dann einem Sekretär ein paar wohlklingende Sätze, mit denen die australische Gemahlin des Nawabs «durch die Gnade Gottes» zur Würde einer Hoheit erhöht wurde. Das fertige Dokument wurde ihm um 23.58 Uhr auf den Schreibtisch gelegt. Louis Mountbatten nahm mit einer Miene, die vor Vergnügen strahlte, seinen Federhalter und vollzog seine letzte Amtshandlung als Vizekönig von Indien.[22]

Draußen glitt fast im selben Augenblick zum letztenmal die Standarte des Vizekönigs, ein mit dem «Stern von Indien» geschmückter Union Jack, am Fahnenmast des vizeköniglichen Palastes herab.

Von alters her, lange bevor das Gedächtnis der Menschheit von der Legende zu steinernen Inschriften überging, war der klagende Ruf der Schneckenmuschel der Herold des Tagesanbruchs gewesen. Nun stand hoch über der Rednertribüne des Parlaments ein Mann, der mit Baumwollkhadi bekleidet war. Unter dem Arm hielt er eine spiralenförmige Muschel, die hell- und purpurrot glänzte. Er war gewissermaßen der Feldtrompeter jener Kongreßarmee in ihren weißen Mützen und flatternden weißen Hemdschößen, die durch die Straßen und Gassen Indiens gezogen war und nach Freiheit gerufen hatte, einer Geisterschar, welche die Säulen eines Weltreiches umstürzte.

Unter ihm saß auf dem Rednerpodium Jawaharlal Nehru. In einem Knopfloch seiner Baumwolljacke steckte die Blume, die der elegante Mann – abgesehen von seinen neun Gefängnisjahren in britischen Haftanstalten – stets trug, eine frisch gepflückte Rose. Von den Wänden ringsum waren die würdevollen Porträts der indischen Vizekönige entfernt worden. An diesem Abend füllten grün-weiß-orangefarbene Fahnen die Goldrahmen aus.

Auf den vollbesetzten Bänken der Halle drängten sich in Saris und im Khadi, in fürstlichen Gewändern und im Smoking die Repräsentanten der Nation, die in dieser Nacht geboren werden sollte. Die Bevölkerung, die sie vertraten, bildete ein Amalgam von Rassen und Religionen, Sprachen und Kulturen, von einer so bunten und kontrastreichen Vielfalt wie nirgends sonst auf dem Globus. Sie lebte in einem Land erhabenster Spiritualität und tiefsten Elends; in einem Land, dessen größte Reichtümer in seinen Paradoxen lagen, dessen Bewohner fruchtbarer waren als seine Felder; einem Land, das von der Religion besessen war und von Naturkatastrophen heimgesucht wurde, die an Grausamkeit und in ihren Ausmaßen ihresgleichen suchten; in einem Land der glorreichen Vergangenheit, einer sorgenerfüllten Gegenwart und einer Zukunft, die von Problemen verdüstert war wie die keiner anderen menschlichen Gemeinschaft auf der Erde. Und trotz alledem, trotz aller Leiden und Mißstände war ihr Indien auch eines der erhabensten und beständigsten Symbole menschlicher Kultur.

Das Indien, das diese Männer und Frauen vertraten, würde in wenigen Minuten zu einer Nation werden, die 275 Millionen Hindus (davon 70 Millionen Unberührbare), 50 Millionen Moslems, sieben Millionen Christen, sechs Millionen Sikhs, 100000 Parsen und 24000 Juden umschloß, deren Vorfahren einst aus der babylonischen Verbannung in dieses Land geflohen waren.

Nur wenige Menschen in der Halle konnten sich miteinander in ihrer Muttersprache verständigen; sie waren auf das Englische angewiesen, die Sprache der Kolonialherren, deren Herrschaft in dieser Stunde zu Ende ging. In ihrem Staat würde es 15 offizielle Sprachen und 845 Dialekte geben. Das Urdu der Deputierten aus dem Pandschab wurde von rechts nach links gelesen; das Hindi ihrer Nachbarn in den Vereinigten Provinzen von links nach rechts. Das Tamil der Madrasis war von links nach rechts geschrieben, andere Sprachen hatten Schriftzeichen wie auf dem Fries eines Pharaonentempels. Selbst in ihren Gebärden waren sie verschieden. Wenn ein dunkelhäutiger Madrasi aus dem Süden mit dem Kopf nickte, meinte er damit «Ja». Bei einem hellhäutigen Mann aus dem Norden bedeutete die gleiche Gebärde «Nein».

Dieses Indien beherbergte ebensoviel Leprakranke, wie die Schweiz Einwohner hatte; ebenso viele Priester, wie Belgier in Belgien lebten; ein Heer von Bettlern, mit dem man ganz Holland hätte bevölkern können; fünfzehn Millionen Sadhus, heilige Männer; zwanzig Millionen Nachkommen der Ureinwohner, von denen manche, wie die Nagas in Nagaland, noch Kopfjäger waren. Zehn Millionen Inder waren nicht seßhaft und übten Berufe wie Schlangenbeschwörer, Weissager, Jongleur, Brunnenbauer, Zauberer, Seiltänzer, Kräuterverkäufer aus, die sie ständig von einem Dorf zum anderen führten. Jeden Tag wurden 38000 Inder geboren, von denen die Hälfte nicht fünf Jahre alt wurde. Jedes Jahr starben außerdem zehn Millionen an Unterernährung und Krankheiten wie den Pocken, die in den meisten Gegenden der Welt ausgerottet waren.

Der gewaltige Subkontinent war die Geburtsstätte einer der großen Weltreligionen, des Buddhismus, die Heimat des Hinduismus und stark vom Islam beeinflußt. In verwirrender Vielfalt der Formen und Gestalten zeigten sich seine Götter. Die religiösen Gebräuche reichten vom Yoga und der intensivsten Selbstversenkung, deren der menschliche Geist fähig ist, bis zum Tieropfer und zu ausschweifenden Orgien in verborgenen Dschungeltempeln. Das Pantheon der indischen Hindus beherbergte drei Millionen Gottheiten, ein Gott für jedes denkbare Bedürfnis, weil niemand Gott kannte, nur seine Manifestationen.

Es gab Götter und Göttinnen für Tanz, Dichtkunst und Gesang, für Tod, Zerstörung und Krankheit; Göttinnen wie Markhai Devi, zu deren Füßen Ziegen gegen Choleraepidemien geopfert wurden; und Götter wie Deva Indra, den seine Gläubigen anflehten, ihnen eine sexuelle Leistungsfähigkeit ähnlich der zu verleihen, wie sie auf den Friesen der großen indischen Tempel zu bestaunen war. Man glaubte, daß Gott sich in Banyanbäumen, in den 136 Millionen Affen Indiens, den Heroen der mythologischen Dichtungen, in den heiligen Kühen manifestiere. Er wurde in den Schlangen des Landes verehrt, namentlich in den Kobras, deren Giftzähne alljährlich 20000 ihrer Anbeter töteten. Unter den Sekten Indiens fanden sich die Zarathustraanhänger, Nachkommen der alten persischen Feueranbeter, und die Anhänger des Dschainismus, der sich vom Hinduismus abgespalten hatte. Für sie war in dem Land, das die niedrigste Lebenserwartung in der ganzen Welt aufwies, alles Leben so heilig, daß sie sich weigerten, Fleisch, ja selbst die meisten Pflanzen zu essen und mit einer Gazemaske vor dem Gesicht umhergingen, damit sie nicht unversehens ein Insekt einatmeten und töteten.

In diesem Indien lebten einige der reichsten Männer der Welt und ebenso 300 Millionen Bauern, die am Rande des Existenzminimums dahinvegetierten und über ein Gebiet verteilt waren, das eine der fruchtbarsten Gegenden der Erde hätte sein können und doch eine der ärmsten war. Neunzig Prozent der Einwohner waren Analphabeten. Das Pro-Kopf-Einkommen betrug zwanzig Pfennig pro Tag. Ein Viertel der Bewohner der beiden großen Städte aß und schlief auf den Straßen, verrichtete dort seine Notdurft, paarte sich und starb.

Die jährliche Regenmenge betrug 114 Zentimeter, aber der Himmel schüttete sie mit grausamer räumlicher und zeitlicher Ungleichmäßigkeit über das Land. Das Wasser ergoß sich hauptsächlich in den Wolkenbrüchen des Monsuns auf die indische Erde, und über ein Drittel strömte ungenutzt ins Meer. Auf dreihunderttausend Quadratkilometer Fläche, fast so groß wie West- und Ostdeutschland zusammen, fiel überhaupt kein Regen, in anderen Gegenden hingegen so reichlich, daß das Erdreich schon dicht unter der Oberfläche salzhaltig war, was den Anbau ungemein erschwerte. In Indien lebten drei der großen Industriellendynastien der Welt, die Birlas, die Tatas und die Dalmias, aber das Wirtschaftssystem des Landes war im Grunde noch feudalistisch und begünstigte eine Handvoll reicher Grundbesitzer und Kapitalisten.

Die Kolonialherren hatten nichts unternommen, um Indien zu industrialisieren. Die Exporte beschränkten sich fast ausschließlich auf Agrarprodukte: Jute, Tee, Baumwolle und Tabak. Maschinen mußten größtenteils eingeführt werden. Der Pro-Kopf-Verbrauch an Elektrizität lag lächerlich niedrig, er betrug nur fünf Prozent des amerikanischen. Die Erde des Landes barg zumindest ein Viertel der Weltreserven an Eisenerz, doch die Stahlproduktion lag bei einer kärglichen Million Tonnen, fast am Ende der Weltskala. Indien besaß eine Küste von einer Gesamtlänge von 6083 Kilometern, aber eine Fischfangindustrie, die so primitiv war, daß sie der Bevölkerung nicht einmal ein Pfund Fisch pro Kopf und Jahr liefern konnte.

So hätte es in dieser Augustnacht den erwartungsvoll gespannten Männern und Frauen im Parlamentsgebäude von Neu-Delhi wahrhaftig erscheinen können, daß Sorgen und Probleme die einzige Erbschaft seien, die ihnen die scheidenden Kolonialherren hinterließen. Doch keine derartigen melancholischen Gedanken bewegten die Versammlung. Man war den bisherigen Herren gegenüber wohlgesinnt, und es herrschte ein rührender, wenn auch naiver Glaube, daß ihr Abzug die furchtbare Bürde, unter der sie stöhnten, irgendwie erleichtern werde.

Der Mann, der die schwerste Last dieser Bürde tragen sollte, erhob sich zu seiner Ansprache. Nach dem Anruf aus Lahore hatte Jawaharlal Nehru weder die Zeit gehabt noch war er in der Stimmung gewesen, einen Redetext niederzuschreiben. Seine improvisierten Worte kamen aus dem Herzen.

«Vor langen Jahren», sagte er, «haben wir einen Pakt mit dem Schicksal geschlossen, und nun naht die Zeit, da wir unser Gelöbnis einlösen werden, wenn auch nicht in vollem Umfang. Beim Schlag der Mitternacht, während die Welt im Schlummer liegt, wird Indien zu Leben und Freiheit erwachen.»

Er sprach einen seiner eloquenten Sätze nach dem anderen, aber der erhabene Augenblick des Triumphes war Jawaharlal Nehru vergällt. «Ich war mir kaum bewußt, was ich sagte», erzählte er später seiner Schwester. «Die Worte sind mir herausgesprudelt, aber in Gedanken sah ich nur das schreckliche Bild des brennenden Lahore vor mir.»

«Ein Augenblick nähert sich», fuhr Nehru fort, «wie er nur selten in der Geschichte kommt: Wir schreiten aus dem Alten ins Neue, ein Zeitalter geht zu Ende, und die Seele einer so lange unterdrückten Nation findet ihre Sprache.

Im Morgendämmer der Geschichte hat Indien seine endlose Suche begonnen, und die spurlos dahingegangenen Jahrhunderte sind erfüllt von seinem Streben und der Größe seiner Erfolge wie seiner Fehlschläge. Doch in Glück und Leid hat es niemals diese Suche aus den Augen verloren oder das Ideal vergessen, das ihm Stärke gab. Heute geht für uns eine glücklose Periode zu Ende, und Indien entdeckt sich wieder. Dies ist nicht die Zeit für kleinliche und destruktive Kritik», schloß er, «keine Zeit für Übelwollen oder Vorwürfe. Wir müssen das edle Bauwerk des freien Indien errichten, in dem alle seine Kinder wohnen können.»

Beim Schlag der Mitternacht, rief Nehru seine Zuhörer auf, sollten sie sich alle erheben und sich dem Dienst an Indien und seinem Volk verpflichten. Draußen rollte ohrenbetäubender Donner über den mitternächtlichen Himmel, und ein prasselnder Monsunregen durchnäßte die Tausende einfacher Inder, die dicht die Halle umdrängten.

Drinnen in der Halle krochen die Uhrzeiger über der Präsidententribüne auf die römische XII zu. Niemand regte sich, als die zwölf schweren Schläge das Ende eines Tages und einer Epoche verkündeten.

Während das Echo des zwölften Schlages verhallte, ertönte ein urtümliches Signal aus «spurlos dahingegangenen Jahrhunderten». Für diese Repräsentanten des indischen Volkes verkündete der klagende Ton der Schneckenmuschel die Geburt ihres Staates. Für die Welt spielte sie die Retraite für ein versinkendes Zeitalter.

Dieses Zeitalter hatte an einem linden Sommertag des Jahres 1492 in einer kleinen spanischen Hafenstadt begonnen, als Christoph Kolumbus seine Fahrt über das endlose grüne Meer an den Rand der Erde antrat, um Indien zu suchen, und auf der er durch einen Irrtum Amerika fand. Viereinhalb Jahrhunderte der menschlichen Geschichte trugen den Stempel dieser Entdeckung und ihrer Folgen: der wirtschaftlichen, religiösen und physischen Ausbeutung der nichtweißen Massen der Erde durch die weißen, westlichen, christlichen Massen, Azteken, Inkas, Suahelis, Ägypter, Iraker, Hottentotten, Algerier, Burmesen, Filipinos, Marokkaner, Vietnamesen – ein endloser Strom von Menschen, Nationen und Kulturen hatte 450 Jahre lang den Kolonialismus über sich ergehen lassen müssen. Er hatte sie dezimiert, hatte ihnen Armut gebracht, Erziehung und Bekehrung, kulturelle Bereicherung oder Verkümmerung, wirtschaftliche Ausbeutung oder Stimulierung, sie aber in jedem Fall unwiderruflich verändert.

Und nun hatten die hungernden Massen eines Kontinents durch ihre Gebete den Baumeistern des größten Imperiums, das jene Jahrhunderte hervorgebracht hatten, eines Weltreiches, das mit seinen Dimensionen, seiner Bevölkerung und Bedeutung die Reiche Roms, Babylons, Karthagos und Alexanders des Großen auf den Rang von Zwergstaaten verwies, ihre Freiheit abgerungen. Nachdem die braunen Asiaten aus der Krone des Britischen Empire das Juwel gebrochen hatten, das ihnen gehörte, würde kein anderes Kolonialreich sich mehr lange behaupten können. Mochten ihre Beherrscher auch mit großen Worten und mit

Waffen versuchen, die dahinschießende Flut der Geschichte aufzuhalten, dieser Augenblick würde ihre Bemühungen zu sinnlosen, blutigen Gesten machen. Die Unabhängigkeit Indiens setzte einen endgültigen Schlußpunkt unter ein Kapitel aus der Geschichte der Menschheit. Mit dem Ruf der Schneckenmuschel in dieser Augustnacht im Parlamentsgebäude von Neu-Delhi begann die Nachkriegsgeschichte der Erde.

Draußen vor der Halle hatte es zu regnen aufgehört, und eine Stimmung jubelnder Begeisterung ergriff die Menge. Als Nehru erschien, drängten Tausende glücklicher Menschen nach vorn und drohten ihn und die Minister hinter ihm in ihrer Umarmung zu erdrücken. Nehru beobachtete die dünne Kette Polizisten, die die Menge zurückzuhalten versuchten, und ein Lächeln breitete sich auf seinem Gesicht aus.

«Wissen Sie», sagte er zu einem Mitarbeiter, der neben ihm stand, «genau vor zehn Jahren hatte ich in London einen großen Krach mit Linlithgow, dem Vizekönig. Ich wurde so wütend, daß ich schrie: ‹Ich will verdammt sein, wenn wir nicht in zehn Jahren unsere Unabhängigkeit haben.› Er hat mir geantwortet: ‹O nein, die werden Sie nicht haben. Zu meiner Zeit wird Indien nicht mehr frei werden, Mr. Nehru›, hat er gesagt, ‹und zu Ihrer auch nicht.›»

Die britische Herrschaft über Indien, dieses ruhm- und schuldbeladene Bauwerk, war nicht mehr. Außerhalb der Halle in Neu-Delhi, in der die Verfassunggebende Versammlung tagte, in den riesigen Weiten der soeben entstandenen zwei neuen Staaten, fand die gewaltige Veränderung, welche die Schneckenmuschel verkündet hatte, ihr Echo in Begeisterungsrufen und tausend kleinen Gesten. In Bombay nagelte ein Polizist an den Eingang zur Zitadelle der weißen Vorherrschaft, des Jachtklubs, ein Schild mit der Aufschrift «geschlossen». Fortan diente dieses Gebäude, in dem drei Generationen von *pukkasahibs* und *memsahibs* ungestört von den Blicken der Eingeborenen ihren Whisky getrunken hatten, als Messe für Offizierskadetten der indischen Marine.

In Kalkutta rissen Hände, denen es nicht rasch genug gehen konnte, die Straßenschilder der Hauptstraße herunter. Aus der Clive Street wurde die Subhas Street, benannt nach einem indischen Nationalisten, der sich im Zweiten Weltkrieg den Japanern gegen die Briten angeschlossen hatte. In Simla rannten nach dem Schlag der Mitternacht Hunderte Inder in Saris und Dhotis lachend die Mall entlang, die Prachtstraße, auf der kein Inder sich früher in der Landestracht hatte zeigen dürfen. Andere drangen in Restaurants ein, die Gästen im Smoking und Abendkleid vorbehalten gewesen waren, ins Firpo in Kalkutta, ins Falletti in Lahore und ins berühmte Tadsch Mahal in Bombay.[23]

Delhi feierte den Freudentag mit Festbeleuchtung. Die karge, fleißige Hauptstadt strahlte im Lichterglanz. Der Connaught-Circus-Platz und die engen Gassen der Altstadt waren mit grünen, safrangelben und weißen Lämpchen geschmückt. Die Tempel, Moscheen und *gurudwaras* der Sikhs zierten Girlanden von Glühbirnen. Ebenso war das Rote Fort der Großmoguln illuminiert. Neu-Delhis jüngster Tempel, Birla Mandir, mit seinen lampenbehängten schnörkelreichen Türmchen und Kuppeln erschien einem Passanten wie eines der Traumschlösser Ludwigs II. von Bayern. Der Straßenkehrerkolonie Bangi, der Unberührbarensiedlung, wo Gandhi oft sein Quartier aufgeschlagen hatte, hatte die Unabhängigkeit ein Geschenk gebracht, das viele ihrer armseligen Bewohner nie gekannt hatten: Licht. Die Stadtverwaltung hatte ihnen gratis die Kerzen und Öllampen zur Verfügung gestellt, die zu Ehren der neuen Freiheit in ihren dunklen Hütten flackerten. Auf Fahrrädern, Tongakarren, in Autos, sogar auf einem mit üppigen Samtteppichen geschmückten Elefanten strömten Menschenmassen in das Zentrum von Delhi, wo sie in einer ausgelassenen Stimmung der Selbstbeglückwünschung sangen und jubelten. Die Restaurants und Cafés am Connaught Circus waren brechend voll. Die ganze berüchtigte Beamtenarmee von Delhi schien sich auf den Gehsteigen der Stadt zu drängen.

In der Bar des Hotel Imperial, eines Heiligtums der alten britischen Herrschaft, wimmelte es von feiernden Indern. Kurz nach Mitternacht kletterte einer von ihnen auf die Theke und forderte das Publikum auf, mit ihm zusammen die neue Nationalhymne zu singen. Sie folgten freudig seiner Aufforderung, doch als sie die Hymne anstimmen wollten, die Indiens großer Nationaldichter Tagore verfaßt hatte, machten die meisten eine peinliche Entdeckung: Sie kannten den Text nicht.

Im Maiden's Hotel in der Altstadt von Delhi, dem berühmtesten Haus der Stadt, tanzte eine schöne junge Inderin von Tisch zu Tisch und drückte mit einem Lippenstift jedem der Gäste einen *tilak*, einen roten Punkt, als Glückszeichen auf die Stirn.

Im nachsichtigen Schatten eines Gartens nahe dem Connaught Circus feierte Kartar Singh, ein Journalist, die Befreiung seines Landes auf höchst persönliche Art. Er benutzte sie als Vorwand, um zum erstenmal Aisha Ali zu küssen, eine hübsche Medizinstudentin, die er ein paar Tage vorher kennengelernt hatte. Mit ihrer Umarmung begann eine lange und wunderbare Liebesgeschichte in einem durchaus nicht glückverheißenden Augenblick. Ihre private Leidenschaft wurde von den Leidenschaften bedroht, die schon bald das nördliche Indien überfluten sollten. Kartar Duggal Singh war ein Sikh, Aisha Ali eine Mohammedanerin.

Trotz des Jubels der Nacht, in der Indien unabhängig wurde, lagen schon die Schatten des heraufziehenden Sturms über Teilen der Hauptstadt. In ihren Altstadtvierteln flüsterten viele Moslems sich einen neuen Kampfruf zu, den die Moslemliga ausgegeben hatte: «Wir haben Pakistan durch unser Recht bekommen; Hindustan holen wir uns mit

Gewalt.» Am Vormittag hatte beim Gottesdienst in einer Altstadtmoschee ein Mullah die Gläubigen daran erinnert, daß Jahrhunderte Moslems über Delhi geherrscht hatten, und erklärt, daß es, «Inschallah» (Wenn Gott will), wieder so kommen werde. Zur gleichen Zeit drohten Hindu- und Sikhflüchtlinge aus dem Pandschab, die in provisorischen Lagern um Delhi zusammengepfercht waren, zur Feier der indischen Unabhängigkeit die Moslemviertel der Hauptstadt in einen Scheiterhaufen zu verwandeln.

V. P. Menon, der brillante Beamte, der Mountbattens Teilungsplan umgearbeitet und so vielen Fürsten den Anschluß an Indien abgeschmeichelt hatte, verbrachte die Mitternachtsstunde zusammen mit seiner jungen Tochter in seinem Wohnzimmer. Als der Klang von Schneckenmuscheln und die Jubelrufe in die Stille des Raums drangen, sprang Menons Tochter auf und stieß einen Freudenschrei aus. Ihr Vater blieb unbeweglich in seinem Sessel sitzen, ohne ein Zeichen der Freude auf dem Gesicht.

«Jetzt», sagte er, «fangen unsere Alpträume erst richtig an.»

Doch für Millionen anderer Menschen auf dem Subkontinent begann am 14. August um 24.00 Uhr ein vierundzwanzigstündiges Fest. Im Fort Landi Kotal auf dem Khaiber-Paß brieten ganze Schafe über einem Dutzend prasselnder Feuer. Die Offiziere und Mannschaften der *Khyber Rifles* und die Pathanenkrieger, die ihre traditionellen Gegner gewesen waren, feierten mit einem Stammesmahl. Der Regimentskommandeur bot seinem Adjutanten und Ehrengast, Hauptmann Kenneth Dance, die *pièce de résistance* an, eine Schafsleber, eingehüllt in fette, gelbe Eingeweide. Um Mitternacht packten die aufgeregten Pathanen ihre Gewehre, schrien: «Der Khaiber gehört uns! Der Khaiber gehört uns!» und verfeuerten ein Pfund Blei in die Nachtluft.

In Cawnpore, einer Stadt, auf der die Schatten der Erinnerung an die Massaker lagen, zu denen es hier während des Großen Aufstands gekommen war, umarmten Engländer und Inder einander auf den Straßen. In Ahmedabad, wo Gandhi sein erstes *Ashram* gegründet hatte, wurde einem jungen Lehrer, der 1942 ins Gefängnis gewandert war, weil er eine indische Flagge zu hissen versucht hatte, die Ehre zuteil, sie nun über dem Rathaus aufzuziehen.

In Lucknow waren Scharen von Menschen zu einer mitternächtlichen Flaggenhissung in der Residentur eingeladen worden. Auf den gedruckten Einladungskarten hieß es: «Nationaltracht. Dhotis sind angemessen.» Rajeshwar Dawal, ein Inder, der seit vierzehn Jahren dem Indian Civil Service angehörte, las schockiert die Karte. Er besaß nicht einmal einen Dhoti. Unter seinen englischen Dienstherren wäre bei einer solchen Feier sicherlich der Frack mit weißer Schleife vorgeschrieben gewesen. Der Empfang selbst stand in krassem Gegensatz zu den steifen, gezwungenen Feiern unter der britischen Herrschaft. Kaum hatten sich die Tore geöffnet, verschwand die lange, mit Süßigkeiten beladene Tafel schon unter einem Schwarm von Saris und sich balgender Kinder. Während Dayal zuschaute, wie Indiens Nationalfahne ihren Platz über der Residentur einnahm, kam ihm ein seltsamer Gedanke, der viel über die Art sagte, in der die Briten seine Heimat regiert hatten. Vierzehn Jahre war ich beim I.C.S, dachte er, und habe viele, viele englische Kollegen gehabt. Niemals aber einen englischen Freund.

In Madras, Bangalore, Patna, in Tausenden von Städten und Dörfern gingen um Mitternacht die Menschen in die Tempel und streuten den Göttern Rosenblätter vor die Füße, eine rührende Bittgeste um kosmischen Segen für ihren neuen Staat. In Benares verdiente der führende Konditor der Stadt ein schönes Geld mit einer Riesentorte zur Feier der Unabhängigkeit. In ihrer Verzierung mit Orangen, Pistazien und Schlagrahm zeigte sie die indischen Nationalfarben.

Nirgends wurde die erste Nacht der Unabhängigkeit mit größerem Jubel und enthusiastischerem Überschwang gefeiert als in der großen Hafenstadt Bombay. In dieser Stadt, deren Geschichte untrennbar mit dem Kampf um die Unabhängigkeit Indiens verbunden war, deren Straßen so viele Demonstrationen, *hartals* und Streikumzüge gesehen hatten, geriet die ganze Bevölkerung vor Freude außer sich. Von den vornehmen Wohnhäusern an der Marine Drive bis zu den fernen Slums von Pavel, von den Villen auf dem Malabar Hill bis zum Durcheinander des Diebsmarktes war Bombay ein einziger See aus Lichtern. «Die Mitternacht ist zum hellen Mittag geworden», schrieb ein Journalist. «Es war ein neues *Dewali*-, ein neues *Eid*-Fest, eine Silvesternacht – wie alle Feste eines Landes der Feste zusammen –, denn dies war das Fest der Freiheit.»

Nicht ganz so festlich-jubelnd war die Stimmung, mit der an anderen Orten des Landes Abendgesellschaften und Bankette begannen. Sie fanden in den ehemaligen Fürstentümern statt. Für die Maharadschas hatte die Stunde geschlagen, und für manche von ihnen, die sich noch immer nicht mit dem Verlust ihrer Privilegien und dem Ende ihrer glanzvollen Welt abzufinden vermochten, war der 15. August ein Tag der Trauer. Der Nizam von Haiderabad gab im hellerleuchteten Speisesaal seines Palastes ein Abschiedsbankett für seine englischen Beamten, deren Rolle zusammen mit seinem privilegierten Verhältnis zu den einstigen Oberherren Indiens zu Ende ging. Trotz der Ausgelassenheit des zahlreichen fürstlichen Nachwuchses und der Eleganz der Damen lag über dem Bankett die düstere Stimmung eines Leichenschmauses. Als es kurz vor Mitternacht zu Ende ging, erhob sich der alte Geizkragen, bekleidet mit zerrissenen, ausgewaschenen Hosen, und brachte einen letzten Toast auf den König-Kaiser aus. John Peyton, ein englischer Gast, betrachtete die Trauermiene des Nizams. Wie traurig, dachte er, zweihundert Jahre Geschichte gehen mit dieser kurzen, rührenden Geste zu Ende.

Für viele Inder brachte die Nacht, von der sie und ihre Landsleute seit vielen Jahren träumten, Schrecken und Entsetzen. Für Oberstleutnant J. T. Sataravala, einen Parsen, der bei den *Frontier Force Rifles* stand, würde sie für immer mit dem grauenhaftesten Anblick verbunden bleiben, den seine im Kriegsdienst abgehärteten Augen je gesehen hatten. Es waren die grausig verstümmelten Leichen einer ganzen Hindufamilie, die in der Stadt Quetta in Belutschistan in einer brennenden Ruine lagen. Daneben lagen, ebenso grausam zugerichtet, die Leichname der tapferen und hochherzigen Moslemfamilien, die den Hindus Unterschlupf gewährt hatte.

Sushila Nayer, eine schöne junge Ärztin, die von Gandhi in ein Lager mit zwanzigtausend Flüchtlingen im westlichen Pandschab geschickt worden war, hatte zwei Jahre im Gefängnis verbracht und den größten Teil ihres jungen Lebens dafür eingesetzt, diesen Augenblick, den die Mitternacht des 14. August brachte, zu erleben. Nun empfand sie keine Freude, kein Gefühl der Erfüllung. Sie dachte nur an den Jammer der Tausende, die ihr anvertraut waren und die in die Nacht horchten nach dem Lärm der Moslemhorden, die kommen würden, um sie niederzumetzeln.

Lahore, wo es in dieser Nacht eigentlich am fröhlichsten hätte zugehen sollen, war eine Stätte der Verwüstung. Hauptmann Robert E. Atkins, der bei Einbruch der Nacht seine Gurkhas in die Stadt geführt hatte, sah sein Biwak von jammervollen, geängstigten Hindus belagert. Sie hielten Säuglinge an die Brust gedrückt, Bettzeug, einen oder zwei Koffer in den Händen und baten flehentlich, in den schützenden Kreis der Soldaten eingelassen zu werden. Fast hunderttausend Hindus und Sikhs saßen in der mauerumgebenen Altstadt in der Falle. Die Wasserzufuhr war abgeschnitten, Feuer wüteten ringsum, Moslembanden schlichen durch die Gassen vor ihren *mahallas* und lauerten darauf, sich auf jeden zu stürzen, der sich ins Freie wagte. Eine Horde hatte das berühmteste Sikh-*gurudwara* der Stadt neben dem Schah-Alami-Tor in Brand gesteckt und brüllte vor höhnischem Lachen über die Jammerschreie der Sikhs, die in dem Gebäude bei lebendigem Leibe verbrannten.

Mit Kalkutta, wo man eine Eruption der Gewalt erwartet hatte, ging eine erstaunliche Verwandlung vor sich. Sie hatte zaghaft vor Sonnenuntergang begonnen, als ein Zug Hindus und Moslems durch die Stadt zu Gandhis Quartier im *Hydari House* zog. Unter dem Eindruck dieser Demonstration vollzog sich eine atmosphärische Veränderung in der Stadt. In der Keldanga Road und um den Bahnhof Sealdah, Dschungeln der Gewalt, hatten die Hindu- und Moslem-*goondas* die Dolche in die

Scheide gesteckt und gemeinsam die indische Fahne an Balkonen und Laternenpfählen aufgehängt. Scheichs öffneten ihre Moscheen für die Anbeter Kalis, und diese wiederum luden Moslems ein, in ihren Tempeln das grausige Bild der Göttin der Vernichtung zu betrachten.

Männer, die noch vierundzwanzig Stunden vorher bereit gewesen wären, einander die Kehlen durchzuschneiden, schüttelten sich jetzt auf den Straßen die Hände. Frauen und Kinder, ob Hindus oder Moslems, schenkten den Mitgliedern der anderen Religionsgemeinschaft Süßigkeiten. An diesem Abend erinnerte die Stadt Kumar Bose, einen bengalischen Schriftsteller, an eine Szene aus dem Film *Im Westen nichts Neues*, in der französische und deutsche Soldaten am Weihnachtsfest aus ihren Schützengräben auftauchen und einen kurzen Augenblick vergessen, daß sie Feinde sind.

Während Indien feierte, vollzog sich in dem Palast, in dem Großbritanniens imperiale Macht ihr Zentrum gehabt hatte, eine Revolution. Von einem Ende zum anderen eilten Diener durch die Korridore und überdeckten oder beseitigten die ungefähr 6000 Abbildungen des alten vizeköniglichen Wappens. Mountbatten wollte, daß am ersten Unabhängigkeitstag Indiens kein Inder sich die Hände mit einem Stück Seife waschen mußte, das das alte kaiserliche Wappen trug, keiner sich eine Zigarette mit einem Zündholz aus einer ähnlich verzierten Schachtel anzünden sollte.

Eine Gruppe Bediensteter war nur damit beschäftigt, von einem Raum in den anderen zu gehen und das Briefpapier zu ersetzen, das die anstößige Aufschrift *Viceroy's House* trug. Eine zweite Gruppe verhängte das gewaltige Wappen über dem Eingang zur Durbar Hall.

Während ihre Arbeit voranging, traf eine Abordnung indischer Politiker ein, die von der Verfassunggebenden Versammlung entsandt worden war. Rajendra Prasad, der Präsident der Versammlung, trug dem ehemaligen Vizekönig in aller Form das Amt des ersten Generalgouverneurs von Indien an. Es war die zweite Ehrung, die der Admiral an diesem Abend empfing. Ein paar Minuten vorher hatte er die Mitteilung erhalten, daß sein Vetter Georg VI. ihn in Anerkennung seiner Leistungen in Indien im Pairsrang erhöht habe, vom Viscount zum Earl.

Mountbatten nahm Prasads Anerbieten an und verpflichtete sich, Indien so zu dienen, als wäre er selbst ein Inder. Dann reichte Nehru Mountbatten einen Umschlag mit der Liste der Minister, die mit seiner Billigung die erste Regierung des unabhängig gewordenen Indien bilden sollten.

Mountbatten holte eine Karaffe Portwein und füllte seinen Besuchern eigenhändig die Gläser. Dann hob er sein eigenes Glas und brachte «das Wohl Indiens» aus. Nehru nahm einen Schluck und hob das seine. «Auf König Georg VI.», sagte er.

Mountbatten war von diesen Worten tief beeindruckt. Was für ein Mann, dachte er. Nach allem, was er durchgemacht hat, hat er ausgerechnet in dieser Nacht die Haltung, die Größe zu einer solchen Geste.

Als sie sich verabschiedet hatten, öffnete Mountbatten den Umschlag, den Nehru ihm gegeben hatte. Er brach in ein schallendes Lachen aus. In der Eile dieses großen Abends hatte Nehru nicht die Zeit gehabt, die Namen der Mitglieder aufzuschreiben, die dem ersten Kabinett des unabhängigen Indien angehören sollten. Der Umschlag enthielt ein unbeschriebenes Blatt Papier.

Im dunklen, höhlenartigen Bahnhof von Lahore begab sich eine kleine Gruppe Engländer zum wartenden *Bombay Express*. Sie waren sozusagen die letzten Zweitliga-Spieler aus der Armee britischer Verwaltungsfachleute, Polizisten und Soldaten, die den Pandschab zum Stolz Britisch-Indiens gemacht hatten. Nun fuhren sie nach Hause und überließen anderen Händen die Kanäle, Straßen, Bahnstrecken und Brükken, die sie und ihre Amtsvorgänger gebaut hatten.

Während sie zu ihrem Zug gingen, spritzte eine Gruppe Eisenbahnarbeiter teilnahmslos den Bahnsteig ab. Ein paar Stunden vorher war der Bahnhof Schauplatz eines furchtbaren Massakers an Hinduflüchtlingen gewesen. Bill Rich, der Engländer, der kurz zuvor das Kommando über die Polizei von Lahore abgegeben hatte, sah ein entsetzliches Bild: Eine Gruppe Gepäckträger schob einen Karren den Bahnsteig entlang, auf dem menschliche Leichen aufgestapelt waren. Rich mußte selbst über einen Leichnam hinwegsteigen, um die Stufen zu seinem Abteil zu erreichen. Aber nicht der Anblick der verstümmelten Leichen zu seinen Füßen bestürzte ihn so, sondern seine eigene Gleichgültigkeit, die jähe Erkenntnis, wie abgestumpft er gegen die Greuel geworden war, die im Pandschab geschahen.

Rule Dean, der Polizeichef von Amritsar, der seine Musikkapelle auf dem Hauptplatz der Stadt Operettenmelodien hatte spielen lassen, blickte in melancholischer Stimmung aus dem Fenster seines Abteils, als der Zug aus der Stadt hinausrollte, für deren Sicherheit er verantwortlich gewesen war. Am Horizont sah er die Flammen brennender Häuser.

Man konnte gegen den nächtlichen Himmel die roten Silhouetten marodierender Sikhs sehen, wie sie ihr Zerstörungswerk verrichteten und gewissermaßen ein entfesseltes Ballett um die Flammen tanzten. Dean empfand eine «schreckliche, niederdrückende Traurigkeit».

Statt unser Amt in würdiger Weise zu übergeben, dachte er, lassen wir hinter uns das Chaos zurück. Als sich dann der Zug Delhi näherte, wurde ein Speisewagen angekoppelt. Dort kam es dem ehemaligen Polizeichef von Amritsar, der ein Vierteljahr später im Londoner Vorort Welwyn Garden City mit Kunststoffartikeln hausieren gehen sollte, plötzlich so vor, als wäre der Pandschab Welten entfernt.

Um das baufällige Haus Beliaghata Road Nr. 151 lag Schweigen. Am Tor hielt eine kleine Schar zur Gewaltlosigkeit bekehrter Hindus und Moslems Wache. Keine einzige Glühbirne, nicht einmal eine Kerze warf ihren flackernden Schein durch die geborstenen Fenster des *Hydari House*. Nichts, nicht einmal die Geschehnisse dieser historischen Nacht hatten den geplanten Tagesablauf der Männer und Frauen in diesem Haus stören dürfen. In dem geräumigen Raum, der ihnen als gemeinsamer Schlafsaal diente, lagen sie auf Strohmatten ausgestreckt. Auf einer von ihnen, neben den ordentlich aufgestellten Holzpantinen, der Bhagavadgita, dem Gebiß und der stahlgeränderten Brille lag eine vertraute, kahlköpfige Gestalt. Während die Uhren diese magische Mitternachtsstunde geschlagen hatten und Indien zu Leben und Freiheit erwacht war, lag Mohandas Karamchand Gandhi in tiefem Schlaf.

12

«Wie herrlich, diesen Morgen zu erleben»

Beim ersten kühlen Atemzug der nahenden Morgendämmerung begannen sich Nebelschwaden vom Wasser zu heben. Wie seit undenklichen Zeiten kamen die Menschen in Massen zum Ufer des großen, heiligen Flusses herab, zum mütterlichen Ganges, dem Lebensspender, um durch eine rituelle Versenkung in seine Wasser einen Weg in die Ewigkeit zu suchen. Keine Zeremonie hätte diesem Tag, dem 15. August 1947, angemessener sein können. Benares, eine der ältesten Städte der Welt, ehrte mit jenem morgendlichen Ritus die jüngste Nation der Erde.

Dieser Ritus symbolisierte die uralte Leidenschaft, welche die Hindus mit ihrem heiligen Fluß verband. Ihre mystische Vereinigung war der hinduistische Ausdruck des instinktiven menschlichen Verlangens, sich die unerklärlichen Mächte, die Herr über das Schicksal des Menschen sind, günstig zu stimmen. In einer Eishöhle am Fuß eines über fünftausend Meter hoch gelegenen Gletschers im Himalaja entspringend, strömt der Ganges zweitausendfünfhundert Kilometer weit zum grauen Wasser des Golfs von Bengalen. Er durchfließt auf seinem Lauf eines der ausgedörrtesten, übervölkertsten Gebiete der Erde. Es ist ein launischer Strom, der regelmäßig das Land der Bauern, die ihn verehren, mit Überschwemmungen von entsetzlicher Gewalt und Dauer heimsucht.

Doch so stürmisch und unberechenbar dieser Strom auch ist, jeder Fußbreit längs seines Laufes gilt als glückverheißend und kein Stück seiner Ufer mehr als die Biegung, die der Ganges um Benares schlägt. Seit dem Morgendämmer der Geschichte, seit den Tagen der gleichaltrigen Städte Babylon, Ninive und Tyros waren die Hindus hierhergekommen, um zu baden, zu trinken und um die Gunst irgendeines launischen Gottes zu erflehen.

Nun strömten die Massen über die Treppen, die steinernen Terrassen, die sich an Benares steilem Ufer zum Flußrand hinabsenken. Jeder Pilger trug einen Blumenstrauß, eine kleine Kampferöllampe, deren Flamme das Licht symbolisiert, das die Schatten der Unwissenheit vertreibt. Im Fluß selbst standen schon weitere Tausende, eine ganze Division von Gläubigen, bis zur Hüfte im langsam fließenden Wasser und hielten den Blick gen Osten gerichtet. Jeder stand starr und schweigend da und hielt seine flackernde Lampe fest, so daß es aus der Ferne schien, als schwebte ein Schwarm Leuchtkäfer über dem Wasser.

Alle warteten auf die tägliche Wiederholung des wundersamsten Mirakels der Himmel, das Erscheinen einer rötlichen Scheibe aus den Eingeweiden der Erde, des Gottes Wischnu in seiner Inkarnation als Sonne. Als der Rand der Scheibe über den Horizont glitt, brach aus Tausenden von Kehlen ein Gebet. Dann warfen die Menschen voll Dankbarkeit über das größte göttliche Wunder ihre Lämpchen und Blumen in die Wasser des Ganges.

In der Stadt genoß wie allmorgendlich Pandit Brawani Shankar die Ehre, als erster die Schwelle zum Goldenen Tempel, dem bedeutendsten Heiligtum der Stadt, überschreiten zu dürfen. Wenige Menschen in Benares empfanden die Freude über die Unabhängigkeit stärker als dieser alternde Gottesmann. Seit Jahren bot Pandit Shankar den indischen Nationalisten, die auf der Flucht vor dem englischen Geheimdienst waren, in seinem Heiligtum Zuflucht.

Eine mit Gangeswasser gefüllte Flasche und ein Fläschchen mit Sandelholzpaste in den Händen, ging Pandit Shankar durch seinen düsteren Tempel auf einen groben Granitstumpf zu. Die schwere Säule, die in der Dunkelheit emporragt, ist die kostbarste Hindureliquie in Benares.

Shankars Vorgänger hatten sie vor den Horden des Mogulkaisers Aurangzeb verborgen und damit für ihre Nachfolger das Recht erworben, auf ewige Zeiten ihre Hüter zu sein. Daß er sich an diesem Augustmorgen vor ihr verbeugte und den Göttern demütig für die Geburt eines neuen Indien dankte, war eine angemessene Geste. Der Kult, der diesem Stein gilt, stellt die älteste Form der Verehrung einer Gottheit dar, die die Menschheit kennt.

Es ist der Lingam, ein steinerner Phallus, die bildliche Darstellung des Geschlechtsorganes des Gottes Schiwa, des Symbols der Macht und Regenerationskraft der Natur. Benares ist das Zentrum seines Kults. Überall in der Stadt finden sich Phalli, an fast jedem ihrer Tempel und Stufengänge zum Ganges erheben sie sich. Bei den ersten Sonnenstrahlen vereinten sich Tausende Hindus mit Shankar und gaben ihrer Dankbarkeit für die Reinkarnation ihrer alten Nation dadurch Ausdruck, daß sie diese knolligen steinernen Stümpfe liebevoll mit Sandelholzpaste, Gangeswasser und Kuhdung bestrichen, sie mit Ringelblumen bekränzten und ihnen Rosenblätter und die bitteren Blätter vom Lieblingsbaum Schiwas, dem *bilva*, darbrachten.

Als die Farben der Morgendämmerung den Himmel erhellten, stieg ein Zug Unberührbarer, gebeugt unter der Last von Holz- und Reisigbündeln, die Stufen der heiligsten Stätte der Stadt, des Manikarnika-Stufenganges, hinab. Ein paar Minuten danach erschienen am oberen Ende vier Männer, die eine Bambusbahre trugen. Vor ihnen marschierte ein fünfter Mann, der sanft einen Gong schlug und «Ram ist die Wahrheit» sang. Seine Worte sollten allen Zuschauern der Prozession mahnend ins Gedächtnis rufen, daß auch sie dereinst an dasselbe Ziel kommen würden wie die mit einem weißen Baumwolltuch umhüllte Gestalt auf der Bahre.

Seit Jahrhunderten war es für einen frommen Hindu der höchste Segen, den er erlangen konnte, in Benares zu sterben. Wenn man innerhalb eines Kreises um die Stadt von sechzig Kilometern Umfang verschied, wurde die Seele vom endlosen Zyklus der Reinkarnationen erlöst und hatte das Recht, sich im Paradies Brahmas den ganz Erleuchteten zuzugesellen. Dieses Privileg hatte Benares zu einer Stadt gemacht, zu der die Pilger wallfahrteten, nicht um das Leben, sondern um den Tod zu suchen.

Die Träger brachten die sterblichen Reste des ersten Menschen, der an diesem Morgen Benares Gnadengabe in Anspruch nahm, zur letzten Versenkung in den Ganges ans Ufer. Einer klemmte die Kiefer des anonymen Gesichts auf der Bahre auseinander und sprengte dem Toten ein paar Tropfen Wasser in die Kehle. Dann legten sie den Leichnam auf einen vorbereiteten Scheiterhaufen. Die Unberührbaren schichteten auf dem Toten eine Pyramide aus Sandelholzscheiten auf und gossen einen Eimer flüssiger Büffelmilchbutter darüber.

Der älteste Sohn des Verstorbenen, der sich den Schädel rasiert und den Leib durch rituelle Waschungen gereinigt hatte, umkreiste fünfmal den Scheiterhaufen. Dann reichte ihm ein Tempelschüler aus dem nahe gelegenen Heiligtum des Elefantengottes Ganesh eine Fackel, die er an der ewigen Flamme des Tempels entzündet hatte. Der Sohn des Toten warf sie auf den Holzstoß. Die Flammen züngelten durch die aufgeschichteten Scheite.

Die Trauernden hockten sich schweigend um den Scheiterhaufen, von dem eine ölige schwarze Rauchsäule in den Himmel stieg. Plötzlich übertönte ein dumpfer Knall das Prasseln der Flammen. Bei diesem Geräusch stimmten die Leidtragenden ein dankbares Gebet an. Der Schädel war geborsten, und die Seele hatte den Leib des Toten verlassen. An diesem Morgen, dem 15. August 1947, als Indien aus seinen Banden entlassen wurde, schenkte Benares wie an jedem Tag seinen Verstorbenen die höchste Erlösung.

Der erste schwache, flackernde Schein einer Kerze hatte sich hinter den Fenstern des Hauses an der Beliaghata Road kurz nach zwei Uhr morgens gezeigt, eine Stunde vor der Zeit, zu der Gandhi sich üblicherweise erhob. Der glorreiche Tag, an dem sein Volk sich endlich der Freiheit erfreute, hätte für Gandhi eigentlich die Krönung eines lebenslangen Ringens sein sollen, der endgültige Triumph einer Bewegung, welche die Bewunderung der Welt erregt und den Lauf der Geschichte verändert hatte. Doch der Mann im *Hydari House* empfand keine Freude im Herzen. Der Sieg, für den Gandhi so viel geopfert hatte, schmeckte bitter, und sein Triumph trug den untilgbaren Makel der heraufziehenden Tragödie.

Wie schon auf seinem Marsch durch das vom Haß zerrissene Sumpfland von Noakhali am Neujahrstag dieses Jahres war der sanftmütige Apostel der Gewaltlosigkeit auch an diesem Morgen von nagenden Selbstzweifeln erfüllt. «Ich bin unsicher geworden», hatte er am Abend vorher an einen Freund geschrieben. «Habe ich das Land in die Irre geführt?»

Wie stets in Augenblicken des Zweifels und der Anfechtung, wandte sich Gandhi ratsuchend an das Buch, das seit langem sein unfehlbarer Wegweiser war, an die Gesänge der Bhagavadgita. Wie oft hatten ihre Strophen ihm Trost gespendet, ihm die Kraft gegeben, in jenen Stunden, wenn kein Lichtstrahl den dunklen Horizont erhellte, zu lächeln.

Gandhi kauerte mit nackter Brust auf seiner Strohmatte und begann seinen persönlichen Trauertag, den ersten Tag der indischen Unabhängigkeit, mit der Lektüre der Bhagavadgita. Umgeben von seinen Gefährten, begrüßte er den Tagesanbruch mit dem ersten der achtzehn Gesänge der Gita, der verzweifelten Bitte des Heerführers Ardschuna an den Gott Krischna. Es war fast unheimlich, wie sie zu diesem Augenblick der Geschichte Indiens paßten.

Was taten auf dem Kuru-Feld
O Sandschaya, im heil'gen Land
Die Meinen und die Pandaver,
Von heißer Kampfbegier entbrannt?

Es war ein Ton, so alt wie die Menschheit, das Reiben von Stein gegen Stein. In einem Hof im Chatharpur bei Neu-Delhi schlug der Mann, der auf den straff gespannten Seilen eines hölzernen Bettgestells ausgestreckt lag, die Augen auf. Vor ihm stand, erhellt vom bernsteinfarbenen Glühen eines Dochtes in einer mit Kampferöl gefüllten Untertasse, das Bild, mit dem ihn jeder Tag seines Erwachsenenlebens begrüßt hatte: seine Frau, über zwei Mühlsteine gebeugt. Das Gesicht hinter den Falten ihres Schals verborgen, mahlte sie in dumpfem Gleichmaß die Körner zu Mehl, die Nahrung für einen neuen Tag im Leben eines indischen Bauern.

Dieser Bauer, ein zweiundfünfzig Jahre alter Brahmane namens Ranjit Lal, murmelte ein kurzes Gebet an Wischnu. Dann trat er an seiner Frau vorbei aus der Lehmhütte, um sich den Silhouetten der anderen Dorfbewohner zuzugesellen, die im Halbdunkel zu dem nahe gelegenen Feld huschten, das die gemeinschaftliche Toilette für die dreitausend Einwohner von Chatharpur bildete.

Von der Ausländerherrschaft, die in der Morgendämmerung dieses Augusttages zu Ende ging, waren diese Bauern kaum behelligt worden. Ranjit Lal hatte zeit seines Lebens noch nie ein Wort an einen Vertreter der fremden Rasse gerichtet, die sein Land regierte. Er und die anderen Dörfer bekamen nur einmal im Jahr einen Engländer zu sehen, wenn ein Steuereinnehmer nach Chatharpur kam, um sich zu vergewissern, daß das Dorf auch getreulich seinen armseligen Beitrag zu den Einnahmen des indischen Staates leistete. Von der Sprache der Briten beherrschte Lal nur die wenigen Worte, mit denen er und seinesgleichen den Akt beschrieben, zu dem sie sich jetzt anschickten: «call of nature», Ruf der Natur.

Mochte die Bezeichnung auch ausländisch sein, so hatte Lal als Brahmane den Akt doch nach einem Kodex von dreiundzwanzig strikten Vorschriften zu vollführen. In seiner linken Hand trug er ein Messinggefäß, das mit Wasser gefüllt war. Der Dhoti, den er um die Lenden geschlungen hatte, war weder neu noch frisch gewaschen. Das Feld, auf das er und die anderen Dörfler zustrebten, war zu diesem Verwendungszweck ausgesucht worden, weil es in einem bestimmten Abstand zu einem Flußufer, einem Brunnen, einer Wegkreuzung, einem Teich, dem nächsten heiligen Banyanbaum und dem Dorftempel lag.

Als Lal das Feld erreichte, bedeckte er sich den Kopf mit seinem Lendentuch und kauerte sich so dicht auf die Erde nieder, wie es überhaupt möglich war. Alles andere galt als ein schweres Vergehen, etwa wenn er den Akt von einer Mauer oder einem Ast aus vollzogen hätte. Nachdem er diese Stellung eingenommen hatte, mußte er gemäß den Vorschriften zur Sonne, zum Mond, zu den Sternen, zu einem Feuer, einem anderen Brahmanen, zum Dorftempel oder zu einem

Banyanbaum blicken. Als er sein Geschäft verrichtet hatte, wusch er sich Hände und Füße mit dem Wasser in seinem Messinggefäß, bevor er sich zu seinen rituellen Waschungen am Dorfteich auf den Weg machte. Dort angelangt, nahm er eine Handvoll Erdreich, das zu den Waschungen gehörte. Auch dazu gab es strenge Vorschriften. Das Erdreich durfte nicht von einem Nest Weißer Ameisen stammen, nicht salzhaltig sein, er durfte es nicht vom Feld eines Töpfers, einer Kuhweide, einem Tempelgrundstück oder von einer Stelle nehmen, die von einem Banyanbaum beschattet wurde. Er vermengte die Erde mit dem Wasser und wusch sich den beschmutzten Unterleib mit der linken Hand.[24]

Als er fertig war, wusch er sich, mit der Linken beginnend, fünfmal die Hände, sodann die Füße, wobei er mit dem rechten anfing; er spülte sich achtmal den Mund und achtete dabei sorgfältig darauf, das Wasser jedesmal nach links auszuspucken, um keinen Verstoß zu begehen. Als dies getan war, war er bereit für den letzten Ritus seiner morgendlichen Notdurft. Er nahm drei Schluck Wasser und dachte dabei an Wischnu.

Danach machte er sich auf den Rückweg zu seiner Hütte, vorbei an den Feldern, deren kargem Erdreich er die dürftige tägliche Nahrung für sich, seine Frau und seine sieben Kinder abrang. Hinter den Feldern, auf dem Scheitel einer kaum merklichen Anhöhe sah Lal im ersten Tagesschimmer die weitgestreckten Äste von drei Bulbulbäumen. Wie Regenschirme überwölbten sie ein flaches Stück Erde. Es war die Verbrennungsstätte des Dorfes, wo seit fünf Jahrhunderten die Verstorbenen von Chatharpur auf ihre Scheiterhaufen gelegt wurden. Wenn es eine unentrinnbare Gewißheit im Kreis der Gewißheiten gab, der das Leben dieses Bauern umschrieb, dann die, daß es auf dieser Verbrennungsstätte auf einem Bett aus Holzscheiten sein Ende finden werde.

In der Ferne durchstieß ein purpurroter steinerner Turm wie ein riesiges phallisches Symbol den blaugrauen Horizont. Links davon wölbten sich zwei anmutige Kuppeln, Überreste der aus dem 13. Jahrhundert stammenden Metropole des Sultans Aladin, der eine der sieben Städte des alten Delhi gegründet hatte. Kaum dreißig Kilometer nördlich von Chatharpur, in den breiten Boulevards von Neu-Delhi, sollten Ranjit Lal und seine Dorfgenossen an diesem Vormittag eine Begegnung mit der Geschichte haben. Die meisten von ihnen würden diese kurze Reise zum erstenmal unternehmen. Ranjit Lal war in zweiundfünfzig Jahren nur ein einziges Mal dort gewesen. Im Basar hatte er damals eine goldene Spange für seine älteste Tochter gekauft.

Doch an diesem Morgen war für die Bewohner von Chatharpur ebenso wie für die aller Dörfer um Neu-Delhi herum die Entfernung nicht mehr vorhanden. Von überallher strömten sie in der Morgendämmerung ihrer jubelnden Hauptstadt entgegen, um in den Straßen das Ende einer Kolonialherrschaft zu feiern, von der die meisten von ihnen gar nichts bemerkt hatten.

«O herrliche Morgendämmerung der Freiheit, die in Gold- und Purpurglanz über unserer alten Hauptstadt anbricht», rief Indiens Poeta laureatus den Massen zu, die nach Neu-Delhi strömten. Sie kamen aus allen Richtungen. Da zogen Karawanen von Tongakarren mit fröhlich bimmelnden Glöckchen ein. Dort waren Ochsen mit orange-grün-weißen Streifen am Geschirr und an den Hufen zu sehen, die große, mit Holzrädern versehene Plattformen schleppten, auf denen die Menschen dicht an dicht saßen. Lastwagen fuhren in die Stadt, mit Leuten vollgepackt, die Dächer und Seitenwände wahre Galerien primitiver Malereien, die Schlangen, Adler, Falken, heilige Kühe und kühle Gebirgslandschaften darstellten. Die Menschen kamen auf Eseln, Pferden und Fahrrädern, sie gingen gemächlich zu Fuß oder rannten, Leute vom Land mit Turbanen von jeder erdenklichen Form und Farbe. Die Frauen trugen helle, festliche Saris, an ihren Armen, Ohren, Fingern und Nasen glänzte das ganze Glitzerzeug, das sie besaßen.

Für ein paar Stunden verschwanden in diesen brüderlich gestimmten Scharen alle Unterschiede des Ranges, der Religion und der Rasse, Brahmanen, Unberührbare, Hindus, Sikhs, Moslems, Parsen, englisch-indische Mischlinge lachten, jubelten und weinten mitunter auch vor Rührung. Ranjit Lal mietete für sich, sein Eheweib und seine sieben Kinder eine Tonga, was ihn vier Annas kostete. Ringsumher hörte er, wie andere Bauern Verwandten und Bekannten aufgeregt erklärten, warum sie nach Neu-Delhi zogen. «Die Engländer gehen fort», riefen sie. «Nehru wird eine neue Fahne hissen. Wir sind frei!»

Das Geschmetter silberner Trompeten zerriß die Morgenluft. Mit einer letzten Entfaltung viktorianischer Pracht begann die erste offizielle Zeremonie dieses außergewöhnlichen Tages, bei der der erste Generalgouverneur des neuen Dominions Indien seinen Amtseid ablegte.

Ebenso gesammelt-ernst wie in Karatschi schritt Königin Victorias Urenkel auf den Thronsessel zu, einer Ehrung entgegen, wie sie in den künftigen Annalen der Entkolonialisierung einzigartig bleiben sollte. Für Louis Mountbatten war dies «der außergewöhnlichste und beglükkendste Tag meines Lebens», der Tag, an dem man ihm die Obhut über das Herzland des Weltreichs seiner Urgroßmutter anvertraute.

Seine Frau schritt neben ihm in einem Kleid aus Silberlamé. Auf dem kastanienbraunen Haar trug sie ein Diamantendiadem. Mountbatten, der wünschte, daß der Tag «mit dem höchsten Pomp» begangen werde, hatte die Feierlichkeiten mit seiner Vorliebe fürs Schaugepränge und seinem deutschen Erbteil der Gründlichkeit selbst überwacht. Eine Eskorte in bunten Uniformen ging den beiden voraus, als sie auf die dunkelroten Thronsessel zuschritten, auf denen sie fünf Monate vorher als vizekönigliches Paar gesessen hatten.

Rechts und links von ihnen saßen unter einem Samtbaldachin die neuen Herren Indiens: Nehru in Baumwollreithosen und Leinenjacke; Vallabhbhai Patel in seinem weißen Dhoti mehr denn je der strengblikkende römische Imperator, und all die anderen mit den weißen Kongreßkäppchen auf dem Kopf.

Als Mountbatten seinen Platz einnahm, kam ihm ein erheiternder Gedanke. Die Männer und Frauen, die sich neben ihm gruppiert hatten, hatten wahrscheinlich eine gemeinsame Erfahrung: Sie hatten beinahe alle in einem britischen Gefängnis gesessen. Vor dieser Versammlung ehemaliger Gäste der Haftanstalten Seiner Majestät hob Louis Mountbatten nun die rechte Hand und schwor feierlich, dem unabhängig gewordenen Indien als erster Diener treu und ergeben zu dienen. Als er geendet hatte, legten die Minister, deren Namen Nehru am Abend vorher auf das Blatt in dem Kuvert zu schreiben vergessen hatte, ihren Amtseid vor dem Mann ab, der Indien die Unabhängigkeit gegeben hatte.

Draußen begann der Widerhall der einundzwanzig Kanonenschüsse[25] über Indiens jubilierende Hauptstadt hinzurollen. Am Fuß der mit einem roten Teppich belegten Treppe vor der Durbar Hall wartete die goldene Staatskarosse, die fast ein halbes Jahrhundert vorher von den Wagenbauern der Londoner Firma Barker and Company für den Indienbesuch von König Georg V. und Königin Mary gebaut worden war. Vor den sechs im Ton aufeinander abgestimmten Braunen, die sie zogen, war die gesamte Leibwache des Generalgouverneurs angetreten, in glänzend gewichsten schwarzen Reitstiefeln, weißen Breeches und weißen Uniformröcken mit scharlachroten, goldbestickten Schärpen.

Der farbenprächtige Zug setzte sich in Bewegung und zog die Auffahrt zum vizeköniglichen Palast hinab, mit flatternden Wimpeln und Lanzen, mit Postillionen und Fahnenträgern, Hornisten und Kommandeuren, vier Schwadronen der prächtigsten Reitertruppe der Welt, in Scharlachrot und Gold, die letzte Parade der Briten in Indien.

Mit dem leutseligen Nicken und den anmutig angedeuteten Handbewegungen, mit denen Fürstlichkeiten den Jubel der Massen huldvoll entgegennehmen, fuhr Mountbatten, der sich straff aufrecht hielt, an einer Reihe salutierender Soldaten entlang zum schmiedeeisernen Tor von Luytens' Palast. Davor wartete Indien.

Es war ein Indien, wie es kein Engländer in drei Jahrhunderten der Geschichte gesehen hatte. Hier hatte sich nicht eine Menge von Schaulustigen eingefunden, um sich vom Gepränge der britischen Herrschaft blenden zu lassen und dem Spektakel zu applaudieren, das ihre Beherrscher zu ihrem Ergötzen inszeniert hatten. Indiens Dimensionen ermaßen sich immer an den Massen des Landes, und an diesem Tag waren diese Massen in einer bis dahin ungekannten Zahl und Dichte in Neu-Delhi anzutreffen. In jubelnder Erregung und von unbändiger Freude erfüllt, umdrängten sie Mountbattens Zug und zwangen die

Pferde seiner Leibwache zu einer ganz langsamen Gangart. All die sorgfältigen Vorbereitungen Mountbattens, die sämtlich nach den Traditionen eines anderen Indien berechnet waren, brachen zusammen, überwältigt von dem neuen, an diesem Tag geborenen Indien, von einer quirlenden Masse, in der das Scharlachrot und Gold in einem Meer von Menschen unterging.

In der Menge entlang Mountbattens Weg eingekeilt, kam dem Sikhjournalisten, der in der Nacht vorher zur Feier der Unabhängigkeit eine muslimische Medizinstudentin geküßt hatte, plötzlich der Gedanke: Überall um mich herum zerbrechen die Ketten. Er erinnerte sich, wie er als Kind einmal von einem englischen Schuljungen vom Gehsteig heruntergeschubst worden war. Das, dachte er, könnte jetzt keiner mehr mit mir machen. In diesen Menschenmassen gab es nicht mehr reich oder arm, Unberührbare oder Herren, Anwälte, Bankangestellte, Kulis oder Taschendiebe, nur noch glückliche Menschen, die einander umarmten und *Azad Sahib* zuriefen – Wir sind frei, Sahib.

«Es war, als hätte ein ganzes Volk plötzlich seine Heimat entdeckt», berichtete ein Augenzeuge jenes fröhlichen Pandämoniums. Als Major Ashwini Dubey, ein Offizier der indischen Armee, zum erstenmal die Fahne seines Staates über der Offiziersmesse der Garnison in Delhi flattern sah, dachte er: In einer Messe, wo wir nur die Stichwortgeber waren, ist jetzt niemand mehr über uns als unsere indischen Offizierskameraden. Sulochna Panigrahi, eine achtzehnjährige Schülerin, die zu Ehren des Tages einen neuen hellen Sari angelegt hatte, dachte an die Worte des englischen Dichters Wordsworth: «Selig war's, in dieser Morgenfrüh zu leben, doch jung zu sein, das war der Himmel selbst.»

Für viele einfache Inder bedeutete das Zauberwort «Unabhängigkeit», daß nun eine neue Welt angebrochen sei. Ranjit Lal, der Bauer aus Chatharpur, erzählte seinen Kindern: «Jetzt wird es viel zu essen geben, weil Indien frei ist.» Menschen weigerten sich, im Omnibus zu zahlen, weil sie glaubten, daß nunmehr die Fahrt unentgeltlich sei. Ein Bettler ging bei einer Zeremonie in das abgegrenzte Gelände für ausländische Diplomaten. Ein Polizist fragte ihn nach seiner Einladung.

«Einladung?» fragte der Bettler. «Wozu brauche ich eine Einladung? Ich bin jetzt unabhängig. Das genügt.»

Überall in Indien spielten sich an diesem denkwürdigen Vormittag ähnliche Jubelszenen wie in der Hauptstadt ab. In Kalkutta brach um acht Uhr morgens eine Menschenmenge aus den Elendsvierteln der Stadt durch das Tor des majestätischen Gouverneurspalastes. Während der letzte englische Gouverneur, Sir Frederick Burrows, mit seiner Frau beim Frühstück saß, stürmte die Menge durch die geräumigen Salons des Palastes. In Burrows' Schlafzimmer feierten einige dieser Elendsgestalten, die niemals auf einer weicheren Unterlage als der nackten Erde oder den Seilen eines Bettgestells geschlafen hatten, ihre Unabhängigkeit damit, daß sie wie ausgelassene Kinder auf dem Bett, in dem noch eine Stunde vorher die Gouverneurin geruht hatte, auf und nieder hüpften. Andere ließen ihre Begeisterung über die Unabhängigkeit an den Ölgemälden der früheren Herren Indiens aus, die sie mit den Spitzen ihrer Regenschirme durchbohrten.

Den ganzen Tag über war die Fahrt in den Straßenbahnen kostenlos. Eine Stadt, die gefürchtet hatte, daß ihre Straßen an diesem Tag von Schüssen widerhallen würden, bekam freundlichere Geräusche zu hören – das Krachen von Feuerwerkskörpern. In Bombay drang eine erregte Menge in das Tadsch-Mahal-Hotel, eine Zitadelle imperialer Eleganz. In Madras strömten den ganzen Tag über Massen dunkelhäutiger Südinder an der Seeseite zum Fort St. George, wo sie vom Stolz überwältigt zu ihrer eigenen Fahne hinaufstarrten, die endlich über der letzten Festung der Ostindischen Kompanie wehte. In Surat starteten Dutzende bunt geschmückter Boote zu einer Unabhängigkeitsregatta in der Bucht, wo einst Kapitän Hawkins mit seiner Galeone *Hector* das englische Abenteuer in Indien begonnen hatte.

Die Unabhängigkeit brachte einer ganzen Kategorie von Menschen die Freiheit in greifbarster Form. Für Tausende von Häftlingen, denen eine Amnestie zur Freiheit verhalf, öffneten sich die Gefängnistore. Todesurteile wurden umgewandelt. Das mystische Indien, das Indien der Fakire und der Märchen, schloß sich dem Fest an. In Tirukalikundram im Süden des Landes schien das geheimnisvolle Adlerpaar, das jeden Mittag vom Himmel herabschoß, um aus den Händen eines Sadhus seine Mahlzeit zu holen, den Anlaß mit einem jubelnden Flügelschlag zu feiern. In den Dschungeln von Madura, in der Nähe von Madras, führten andere heilige Männer das verbotene Schauspiel des «Haken-Schaukelns» vor. Sie durchbohrten sich den Rücken mit eisernen Klauen, die von einer Art Kranbalken herabhingen, und schwebten über einer gaffenden Menge zur Feier von Indiens Freiheit – und für besonders reichlich ausfallende Almosen.

Überall war der Tag gekennzeichnet von Bekundungen der Versöhnlichkeit gegenüber den Engländern und der Würde, mit der diese an Feiern teilnahmen, die für viele von ihnen ein melancholisches, zur Wehmut stimmendes Ereignis waren. In Shillong überließ der britische Kommandeur des *Assam Rifles*-Regiments spontan seinem indischen Stellvertreter die Ehre, die Unabhängigkeitsparade zu kommandieren. Auf der großen Teeplantage Chuba nahe der burmesischen Grenze organisierte Peter Bullock, der Leiter der Pflanzung, einen Betriebsausflug samt Eierlaufen und Sackhüpfen für seine tausendfünfhundert Arbeiter, von denen die meisten nicht einmal wußten, welches Ereignis sie mit dem unverhofften freien Tag feierten.

Es gab auch Ausnahmen. In Simla weigerte sich Mrs. Maude Penn

Montague, ihr Haus zu verlassen, in dem sie so viele Galabälle und Abendgesellschaften gegeben hatte. Sie trauerte. Da sie in Indien als Tochter eines gleichfalls auf dem Subkontinent geborenen Vaters zur Welt gekommen war, betrachtete sie das Land als ihre Heimat. Abgesehen von fünf Jahren, in denen sie in England zur Schule gegangen war, hatte sie hier ihr ganzes Leben verbracht. Freunden, die meinten, es sei Zeit zum Aufbruch, hatte sie geantwortet: «Aber, meine Lieben, was sollte ich denn in England anfangen? Ich weiß ja nicht einmal, wie man Wasser für eine Tasse Tee kocht.» Und so saß sie weinend zu Hause, während die einstige Sommerhauptstadt Britisch-Indiens feierte. Sie konnte den Anblick nicht ertragen, daß die Fahne einer anderen Nation an dem Mast hochstieg, wo ihr geliebter Union Jack geweht hatte.

Für das andere große Dominion auf dem Subkontinent war der 15. August ein besonders glückverheißender Tag. Er fiel nämlich auf den letzten Freitag des heiligen Fastenmonats Ramadan. Der Staatsgründer wurde fast ebenso gefeiert wie die neue Republik selbst. Überall waren Jinnahs Fotografie und Name zu sehen – in Fenstern, Basaren, Geschäften, auf riesigen Triumphbögen, die die Straßen überspannten. Die *Pakistan Times* wußte sogar zu melden, daß die Kamele, Affen und Tiger im Zoo von Lahore sich durch den Mund ihrer Wärter den Segenswünschen für den Quaid-e-Azam anschlössen. In Dakka, der Hauptstadt des östlichen Landesteils, gab es zwar keine Fahnen des neuen Staates, überall aber waren Bilder des Mannes zu sehen, der nie bengalischen Boden betreten hatte.

Jinnah selbst beging den Jubeltag damit, daß er seinem vermeintlich nur repräsentativen Amt die volle Staatsgewalt sicherte. In dem Jahr, das ihm noch zu leben blieb, sollte der in London ausgebildete Anwalt, der seit Jahren verbal für die Demokratie eintrat, seine neue Republik als Diktator regieren.

Dabei mußte er auf die tröstende Gegenwart des nächsten seiner noch lebenden Familienmitglieder verzichten. Mehr als achthundert Kilometer von Karatschi entfernt hatte in einer Wohnung in Colaba, einer der elegantesten Vorstädte von Bombay, eine junge Frau ihren Balkon mit zwei Fahnen, einer indischen und einer pakistanischen, geschmückt. Sie symbolisierten den Zwiespalt, in dem sie sich wie so viele andere am Tag der Unabhängigkeit befand. Dina, Mohammed Ali Jinnahs einziges Kind, hatte sich nicht entscheiden können, zu welchem Land sie gehören wollte, zu ihrer Geburtsheimat oder zu der islamischen Nation, die ihr Vater geschaffen hatte.

So mancher Inder vermochte nicht in die ekstatische Begeisterung seiner Landsleute einzustimmen, denn er wußte, welche Tragödien sich neben dem Jubel mit dem Tag der Unabhängigkeit verbanden. Anis Kidwai in Lucknow vergaß niemals den Anblick, wie eine Gruppe lachender Menschen Fähnchen schwenkte, während daneben andere weinten, da sie gerade vom Tod naher Verwandter im Pandschab erfahren hatten.

Khushwant Singh, ein Sikh und Anwalt aus Lahore, blieb völlig gleichgültig, während in Delhi die Menge um ihn herum sich Freudenbekundungen hingab. «Ich hatte keinen Grund zur Freude», erzählte er mit Bitterkeit in der Stimme. «Für mich und Millionen meinesgleichen war dieser Unabhängigkeitstag eine Tragödie. Der Pandschab war verstümmelt, und ich hatte alles verloren.»

Indiens Jubelstunde war wahrhaftig ein Tag des Schreckens für den Pandschab. Die Morgendämmerung der Freiheit, die über dem alten, weiten Land heraufzog, hatte als Hauptfarbe nicht Purpur oder Gold, sondern Blutrot. Während in Amritsar die neue Stadtverwaltung in der Mogulfestung ihre Unabhängigkeitsfeier abhielt, suchte kaum tausend Meter davon entfernt eine rasende Horde von Sikhs ein Moslemviertel heim. Sie machten die männlichen Bewohner ohne Gnade und Ausnahme nieder. Den Frauen rissen sie die Kleider vom Leib, vergewaltigten sie mehrmals und führten dann die vor Entsetzen Schlotternden durch die Stadt zum Goldenen Tempel, wo den meisten die Kehle durchgeschnitten wurde.

Im Sikhstaat Patiala, den einst Sir Bhupinder Singh, «der Prachtliebende», regiert hatte, durchstreiften Sikhbanden das offene Land und fielen über Moslems her, die über die Grenze nach Pakistan zu flüchten versuchten. Prinz Balinda Singh, der Bruder des Maharadschas, stieß zufällig auf eine solche Bande, die mit riesigen *kirpans* bewaffnet war. Er redete den Männern zu, in ihre Dörfer heimzukehren, und sagte: «Jetzt ist Erntezeit. Ihr solltet zu Hause sein und Sensen in der Hand haben.»

«Zuerst muß eine andere Ernte geschnitten werden», antwortete der Anführer und hieb mit seinem *kirpan* durch die Luft.

Amritsars ziegelrotes Bahnhofsgebäude war zum Flüchtlingslager geworden, einem Sammelplatz für Tausende von Hindus, die aus der pakistanischen Hälfte des Pandschabs geflohen waren. Sie drängten sich im Wartesaal, im Schalterraum und auf den Bahnsteigen, um jeden ankommenden Zug nach vermißten Angehörigen und Freunden abzusuchen.

Spät am Nachmittag des 15. August bahnte sich der Bahnhofsvorsteher Chani Singh mit der ganzen Autorität, die ihm seine blaue Mütze und die rote Fahne in seiner Hand verliehen, den Weg durch die weinenden, nahezu hysterischen Menschen. Singh war auf die Szene vorbereitet, die den *Down Express Nr. 10* aus Lahore erwartete. Es war bei jedem Zug, der in seinem Bahnhof eintraf, das gleiche Bild. Männer und Frauen stürzten zu den Fenstern und Türen der staubgelben Dritter-Klasse-Waggons und suchten verzweifelt nach dem Kind, das sie auf der wilden Flucht verloren hatten, schrien Namen, schubsten einander in hemmungslosem Leid, stießen sich gegenseitig zu Boden. In Tränen aufgelöst stürzten die Menschen von Wagen zu Wagen, riefen nach einem vermißten Angehörigen, suchten nach jemandem aus ihrem Dorf, der vielleicht etwas wußte. Man sah Kinder, die verlorengegangen waren, weinend auf einem Stapel Gepäck sitzen, Babies, die auf der Flucht zur Welt gekommen waren, inmitten dieses Durcheinanders an der Brust ihrer Mütter.

Singh nahm seinen Platz am vorderen Ende des Bahnsteigs ein und gab der einfahrenden Lokomotive das Signal zum Halten. Als das große stählerne Ungeheuer zum Stehen kam, bemerkte Singh, daß vier bewaffnete Soldaten den düster blickenden Lokführer bewachten. Kaum war das Zischen des ausströmenden Dampfes und das Kreischen der Bremsen erstorben, erkannte Singh plötzlich, daß etwas nicht in Ordnung war.

Die Menschenmenge auf dem Bahnhof war von dem Anblick wie versteinert, zu einem unheimlichen Schweigen erstarrt. Singh blickte die Reihe der acht Waggons entlang. Sämtliche Abteilfenster waren weit offen, doch an keinem einzigen stand jemand. Keine Tür hatte sich geöffnet. Niemand stieg aus. Man hatte ihm einen Phantomzug geschickt.

Der Bahnhofsvorsteher ging rasch zum ersten Waggon, riß die Tür auf und stieg hinein. Blitzartig kam ihm die grauenvolle Erkenntnis, warum an diesem Abend in Amritsar niemand aus dem *Down Express Nr. 10* ausstieg. Es war kein Phantom-, sondern ein Totenzug. Der Boden des Abteils vor ihm war mit Leichnamen bedeckt, mit Menschen, denen man die Kehle durchgeschnitten, den Schädel eingeschlagen, die Eingeweide herausgerissen hatte. Auf dem Gang lagen Arme, Beine, Rümpfe. Von irgendwoher aus dieser grausigen menschlichen Müllhalde zu seinen Füßen hörte Singh ein ersticktes Ächzen. Singh erkannte, daß vielleicht noch ein paar Menschen lebten, und rief laut: «Sie sind in Amritsar. Wir sind Hindus und Sikhs hier. Die Polizei ist da. Haben Sie keine Angst!»

Bei diesen Worten begannen sich ein paar Menschen zu regen. Die grauenvollen Szenen, die nun folgten, waren ein Alptraum, den der Bahnhofsvorsteher nie mehr vergaß. Eine Frau hob den abgeschlagenen Kopf ihres Mannes hoch, der in einer Lache geronnenen Blutes neben ihr lag. Sie preßte ihn an sich und schrie ihr Leid heraus. Er sah weinende Kinder, die sich an die Leiber ihrer erschlagenen Mütter klammerten, Männer im Schock, die einen verstümmelten Kinderkörper aus einem Leichenhaufen zogen. Als die Menge auf dem Bahnsteig erkannte, was geschehen war, wurde sie von Hysterie ergriffen.

Voller Entsetzen arbeitete sich der Bahnhofsvorsteher an den Leichen vorbei. In jedem Abteil eines jeden Waggons die gleiche grauenhafte Szene. Als Singh endlich den letzten Wagen erreicht hatte, wurde ihm übel. Er taumelte auf den Bahnsteig hinaus, benommen vom Gestank des Todes. Wie kann Gott so etwas nur zulassen, dachte er.

Er drehte sich um und sah den Zug noch einmal an. Dann bemerkte er die Visitenkarte der mohammedanischen Mörder, mit weißer Farbe in großen Buchstaben an die Seitenwand des letzten Waggons gepinselt: «Dieser Zug ist unser Unabhängigkeitsgeschenk für Nehru und Patel.»

In Kalkutta war es Gandhi mit seinen Gebeten und seinem Spinnrad gelungen, die Slums ruhig zu halten. Jedermann hatte erwartet, daß es dort zu einer Eruption kommen werde, die in ihrem Ausmaß und Schrecken die ärgsten Greuel im Pandschab in den Schatten stellte. Die Hoffnung, die der Zug zum *Hydari House* am Abend vorher geweckt hatte, hatte sich erfüllt. In ganz Kalkutta, auf den Boulevards und den großen Straßen, die genau ein Jahr vorher, am *Tag der direkten Aktion,* mit Leichen übersät gewesen waren, hatten Moslems und Hindus gemeinsam gefeiert. Es war, schrieb Gandhis Sekretär, Pyarelal Nayar, «als wäre plötzlich nach den schwarzen Wolken eines Jahres der Raserei die Sonne der Besonnenheit und Versöhnung durchgebrochen.»

Die fast unglaubliche Veränderung der Atmosphäre in Kalkutta hatte sich schon bei Tagesanbruch angekündigt, als ein zweiter Zug zum *Hydari House* kam, diesmal junge Mädchen, Moslems und Hindus. Sie waren seit Mitternacht unterwegs, um von Gandhi das *darshan* zu empfangen, eine Art mystischer Vereinigung in der Gegenwart einer «großen Seele». Mit ihnen hatte ein ununterbrochener Zustrom von Pilgern begonnen, die den ganzen Tag im *Hydari House* eintrafen.

Jede halbe Stunde hatte Gandhi die Meditation und die Arbeit am Spinnrad unterbrechen müssen, um sich auf dem Vorbau den Menschen zu zeigen. Da dieser Tag für ihn ein Tag der Trauer war, hatte er keine Gratulationsbotschaft für das Volk vorbereitet, das er zur Freiheit geführt hatte. Was er sagte, kam spontan aus ihm und war nicht an Indiens Massen, sondern an seine neuen Herren gerichtet.

«Hüten Sie sich vor der Macht», mahnte er eine Gruppe von Politikern, die gekommen waren, ihn um seinen Segen zu bitten. «Die Macht verdirbt. Lassen Sie sich nicht von ihrem Pomp und Gepränge einfangen. Denken Sie daran, daß Sie Ihr Amt haben, um den Armen in Indiens Dörfern zu dienen.»

Am Nachmittag dieses Tages strömten unter dem Blöken von Schneckenmuscheln dreißigtausend Menschen, dreimal so viele wie am Vortag, durch die Beliaghata Road zu Gandhis Gebetsversammlung. Der Mahatma sprach zu ihnen von einer Holzplattform aus, die in aller Eile auf dem Hof vor dem Haus aufgebaut worden war. Er beglückwünschte sie zu dem, was sie in Kalkutta erreicht hatten. Ihr edles Beispiel, sagte er, werde hoffentlich ihren Landsleuten im Pandschab ein Vorbild sein.

Als Gandhi geendet hatte, sprach Shaheed Suhrawardy, sichtlich mitgenommen von der ungewohnten Strapaze eines ganzen Fastentages, zu den Versammelten. Der Mann, der der unbestrittene Führer der Moslems in Kalkutta gewesen war, forderte seine gemischte Zuhörerschaft auf, ihre Versöhnung dadurch zu besiegeln, daß sie in seinen Ruf *«Jai Hind»* (Sieg für Indien) einstimmten. Als er Indien hochleben ließ, brach der Widerhall wie der Donner eines Monsungewitters aus dreißigtausend Kehlen.

Nach der Versammlung traten die beiden Männer in Gandhis klapprigem Chevrolet eine Rundfahrt durch die Stadt an. Diesmal empfingen die Massen Kalkuttas den Wagen des Mahatmas nicht mit Steinen und Flüchen. An jeder Straßenecke überschütteten sie ihn mit Rosenwasser und dem dankbaren Ruf: «Gandhiji, du hast uns gerettet!»

Die Feier, die auf einem unbebauten Grundstück in der Stadt Poona, hundertachtzig Kilometer südöstlich von Bombay, abgehalten wurde, war ähnlich wie andere, die am 15. August 1947 überall im neuen Dominion Indien stattfanden. Es war eine Flaggenhissung. Eines jedoch unterschied die kleine Weihestunde in Poona von den meisten anderen Zeremonien. Die Fahne, die vor fünfhundert Männern an einem provisorischen Mast hochstieg, war nicht das Banner des unabhängigen Indien. Sie war ein orangefarbenes Dreieck und außerdem mit dem Symbol geschmückt, das, in leicht abgeänderter Form, Europa ein Jahrzehnt lang in Angst und Schrecken versetzt hatte: dem Hakenkreuz.

Dieses uralte Emblem befand sich auf dem orangefarbenen Wimpel, der in Poona gehißt wurde, aus dem gleichen Grund wie auf den Bannern des Dritten Reiches. Es war ein arisches Symbol. Zu irgendeinem Zeitpunkt, der sich in den Nebeln der Geschichte verliert, war es von den ersten Wellen der arischen Eroberer, die den Subkontinent unterwarfen, ins Land gebracht worden. Die Männer, die sich in Poona versammelt hatten, gehörten sämtlich der R.S.S.S. an, jener quasifaschistischen Bewegung, in deren Auftrag einige ihrer Mitglieder achtundvierzig Stunden vorher Jinnah hatten ermorden sollen. Sie waren hinduistische Fanatiker und betrachteten sich als die Erben jener alten Arier.

Sie teilten an diesem ersten Tag des unabhängig gewordenen Indien mit dem Mahatma am anderen Ende des Subkontinents ein Gefühl: Auch sie empfanden tiefen Schmerz über die Teilung Indiens. Aber damit endete auch schon ihre Gemeinsamkeit mit Gandhi und dem, was er vertrat.

Die Gruppe, der sie angehörten, verfolgte einen historischen Traum. Ihr Ziel war es, ein großes Hindureich vom Ursprung des Indus bis zum östlichen Burma, von Tibet bis zum Kap Komorin neu zu errichten. Sie verabscheuten Gandhi und alles, was er tat. Für sie war Indiens Nationalheld der Erzfeind des Hinduismus. Die Lehre der Gewaltlosigkeit, mit der er das Land zur Unabhängigkeit geführt hatte, galt ihnen als die Philosophie eines Feiglings, die Kraft und Charakter der Hinduvölker zugrunde gerichtet habe. In ihren Träumen war kein Raum für die Gesinnung der Brüderlichkeit und Toleranz gegenüber der Moslemminderheit in Indien, die Gandhi predigte. Sie betrachteten sich als die einzigen Erben der arischen Eroberer Indiens und deshalb als die rechtmäßigen Eigentümer des Subkontinents. Die Moslems waren nach ihrer Überzeugung die Nachkommen eines Klans von Usurpatoren, der Moguln.

Vor allem aber hatte der alte Mahatma eine Sünde begangen, die sie ihm nie vergeben konnten. Daß sie sie ausgerechnet ihm zum Vorwurf machten, war die letzte grausame Ironie im grausamsten Jahr von Mohandas Gandhis Leben. Sie waren nämlich der irrigen Überzeugung, daß er die Alleinschuld an der Teilung Indiens trage.

Der Mann, der an diesem Augustnachmittag vor der Versammlung in Poona stand, war ein Journalist. Nathuram Godse war gerade siebenunddreißig Jahre alt geworden, aber seine Wangen waren noch immer mit etwas Babyspeck gepolstert, was ihm ein täuschend junges, harmloses Aussehen gab. Er hatte ungewöhnlich große, traurige Augen und, weil er leicht schielte, einen stechenden Blick. Selbst wenn sein Gesicht entspannt war, drückte es eine Spur von Mißfallen aus, und um Mund und Nase lag ein Zug leichter Gespanntheit.

Auch jetzt waren diese Züge nicht entspannt. Nathuram Godse hatte bereits auf der Titelseite der von ihm redigierten Tageszeitung *Hindu Rashtra* (Hindunation) klargemacht, welche Gefühle er am Unabhängigkeitstag empfand. Dort, wo sonst sein Leitartikel stand, war eine leere Stelle, eingerahmt von einem schwarzen Trauerrand.

Die überall in Indien stattfindenden Unabhängigkeitsfeiern, so erklärte er seiner Gefolgschaft, seien «ein abgekartetes Tarnmanöver, um dem Volk zu verheimlichen, daß zur gleichen Zeit Hunderte von Hindumännern massakriert und Hunderte von Hindufrauen entführt und geschändet werden».

«Die Zerstückelung Indiens bei lebendigem Leib», rief er nun, sei «eine Katastrophe, die Millionen Inder zu furchtbaren Leiden verurteilt». Sie sei «das Werk der Kongreßpartei und vor allem ihres Führers Gandhi».

Als er seine Ansprache beendet hatte, führte Nathuram Godse seine fünfhundert Mannen zum Flaggengruß. Die Daumen gegen das Herz gepreßt, die Hände mit den Handflächen abwärtsgerichtet, im rechten

Winkel von der Brust abgewinkelt, gelobten sie, «der Mutter Indien, die mich geboren hat und in der ich herangewachsen bin», ihr Leben zu weihen.

Wie immer, wenn er diese Worte sprach, spürte Nathuram Godse ein stolzes Beben, das ihm bis ins Herz drang. Sein ganzes Leben, von den Schulexamina bis zu einem halben Dutzend beruflicher Versuche, war Nathuram Godse in allem, was er anfaßte, ein Versager gewesen, bis er sich die extremistischen Lehren der R.S.S.S. zu eigen gemacht hatte. Er vertiefte sich in ihre Schriften, brachte sich Schreiben und Reden bei und war so zu einem der ersten Polemiker der Bewegung geworden. Nun, im unruhigen Sommer des Jahres 1947, sah er für sich eine neue, eine mystische Rolle. Er wollte gewissermaßen zu einem rächenden Geist werden, der Indien von den Feinden eines militanten Wiederaufstiegs der Hindus säuberte. In dieser Rolle sollte Nathuram Godse, zum erstenmal in seinem Leben, kein Versager sein.

Noch lange Jahre war die stärkste Erinnerung an den 15. August 1947 in Indien das Bild der riesigen Menschenmassen, die um fünf Uhr nachmittags auf einem freien Gelände in der Nähe des Indientores von Neu-Delhi die offizielle Hissung der indischen Nationalflagge erlebten; der Sandsteinbogen war dem Gedächtnis der neunzigtausend Inder geweiht, die im Ersten Weltkrieg für das Britische Empire gefallen waren.

Gestützt auf die Weisheit der Handbücher, nach denen alle großen Veranstaltungen des Indischen Kaiserreiches inszeniert worden waren, hatten Mountbatten und seine Berater angenommen, daß etwa dreißigtausend Menschen an der Zeremonie teilnehmen würden. Er hatte sich verschätzt, nicht um ein paar Tausende, sondern um nicht weniger als eine halbe Million. Nichts dergleichen hatte man jemals in Indiens Hauptstadt erlebt.

Die kleine Tribüne neben dem Fahnenmast wurde von den Massen, die aus allen Richtungen herbeiströmten, beinahe erdrückt. Einem Augenzeugen der Veranstaltung kam sie vor wie «ein Floß, das auf stürmischer See auf und nieder tanzt». Der Ansturm der dichtgedrängten Menge fegte alles beiseite, die Barrieren, die Musikpodien, die sorgfältig hergerichtete Gästetribüne, die Absperrseile. Hilflos mußten die Polizisten zusehen, wie Barrieren niedergetrampelt und Stühle wie Reisig zertreten wurden. In dieser Menge eingekeilt, dachte Ranjit Lal, der Bauer, der sich bei Tagesanbruch in seinem Dorf Chatharpur auf den Weg gemacht hatte, daß es ein derartiges Gedränge nur bei den *melas* geben könne, den frommen Festen, bei denen die Massen der Gläubigen in die Fluten des Ganges tauchen. So dicht waren sie eingekeilt, daß Lal und seine Ehefrau nicht einmal die *chapatis* verzehren konnten, die sie als Proviant mitgenommen hatten. Es war ihnen unmöglich, die Hände zu bewegen und zum Mund zu führen.

Elizabeth Collins und Muriel Watson, Lady Mountbattens Sekretärinnen, trafen kurz nach fünf Uhr ein. Sie hatten festliche Kleidung angelegt, frisch gewaschene weiße Handschuhe, ihre besten Cocktailkleider und bunte Federhütchen. Plötzlich fanden sie sich im Gedränge dieser ausgelassenen, schwitzenden, halbnackten Menschen. Sie wurden buchstäblich mitgerissen und vom gnadenlosen Drängen der Menge vorwärtsgestoßen. Sie hielten sich aneinander fest und versuchten, sich mit verrutschten Hüten und zerknautschten Kleidern verzweifelt aufrecht zu halten. Elizabeth Collins, die Lady Mountbatten auf ihren Reisen im Krieg begleitet hatte, empfand zum erstenmal Angst. Sie packte Muriel fester am Arm und keuchte: «Man trampelt uns zu Tode!»

Muriel Watson musterte die Masse dieser mageren, halbnackten Gestalten, die sie von allen Seiten bedrängten. «Gott sei Dank», murmelte sie mit einem Seufzer der Erleichterung. «Sie haben wenigstens keine Schuhe an.»

Pamela Mountbatten, die siebzehnjährige jüngere Tochter des Generalgouverneurs, kam mit zwei Angehörigen des Stabes ihres Vaters. Es war ungeheuer schwierig, zu der Holztribüne vorzudringen. Achtzig Meter davor stießen sie auf eine unüberwindliche Barriere aus Menschen, die so dicht beieinander saßen, daß fast keine Luft mehr zwischen ihnen war.

Nehru erspähte sie von seinem Platz auf der Tribüne und rief ihr zu, über die Leute zu steigen und auf die Plattform zu kommen.

«Wie kann ich denn?» rief sie zurück. «Ich habe Schuhe mit hohen Absätzen an.»

«Ziehen Sie sie doch aus», antwortete Nehru.

Es war für Pamela unvorstellbar, bei einer solch historischen Veranstaltung etwas so Würdeloses zu tun. «Oh», jammerte sie, «das bringe ich nicht fertig.»

«Dann lassen Sie sie an», rief Nehru, «steigen Sie einfach auf die Leute. Sie werden nichts dagegen haben.»

«Aber die Absätze werden ihnen doch weh tun», antwortete Pamela.

«Zieren Sie sich nicht so», rief Nehru ungeduldig. «Runter damit, und kommen Sie rüber.»

Mit einem Seufzer schlüpfte die Tochter des letzten indischen Vizekönigs aus ihren Schuhen, nahm sie in die Hände und begann über den Teppich aus Menschen zu gehen, der sie von der Tribüne trennte. Die lachenden Inder, über denen sie dahinbalancierte, halfen ihr voran, stützten ihre unsicheren Beine, führten sie am Ellbogen und deuteten belustigt auf die glänzenden Pumps in ihren Händen.

Im gleichen Augenblick, als die bunten Turbane der Leibwache sichtbar wurden, die die schwarz-goldene Staatskarosse des Generalgouverneurs eskortierte, drängten die Massen wie eine Flutwelle nach vorne. Während Pamela Mountbatten von der Tribüne zusah, wie ihre Eltern langsam näher kamen, sah sie plötzlich ein unglaubliches Bild. In diesem Meer von Menschen rings um die Tribüne standen Tausende von Frauen, die ihren Babies die Brust gaben. In ihrer Angst, die vorwärtsdrängende Menge könnte sie erdrücken, griffen sie zu einem verzweifelten Mittel. Sie warfen die Säuglinge hoch, fingen sie wieder auf und schleuderten sie erneut in die Luft. Im Nu flogen Hunderte von Babies durch die Luft. Mein Gott, dachte das Mädchen mit aufgerissenen Augen, es regnet ja Babies!

Von seiner Karosse aus erkannte Mountbatten sofort, daß nicht die geringste Chance bestand, das ausgeklügelte Zeremoniell auszuführen, das er für die Flaggenhissung ersonnen hatte. Er konnte nicht einmal aus der Kutsche steigen.

«Ziehen wir nur die Fahne hoch», rief er Nehru zu. «Die Kapelle hat es weggeschwemmt. Sie können nicht spielen. Die Garde kann sich nicht rühren.»

Durch den ohrenbetäubenden Lärm vernahmen die Männer auf der Tribüne seinen Ruf. Das safrangelb-weiß-grüne Banner des freien Indien stieg am Fahnenmast hoch, während Königin Victorias Urenkel kerzengerade in seiner Karosse stand und vor der emporstrebenden Fahne feierlich salutierte.

Ein hemmungsloser Freudenschrei brach aus einer halben Million Kehlen, als die Fahne sich über die Köpfe der Menge erhob. Selbst der Himmel schien diesen historischen Augenblick verschönern zu wollen. Als Indiens neue Fahne sich der Spitze des Mastes näherte, wölbte sich plötzlich ein Regenbogen über das Firmament. Ein Volk, das vom Okkulten besessen war und die Gestirne als Lenker der menschlichen Geschicke betrachtete, konnte darin nur eine Manifestation des Göttlichen sehen. Aus den gesichtslosen Massen um die Tribüne erhob sich eine Stimme, die vor ergriffenem Staunen bebte.

«Wenn Gott selbst uns ein solches Zeichen schickt», rief sie in Hindi, «wer kann uns dann widerstehen?»

Nun erwartete Louis und Edwina Mountbatten das außergewöhnlichste Erlebnis ihres Lebens, die Rückfahrt zum Palast. Ihre vergoldete Karosse wurde gewissermaßen zu einem Rettungsfloß, das zwischen den ausgelassensten, fröhlichsten, überschwenglichsten Menschenmassen dahinschwankte, die beide jemals gesehen hatten. Nehru selbst wurde zu ihnen in die Kutsche gehoben, um an ihrer Fahrt teilzunehmen. Landsleute katapultierten ihn buchstäblich an Bord. Die ganze Fahrt, so ging es Mountbatten durch den Sinn, war «sozusagen ein riesiges Picknick von fast einer Million Menschen, die alle so fröhlich sind wie noch nie in ihrem Leben». Dieser spontane, jeder Kontrolle entglittene, doch unendlich glückliche Ausbruch spiegelte die wahre Bedeutung des Tages wider.

Mountbatten stand inmitten winkender Hände, die sich ihm begeistert entgegenreckten. Er blickte über die Massen hin, um zu erspähen, wo dieses Menschenmeer seine Grenzen hatte. Er konnte keine erkennen.

Dreimal beugten sich Mountbatten und seine Frau aus der Karosse und zogen eigenhändig eine erschöpfte Frau zu sich hinein, die beinahe unter die Räder geraten wäre. Die drei Frauen nahmen auf den schwarzledernen Sitzen Platz, die einst für das englische Königspaar gedacht gewesen waren. Da saßen sie nun mit staunend geweiteten Augen und fuhren mit Indiens letztem vizeköniglichen Paar dahin, das glücklich lachte.

Für Louis und Edwina Mountbatten verband sich die Erinnerung an diesen glorreichen Tag vor allem mit einem vibrierenden, endlos wiederholten Ruf. In der ganzen indischen Geschichte hatte ihn noch kein Engländer mit solcher Bewegung und Aufrichtigkeit vernommen. Wie eine Reihe von Donnerschlägen brach er immer wieder aus der Menge. Es war die Anerkennung des Volkes für Mountbattens Leistung, eine Huldigung, die dem Volk Indiens aus dem Herzen kam. *«Mountbatten Ki Jai!»* jubelten die Menschen, *«Mountbatten Ki Jai!»* – «Mountbatten lebe hoch!»

Zehntausend Kilometer von den jubelnden Massen in Neu-Delhi entfernt, im Herzen des schottischen Hochlands, fuhr ein Regierungswagen in den Hof des Schlosses Balmoral ein. Der einzige Insasse wurde unverzüglich zu dem Arbeitszimmer geführt, in dem Georg VI. ihn schon erwartete. Der Earl of Listowel, letzter Indienminister, verbeugte sich steif und teilte dem König in feierlichem Ton mit, daß die Machtübergabe in indische Hände vollzogen sei. Für Georg VI. hatte sich etwas unwiderruflich verändert: Er war nicht mehr Georg VI. Rex Imperator, er war nicht mehr Kaiser.

Er müßte nun eigentlich, sagte der Earl, in die Obhut Seiner Majestät die alten Siegel seines Amtes zurückgeben, die Symbole, die das Indische Kaiserreich mit der britischen Krone verbunden hatten. Leider aber seien die Siegel nicht vorhanden. Schon Jahre vorher habe irgend jemand sie verlegt.

Die Dunkelheit und der von einer Million Füßen aufgewirbelte Staub senkten sich auf die Hauptstadt Indiens herab. Noch immer drängten sich Tausende singend und jubelnd in den Straßen und umarmten einander. Neben den Mauern des großen Roten Forts in Alt-Delhi feierten Tausende Karneval: Schlangenbeschwörer, Jongleure, Weissager, tanzende Bären, Ringkämpfer, Schwertschlucker, Flötenspieler,

Fakire, die sich die Wangen mit silbernen Dornen durchbohrten. Weitere Tausende zogen aus der Stadt hinaus, den endlosen Ebenen entgegen, aus denen sie gekommen waren. Unter ihnen war auch Ranjit Lal, der Brahmane aus dem Bauerndorf Chatharpur. Zu Lals Ärger verlangte der Tongabesitzer, der ihn für vier Annas nach Delhi gebracht hatte, für die Rückfahrt zwei Rupien. Lal sagte, dieser Preis sei ihm für die Freiheit zu hoch, und machte sich mit den Seinen zu Fuß auf den Rückmarsch in ihr dreißig Kilometer entferntes Dorf.

Als die Mountbattens endlich in ihre Privatgemächer zurückgekehrt waren, fielen sie einander vor Freude in die Arme. In den Straßen der Stadt, in der sie sich ein Vierteljahrhundert vorher verliebt hatten, hatten sie gemeinsam einen Triumph erlebt, wie er nur wenigen Menschen vergönnt ist. Der Admiral, der einst die Kapitulation einer Dreiviertelmillion Japaner entgegengenommen hatte, sollte nie mehr einen Tag erleben, der diesem gleichkam. Es war, erinnerte sich Mountbatten, wie der hemmungslose Jubel bei Kriegsende – nur daß dies ein Krieg gewesen sei, «den beide Seiten gewonnen hatten, ein Sieg ohne Verlierer».

Am folgenden Vormittag läutete ein Besucher aus Neu-Delhi an der Tür von Downing Street Nr. 10. Der Bewohner des Hauses, Premierminister Clement Attlee, hatte an diesem Augusttag allen Anlaß zur Zufriedenheit. Die Entlassung Indiens in die Unabhängigkeit war von Bekundungen überströmender Versöhnlichkeit und Freundschaft gegenüber Großbritannien begleitet gewesen, wie sie noch ein halbes Jahr vorher niemand für möglich gehalten hätte. Ein angesehener Inder hatte Englands Verhalten mit dem der Holländer in Indonesien und der Franzosen in Indochina verglichen und geäußert: «Wir können nicht umhin, den Mut und die politische Weitsicht des englischen Volkes zu bewundern.»

Doch Mountbatten hatte seinen ehemaligen Sekretär George Abell nach London geschickt, um Attlee vor jeder übertriebenen Erwartung zu warnen. Die Art und Weise, wie man die Unabhängigkeit zustande gebracht habe, sagte Abell im Garten zu Attlee, sei zwar ein großer Triumph für die Regierung wie für den Mann, den er als letzten Vizekönig ausgewählt hatte. Aber er riet Attlee ab, den Erfolg zu früh und allzu öffentlich zu feiern, denn die Teilung Indiens müsse unvermeidlich «zu einem entsetzlichen Blutvergießen und Durcheinander» führen.

Attlee zog an seiner Pfeife und nickte traurig. Nein, sagte er, aus Downing Street werde kein Triumphgeschrei erschallen, würden keine selbstzufriedenen Proklamationen zu hören sein. Er gebe sich «keinerlei Illusionen» hin. Was sie zustande gebracht hätten, sei zwar wichtig, aber er sei sich im klaren darüber, daß nun der Preis dafür gezahlt werden müsse.

Der Augenblick war da, die Büchse der Pandora zu öffnen. Eine kurze Sekunde zögerte Mountbatten und blickte die beiden Kuverts in seiner Hand an. Jedes enthielt eine Garnitur der neuen Karten des Subkontinents und dazu ein knappes Dutzend maschinenbeschriebener Blätter. Es waren die letzten amtlichen Schriftstücke, die Großbritannien Indien vermachte, die letzten Glieder einer Kette, die mit dem königlichen Freibrief Elizabeths I. für die Ostindische Kompanie im Jahr 1500 begonnen hatte. Keines der Dokumente, die ihnen vorangegangen waren, hatte eine so rasche und brutale Reaktion ausgelöst, wie sie auf den Inhalt dieser Umschläge folgen würde. Diese Dokumente mußten unvermeidlich die Tragödie in Gang setzen, die George Abell Großbritanniens Premierminister im Garten seines Hauses in der Downing Street angekündigt hatte.

Mountbatten reichte die Umschläge Nehru und dem pakistanischen Ministerpräsidenten Liaquat Ali Khan und schlug ihnen vor, den Inhalt in zwei verschiedenen Zimmern zu studieren und in zwei Stunden zu einem gemeinsamen Gespräch zurückzukehren. Als sie mit vor Zorn verzerrten Gesichtern wiederkamen, war sich Mountbatten wenigstens in einem Punkt gewiß: Sir Cyril Radcliffe hatte sich einer undankbaren Aufgabe unparteiisch unterzogen. Beide Männer schienen gleichermaßen ergrimmt. Kaum hatten sie Platz genommmen, sprudelten die zornigen Proteste nur so aus ihnen heraus. Indiens Unabhängigkeitsfeiern waren zu Ende.

Sir Cyril Radcliffe hatte in getreuer Befolgung seiner Anweisungen das Skalpell angesetzt. Mit wenigen unbedeutenden Ausnahmen hatte er seine Grenzlinien im Pandschab und in Bengalen gemäß der Religionszugehörigkeit der Bevölkerungsmehrheit gezogen. Das Resultat war so, wie jedermann vorausgesagt hatte: an sich brauchbar, aber in der praktischen Anwendung eine Katastrophe.

Die Trennungslinie in Bengalen verurteilte beide Teile der Provinz zum wirtschaftlichen Ruin, wenn sie keinen Interessenausgleich fanden. 85 Prozent der Welt-Juteproduktion kam aus einem Gebiet, das an Pakistan gefallen war, aber auf dem gesamten Territorium des neuen Staates gab es keine einzige Fabrik für die Verarbeitung des Rohstoffes. Indien bekam über hundert Jutefabriken und den Hafen Kalkutta, über den die Bastfaser in die Welt verschifft wurde – aber keine Jute.

Die Grenze im Pandschab, die Radcliffe solches Kopfzerbrechen bereitet hatte, begann in weglosen Waldgebieten am Rand von Kaschmir. Sie folgte so weit wie möglich dem Lauf der Flüsse Ravi oder Satledsch und lief dreihundert Kilometer südwärts zum nördlichsten Rand der Großen Indischen Wüste. Lahore fiel an Pakistan, Amritsar mit seinem Goldenen Tempel kam zu Indien. Radcliffes Grenzlinie zerschnitt das Siedlungsgebiet von Indiens militantester Bevölkerungsgruppe, der Sikhs, in zwei Teile.

Die größte Kontroverse, die Radcliffes Schiedsspruch auslösen mußte, sollte sich an einer der wenigen Ausnahmen entzünden, bei denen er vom Prinzip der Grenzziehung entsprechend der Bevölkerungsmehrheit abging. Sie betraf ein armseliges Städtchen namens Gurdaspur im nordöstlichsten Zipfel des Pandschabs. Radcliffe hatte sich dafür entschieden, der natürlichen Scheidelinie des Flusses Ravi zu folgen, wodurch die Stadt und die Moslemdörfer ringsum bei Indien blieben, statt eine pakistanische Enklave zu schaffen, die in indisches Territorium hineinragte.

Diese Entscheidung vergaben ihm die Pakistani nie. Denn wenn Radcliffe Gurdaspur Pakistan zugesprochen hätte, dann hätte Jinnahs Staat nicht nur diese schmutzige, unbedeutende Stadt gewonnen. Unvermeidlich wäre ihm damit auch das «verzauberte Tal» zugefallen, nach dem der sterbende Mogulkaiser Dschahangir sehnsüchtig gerufen hatte: «Kaschmir, nur Kaschmir!»

Ohne Gurdaspur hätte Indien keinen Zugang zu Kaschmir gehabt, und seinem unbeständigen Hinduherrscher Hari Singh wäre nichts übriggeblieben, als sein Land mit Pakistan zusammenzuschließen. Unbeabsichtigt, fast versehentlich schenkte Radcliffe mit seiner Grenzlinie Indien die Hoffnung, sich Kaschmir anzueignen.

Der Mann, der mit der Zerstückelung Indiens beauftragt worden war, weil er so wenig Ahnung von dem Land hatte, betrachtete zum letztenmal in seinem Leben die trauernden Landschaften, die er geteilt hatte. Cyril Radcliffe reiste unter strengen Sicherheitsvorkehrungen nach Hause. Die letzte Aufgabe des ihm zugeteilten Beamten vom I.C.S. hatte darin bestanden, die Maschine nach einer möglichen Bombe abzusuchen. Gedankenverloren blickte der englische Jurist zu seinem Flugzeugfenster hinaus, während drunten die endlosen Weizen- und Zuckerrohrfelder vorüberglitten.

Radcliffe wußte besser als irgend jemand sonst, welche Bestürzung und welches Leid die Grenzlinien auslösen würden, die er gezogen hatte. Doch leider Gottes gab es überhaupt keine Grenzen, die nicht ihr gerüttelt Maß an menschlicher Tragik mit sich gebracht hätten. Die Elemente, die den Pandschab unerbittlich ins Verhängnis trieben, hatten bereits längst vor Radcliffes Ankunft in Indien existiert. So sicher, wie die Jahreszeiten im Pandschab einander in ewiger Folge ablösten, so sicher würde sein Schiedsspruch zu schrecklichem Blutvergießen, zu Greueln und Zerstörung führen. Und ebenso gewiß war für ihn, daß man ihm die Schuld an alledem geben werde.

In Radcliffes Gepäck verstaut waren die greifbaren Erinnerungen an seinen Indienaufenthalt, zwei Orientteppiche, die er im Basar von Delhi erstanden hatte. Die wahren Souvenirs aber waren seelischer

Art, schmerzlich und unvergeßlich. Nehru wie Jinnah hatten erklärt, Radcliffes Entscheidung werde für sie bindend sein, und sie würden ihre ganze Autorität einsetzen, um sie durchzuführen. Nun aber beeilten sich beide Männer, sie zu verurteilen.

Einige Tage später reagierte der völlig ernüchtert heimgekehrte Radcliffe mit der einzigen Geste, die ihm möglich war. Voller Verachtung wies er die 2000 Pfund zurück, die er vereinbarungsgemäß als Honorar für den kompliziertesten Grenzschiedsspruch in der modernen Geschichte erhalten sollte.

Drunten auf den Ebenen begann bereits, für Radcliffe unsichtbar, die größte Völkerwanderung in der Geschichte der Menschheit. Als Vorboten des aufziehenden Sturms stolperten die ersten Flüchtlinge auf den Kanaldämmen des Pandschabs dahin, auf den Staubstraßen und unmarkierten Wegen, auf der großen Überlandstraße, quer über die nicht abgeernteten Felder. In wenigen Stunden sollte die Veröffentlichung von Radcliffes Bericht der Schreckensatmosphäre in dieser Provinz, in der sich so viele Dramen der Menschheit abgespielt hatten, eine neue Dimension hinzufügen. Dörfer, deren mohammedanische Bewohner über die Geburt Pakistans gejubelt hatten, lagen unerwarteterweise auf indischem Boden; in anderen hatten Sikhs eben noch den Anschluß an Indien gefeiert, da mußten sie bereits über die Felder, die sie seit Jahrzehnten bebauten, zu Radcliffes Grenze rennen, um ihr Leben zu retten.

Schon bald traten die Geburtsfehler der Grenzziehung ans Licht, vor denen Radcliffe gewarnt hatte, wenn man zu übereilt vorging. In manchen Fällen kam das Staubecken eines Bewässerungssystems auf indischen Boden zu liegen, während die Kanalböschungen in Pakistan lagen oder umgekehrt. Zuweilen verlief die Grenzlinie mitten durch ein Dorf, so daß ein Dutzend Hütten an Indien, ein zweites an Pakistan fiel. Gelegentlich durchschnitt sie sogar ein Haus, mit der Folge, daß die Haustür nach Indien und das Hinterfenster auf Pakistan ging. Sämtliche Gefängnisse des Pandschabs kamen zu Pakistan. Ebenso die einzige Nervenheilanstalt der Provinz.

Dort flehten die angsterfüllten Hindu- und Sikhinsassen das Aufsichtspersonal an, sie nach Indien zu schicken. Die Moslems, jammerten sie, würden sie umbringen, wenn sie in Pakistan blieben. Ihre inständige Bitte wurde abgewiesen. Die Ärzte der Anstalt, weit weniger klarblickend als die ihnen anvertrauten Patienten, sahen keine solche Gefahr. Herablassend versicherten sie ihren Kranken, ihre Befürchtungen seien «nur Einbildung».

13

«Unsere Völker haben den Verstand verloren»

Es war eine beispiellose Katastrophe von unvorhergesehenem Ausmaß und unbeschreiblicher Brutalität. Sechs fürchterliche Wochen tobte wie eine mittelalterliche Seuche ein manischer Mordrausch durch den Norden Indiens. Es gab kein Entrinnen, keine Zuflucht, keinen Winkel, der nicht von diesem furchtbaren Virus verpestet gewesen wäre. Bei diesem Massenmassaker kamen halb so viele Inder um wie Amerikaner im Zweiten Weltkrieg.

Überall fiel die Übermacht der Starken über die Schwachen her. In der Aurangzeb Road in Neu-Delhi mit ihren vornehmen Wohnhäusern, in den Suks der Silberschmiede in Alt-Delhi, in den *mahallas* von Amritsar, den eleganten Vorstädten von Lahore, im Basar von Rawalpindi, im mauerumgürteten Peschawar, in Läden, Marktbuden, Lehmhütten, Dorfgassen, in Ziegeleien, Fabriken und auf Feldern, in Bahnhöfen und Teehäusern stürzten sich die Angehörigen von Religionsgemeinschaften, die generationenlang friedlich zusammen gelebt hatten, in einer Orgie des Hasses aufeinander. Es war kein Krieg, es war kein Bürgerkrieg, es war kein Partisanenfeldzug. Es war der plötzliche Zusammenbruch einer Gesellschaft. Eine Tat löste die andere aus, ein Greuel führte zum nächsten, jedes Massaker zeugte das folgende, bis schließlich, wie ein explodierendes Gebäude in Zeitlupenaufnahme, die Mauern des Hauses, in dem die Pandschabis gemeinsam gewohnt hatten, auseinanderbrachen und langsam zusammenstürzten.

Die Katastrophe war leicht zu erklären. Radcliffes Grenzlinie hatte bewirkt, daß sich fünf Millionen Sikhs und Hindus in der pakistanischen Hälfte des Pandschabs, mehr als fünf Millionen Moslems in der indischen befanden. Von der demagogischen Taktik Jinnahs und der Führer der Moslemliga verleitet, hatten die ausgebeuteten Moslems im Pandschab die Überzeugung gewonnen, in Pakistan, dem «Land der Reinen», würden die Hindu-Geldverleiher und -Ladenbesitzer und die *zamindars*, die harten Sikhgroßgrundbesitzer, verschwinden. Doch trotz der Unabhängigkeit gab es sie noch immer. Nach wie vor wollten sie ihre Pacht kassieren, saßen sie in ihren Läden und auf ihren Farmen. Es konnte nicht anders sein, als daß die Idee von den muslimischen Massen Besitz ergriff: Wenn Pakistan uns gehört, dann gehören uns auch die Geschäfte, Höfe, Häuser und Fabriken der Hindus und Sikhs. Jenseits der Grenze, im indischen Pandschab, schickten sich die militanten Sikhs an, die Moslems aus ihrer Mitte zu vertreiben, um Platz zu schaffen für die Brüder, die Radcliffes Skalpell Pakistan überantwortet hatte.

Und so fielen Hindus, Sikhs und Moslems wie die Rasenden übereinander her. Indien war von jeher ein Land des Übermaßes, ja der Maßlosigkeit gewesen, und das Ausmaß der Greuel, die sich im Pandschab abspielten, des menschlichen Leids, das die Folge war, blieb hinter dieser uralten Tradition nicht zurück. In Europa hatten die Menschen einander mit V-1- und V-2-Raketen, mit Stalinorgeln und den kalt berechneten Greueln der Gaskammern niedergemetzelt; die Menschen im Pandschab begannen nun, mit Bambusstöcken, Hockeyschlägern, Eispickeln, Messern, Keulen, Schwertern, Hämmern, Ziegelsteinen, mit Klauen und Krallen einander abzuschlachten. Entsetzt über die Leidenschaften, die sie ungewollt entfesselt hatten, versuchten ihre Führer verzweifelt, sie wieder zur Vernunft zu bringen. Es war ein hoffnungsloses Unterfangen. Die Stimme der Vernunft blieb ungehört in dieser kurzen, barbarischen Zeitspanne, in der Indien den Verstand verlor.

Entsetzt starrte Hauptmann R. E. Atkins auf das Bild zu seinen Füßen. Eine Redewendung, die er oft gehört, aber nie ernst genommen hatte, war vor seinen Augen Wirklichkeit geworden. In den Rinnsteinen von Lahore strömte buchstäblich das Blut. Das vielgerühmte Paris des Ostens hatte sich in einen Schauplatz trostloser Vernichtung verwandelt. Ganze Straßenzüge in den Hinduvierteln standen in Flammen und wurden ausgeplündert, während muslimische Polizisten und Soldaten untätig zuschauten. In seinem Feldquartier im Hotel Braganza war er von einer Gruppe jammervoller Hindugeschäftsleute belagert worden, die ihm alles boten, zwanzig-, dreißig-, fünfzigtausend Rupien, ihre Töchter, den Schmuck ihrer Frauen, wenn er sie nur in seinem Jeep aus der Hölle fliehen ließe, zu der Lahore geworden war.

In Amritsar lagen weite Bereiche der Stadt, die Moslemquartiere, in Schutt und Asche. Darüber stiegen sich kräuselnde Rauchfahnen in den Himmel. Geier hielten auf den geborstenen Mauern die Totenwache, Verwesungsgestank durchzog die Ruinen. Allerorten war das Gesicht des Pandschabs von ähnlichen Bildern entstellt. In Lyallpur fielen die muslimischen Arbeiter in einer Textilfabrik über die Sikhs her, die ihr elendes Los an den Webstühlen teilten, und machten sie alle ausnahmslos nieder. Das Bild, das Hauptmann Atkins entsetzt hatte, nahm hier eine nahezu unfaßliche Dimension an: Ein ganzer Abwasserkanal war mit Hunderten erschlagener Sikhs und Hindus angefüllt.

In Simla starrte Fay Campbell-Johnson, die Frau von Mountbattens Presseattaché, voll Entsetzen auf das Bild, das sich ihr von der Veranda des Hotels Cecil darbot, wo zu den Zeiten der britischen Herrschaft die Herren des Landes im Sommer ihren Tee getrunken hatten. Sikhs auf Fahrrädern, die ihre *kirpans* schwenkten, jagten wie Jäger auf der Fuchshatz fliehende Moslems über die Mall. Sie fuhren an ihre zu Tode erschrockenen Opfer von hinten heran und schlugen ihnen mit einem furchtbaren Hieb den Kopf ab. Ein Engländer sah, wie der Kopf eines ihrer Opfer, auf dem noch der Fes saß, über die Straße rollte, während der Mörder wütend seinem nächsten Opfer nachsetzte, das blutige Schwert schwang und schrie: «Ich bringe noch mehr um! Ich bringe noch mehr um!»

Der Mann, der einem anderen zum Henker wurde, konnte ebensogut ein Freund wie ein Fremder sein. Seit fünfzehn Jahren hatte Nirajan Singh, ein Sikh und Teehändler im Basar der Stadt Montgomery, seinem Nachbarn, einem muslimischen Kürschner, jeden Tag eine Kanne Assamtee serviert. Er war gerade dabei, ihm seinen Tee auf das Messingtischchen zu stellen, als er aufblickte. Mit haßverzerrtem Gesicht deutete der Moslem auf ihn und kreischte: «Bringt ihn um, bringt ihn um!»

Ein Dutzend Moslemschläger stürzte herein. Einer hieb mit seinem Schwert Nirajan Singh unterhalb des Knies das Bein ab. In einem einzigen Augenblick töteten sie seinen neunzigjährigen Vater und seinen einzigen Sohn. Das letzte, was er sah, bevor er das Bewußtsein verlor, war seine vor Angst kreischende achtzehnjährige Tochter, die der Mann, dem er seit fünfzehn Jahren mit Tee aufgewartet hatte, auf den Schultern davonschleppte.

Es gab Distrikte, in denen kein Dorf ungeschoren, kein einziger Basar stehen blieb. Überall wurden die Minderheiten von Angst und Entsetzen erfaßt. In Ukarna, einer kleinen Textilstadt an der Bahnlinie Lahore–Karatschi, in der überwiegend Moslems lebten, hielt sich nach dem 15. August Madanlal Pahwa, ein zwanzigjähriger ehemaliger Matrose der indischen Marine, in der Wohnung seiner Tante versteckt. Durch die Fenster sah er die jubelnden Moslems des Ortes tanzen und Fähnchen schwenken. Sie riefen im Chor ihre neueste Parole: *«Hamkelya Pakistan, Larkelinge Hindustan!»* (Pakistan haben wir durch Lachen gewonnen, Indien kriegen wir durch Kämpfen.) Madanlal Pahwa haßte die Moslems. Er hatte, in seiner Khakiuniform mit dem schwarzen Streifen der R.S.S.S., zusammen mit anderen die Mohammedaner terrorisiert. Nun wurde der Spieß umgedreht; und er war an der Reihe. Wir haben alle Todesangst, dachte er; wir sind wie Schafe, die vor dem Schlachtmesser zittern.

Wo sie das Übergewicht hatten, waren die Sikhs die bestorganisierten, heimtückischsten Killer. Ahmed Zarullah, ein Moslem, lebte als Pächter in einem kleinen Dorf in der Nähe von Ferozepore, das eines Nachts von einer Sikh-*jattha* überfallen wurde. «Wir wußten», berichtete er, «daß sie uns wie die Ratten totschlagen würden. Wir versteckten uns hinter unseren Bettgestellen, hinter dem Misthaufen. Mit Beilen schlugen die Sikhs die Tür ein. Eine Kugel traf mich im linken Arm. Während ich mich zu wehren versuchte, sah ich, wie meine Frau viermal getroffen wurde. Aus dem Schenkel und dem Rücken strömte ihr das Blut. Meinen Sohn, der erst drei Jahre alt war, trafen sie in den Unterleib. Er hat nicht geschrien. Er ist tot umgefallen. Ich riß meine Frau und meinen zweiten Sohn an mich. Wir ließen das tote Kind zurück und krochen auf die Straße hinaus. Ich sah, wie Sikhs Moslems niederschossen, die aus den anderen Hütten kamen. Manche schleppten auf den Schultern Mädchen davon. Man hörte Schreien, Kreischen und Jammern. Die Sikhs stürzten sich auf mich und rissen mir meine tote Frau aus den Armen. Sie brachten meinen zweiten Jungen um und ließen mich im Staub liegen. Ich hatte keine Kraft mehr zu weinen, keine Träne mehr. Ich brach ohnmächtig zusammen.»

In Sheikhpura, einem Handelsstädtchen nördlich von Lahore, wurde die gesamte Sikh- und Hindueinwohnerschaft in ein riesiges Warenlager getrieben, in dem die in der Stadt ansässige Bank das Getreide lagerte, das sie als Sicherheit für Kredite verlangte. Kaum waren die Wehrlosen in dem Areal eingeschlossen, wurden sie von mohammedanischen Polizei- und Armeedeserteuren mit Maschinengewehren niedergemäht. Niemand überlebte das Massaker.

Die englischen Offiziere, die im Land geblieben waren, um in der indischen oder pakistanischen Armee zu dienen, sagten einhellig: «Es war viel schlimmer als alles, was wir im Zweiten Weltkrieg erlebt haben.»

Robert Trumbull, ehemaliger Korrespondent der *New York Times*, berichtete: «Nie hat mich etwas derart erschüttert, nicht einmal die Leichenhaufen im Brückenkopf von Tarawa. Ich habe Tote zu Hunderten gesehen und, was am furchtbarsten ist, Tausende von Indern ohne Augen, Füße oder Hände. Tötung durch Erschießen ist noch barmherzig, kommt aber nicht oft vor. Männer, Frauen und Kinder werden im allgemeinen mit Knüppeln totgeschlagen und liegengelassen. Die Hitze und die Fliegen machen ihren Todeskampf noch grausamer.»

Die einander bekämpfenden Religionsgruppen schienen an barbarischen Exzessen miteinander wetteifern zu wollen. Ein englischer Offizier von der Pandschab-Grenztruppe entdeckte vier Moslemsäuglinge, die «in einem von Sikhs überfallenen Dorf wie Ferkel am Spieß gebraten» wurden. Ein anderer fand eine Gruppe Hindufrauen, denen mohammedanische Fanatiker die Brüste abgeschnitten hatten.

In Moslemgebieten ließ man den Hindus zuweilen die Wahl, entweder zum Islam überzutreten oder fluchtartig das Land zu verlassen. Bagh Das, ein Hindubauer aus einem Weiler westlich von Lyallpur, wurde mit dreihundert anderen Hindus zu einer Moschee in einem Nachbardorf getrieben, die neben einem Weiher stand. Sie mußten sich in dem Teich die Füße waschen und wurden anschließend in die Moschee geführt, wo man ihnen befahl, sich mit gekreuzten Beinen auf den

Boden zu setzen. Der *maulvi* las ein paar Suren aus dem Koran vor. «Jetzt», sagte er dann, «müßt ihr euch entscheiden, ob ihr Mohammedaner werden und glücklich leben oder umgebracht werden wollt.»

«Wir zogen ersteres vor», gab Das zu. Jeder Bekehrte erhielt einen muslimischen Namen und mußte einen Vers aus dem Koran aufsagen. Dann trieb man sie auf den Hof der Moschee, wo eine Kuh am Bratspieß hing. Einer nach dem anderen mußten die Hindus ein Stück von ihrem Fleisch essen. Bagh Das, bis zu diesem Zeitpunkt Vegetarier, verspürte einen würgenden Brechreiz, riß sich aber zusammen. Sie werden mich umbringen, sagte er sich, wenn ich ihnen nicht gehorche.

Sein Nachbar, ein Brahmane, bat um die Erlaubnis, mit seiner Frau und seinen drei Kindern zu seiner Hütte gehen zu dürfen, um wegen der Bedeutung des Augenblicks seine Hochzeitsteller und -gabeln zu holen. Geschmeichelt ließen ihn die Moslems ziehen. «Der Brahmane hatte in seiner Hütte ein Messer versteckt», erzählte Das. «Als er zu Haus angekommen war, holte er es aus dem Versteck. Er schnitt zuerst seiner Frau, dann den drei Kindern die Kehle durch. Zuletzt stieß er sich das Messer selbst ins Herz. Keiner von ihnen kehrte zurück, um von dem Fleisch zu essen.»

Hinter den Angriffen der Moslems auf die Sikhs und Hindus in Pakistan stand oft ein Motiv, das mit religiösem Fanatismus nichts zu tun hatte. Es war schlichte Habgier, der oft sorgfältig inszenierte Versuch, sich des Grundbesitzes, der Geschäfte und des Reichtums ihrer Nachbarn zu bemächtigen.

Sardar Prem Singh, ein Sikh, übte in einem Dorf bei Sialkot das Gewerbe aus, das den Moslems am verhaßtesten war. Er war Geldverleiher. «Ich stammte aus einer sehr reichen Familie», berichtete Prem Singh. «Ich hatte ein großes Haus mit zwei Stockwerken und einem starken Eisentor davor. Jeder im Dorf wußte, daß ich der Reichste war. Viele Moslems haben ihren Schmuck bei mir verpfändet. Ich bewahrte ihn in einem großen eisernen Panzerschrank auf. Beinahe jeder Moslem im Dorf hatte irgendwann einmal seine Kostbarkeiten bei mir verpfändet.»

Eines Morgens kurz nach dem 15. August sah Prem Singh eine Horde Moslems auf sein Haus zuströmen. Sie schwangen Keulen, Brecheisen und Messer. Er kannte fast jeden einzelnen. Alle waren wenigstens einmal seine Schuldner gewesen. «Der Panzerschrank, der Panzerschrank!» brüllten sie.

Sie erhofften sich reiche Beute. Doch Prem Singhs Panzerschrank enthielt nicht nur Juwelen von Moslems, sondern auch eine doppelläufige Flinte mit fünfundzwanzig Patronen. Prem Singh schloß rasch den Safe auf, riß das Gewehr heraus und rannte ins erste Stockwerk hinauf. Eine Stunde lang stürzte er von Fenster zu Fenster und verteidigte sein Heim gegen die Menge, die sein Haustor einzuschlagen versuchte.

Während er damit beschäftigt war, spielte sich im Erdgeschoß eine grauenvolle Szene ab. Seine Ehefrau, die überzeugt war, daß die Moslems gleich ins Haus eindringen würden, holte ihre sechs Töchter in sein Büro. Sie nahm eine große Büchse mit Kerosin, das zum Kochen verwendet wurde, und übergoß sich damit. Dann flehte sie den Sikhguru um Barmherzigkeit an, beschwor ihre Töchter, es ihr nachzutun, und zündete sich an.

Ihr Mann, der im ersten Stock noch immer verzweifelt sein Haus verteidigte, wunderte sich über den stickigen Brandgeruch, der über die Treppe heraufdrang. Als er schließlich alle Patronen bis auf fünf verfeuert hatte, zog der Mob ab, und der erschöpfte Sikh wankte die Treppe hinab. Dort entdeckte er voller Entsetzen die Ursache des beißenden Rauchs, der ihn Übles hatte ahnen lassen. Vor seinem offenen Panzerschrank lagen die verkohlten Leichen seiner Frau und drei seiner Töchter, die sich den Tod gegeben hatten, um der Schändung durch die Moslems zu entgehen.

Keineswegs alle Sikhs und Hindus, die von den Moslems angegriffen wurden, waren wohlhabend. Guldip Singh, ein vierzehnjähriger Junge, war der Sohn eines Sikhpächters, einer von fünfzig Hindus und Sikhs in einem Dorf nördlich von Lahore, in dem eine Mehrheit von sechshundert Moslems lebte. Der Junge teilte die armseligen zwei Zimmer ihrer Hütte mit seinen Eltern, zwei Wasserbüffeln und einer Kuh. Eines Tages umstellten die Moslems aus der Nachbarschaft das Viertel und brüllten: «Raus aus Pakistan, sonst bringen wir euch um!»

Sie flohen alle zum Haus des angesehensten Sikhs im Dorf. «Die Moslems kamen mit Schwertern, Messern, langen Eisenspeeren mit Tüchern, die sie in Kerosin getaucht hatten, um uns zu verbrennen. Wir warfen Steine und Ziegelsteine auf sie, aber es gelang ihnen, das Haus in Brand zu stecken. Sie erwischten einen Sikh und zündeten ihm den Bart an. Obwohl sein Bart brannte, schleuderte er einem Moslem einen schweren Ziegelstein an den Kopf und tötete ihn. Dann brach er zusammen, murmelte noch den Namen des Gurus Nanak und starb. Sie schleppten die Männer hinaus und brachten sie auf der Straße um. Ich rannte aufs Dach. Dort standen die Frauen und beobachteten alles. Sie wußten, daß sie vergewaltigt werden würden, wenn sie den Moslems in die Hand fielen. Manche von ihnen hatten einen Säugling auf dem Arm. Sie machten ein großes Feuer auf dem Dach. Sie gaben den Babies die Brust und jammerten weinend über ihr Schicksal. Dann warfen sie die Babies in die Flammen und stürzten sich ihnen nach.»

Er konnte den Anblick nicht ertragen, berichtete der junge Sikh. Er sprang vom Dach hinab, und in dem Durcheinander und der einbrechenden Dunkelheit gelang es ihm, zu einem Baum zu entkommen, auf dem er sich während der nächsten sechs Stunden versteckte.

«Vom Haus her kam ein übler Geruch, von den brennenden Leichen», erzählte er. «Meine Eltern kamen nicht heraus. Ich wußte, daß sie umgebracht worden waren oder sich in das Feuer gestürzt hatten. Ich sah, wie zwei Mädchen weggeschleppt wurden. Sie waren ohnmächtig. Als es spät in der Nacht ruhig wurde, wagte ich mich von dem Baum herunter. Ich ging in das Haus. Sie waren alle tot. Alle im Dorf außer den beiden Mädchen und mir hatten sie umgebracht.»

Der vierzehnjährige Sikh verbrachte die Nacht in diesem Totenhaus, vor Schmerz unfähig zu weinen. Als die Morgendämmerung kam, versuchte er unter den geschwärzten Leichen der Freunde und Nachbarn, die er von Kindesbeinen auf kannte, die verkohlten Überreste seiner Eltern herauszufinden. Es war unmöglich. Mit einem blutverkrusteten Messer, das er auf dem Boden fand, schnitt er sich das Haar kurz, damit er sich als Moslem ausgeben konnte. Dann machte er sich auf die Flucht.

Die Greuel kannten keinen Unterschied der Rasse, und das Leid, das in jenen Augusttagen den Menschen im Pandschab angetan wurde, wurde mit geradezu biblischer «Gerechtigkeit» zugemessen: Auge um Auge, Massaker um Massaker, Schändung um Schändung, blinde Grausamkeit für blinde Grausamkeit. Der einzige Unterschied zwischen Guldip Singh und Mohammed Yacub war ihre verschiedene Religionszugehörigkeit. Mohammed war gleichfalls vierzehn Jahre alt. Er lebte in Indien, in der Nähe von Amritsar. Der Moslemjunge spielte gerade mit Murmeln vor dem Haus, das er mit seinen Eltern und sechs Geschwistern bewohnte, als die Sikhs kamen. Es gelang ihm, sich in einem Zuckerrohrfeld am Dorfrand zu verstecken.

«Die Sikhs schnitten mehreren Frauen die Brüste ab. Die anderen rannten wie wahnsinnig vor Angst umher», erzählte er. «Manche unserer Dorfgenossen töteten ihre eigenen Frauen und Töchter, damit sie nicht den Sikhs in die Hände fielen. Die Sikhs durchbohrten mit ihren Speeren zwei meiner kleinen Brüder. Das war für meinen Vater zuviel. Er rannte wie besessen umher und schwang ein Schwert. Die Sikhs konnten ihn auf den Feldern nicht einfangen. Deshalb hetzten sie die Dorfhunde auf ihn. Die Hunde begannen ihn in die Beine zu beißen, so daß mein Vater nicht mehr so schnell laufen konnte. Dann packten ihn die Sikhs. Ein paar umklammerten ihn. Sie rissen ihn auf die Erde und säbelten meinen armen Vater mit ihren Schwertern in Stücke. Sie säbelten ihm Kopf, Hände und Beine vom Leib. Dann warfen sie ihn den Hunden vor.»

Fünfzig der fünfhundert Moslems in Mohammeds Dorf überlebten das Gemetzel. Sie wurden durch das Eingreifen einer Patrouille der Pandschab-Grenztruppe gerettet. Mohammed, der als einziger von seiner Familie übriggeblieben war, wurde «auf einen Lastwagen geholt, auf dem Gurkhasoldaten saßen, um in ein unbekanntes Land gebracht zu werden, das Moslems gehörte, wie die Anführer sagten».

Die Erinnerung an diese schrecklichen Geschehnisse hinterließ in der Psyche von Millionen Menschen eine untilgbare Narbe. Es gab kaum eine Familie im Pandschab, die durch diese sinnlosen Schlächtereien keinen Angehörigen verlor. Noch lange Jahre waren die Menschen von diesem Traum geprägt, von leidvollen Erinnerungen verfolgt, eine schmerzlicher als die andere. Es waren die furchtbaren Erfahrungen einer Bevölkerung, die jäh und unbegreiflich aus dem Land, in dem sie ihre Wurzeln hatte, gerissen und in panikartige Flucht getrieben wurde.

Eine besondere Leidenschaft band Sant Singh, einen Sikh, an das Land, aus dem er vertrieben wurde. Er hatte das Stück, das er davon besaß, die Parzelle Nr. 105/15, insgesamt fünfzig Hektar, gewissermaßen mit dem Blut erkauft, das er im Ersten Weltkrieg am Strand von Gallipoli für die Engländer vergossen hatte. Sechzehn Jahre hatte er gebraucht, um den Grund fruchtbar zu machen, der ihm wie Tausenden anderer Sikhveteranen in einem Gebiet südwestlich von Lahore zugewiesen worden war, das die Engländer durch ein System von Bewässerungskanälen in Ackerland verwandelt hatten. Er hatte seine junge Frau nach der Hochzeit in ein Zelt gebracht, wo sie mehr als zehn Jahre wohnten, auf dem Grundstück seine Kinder aufgezogen und schließlich das fünfzimmrige Lehmziegel-Haus gebaut, sein Stolz und der Beweis seiner Leistung. Am 13. August brachte ihm einer seiner mohammedanischen Feldarbeiter ein Flugblatt, das heimlich unter den Moslems des Gebiets zirkulierte.

«Die Sikhs und Hindus gehören nicht mehr zu unserem Land, man sollte sie vertreiben», hieß es darin. Sant Singh und die zweihundert anderen Sikhs, die im Dorf lebten, beschlossen, ihr Leben durch die Flucht zu retten. Zusammen mit fünf anderen Männern unter dem Kommando eines achtundvierzigjährigen früheren Armeefeldwebels erhielt er die Aufgabe zugewiesen, die Frauen des Dorfes als Eskorte auf einem Lastwagen zu begleiten. Bevor sie aufbrachen, ging er noch zu dem *gurudwara*, dem Tempel, an dem er mitgebaut hatte. «Ich bin mit nichts hierhergekommen, ich gehe mit nichts wieder fort. Ich bitte dich nur um deinen Schutz», flehte er den Guru Nanak an.

Kurz vor einem Dorf namens Birwalla endete der Schutz des Gurus. Dem Lastwagen ging der Sprit aus. Sant Singh berichtete: «Es war dunkel. Wir waren neben dem Eisenbahngleis und nicht auf der Straße gefahren, damit wir nicht von Moslems gesehen wurden. Wir hatten erfahren, daß sie in Birwalla eine große Straßensperre gebaut hatten und sämtliche Sikhs und Hindus niedermachten, die ihnen in die Hände fielen. Wir hörten sie im Dunkeln rufen und schreien, weil das Dorf nur noch ein paar hundert Meter entfernt war. Ein alter Moslem sah uns und rannte in die Nacht davon. Wir wußten, daß er sie alarmieren wollte. Dann hörten wir Stimmen näher kommen. Wir waren entsetzt. Unser Führer faßte den Entschluß, wir sollten alle unsere Frauen erschießen. Wir wollten nicht, daß sie vergewaltigt und entehrt würden. Wir ließen sie sich Seite an Seite in drei Reihen auf der Erde niedersetzen. Dann verbanden wir ihnen die Augen. Ein zwei Monate alter Säugling trank an der Brust seiner Mutter. Wir sagten, sie sollten immer wieder das Sikhgebet ‹Gott ist die Wahrheit› hersagen. Meine Frau saß in der Mitte. Meine beiden Töchter, meine Schwiegertochter und meine zwei Enkelinnen waren dabei. Ich versuchte, nicht hinzusehen. Ich hatte eine doppelläufige Schrotflinte. Die andern hatten einen Karabiner, zwei Revolver und eine Sten-Maschinenpistole. Ich sprach ihnen aus dem fünften Buch unserer heiligen Schrift vor, wo es heißt: ‹Alles ist Gottes Wille, und wenn deine Stunde gekommen ist, mußt du sterben.› Ich zog ein weißes Taschentuch heraus und sagte zu den anderen, ich würde dreimal damit winken und bis drei zählen. Ich schwenkte es einmal und sagte ‹Ek› (‹eins›)! Ich schwenkte es ein zweites Mal und sagte ‹Do› (›zwei›)! Unterdessen betete ich immerzu: ‹Gott, verlasse mich nicht!› Ich hob es zum drittenmal. Plötzlich sah ich in der Ferne Scheinwerfer. Ich nahm es als ein Zeichen, daß mein Gebet erhört worden sei. Ich sagte, wir müßten sie um Hilfe bitten.

‹Und wenn in dem Auto Moslems sind?› sagte der alte Feldwebel.

‹Wir müssen sie trotzdem bitten›, sagte ich.

Es war ein Armeelastwagen mit Moslemsoldaten, aber der Offizier war ein guter Mensch, ein Major. Er sagte, daß er uns retten würde. Wir küßten ihm die Füße. Dann machten wir uns wieder auf den Weg.»

Es waren fast hunderttausend. Seit fünf Uhr morgens warteten sie auf ihn. Dicht an dicht standen sie auf dem Narikeldanga-Platz, auf den Dächern der Häuser ringsum, sie hingen aus den Fenstern, drängten sich auf den Balkonen. Dreitausend Kilometer von den Ebenen des Pandschabs entfernt, wo Hindus und Moslems einander zerfleischten, warteten Hindus und Moslems einträchtig auf den kleinen Mann, der durch seine bloße Anwesenheit eine Eruption der Gewalt in der gewalttätigsten Stadt Asiens verhindert hatte.

Als schließlich Gandhi auf der kleinen Plattform erschien, schien eine mystische Strömung die Menschen zu erfassen. Der Mahatma betrachtete die wogende Menge, die vor Freude und Begeisterung vibrierte, und plötzlich überkam ihn ein nagender Zweifel. Es schien ihm zu schön, um wahr zu sein.

«Alle überschütten mich mit Glückwünschen wegen des Wunders, das Kalkutta erlebt», sagte er. «Laßt uns alle Gott für die Überfülle seiner Gnade danken, doch vergessen wir auch nicht, daß es vereinzelte Stellen in der Stadt gibt, wo nicht alles zum Besten steht.»

Er forderte seine Anhänger, Hindus wie Moslems, auf, gemeinsam mit ihm darum zu beten, daß das «Wunder von Kalkutta» sich nicht «als eine vorübergehende Aufwallung erweisen» möge.

Was ein einzelner unbewaffneter und friedfertiger Mann in der gefährlichsten Stadt der Welt zustande brachte, mißlang fünfundfünfzigtausend schwer bewaffneten Berufssoldaten im Pandschab. Die Pandschab-Grenztruppe, vom letzten Vizekönig und dem Oberbefehlshaber der indischen Armee mit solcher Sorgfalt zusammengestellt, wurde von der Entwicklung überrollt. Zwölf der Provinzdistrikte standen in Flammen, manche größer als ganz Palästina, wo im gleichen Herbst hunderttausend britische Soldaten nicht imstande waren, die Ordnung aufrechtzuerhalten. Für die unbefestigten Straßen und Wege, die kreuz und quer den Pandschab durchliefen, waren die Lastwagen und Panzer der Grenztruppe schlecht geeignet. Ideal wäre es gewesen, wenn die Streitmacht auch über Kavallerie verfügt hätte, aber es gab keine aktiven Kavallerieregimenter in der Armee, die einst so stolz auf die Pferde gewesen war.

Die Aufgabe dieser Truppe wurde durch den Zusammenbruch der Provinzverwaltung ungeheuer erschwert. Post, Telegrafendienst und Fernsprechsystem funktionierten plötzlich nicht mehr. Die Inder mußten, mangels einer besseren Unterkunft, ihre Hälfte der Provinz von einem Haus aus verwalten, das nur einen einzigen Telefonanschluß sowie ein im Klosett installiertes Funkgerät hatte.

In Pakistan war die Lage weitaus schlimmer. Der neue Staat stand am Rande des Chaos. Jinnahs fehlende Krocketausrüstung konnte zwar wiederbeschafft werden, das war aber auch schon fast alles. Hunderte von Eisenbahnwaggons mit Versorgungsgütern, die für den neuen Staat bestimmt waren, verschwanden spurlos, wurden gestohlen oder trafen nicht an den vorgesehenen Zielbahnhöfen ein. In Karatschi waren die Schreibtische und Stühle ausgeblieben. Regierungsbeamte hockten vor ihren Ämtern auf dem Gehsteig und tippten die ersten amtlichen Schriftstücke des größten mohammedanischen Staates der Welt herunter. Im Innern saßen ihre Vorgesetzten auf Kisten und Kästen und regierten so ihre neue Nation.

Die Wirtschaft des Landes war völlig aus den Fugen geraten. Die Lagerhäuser quollen von Fellen, Jute- und Baumwollvorräten über, aber es gab keine Gerbereien und Spinnereien für die Verarbeitung. In Pakistan wurde ein Viertel der Tabakernte des Subkontinents produziert, doch das Land besaß keine einzige Streichholzfabrik. Das Bankensystem war paralysiert, da die hinduistischen Direktoren und Angestellten der Geldinstitute nach Indien geflohen waren.

Bei der Aufteilung der Ausrüstung der alten indischen Armee wurde Pakistan von den Indern übervorteilt, die anscheinend die Überlebensfähigkeit des Moslemstaates gezielt untergraben wollten. Von den 170000 Tonnen militärischer Ausrüstungsgegenstände, die das Teilungsabkommen Pakistan zugesprochen hatte, erhielt Jinnahs Staat schließlich ganze 6000 Tonnen. Dreihundert Sonderzüge sollten den

Anteil an Panzern und Waffengerät nach Pakistan bringen, doch nur drei davon trafen ein. Als pakistanische Offiziere die Waggons öffneten, entdeckten sie, daß sie 5000 Paar Schuhe, 5000 unbrauchbare Flinten, ein Sortiment Kittel für Krankenpfleger und eine Anzahl Holzkisten enthielten, die mit Ziegelsteinen und Präservativen angefüllt waren.

Dieser Vertragsbruch hinterließ bei zahlreichen Pakistanis ein bitteres Gefühl und die tiefe Überzeugung, daß ihre indischen Nachbarn sie zugrunde richten wollten. Mit dieser Ansicht standen sie nicht allein. Feldmarschall Sir Claude Auchinleck, der ersucht worden war, die Aufteilung der Armeebestände zu überwachen, berichtete der britischen Regierung: «Ich möchte ohne jedes Zögern behaupten, daß das gegenwärtige indische Kabinett unerbittlich entschlossen ist, alles in seinen Kräften Stehende zu tun, um die Errichtung des Dominions Pakistan zu hintertreiben.»

Aber nicht die indischen Machenschaften bildeten die wahre Gefahr für Pakistan. Ebenso wie sein indischer Nachbar sah sich das neue Staatswesen der Sturmflut der größten Völkerwanderung aller Zeiten gegenüber. Vom einen Ende des Pandschabs zum anderen rafften geängstigte Menschen soviel Habseligkeiten zusammen, wie sie schleppen konnten, und verließen fluchtartig ihre Wohnstätten, in Autos, auf Fahrrädern, Eisenbahnzügen, Maultieren, Ochsenkarren und zu Fuß, irgendeinem Ort entgegen, der Sicherheit zu versprechen schien. Diese Massenflucht führte zu einem Bevölkerungsaustausch, einer menschlichen Flutwelle von einem Ausmaß, wie es noch nie dagewesen war. Ende September, als die Flut ihren höchsten Pegelstand erreichte, verstopften fünf Millionen Flüchtlinge die Straßen und Wege des Pandschabs. Zehneinhalb Millionen Menschen – die, einander an den Händen fassend, eine Kette menschlichen Elends von Kalkutta bis New York gebildet hätten – wurden aus ihrer Heimat gerissen, die meisten von ihnen in der kurzen Spanne eines Vierteljahres. Dieser beispiellose Exodus machte zehnmal soviel Menschen zu Heimatvertriebenen wie die Staatsgründung Israels im Nahen Osten. Ihre Zahl überstieg selbst die der deutschen Flüchtlinge nach dem Zweiten Weltkrieg.

Den Moslems in der indischen Kleinstadt Karnal, nördlich von Delhi, schlug die Stunde des Aufbruchs, als ein Trommler durch ihre Viertel ging und in Urdu ausrief: «Zum Schutz der Moslembevölkerung sind Züge eingetroffen, die sie nach Pakistan transportieren werden.» Zwanzigtausend Menschen verließen innerhalb einer Stunde ihr Zuhause und zogen zum Takt des Trommlers zum Bahnhof. Ein Ausrufer teilte den zweitausend muslimischen Bewohnern der indischen Stadt Kasauli mit, daß ihnen vierundzwanzig Stunden zum Aufbruch blieben. Als sie sich am folgenden Morgen bei Tagesanbruch auf einem

Exerzierfeld versammelten, wurden ihnen sämtliche Habseligkeiten abgenommen, außer den Kleidern, die sie am Leib trugen, und einer Decke pro Kopf. Dann machte sich die jammervolle Schar auf den Weg in ihr gelobtes Land.

Madanlal Pahwa, der junge Mann, der sich im Haus seiner Tante verkrochen und darauf gewartet hatte, daß sie alle wie die Schafe zur Schlachtbank geführt würden, verließ seine Heimat in einem Omnibus, der seinem Vetter gehörte. Die Familie stopfte alles bewegliche Hab und Gut in den Bus: Möbel, Kleider, Geld, Gold, Bildnisse von Schiwa. Alles wurde mitgenommen, nur nicht das wichtigste Familienmitglied, Madanlals Vater. Er weigerte sich mitzukommen, weil sein Astrologe ihm gesagt hatte, der 20. August sei kein günstiger Tag für den Antritt einer Reise. Trotz der Warnung eines muslimischen Bekannten, daß ein Angriff auf die Hindus geplant sei, und trotz der Mordtaten und Brandstiftungen, zu denen es bereits gekommen war, lehnte er es ab, sein Heim vor dem Zeitpunkt zu verlassen, der nach der Auskunft seines Sterndeuters günstig war, am 23. August, um halb zehn Uhr morgens.

Niemand blieb verschont. Die muslimischen Patienten im Lady-Linlithgow-Tbc-Sanatorium in Kasauli wurden von ihren Hinduärzten aus der Klinik gewiesen. Manche hatten nur noch einen Lungenflügel, andere waren erst kürzlich operiert worden – man brachte sie trotzdem zum Tor und forderte sie auf, zu Fuß nach Pakistan zu gehen. In Pakistan wurden die fünfundzwanzig Sadhus des Baba-Lal-*Ashram* aus den Gebäuden getrieben, wo sie sich dem Gebet, der Meditation, Yogaübungen und dem Studium der hinduistischen Schriften hingegeben hatten. Angeführt von ihrem Heiligen Swami Sundar auf dem wundertätigen Schimmel des *Ashram*, zogen sie, in ihre orangefarbenen Gewänder gehüllt und Mantras singend, in die Fremde, während hinter ihnen eine Horde Moslems ihr *Ashram* in Brand steckte.

Die meisten Flüchtlinge dachten im Augenblick des Aufbruchs vor allem daran, welche paar Habseligkeiten sie retten könnten. B. R. Adalkha, ein vermögender Hindukaufmann in Montgomery, verstaute vierzigtausend Rupien in einem Gürtel, den er sich um den Leib schnallte. Er wollte damit «die Moslems unterwegs bestechen, damit sie uns nicht umbrachten». Zahlreiche, namentlich wohlhabende Hindus hatten ihr Ersparnisse in Juwelen und goldenem Geschmeide angelegt. Ein Hindufarmer, der in der Nähe von Lahore lebte, verpackte den gesamten Schmuck seiner Frau sorgfältig in einzelne Päckchen und warf sie in seinen Brunnen. Er wollte irgendwann später mit einem Taucher zurückkommen und sie herausholen. Mati Das, ein Getreidehändler in Rawalpindi, verstaute die Früchte seines Arbeitslebens, dreißigtausend Rupien und vierzig Tola Gold, in einer kleinen Schachtel. Um sie ja nicht zu verlieren, band er sie sich am Handgelenk fest.

Die Vorsicht war vergeblich. Ein paar Tage später wurde ihm die Schachtel von einem Moslem geraubt, der ihm kurzerhand den Arm abhackte.

Das kostbarste Besitztum von Renu Branbhai, der Ehefrau eines armen Hindubauern im Distrikt Mianwali, ließ sich nicht transportieren. Es war ihre Kuh. Die fromme Frau hing mit besonderer Verehrung an dem alternden Tier. Da sie überzeugt war, «die Moslems würden es töten, um es zu essen», ließ sie es frei. Vom trauernden Blick der Kuh tief bewegt, tat sie noch ein letztes für sie. Sie nahm etwas Zinnoberrot und drückte dem Tier einen roten Punkt auf die Stirn, der ihm Glück bringen sollte.

Alia Hydar, die Tochter einer begüterten Moslemfamilie aus Lucknow, konnte Indien zusammen mit ihrer Mutter und Schwester in einem Flugzeug verlassen. Obwohl sie nie mehr zurückkehren würden, durften sie, wie Flugtouristen, nur zwanzig Kilogramm Gepäck mitnehmen. Sie vergaß nie den traurigen Vormittag, als sie in der Küche ihres Hauses ihre kostbarsten Besitzgüter abwogen. Ihre Schwester entschied sich schließlich für ihren rot und gold bestickten Hochzeitssari. Die Mutter nahm ihren blausamtenen Gebetsteppich mit, der merkwürdigerweise mit dem Davidsstern geschmückt war, Alia einen Koran, der eine Einbanddecke aus Rosenholz mit eingelegtem Perlmutt hatte.

Baldev Raj, einem wolhabenden Hindufarmer aus der Gegend von Mianwalli, ging es nicht darum, vor seinem Aufbruch sein Hab und Gut zu retten, sondern es zu vernichten. Raj und seine Brüder waren überzeugt, daß sie auf der Flucht überfallen und ausgeraubt würden. Deshalb trugen sie den Inhalt des Familiensafes auf das Dach des Hauses. Sie schichteten die Geldscheine zu einem Haufen auf. Dann entzündeten sie, fassungslos weinend, den Scheiterhaufen, und die Ersparnisse eines Lebens gingen in Flammen auf.

Manche waren fest zur Rückkehr entschlossen. Der Journalist Ahmed Abbas, ein Moslem, war immer gegen einen Staat Pakistan gewesen und beschloß, nicht in Jinnahs gelobtes Land zu fliehen, sondern nach Delhi. Als Abbas' Mutter das Haus verließ, hängte sie ein Schild an die Tür, auf dem zu lesen stand: «Dieses Haus gehört der Familie Abbas, die beschlossen hat, nicht nach Pakistan zu gehen. Diese Familie begibt sich nur vorübergehend nach Delhi und wird wieder zurückkommen.»

Für Vickie Noon, die schöne englische Frau eines der bedeutendsten Männer in Pakistan, Sir Feroz Khan Noon, begann eine alptraumhafte Flucht, als ein unbekannter Bote in ihrem Ferienwohnsitz in Kulu erschien. Es lag in einem von Hindus bewohnten Gebiet in der Gegend von Simla, das an Indien gefallen war.

«Heute nacht wollen sie Ihr Haus überfallen», sagte der Mann. Sie hatte zwei Flinten und einen Revolver ihres Mannes, der sich bereits in Lahore befand. Sie bewaffnete zwei ihrer zuverlässigsten Diener mit den Flinten. Den Revolver behielt sie selbst, obwohl sie in ihrem ganzen Leben noch nie einen Schuß abgefeuert hatte. Als es dunkel wurde, sah sie, wie in dem Tal, das zu ihrem Haus führte, Brände aufloderten. Es waren die Häuser ihrer muslimischen Nachbarn. Langsam kroch die Kette der Feuer näher. Um sieben Uhr löschte ein heftiger Regenguß die Brände im Tal. Sie war gerettet. Am nächsten Morgen floh sie in den Palast eines engen Freundes, des Hinduradschas von Mandi, wo sie in Sicherheit war. Doch ihre Erleichterung sollte nicht lange anhalten.

Erfüllt von Angst und Bitterkeit, von Haß und Racheverlangen, machten sie sich ohne lange Vorbereitung auf den Weg, zuerst zu Tausenden, dann zu Hunderttausenden, und schließlich überschwemmten Millionen dieser jammervollen Gestalten die Straßen und Bahnstrecken des Pandschabs. Sie sollten die beiden neuen Staaten, die um ihr Überleben kämpften, vor ungeheure Probleme stellen: Hunger, Seuchen und die Unterbringung und Neuansiedlung einer noch unübersehbaren Zahl von Menschen. Unvermeidlich brachten sie die schreckliche Hysterie mit, die den Pandschab ergriffen hatte. Überall, wo sie durchkamen, verbreiteten sie mit ihren Horrorberichten ihren Virus und lösten damit neue Gewaltausbrüche aus, durch die noch mehr wehr- und hilflose Menschen in die Flucht getrieben wurden.

Diese ungeheure Fluchtbewegung sollte das Gesicht und den Charakter eines der geschichtsträchtigsten Landstriche der Erde für immer verändern. Kaum ein Moslem blieb an den Stätten zurück, wo die Mogulkaiser den Islam zur schönsten Blüte entfaltet hatten. Von den dreihunderttausend Hindus und Sikhs, die in Lahore gelebt hatten, waren am Ende dieses Exodus nur noch knapp tausend übrig. Als Ende August die Welle der Gewalttaten wie ein Crescendo anschwoll, vollführten unbekannte Hände eine Geste, die ein Grabspruch für Lahores zerstörten Traum war, ein stummer, bitterer Kommentar zu dem, was die ersten Stunden der Freiheit Millionen Pandschabis gebracht hatten. Ein Unbekannter legte vor der berühmten Statue von Königin Victoria in Lahore einen Kranz aus Blumen nieder.

Diesmal erwartete ihn ein halbe Million. Das «Wunder von Kalkutta» hielt noch an. Fünfhunderttausend dunkelhäutige Gesichter, Hindus und Moslems brüderlich vereint, drängten sich auf dem riesigen Maidan von Kalkutta, der einst unter der britischen Herrschaft das Reservat der Poloponies und Kricketspieler gewesen war. Selbst Gandhi hätte sich keinen Anblick vorstellen können, der diesem gleichkam. An diesen Augusttag, an dem die Moslems das große islamische Fest Id el Kebir feierten, waren die Massen in noch nicht dagewesener Zahl zu seiner abendlichen Gebetsversammlung zusammengeströmt.

Seit Sonnenaufgang waren Zehntausende Hindus und Moslems an den Fenstern des verfallenen Hauses vorübergezogen, in dem der alte Mann sein Quartier aufgeschlagen hatte. Sie waren gekommen, um seinen Segen zu erbitten, ihm Blumen und Süßigkeiten zu bringen. Da es ein Montag war, Gandhis Tag des Schweigens, verbrachte er viele Stunden damit, auf die Rückseite der alten Kuverts, die sein privates Schreibpapier darstellten, Dankbarkeitsbekundungen und gute Wünsche zu kritzeln. Während er damit beschäftigt war, zogen Tausende von Hindus und Moslems friedlich vereint durch die Straßen, in denen sie erst ein Jahr vorher in blinder Raserei einander niedergemetzelt hatten. Sie riefen im Chor Freundschaftsparolen, tauschten Zigaretten aus, besprengten einander mit Rosenwasser, beschenkten sich mit Kuchen und Bonbons.

Als Gandhi schließlich auf der Plattform erschien, die in der Mitte des Maidans für seine Gebetsversammlung aufgerichtet worden war, ergriff hemmungslose Begeisterung die Massen. Schlag sieben Uhr erhob sich Gandhi, von dem schönen Bild brüderlicher Liebe sichtlich bewegt, und legte in der traditionellen indischen Begrüßungsgeste die Hände aneinander. Und dann brach der alte Hinduführer sein Schweigegelöbnis. Er rief in Urdu, der Sprache der indischen Moslems, den Massen, in denen sich die vormals feindlichen Brüder unentwirrbar vereinigt hatten, ein *Id Mubarak* (Glückliches Id) zu.

Der erste instinktive Reflex, mit dem Hunderttausende von Pandschabis auf die Katastrophe reagierten, die ihre Provinz heimsuchte, bestand darin, zu den kleinen mit Ziegeln gedeckten Backsteingebäuden zu eilen, die jedem bedeutenden Ort ein beruhigendes Symbol von Organisation und Ordnung gaben – zu den Bahnhöfen. Die Namen der Züge, die seit Generationen an den Betonbahnsteigen vorübergedonnert waren, gehörten zur Legende Indiens und bezeugten eine der bedeutendsten Leistungen, welche die Engländer auf dem Subkontinent vollbracht hatten. Der *Frontier Mail*, der *Kalkutta–Peschawar-Express*, der *Bombay–Madras-Express* hatten wie der *Orientexpress*, die Züge der Transsibirischen Bahn und der *Union Pacific* einen Kontinent verbunden und die Segnungen von Technik und Fortschritt mitgebracht.

Nun, im Spätsommer des Jahres 1947, richteten sich die Hoffnungen Hunderttausender von Indern, dem Alptraum zu entfliehen, der sie umgab, vor allem auf diese Eisenbahnzüge. Sie wurden aber auch für Zehntausende zu rollenden Särgen. Wenn in diesen Schreckenstagen auf einem Bahnhof im Pandschab eine Lokomotive einfuhr, kam es immer wieder zu den gleichen Horrorszenen. Wie ein Schiffsbug, der eine stürmische See durchschneidet, rollten die Lokomotiven durch das

Gewühl der Menschen auf dem Bahnsteig und zerquetschten die Unglücklichen, die unvermeidlich auf die Geleise gestoßen wurden. Manchmal warteten die Fahrgäste schon seit Tagen, oft ohne Nahrung und Wasser, unter der gnadenlosen Sonne eines Sommers, den kein Monsunregen beenden wollte. Weinend und brüllend warf sich die Menge gegen die Türen und Fenster der Waggons. Die Menschen preßten sich mit ihren wenigen Habseligkeiten in die Abteile, bis die Seitenwände der Wagen unter dem Druck zu bersten drohten. Dutzende kämpften um einen Halt an den Türen, einen Platz auf den Trittbrettern, auf den Wagenkupplungen, bis an jedem Waggon die Menschen wie die Trauben hingen, wie Fliegen, die an einem Zuckerwürfel kleben. Wenn man sich nirgends mehr festklammern konnte, kletterten weitere Hunderte auf die gewölbten Dächer und hielten sich an dem erhitzten Metall fest, bis jedes Waggondach mit Flüchtlingen bedeckt war.

Keuchend unter dieser Last menschlichen Elends, umgeben von durchdringendem Schweißgestank, in dem der Geruch des Lokomotivrauches unterging, trugen die Züge ihre jammervollen Insassen davon – in ein gelobtes Land oder in den Tod.

Für Nihal Bhranbi, einen Hindulehrer, seine Frau und sechs Kinder sollte diese Reise in die Sicherheit gar nicht erst beginnen. Nachdem Nihal und seine Angehörigen im Bahnhof der kleinen pakistanischen Stadt, in der er seit zwanzig Jahren Schulmeister war, sechs Stunden auf die Abfahrt ihres Zuges gewartet hatten, hörten sie den Pfiff der Lokomotive. Doch dies war keineswegs das Abfahrtssignal für den Zug – die Lokomotive dampfte allein ab. Während sie entschwand, stürmte eine Horde heulender Moslems, die Knüppel, Speere und Beile schwangen, in den Bahnhof. Unter *Allah-Akbar*-Schreien stürmten sie den Zug und fielen über jeden Hindu her, den sie sahen. Manche warfen die wehrlosen Insassen aus den Fenstern auf den Bahnsteig, wo ihre Genossen wie Fleischer warteten, um sie abzuschlachten. Einige Hindus versuchten davonzurennen, aber die Moslems in ihren grünen Hemden verfolgten sie, machten sie nieder und warfen sie, die Toten wie die Sterbenden, in einen Brunnen vor dem Bahnhof. Der Lehrer, seine Frau und ihre sechs Kinder klammerten sich in ihrem Abteil entsetzt aneinander. Die Moslems schlugen die Tür ein und begannen zu feuern.

«Die Kugeln trafen meinen Mann und meinen einzigen Sohn», berichtete Nihals Frau. «Mein Sohn schrie: ‹Wasser! Wasser!› Ich hatte keines. Ich rief nach Hilfe, aber niemand kam zu mir. Dann hörte mein Sohn langsam zu schreien auf und schloß die Augen. Mein Mann konnte nicht sprechen. Aus seinem Kopf sickerte Blut. Plötzlich schlug er mit den Beinen um sich. Dann rührte er sich nicht mehr. Ich versuchte ihn wachzurütteln. Aber er reagierte nicht. Meine Töchter umklammerten mich und hielten sich an meinem Sari fest. Die Moslems warfen uns hinaus. Sie schleppten meine drei ältesten Töchter fort. Die älteste schlugen sie auf den Kopf. Sie streckte die Hände nach mir aus und rief: ‹Mama! Mama!› Ich konnte mich nicht rühren. Einige Zeit später brachten die Moslems meinen Mann und meinen Sohn aus dem Zug und warfen sie in den Brunnen. Ich verlor die Fassung und schrie wie eine Verrückte. Ich verlor jedes Gefühl, selbst für die zwei Kinder, die ich noch hatte. Ich war wie tot.»

Nur hundert von den zweitausend Menschen in dem Zug überlebten wie die Lehrersfrau das Gemetzel und konnten die schreckliche Fahrt zum anderen Ende des Pandschabs hinter sich bringen.

Kashmiri Lal, der Hindu, der die Flucht erst zu dem Zeitpunkt antreten wollte, den ihm sein Astrologe als günstig bezeichnet hatte, kam in einem jener Unglückszüge zu der bitteren Erkenntnis, daß die Astrologie keine exakte Wissenschaft ist. Zwanzig Kilometer vor der rettenden indischen Grenze sprang eine Horde Moslems auf den langsam fahrenden Zug. Sie stürzten sich auf die Frauen im Nebenabteil und rissen ihnen die goldenen Spangen und Ringe von den Fuß- und Handgelenken, von den Armen und aus den Nasen. Ein halbes Dutzend Männer warfen die jungen Frauen aus dem Fenster und sprangen ihnen dann nach. Die übrigen stürmten in Lals Abteil. Einer trennte der Frau, die Lal gegenübersaß, mit einem Schwerthieb den Kopf fast vom Rumpf. Einen kurzen Augenblick hing der Kopf, der durch ein paar Sehnen noch am Hals hing, grausig-grotesk über ihrer Schulter wie der abgerissene Kopf einer Puppe, während der Säugling in ihrem Schoß sie anlächelte. Lal wurde von zwei Dolchstichen getroffen. Er brach zusammen und rutschte auf den Boden. Fast im selben Augenblick fielen die Leichen seiner Mitreisenden auf ihn. Bevor er das Bewußtsein verlor, hatte er ein merkwürdiges Gefühl: Ein Plünderer zog ihm die Schuhe von den Füßen.

Ein paar Waggons weiter schleuderte der Gewürzhändler Dhani Ram seine Frau und vier Kinder auf den Boden, als die ersten Kugeln in die Waggonwände einschlugen. Ein Berg von Verletzten stürzte auf sie. Während ihn ihr Blut überströmte, kam Ram eine Idee, die ihm und seinen Angehörigen vielleicht das Leben retten konnte. Er tauchte die Hand in das Blut der Menschen, die neben ihm im Sterben lagen, und schmierte es seiner Frau, seinen Kindern und sich selbst übers Gesicht, damit die Angreifer sie für tot hielten und ihnen vielleicht nichts antaten.

Als die Fluchtbewegung in beiden Richtungen immer hektischere Formen annahm, wurden dies- und jenseits der neuen Grenze die Flüchtlingszüge zu Hauptangriffszielen. Wenn sie auf Bahnhöfen oder auf freier Strecke anhielten, wurden sie überfallen. Man riß die Schienen auf, um sie zum Entgleisen zu bringen, während schon die blutgierigen Horden warteten. Komplicen schmuggelten sich in die Abteile ein und brachten, indem sie die Notbremse zogen, die Züge an vorher abgemachten Stellen zum Halten. Lokomotivführer wurden durch Bestechung oder Einschüchterung dazu gebracht, ihre Fahrgäste in einen Hinterhalt zu fahren. In Indien suchten Sikhs und Hindus die Waggons überfüllter Eisenbahnzüge ab und metzelten jeden Beschnittenen nieder, der ihnen in die Hände fiel. In Pakistan stürmten Moslems durch die Züge, die sie zum Anhalten gebracht hatten, und schlachteten jedes männliche Wesen ab, das nicht beschnitten war.

Manchmal traf vier oder fünf Tage nacheinander kein Zug in Lahore oder Amritsar ein, der nicht eine Ladung Toter und Verletzter brachte. Ashwini Dubey, der Oberst der indischen Armee, den am 15. August die Freude überwältigt hatte, als er die Fahne seines Landes über dem Offizierskasino wehen sah, wo ihn seine englischen Vorgesetzten gedemütigt hatten, entdeckte in Lahore, wo er sich als indischer Verbindungsoffizier aufhielt, welch grausigen Preis die Freiheit forderte. Ein Zug voll Toter und Verletzter fuhr in den Bahnhof der Stadt ein. Als er hielt, sah Ashwini Dubey, wie unter den Türen der Abteile das Blut herauslief und auf die Schienen tropfte, «wie Wasser, das an einem heißen Tag aus dem Kühlschrank rinnt».

Wie in so vielen anderen Gebieten zeichneten sich in diesem Herbst die *jatthas* der Sikhs durch ihre wohlgeplanten und barbarisch grausamen Angriffe aus. Nachdem sie in Amritsar einen Zug überfallen hatten, schickten sie einen Trupp Männer, die als Hilfsarbeiter verkleidet waren, durch die Waggons, um diejenigen Insassen zu töten, die dem Gemetzel entgangen waren. Margeret Bourke-White, die berühmte Fotografin der Illustrierten *Life*, traf auf dem Bahnhof von Amritsar eine Gruppe dieser Sikhs: «Mit ihren langen, würdevollen Bärten und den hellblauen Turbanen der Akalisekte saßen sie mit gekreuzten Beinen entlang des Bahnsteigs. Jeder hatte einen langen, krummen Säbel über dem Knie – und wartete gelassen auf den nächsten Zug.»

Die Züge erhielten militärische Bewachung, aber allzu häufig schossen die Soldaten nicht auf die Angreifer, wenn sie der gleichen Religionsgemeinschaft angehörten. Es gab auch Helden. Ahmed Zahur, einem Eisenbahnarbeiter, fiel auf, daß sein Zug hundert Kilometer vor der pakistanischen Grenze unerwartet das Tempo drosselte. Er bahnte sich mühevoll den Weg zur Lokomotive. Dort sah er, wie zwei Sikhs dem Lokomotivführer, einem Hindu, ein Bündel Rupienscheine reichten, als Bestechungssumme dafür, daß er im Bahnhof von Amritsar anhielt.

Entsetzt machte sich Zahur auf den Rückweg, um dem englischen Leutnant, der die Begleitmannschaft befehligte, zu melden, was er beobachtet hatte. Wie Postzugräuber in einem Western sprangen der junge Offizier und zwei seiner Männer von Waggondach zu Waggondach und rasten zur Lokomotive. Mit gezogenem Revolver befahl der

Brite dem Lokomotivführer, das Tempo zu erhöhen. Der Mann antwortete damit, daß er die Bremse zog. Der Leutnant schlug ihn mit dem Revolverknauf bewußtlos. Während seine Soldaten den Lokomotivführer fesselten, übernahm er selbst dessen Stelle.

Minuten später bot sich Zahur und den anderen dreitausend muslimischen Fahrgästen ein erstaunliches Schauspiel. Der junge Engländer im Führerstand ließ die Lokomotivpfeife kreischen, und der Zug brauste mit hundert Stundenkilometern durch den Bahnhof von Amritsar, vorüber an einem Heer verdatterter Sikhs, die hier mit ihren blitzenden Schwertern warteten, um sie niederzumetzeln. Als der Zug in Pakistan eintraf, hängten die dankbaren Moslemfahrgäste dem Engländer eine Girlande um den Hals. Sie bestand nicht aus den traditionellen Jasmin- und Nelkenblüten, sondern aus Geldscheinen.

Kein Zug war vor Überfällen sicher. Der Zug, der Hunderte muslimischer Diener des ehemaligen vizeköniglichen Haushalts in Simla nach Delhi bringen sollte, kam im Bahnhof Sonipat zum Stehen, als krachend ein Feuerwerkskörper hochging. Hunderte von Sikhs stürmten die Waggons. Im Zug selbst fielen die Hindudiener über ihre Moslemkameraden her, mit denen gemeinsam sie dem Empire gedient hatten, und beteiligten sich an dem Massaker. Sarah Ismay, die Tochter von Lord Ismay, und ihr Verlobter, Fliegerleutnant Wenty Beaumont, ein Adjutant Mountbattens, holten rasch zwei Pistolen heraus. In dem Abteil hatte sich unter einem Haufen Gepäck ein dritter Insasse verborgen, ihr muslimischer Träger Abdul Hamid. Zwei Hindus, die gut Englisch sprachen, öffneten die Abteiltür und verlangten, nach dem Moslem suchen zu dürfen, der mit dem englischen Paar reiste.

«Ein Schritt und Sie sind tot», antworteten die beiden jungen Engländer im Chor und richteten ihre *Smith & Wesson* auf die Eindringlinge. Abdul Hamid war der einzige Moslem, der lebend nach Delhi gelangte.

Die «Todeszüge» stellten das dunkelste Kapitel in der grauenvollen Pandschab-Legende dar, eines Kompendiums von Horrorberichten, einer entsetzlicher als der andere. Richard Fisher, ein Vertreter der Traktorenfirma Caterpillar, vergaß zeit seines Lebens die Greuelszenen nicht mehr, die er erlebte. Auf halber Strecke zwischen Quetta und Lahore wurde sein Zug von einer Moslemgruppe angehalten. Während ein Teil der Moslems durch die Waggons stürmte und jeden Sikh, den sie fanden, aus dem Fenster warfen, warteten die anderen auf dem Bahnsteig, um mit merkwürdigen Knüppeln, die am einen Ende zu einem Halbmond umgebogen waren, jedes ihrer Opfer zu Tode zu prügeln. Entsetzt beobachtete der Amerikaner aus dem Mittleren Westen, wie dreizehn Sikhs erschlagen wurden. Als der Zug anfuhr und die Moslems stolz ihre bluttriefenden Keulen schwangen, erkannte Fisher erst, welche Instrumente sie benutzt hatten – Hockeyschläger.

Das war nicht die letzte Überraschung für ihn. Die nächste erwartete den Amerikaner im Bahnhof von Lahore. Über den Leichen, die auf dem Bahnsteig umherlagen, war ein Schild zu lesen, wie man es auf allen Bahnhöfen im Pandschab fand, eine Erinnerung an jene glücklicheren Tage, als die Provinz der fünf Flüsse noch ein Vorbild an Ordnung und Wohlstand gewesen war. «Im Amtszimmer des Bahnhofvorstands», hieß es darauf, «steht den Reisenden ein Beschwerdebuch zur Verfügung. Jeder Reisende, der sich über die Behandlung während seiner Reise beschweren möchte, wird aufgefordert, davon Gebrauch zu machen.»

Diesmal erwartete ihn fast eine ganze Million. Während der furchtbaren zwei Wochen, in denen der Pandschab in einer Orgie blinden Hasses versank, war die Zahl der Menschen, die sich zu Gandhis regelmäßigen Gebetsversammlungen am Abend einfanden, immer größer geworden. Diese stetige, spektakuläre Zunahme hatte die grausame Metropole in eine Oase des Friedens und der Brüderlichkeit verwandelt. Die ärmsten Massen der Welt hatten die Botschaft des Propheten der Versöhnung gehört und zur hinduistischen Tradition der Toleranz zurückgefunden. Das «Wunder von Kalkutta» dauerte an; die Stadt, schrieb die *New York Times*, «erregte das Staunen Indiens».

Mit der ihm eigenen Bescheidenheit wollte Gandhi nichts davon hören, daß dieses Wunder sein Verdienst sei. «Wir sind Spielzeug in Gottes Händen», schrieb er in seiner Zeitung *Harijan*. «Er läßt uns nach seiner Melodie tanzen.» Doch ein Brief aus Neu-Delhi erwies diesem demütigen Cäsar die Ehrung, die ihm gebührte. «Im Pandschab haben wir fünfundfünfzigtausend Soldaten und trotzdem Unruhen großen Ausmaßes», schrieb Louis Mountbatten an seinen «traurigen Spatzen». «In Bengalen besteht unsere gesamte Streitmacht aus einem einzigen Mann, aber es gibt keine Ausschreitungen.» Der letzte Vizekönig bat um die Erlaubnis, «meiner Ein-Mann-Grenztruppe meinen Dank aussprechen zu dürfen».

Die beiden Männer fuhren Seite an Seite in einem offenen Wagen. Ihr drei Jahrzehnte währender gemeinsamer Kampf gegen die britische Herrschaft hätte den Ministerpräsidenten der neuen Staaten Pakistan und Indien eigentlich das Anrecht auf einen jubelnden Empfang durch ihre Landsleute geben sollen. Statt dessen fuhren Jawaharlal Nehru und Liaquat Ali Khan in deprimiertem Schweigen durch Szenen des Schrekkens und des Elends. In den Gesichtern ihrer Landsleute stand alles andere als Dankbarkeit für die Wohltaten, die ihnen die Freiheit gebracht hatte. Zum zweitenmal fuhren die beiden Männer durch den Pandschab, auf der Suche nach irgendeiner Formel, die dem chaotisch zerrissenen Land die Ordnung wiedergeben könnte.

Alles war ihnen aus den Händen geglitten. Die Polizei beider Staaten war funktionsunfähig. Ihre Armeen blieben zwar loyal – aber nur gerade noch. Die Zivilverwaltung war gelähmt. Während der Wagen, in dem sie saßen, an einem verwüsteten Dorf nach dem anderen, an nicht abgeernteten Feldern, an mitleiderregenden Flüchtlingskolonnen – die Hindus und Sikhs schleppten sich nach Osten, die Moslems nach Westen – vorbeiraste, schienen die beiden Politiker, wie ein Mitarbeiter feststellte, in den Fond des Wagens zurückzusinken, wie überwältigt von dem Elend, das sie sahen.

Schließlich brach Nehru das bedrückende Schweigen. «Was für eine Hölle uns diese Teilung gebracht hat», sagte er fast flüsternd zu Liaquat. «So etwas haben wir uns wirklich nicht vorgestellt, als wir uns darauf geeinigt haben. Wir waren Brüder. Wie hat dies nur geschehen können?»

«Unsere Menschen haben den Verstand verloren», antwortete Liaquat.

Plötzlich löste sich eine Gestalt aus der Kolonne der Flüchtlinge und stürzte auf das Auto zu. Es war ein Mann, ein Hindu, das Gesicht vom Leid entstellt, der Körper vom Schluchzen geschüttelt. Er hatte Nehru erkannt. Nehru war ein bedeutender Mann, ein Sahib aus Delhi, von der Regierung. Er konnte etwas tun. Mit Tränen in den Augen flehte der unbekannte Hindu Nehru an, ihm zu helfen. Einige Kilometer weiter hinten, an der Straße, habe eine Bande Moslems aus einem Zuckerrohrfeld die Flüchtlingskolonne überfallen und ihm seine zehnjährige Tochter, sein einziges Kind, entrissen. Er liebe sein kleines Mädchen, schrie er Nehru weinend ins Gesicht, er liebe es so sehr. «Holen Sie es mir zurück, bitte, holen Sie es mir zurück», bettelte der arme Mann.

Erschüttert sank Nehru über diese direkte, brutale Konfrontation mit dem Leid und Elend seines Volkes in den Fond zurück. Er war Ministerpräsident eines Staates von dreihundert Millionen Menschen, und dennoch konnte er nicht einmal diesem verzweifelten Vater helfen, der ihn anflehte, ein Wunder zu vollbringen und ihm seine kleine Tochter zurückzugeben. Vom Kummer überwältigt, barg Nehru das Gesicht in den Händen, während die Eskorte den schmerzbewegten Vater sanft vom Trittbrett des Wagens nötigte.

Nehru konnte in dieser Nacht nicht schlafen, noch immer erschüttert von diesem Erlebnis. Stunde um Stunde ging er im Flur des Hauses in Lahore, in dem er Quartier genommen hatte, auf und ab, von schweren Gedanken bedrängt. Die Grausamkeit, derer sein Volk sich plötzlich fähig gezeigt hatte, traf ihn tief. Jede Faser seines Wesens entsetzte sich über die Haßausbrüche, die den Pandschab heimsuchten. Er hatte keine Furcht, sich gegen sie zu stellen, selbst wenn ihn dies die Unterstützung seiner eigenen Landsleute, der Hindus, kostete. Die Schwierigkeit war nur, daß er nicht wußte, wie er es anfangen sollte. Die Katastrophe, die sich im Pandschab abspielte, hatte ihm eine Bürde aufgeladen, auf die ihn nichts in seinem Leben vorbereitet hatte. Als er erfuhr, daß die Sikhs in einem Dorf in der Nähe von Amritsar ein Massaker an ihren Moslemnachbarn planten, ließ er sofort die Sikhführer unter einem riesigen Banyanbaum zusammenrufen.

«Ich weiß, was Sie heute nacht vorhaben», herrschte er sie an. «Wenn Sie Ihren mohammedanischen Nachbarn auch nur ein einziges Haar krümmen, lasse ich Sie morgen bei Tagesanbruch hierher bringen und gebe persönlich meiner Leibwache den Befehl, Sie alle miteinander zu erschießen.»

Nehrus Problem bestand darin, eine wirkungsvolle Einzelaktion, wie er sie soeben durchgeführt hatte, auf die Ebene einer Nation zu übertragen, die von Schwierigkeiten bedrängt wurde wie nie zuvor. Sorgenschwer und erschöpft weckte er um halb drei Uhr morgens seinen Adjutanten und bat ihn, auf dem Radiogerät Delhi einzustellen, weil er die neuesten Nachrichten hören wollte. Unter der Flut der Hiobsbotschaften war eine Meldung, die ihm Trost bieten konnte. Der alte Mann, von dem er sich losgesagt hatte, als er die Teilung Indiens akzeptierte, vollbrachte noch immer sein Wunder. In Kalkutta war es ruhig.

Das Angriffssignal war ein scharfer Pfiff auf einer Trillerpfeife. Sechs Hindus schlichen sich hinter die beiden älteren Männer, die friedlich auf der breiten Straße dahingingen. Die beiden Männer begannen zu rennen, doch es gab kein Entkommen. Mit schrillen «Moslem, Moslem»-Schreien rissen die halbwüchsigen Hindus sie zu Boden. Sie riefen die Namen von Hindus, gaben als ihre Adresse Hinduviertel an. Der Führer der Angreifer, ein siebzehnjähriger Schüler namens Sunil Roy, wollte einen sichtbaren Beweis. Er riß ihnen die Dhotis herunter. Beide trugen die Zeichen der mohammedanischen Religion: Sie waren beschnitten.

Einer der Jugendlichen warf ihnen ein Handtuch über den Kopf, ein anderer fesselte ihnen mit einem Strick die Arme. Gefolgt von einer rasch anwachsenden Menge mit Knüppeln, Messern und Eisenstangen, wurden die zwei Unglücklichen die Straße entlang zum Fluß getrieben. Die Halbwüchsigen, die ihre Söhne hätten sein können, forderten brüllend ihr Blut.

«In normalen Zeiten», erklärte der siebzehnjährige Anführer der Bande später, «hätten wir das heilige Wasser nicht durch Moslemblut verunreinigt. Viele fromme Hindus wuschen sich gerade am Ufer. Einige Frauen badeten im Fluß.»

Sie stießen ihre Opfer ins Wasser, bis es ihnen an die Taille reichte. Ein Brecheisen wirbelte durch die Luft und landete krachend auf dem Kopf des einen Moslems. Das Blut bildete einen karmesinroten Ring an der Stelle, wo der zerschmetterte Schädel im Wasser versunken war.

Der zweite Moslem kämpfte um sein Leben. «Derselbe Junge schlug ihn auf den Kopf», berichtete der Anführer der Mörder. «Kinder warfen ihm Ziegelsteine ins Gesicht. Ein anderer stach ihn mit einem Dolch in den Nacken, damit er ganz sicher tot war.»

Rings um den Schauplatz setzten die gläubigen Hindus ihr Gebet fort, ungestört von dem Mord, der nur ein paar Meter neben ihnen geschah. Roy stieß die beiden Leichen in die Flußmitte hinaus, wo die Strömung stark genug war, um sie fortzutragen. Als sie verschwanden und ihr blutiges Kielwasser sich mit den schlammigen Fluten des Hugli vermischte, brüllten die Killer viermal hintereinander: «*Kali Mayi-ki jai!*» – «Hoch lebe die Göttin Kali!»

Es war frühmorgens am 31. August 1947. Nachdem das Wunder von Kalkutta sechzehn Tage gehalten hatte, war die Stadt schließlich doch vom Virus der Gewalt befallen worden. Wie an allen anderen Orten hatten die Flüchtlinge, die mit den Zügen eintrafen und von den Schreckensszenen im Pandschab berichteten, die Infektion ausgelöst. Sie begann mit einem – nie bestätigten – Gerücht, daß ein junger Hindu in einem Omnibus von Moslems zu Tode geprügelt worden sei.

Um zehn Uhr abends drang ein Zug junger Hindufanatiker in den Hof des *Hydari House* ein und verlangte den Mahatma zu sehen. Gandhi lag zwischen Manu und Abha, einer anderen Großnichte, auf seiner Strohmatte und schlief. Die Jugendlichen schoben einen verdatterten, mit Binden umwickelten Halbwüchsigen nach vorn, der angeblich von Moslems geprügelt worden war, begannen Kampfparolen zu rufen und Steine gegen das Haus zu schleudern. Manu und Abha wachten durch den Lärm auf, eilten auf die Veranda und versuchten, die Menge zu beruhigen. Es gelang ihnen nicht. Der Mob stieß Gandhis Begleiter zur Seite und drang in das Innere des Hauses ein. Gandhi, den das Getöse geweckt hatte, stand auf und trat ihnen entgegen. «Was für ein Wahnsinn ist das?» fragte er. «Greift mich doch an.»

Diesmal gingen seine Worte in dem ohrenbetäubenden Lärm unter. Zwei blutig geschlagene Moslems rissen sich aus der Menge los und kauerten sich schutzsuchend hinter Gandhi. Ein Totschläger, der ihnen galt, flog durch die Luft, verfehlte Gandhis Kopf nur um ein paar Zentimeter und schlug in die Wand hinter ihm ein.

In diesem Augenblick traf die Polizei ein, die ein Anhänger Gandhis alarmiert hatte. Erschüttert legte der Mahatma sich mit dem Rücken auf seine Matte. Er konnte nicht mehr einschlafen. «Das Wunder von Kalkutta» war nur eine Fata Morgana gewesen.

Die wenigen Illusionen, die der Mahatma sich vielleicht noch über den Frieden in Kalkutta machte, wurden am folgenden Tag endgültig zertrümmert. Kurz nach Mittag begann ein abgestimmter Angriff auf jene Moslemslums, deren Bewohner, durch Gandhis Wunder mutiger geworden, in ihre Behausungen zurückgekehrt waren. In der Mehrzahl der Fälle wurden die Angriffe von Fanatikern der R.S.S.S. angeführt, jener hinduistischen Extremistenorganisation, deren Anhänger am Tag der Unabhängigkeitserklärung in Poona ihre Hakenkreuzfahne gegrüßt hatten. In der Beliaghata Road, nur ein paar hundert Meter von Gandhis Unterkunft entfernt, wurden zwei Handgranaten in einen Lastwagen voll geängstigter Moslems geworfen, die sich auf der Flucht aus ihrem Viertel befanden.

Gandhi eilte sofort zum Schauplatz des Anschlags. Er war entsetzt über das Bild. Die beiden Toten waren arme, mit Lumpen bekleidete Tagelöhner. Sie lagen in einer Blutlache, Scharen von Fliegen krochen ihnen über die geöffneten Lippen. Eine Vier-Anna-Münze, die einem der Opfer aus den Lumpen gekollert war, lag funkelnd auf dem Gehsteig neben dem Leichnam. Gandhi starrte entsetzt auf dieses kaltblütige Gemetzel. Der Anblick war so furchtbar für ihn, daß er jegliche Nahrung verweigerte. Er versank in ein düsteres Schweigen. «Ich bete um Erleuchtung», sagte er. «Ich suche in meinem Innern. Nur das Schweigen kann mir dahei helfen.»

Einige Stunden später, nach einem kurzen Spaziergang, setzte er sich auf seine Strohmatte und begann eine öffentliche Erklärung aufzusetzen. Er hatte die Antwort gefunden, nach der er gesucht hatte. Seine Entscheidung war unwiderruflich. Um Kalkutta zur Vernunft zu bringen, wollte der siebenundsiebzigjährige Greis seinen Körper einem Hungerstreik bis zum Tode aussetzen.

Gandhis Kreuzweg, zehnte Station: Frieden oder Tod

Die Waffe, zu der Gandhi greifen wollte, schien höchst widervernünftig in einem Land, in dem seit Jahrhunderten der Hungertod ein immer gegenwärtiger und alltäglicher Fluch war. Und doch war es ein Mittel, so alt wie Indien selbst. Das uralte Gebet der Rischis, der frühesten Weisen des Hinduismus – «Wenn du dies tust, bin ich es, der sterben wird» –, hatte niemals seine inspirierende Wirkung auf ein Volk eingebüßt, dem nur zu oft jedes andere Druckmittel fehlte. Im Indien des Jahres 1947 kam es immer noch vor, daß Bauern an der Hausschwelle ihres Geldverleihers fasteten, um den Aufschub einer fälligen Schuldentilgung zu erlangen. Sogar Gläubiger fasteten mitunter, um ihre Schuldner zur Einhaltung ihrer Zahlungsverpflichtung zu zwingen. Gandhis geniale Eingebung hatte darin bestanden, einer individuellen Waffe eine nationale Dimension zu geben.

In Gandhis Hand wurde der Hungerstreik zur machtvollsten Waffe, die jemals ein waffenloses, unterentwickeltes Volk handhabte. Da ein Hungerstreik den Widersacher zwingt, rasch handeln zu müssen, hatte sich Gandhi jedesmal dieses Mittels bedient, wenn er mit einem schwer zu überwindenden Hindernis konfrontiert war.

Die Errungenschaften seiner großen Hungerstreiks waren die Marksteine seiner Laufbahn. Sechzehnmal hatte er, aus wichtigen oder weniger bedeutenden Gründen, öffentlich gefastet. Zweimal hatte ein Hungerstreik einundzwanzig Tage gedauert und den kleinen Mann an die Grenze des Lebens geführt. Ob er in Südafrika für die Gleichberechtigung der Rassen, in Indien für die Versöhnung zwischen Hindus und Moslems, für die Befreiung der Unberührbaren oder den beschleunigten Abzug der Briten fastete, immer hatte er damit Hunderte von Millionen Menschen auf dem gesamten Erdball bewegt. Seine Hungerstreiks gehörten ebenso zu seinem Bild in der Öffentlichkeit wie sein Bambusstab, sein Dhoti und sein kahler Schädel. Eine Nation, die zu 95 Prozent aus Menschen bestand, die weder lesen konnten noch Zugang zu einem Radiogerät hatten, brachte es dennoch fertig, Gandhis Leidensweg zu verfolgen. Das Volk empfand instinktive Eintracht, wenn ihn der Tod bedrohte.

Das Fasten war für Gandhi vor allen Dingen ein Gebet, der beste Weg, dem Geist die Herrschaft über den Körper zu verschaffen. Er sah darin wie in der geschlechtlichen Enthaltsamkeit ein wesentliches Element für die geistig-seelische Fortentwicklung eines Menschen. «Ich glaube», betont er, «daß die Kraft der Seele nur durch die zunehmende Beherrschung des Fleisches gestärkt werden kann. Wir vergessen allzu leicht, daß die Nahrung nicht zum Ergötzen des Gaumens erschaffen wurde, sondern um den Körper als unseren Sklaven zu erhalten.» Für ihn persönlich diente das Fasten auch dazu, sein ständiges Bedürfnis nach Buße zu erfüllen.

Im öffentlichen Leben machte nach Gandhis Ansicht das selbstauferlegte Leiden den Hungerstreik zur wirkungsvollsten Waffe im Arsenal der Gewaltlosigkeit. Er wurde der größte Theoretiker ihrer Anwendung, den es auf der Welt gab. Ein Hungerstreik war nach Gandhis Überzeugung nur unter bestimmten Voraussetzungen möglich. Es sei sinnlos, erklärte er, gegen einen Feind zu fasten, mit dessen «Liebe» man nicht rechnen könne. Es wäre absurd und im Widerspruch zu seinen Theorien gewesen, wenn der jüdische Insasse eines Konzentrationslagers wie Buchenwald gegen die SS-Schergen oder ein Häftling in einem sibirischen *Gulag* gegen seine Wächter einen Hungerstreik begonnen hätte. Hätten nicht die Briten über Indien geherrscht, sondern ein Hitler oder ein Stalin, wäre das Fasten eine nutzlose Waffe gewesen, räumte Gandhi ein.

Ein Hungerstreik gab einem Problem eine elementare zeitliche Dimension. Seine bedrohliche Dramatik zwang die Menschen, die eingefahrenen Gleise ihres Denkens zu verlassen und umdenken zu lernen. Wenn ein politischer Hungerstreik wirkungsvoll sein sollte, mußte er von Publizität begleitet sein. Es war eine Waffe, die er nur selten und erst nach gründlicher Überlegung einsetzte, weil sie, zu häufig benutzt, schließlich stumpf und lächerlich werden mußte.

Gandhi bediente sich zweier Arten öffentlichen Fastens. Die erste und dramatischere war ein Hungerstreik «bis zum Tod». In diesem Fall gelobte er, entweder ein bestimmtes Ziel zu erreichen oder zu verhungern. Die zweite erstreckte sich über eine bestimmte, vorher festgelegte Zeitdauer. Manchmal war es eine Form persönlicher Buße, manchmal eine öffentliche Sühne für seine irrenden Anhänger, ein Druckmittel, das sie wieder zur Disziplin bringen sollte.

Für den Hungerstreik galt eine Reihe strenger Regeln. Gandhi trank nur Wasser mit einer Prise Natriumbikarbonat. Zuweilen setzte er vor dem Fastenbeginn fest, daß seine Gefährten dem Wasser den Saft einer Zitrone beimengen dürften, um es schmackhafter zu machen. 1924 hatte er während seines ersten 21-Tage-Hungerstreiks den Ärzten erlaubt, ihm einen Glukoseeinlauf zu machen, als gegen Ende des Hungerstreiks seine Kräfte verfielen, aber nur, weil er nicht bis zum Tod, sondern auf eine präzise festgesetzte Zeitdauer fastete.

Nun, nicht mehr weit von seinem achtundsiebzigsten Geburtstag, schickte Gandhi sich an, wieder einmal die Strapaze eines öffentlichen Hungerstreiks auf sich zu nehmen. Diesmal setzte er seine Waffe in einem Konflikt neuer Art ein. Er richtete sich nicht gegen die Briten, sondern gegen seine eigenen Landsleute und den rasenden Wahn, dem sie verfielen. Um den Tausenden Unschuldiger, die durch die Gewalttaten in Kalkutta vielleicht noch umkommen würden, das Leben zu retten, setzte Gandhi den Rest der Tage ein, die ihm noch blieben.

Angesichts der schweren Gefahren, die ein Hungerstreik in seinem Alter mit sich bringen mußte, versuchten Gandhis «Jünger» verzweifelt, ihn von seinem Vorhaben abzubringen.

«Bapu», sagte Bengalens erster indischer Gouverneur C. R. Rajagopalachari, sein alter Parteifreund vom Kongreß, «wie kann man gegen Banditen fasten?»

«Ich will die Herzen derer rühren, die hinter den Banditen stehen», antwortete Gandhi.

«Aber wenn Sie sterben», beschwor ihn sein alter Kampfgefährte, «wird der Brand, den Sie löschen wollen, nur noch ärger.»

«Dann», antwortete Gandhi, «erlebe ich ihn wenigstens nicht mehr.»

Er ließ sich durch nichts von seinem Vorsatz abbringen. Spätabends am 1. September weckte Gandhi seine Großnichten Manu und Abha und sagte ihnen, sein Hungerstreik habe mit dem Abendessen begonnen, das er nicht einnehmen konnte, nachdem er die Toten vor dem *Hydari House* gesehen hatte. Er werde entweder sein Ziel erreichen oder sterben. «Entweder gibt es Frieden in Kalkutta, oder mein Leben geht zu Ende.»

Dieses Mal schwanden Gandhis körperliche Kräfte mit schwindelerregender Schnelligkeit. Die seelische Belastung seit dem Neujahrstag hatte ihre Spuren hinterlassen.

Am nächsten Tag stellte ein Arzt fest, daß Gandhis Herz bereits bei jedem vierten Schlag aussetzte. Nach einer Massage am Mittag und einem Warmwasser-Klistier trank er einen Liter Wasser mit Natriumbikarbonat. Kurz danach wurde seine Stimme so matt, daß er kaum noch zu flüstern imstande war.

Innerhalb weniger Stunden durcheilte die Nachricht von Gandhis Herausforderung Kalkutta, und Scharen besorgter Besucher verstopften die Straßen um das *Hydari House*. Aber die Seuche der Gewalt war bereits entfesselt und in einem einzigen Tag nicht zu bändigen. Brandstiftungen, Plünderungen und Mordtaten suchten weiterhin die Stadt heim. Auf seiner Matte konnte Gandhi selbst das ferne Echo von Gewehrschüssen hören.

Während er litt, suchten seine Anhänger die Führer der Hinduextremisten der Stadt auf. Tausende ihrer Hindubrüder in Noakhali, argumentierten sie, verdankten ihr Leben nur der Zusage, die der Mahatma den Moslemführern in Noakhali abgerungen habe. Wenn die Metzeleien an den Moslems in Kalkutta weitergingen, erklärten sie warnend, und wenn Gandhi stürbe, würden Zehntausende Hindus in Noakhali massakriert werden.

Am Morgen seines zweiten Fastentages begann sich ein neuer Ton in das knatternde Gewehrfeuer zu mischen – die Rufe der Massen nach Frieden, die in wachsender Zahl zum *Hydari House* strömten. Kalkuttas Gewalttäter hielten inne und dachten über Gandhis Blutdruck, seinen Herzrhythmus, den Eiweißgehalt seines Harnes nach. Rajagopalachari kam zu Besuch und berichtete, daß die Studenten der Universität Kalkutta gerade eine Bewegung ins Leben riefen, die der Stadt den Frieden wiedergeben sollte. Hindu- und Moslemführer eilten zum Lager des geschwächten Mahatma und beschworen ihn, seinen Hungerstreik abzubrechen. Ein Moslem warf sich Gandhi zu Füßen und rief: «Wenn Ihnen etwas geschieht, sind wir Moslems verloren.» Doch kein noch so verzweifelter Appell vermochte den Willen zu erschüttern, der in Gandhis erschöpftem Körper noch glühte. «Ich werde meinen Hungerstreik nur abbrechen», sagte er matt, «wenn der glorreiche Friede der vergangenen fünfzehn Tage wiederhergestellt wird.»

Als der dritte Tag anbrach, war Gandhis Stimme nur noch ein Murmeln. Sein Puls war so schwach geworden, daß jederzeit der Tod eintreten konnte. Als sich das Gerücht verbreitete, daß er im Sterben liege, wurde Kalkutta von panischer Angst und Reue erfaßt. Aber nicht nur die Stadt, sondern die gesamte Nation wandte ihre Aufmerksamkeit plötzlich der Strohmatte im *Hydari House* zu, wo Indiens Mahatma duldete.

Während aus Mohandas Gandhis verbrauchtem Leib das Leben zu entfliehen schien, ging plötzlich eine Welle brüderlicher Liebe über die Stadt hin, die nun entschlossen war, ihren Retter zu retten. Prozessionen, zu denen sich Hindus und Moslems vereinigten, suchten die Elendsviertel auf, wo es zu den schlimmsten Ausschreitungen gekommen war, um Ordnung und Ruhe wiederherzustellen. Der eindrucksvollste Beweis, daß in Kalkutta wirklich ein Gesinnungswechsel eingetreten war, wurde von einer Gruppe von siebenundzwanzig *goondas* erbracht, die mittags am Eingang des *Hydari House* erschienen. Mit gesenktem Kopf und zerknirschter Stimme bekannten sie sich ihrer Verbrechen schuldig, baten den Mahatma um Vergebung und bedrängten ihn, seinen Hungerstreik zu beenden.

Am Abend erschien die Schlägerbande, deren barbarische Untat in der Beliaghata Road Gandhi so entsetzt hatte. Nachdem sie ihr Verbrechen eingestanden hatten, sagte ihr Sprecher zu Gandhi: «Ich und meine Männer sind bereit, uns willig jeder Strafe zu unterwerfen, die Sie über uns verhängen, wenn Sie nur Ihren Hungerstreik abbrechen.» Bei diesen Worten entfalteten sie ihre Dhotis. Messer, Dolche, Pistolen und «Tigerklauen», manche noch rot vom Blut ihrer Opfer, polterten unter den verblüfften Blicken Gandhis und seiner Gefährten auf den Boden. Gandhi murmelte: «Meine einzige Strafe für euch besteht in der Bitte, daß ihr in die Viertel der Moslems geht, über die ihr hergefallen seid, und euch verpflichtet, sie zu beschützen.»

Am Abend dieses Tages berichtete Rajagopalachari in einer handgeschriebenen Notiz, daß in der Stadt wieder Ruhe herrsche. Ein Lastwagen, beladen mit Handgranaten, automatischen Feuerwaffen, Pistolen und Messern, die von *goonda*-Banden freiwillig abgeliefert worden waren, traf vor dem *Hydari House* ein. Kalkuttas Hindu-, Sikh- und Moslemführer unterschrieben eine gemeinsame Erklärung, in der sie Gandhi feierlich versprachen: «Wir werden niemals wieder einen Bruderkrieg in der Stadt zulassen und werden bis zum Tod alles daransetzen, ihn zu verhindern.»

Am Abend des 4. September, um Viertel nach neun, beendete der Mahatma nach dreiundsiebzig Stunden seinen Hungerstreik, indem er etwas Orangensaft zu sich nahm. Kurz bevor er diesen Entschluß faßte, hatte er noch eine Warnung an die Hindu-, Sikh- und Moslemführer gerichtet, die sich um seine Strohmatte drängten.

«Kalkutta», sagte er, «hält heute den Schlüssel zum Frieden in Indien in der Hand. Der kleinste Zwischenfall hier kann unabsehbare Auswirkungen anderswo auslösen. Selbst wenn das ganze flache Land in Brand gerät, müßt ihr dafür sorgen, daß die Flammen nicht auf Kalkutta übergreifen.»

Sein Aufruf wurde befolgt. Diesmal war das «Wunder von Kalkutta» von Bestand. Im gepeinigten Pandschab, in der Nordwestlichen Grenzprovinz, in Karatschi, Lucknow und Delhi stand das Schlimmste erst noch bevor, doch Kalkutta hielt das Versprechen, das es dem alten Mann gegeben hatte. Solange Gandhi lebte, blieb das Pflaster der Stadt unbefleckt vom Blut des Bruderkriegs zwischen den Religionsgruppen. «Gandhi hat vieles erreicht», bemerkte sein alter Freund Rajagopalachari, «doch nichts, nicht einmal die Unabhängigkeit, war so großartig wie sein Sieg über das Böse in Kalkutta.»

Gandhi selbst blieb von diesen Huldigungen ungerührt. «Ich habe vor, morgen in den Pandschab aufzubrechen», kündigte er an.

Gandhi sollte niemals bis zum Pandschab gelangen. Wegen eines neuen Gewaltausbruchs mußte er die Reise auf halber Strecke abbrechen. Dieses Mal brach der Wahnsinn im Nervenzentrum aus, von dem aus Indien regiert wurde, in der stolzen, künstlichen Hauptstadt des ehemaligen Britisch-Indien, in Neu- Delhi. Die Stadt, die soviel Pomp und Gepränge gesehen hatte und das größte Beamtenheer der Welt beherbergte, sollte nicht von dem Gift der Gewalt verschont bleiben.

Delhi, die am äußersten Rand des Pandschabs gelegene einstige Zitadelle der Mogulkaiser, war 1947 noch in vielem eine mohammedanische Stadt. Die meisten Hausangestellten waren Moslems, ebenso die Tongakutscher, die Obst- und Gemüsehändler, die Handwerker in den Basaren. Die wachsende Unsicherheit in der ländlichen Umgebung hatte dazu geführt, daß Tausende von Moslems in die Stadt strömten und dort Schutz suchten. Außer sich über die Greuelberichte der Hindu- und Sikhflüchtlinge und über die vielen Moslems in der Hauptstadt ihres neuen Staates, setzten am Morgen des 3. September die Sikhs der Akalisekte und die hinduistischen Fanatiker der R.S.S.S. eine Welle des Terrors in Neu-Delhi in Gang.

Es begann damit, daß am Bahnhof ein Dutzend mohammedanischer Träger niedergemetzelt wurde. Einige Minuten später kam ein französischer Journalist, Max Olivier-Lacamp, auf den Connaught Circus, das Geschäftszentrum von Neu-Delhi, und sah, wie eine Horde Hindus die Läden von Moslems plünderte und die Ladenbesitzer abschlachtete. Über ihnen sah er eine vertraute Gestalt mit der weißen Kongreßmütze, die einen *lathi* schwang, auf sie eindrosch, sie mit Flüchen überschüttete und versuchte, dadurch das Dutzend gleichgültig zusehender Polizisten hinter ihm zum Eingreifen zu veranlassen. Es war Ministerpräsident Jawaharlal Nehru.

Diese Attacken waren für die Kommandotrupps der Akalisikhs mit ihren blauen Turbanen und für die Mitglieder der R.S.S.S. mit den weißen, um die Stirn gebundenen Taschentüchern das Signal für ähnliche Aktionen überall in der Stadt. Alt-Delhis Grüner Markt mit seinen Tausenden muslimischer Obst- und Gemüsehändlern wurde in Brand gesteckt und stand bald lichterloh in Flammen. In der Lodi-Siedlung von Neu-Delhi, in der Nähe des Mausoleums von Kaiser Humayun, drangen Sikhbanden in die Bungalows muslimischer Beamter ein und machten jeden nieder, den sie darin antrafen.

Als der Mittag kam, lagen die Leichen ihrer Opfer auf den Grünflächen, die die Gebäude umgaben, von denen aus England den Subkontinent seiner *Pax Britannica* unterworfen hatte. Der belgische Konsul, der am Abend dieses Tages von Alt- nach Neu-Delhi zum Abendessen fuhr, zählte unterwegs siebzehn Leichen. Sikhs schlichen durch die dunklen Gassen von Alt-Delhi und lockten ihre Opfer mit dem Ruf *«Allah Akbar»* ins Freie. Dann schlugen sie den unglücklichen Moslems, die daraufhin aus ihren Häusern gekommen waren, den Kopf ab.

R.S.S.S.-Schläger entführten eine Mohammedanerin, die in ihren *burqa* gehüllt war, übergossen sie mit Benzin und zündeten sie vor Jawaharlal Nehrus Haus in der York Road an, als Protest gegen die Bemühungen des Ministerpräsidenten, die Moslems zu schützen. Später suchte eine Gruppe von Mohammedanerinnen in Nehrus Garten Zuflucht, der sich, bewacht von Gurkhasoldaten, in ein provisorisches Flüchtlingslager verwandelte.

Nachdem Sikhbanden angekündigt hatten, daß sie jedes Haus, das einen Moslem beherbergte, niederbrennen würden, setzten Hindu-, Sikh-, Parsen- und selbst christliche Familien ihr treues Hauspersonal auf die Straße und überantworteten es damit den Schwertern der Sikhs oder einer überstürzten Flucht in ein improvisiertes Flüchtlingslager.

Die einzigen, denen die Welle der Gewalttaten in Delhi zugute kam, waren die dürren Pferde der Tongakutscher, die geflohen oder niedergemetzelt worden waren. Sie feierten ihre Befreiung auf den weiten grünen Lungen, mit denen die Briten ihre kaiserliche Hauptstadt ausgestattet hatten, neben einer anderen Spezies, der heiligen Kuh.

Die Ausschreitungen in Delhi bedrohten nicht nur eine Stadt, sondern ganz Indien. Wenn in Delhi die Ordnung zusammenbrach, geriet der gesamte Subkontinent in Gefahr. Und genau dies geschah. Die muslimischen Polizisten der Stadt, mehr als die Hälfte der Polizeistreitmacht, waren desertiert. Nur neunhundert Soldaten waren verfügbar. Die Regierungsmaschinerie, die schon von den Geschehnissen im Pandschab überfordert worden war, kam nun völlig zum Erliegen. Die Situation war derart, daß Nehrus Privatsekretär, H. V. R. Iyengar, in seinem eigenen Wagen die Post des Ministerpräsidenten ausfahren mußte.

Am frühen Abend des 14. September, als schon über tausend Opfer gezählt wurden, berief V. P. Menon, der Mann, der die endgültige Fassung von Mountbattens Teilungsplan ausgearbeitet hatte, eine

Handvoll Spitzenbeamter der Verwaltung zu einer geheimen Zusammenkunft.

Man kam zu einem einstimmigen Befund: In Delhi funktionierte die Verwaltung nicht mehr. Die Hauptstadt und das Land standen am Rand des Zusammenbruchs.

Zum erstenmal, seitdem er im März auf dem Flugplatz Palam indischen Boden betreten hatte, fand Louis Mountbatten ein wenig Zeit zum Ausspannen. Die Unabhängigkeit Indiens und Pakistans hatte ihn von einer drückenden Last befreit. Gestern hatte er noch zu den Mächtigen der Erde gezählt, heute besaß er nur noch ein symbolisches Amt. Er war tief betroffen über die Eruption der Gewalt, die den Pandschab erschütterte, doch als Generalgouverneur besaß er keine Autorität mehr, etwas dagegen zu unternehmen. Diese bedrückende Aufgabe war nun Indern übertragen. Und so hatte er sich, um nicht den Anschein zu erwecken, er mische sich in die inneren Angelegenheiten des Landes ein, diskret aus Delhi abgesetzt und nach Simla, in das olympische Paradies des einstigen Britisch-Indien, begeben. Über den Ebenen drunten tobte der Sturm, aber er berührte noch nicht diese merkwürdige, faszinierende kleine Stadt. Zwischen den hübschen Kieferngruppen blühten der Affodill und der Rhododendron, und durch die klare spätsommerliche Luft schimmerten die schneegekrönten Berge des Himalaja. Im Gaiety Theatre wurde *Jane Steps Out* gegeben, eines von den Liebhaberstücken, wie sie Kipling sechzig Jahre vorher in der indischen Sommerhauptstadt so amüsiert hatten.

In Simla war der ehemalige Vizekönig den Wirren Indiens gewissermaßen entrückt, als am Donnerstagmorgen um zehn Uhr in seiner Bibliothek das Telefon läutete. Mountbatten befand sich im Geist im fernen Deutschland; er stellte gerade die genealogischen Tafeln seiner Vorfahren aus den Häusern Hessen-Darmstadt, Hohenzollern und Sachsen-Coburg-Gotha zusammen.

Am Apparat war V. P. Menon. In ganz Indien gab es niemanden, dessen Rat und Meinung Mountbatten höher schätzte.

«Euer Exzellenz», sagte Menon, «Sie müssen nach Delhi zurückkehren.»

«Aber», protestierte Mountbatten, «ich bin doch gerade erst weggefahren. Wenn das Kabinett wünscht, daß ich etwas gegenzeichne, schicken Sie's einfach hier rauf, und die Sache wird erledigt.»

Darum gehe es keineswegs, sagte Menon. «Die Situation hat sich sehr verschlechtert, seit Euer Exzellenz Delhi verlassen haben. Hier geht es drunter und drüber. Wir wissen nicht, was noch werden soll. Der Ministerpräsident und sein Stellvertreter sind beide aufs höchste besorgt. Sie finden, es ist sehr wichtig, daß Euer Exellenz zurückkommen.»

«Warum denn?» fragte Mountbatten.

«Sie benötigen jetzt nicht nur Ihren Rat», sagte Menon. «Sie brauchen Ihre Hilfe.»

«Hören Sie», sagte Mountbatten, «ich bin sicher, die wollen sie ganz und gar nicht. Sie haben gerade erst ihre Unabhängigkeit erhalten. Daß ihr verfassungsmäßiges Staatsoberhaupt zurückkommt und ihnen dreinredet, wäre das letzte, was sie wollen. Ich werde nicht kommen. Bestellen Sie ihnen das.»

«Gut», antwortete Menon, «das werde ich. Aber es hat keinen Sinn, wenn Sie es sich später anders überlegen. Wenn Euer Exzellenz nicht binnen vierundzwanzig Stunden zurückkommen, dann brauchen Sie überhaupt nicht mehr zu kommen. Dann ist es zu spät. Dann haben wir Indien verloren.»

Am anderen Ende der Leitung folgte ein langes, betroffenes Schweigen. Dann sagte Mountbatten ruhig: «In Ordnung, V. P., alter Fuchs, Sie haben gewonnen. Ich komme.»

Während des nächsten Vierteljahrhunderts waren die Ergebnisse der Konferenz, die am Morgen des 6. September 1947 in Mountbattens Arbeitszimmer in Neu-Delhi stattfand, das bestgehütete Geheimnis im Leben des letzten Vizekönigs. Wären die Entscheidungen, die dabei fielen, bekannt geworden, hätte dies vielleicht die Karriere des charismatischen indischen Staatsmannes zerstört, der in den darauffolgenden Jahren zu einer der großen politischen Figuren der Welt wurde.

Drei Männer nahmen daran teil: Mountbatten, Nehru und Patel. Die beiden Inder waren ernst und sichtlich bedrückt. Dem Generalgouverneur kamen sie «wie zwei verprügelte Schuljungen» vor. Die Situation im Pandschab sei jeder Kontrolle entglitten. Die Flüchtlingsbewegung übersteige die schlimmsten Befürchtungen. Und nun drohten die Ausschreitungen in Delhi sogar die Hauptstadt in den Abgrund zu reißen.

«Wir wissen nicht, wie wir das Ganze aufhalten sollen», sagte Nehru.

«Sie müssen zupacken», antwortete ihm Mountbatten.

«Wie sollen wir zupacken können?» sagte Nehru. «Wir haben ja keine Erfahrung. Wir haben die besten Jahre unseres Lebens in britischen Gefängnissen verbracht. Wir verstehen was von der Agitation, aber nicht von der Regierungspraxis. Wir bringen es ja kaum fertig, unter normalen Umständen richtig zu regieren. Ein totaler Zusammenbruch von Recht und Ordnung ist einfach zuviel für uns.»

Dann trug Nehru dem Generalgouverneur eine fast unglaubliche Bitte vor. Daß er, der stolze Inder, der sein Leben dem Ringen um die Unabhängigkeit gewidmet hatte, diese Bitte auch nur auszusprechen vermochte, zeigte sowohl seine eigene Größe als auch den Ernst der Lage, in der Indien sich befand. Er bewunderte seit langem Mountbattens Organisationstalent und seine Begabung, rasche Entscheidungen zu treffen. Indien hatte nach seiner Ansicht im gegenwärtigen Zeitpunkt diese Gaben bitter nötig, und Nehru war ein zu großer Mann, um mit seinem Stolz oder seiner Eitelkeit im Wege zu stehen.

«Als Sie das höchste Kommando im Krieg innehatten, saßen wir in einem britischen Gefängnis», sagte er. «Sie sind ein professioneller, erstklassiger Administrator. Sie haben den Befehl über Millionen Männer geführt. Sie besitzen die Erfahrung und das Wissen, das uns der Kolonialismus vorenthalten hat. Ihr Engländer könnt nicht einfach uns das Land übergeben und davonlaufen. Wir sind in einer Notsituation, und wir brauchen Hilfe. Sind Sie bereit, unser Land zu regieren?»

«Ja», sekundierte ihm Patel, «er hat recht. Sie müssen es übernehmen.»

Mountbatten war entgeistert. «Großer Gott», sagte er, «da habe ich Ihnen endlich das Land gegeben, und jetzt bitten Sie beide mich, es zurückzunehmen!»

«Sie müssen verstehen», sagte Nehru, «es bleibt Ihnen nichts anderes übrig. Wir verpflichten uns, alles zu tun, was Sie uns sagen.»

«Aber das ist ja eine schreckliche Geschichte», sagte Mountbatten. «Wenn es jemals herauskommt, daß Sie mir das Land wieder anvertraut haben, sind Sie politisch erledigt. Die Inder behalten den britischen Vizekönig und geben ihm dann auch noch die Macht zurück? Undenkbar.»

«Gut», sagte Nehru, «wir werden einen Weg finden müssen, um die Sache zu tarnen, aber wenn Sie nicht das Ruder übernehmen, wir sind damit überfordert.»

Mountbatten überlegte einen Augenblick. Er hatte es gern, wenn er sich bewähren konnte, und dies war eine enorme Herausforderung. Seine persönliche Achtung für Nehru, seine Liebe zu Indien, sein Verantwortungsbewußtsein ließen ihm keinen Ausweg.

«Einverstanden», sagte er, «ich mache die Sache. Aber die Geschichte muß völlig unter uns bleiben. Niemand darf erfahren, daß Sie mich darum gebeten haben. Sie beide werden mich ersuchen, einen Notstandsausschuß des Kabinetts einzusetzen, und ich werde zustimmen. Sind Sie dazu bereit?»

«Ja», antworteten Nehru und Patel wie aus einem Mund.

«Gut», sagte Mountbatten, «Sie haben mich also darum ersucht. Werden Sie mich dann auffordern, den Vorsitz zu übernehmen?»

«Ja», antworteten die beiden Inder, denen schon schwindlig bei dem Tempo wurde, das Mountbatten einschlug, «wir fordern Sie dazu auf.»

«Der Notstandsausschuß», fuhr Mountbatten fort, «muß aus den Leuten bestehen, die ich vorschlage.»

«Oh», protestierte Nehru, «das ganze Kabinett muß drin sein.»

«Unsinn», sagte Mountbatten. «Das wäre katastrophal. Ich will die wichtigen Leute haben, die Männer, die wirklich etwas tun, den Leiter der Zivilluftfahrt, den Direktor der Eisenbahnen, den Chef des Gesundheitswesens. Meine Frau übernimmt die Freiwilligenorganisation und das Rote Kreuz. Sekretär des Ausschusses wird General Erskine-Crum, mein Konferenzsekretär. Das Protokoll wird von englischen Stenografen getippt, die einander ablösen, damit es fertig ist, wenn die Sitzung beendet ist. Ersuchen Sie mich um all dies?»

«Ja», erwiderten Nehru und Patel, «wir ersuchen Sie darum.»

«Bei den Sitzungen», fuhr Mountbatten fort, «sitzt der Ministerpräsident rechts und der stellvertretende Ministerpräsident links von mir. Ich werde so tun, als ob ich Sie konsultierte, aber Sie argumentieren nicht mit mir, einerlei, was ich sage. Wir haben nicht die Zeit dafür. Ich werde sagen: ‹Sie wollen doch sicher, daß ich das tue›, und Sie werden sagen: ‹Ja, tun Sie es bitte.› Mehr will ich nicht. Sie brauchen sonst nichts zu sagen.»

«Aber, können wir nicht . . .», wollte Patel einwenden.

«Nicht, wenn es Zeit kostet», sagte Mountbatten. «Wollen Sie, daß ich das Ruder übernehme oder nicht?»

«Ja, schon gut», knurrte Patel, «Sie übernehmen das Ruder.»

In der folgenden Viertelstunde stellten die drei Männer die Liste der Mitglieder ihres Notstandsausschusses zusammen. «Gentlemen», sagte Mountbatten, als sie damit fertig waren, «wir werden unsere erste Sitzung heute nachmittag um fünf Uhr abhalten.»

Nach dreißig Jahren des Ringens um die Unabhängigkeit, nach Jahren der Streiks und Massenbewegungen, nach all den Freudenfeuern, in denen englische Textilien verbrannt worden waren – und vor allem nach kaum drei Wochen Unabhängigkeit wurde Indien noch einmal, einen letzten Augenblick lang, von einem Engländer geführt.

14

«Die leise, traurige Musik der Menschlichkeit»

Es war, als hätte eine unerwartete Drehung des Lebensrades Mountbatten in eine frühere Inkarnation zurückversetzt. Wieder einmal war er Oberbefehlshaber, füllte er mit seiner Energie die Rolle aus, die er am besten beherrschte. Schon wenige Stunden, nachdem man ihn um seinen Beistand gebeten und ihm den Vorsitz des Notstandsausschusses angetragen hatte, funktionierte der Palast, den Luytens als Kulisse für die Zeremonien des Indischen Kaiserreiches hatte bauen lassen, wie ein Armeehauptquartier in Kriegszeiten.

Kaum hatten Nehru und Patel sein Arbeitszimmer verlassen, ging es drunter und drüber, wie einer von Mountbattens Mitarbeitern berichtet. Der Generalgouverneur verwandelte Ismays Arbeitszimmer nebenan in ein Karten- und Aufklärungszentrum. Durch Boten ließ er aus dem Armeehauptquartier die besten Karten des Pandschabs holen. Er wies die Luftstreitkräfte an, ab sofort über der indischen Hälfte der Provinz Aufklärungsflüge von Tagesanbruch bis zum Einbruch der Nacht durchzuführen. Die Piloten erhielten Befehl, stündlich Berichte über alle Flüchtlingskolonnen durchzugeben – ihre Größe, Länge, ihr Marschtempo, die Richtung, die sie anscheinend nahmen.

Die Bahnlinien wurden der Luftüberwachung unterstellt. Mountbatten, der sich leidenschaftlich für das Kommunikationswesen interessierte, entwarf ein Funknetz, das den Regierungspalast in Delhi mit den Schlüsselgebieten im Pandschab verband, und ließ es installieren. Er veranlaßte Generalmajor Pete Rees, dessen Pandschab-Grenztruppe in ihre pakistanische und indische Hälfte auseinandergebrochen war, das nachrichtendienstliche Zentrum zu übernehmen. Damit ja auch alle ihren Beitrag zur Lösung der Krise leisteten, teilte er Rees seine siebzehnjährige Tochter Pamela als Sekretärin zu.

Mountbatten eröffnete die erste Sitzung des Notstandsausschusses damit, daß er den indischen Mitgliedern die erschreckende Realität auf den Karten in seinem nachrichtendienstlichen Zentrum vor Augen führte. Für viele war es die erste anschauliche Begegnung mit den überwältigenden Problemen, vor denen sie standen. Mountbattens kluger Presseattaché Alan Campbell-Johnson bezeichnete ihre Reaktion als «wie vor den Kopf geschlagen und völlig konfus angesichts des Unbekannten». Nehru wirkte «unsagbar traurig und resigniert», Patel «sichtlich beunruhigt» und «aufs höchste aufgebracht und frustriert».

Mountbatten drängte vorwärts. In den kommenden Wochen sollten die Männer des Notstandsausschusses an dem urbanen und charmanten Mann, der Indiens letzter Vizekönig gewesen war, eine neue Seite kennenlernen. Seine dominierenden Eigenschaften waren nun Härte und der entschiedene Wille, die Dinge in Ordnung zu bringen. Seine Stenografen hatten Abschriften der ersten Beschlüsse des Ausschusses fertig und zur Verteilung bereit, wenn die Sitzung beendet wurde; der Rest wurde binnen einer Stunde von Motorradboten zugestellt. Der erste Punkt auf der Tagesordnung der nächsten Sitzung, erklärte Mountbatten, sei die Überprüfung, ob die erteilten Anweisungen ausgeführt worden seien.

Mehrere angesehene Männer bekamen während der folgenden Wochen in diesem Raum Mountbattens Zorn zu spüren, weil sie nicht imstande waren, dieses Tempo durchzuhalten. Eines Tages, berichtete Nehrus erster Privatsekretär H. V. R. Iyengar, hatte der Direktor der zivilen Luftfahrt eine Maschine mit dringend benötigten Medikamenten für den Pandschab nicht plangemäß in Marsch gesetzt.

«Herr Direktor», sagte Mountbatten, «Sie verlassen jetzt diesen Raum. Sie begeben sich unverzüglich zum Flugplatz. Sie werden nicht nach Hause gehen, nicht essen und nicht schlafen, bis Sie persönlich gesehen haben, daß diese Maschine gestartet ist, und bis Sie mir den Abflug gemeldet haben.» Verletzt und gedemütigt wankte der Mann aus dem Raum, aber die Maschine flog ab.

Schon bei der ersten Sitzung ging den Mitgliedern des Ausschusses auf, welcher Härte Mountbatten fähig war. Wenn die Bewachungsmannschaften der Züge bei einem Überfall nicht das Feuer auf ihre Glaubensgenossen eröffneten, schlug er vor, die Wachmannschaft zusammenzutreiben, die Verwundeten auszusondern und dann die übrigen an Ort und Stelle standrechtlich zu erschießen. Dies würde, erklärte er, eine heilsame Wirkung auf die Disziplin der Wachmannschaften haben.

Doch Mountbattens größte Sorge bei der ersten Sitzung des Notstandsausschusses war die Situation in Delhi. «Wenn wir in Delhi untergehen», sagte er, «dann geht das ganze Land mit uns unter.» Die Stadt habe in allem den Vorrang. Er erteilte der Armeeführung die Anweisung, binnen achtundvierzig Stunden die Truppen in der Hauptstadt zu verstärken, stellte seine eigene Leibwache zu Sicherheitseinsätzen zur Verfügung, ließ Zivilfahrzeuge requirieren und sorgte dafür, daß die Leichen, die auf den Straßen lagen, zusammengetragen und verbrannt wurden. Öffentliche Feiertage und Sonntage wurden vorübergehend abgeschafft und Maßnahmen eingeleitet, um die Beamten und Staatsangestellten wieder an ihre Arbeitsplätze zu bringen und das Telefonsystem funktionsfähig zu machen. Schließlich ordnete er an, Sikh- und Hinduflüchtlinge in andere Provinzen zu evakuieren, damit die Gefahr weiterer Zwischenfälle vermindert werde.

Es würde Wochen dauern, bis die Anstrengungen des Ausschusses sich auf die katastrophale Situation im nördlichen Indien auswirkten. Aber endlich wehte, wie ein indisches Mitglied des Ausschusses feststellte, in der Regierung ein anderer Wind, hatte «das Kriechtempo eines Ochsenkarrens der Geschwindigkeit einer Düsenmaschine» Platz gemacht.

Während der folgenden beiden Monate wurde die beispiellose Flut menschlichen Elends, die sich über den Pandschab ergoß, durch Reihen roter Nadeln auf den Landkarten im Hauptquartier Mountbattens sichtbar gemacht. Sie symbolisierten ein Maß des Leidens, das jedes Vorstellungsvermögen überstieg. Eine dieser Nadelreihen stellte eine Kolonne von achthunderttausend Menschen dar, den größten Flüchtlingstreck in der turbulenten Geschichte der Menschheit. Es war, wie wenn irgendeine Katastrophe größten Ausmaßes die Bewohner, die

1947 in München lebten, sämtliche Frauen, Männer und Kinder, gezwungen hätte, nach Freiburg zu flüchten.

Jinnah, Nehru und Liaquat Ali Khan hatten sich zunächst gegen diese gigantische Fluchtbewegung zu stemmen versucht und die geängstigten Menschen beschworen, in ihrer Heimat zu bleiben. Doch die ungeheuren Ausmaße der Tragödie hatten ihre Anstrengungen zunichte gemacht und sie gezwungen, den unvermeidlichen Bevölkerungsaustausch als Preis für die Unabhängigkeit ihrer Staaten hinzunehmen. Auf beiden Seiten im Pandschab waren nun die Behörden bestrebt, diesen Vorgang zu beschleunigen, einmal, um für die Menschenflut, die auf sie zukam, Platz zu schaffen, und zum anderen, um das Problem noch vor Einbruch des Winters zu bewältigen, der den Alptraum noch schrecklicher machen würde.

Täglich wurde im Kartenraum des Hauptquartiers der quälend langsame Marsch jeder Kolonne dadurch markiert, daß eine der roten Stecknadeln einen Zoll weiter vorrückte. Und täglich starteten in der Morgendämmerung die Piloten, um die Flüchtlingstrecks aufzuspüren, die aus dem Schutz der Nacht auftauchten und wieder ein paar Kilometer weiter sich der rettenden Grenze entgegenschleppten. Das Bild, das sich an diesen Septembermorgen unter den Tragflächen der Flugzeuge ausbreitete, bot eine Szene, wie sie noch nie ein menschliches Auge gesehen hatte. Einer der Piloten, Leutnant Patwant Singh, vergaß nie die «Schwärme von Menschen», die «wie Viehherden in einem Western über das offene Land zogen». Ein anderer Pilot erzählte, er sei mit dreihundert Kilometer in der Stunde volle fünfzehn Minuten lang über eine Kolonne hinweggeflogen, ohne ihr Ende zu erreichen. Manchmal, wenn ein Stau eintrat, verdichtete sie sich zu einer Ansammlung von Menschen, Tieren und Karren, dann, ein paar Kilometer weiter, war sie zu einem dünnen Rinnsal zusammengeschrumpft und wurde wieder dichter beim nächsten Stau.

Am Tag hingen bleiche Staubwolken über jeder Kolonne, aufgewirbelt von den Hufen Tausender Büffel und Ochsen. Als Schleier am Horizont kennzeichneten sie den Marsch der Flüchtlinge. Wenn die Nacht anbrach, sanken die Menschen am Straßenrand nieder und zündeten Tausende von Feuern an, an denen sie die paar Bissen wärmten, die ihnen geblieben waren. Vom Flugzeug aus wirkte der Schein der vielen Feuer, getrübt durch die Staubwolke, als ein mattes rotes Glühen.

Doch nur unten auf der Erde, unter diesen erschöpften Jammergestalten, zeigte sich der ganze Schrecken des Exodus. Wie betäubt trotteten die Flüchtlinge dahin, von Hunger und Durst gequält, Augen und Kehlen vom Staub entzündet, die Fußsohlen verbrannt von glühendheißen Steinen und vom Asphalt, und über allem lag ein widerlicher Gestank von Schweiß, Urin und Kot. Sie zogen in schmutzigen Dhotis ihres Weges, in zerknitterten Saris, schlotternden Hosen. Alte Frauen klammerten sich an ihren Söhnen, Schwangere an ihren Ehemännern fest. Männer trugen ihre kranken Ehefrauen oder ihre Mütter auf den Schultern, Frauen ihre Kleinkinder. Sie mußten ihre Last nicht nur ein paar, sondern hundert, zweihundert Kilometer weit und noch mehr schleppen, Tag um Tag. Zu ihrer Stärkung hatten sie nichts als ein *chapati* und ein paar Schluck Wasser täglich.

Die Krüppel, die Kranken und die Sterbenden wurden bisweilen in einer Schlinge getragen, an der Mitte einer Stange befestigt, deren Enden auf den Schultern von Söhnen oder Freunden ruhten. Auf den Köpfen ihrer Frauen schwankte dahin, was die Verzweifelten von ihren Habseligkeiten hatten mitnehmen können: ein paar Küchengeräte, ein Bildnis Schiwas oder des Gurus Nanak, einen Koran. Manche Männer trugen einen langen Bambusstab über der Schulter, an dem wie die Schalen einer Waage ihr Hab und Gut hing, vielleicht am einen Ende ein Säugling in einem Sack, am anderen die Dinge, die nötig waren, um ein neues Leben zu beginnen, eine Schaufel, eine hölzerne Hacke, ein Beutel mit Saatgut.

Büffel, Ochsen, Kamele, Pferde, Ponies und Schafe trotteten ebenso elend dahin wie ihre Eigentümer, die sie vorantrieben. Wasserbüffel und Ochsen schleppten die Speditionsfahrzeuge dieses gespenstischen Umzuges, große Plattformen mit Holzrädern, auf denen ein Kunterbunt von Gegenständen aufgehäuft war, Pyramiden von Bettgestellen, Strohmatten, Rechen, Pflüge, Pickel, Säcke mit der Ernte vom letzten Jahr. Wie Flöße, auf denen die Besitzer ein paar Habseligkeiten aus dem Schiffbruch ihres Lebens geborgen hatten, trugen sie haufenweise Bündel alter Kleider; hin und wieder schaute ein gold und silbern schimmernder Hochzeitssari aus den schmutzigen Stapeln oder ein Huka, eine Wasserpfeife – Erinnerungen an bessere Zeiten. Man sah die Hochzeitsgeschenke eines Paares, Töpfe und Pfannen; wenn die Neuvermählten Hindus waren, achteten sie darauf, daß die Zahl der Geschenke nicht mit einer Null endete, weil das Unglück gebracht hätte. Schlitten, Tongas, *burqa*-Karren, in denen die Moslems ihre Frauen hinter zugezogenen Vorhängen beförderten, und Heuwagen zogen in diesen Kolonnen mit, alles, was Räder oder Kufen hatte und vor das man einen ausgemergelten Gaul oder einen Ochsen spannen konnte.

Es war kein kurzer Ausflug in ein Nachbardorf, den diese hilflosen Inder und Pakistanis unternahmen. Es war ein großer Treck Entwurzelter, eine Reise ohne Wiederkehr, die über Hunderte von Kilometern ging. Und jeder Kilometer war bedroht von Erschöpfung, vom Verhungern, von der Cholera, von Überfällen, gegen die es häufig keine Gegenwehr gab. Ob Hindus, Moslems oder Sikhs, stets waren diese Flüchtlinge die Schuldlosen und Unbewaffneten, analphabetische Bauern, die ein Leben lang auf ihren Feldern gearbeitet hatten, von denen die meisten nicht einmal wußten, was ein Vizekönig ist, denen die Kongreßpartei und die Moslemliga gleichgültig waren, die sich nie um Probleme wie die Teilung Indiens oder um Grenzen oder auch nur um die Freiheit gekümmert hatten, in deren Namen sie ins Elend gestürzt worden waren.

Und immer verfolgte sie vom einen Ende des Horizonts bis zum anderen die Sonne, die grausame, gnadenlose Sonne, die ihr Elend noch größer machte, die sie zwang, zum glühenden Himmel hinaufzublicken und Allah, Schiwa oder den Guru Nanak um die Erquickung des Monsuns zu bitten, der nicht kommen wollte.

Leutnant Ram Sardilal, der mit seiner Eskorte eine Kolonne muslimischer Flüchtlinge aus Indien geleitete, erinnerte sich immer an ein bestimmtes Bild jener alptraumhaften Wochen, an «die Sikhs, die sich wie Geier an die Karawane hängten und mit den Flüchtlingen um die wenigen Habseligkeiten feilschten, die diese mitzuschleppen versuchten, und mit jedem Kilometer den Preis weiter drückten, bis die Verzweifelten so weit waren, daß sie ihre Habe für eine Tasse Wasser hergaben».

Hauptmann R. E. Atkins und seine Gurkhas eskortierten wochenlang Flüchtlingskolonnen. Sie begleiteten Sikhs nach Indien und führten auf dem gleichen Weg Moslems nach Pakistan. Die Flüchtlinge waren, berichtete er, bei Beginn des Marsches zumeist erleichtert, ja fast glücklich, daß es nun losging. «Dann, als ihnen die Hitze, der Durst, die Müdigkeit, die endlosen Kilometer zu schaffen machten, begannen sie ihre Sachen wegzuwerfen, bis ihnen am Ende fast gar nichts mehr übrigblieb.»

Gelegentlich erschien ein Flugzeug am Himmel und warf Nahrungsmittel ab. Dies pflegte einen panikartigen Ansturm auszulösen. Atkins' Gurkhas mußten den kärglichen Proviant mit aufgepflanzten Bajonetten bewachen, damit er gerecht verteilt werden konnte. Einmal sah er, wie ein schwarz-weiß gefleckter Hund mit einem *chapati* davonrannte und von einer gierigen Menschenmenge verfolgt wurde, die ihn totschlagen wollte, um ihm den Bissen zu entreißen.

Am schlimmsten erging es denjenigen, die zu jung oder zu alt, zu sehr durch Krankheit, Erschöpfung oder Hunger geschwächt waren, um den Marsch fortzusetzen. Mütter, die nicht mehr die Kraft besaßen, ihre kleinen Kinder zu tragen, legten sie an den Straßenrand, in der Hoffnung, irgend jemand werde sie mitnehmen, bevor es zu spät sei.

Die Alten, die sich mit dem Tod abgefunden hatten, wankten von der Straße auf die Felder und suchten sich einen Baum, unter dessen linderndem Schatten sie das Ende erwarten konnten. Für immer unvergeßlich blieb Margaret Bourke-White der Anblick eines Kindes, das am Straßenrand an den Armen seiner toten Mutter zog und nicht begriff, warum diese Arme es nie wieder aufheben würden.

Kuldip Singh, ein indischer Journalist, vergaß nie, wie «ein alter Sikh mit wehendem, graugesprenkeltem Bart» ihm seinen kleinen Enkel hinstreckte und darum bettelte, den Säugling in seinem Jeep mitzunehmen. «Dann wird er wenigstens in seinem Leben noch Indien sehen.» H. V. R. Iyengar, Nehrus erster Sekretär, begegnete zwei indischen Armeeleutnants, die in einem Kombiwagen hinter einer Kolonne von hunderttausend Flüchtlingen herfuhren. Sie hätten die Aufgabe, erläuterten sie, sich um die Neugeborenen und die Toten zu kümmern. Wenn eine Schwangere ihre Wehen bekam, nahmen sie sie in den rückwärtigen Teil des Wagens, wo eine Hebamme mitfuhr. Sie hielten gerade so lange an, wie die Niederkunft dauerte. Wenn dann die nächste Kandidatin für ihren improvisierten Kreißsaal erschien, mußte die Wöchnerin, vielleicht schon wenige Stunden nach der Entbindung, aus dem Wagen aussteigen und mit ihrem neugeborenen Kind die Wanderung nach Indien fortsetzen.

Tausende von Toten säumten den Weg dieses furchtbaren Exodus. Die siebzig Kilometer lange Straße zwischen Lahore und Amritsar führte bald durch einen einzigen Friedhof voll unbestatteter Leichen. Wenn Hauptmann Atkins diese Straße befahren mußte, besprengte er vorher ein Taschentuch mit After Shave Lotion und band es sich vors Gesicht, um den schrecklichen Gestank nicht in voller Stärke einatmen zu müssen. «Auf jedem Meter am Wegesrand», berichtete er, «lag ein Toter, einige waren niedergemetzelt worden, andere an der Cholera gestorben. Die Geier waren so vollgefressen, daß sie nicht mehr fliegen konnten, und die streunenden Hunde so anspruchsvoll geworden, daß sie von den Leichen, die auf der Straße wie Abfall lagen, nur noch die Leber fraßen.»

Diese chaotischen Flüchtlingstrecks zu beschützen, die sich über Straßen und Felder dahinschleppten, war eine beinahe unlösbare Aufgabe. Fast überall auf ihrem Weg bestand die Wahrscheinlichkeit, daß sie angegriffen wurden. Wie immer waren die Überfälle der Sikhs am furchtbarsten und barbarischsten. In Horden tauchten sie schreiend aus den Zuckerrohr- oder Weizenfeldern auf und fielen über wehrlose Nachzügler oder Frauen und Kinder her. Leutnant G. D. Lal vergaß nie, wie ein alter Moslem in einem Flüchtlingszug, den er mit seinen Männern eskortierte, eine Ziege, das einzige Besitzgut, das er gerettet hatte, der pakistanischen Grenze entgegenzerrte. Wenige Kilometer davor stürzte die Ziege voll Heißhunger auf einige Stauden Zuckerrohr zu. Der alte Mann rannte ihr verzweifelt nach. Plötzlich tauchte wie eine Geistererscheinung ein Sikh aus dem Zuckerrohr auf, schlug dem alten Moslem den Kopf ab und lief mit der Ziege davon.

Häufig mußten sich tapfere Sikhoffiziere ihren eigenen Leuten entgegenstellen und wehrlose Moslems schützen. In der Umgebung von Ferozepore stieß Oberstleutnant Gurba Singh auf die grausigste Szene, die er je in seinem Leben sah: die Leichen eines von Sikhs überfallenen Moslemtrecks, an denen sich die Geier gütlich taten. Er ließ seine Sikhsoldaten vor den Ermordeten strammstehen und hielt ihnen eine Ansprache: «Die Sikhs, die das getan haben, haben ihr Volk entehrt. Eine noch größere Schande für unser Volk wäre es, wenn ihr zuließet, daß denen, die unter eurem Schutz stehen, das gleiche angetan wird.»

Oft begegneten Flüchtlingskolonnen einander auf ihrem Zug. Hin und wieder kam es vor, daß die Verbitterten in einer letzten Aufwallung von Haß übereinander herfielen und die Zahl der Opfer vermehrten, die beide Gruppen zu beklagen hatten. Seltener, aber manchmal doch ereignete sich ein kleines Wunder. Hindu- und Moslembauern riefen einander zu, wo sie zu Hause gewesen waren, und forderten die in der Gegenrichtung Ziehenden auf, sich ihren Grund anzueignen.

Ashwini Kumar, ein junger Polizeioffizier, behielt immer das Bild zweier Flüchtlingskolonnen in der Erinnerung, die auf der großen Überlandstraße zwischen Amritsar und Dschallandar dahinzogen. Wo einst die Mazedonier Alexanders des Großen und die Truppen der Moguln marschiert waren, strömte nun ein Zug Moslems Pakistan, ein Zug Hindus Indien entgegen. Sie wechselten keine feindseligen Gebärden, keine drohenden Blicke. Hin und wieder brach muhend eine Kuh im Galopp aus und lief zu der anderen Kolonne hinüber. Im übrigen aber war nur das Knarren hölzerner Räder und das müde Schlurfen Tausender Füße zu vernehmen. Es war, als hätten die Flüchtlinge in ihrem eigenen tiefen Elend instinktiv den Jammer der anderen verstanden, die in der Gegenrichtung an ihnen vorüberzogen.

Die Flüchtlingskolonnen sammelten sich, gleichgültig, ob sie ost- oder westwärts zogen, an den Ufern dreier großer Flüsse des Pandschabs, des Ravi, des Satledsch und des Bias. Dort warteten sie stunden-, manchmal tagelang an den Anlegestellen der unzureichenden Fähren, an Schleusen, Brücken und Furten, die einen Weg über das Wasser boten. Für zehn Millionen Inder und Pakistani waren diese Brücken und Fähren im Schreckensherbst des Jahres 1947 Ende und Anfang, der Übergang aus einem Leben und Land, das sie zurückgelassen hatten, in die ungewisse Zukunft, der sie entgegenflohen.

In den gesichtslosen Scharen, die sich bei Suleimanki Head über den Satledsch ergossen, befand sich an einem Nachmittag im September ein kräftig gebauter junger Mann von zwanzig Jahren. Er hatte große, dunkle Augen, einen spärlichen Schnauzbart über den vollen Lippen und einen dichten, pechschwarzen Haarschopf. Es war Madanlal Pahwa, der mit dem Omnibus seines Vetters die Flucht angetreten hatte, während sein Vater zurückgeblieben war, um den glückverheißenden Zeitpunkt abzuwarten, den ihm sein Sterndeuter angegeben hatte.

Die pakistanischen Soldaten am Westende der Brücke hatten den Bus mit seinem gesamten Inhalt konfisziert: Möbel, Kleidung, Gold, Papiergeld, Schiwabildnisse. Wie Millionen anderer in jenem Herbst betrat Madanlal sein neues Vaterland ohne eine Münze in der Tasche, nur mit den Kleidern, die er am Leib trug. Als er die Brücke hinter sich hatte und indischen Boden betrat, kam er sich wie nackt vor, «wie total ausgeplündert und auf die Straße geworfen». Verbittert schwor er, daß die Moslems in Indien genauso in die Flucht getrieben werden sollten wie er, ohne einen Koffer, ohne einen einzigen dreckigen Rupienschein.

Sein zorniges Gesicht war wie jedes andere in dieser ununterscheidbaren Masse von Gesichtern, in denen Jammer und Leid geschrieben standen. Doch die Sterne, die Indien verehrte, hatten Madanlal eine andere Zukunft bestimmt als den anonymen Gestalten, die sich mit ihm über die Brücke schleppten. Kurz nach seiner Geburt hatten die Astrologen prophezeit, er trage «einen Namen, der in ganz Indien bekannt werden wird».

Sein Vater erzählt: «Ich bemerkte den Briefträger nicht, der an jenem Dezembertag 1928 neben mir stand, bis er mich schüttelte, damit ich ihm das Telegramm abnehme. Es kam von meinem eigenen Vater. In der Nacht vorher war mir ein Sohn geboren worden. Im jungen Alter von neunzehn war ich Vater geworden. Ich gab dem Postboten eine Belohnung, weil er mir die Freudenbotschaft gebracht hatte, und kaufte für meine Kollegen im Büro *ladhus*, Süßigkeiten. Dann eilte ich nach Hause. Dort berührte ich zum Zeichen des Respektes die Füße meines Vaters. Er legte mir ein Zuckerstück in den Mund, weil es ein glückliches Wiedersehen war. Ich nahm das Kind auf den Schoß. Ich nahm mir vor, ihm die beste Ausbildung zu geben. Er sollte Ingenieur oder Arzt werden, um der Familie Ehre zu machen. Ich ersuchte die Pandite und Astrologen, einen Namen für ihn auszuwählen. Sie sagten, er müsse mit ‹M› beginnen. So entschied ich mich für ‹Madanlal›. Die Astrologen studierten ihre Himmelskarten. Sie prophezeiten, daß Madanlal zu einem ordentlichen Mann heranwachsen werde. Der Name meines Sohnes, erklärten sie, werde eines Tages in ganz Indien bekannt sein.

Doch ich wurde das Opfer von bösen Blicken. Vierzig Tage nach Madanlals Geburt starb meine Frau an der Grippe. Mein Sohn war in der Schule ein aufgeweckter und ausgelassener Junge, doch mit der Zeit wurde er zu einem Sorgenkind und begann, rebellische Neigungen an den Tag zu legen. 1945 lief er uns davon. Ich setzte mich mit meiner ganzen Verwandtschaft und Bekanntschaft im Pandschab in Verbindung, aber niemand wußte, wo er sich befand. Nach einigen Monaten bekam ich einen Brief. Er war nach Bombay zur Marine gegangen.

Als er wieder nach Hause kam, wurde er politisch aktiv, bei der R.S.S.S., die Moslems überfiel. Ich machte mir große Sorgen um ihn. Deshalb fuhr ich im Juli 1947 nach Delhi, um meinen Freund Sardar Tarlok Singh aufzusuchen, der einer der Sekretäre des großen Pandit

Nehru war. Ich bat ihn, mir zu helfen, meinen Sohn vor seinem schlechten Umgang zu retten. Er erklärte sich dazu bereit. Er versprach, mir einen Brief zu schicken, in dem er meinen Sohn für die schönste Stellung empfahl, um die ich ihn hätte bitten können, die Position eines Hilfsunterinspektors.»

Kurz nachdem Madanlal indischen Boden betreten hatte, erfuhr er durch Verwandte, daß sein Vater bei einem Zugüberfall schwer verletzt worden war. Er fand ihn im Lazarett von Ferozepore. In dem riesigen Krankensaal, in dem es nach Blut und Antiseptika roch, formten sich die Leiden Indiens für Madanlal plötzlich zu einem Gesicht, dem Gesicht seines Vaters, «wachsbleich und zitternd, ganz in Binden eingewickelt».

Wie durch ein Wunder war trotz des chaotischen Durcheinanders im Pandschab das Empfehlungsschreiben, um das Kashmiri Lal in Delhi gebeten hatte, zu ihm gelangt. Er drückte es seinem Sohn in die Hand. Er solle nach Delhi fahren, bat er ihn inständig, ein neues Leben beginnen und «in eine gute Stellung beim Staat eintreten».

Madanlal nahm das Schreiben, aber er war nicht an einer guten Stellung beim Staat interessiert. Die Astrologen hatten recht behalten. Er war nicht dazu bestimmt, ein namenloser kleiner Polizist in der Provinz zu werden. Sein Name sollte eines Tages tatsächlich in ganz Indien bekannt sein.

Als Madanlal das Lazarett verließ, vor seinen Augen noch das Bild seines schwerverletzten Vaters, wurde er von der gleichen Empfindung bewegt wie Tausende Inder und Pakistanis in jenem Herbst. Madanlal gelobte Rache.

Von einer kleinen, runden Blechdose hing das Leben Vickie Noons ab, der schönen englischen Ehefrau von Sir Feroz Khan Noon, einem der wichtigsten Männer Pakistans. Die Dose enthielt mahagonibraune Schuhcreme. Die Verschnaufpause im Palast des Hinduradschas von Mandi, wo sie fürs erste Zuflucht gefunden hatte, war nur kurz gewesen. Das ganze Land ringsum war hinter ihr her. Sikhbanden hatten gedroht, die Kinder des Radschas zu entführen, wenn er die Engländerin nicht herausgäbe.

Der Radscha und Gautam Saghal, ein junger Hindu und Zementhändler, hatten sie in Kaliumpermanganat gebadet, um ihre Haut dunkel zu färben. Nun bemalten sie ihr das Gesicht mit der Schuhcreme, damit sie wie eine Inderin aussah. Bei Sonnenuntergang raste der Rolls-Royce des Radschas zur Ablenkung mit zugezogenen Vorhängen aus dem Palast. Etwas später folgte Vickie Noon in Gautams Dodge, Baujahr 1947. Sie war in einen Sari gehüllt, trug einen roten Punkt auf der Stirne und am linken Nasenflügel einen goldenen Ring.

Dieses erste Manöver gelang. Als ihre Spannung nachließ, mußte Saghal anhalten, weil Vickie Noon ein dringendes Bedürfnis verspürte. Es regnete in Strömen, und plötzlich rutschte ihr die Dose Schuhcreme aus den ungewohnten Falten des Saris. Vickie Noon stöhnte, als sie die Dose über die Steine im Straßengraben davonrollen hörte. Der peitschende Regen wusch ihr die Maske vom Gesicht. Sie würde entweder zu einem Zebra werden oder wieder leicht als Engländerin zu erkennen sein. Die Dose war ihre einzige Hoffnung, nicht als Engländerin erkannt zu werden. Fluchend tastete sie in der Finsternis zwischen Steinen und Dornengestrüpp umher. Schließlich stieß sie einen Freudenschrei aus: Sie hatte die Dose gefunden. Sie drückte sie ans Herz, als enthielt sie Diamanten, und eilte zu dem Wagen zurück, wo Saghal ihr eine neue Schicht Schuhcreme aufs Gesicht schmierte.

Kurz vor Gurdaspur kamen sie an eine Straßensperre, an der eine Gruppe Sikhs Wache hielt. Saghal sah zum Glück einen Zementkaufmann, mit dem er Geschäfte gemacht hatte.

«Was ist denn los?» fragte ihn Saghal.

«Die englische Frau von Feroz Khan Noon ist dem Radscha von Mandi ausgerissen», erklärte der Mann. Sämtliche Sikhs in der Gegend suchten nach ihr.

Aha, antwortete Saghal, dreißig Kilometer weiter hinten hätten sie den Rolls-Royce überholt. Er selber bringe seine schwangere Frau nach Amritsar. Der Sikh spähte ins Wageninnere. Vickie Noon schickte ein Stoßgebet zum Himmel, daß die Schuhcreme sie nicht im Stich lasse und der Sikh sie nicht auf Hindi anspreche. Er starrte sie mit neugierigen Augen an. Dann trat er zurück und gab ihnen die Fahrt durch die Straßensperre frei. Als ihr Wagen davonrollte, dem indischen Hauptquartier und damit der Rettung entgegen, sank Vickie Noon in ihren Sitz zurück. In Gedanken verloren begann sie mit dem Fingernagel auf den Deckel der Dose zu klopfen. Sie wandte sich ihrem Begleiter zu.

«Wissen Sie, Gautam», sagte sie lächelnd, «mein Mann kann mir niemals ein Schmuckstück kaufen, das mir so viel wert sein wird wie diese Blechdose.»

Was Vickie Noon erlebte, war nicht die Regel. Die Engländer wurden in diesem stürmischen Herbst nur selten behelligt. Selbst während der schlimmsten Wochen im August und September blieb das Hotel Falletti in Lahore eine Oase des Friedens im explodierenden Pandschab. Jeden Abend spielte das Orchester zum Tanz, tranken Engländer und Engländerinnen in Smoking und Abendkleid auf der mondbeschienenen Terrasse ihren Cocktail, nur ein paar Straßenzüge von den ausgebrannten Ruinen eines Hinduviertels entfernt.

Und doch bestand die ausgefallenste aller Flüchtlingskolonnen nicht aus Hindus, Sikhs oder Moslems, sondern aus Briten. Zwei von einer

Kompanie Gurkhasoldaten gesicherte Omnibusse transportierten Dutzende englischer Pensionäre aus Simla ab, dem Paradies, in das sie sich zurückgezogen hatten. In bezaubernden Villen mit dunklem Gebälk, die sie *Trail's End, Safe Haven oder Mon Repos* getauft hatten und deren Vorderfront durch Heckenrosen und Veilchen belebt war, hatten sie auf dem hohen Bergrücken, diesem Symbol Britisch-Indiens, ihren Lebensabend verbringen und ihre Pension verzehren wollen. Viele von ihnen waren in Indien geboren und kannten keine andere Heimat. Sie waren die pensionierten römischen Veteranen Britisch-Indiens, ehemalige Obersten der besten Regimenter in der indischen Armee, frühere Richter und hohe Beamte des *Indian Civil Service*, die einst Millionen Inder regiert hatten.

Sie und ihre Frauen hatten nur wenig mehr Zeit, sich auf die Flucht vorzubereiten, als die verzweifelten Pandschabis unten auf den Ebenen des Tieflandes. Als sich in Simla die Situation zugespitzt hatte, waren die Omnibusse in Marsch gesetzt worden, um die dort lebenden Briten abzuholen und nach Delhi in Sicherheit zu bringen. Sie hatten eine Stunde Zeit, einen Koffer zu packen, ihre Bungalows abzuschließen und in die Busse zu steigen.

Fay Campbell-Johnson, die Frau von Mountbattens Presseattaché, fuhr mit ihnen nach Delhi. Die meisten Engländer im Bus waren über fünfundsechzig. Und wie Männer ihres Alters litten sie an Blasenschwäche. Alle zwei Stunden hielten die Omnibusse an, und die Männer tappten ins Freie. Als Fay Campbell-Johnson diese alten Männer, die einst Indien regiert hatten, unter den unbewegten Blicken der bronzegesichtigen Gurkhas ihr Wasser lassen sah, mußte sie unwillkürlich an Kipling denken.

«Mein Gott», sagte sie zu sich, «der weiße Mann hat wirklich seine Bürde abgelegt!»

Für Hauptmann Edward Behr, einen zweiundzwanzigjährigen Nachrichtenoffizier in Peschawar, wo die Mountbattens hunderttausend pathanischen Stammeskriegern gegenübergestanden hatten, ließ sich an diesem Vormittag der Sonntag genauso an wie seit langen Jahren für jeden jungen britischen Offizier in Indien. Wenn sein Boy ihm das Frühstück, Papajafrüchte, Kaffee und Eier auf dem Rasen vor dem Bungalow serviert und wieder abgetragen hatte, wollte Behr in seinen Klub gehen, dort Squash spielen, etwas schwimmen und sich dann ein paar Glas Gin and Tonic genehmigen, bevor er sich zu einem gemütlichen Mittagessen niederließ.

Es war fast, als hätte sich nichts in dieser Stadt verändert, die das nördliche Eingangstor Britisch-Indiens gewesen war. Wie viele andere abenteuerlustige englische Offiziere der indischen Armee hatte Behr sich entschlossen, nach dem 15. August freiwillig weiterzudienen, in seinem Fall in der Armee Pakistans. Trotz der unruhigen Pathanenkrieger vor den Toren der Stadt war es in Peschawar bisher ruhig geblieben. Doch dieser Sonntag sollte anders aussehen, als er es sich vorgestellt hatte. Kaum hatte er sich die erste Papaja vorgenommen, als das Telefon läutete.

«Etwas Furchtbares ist passiert», meldete sich aus dem Brigadehauptquartier ein Leutnant mit keuchender Stimme. «Unsere Bataillone schießen aufeinander.»

Ein lächerlicher Zufall hatte den Zusammenstoß ausgelöst. Ungefähr zu der Zeit, als sich Behr an den Frühstückstisch setzte, war einem Sikh aus einer noch nicht nach Indien repatriierten Einheit beim Säubern seines Gewehres versehentlich ein Schuß losgegangen. Durch ein unwahrscheinliches Mißgeschick hatte die Kugel die Plane eines vorüberfahrenden Armeelastwagens durchschlagen, auf dem soeben aus dem Pandschab eingetroffene Moslemsoldaten saßem. Die Moslems, die sich von den Sikhs angegriffen glaubten, sprangen von dem Lastwagen herunter und eröffneten das Feuer auf ihre Kameraden.

Behr zog rasch seine Uniform an, sprang in einen Jeep und jagte zum Bungalow seines Brigadekommandeurs, Brigadegeneral J. R. Morris, eines hochdekorierten Veteranen aus dem Burmafeldzug. Morris tupfte sich ruhig den Dotter seines Frühstückseies vom Kinn und trank seinen Kaffee aus. Dann setzte er seine Mütze mit dem hellroten Streifen auf und fuhr, ohne erst lange die weißen Shorts und das weiße Hemd gegen die Uniform zu vertauschen, in Behrs Jeep los.

Als die beiden Offiziere das *cantonment* erreichten, sahen sie Moslems und Sikhs über den Exerzierplatz hinweg aufeinander feuern. Morris schaute sich die Szene eine Weile an. Dann packte er den oberen Rand der Windschutzscheibe des Jeeps und stand auf.

«Fahren Sie mitten über den Exerzierplatz», befahl er dem entsetzten Behr.

Der unbewaffnete englische Offizier mit seiner Brigadiersmütze als einzigem Uniformstück fuhr aufrecht und furchtlos mitten in das Feuer seiner Soldaten hinein und brüllte: «Feuer einstellen!» Die Magie der indischen Armee behielt die Oberhand über den Haß, der Sikhs und Moslems entzweite. Sie stellten das Feuer ein.

Doch Peschawar sollte nicht so glimpflich davonkommen. Während Morris die Ordnung in seiner Brigade wiederherstellte, eilte durch die Stammesgebiete das Gerücht, daß Sikhsoldaten ihre Moslemkameraden in der Stadt umbrächten. Wie zu Mountbattens Besuch strömten die kriegerischen Pathanen in Omnibussen, auf Lastwagen, Tongakarren und zu Pferd nach Peschawar. Diesmal kamen sie jedoch nicht, um zu demonstrieren. Sie kamen, um zu morden.

Und sie mordeten gnadenlos. Binnen einer Woche verloren zehntausend Menschen ihr Leben, nur weil einem Sikhsoldaten an einem

Sonntagvormittag versehentlich das Gewehr losgegangen war. Unvermeidlich wurden dadurch überall in der Grenzprovinz ähnliche Gewaltausbrüche ausgelöst, die eine neue Flüchtlingswelle auf die Straßen Indiens trieben. Daß ein geringfügiger Zwischenfall so furchtbare Folgen haben konnte, zeigte, wie explosiv die Atmosphäre auf dem Subkontinent war. In Bombay, Karatschi, Lucknow, Haiderabad, Kaschmir, in ganz Bengalen – überall bedurfte es nur eines winzigen Funkens wie der verirrten Kugel des Sikhsoldaten, um eine Eruption von ähnlicher Brutalität wie in Peschawar auszulösen.

Noch geschwächt von seinem Hungerstreik, traf Gandhi am 9. September 1947 aus Kalkutta kommend in Delhi ein, das er nicht mehr verlassen sollte. Diesmal war nicht daran zu denken, daß er sein Quartier bei den Unberührbaren in der Straßenfegersiedlung Bangi aufschlug. Die Kolonie war von erbitterten Flüchtlingen aus dem Pandschab überschwemmt. Vallabhbhai Patel, der sich um Gandhis Sicherheit sorgte, ließ sich nicht davon abbringen, den Mahatma vom Bahnhof sofort in ein anderes Domizil zu bringen, das Haus Nummer 5 an der Albuquerque Road, einer breiten, eleganten Straße in der besten Wohngegend von Neu-Delhi.

Das Haus des Milliardärs Birla mit seiner Schutzmauer, seinem Rosengarten, seinen Marmorfußböden und Teakholztüren bildete im sozialen Spektrum Indiens das Gegenstück zu den Elendshütten der Straßenfeger. Es war ein neues Paradox in seiner an Überraschungen reichen Laufbahn, daß der Mann, der in der Eisenbahn Dritter Klasse fuhr, auf allen irdischen Besitz verzichtet hatte und den Verlust einer Uhr für acht Schilling betrauerte, sich auf Nehrus und Patels Drängen bereit fand, in eine luxuriöse Villa zu ziehen.

Der Eigentümer des Hauses, G. D. Birla, war das patriarchalische Oberhaupt einer der beiden großen Industriellenfamilien Indiens, ein Finanzmann, der Beteiligungen an Textilfabriken, Versicherungsgesellschaften, Banken und Gummifabriken besaß. Obwohl Gandhi in einer von Birlas Fabriken den ersten Streik organisiert hatte, war dieser einer seiner ältesten Anhänger. Er war eine der wichtigsten finanziellen Stützen der Kongreßpartei, und nun stellte er dem Mahatma vier Räume in einem der beiden Flügel seines palastartigen Besitztums zur Verfügung. Es war das eleganteste Domizil, das Gandhi seit seiner Rückkehr aus Südafrika bewohnte. Es sollte auch sein letztes sein.

Delhi wurde noch immer von Gewaltausbrüchen erschüttert. In der Stadt lagen derart viele Leichen umher, daß ein Polizist feststellte, es sei «nicht mehr möglich, einen menschlichen Leichnam von einem toten Pferd oder Büffel zu unterscheiden». Im Leichenschauhaus protestierte der amtliche Leichenbeschauer verzweifelt gegen die Forderung der Polizei, er solle nach wie vor für alle Toten, die fast ununterbrochen angeliefert wurden, ordnungsgemäße Totenscheine ausstellen. «Warum verlangt die Polizei von mir, daß ich jeden einzelnen auf die Todesursache untersuche?» klagte er. «Es ist doch für jeden klar, was mit diesen Menschen geschehen ist.»

Wegen der religiösen und Kastentabus war es schwierig, Leute zu finden, die die Leichen von den Straßen wegschafften. Eines Tages fuhren Edwina Mountbatten und der Marineadjutant ihres Mannes, Korvettenkapitän Peter Howes, im Zentrum von Neu-Delhi an einem aufgedunsenen menschlichen Leichnam vorbei. Sie bat Howes anzuhalten und winkte einem vorbeikommenden Lastwagen, er solle stehenbleiben. Der Fahrer, ein Hindu, warf einen Blick auf den Toten und erklärte verächtlich, seine Kaste verbiete ihm, ihn zu berühren. Mit Howes Hilfe hob Indiens letzte Vizekönigin beherzt die Leiche auf und legte sie auf die Ladefläche des Lastwagens.

«Und jetzt», befahl sie dem staunenden Fahrer, «bringen Sie sie zum Leichenschauhaus.»

Delhis Moslems, die nun in ihrer Mehrzahl nach Pakistan fliehen wollten, waren in einer Reihe von Flüchtlingslagern untergebracht, wo sie in relativer Sicherheit auf ihren Abtransport in Jinnahs gelobtes Land warteten. Es war eine bittere Ironie, daß man diese Moslems in zwei prachtvollen Baudenkmälern zusammenpferchte, die von den Mogulkaisern errichtet worden waren. Es handelte sich um das Grabmahl des großen Königs Humayun und das Purana Qila, das Alte Fort. Hundertfünfzig- beziehungsweise zweihunderttausend Menschen mußten in diesen Monumenten einstiger islamischer Größe in unbeschreiblichem Schmutz und ohne Schutz vor der brennenden Sonne und den Sturzbächen der Monsunregen vegetieren. Die Ärmsten hatten solche Angst, sich aus den schützenden Mauern hinauszuwagen, daß sie nicht einmal ihre Toten ins Freie brachten. Sie warfen sie von den Brustwehren den Schakalen zum Fraß vor. Im Purana Qila gab es anfänglich für fünfundzwanzigtausend Menschen nur zwei Wasserzapfstellen. Ein Besucher sah, wie die Lagerinsassen im selben Tümpel, in dem Frauen ihre Kochtöpfe säuberten, ihre Notdurft verrichteten und sich erbrachen. Obwohl der Dreck und Schmutz immer ärger wurden, weigerten sich die Flüchtlinge im Purana Qila, ihre Latrinen zu säubern. Während der kritischsten Situation in Delhi waren die Behörden gezwungen, hundert indische Straßenfeger unter militärischer Bewachung in das Fort zu schicken, die die Schmutzarbeit zu erledigen hatten, für die sich die Moslems in dem Lager zu gut waren.[26]

Die Beamtenschaft in Delhi, eine wahre Geißel der Stadt, blieb von der Katastrophe ungerührt. Als die Flüchtlinge im Grabmahl Humayuns zusätzlich Latrinen auszuheben begannen, protestierte ein hoher Beamter, dadurch werde «die Schönheit der Rasenflächen verdorben». Unvermeidlich mußte die Cholera ausbrechen. Im Purana

Qila erlagen innerhalb von achtundvierzig Stunden sechzig Menschen der gefürchteten Krankheit. Das Gesundheitsministerium gab als Ursache der Todesfälle «Magen- und Darmkatarrh» an, um zu vertuschen, daß man nicht rechtzeitig Serum herbeigeschafft hatte. Als ein Vertreter des Ministeriums schließlich damit eintraf, brachte er zwar 327 Packungen Serum mit, jedoch weder Spritzen noch Nadeln.

Trotz dieser Schwierigkeiten wirkten sich die Anstrengungen des von Mountbatten, Nehru und Patel installierten Notstandsausschusses allmählich aus. Nachdem militärische Verstärkung in der Stadt eingetroffen waren, verhängte man ein vierundzwanzigstündiges Ausgehverbot und führte mehrere Waffenrazzien durch. Nach und nach ging die Flut der Gewalttätigkeit in der Hauptstadt zurück.

Diese schweren Tage führten Mountbatten und Nehru noch näher zusammen. Nehru traf sich mit dem ehemaligen Vizekönig zwei- oder dreimal am Tag, häufig, wie Mountbatten damals feststellte, «ganz einfach deshalb, weil er Gesellschaft brauchte, um sein Herz auszuschütten und sich von mir trösten zu lassen, so gut es eben ging». Manchmal schrieb Nehru ihm einen Brief, der so begann: «Ich weiß nicht, warum ich diesen Brief schreibe. Nur habe ich das Bedürfnis, an jemanden zu schreiben, um mir die Sorgen von der Seele zu reden.»

Der indische Politiker arbeitete in dieser Zeit ohne jede Schonung seiner Kräfte. Innerhalb weniger Wochen verwandelte er sich, wie eine seiner weiblichen Bewunderer feststellte, «von einem Mann, der wie ein dreiunddreißigjähriger Tyrone Power wirkte, in einen Menschen, der drei Jahre in Bergen-Belsen verbracht hatte». Sein Sekretär H. V. R. Iyengar traf ihn einmal an, als er sich gerade fünf Minuten Schlaf gönnte.

«Ich bin völlig erschöpft», sagte Nehru. «Ich schlafe nachts nur fünf Stunden. Mein Gott, ich wollte, ich hätte sechs Stunden Schlaf. Wie viele schlafen Sie denn?» fragte er.

«Sieben oder acht», antwortete sein Sekretär.

Nehru verzog das Gesicht. «In Zeiten, wie wir sie jetzt haben», sagte er, «sind sechs Stunden unbedingt nötig. Sieben sind ein Luxus. Acht direkt lasterhaft.»

Gandhis Kreuzweg, elfte Station: «Müssen wir uns wie Schafe abschlachten lassen?»

Gandhi war vom Ausmaß der Gewalttaten in Delhi überrascht und tief betroffen. Nachdem er das «Wunder von Kalkutta» vollbracht hatte, war der Mahatma für die Moslems in Indien gewissermaßen der «rettende Erlöser» geworden. Der Mann, der sich so sehr gegen die Abspaltung Pakistans gewehrt hatte, sollte nun Jinnah als Idol der Moslems ablösen, die in Indien zurückgeblieben waren. Kaum war Gandhi in Delhi eingetroffen, setzte sich ein Strom mohammedanischer Abordnungen zum *Birla House* in Bewegung. Die Führer dieser Deputationen zählten die Untaten auf, die sie von Sikhs und Hindus erduldet hatten, und beschworen Gandhi, in der Hauptstadt zu bleiben, in der blinden Hoffnung, seine Gegenwart verbürge ihre Sicherheit. Der betroffene Mahatma sagte zu, «nicht aus Delhi in den Pandschab abzureisen, bevor die Stadt wieder so friedlich geworden ist, wie sie es vorher war».

Gandhi war den Idealen seines Lebens nie treuer, er hielt sich nie konsequenter an die Botschaft, die er predigte, als im letzten Abschnitt seines Lebens. Angesichts der Katastrophe, die er vorhergesagt hatte, klammerte er sich an die Grundsätze, die ihm seit seiner Rückkehr aus Südafrika Stütze waren: Liebe, Gewaltlosigkeit, Wahrheit und den Glauben an einen Gott aller Menschen. Sie hatten für ihn unverändert ihre Bedeutung behalten, sein Glaube an sie war ungeschmälert. Indien jedoch hatte sich verändert.

Indiens Massen Liebe und Gewaltlosigkeit als Mittel der Gegenwehr gegen die britischen Herren zu predigen, war etwas anderes gewesen, als verzeihende Liebe Menschen zu empfehlen, die hatten erleben müssen, wie ihre Kinder niedergemetzelt und ihre Frauen geschändet wurden. Gandhi glaubte voll Inbrunst, daß seine Botschaft die einzige Möglichkeit biete, den Teufelskreis des Hasses zu durchbrechen. Nun aber war seine Botschaft zu einer Predigt für Heilige geworden, und in diesem Herbst gab es in den Flüchtlingslagern Indiens nicht viele Heilige.

Trotz seines geschwächten Gesundheitszustandes besuchte er jeden Tag diese Lager und versuchte, auf die verbitterten Insassen einzuwirken, die nach Vergeltung riefen.

«Sag uns doch, du Apostel der Gewaltlosigkeit», schrie ihm eines Tages ein Hindu zu, «wie wir leben sollen. Du sagst uns, wir sollen unsere Waffen niederlegen, aber im Pandschab bringen die Moslems jeden Hindu um, den sie zu sehen bekommen. Willst du, daß wir uns wie Schafe abschlachten lassen?»

«Wenn sämtliche Pandschabis, ohne zu töten, bis auf den letzten Mann sterben sollten», antwortete Gandhi, «dann würde der Pandschab unsterblich werden.» Den gleichen Rat, den er den Äthiopiern, den Juden, den Tschechen und den Engländern gegeben hatte, gab er nun auch den aufgebrachten Hindus, seinen Landsleuten. «Verzichtet auf Gewalt, bietet euch bereitwillig als Opfer dar.»

Die Antwort war ein Chor empörter und höhnischer Zurufe: «Geh doch in den Pandschab und sieh dich selbst um!» Der Empfang, der ihm in den Lagern der Moslems zuteil wurde, war trotz seines Erfolges in Kalkutta oft nicht besser. In einem dieser Lager drückte ihm ein Mann einen zwei Monate alten Säugling, der seine Eltern verloren hatte, in die Arme. Gandhi, dem die Tränen in den Augen standen, konnte den Moslems ringsum zum Trost nur sagen: «Wenn es sein muß, sterbt mit Gottes Namen auf euren Lippen, aber verzagt nicht.» Die Moslems verhöhnten ihn mit Schmährufen.

Als er ohne Eskorte in das Lager im Purana Qila fuhr, umringte eine Gruppe Moslems seinen Wagen und stieß Verwünschungen gegen ihn aus. Einer riß die Wagentür auf. Unerschrocken stieg der Mahatma inmitten der Menschen aus. Seine Stimme war vom Fasten, das er um anderer Moslems willen auf sich genommen hatte, derart geschwächt, daß jemand der aufgebrachten Menge seine Worte wiederholen mußte.

Für ihn, sagte er, gebe es keinen Unterschied «zwischen einem Hindu, einem Moslem, einem Christen oder Sikh. Für mich sind alle gleich.» Für diese Botschaft der Brüderlichkeit empfing er von den Moslems ringsum stürmischen Protest.

Gandhi war nicht der Mann, der öffentlichen Erregung, die sein Festhalten an seinen Überzeugungen auslöste, Zugeständnisse zu machen. Bei seinen Gebetsversammlungen hatte er schon immer christliche und Hinduhymnen, Suren aus dem Koran, wie Verse aus dem Alten und Neuen Testament und aus der Gita vorgetragen. Trotz der gespannten Atmosphäre las er bei seinen Versammlungen in Delhi ungescheut aus dem Koran vor.

Eines Nachmittags rief plötzlich eine zornige Stimme aus seiner Zuhörerschaft: «Im Namen dieses Allah sind unsere Mütter und Schwestern geschändet worden, hat man unsere Leute umgebracht.»

«Gandhi Murdabad!»

«Nieder mit Gandhi», kreischte eine andere Stimme.

Die übrigen beteiligten sich an dem Aufruhr, so daß ein wahres Pandämonium entfesselt wurde. Gandhi, der tief bestürzt war, konnte nicht weitersprechen. Er wurde niedergeschrien. Was den Briten und den Buren in Südafrika nie gelungen war, das brachten nun seine eigenen Landsleute fertig. Zum erstenmal in seinem Leben konnte er eine Gebetsversammlung nicht zu Ende führen.

Für Madanlal Pahwa, den jungen Mann, dessen Name eines Tages in ganz Indien bekannt wurde, begann der Weg zur Rache in einer ärztlichen Praxis. Diese Praxis befand sich in der Stadt Gwalior, ungefähr dreihundert Kilometer südöstlich von Delhi, der Hauptstadt des Fürstentums, dessen Herrscher eine Leidenschaft für Spielzeugeisenbahnen hatte. Der Homöopath, der diese Praxis betrieb, hatte mit seinem hohen Kahlschädel eine unheimliche Ähnlichkeit mit Gandhi. Dr. Dattatraya Parchure war in ganz Gwalior berühmt wegen seines Naturheilverfahrens. Mit Kardamomsamen, Zwiebeln, Bambussprossen, Zucker und Honig behandelte er Bronchitis und Lungenentzündung.

Der Medikus war noch aus einem anderen Grund bekannt, und Madanlal hatte seine Praxis nicht wegen eines Brustleidens aufgesucht. Parchures wahre Leidenschaft war nämlich die Politik. Er war der Chef der R.S.S.S., der hinduistischen Extremistenorganisation, in Gwalior.

Parchure, ein fanatischer Moslemgegner, unterhielt eine Privatarmee von tausend Anhängern, mit der er – wie er sich später brüstete – sechzigtausend Moslems aus Indien vertreiben werde. Die Sechs-Anna-Honorare, die er von seinen Patienten forderte, die politischen Spenden, die er sammelte, wurden in der Hauptsache zum Ankauf von Knüppeln, Messern, «Tigerklauen» und Schußwaffen für seine kleine Privatarmee verwendet. Ständig hielt er nach neuen Mitgliedern Ausschau, und dieser kräftige Flüchtling mit seinem glühenden Moslemhaß und seinen bei der R.S.S.S. gesammelten Erfahrungen erschien ihm als ein idealer Neuzugang. Parchure versprach Madanlal eine Chance, die Rache auszukosten, nach der es ihn verlangte. Der Homöopath bot dem jungen Mann für seine treuen Dienste Kost, Unterkunft und so viele Moslems, wie er nur umbringen konnte.

Madanlal nahm an. Während des folgenden Monats beteiligte er sich an den Aktionen eines der «Kommandos» aus Parchures Privatarmee und erschlug wehrlose Moslems, die aus Bhopal nach Delhi flohen, genauso wie Moslems in Pakistan versucht hatten, seinen Vater abzuschlachten. «Wir warteten am Bahnhof», berichtete Madanlal. «Wir hielten den Zug auf. Wir gingen rein. Wir ermordeten sie.»

Sie trieben es derart dreist, daß sie den Zorn Delhis auf sich zogen. Gandhi selbst verurteilte ihren Terror auf einer Gebetsversammlung. Schließlich gab der Hindumaharadscha von Gwalior Parchure den Rat, seine Mannen zu zügeln.

Madanlal, dem das nicht behagte, begab sich nach Bombay. Er fand allmählich Gefallen am Leben eines Berufsflüchtlings. Diesmal jedoch, so hatte er sich vorgenommen, wollte er selbst die führende Rolle übernehmen. Er meldete sich in einem Flüchtlingslager an und organisierte eine Bande von fünfzig Gefolgsleuten. Dann schritt er zur Tat.

«Wir gingen jeden Tag nach Bombay ins Moslemviertel. Wir betraten ein Hotel, das beste, und bestellten ein großes Essen, Speisen, wie ich sie noch nie gegessen hatte. Wenn sie dann Geld wollten, sagten wir, wir hätten keines, wir seien Flüchtlinge. Wenn ihnen das nicht recht wäre, würden wir sie verprügeln und alles kurz und klein schlagen. Dann wieder haben wir auf der Straße Moslems verprügelt und ihnen ihr Geld abgenommen. Oder wir haben den mohammedanischen Straßenhändlern die Verkaufsbretter weggenommen und ihre Waren selber verkauft. Jeden Abend haben meine Leute mir im Lager Meldung erstattet und abgeliefert, was sie zusammengebracht hatten. Ich habe es dann aufgeteilt. Wir hatten ein schönes Leben. Allmählich bin ich wohlhabend geworden.»

Schon bald mußte Madanlal seinen Führungsanspruch durch Taten untermauern, die über Bagatelldiebstähle hinausgingen. Am mohammedanischen Bairamfest fuhr er mit zwei Gesinnungsgenossen und drei Handgranaten nach Ahmednagar. Dort schleuderten sie die Handgranaten in eine Moslemprozession. Als sie explodierten, raste Madanlal durch das ihm unbekannte Gassengewirr und suchte nach einem Unterschlupf, wo er sich ein paar Stunden verstecken konnte. Plötzlich sah er etwas, was ihm vertraut war. Von einem Balkon im ersten Stock eines schäbigen Hotels, dem *Deccan Guest House*, flatterte die orangefarbene Fahne der R.S.S.S. mit dem Hakenkreuz. Er stürzte hinein.

«Verstecken Sie mich», keuchte er, als er in das Büro des Hotelbesitzers platzte. «Ich habe gerade eine Bombe auf eine Moslemprozession geworfen!»

Am Schreibtisch saß der Führer der R.S.S.S.-Zelle von Ahmednagar, der beleibte, siebenunddreißig Jahre alte Besitzer des Hotels, Vishnu Karkare. Karkare sprang hoch und warf in einer Gebärde des Dankes die Arme in die Luft. Dann breitete er sie weit aus und schloß den jungen Bombenwerfer in einer brüderlichen Umarmung ans Herz. Madanlal mußte die Straße zur Vergeltung nicht alleine wandern.

Am 2. Oktober feierte das unabhängig gewordene Indien und mit ihm die Welt den achtundsiebzigsten Geburtstag des größten lebenden Inders. Zu Tausenden trafen Telegramme, Briefe und Glückwunschbotschaften im *Birla House* ein und brachten dem Mahatma die Huldigung seines Volkes und seiner Freunde in der ganzen Welt. Ein Zug von Flüchtlingen und führenden Hindus, Sikhs und Moslems strömte durch sein Zimmer und legte zu seinen Füßen Blumen, Süßigkeiten und Früchte als Geschenke nieder. Nehru, Patel, Minister, Journalisten, Diplomaten und Lady Mountbatten gaben dem Tag durch ihre Anwesenheit das Gepräge eines nationalen Feiertages.

Doch in Gandhis Quartier herrschte keine Feiertagsstimmung. Jedem Besucher fiel die körperliche Schwäche des alten Mannes und namentlich die tiefe Melancholie auf, die sein sonst so fröhliches Wesen verdüsterte. Der Mann, der einst gelobt hatte, er werde hundertfünfundzwanzig Jahre alt werden, «weil ein Soldat der Gewaltlosigkeit diese Zeit braucht, um seine Mission zu erfüllen», hatte beschlossen, die Vollendung eines weiteren Jahres in seinem Leben damit zu begehen, daß er betete, fastete und den größten Teil des Tages an seinem geliebten Spinnrad verbrachte. Er wünschte, die Feier seines Geburtstages möge eine Erneuerung der Tugenden bewirken, die das alte Gerät verkörperte und die Indien im Taumel der Brutalität und Gewalt so rasch vergessen zu haben schien.

«Betet», sagte er zu seinen Anhängern, «daß die Gewalt aufhört oder daß Er mich wegnimmt. Ich will nicht noch einen Geburtstag in einem

Indien erleben, das in Flammen steht.»

«Wir waren in freudiger Stimmung zu ihm gegangen», schrieb Vallabhbhai Patels Tochter am Abend in ihr Tagebuch; «das Herz war uns schwer, als wir nach Hause zurückkehrten.»

Der Rundfunk des unabhängigen Indien brachte zu Ehren Gandhis an diesem Abend ein Sonderprogramm. Der Mahatma hörte es nicht an. Statt dessen suchte er an seinem Spinnrad die Einsamkeit. Im Schwirren des Rades vernahm er «die leise, traurige Musik der Menschlichkeit».

Die Tragödie der Teilung Indiens wäre nicht vollständig gewesen, hätten sie nicht Eruptionen sexueller Brutalität begleitet. Fast alle Greuel, welche die unglückliche Provinz heimsuchten, waren mit einer Schändungsorgie verbunden. Zehntausende von Mädchen und Frauen wurden aus Flüchtlingskolonnen, überfüllten Eisenbahnzügen, aus abgelegenen Dörfern weggeschleppt.

Wenn es sich um eine Hindu- oder Sikhfrau handelte, wurde ihre Entführung im allgemeinen durch eine religiöse Zeremonie geheiligt, eine erzwungene Konversion, die sie der Ehre würdig machen sollte, in das Heim oder den Harem des Moslems einzuziehen, der sie erbeutet hatte. Santash Nandlal, die sechzehnjährige Tochter eines Anwalts, der in der Umgebung der pakistanischen Stadt Mianwalli lebte, wurde nach ihrer Verschleppung in das Haus des Dorfbürgermeisters gebracht.

«Ich wurde mehrmals ins Gesicht geschlagen», erzählte sie, «dann kam jemand mit einem Stück Rindfleisch, das sie mich zu essen zwangen. Es war entsetzlich. Ich hatte nie in meinem Leben Fleisch gegessen. Alle lachten. Ich fing zu weinen an. Dann kam ein Mullah und las ein paar Verse aus dem Koran vor, die er mich nachzusprechen zwang.»

Darauf gab er ihr einen neuen Namen. Santash wurde zu Allah Rakhi – die von Gott Errettete. Die Errettete wurde sodann an die Männer des Dorfes versteigert. Ein Holzschneider erstand sie. «Er war kein schlechter Mensch», erinnerte sie sich ein Vierteljahrhundert später, «er hat mich nicht gezwungen, noch einmal Fleisch zu essen.»

Der zehnte Guru der Sikhs, Gobind Singh, hatte Ende des 12. Jahrhunderts seinen Anhängern auferlegt, sich des Geschlechtsverkehrs mit Mohammedanerinnen zu enthalten. Unvermeidlich mußte bei den Sikhs die Legende entstehen, daß Moslemfrauen sexuell besonders leistungsfähig seien. Infolge der Ereignisse, die sich im Pandschab abspielten, vergaßen die Sikhs die Ermahnung ihres Gurus und ließen ihren Wunschphantasien freien Lauf. Mit lüsterner Gier fielen sie überall über die Moslems her, bis in ihrem Teil des Pandschabs der Handel mit verschleppten Moslemmädchen blühte.

Boota Singh, ein fünfundfünfzigjähriger Veteran aus Mountbattens Burmafeldzug, war eines Nachmittags im September bei der Feldarbeit, als er hinter sich einen angstvollen Schrei hörte. Er drehte sich um und sah ein Mädchen auf sich zurennen, das von einem Sikh verfolgt wurde. Das Mädchen warf sich Boota Singh zu Füßen und flehte: «Rette mich! Rette mich!»

Er trat zwischen das Mädchen und seinen Verfolger. Er hatte sofort begriffen, was los war. Das Mädchen war eine Mohammedanerin, die der Sikh sich aus einer vorbeiziehenden Flüchtlingskolonne geholt hatte. Dieser gänzlich unerwartete Zwischenfall gab Boota Singh die Chance, das Problem zu lösen, das ihn am meisten bedrückte, seine Einsamkeit. Er war ein schüchterner Mensch und hatte nie geheiratet – zunächst, weil seine Familie ihm keine Frau kaufen konnte, und später wegen seiner Gehemmtheit.

«Wieviel?» fragte er den Sikh, der das Mädchen geraubt hatte.

«Fünfzehnhundert Rupien», lautete die Antwort.

Boota Singh versuchte nicht einmal zu feilschen. Er ging in seine Hütte und kam mit einem schmutzigen Packen Rupienscheine zurück. Das Mädchen, das mit diesen Geldscheinen gekauft wurde, war siebzehn Jahre alt, achtunddreißig Jahre jünger als Boota Singh selbst. Sie hieß Zenib und war die Tochter eines kleinen Pächters in Radschasthan. Sie wurde für den einsamen alten Sikh gewissermaßen zu einem anbetungswürdigen Spielzeug, halb Tochter, halb Geliebte, deren wundersame Gegenwart sein Leben völlig veränderte. Die Zärtlichkeit, die er niemals hatte ausdrücken können, ergoß sich nun wie eine Flut über Zenib. Jeden zweiten Tag wanderte Boota Singh zum nächstgelegenen Basar, um ihr etwas Schönes zu kaufen, einen Sari, eine Packung Seife, bestickte Pantöffelchen.

Für Zenib, die man geschlagen und vergewaltigt hatte, war die leidenschaftliche Zärtlichkeit, mit der der einsame alte Sikh sie überschüttete, ebenso überwältigend wie unerwartet. Ihre natürliche Reaktion war eine liebevolle Dankbarkeit gegenüber ihrem Retter, und sie wurde rasch zum Pol, um den sich Boota Singhs Leben fortan drehte. Tagsüber war sie mit ihm auf den Feldern, sie molk bei Sonnenaufgang und bei Sonnenuntergang seine Kühe und teilte nachts sein Lager. Nur ein paar Kilometer von ihrer Hütte entfernt strömten die Elendsfluten der Flüchtlinge auf der großen Fernstraße in beiden Richtungen.

Eines frühen Morgens in jenem Herbst, noch vor Sonnenaufgang, näherte sich, wie es die Sikhtradition vorschreibt, eine seltsame Flötenmelodie dem Haus Boota Singhs. Umringt von Sängern, Flötenspielern und Nachbarn mit prasselnden Fackeln ritt er auf einem mit Samt und Fußreifen geschmückten Pferd zur Schwelle seines eigenen Heimes, um die junge Mohammedanerin als seine Braut abzuholen. Ein Guru, der das *Granth Sahib*, das heilige Buch der Sikhs, trug, folgte ihm in das Haus, wo Zenib ihn in dem neuen Sari, den er ihr gekauft hatte, zitternd erwartete. Strahlend vor Glück, geschmückt mit einem neuen scharlachroten Turban, hockte sich Boota Singh neben Zenib auf dem Fußboden nieder. Der Priester erläuterte ihnen ihre ehelichen Pflichten. Dann las er aus den heiligen Texten vor, wobei die Versammelten seine Worte nachsprachen.

Als er damit fertig war, stand Boota Singh auf und faßte das eine Ende einer bestickten Schärpe; Zenib ergriff das andere. Sie folgte ihm in vier *lawans*, mystischen Umschreitungen, um das heilige Buch. Als der vierte Kreis geschlossen war, waren sie verheiratet. Draußen zog mit der Sonne ein neuer Tag über ihren Feldern herauf.

Ein paar Wochen später brachte der Herbst, der seine pandschabischen Brüder mit so viel Grausamkeit und Mühsal bedacht hatte, Boota Singh noch ein letztes Geschenk. Seine junge Frau teilte ihm mit, daß sie mit dem Erben schwanger sei, den er schon nicht mehr zu erhoffen gewagt hatte. Es war, als hätte die Vorsehung eigens diesen alternden Sikh und die junge Mohammedanerin für ihren Segen ausersehen. Doch dem war nicht so. Schon bald sollte für dieses ungleiche Paar eine lange, schwere Prüfung beginnen, in der sich die Leiden verkörperten, welche die Teilung des Subkontinents Millionen Menschen brachte.

Langsam bewegten sich die Reihen der roten Nadeln auf den Karten im Hauptquartier auf ihre Ziele zu: die Flüchtlingslager. Für die indische wie für die pakistanische Regierung brachte diese Sintflut von Millionen Heimatvertriebenen, die sich über ihre Staatsgrenzen ergoß, kaum zu lösende Probleme mit sich. Diese leidenden Massen erwarteten Wunder. Sie glaubten, mit der Freiheit ihrer Länder ein Allheilmittel gewonnen zu haben, das ihren Staatsführern irgendwie die Macht geben könne, ihr Elend zu beseitigen.

D. A. Karaka, ein indischer Journalist, begegnete einem alten Sikh, der in einem Lager in Dschallandar umherwanderte. Er hielt ein Bündel Blätter in den Händen, die aus einem Schulheft gerissen waren. Darauf hatte ein öffentlicher Schreiber allen Besitz verzeichnet, den der Sikh in Pakistan verloren hatte: seine Kuh, sein Haus, seine Hängematte, seine Töpfe und Pfannen. Für jeden einzelnen Gegenstand hatte der Sikh den Wert angegeben, und die Gesamtsumme betrug 4500 Rupien. Er werde, sagte er zu Karaka, seine Rechnung der Regierung vorlegen, weil die Regierung ihm das Geld geben werde.

«Welche Regierung?» fragte Karaka.

«Meine Regierung», antwortete der alte Sikh. Und dann sagte er mit rührender Naivität: «Bitte, Sahib, können Sie mir sagen, wo ich meine Regierung finde?»

Die Reichen waren ebenso elend dran wie die Armen. Ein Sikhoffizier in Amritsar verwandelte seine Garage in ein privates Flüchtlingslager, in dem er ein halbes Dutzend Bekannte unterbrachte. Sie kamen aus Lahore und waren zwei Monate vorher noch Millionäre gewesen.

Nun waren sie bettelarm. Ein anderer Offizier, der Flüchtlingszüge nach Delhi eskortierte, erinnerte sich an einen Mann, der hemmungslos schluchzte. Der gutgekleidete Mann sagte, er sei zugrunde gerichtet.

«Haben Sie denn gar nichts mehr?» erkundigte sich der Offizier.

«Nur 500000 Rupien», antwortete der Mann.

«Aber», wandte der Offizier ein, «dann sind Sie ja noch reich!»

«Nein», erwiderte der Jammernde. «Ich werde jeden Anna dafür stiften, daß Nehru und Gandhi umgebracht werden.»

Es war eine Aufgabe unglaublichen Ausmaßes, mit dem Zustrom der Flüchtlinge fertig zu werden. Man mußte Millionen von Decken und Zelten, riesige Mengen Impfstoff auftreiben und verteilen. Allein die Nahrungsmittelbeschaffung machte ungeheure Anstrengungen nötig. Als die Lager die Menschen nicht mehr zu fassen vermochten, wurden die Zustände unerträglich. Der Gestank von Tod, Verwesung und Krankheit lastete über ihnen.

«Das ist der Gestank der Freiheit», bemerkte voll Bitterkeit ein Sikhoffizier, als er in der Nähe von Amritsar in ein solches Lager fuhr. Im Lager selbst bemerkte ein indischer Journalist einen jungen Mann, der neben seiner sterbenden Mutter wachte – doch nicht, um ihr in ihren letzten Stunden beizustehen, sondern um aufzupassen, daß ihr niemand die Decke über dem Leib wegzog, wenn sie gestorben war.

Mit Ausnahme Gandhis war niemand von den führenden Persönlichkeiten Delhis den Insassen dieser Lager so vertraut, wurde keine so geliebt wie die Engländerin mit dem kastanienbraunen Haar in ihrer frisch gebügelten St.-John's-Uniform. So wie die Wochen, die der Teilung voraufgingen, gewissermaßen ihrem Mann gehört hatten, so gehörten nun die Wochen der Heimsuchung Indiens Edwina Mountbatten. Sie setzte sich in diesem Herbst ohne jede Schonung für sich selbst ein, mit einer Selbstdisziplin, die nicht einmal ihr Ehemann zu übertreffen vermocht hätte. Es schien fast, als wollte sie in diesen schmutzstarrenden Lagern, wo sie den Kranken und Sterbenden Trost zusprach, die Lebenslust und Genußsucht ihrer Jugend abbüßen. Durch ihr mitfühlendes Wesen, durch ihre Hingabe, ihre Kenntnisse und ihr Organisationstalent wurde Edwina Mountbatten für Tausende von Indern zu einer unvergeßlichen Gestalt.

Jeden Morgen saß sie, nach kaum fünf Stunden Schlaf, um sechs Uhr an ihrem Schreibtisch. Den ganzen Tag hindurch fuhr sie von Lager zu Lager, von Krankenhaus zu Krankenhaus, inspizierte, kritisierte, sorgte für Verbesserungen. Es waren keine beiläufig absolvierten Besuche. Sie wußte, wie viele Wasseranschlüsse jedes Lager pro tausend Flüchtlinge benötigte, wie sicherzustellen war, daß auch jeder geimpft wurde, welche hygienischen und sanitären Maßnahmen zu treffen waren.

H. V. R. Iyengar, Nehrus erster Sekretär, erinnert sich, wie sie eines

Abends um sechs Uhr zu einer Sitzung des Notstandsausschusses erschien, nachdem sie zwölf Stunden lang in der sengenden Sonne Flüchtlingslager besichtigt hatte. Ihre erschöpften Adjutanten schliefen im Vorraum des Sitzungssaales, während drinnen Edwina Mountbatten «kühl, präzise und pragmatisch ihre Beobachtungen und Empfehlungen zu einer langen Reihe von Problemen erläuterte».

Sie flog höchst ungern, weil ihr dabei übel wurde. Doch nun benutzte sie, um Zeit zu sparen, möglichst oft das Flugzeug. Wenn eine Sache dringend war, wies sie bedenkenlos Piloten der Royal Air Force an, entgegen allen Sicherheitsvorschriften zu starten.

«Die einzige Dummheit, die man zu ihr sagen konnte, war: ‹Exzellenz, ich finde, es wäre unpassend, wenn Sie das täten›», erzählte Korvettenkapitän Howes, der Adjutant ihres Mannes. «Denn dann hat sie es natürlich sofort getan.»

Kein Anblick war ihr zu grauenhaft, keine Hütte zu schmutzig, keine Aufgabe zu entwürdigend, kein Inder zu krank. Howes vergaß nie, wie sie sich im knöchelhohen Schmutz neben Sterbende kauerte, die die Cholera hatten, die furchtbarste aller Krankheiten, und ihnen in den letzten Augenblicken ihres Lebens beruhigend über die Stirn strich.

Diese tragischen Wochen in Indien und Pakistan waren eine Zeit des Schreckens, zugleich aber auch eine Zeit stillen Heldentums. Niemand dankte diesen Ungenannten, und ihre Taten gerieten bald in Vergessenheit. Wie viele dieser Männer und Frauen dachten, sprach Ashwini Kumar aus, ein Hindu und Polizeioffizier in Amritsar: «Wenn man in dieser Hölle nicht den Verstand verlieren wollte, gab es nur eines: jeden Tag einem Menschen das Leben zu retten.» Dieser Aufgabe widmete sich der junge Polizist mit einem ebenso bemerkenswerten wie erfolgreichen Eifer. Es gab Sikhs, die ihre mohammedanischen Freunde monatelang versteckten oder sie vor der Lynchjustiz des Mobs retteten; Hindus wie einen unbekannten Vertreter, der Ahmed Anwar, einen zweiundzwanzigjährigen muslimischen Bahnangestellten, einer mordlustigen Menge entriß, indem er brüllte: «Er ist ein Christ»; Moslems wie den Hauptmann von den *Frontier Force Rifles*, der sein Leben ließ, als er eine Kolonne von Sikhflüchtlingen gegen seine eigenen Landsleute verteidigte.

Ganz allmählich kam in das Chaos eine Andeutung von Ordnung. Die Disziplin in den Armeen beider Staaten besserte sich, eine wirkungsvolle Taktik für den Schutz von Zügen und Flüchtlingskolonnen wurde entwickelt. Der Notstandsausschuß bekam die Situation im Pandschab allmählich in den Griff. Millionen von Flüchtlingen zogen noch immer durchs Land, aber die Gewalttaten, die ihre Flucht ausgelöst hatten, begannen nachzulassen. Dies zeigte sich an einem lakonischen Satz in einem nachrichtendienstlichen Bericht, der dem Notstandsausschuß vorgelegt wurde:

«Die Gewohnheit, Moslems durch Fenster von Eisenbahnwaggons zu werfen, ist im Abnehmen begriffen.»

Dennoch erwartete eine letzte Heimsuchung diese Elendsmassen. Der Monsum kam. Aus dem Himmel, den die unglücklichen Pandschabis in der sengenden August- und Septemberhitze um Linderung angefleht hatten, ergoß sich endlich die zurückgehaltene Wasserflut, und dies mit einer Gewalt, wie Indien sie seit einem halben Jahrhundert nicht mehr erlebt hatte. Es war gleichsam, als schleuderte das ganze Pantheon der erzürnten Götter des Pandschabs in biblischem Zorn den Menschen, die ihr Mißfallen erregt hatten, einen Abschiedsfluch hinterher. Die fünf Flüsse des Pandschabs, die der Provinz den Namen gegeben und ihre nun heimatlosen Kinder ernährt hatten, schwollen zu reißenden Strömen an und wurden zum Werkzeug der Zerstörung.

Von den steilen Abhängen des Himalaja in die Tiefe stürzend, nahmen sie das Wasser geschmolzener Schneemassen auf und brachen mit haushoher Flut über die Ebenen herein. Flußbetten, in denen in der sommerlichen Hitze nur noch ein Rinnsal floß, wurden zu schäumenden, reißenden Strömen. Die Teilung und das im Pandschab herrschende Chaos hatten das von den Briten eingerichtete Hochwasser-Warnsystem funktionsunfähig gemacht. Beinahe ohne jede Vorwarnung erreichten diese hochgetürmten Wassermassen am Abend des 24. September das Herz des Pandschabs, drangen über die Ufer und ertränkten mit einem Getöse, als ginge die Welt unter, Zehntausende von Flüchtlingen, die dort zum Schlaf niedergesunken waren.

Abdurahaman Ali, ein muslimischer Pächter, hatte mit Hunderten von Bewohnern seines Dorfes neben dem ausgetrockneten Flußbett des Bias Rast für die Nacht gemacht. In ihrem Lager hatte eine Stimmung freudiger Erleichterung geherrscht, denn die rettende Grenze Pakistans war nicht mehr allzu weit entfernt. Doch die meisten sollten diese Grenze nicht mehr erreichen. Ali, der seinen Ochsenkarren auf einer höher gelegenen Stelle am äußeren Rand des Lagers stehen hatte, wurde vom Tosen der herandonnernden Flut geweckt. Mit seiner Familie rettete er sich auf den Karren. Das Wasser stieg bis zu den Radnaben hoch, bis zur Ladefläche, zu ihren Knien, und schließlich stand es ihnen bis an die Brust, bevor die Flut wieder abebbte. Zwei Tage lang klammerten sich Ali und seine Angehörigen an ihrem Ochsenkarren fest. Ohne Nahrung und zitternd vor Kälte sahen sie, wie das Hochwasser unterschiedlos zersplitterte Ochsenkarren, aufgedunsene Tierkadaver und die Leichen ihrer Freunde und Nachbarn davontrug.

Brücken, die jahrzehntelang gehalten hatten, wurden überspült oder von der Wucht der Wassermassen weggerissen. Der indische Major Ashwini Dubey sah, wie das Hochwasser des Bias die Eisenbahnbrücke vor Amritsar überspülte. Ochsenkarren samt den Zugtieren und Besitzern wurden mitgerissen und gegen die Träger geschleudert, mit einer Wucht, welche «die Karren wie Streichholzschachteln zermalmte und die Menschen und Tiere tötete».

Die Fotografin Margaret Bourke-White mußte durch hüfttiefes Wasser vom Ufer des Ravi flüchten, nachdem ihr in letzter Minute die Warnung eines indischen Offiziers das Leben gerettet hatte. Als die Flut schließlich zurückging, kehrte sie an den Schauplatz zurück, eine Wiese zwischen einer Bahnböschung und dem Fluß, wo viertausend Moslems ihr Nachtquartier aufgeschlagen hatten. Nicht einmal tausend hatten die Überschwemmung überlebt. Die Wiese sah aus «wie ein Schlachtfeld; umgestürzte Karren, Haushalts- und landwirtschaftliche Geräte waren zu einem Gemengsel von Schlamm und Trümmern zusammengepreßt».

Niemand sollte jemals erfahren, wie viele Menschen im Herbst 1947 während jener furchtbaren Wochen im Pandschab umkamen. Die Umstände waren derart chaotisch, der Zusammenbruch der Provinzverwaltung so vollkommen, daß eine exakte Schätzung der Zahl der Toten unmöglich war. Niemand wäre in der Lage gewesen, die Sterbenden am Straßenrand oder die Leichen zu zählen, die man in Brunnenschächte gestürzt hatte oder die in den Flammen ihrer brennenden Häuser oder Dörfer zu Asche geworden waren. In den höchsten Schätzungen war von ein bis zwei Millionen Toten die Rede. Der indische Richter G. D. Khosla[27], der Untersuchungen über die Massaker angestellt hat, setzt in seinem Bericht die Zahl auf eine halbe Million an. Die beiden führenden englischen Historiker, die über diese Zeit gearbeitet haben – Penderel Moon[28], der damals im Pandschab beschäftigt war, und H. V. Hodson[29] –, kommen auf 200000 bis 250000 Tote. Sir Chandulal Trivedi, Indiens erster Pandschab-Gouverneur, der den engsten Kontakt zu den Geschehnissen hatte, schätzte die Zahl der Todesopfer auf 225 000.

Immerhin konnte die Zahl der Flüchtlinge festgehalten werden. Den ganzen Herbst hindurch und weit in den Winter hinein strömten sie durch Waga, Suleimanski Head und Balloki Head, 500000 in der einen Woche, 700000 in der nächsten, bis schließlich die Gesamtzahl von zehneinhalb Millionen erreicht war. Durch einen weniger schrecklich verlaufenden Bevölkerungsaustausch in Bengalen verlor eine weitere Million ihre Heimat. Unvermeidlich lösten die Schreckensszenen im Pandschab eine Welle der Kritik am letzten Vizekönig und an den führenden Politikern Indiens aus. In London äußerte sich Winston Churchill, der alte Feind der indischen Unabhängigkeit, mit kaum verhohlener Genugtuung über Menschen, die generationenlang unter der «weitherzigen, toleranten und unparteiischen Herrschaft der britischen Krone» gelebt hätten und nun «mit der Blutgier von Kannibalen» übereinander herfielen.

Premierminister Attlee fragte Anfang Oktober Lord Ismay, ob

Großbritannien «nicht den falschen Kurs eingeschlagen und zu übereilt gehandelt» habe. Auf diese Frage gab es natürlich keine Antwort. Was geschehen war, war geschehen. Was geschehen wäre, wenn die Politik des letzten Vizekönigs nicht von der Überzeugung bestimmt gewesen wäre, daß rasch gehandelt werden müsse, bleibt reine Mutmaßung. Eines aber stand fest: Die führenden Männer Indiens hatten nicht nur Mountbattens Politik des raschen Handelns gebilligt, sondern ihn darüber hinaus ohne Ausnahme zu diesem Kurs genötigt. Schnelligkeit, so hatte Jinnah unermüdlich wiederholt, sei die Substanz des Vertrages. Auf rasche Ergebnisse hatte Vallabhbhai Patel gedrungen, als er klarmachte, die Kongreßpartei werde Indien nur dann im Commonwealth halten, wenn die Macht sofort übertragen werde. Nehru hatte den Vizekönig immer wieder gewarnt, daß eine Verzögerung der Entscheidung für Indien die Gefahr eines Bürgerkrieges brächte. Selbst Gandhi, obwohl er die Teilung des Landes ablehnte, drängte Mountbatten zum sofortigen Abzug der Briten aus Indien. Ebenso war Mountbattens Amtsvorgänger, Lord Wavell, von der Notwendigkeit raschen Handelns überzeugt, selbst um den Preis, daß Provinz um Provinz geräumt wurde, wie er es in seiner «Operation Irrenhaus» vorgeschlagen hatte.

Lord Mountbatten selbst hielt immer an der Überzeugung fest, daß angesichts der Situation, die er bei seiner Ankunft im Juli 1947 vorfand, jede andere Lösung als die Teilung des Landes Indien in innere Wirren von beispiellosen Ausmaßen gestürzt hätte, in einen Bürgerkrieg, den zu verhindern Großbritannien weder die Mittel noch den Willen gehabt hätte.

Die Gewalttaten, welche das Teilungsabkommen im Pandschab ausgelöst hatte, waren schlimmer als alles, was Mountbatten und seine Berater und Experten sich vorgestellt hatten. Die 55 000 Mann starke Pandschab-Grenztruppe wurde von einer beispiellosen Katastrophe überrollt. Doch so furchtbar die Folgen dieser Eruption auch waren, so blieben sie doch auf nur eine Provinz und auf nur ein Zehntel der Bevölkerung Indiens beschränkt. Jeder andere Kurs hätte das Risiko mit sich gebracht, ganz Indien der Heimsuchung und dem Schrecken auszusetzen, die die Teilung dem Pandschab brachte.

Die Millionen Opfer der Teilung hatten die langen und schmerzlichen Monate der Neuansiedlung und Wiedereingliederung noch vor sich. Sie hatten den Preis für die Befreiung eines Fünftels der Menschheit gezahlt, und dieser Preis hinterließ eine Bitterkeit, die noch lange Jahre nachwirken sollte. In diesem Herbst fand sie einen seltsamen Ausdruck in einem Schrei der Wut und Hilflosigkeit, den in einem Lager im Pandschab eine Gruppe aufgebrachter Flüchtlinge einem englischen Offizier entgegenschleuderte: «Sagen Sie Ihren Landsleuten, sie sollen zurückkommen!»

15

«Kaschmir, nur Kaschmir»

Mit der Zeremonie, die in der lichterstrahlenden Durbar Hall im Palast des Maharadschas von Kaschmir in Srinagar stattfand, ging eines der ältesten Feste im hinduistischen Kalender zu Ende. Alljährlich feiern beim Aufgang des Oktobermondes die Hindus den legendären neuntägigen Kampf der Göttin Durga, Schiwas Gemahlin, gegen den Minotaurus Mahischasura mit dem neun Tage langen *Dasahra*-Fest. Wie seine Vorfahren seit hundert Jahren, beendete Hari Singh, der Maharadscha von Kaschmir, das Fest im Jahr 1947 am 24. Oktober mit der Entgegennahme eines rituellen Treuegelöbnisses der Edlen seines Staates. Einer nach dem andern traten sie vor den Thron und legten auf die ausgestreckte Herrscherhand als symbolische Huldigungsgabe ein Goldstück, das in ein seidenes Taschentuch eingewickelt war.

Dem Maharadscha war das Glück hold. Er war einer der drei Mitglieder jener extravaganten Kaste von Fürsten und Nawabs, den Herrschern über ein Drittel der Fläche des Subkontinents, die noch auf ihrem Thron saßen. Die beiden anderen waren der Nawab von Dschunagadh (in dessen Staat man besser als Hund geboren wurde denn als Mensch) und der Nizam von Haiderabad. Entgegen allen geographischen Vernunftgründen hatte der Nawab von Dschunagadh versucht, seinen kleinen Staat, der von Hindugebieten umschlossen war, mit Pakistan zu vereinigen. Doch seine Tage waren gezählt; knapp zwei Wochen später sollte die indische Armee in sein Territorium einrücken, so daß dem Herrscher gerade noch Zeit genug blieb, ein Flugzeug mit seinen Frauen und Lieblingshunden zu füllen und sich nach Pakistan abzusetzen. Auch die Tage des Nizam waren gezählt. Trotz hinhaltenden Widerstands, mit dem er Großbritannien und Indien die Anerkennung seiner Unabhängigkeit abringen wollte, mußte der Nizam erleben, daß sein Staat kurz nach dem Abtreten des letzten Vizekönigs gewaltsam in das unabhängig gewordene Indien eingegliedert wurde.

Hari Singh war längst von den diplomatischen Magenschmerzen genesen, die ihm die Entscheidung erspart hatten, entweder den Anschluß an Indien oder den Zusammenschluß mit Pakistan zu wählen. Nun saß er unter seinem goldenen Schirm, der die Form einer Lotosblüte hatte, auf dem Haupt ein diamantenbesetzter Turban, um den Hals ein Dutzend Perlenschnüre, von denen sich ein Smaragd abhob, das stolzeste Juwel der Dynastie, und hing noch immer seinem alten Traum nach: Er wollte die Unabhängigkeit für das «verzauberte Tal» erringen, das ein Jahrhundert vorher die Ostindische Kompanie seinen Vorfahren verkauft hatte, für sechs Millionen Rupien und einen jährlichen Tribut von sechs Schals, gesponnen aus den hauchzarten Fäden der Paschminawolle vom Nacken der Ziegen, die im Bergland von Kaschmir weiden.

Während die Edlen Kaschmirs in Hari Singhs strahlend erleuchteter Durbar Hall dem Herrscher ihre Huldigung darbrachten, verschaffte sich achtzig Kilometer östlich von Srinagar, am Ufer des Flusses Jhelam, eine andere Gruppe von Männern gewaltsam Zutritt zu einem Raum, in dem sich zahlreiche maschinelle Anlagen befanden. Einer von ihnen befestigte an einem Schaltpult, das von Hebeln und Meßinstrumenten starrte, ein Bündel Dynamitstangen. Dann stieß er einen warnenden Ruf aus, hielt ein Streichholz an die Zündschnur und rannte aus dem Gebäude. Zehn Sekunden später erschütterte eine ohrenbetäubende Explosion das Kraftwerk Mahura. Zur gleichen Zeit gingen von der pakistanischen Grenze bis nach Ladakh und zu dem Gebirgswall, hinter dem China lag, die Lichter aus.

Wie auf einen Zauberschlag erloschen die Hunderte von Glühbirnen in Hari Singhs Kristallüstern, und der Palast versank im Dunkel. Im selben Augenblick fiel überall in seiner schönen Hauptstadt der Strom aus. Auf ihren blumengeschmückten Hausbooten, die im schimmernden Wasser des Dal-Sees verankert waren, fragten sich viele Engländer, was dieser geheimnisvolle Stromausfall zu bedeuten habe. Noch ahnten die pensionierten Obersten und Beamten nicht, daß dieses Omen das Ende ihres sorglosen Daseins in einem sonnen- und blumenreichen Paradies ankündigte, wo man für dreißig Pfund Sterling im Monat den Traum des Kaisers Dschahangir Wirklichkeit werden lassen konnte.

In seinem Schlafzimmer im väterlichen Palast, wo er wegen einer Beinoperation ans Bett gefesselt war, lauschte Karan Singh, der älteste Sohn des Maharadschas, dem Heulen des Windes, der von den Gletschern des Himalaja herab durch das Tal von Kaschmir brauste. Dann hörte der junge Prinz, zusammen mit seinem Vater, den Gästen und Tausenden von Kaschmiris einen anderen Ton, der sich in das Heulen des Windes mischte. Das Blut gefror ihm, während er im Dunklen horchte. Es war das ferne Geheul von Schakalen, die sich der Stadt näherten.

Ein Schakalrudel anderer Art jagte in der Nacht des 24. Oktober ebenfalls Srinagar und dem Tal von Kaschmir entgegen. Seit achtundvierzig Stunden strömten Hunderte von Pathanenkriegern in Hari Singhs Staatsgebiet ein, um seinem Unabhängigkeitstraum ein Ende zu bereiten. Seine Privatarmee, von der er erwartet hatte, sie werde ihn verteidigen, war zum größten Teil entweder zu den Eindringlingen übergelaufen oder in den Hügeln verschwunden.

Dieser brutale und überraschende Einfall ging mit fast an Sicherheit grenzender Wahrscheinlichkeit auf eine harmlose Bitte zurück, die zwei Monate vorher, am 24. August 1947, Mohammed Ali Jinnah an seinen britischen Militärsekretär gerichtet hatte. Erschöpft von den langen Wochen schwieriger Verhandlungen und geschwächt von der erbarmungslosen Krankheit, die in seiner Lunge wütete, hatte Jinnah beschlossen, einen Erholungsurlaub zu nehmen. Er wies den Sekretär, Oberst William Birnie, an, nach Kaschmir zu reisen und dort für ihn einen zweiwöchigen Aufenthalt vorzubereiten. – Daß Jinnahs Wahl auf Kaschmir fiel, war nur naheliegend. Es schien ihm wie den meisten seiner Landsleute an jenem Nachmittag im August undenkbar, daß aus Kaschmir, dessen Bevölkerung zu mehr als drei Vierteln mohammedanisch war, etwas anderes werden könnte als ein Teil Pakistans.

Doch der englische Offizier kehrte nach fünf Tagen mit einem Bescheid zurück, der Jinnah die Sprache verschlug. Hari Singh wünsche nicht, daß er Kaschmir betrete, nicht einmal als einfacher Tourist. Der Bescheid war für Jinnah der erste ernüchternde Hinweis, daß die Situation in Kaschmir sich keineswegs so entwickelte, wie er selbstzufrieden angenommen hatte. Er war sich seiner Sache zu sicher gewesen. Achtundvierzig Stunden danach schleuste Jinnahs Kabinett einen Geheimagenten nach Kaschmir ein, der sich über die Lage informieren und die wahren Absichten des Maharadschas herausfinden sollte.

Der Bericht, den er bei seiner Rückkehr erstattete, war ein Schock: Hari Singh war nicht gewillt, seinen Staat mit Pakistan zusammenzuschließen. Dies war für die Gründer Pakistans unannehmbar. Mitte September rief Liaquat Ali Khan eine ausgewählte Gruppe von Mitarbeitern zu einer geheimen Zusammenkunft nach Lahore, bei der beschlossen werden sollte, wie der Maharadscha unter Druck zu setzen sei.

Die Teilnehmer verwarfen sofort den Gedanken einer offenen Invasion. Die pakistanische Armee war nicht für ein Abenteuer gerüstet, das zum Krieg mit Indien führen konnte. Es boten sich noch zwei andere Möglichkeiten an. Die erste hatte Oberst Akbar Khan skizziert, ein Absolvent der englischen Militärakademie Sandhurst, der eine Vorliebe für konspirative Tätigkeiten hatte. Er machte den Vorschlag, Pakistan solle durch Waffenlieferungen und Geld eine Erhebung der muslimischen Bevölkerung Kaschmirs schüren. Man müßte zwar mehrere Monate Geduld haben, doch zuletzt, so versprach Khan, würden «vierzig- oder fünfzigtausend Kaschmiris sich auf Srinagar stürzen und den Maharadscha zum Anschluß an Pakistan zwingen».

Die andere Möglichkeit war noch interessanter. Dieser Plan, den der Chefminister der berühmten Nordwestlichen Grenzprovinz unterstützte, sah die Mitwirkung der aufsässigsten und gefürchtetsten Volksgruppe auf dem Subkontinent vor, der kriegerischen Pathanen an der Grenze zu Afghanistan. Pakistan hatte von Großbritannien das Problem geerbt, in ihren unruhigen Stammesgebieten Frieden und

Ordnung zu sichern, und die Loyalität der Pathanen gegenüber der Regierung ihrer Moslembrüder in Karatschi war nicht selbstverständlich. Wie der letzte britische Gouverneur der Provinz, Sir Olaf Caroe, vorausgesagt hatte, waren bereits die Agenten des Königs von Afghanistan am Werk. Sie wiegelten die Stämme auf und suchten ihre Unterstützung für eine Expansion Afghanistans bis nach Peschawar und zum Indus zu gewinnen. Die gefährlichen Horden der Pathanen auf Srinagar loszulassen, hatte einiges für sich. Die Ausführung dieses Planes würde den Maharadscha rasch von seinem Thron stürzen und zur Annexion seines Staates durch Pakistan führen. Und wenn man den Stammeskriegern die Gelegenheit bot, die Basare von Kaschmir zu plündern, konnte man ihre beutegierigen Augen von den Basaren Peschawars abhalten.

Das Geheimtreffen schloß mit einer strengen Mahnung des Ministerpräsidenten. Die Operation dürfe auf keinen Fall ans Licht kommen. Geheimfonds seines Amtes würden die Sache finanzieren. Weder die Offiziere der pakistanischen Armee noch die Beamtenschaft oder gar die englischen Offiziere und Verwaltungsfachleute, die dem neuen Staat dienten, dürften das geringste erfahren.

Drei Tage später traf sich im Keller eines baufälligen Hauses in der Altstadt von Peschawar eine Gruppe von Stammesführern mit Major Kurshid Anwar, der den Auftrag erhalten hatte, sie aufzuwiegeln und ihren Marsch auf Srinagar anzuführen. Anwar, ein unzuverlässiger Charakter mit einer Vorliebe für Verkleidungen, schien nicht ganz der richtige Mann für diese Aufgabe. Seine konventionelle Offizierslaufbahn hatte ihr Ende gefunden, als er wegen Veruntreuung von Kasinogeldern aus der indischen Armee ausgestoßen war. Die Stammeshäuptlinge saßen im Kreis um den Major und sahen in ihren weiten Gewändern und mit den langen, ungestutzten Bärten wie die Krieger Sauls und Davids aus. Während sie duftenden Tee schlürften und an ihren Wasserpfeifen zogen, hörten sie sich Anwars düstere Schilderungen der Situation in Kaschmir an. Der ungläubige Hindumaharadscha sei im Begriff, seinen Staat mit Indien zu vereinigen. Wenn nicht rasch etwas geschehe, werde Indien schon bald Kaschmir besetzen, wodurch Millionen ihrer Moslembrüder unter die Herrschaft der Hindus geraten würden. Sie müßten, sagte Anwar, ihre *laskars* – Wehrfähigen – zusammenrufen und einen heiligen Krieg für ihre Brüder in Kaschmir beginnen. Seine Aufforderung, sich diesem patriotischen Kreuzzug anzuschließen, enthielt unausgesprochen einen ebenso alten, doch weniger heroischen Lockruf, der eher geeignet war, den Eifer der Pathanen anzuspornen als jeder religiöse Appell – die Aussicht auf die Möglichkeit zu plündern.

Schon wenige Stunden später ging der alte islamische Aufruf zum *Dschihad*, zum heiligen Krieg, von Mund zu Mund, in den von Lehmmauern umgebenen *morkhas*, den Höfen in den Dörfern der Pathanen, in Lagern, in Landi Kotal, am Khaiber-Paß, in den versteckten Höhlen, wo sie seit Jahrzehnten ihre Gewehre fabrizierten, in den geheimen Depots ihrer Schmugglerkarawanen. Geheimbeauftragte eilten von Basar zu Basar und kauften massenweise *gur* auf, eine Art Maiskuchen, gemahlene Kichererbsen und Zucker. Männer, Waffen und Vorräte begannen zu den geheimen Sammelstellen zu strömen, von denen aus sie ihren Kreuzzug beginnen würden, um ihre Brüder in Kaschmir von der ungerechten Hinduherrschaft zu erlösen und den Hunger nach Beute zu stillen, den sie von ihren Vorfahren geerbt hatten.

Die Stimmen an beiden Enden der Telefonleitung sprachen englisch, sie gehörten darüber hinaus zwei der wichtigsten Männer in Pakistan. Sir George Cunningham war der Gouverneur der Nordwestlichen Grenzprovinz, und der Mann, mit dem er sich in seinem Arbeitszimmer in Peschawar am Telefon unterhielt, Generalleutnant Sir Frank Messervy, befehligte die pakistanische Armee.

«Sagen Sie mal, alter Junge», sprach Cunningham in die Muschel, «ich habe den Eindruck, daß hier merkwürdige Dinge vor sich gehen.» Seit Tagen, sagte er, strömten Lastautos mit Pathanenkriegern, die *Allah Akbar* riefen, durch Peschawar. Anscheinend wiegle sein eigener Chefminister die Pathanen auf. In der Stadt schienen alle außer ihm zu wissen, welchem Ziel diese Armada entgegenfahre. – «Sind Sie sich sicher», fragte er Messervy, «daß die Regierung immer noch gegen einen Einmarsch der Pathanen in Kaschmir ist?»

Cunninghams Anruf hatte den General mitten in Reisevorbereitungen erreicht. Die pakistanische Regierung hatte Sorge getragen, daß ihr britischer Armeechef beim Beginn des Pathaneneinfalles zehntausend Kilometer weit vom Fleck war, in London, wo er versuchen sollte, Waffen zu kaufen, um die ausgebliebenen indischen Lieferungen zu ersetzen.

«Ich kann Ihnen versichern, daß ich ganz und gar gegen so etwas bin», sagte Messervy zu seinem Kameraden, «und der Ministerpräsident hat mir persönlich versichert, daß er auch so denkt.»

«Na», sagte Cunningham, «informieren Sie ihn doch mal, was hier oben vor sich geht.»

Einige Stunden später suchte Messervy, der auf dem Weg nach London war, Liaquat Ali Khan auf. Der Ministerpräsident beruhigte den Chef seiner Armee. Seine Befürchtungen, sagte er, seien unbegründet. Pakistan würde eine derartige Aktion niemals dulden. Er werde sich unverzüglich mit dem Chefminister der Nordwestlichen Grenzprovinz in Verbindung setzen und ihm Befehl erteilen, sein empörendes Vorgehen sofort einzustellen. Beruhigt flog Messervy nach London ab, wo er die Geschütze und Granaten für den Konflikt kaufen sollte, dessen Ausbruch mit solcher Sorgfalt für die Zeit seiner Abwesenheit vorbereitet worden war.

Mit ausgeschalteten Scheinwerfern und abgestelltem Motor rollte der Vorkriegs-Ford durch die eiskalte Nacht, bis er achtzig Meter vor der Brücke stehenblieb. Hinter dem Kombiwagen erstreckte sich eine Kette dunkler Schatten, eine Kolonne Lastwagen, jeder mit einer Ladung schweigender Männer. Der tosende Lärm des Jhelam, der in der Tiefe durch sein felsiges Bett rauschte, erfüllte die Nacht. In dem Kombiwagen zwirbelte Sairab Khayat Khan, ein dreiundzwanzig Jahre alter Grünhemden-Führer der Moslemliga, nervös seinen Schnurrbart. Vor ihm, jenseits der Brücke lag das Territorium des Staates Kaschmir.

Er blickte starr auf die Brücke und wartete auf die Leuchtkugel, die ihm das Zeichen geben sollte, daß die muslimischen Soldaten in Hari Singhs Armee auf der anderen Seite gemeutert, ihre Offiziere getötet hatten, die Telefonleitung nach Srinagar unterbrochen und die Wache

Der Einmarsch in Kaschmir

am anderen Ende der Brücke überwältigt worden war. Plötzlich sah er, wie die Leuchtkugel in die Luft stieg und am dunklen Himmel einen Bogen beschrieb. Sairab Khan ließ den Motor an und rumpelte über die Brücke. Der Krieg um Kaschmir hatte begonnen.

Ein paar Minuten später rollte seine Kolonne, ohne auf Widerstand zu stoßen, vor den Zollschuppen der kleinen Stadt Muzaffarabad. Zwei verschlafene Zöllner kamen herausgestolpert und winkten den Fahrzeugen, zur Überprüfung anzuhalten. Mit Kriegsgeheul stürzten sich die Pathanen auf sie. Sie verfolgten den einen Zollbeamten in seinen Schuppen, wo er verzweifelt an dem toten Telefon hantierte. Die wütenden Pathanen fesselten ihn mit der Strippe seines Apparates.

Der junge Führer der Vorhut, mit der die Invasion begann, jubelte. Der Weg nach Srinagar lag offen vor den Pathanen, eine zweihundert Kilometer lange gepflasterte Straße, die von jeder Verteidigung entblößt war. Beim ersten Licht der Morgendämmerung würden Tausende von Pathanenkriegern in Hari Singhs schlafende Hauptstadt strömen. Sairab Khayat Khan und seine Vorhut würden sich den Palast vornehmen. Er selbst, so frohlockte er, würde dem Maharadscha seinen Morgentee und zugleich die Neuigkeit bringen, die an diesem Tag, dem 22. Oktober 1947, um die Welt gehen würde: Kaschmir gehört zu Pakistan.

Der junge Mann wurde rasch aus seinen Träumereien gerissen. Den Strategen, die die Invasion Kaschmirs geplant hatten, war eine verhängnisvolle Fehlkalkulation unterlaufen. Als Sairab Khayat Khan seine Streitmacht in Richtung auf Srinagar in Bewegung setzen wollte, mußte er entdecken, daß sie verschwunden war. Kein einziger Pathane war in der Nähe der Fahrzeuge zu sehen. Sie waren in die Nacht entschwunden. Der Kreuzzug zur Errettung ihrer Glaubensbrüder in Kaschmir hatte mit einem nächtlichen Ausflug in den Basar der Hindus von Muzaffarabad begonnen.

Die Beuteexpedition in die zahllosen Läden des Basars war daran schuld, daß Mohammed Ali Jinnah das Tal von Kaschmir nie mehr besuchen sollte. «Jeder einzelne hat sich abgesetzt», erzählte Sairab Khan. «Die Pathanen schossen Türschlösser weg, schlugen Türen ein und rissen alles heraus, was Wert besaß.»

Der verzweifelte Sairab Khan und seine Offiziere versuchten sie abzuhalten, zogen sie buchstäblich an ihren Gewändern, um sie von der Beute wegzureißen. «Was macht ihr denn?» flehte er sie an. «Wir müssen doch nach Srinagar.»

Er predigte tauben Ohren. Nichts konnte diesen Plünderungsinstinkt zähmen. Srinagar sollte in dieser Oktobernacht nicht in die Hände der Pathanen fallen. Sie rückten im Rhythmus ihrer systematischen Plünderungen vor und brauchten achtundvierzig Stunden für die nächsten hundertdreißig Kilometer bis zu dem Kraftwerk, dessen Sprengung im Palast Hari Singhs die Lichter gelöscht hatte.

Mehr als achtundvierzig Stunden nachdem Sairab Khayat Khans Vorhut sich der strategisch wichtigen Brücke über den Jhelum bemächtigt hatte, gelangte auf höchst ungewöhnlichem Wege die erste Nachricht vom Einfall der Pathanen nach Neu-Delhi. Entlang der Hauptroute des Exodus aus dem Pandschab, über der Straße, auf der acht Wochen lang die jammervollen Kolonnen von Millionen Flüchtlingen sich dahingeschleppt hatten, hing an den Stangen, auf denen noch die satten Geier hockten, eine Telefonleitung, die Indien und Pakistan verband. Dank dieses Drahtes war es nach wie vor möglich, daß die Nummer 1704 in Rawalpindi die Nummer 3017 in Neu-Delhi anrief. Diese Nummern waren den Privatapparaten der Oberbefehlshaber der Armeen Pakistans und Indiens zugeteilt. Die beiden Männer waren Briten. Sie waren enge Freunde, Kameraden aus der alten indischen Armee.

Am Nachmittag des 24. Oktober, eines Freitags, kurz vor fünf Uhr, erfuhr Generalleutnant Douglas Gracey, der den nach London entsandten General Messervy vertrat, durch einen Geheimdienstbericht zum erstenmal von den Ereignissen in Kaschmir. Darin war die Stärke der Invasoren, ihre Bewaffnung und ihr Standort angegeben. Gracey zögerte nicht. Er ging sofort zu dem Privatapparat in Messervys Wohnung und teilte diese hochwichtige Nachricht dem Mann mit, der es nach Jinnahs Wunsch als allerletzter erfahren sollte. Dieser Mann befehligte die einzige Streitmacht, die Kaschmir den Eindringlingen verwehren konnte: die Armee Indiens.

Generalleutnant Sir Robert Lockhart, ein Schotte und Graceys Jahrgangskamerad in Sandhurst, war entgeistert über das, was ihm sein alter Freund berichtete. Er gab seinerseits die Meldung an zwei weitere Personen weiter, die ebenfalls Engländer waren, an den Generalgouverneur Lord Mountbatten und an Feldmarschall Auchinleck.

Der Dialog, den Graceys Anruf an diesem Nachmittag einleitete, war das erste in einer ungewöhnlichen Gesprächsserie. Der eben ausbrechende Konflikt brachte die beteiligten Offiziere in ein heikles moralisches Dilemma. Vom menschlichen Standpunkt aus lag ihnen daran, die Inder und Pakistanis, die in der alten indischen Armee ihre Waffenkameraden gewesen waren, davon abzuhalten, daß sie einander töteten. In ihrer Eigenschaft als Offiziere erhielten sie häufig Weisungen, die diesem Wunsch konträr gegenüberstanden.

Das Gespräch, das zwischen Gracey und Lockhart am Telefon begonnen hatte, wurde fortgesetzt, selbst als die Armeen, die sie befehligten, einander im verschneiten Kaschmir gegenüberstanden. Ihre Einstellung sollte den bedauernswerten Briten die scharfe Mißbilligung durch die Regierungen eintragen, denen sie dienten, und beschleunigte ihre Ablösung als Armeechefs. Daß jedoch in jenem Herbst zwischen Indien und Pakistan kein regelrechter Krieg mit all den sinnlosen Opfern ausbrach, die er gefordert hätte, war nicht zuletzt den Geheimgesprächen zu danken, die über jenen Telefondraht zwischen Rawalpindi und Delhi geführt wurden.

Mountbatten erhielt die Nachricht, als er sich für ein Bankett zu Ehren des thailändischen Außenministers ankleidete. Als sich der letzte Gast verabschiedet hatte, bat er Nehru, noch zu bleiben. Die Neuigkeit traf Nehru wie ein Schock. Kaum eine andere Nachricht hätte ihn tiefer erregen können. Er liebte die Heimat seiner Vorfahren wie «eine Frau von außergewöhnlicher Schönheit». Während des Kampfes um die Befreiung war er immer wieder nach Hause gefahren, um «die schroffen Berge und Steilwände, die schneebedeckten Gipfel und Gletscher und die grausamen, reißenden Gebirgsbäche, die in das Tal hinabstürzen», zu betrachten.

Der Generalgouverneur sollte, als es um Kaschmir ging, einen anderen Nehru kennenlernen. Der kühle, distanzierte Intellekt, den Mountbatten an ihm so bewunderte, verschwand, und an seine Stelle trat die Emotion, die Leidenschaft des Brahmanen aus Kaschmir. «So wie einst Calais Ihrer Königin Mary ins Herz geschrieben war», rief Nehru eines Tages aus, um Mountbatten seine Einstellung zu erklären, «so ist Kaschmir in mein Herz geschrieben.»

Mountbatten hatte noch ein zweites stürmisches Gespräch vor sich, diesmal mit Feldmarschall Auchinleck. Auchinleck erklärte dem Generalgouverneur, er werde sofort eine Brigade britischer Truppen auf dem Luftweg nach Srinagar schaffen lassen, um die britischen Pensionäre, die dort lebten, zu evakuieren. Wenn man sie nicht herausholen würde, sagte er warnend, würden sie einem schrecklichen Gemetzel zum Opfer fallen.

«Tut mir leid», sagte Mountbatten, «ich kann nicht zustimmen.» So grausig diese Aussicht auch sei, er könne unmöglich den Einsatz britischer Soldaten auf dem Boden des unabhängig gewordenen Subkontinents gutheißen. Wenn eine militärische Intervention in Kaschmir durchgeführt werde, erklärte er, dann nur mit indischen, nicht mit englischen Truppen.

«Die Menschen dort oben werden alle ermordet, und dann sind Sie an ihrem Tod schuld», protestierte Auchinleck zornig.

«Nun», antwortete Mountbatten, «diese Verantwortung werde ich eben auf mich nehmen müssen. Sie ist die Strafe, wenn man einen Job wie den meinen annimmt. Aber ich bin nicht bereit, für das geradezustehen, was passiert, wenn britische Truppen in den Konflikt hineingezogen werden.»

Am Nachmittag des 25. Oktober setzte eine DC-3 der indischen Luftwaffe auf der verlassenen Landepiste des Flugplatzes von Srinagar auf. An Bord der Maschine befanden sich V. P. Menon, Oberst Sam Manekshaw von der indischen Armee sowie ein Luftwaffenoffizier.

Die Entscheidung, diese drei Männer nach Srinagar zu entsenden, war am Vormittag dieses Tages auf einer Sondersitzung des Verteidigungsausschusses des Kabinetts getroffen worden. Der Ausschuß hatte sich einem Beistandsersuchen des bedrängten Maharadschas gegenübergesehen. Mountbatten, der wußte, wie erregt Nehru war, hatte erkannt, daß es wahrscheinlich zu einem militärischen Eingreifen kommen werde. Um die Intervention durch einen rechtlichen Rahmen abzusichern, hatte er die Regierung zu der Ansicht bekehrt, daß Indien erst nach der offiziellen Anschlußerklärung des Maharadschas Truppen nach Kaschmir schicken solle, weil dann sein Staat juristisch ein Teil Indiens sei.

Er ging sogar noch weiter. So wie er immer der Ansicht gewesen war, daß Großbritannien gegen den Willen der Inder unmöglich in Indien bleiben könne, so war er auch davon überzeugt, daß es in Kaschmir keine Lösung geben könne, die den Gefühlen der mohammedanischen Bevölkerungsmehrheit zuwiderlief. Worauf sich diese Wünsche richteten, stand für ihn außer Frage. «Ich bin überzeugt», schrieb er am 7. November in einem Bericht an König Georg VI., «daß eine Bevölkerung mit einem so starken Anteil an Moslems mit Sicherheit für den Anschluß an Pakistan stimmen würde.»

Trotz Nehrus Widerstreben brachte er den Ministerpräsidenten und sein Kabinett dazu, mit dem Anschluß Kaschmirs eine wichtige Klausel zu verbinden: Der Beitritt des Maharadschas zur Indischen Union solle als vorläufig gelten. Endgültigen Charakter würde er erst erhalten, wenn Ruhe und Ordnung wiederhergestellt waren und eine Volksabstimmung den Anschluß bestätigt hatte.

V. P. Menon wurde nach Srinagar gesandt, um dem Maharadscha die Bedingungen des Kabinetts in Neu-Delhi vorzulegen, während die ihn begleitenden Offiziere die militärische Situation prüfen sollten. Als sie ihren Flug angetreten hatten, setzte Mountbatten die Vorbereitungen für ein historisches Unternehmen in Gang: die Luftbrücke nach Kaschmir. Er ließ sämtliche indischen Zivilmaschinen anweisen, ihre Passagiere dort zu lassen, wo sie sich gerade befanden, und Kurs auf Delhi zu nehmen.

Am Sonnabend, dem 26. Oktober 1947, kurz vor Mitternacht, schloß sich ein weiterer Flüchtling dem größten Exodus in der Geschichte an. Zu den zehneinhalb Millionen Hindus, Sikhs und Moslems, die in diesem Herbst aus ihrer Heimat flohen, gesellte sich Hari Singh, der Maharadscha von Kaschmir. Sein Ochsenkarren war ein komfortabler amerikanischer Wagen, und ihm folgte eine Karawane von Lastautos und Personenwagen, in denen seine kostbarsten Besitztümer verstaut waren. Seine Flucht blieb von marodierenden Banden unbedroht, denn über die Reise des Herrschers wachte seine gutbewaffnete Leibwache. Und das Ziel des bedrückten Fürsten war kein choleraverseuchtes Flüchtlingslager, sondern ein komfortables Exil in seinem Winterpalast in Dschammu, wo er Jahre zuvor den Prinzen von Wales und dessen jungen Adjutanten, Lord Louis Mountbatten, willkommen geheißen hatte. Dort, wo seine Untertanen überwiegend Hindus waren, durfte er hoffen, sicher und geborgen zu sein.

Die sich überstürzende Entwicklung hatte den Maharadscha mitgerissen und seine eitlen Hoffnungen auf Unabhängigkeit zunichte gemacht. Alle Winkelzüge hatten Hari Singh nur ein knappes Vierteljahr Aufschub eingebracht, ehe er in den Apfelkorb fiel, den Louis Mountbatten ihm hingehalten hatte. Auf den Rat V. P. Menons verließ er nun seine bedrohte Hauptstadt, während Menon selbst nach Delhi zurückkehrte, um zu melden, daß der Maharadscha bereit sei, in jedwede Bedingung zu willigen, wenn er dafür den Beistand Indiens erhielt.

Er sollte nie in den Palast zurückkehren, aus dem er in dieser Nacht floh. Einige Jahre später wurde das Bauwerk in ein Luxushotel umgewandelt, und die Korridore und Schlafzimmer, in denen er sich mit den Offizieren der Armee, die sich dann als so unzuverlässig erwies, vergnügt hatte, waren von amerikanischen Touristen bevölkert. Während nun die Dienerschaft seine Perlen, Smaragde und Diamanten aus den Tresoren räumten, suchte Hari Singh selbst die beiden Gegenstände heraus, an denen sein Herz am meisten hing; seine zwei Schrotflinten, aus deren blauschwarzen Läufen er so viel Schrot verpfeffert hatte, daß er den Weltrekord im Entenschießen errang. Mit verdrossener, trauriger Miene streichelte er die gutgeölten Läufe. Dann verschloß er sie sorgsam in ihrem Lederetui und trug sie eigenhändig zu seinem wartenden Wagen.

Nach einer schwierigen, siebzehn Stunden dauernden Fahrt traf die Karawane des Herrschers in Dschammu ein. Der erschöpfte Hari Singh zog sich sofort zur Ruhe in seine Privatgemächer zurück. Bevor er sich zum Schlafen niederlegte, rief er einen Adjutanten herbei und erteilte ihm seinen letzten Befehl als regierender Maharadscha. «Wecken Sie mich nur, wenn V. P. Menon aus Delhi zurückkommt», sagte er, «denn das bedeutet, daß Indien sich entschlossen hat, mich zu retten. Wenn er bis Tagesanbruch nicht zurückkehrt, erschießen Sie mich mit meinem Revolver im Schlaf, denn wenn er nicht gekommen ist, heißt das, daß alles verloren ist.»

Sobald sie nach Delhi zurückgekehrt waren, erstatteten V. P. Menon und die beiden Offiziere, die ihn begleitet hatten, bei einer neuerlichen

Sitzung des Verteidigungsausschusses des Kabinetts Bericht. Sie brachten düstere Nachrichten. Der Maharadscha sei zwar endlich bereit, Kaschmir Indien zu übergeben, aber die eingedrungenen Pathanen stünden weniger als fünfzig Kilometer westlich von Srinagar und könnten sich jeden Augenblick des einzigen Flugplatzes in Kaschmir bemächtigen, der für die Landung der indischen Truppen zur Verfügung stand.

Die englischen Kommandeure der indischen Armee und Luftwaffe erhoben Einwände gegen ein militärisches Eingreifen. Sie äußerten Bedenken gegen eine gefahrvolle Operation in so weiter Entfernung und inmitten einer Bevölkerung, die durchaus eine feindselige Haltung einnehmen könnte. Mountbatten, der spürte, wie stark die Gefühle der Inder in dieser Frage aufgewühlt waren, setzte sich über die beiden Kommandeure hinweg.

Er gab Weisung, am folgenden Tag in der Morgendämmerung mit der Luftbrücke zu beginnen, die indische Truppen nach Srinagar bringen sollte. Alle im Land verfügbaren Flugzeuge, Zivil- wie Militärmaschinen, sollten dafür eingesetzt werden. Die Truppen hatten um jeden Preis den Flugplatz und die Stadt Srinagar zu halten, bis auf dem Landweg weitere Panzer und Artillerie eintrafen. Diese Verstärkungen wurden sofort in Marsch gesetzt, über die einzige Landverbindung zwischen Indien und Kaschmir, die gefährdete Straße, die Sir Cyril Radcliffes Bleistift wie auf Geheiß der Vorsehung Indien zugesprochen hatte, als er die Stadt Gurdaspur, in der überwiegend Moslems lebten, Neu-Delhi zuteilte.

Während die hektischen Vorbereitungen für die Operation anliefen, erteilte Mountbatten V. P. Menon Anweisung, nach Dschammu zu fliegen. Hari Singh sollte in der ersten Nacht seiner Flucht nicht mit einer Kugel im Kopf sterben. V. P. Menon erschien am Bett des Fürsten, bevor das Ultimatum ablief, das dieser seinem Adjutanten gestellt hatte. Menon hatte die Anschlußakte mitgebracht, auf der nur noch Hari Singhs Unterschrift fehlte.

Spätabends am selben Sonntag, dem 26. Oktober, war V. P. Menon bereits wieder in Delhi. Ein paar Minuten nach seiner Rückkehr erschien Alexander Symon, der stellvertretende britische Hochkommissar, zu Besuch, um mit seinem Freund Menon ein Gläschen zu trinken. Menon, der in Hochstimmung war, goß zwei ordentliche Drinks ein. Mit einem Lächeln des Triumphes trank er Symon zu. Dann zog er aus der Jackentasche ein Blatt Papier.

«Hier ist's», sagte er. «Wir haben Kaschmir. Der Bastard hat die Anschlußakte unterschrieben. Und jetzt, wo wir es haben, geben wir es nie wieder her.»

Indien hielt sich an Menons Ankündigung. Die 329 Sikhs vom Ersten Sikhregiment und die acht Tonnen Kriegsmaterial, die am 27. Oktober bei Tagesanbruch in neun DC-3 auf dem verlassenen Flugplatz von Srinagar eintrafen, waren nur die erste Rate eines ununterbrochenen Stroms von Soldaten und Kriegsgerät, den Indien nach Kaschmir pumpte. Schließlich kämpften hunderttausend Mann indischer Truppen in dem verschneiten Hochland, das für so viele Forellenangler und Jäger, die dem scheuen Steinbock nachpirschten, ein Paradies gewesen war.

Seltsamerweise hatten die Inder diesen ersten Erfolg nicht so sehr ihrem militärischen Genie zu verdanken, sondern vor allem vierzehn aus Frankreich, Schottland, Spanien, Italien und Portugal stammenden Nonnen der franziskanischen Marienmissionare. Der Invasionstrupp der Pathanen hatte, nur noch fünfzig Kilometer von Srinagar entfernt, statt auf die Hauptstadt Kaschmirs und den wichtigen Flugplatz vorzustoßen, eine Marschpause eingelegt und das Nonnenkloster in der kleinen Stadt Baramullah überfallen. Damit war Jinnahs Traum, Dschahangirs «verzaubertes Tal» seinem Staat einzugliedern, ausgeträumt. Während an diesem Montag, dem 27. Oktober, die Soldaten vom Ersten Sikhregiment ihre schwache Stellung auf dem einzigen Flugplatz Kaschmirs sicherten, gaben sich die Pathanen in Baramullah den ganzen Tag über ihren Gelüsten nach Plünderung und Vergewaltigung hin. Sie mißbrauchten die Nonnen, metzelten die Kranken in ihrer kleinen Klinik nieder und plünderten die Klosterkapelle bis zum letzten Messingtürknauf aus.

Am Abend erlag die belgische Oberin, Schwester Marie Adeltrude, ihren Verletzungen. Während sie ihr Kruzifix umklammerte, betete sie ein letztes Mal für «die Bekehrung Kaschmirs». Das Opfer, das sie mit ihren Nonnen und Kranken gebracht hatte, vermochte zwar die Stellung des Islams in seiner uralten kaschmirischen Hochburg am Fuß des Himalaja nicht zu erschüttern. Aber es hatte den Soldaten Jawaharlal Nehrus die wertvollen Stunden geschenkt, die sie brauchten, um in Kaschmir festen Fuß zu fassen.

Und fortan blieben sie dort. Als die Pathanen ihren Vormarsch wiederaufnahmen, war es zu spät. Die Inder stoppten sie. Als dann die ersten indischen gepanzerten Fahrzeuge über Radcliffes Straße eintrafen, schlugen sie die Eindringlinge in einer Feldschlacht vor Srinagar in die Flucht. Schritt um Schritt trieben sie die in Unordnung geratene Invasionstruppe wieder das Tal von Kaschmir hinauf, den Brücken entgegen, über die sie in einer bitterkalten Oktobernacht ins Land eingedrungen waren, des festen Glaubens, sie würden Kaschmir kassieren, ohne einen Schuß abzugeben. Rasend vor Zorn setzte Jinnah sich über die britischen Kommandeure seiner Armee hinweg und schickte pakistanische Einheiten, die als Freischärler verkleidet waren, den demoralisierten Pathanen zu Hilfe. Unter den Stämmen wurden weitere Verbände aufgestellt, und monatelang tobten in diesem feindseligen kalten Winter die Kämpfe weiter.

Schließlich gelangte der Streitfall vor die Vereinten Nationen. Das «verzauberte Tal» reihte sich neben Berlin, Palästina und Korea in die ungelösten Probleme der Welt ein. Die geplante Volksabstimmung, die Mountbatten mit so viel Mühe Nehru abgerungen hatte, endete auf dem großen Kehrichthaufen vergessener guter Absichten. Kaschmir sollte längs der Waffenstillstandslinie des Jahres 1948 geteilt bleiben, das Tal von Kaschmir im indischen, die nördlichen Landesteile um Gilgit im pakistanischen Besitz. Noch ein Vierteljahrhundert später war der Streit um Kaschmir der Hauptzankapfel zwischen Indien und Pakistan, das einzige anscheinend unüberwindliche Hindernis, das ihrer Versöhnung im Wege steht.

16

Zwei Brahmanen aus Poona

Der junge, militante Hindu, der am 15. August seine Mannen zum Fahnengruß vor dem Hakenkreuzbanner der R.S.S.S. geführt hatte, betrachtete voller Freude den weißgetünchten Schuppen, in dem am Abend dieses Tages, des 1. November, seine Zeitung *Hindu Rashtra* ihre neue Heimat finden sollte. Der Schuppen beherbergte eine Flachdruckpresse und einen Fernschreiber der Nachrichtenagentur Press Trust of India. Daneben befanden sich in einer ausgebauten Hütte mit Schrägdach ein paar umgedrehte Kisten und roh gezimmerte Tische, das Redaktionsbüro der Zeitung.

Diese Betriebseinrichtung hätte einen Pressezaren schwerlich beeindruckt, aber kein Zeitungslord empfand über sein Glas-und-Stahl-Hochhaus jemals größere Freude als Nathuram Godse an diesem Novembernachmittag in Poona. Er trug die spartanische Kleidung, die zugleich seine Uniform war: ein bauschiges weißes Hemd, eine Weste aus Rohbaumwolle und einen sarongartigen Dhoti nach Art der Marathen. Seine sonst so mürrische Miene war durch ein breites, wenn auch etwas starres Lächeln aufgehellt. Er ging von Gast zu Gast und versicherte jedem einzelnen feierlich, daß er seine Zeitung auch weiterhin der hinduistischen Sache widmen werde. – In der Mitte des Hofes stand zur Bewirtung der Gäste ein kleiner Tisch, den Godse eigenhändig angerichtet hatte, mit der Geschäftigkeit einer Hausfrau, die eine Dame der örtlichen Hautevolee zum Tee erwartet. Zur Feier des Tages war der Tisch mit liebevoll arrangierten Näschereien beladen: kleinen Bergen von *barfi*, türkischem Honig, gelatineartigen, bernsteinbraunen und smaragdgrünen Süßigkeiten, die mit Zucker bestäubt waren. Hinter ihnen brodelte in einer riesigen Kanne der Kaffee. Godse war in seiner Heimatstadt Poona für dreierlei bekannt: seine politischen Umtriebe, seine mönchische Lebensführung und seine Liebe zum Kaffee, die schon eine Sucht zu nennen war. Er ging buchstäblich meilenweit, um ein Kaffeehaus aufzusuchen, dessen Gebräu ihm besonders zusagte.

Während er den Kaffee ausschenkte, tauchte ein kleiner Mann unter den Gästen auf und nahm ihre Glückwünsche entgegen. Die Kleidung, die Narayan Apte trug, hatte nichts Spartanisches. Er war mit seinem geliebten Tweedjackett, grauen Flanellhosen und einem weichen Sporthemd bekleidet, dessen offener Kragen sorgfältig auf die Jackenaufschläge gedrückt war. War Godse mit eckigen, fast brüsken Bewegungen durch die Gästeschar gegangen, so glitt Apte von Gast zu Gast mit einer gewissen Verstohlenheit, die etwas Schleichendes hatte. Sein Lächeln war nie offen, doch stets zur Hand. Er war Godses Partner und Alter ego, der Herausgeber der *Hindu Rashtra*. Sein trockenes schwarzes Haar war ihm schon aus der Stirn getreten. Doch am Hinterkopf ringelte es sich füllig nach hinten und oben, so daß Apte mit seiner fliehenden Stirn und der langen, schmalen Nase im Profil wie eine männliche Nofretete wirkte. Das Dominierende an seinem Gesicht waren die Augen. Sie waren weich und schwarz, und ihr Blick wich nie vom Gesicht seines Gesprächspartners. Apte, so sagte einer seiner Freunde, «sprach mit seinen Augen, und wenn diese Augen sprachen, hörten ihm die Leute zu».

Mit seinen vierunddreißig Jahren war Apte drei Jahre jünger als sein Partner. Er ging im Treiben der Welt ebenso auf, wie Godse sich ihm verschloß. Er hatte überall seine Finger im Spiel, war ein Organisator und Planer. Nun, da die Gäste bewirtet waren, trat er in die Mitte des Hofes und klatschte in die Hände, um die Aufmerksamkeit auf sich zu lenken.

Ein paar Minuten lang berichtete er wie ein Vorstandsvorsitzer, der seinen Aktionären den Jahresbericht vorträgt, über die Geschichte der *Hindu Rashtra*. Dann kündigte er die erste Attraktion des Abends an, eine Rede seines Geschäftspartners. Gespannt wie ein Tenor, der auf die Einleitungstakte seiner Arie wartet, trat Godse in die Mitte des Hofes und ließ erst Stille eintreten.

Währenddessen öffnet sich, für die Menge unsichtbar, langsam ein Fenster im vierten Stock des Hauses, von dem der Hof einzusehen war. Die Gestalt, die vorsichtig an diesem Fenster auftauchte, war ein Polizeibeamter in Zivil, ein Angehöriger der Kriminalpolizei von Poona. Seit dem 15. August wurden Apte und Godse sowie die übrigen Hinduextremisten der Stadt diskret beschattet. Jede Woche waren Berichte über ihre Aktivitäten nach Bombay und Delhi abgegangen. Jeder einzelne stand mit seinem Namen, seiner beruflichen Tätigkeit und politischen Einstellung in den Geheimdossiers der Kriminalpolizei von Poona. Aptes Eintrag hatte eine zusätzliche Kennzeichnung, die bei Godse fehlte: «Potentiell gefährlich.»

Mit wachsender Leidenschaftlichkeit sprach Godse über die Themen, die ihn beschäftigten, seit Mountbatten seinen Teilungsplan veröffentlicht hatte: Gandhi, die Kongreßpartei und die Teilung Indiens. «Gandhi hat gesagt, Indien würde nur über seiner Leiche geteilt werden», schrie er. «Indien ist geteilt, aber Gandhi lebt noch. Mit seiner Gewaltlosigkeit hat Gandhi die Hindus gegen ihre Feinde wehrlos gemacht. Und nun, während Hinduflüchtlinge verhungern, nimmt er ihre muslimischen Bedrücker in Schutz. Hindufrauen stürzen sich in Brunnen, um der Entehrung zu entgehen, aber Gandhi sagt ihnen ‹Der Sieg gehört dem Opfer›. Eines dieser Opfer könnte meine Mutter sein! Unsere Mutter Indien ist bei lebendigem Leibe zerstückelt worden», kreischte er schrill. «Die Geier reißen an ihrem Fleisch, auf offener Straße wird die Keuschheit der Hindufrauen geschändet, während die Eunuchen vom Kongreß die Untat mit ansehen. Wie lange», brüllte er, «o wie lange ist das noch zu ertragen?»

Während das Echo seiner letzten Worte verklang, stand Godse zitternd da. Dann, fast als hätte er einen Orgasmus hinter sich, schien der tobende Rhetor zu dem beinahe kleinlauten Journalisten zurückzuschrumpfen.

Donnernder Applaus folgte seinen Schlußworten. Seit dreieinhalb Jahrhunderten war die Stadt Poona ein Bollwerk des extremen Hindunationalismus. Im Hügelland hinter Poona war der größte Held des Hinduismus, der Krieger Schiwadschi, geboren worden, hier hatte er seinen Partisanenkrieg gegen den Mogulkaiser Aurangzeb eröffnet. Seine Erben, die Peschwas, eine kleine aristokratische Gruppe von *Chitpawan*-Brahmanen («von Feuer geläutert»), hatten sich bis 1817 gegen die Briten behauptet. Aus Poona waren zahlreiche militante Führer des indischen Nationalismus gekommen, darunter Bal Gangadhar Tilak, ehe Gandhi die Bewegung in die Bahnen der Gewaltlosigkeit gelenkt hatte.

Die hinduistischen Fanatiker von Poona hatten nun einen neuen Helden, den sie als den legitimen Erben Schiwadschis, der Peschwas und Tilaks verehrten. Er selbst war bei jener Feier nicht anwesend, doch als ein 16-mm-Projektor sein flimmerndes Konterfei auf eine Betonwand warf, verbreitete sich unter den Versammelten erwartungsvolles Schweigen. Obwohl seine Stimme durch eine unzureichende Lautsprecheranlage verzerrt wurde, hatte Vinayak Damodar Veer Savarkar, «der Tapfere», etwas an sich, das seine Zuhörer in seinen Bann zog.

Mit seinem brennenden Blick, der geradezu hypnotischen Kraft seiner kurzlidrigen Augen, die hinter den runden Gläsern einer stahlgeränderten Brille hervorstarrten, glich er einem Sadhu des alten Indien. Seine mageren, eingefallenen Wangen strahlten eine mystische Versunkenheit aus, und ein Anflug von Grausamkeit schien seine sinnlich vollen Lippen zu umspielen. Er war zwar nicht süchtig, nahm aber seit vielen Jahren Opium. Auch war er, was nur wenige seiner Anhänger wußten, ein Homosexueller.

Vor allem jedoch war er ein feuriger, glänzender Redner, den seine Anhänger als den Churchill von Maharaschtra verehrten. In seinen Domänen Poona und Bombay vermochte Savarkar sogar größere Massen zu seinen Versammlungen zu locken als Nehru. Wie Nehru, Jinnah und Gandhi hatte er seine Ausbildung an den Londoner Rechtsschulen abgeschlossen. Doch sein Aufenthalt im Tempel des Rechts hatte bei ihm andere Früchte gezeitigt. Savarkars Credo war revolutionäre Gewalt, sein Handwerk der politische Meuchelmord.

1910 wurde er in London verhaftet, weil er die Ermordung eines englischen Beamten aus dem Hintergrund dirigiert hatte, und zur Aburteilung nach Indien zurückgeschickt. Als das Schiff, auf dem er heimfuhr, in Marseille anlegte, zwängte er sich durch ein Bullauge und entkam. Schließlich schob man ihn aus Frankreich ab, und er wurde zu zweimal lebenslanger Haft verurteilt. Seine Strafe verbüßte er in der Gefangenenkolonie auf den Andamanen, kam aber nach dem Zweiten Weltkrieg durch eine politische Amnestie frei. Bald danach organisierte er die Ermordung des Pandschab-Gouverneurs und ein gescheitertes Attentat auf den Gouverneur von Bombay. Der Aufenthalt auf den Andamanen hatte Savarkar immerhin eine Lehre erteilt: Er tarnte seine Verbindung zu den Killern derart sorgfältig, daß die Polizei ihm nie etwas nachweisen konnte.

Savarkar verabscheute den Kongreß mit seinen Aufrufen zur Einigkeit zwischen Hindus und Moslems sowie Gandhis Idee der Gewaltlosigkeit. Seine Lehre war die *Hindutva*, die Doktrin von den Hindus als Herrenrasse, und sein Traum die Wiedererrichtung eines großen Hindureiches von der Quelle des Indus bis zu der des Brahmaputra, vom Kap Komorin bis zum Himalaja. Er haßte die Moslems. In der Hindugesellschaft, wie sie ihm vorschwebte, gab es keinen Platz für sie.

Zweimal amtierte er als Präsident der Hindu Mahasabha (Große Hindugesellschaft), der radikalen hinduistischen Rechtspartei. Doch sein wahres Interesse galt ihrer quasi-faschistischen militärischen Unterorganisation, der R.S.S.S. Ihr innerer Kern war eine Geheimgesellschaft, die Hindu Rashtra Dal, die Savarkar am 15. Mai 1942 in Poona gegründet hatte. Jedes einzelne Mitglied legte einen persönlichen Treueid auf Savarkar ab, der als der «Diktator» der Bewegung bezeichnet wurde. Außer der blinden Ergebenheit für ihren Diktator verknüpfte die Stammitglieder ein zweites mystisches, noch stärkeres Band mit ihrem Führer – die Kaste. Sie stammten alle aus der Elite der *Chitpatwan*-Brahmanen von Poona, der Erben der Peschwas. Zu ihnen gehörten auch der Chefredakteur und der Herausgeber der *Hindu Rashtra*.

Ein geradezu verehrungsvolles Schweigen trat ein, als Savarkars Film abgelaufen war. Der kurze, auf Zelluloid gebannte Auftritt des Hindumessias war der Höhepunkt des Abends gewesen. Arm in Arm gingen Apte und Godse zu ihrer Druckerpresse. Savarkar hatte 15 000 Rupien als Starthilfe für die Zeitung vorgestreckt, und niemand bezweifelte, daß sie die Stimme ihres Herrn in dieser Zitadelle des militanten Hinduismus war. Während die Gäste klatschten, stellten die beiden sich für eine Aufnahme in Pose. Dann drückten sie mit einem Jubelruf auf den roten Knopf und setzten ihre Flachpresse zum erstenmal in Betrieb.

Während die klappernde Druckerpresse den neuesten Angriff der *Hindu Rashtra* auf die Untaten Gandhis und der Kongreßpartei ausspie, löste sich die kleine Versammlung allmählich auf. Der Polizeiagent an seinem Fenster, der die Vorgänge beobachtet hatte, wollte schon sein Notizbuch zuklappen, als er hochfuhr. In einer Ecke des Grundstücks hatte er Apte in einer lebhaften Unterhaltung erspäht. Auch sein Gesprächspartner war der Polizei bekannt. Sein Akt trug die gleiche Kennzeichnung wie Aptes Dossier: «Potentiell gefährlich.» Der Kriminalbeamte kritzelte rasch eine Notiz in sein Buch. Fortan war Aptes Name in den Unterlagen der Polizei von Poona mit diesem Besucher verbunden, der hundert Kilometer weit gereist war, um an der Einweihung einer Druckerpresse teilzunehmen. Es war Vishnu Karkare, der Eigentümer des *Deccan Guest House* in Ahmednagar, der den jungen Bombenwerfer Madanlal Pahwa in die Arme geschlossen hatte.

Den beiden jungen Männern, die gleichzeitig auf den Knopf der Druckerpresse gedrückt hatten, waren nur zwei Dinge gemeinsam: ihr politischer Fanatismus und die Zugehörigkeit zur Brahmanenkaste, der Kaste der Auserwählten, die sie ihrer Geburt verdankten.

Nach der Legende aus dem Gehirn Brahmas entsprungen, stammen die Brahmanen in der hinduistischen Mythologie von den Rischis, den Sieben Büßern, ab, die am Himmel in den sieben Sternen des Großen Bären verewigt sind. Ursprünglich Büßer und weise Seher, die abgesondert von der Welt und ihren Versuchungen lebten, hatten sie sich im Laufe der Jahrhunderte in eine geistliche und gesellschaftliche Elite verwandelt. Sie sind nach der hinduistischen Tradition «doppelt geboren» wie die Vögel. So wie die Vögel zweimal geboren werden – wenn das Ei abgelegt wird und wenn der Schnabel die Hülle durchbricht –, so glaubt man auch an eine doppelte Geburt des Brahmanen, bei der Entbindung und wenn er im Alter von zwölf oder dreizehn Jahren mit seinem Initiationsmantra die heilige Schnur empfängt.

Nathuram Godses eigentliches Leben begann mit dieser Zeremonie, durch die er in eine der exklusivsten Gemeinschaften der Welt aufgenommen wurde, in eine Brüderschaft, der nur zwei Prozent der Bevölkerung Indiens angehören. Damit wurde der junge Godse in die Spitze der sozialen Pyramide Indiens katapultiert und mit einem komplizierten System von Privilegien und Einschränkungen konfrontiert, das fortan sein Leben bestimmen sollte.

Die Vorrechte, welche die Brahmanenkaste genoß, waren nicht unbedingt wirtschaftlicher Art. Godses Vater war ein Postbote, der fünfzehn Rupien im Monat verdiente. Doch dieser kleine Beamte zog seine Söhne in der strengsten orthodoxen Tradition des Hinduismus auf. Nachdem Godse seine Schnur erhalten hatte, mußte er jeden Tag Sanskritverse der heiligen Texte, des Rigweda und der Bhagavadgita, auswendig lernen und aufsagen.

Sein Vater war, wie die meisten strenggläubigen Brahmanen, Vegetarier. Er aß ausnahmslos nur in der Gesellschaft von Brahmanen. Godses Mutter war nur die Dienerin seines Vaters. Bevor er zu Tisch ging, badete er und legte reine Kleidung an, die an einer Stelle gewaschen und getrocknet worden war, wo kein unreines Wesen, ein Esel, Schwein oder eine menstruierende Frau, sie berühren konnte. Als guter Brahmane aß er immer mit den Fingern der rechten Hand. Zuerst sprengte er im Uhrzeigersinn Wasser um seinen Teller, dann legte er eine Portion für die Vögel oder die Bedürftigen beiseite. Er las nie beim Essen, denn Tinte und Druckerschwärze waren unrein.

Der junge Godse hatte seine innige Freude an dieser streng hinduistischen Erziehung und entwickelte eine Vorliebe für das Mystische. Zum Erstaunen der Seinen legte er ein Talent für eine seltene Form religiöser Anbetung an den Tag, die *kapalik puja.* Nathuram schmierte frischen Kuhdung an eine Wand im väterlichen Heim. Dann vermischte er Ruß mit Öl und strich die so entstandene Paste auf eine kreisrunde Bleiplatte, die er gegen die Wand lehnte. Der zwölfjährige Godse pflegte sich sodann vor diese Platte zu setzen, auf die das flackernde Licht einer Lampe seltsame Schatten warf, und in eine Art Trancezustand zu versinken, in dem er in den Ruß- und Ölmustern Figuren, Idole, Briefe oder Bruchstücke von Versen erkannte, die er nie gelesen hatte. War der Zauber gebrochen, so konnte er sich nicht erinnern, was er gesagt oder gesehen hatte. Nur er allein verstand die Zeichen im Ruß zu deuten, und dies, so glaubten seine Angehörigen, bestimmte ihn für ein Leben großer Taten.

Jedoch, Godses Jünglingsjahre boten nichts, was solche Hoffnungen gerechtfertigt hätte. Er scheiterte in der Englischprüfung der Oberschule und verließ sie ohne Abschluß. Nach dem Schulabgang nahm er einen Job nach dem anderen an. In einem Frachtdepot nagelte er Kisten zusammen, er verkaufte als Hausierer Früchte, runderneuerte Autoreifen. Eine Gruppe amerikanischer Missionare brachte ihm die einzige Fertigkeit bei, die er wirklich beherrschte, das Schneidern. Damit verdiente er sich noch 1947 sein Brot. Seine wahre Passion war die Politik. Er wurde ein fanatischer Gandhi-Anhänger und machte zum erstenmal mit einem Gefängnis Bekanntschaft, weil er dem Aufruf des Mahatma zum bürgerlichen Ungehorsam gefolgt war.

Doch 1937 verließ er Gandhis Bewegung und schloß sich einem anderen politischen Lehrmeister an, der wie er selbst ein *Chitpawan*-Brahmane war, Veer Savarkar.

Kein Führer hatte jemals einen ergebeneren Jünger. Godse folgte Savarkar als ein treuer und unermüdlicher Schatten quer durch Indien und kümmerte sich um seine geringsten Bedürfnisse. Unter der Anleitung seines Mentors blühte Godse auf und machte endlich die Verheißungen seiner Jugend wahr, als er im Ruß die Zukunft geschaut hatte. Er las und studierte und setzte alles, was er aufnahm, mit Savarkars Lehre der *Hindutva* in Beziehung. Er lernte ausgezeichnet schreiben und reden. Als fanatischer Anhänger Savarkars und seiner Lehren entwickelte er sich bald zu einem der führenden Nationalisten Indiens. Im Jahr 1942 waren die Götter des jungen Mannes, der in einer tiefreligiösen Familie aufgewachsen war, nicht mehr Brahma, Schiwa und Wischnu, sondern ein Pantheon sterblicher Menschen, die kriegerischen Männer, welche die Aufstände der Hindus gegen die Mogulkaiser und die Briten angeführt hatten. Er gab für immer die götterreichen Tempel seiner Knabenjahre auf und vertauschte sie mit einem weltlichen Heiligtum, der Zentrale der R.S.S.S.

In einem dieser neuen Tempel begegnete Godse zum erstenmal Narayan Apte. Ihre Zeitung, die sie auf Savarkars Veranlassung im Januar 1944 ins Leben riefen, war das radikalste Blatt in Poona. Sie hieß zunächst *The Agrani* und wurde von der Regierung der Provinz Bombay verboten, weil sie einen «schwarzen Tag» unterstützte, den Savarkar und die Hindu Mahasabha als Protest gegen die Teilung ausgerufen hatten. Mit Hilfe einer hochgestellten Persönlichkeit brachten Godse und Apte schon zehn Tage später ihr Blatt unter dem neuen Titel *Hindu Rashtra* wieder heraus.

Ihre Rollenteilung an der Zeitung spiegelte ihre verschiedenen Charaktere wider: Apte, der agile Geschäftsmann, Planer und Organisator; Godse, der Theoretiker, Schriftsteller und Redner.

Godse war in seinem moralischen Eifer ebenso starr und unnachgiebig, wie Apte sich geschmeidig und entgegenkommend zeigte. Aptes Blick war immer darauf gerichtet, wo etwas herauszuschlagen war. Er war stets bereit, ein Geschäft zu machen, sich diskret ein paar Rupien zu verschaffen, sich zu arrangieren und durchzuwinden. Godse war ein entschiedener Asket in der Tradition der Sadhus. Abgesehen von seiner ununterdrückbaren Liebe zum Kaffee, ließen ihn Essen und Trinken gleichgültig. Er lebte in einer Mönchsklause gegenüber seinem Schneiderladen. Das einzige Möbelstück in seiner Zelle war sein *charpoy*, das Bettgestell mit gespannten Seilen. Jeden Morgen um halb sechs weckte ihn sein Spezialwecker: der Wasserhahn, den er aufgedreht gelassen hatte, damit ihn das erste Sprudeln der morgendlichen Wasserration aus dem Schlaf riß.

Apte hingegen war ein Lebemann. Immer wenn er ein paar Rupien beisammen hatte, fuhr er nach Bombay zu seinem Schneider. Er liebte gutes Essen, ein Glas teuren Whisky sowie die meisten anderen Genüsse, die das Leben bietet. Im Gegensatz zu Godse, der sein Interesse am Hinduismus als Religion verloren hatte, als er unter Savarkars Einfluß geriet, lief der Weltmann Apte immerfort in irgendeinen Tempel, um zu Füßen dieser oder jener launischen Gottheit ein paar Rosenblätter zu verstreuen. Sterndeuterei und Handlesekunst faszinierten ihn.

Obwohl Godse für die Anwendung von Gewalt eintrat, um die Hindus aufzurütteln, konnte er kein Blut sehen. Als er eines Tages in Aptes Ford am Steuer saß, wurde er von einer Menschenmenge aufgehalten und gebeten, einen schwerverletzten Jungen in ein Krankenhaus zu bringen. «Legt ihn auf den Rücksitz», stieß Godse hervor, «ich werde ohnmächtig, wenn ich all das Blut sehe.»

Dabei hatte Godse eine merkwürdige Leidenschaft für Perry-Mason-Kriminalromane und Filme, die von Abenteuern und Gewalt handelten. So manchen Abend verbrachte er allein auf einem billigen Sitzplatz in Poonas Capitol-Kino und führte sich Streifen wie *Scarface* oder *The Charge of the Light Brigade* zu Gemüte.

Während der gesellige Apte sich keine gesellschaftliche Veranstaltung entgehen ließ, suchte Godse sie nach Möglichkeit zu vermeiden, da er sich dort unwohl fühlte. Er hatte kaum Freunde. «Ich möchte mit der Gesellschaft nichts zu tun haben, weil ich mich ganz meiner Arbeit widmen will», erklärte er.

Am stärksten unterschieden sich die beiden Männer in ihrer Einstellung zu Frauen. Keine Aufgabe, und war sie noch so dringend, vermochte Apte abzuhalten, wenn die Möglichkeit einer Eroberung winkte. Sein erstes Kind war mißgebildet zur Welt gekommen, was er damit erklärte, daß seine Frau das Opfer eines «bösen Blickes» geworden sei. Er hatte die sexuellen Beziehungen zu ihr eingestellt, sich dafür aber anderwärts mehr als schadlos gehalten. Jahrelang war er an der Oberschule einer amerikanischen Missionsanstalt in Ahmednagar Mathematiklehrer gewesen. Er hatte es für wichtiger gehalten, seine weiblichen Schüler in die erotischen Lehren des *Kamasutra* als in die Grundlagen der Algebra einzuführen. Der Blick seiner dunklen Augen und sein Charme verschafften ihm den Ruf eines unwiderstehlichen Verführers.

Godse dagegen haßte die Frauen. Mit Ausnahme seiner Mutter war ihm ihre körperliche Nähe unerträglich. Er hatte auf sein Recht verzichtet, als ältester Sohn zuerst zu heiraten, und war aus dem Heim seiner Familie ausgezogen, um jeden Kontakt mit den Frauen seiner Brüder zu vermeiden. Er litt an peinigenden Migräneanfällen. Einmal bekam er eine so heftige Attacke, daß Apte ihn halb ohnmächtig ins Krankenhaus von Poona bringen mußte. Als Godse wieder zu klarem Bewußtsein kam und feststellte, daß er sich in einem Krankensaal befand, in dem Schwestern Dienst taten, sprang er aus dem Bett, hüllte sich rasch in ein Laken und rannte Hals über Kopf aus dem Krankenhaus, um nur ja nicht von einer weiblichen Hand berührt zu werden. Doch obwohl ihm Frauen so ekelerregend waren – oder gerade deswegen –, strömten ihm, wenn er die Greuel im Pandschab beschrieb, unaufhörlich Wörter wie «Schändung», «Notzucht», «Keuschheit» und «Kastration» aus der Feder.

Im Alter von achtundzwanzig Jahren hatte Godse schließlich jenes alte Hindugelöbnis abgelegt, dessen Einhaltung Gandhi so schwere Anfechtungen gebracht hatte: das Gelübde der *Brahmacharya*, des freiwilligen Verzichtes auf das Geschlechtliche in allen seinen Formen. Anscheinend hielt er es bis zum Ende seines Lebens. Bevor er es ablegte, hatte er nur eine einzige sexuelle Beziehung, die bekannt wurde. Sein Partner war sein politischer Mentor, Veer Savarkar.

Gandhis Kreuzweg, zwölfte Station: «Messer und Lanzen in der Wintersonne»

Dreimal in ihrer turbulenten Geschichte war die kleine Stadt Panipat, achtzig Kilometer nördlich von Delhi, Schauplatz einer Schlacht gewesen, welche die Straße zur Hauptstadt Indiens gegen die Mogulhorden sicherte. Nun war sie, auf Anordnung von Mountbattens Notstandsausschuß, zu einem Sammelpunkt für eine neue Welle von Invasoren geworden, die Jammergestalten der Flüchtlinge, die noch immer von Pakistan nach Indien strömten.

Der Bahnhof war nur noch ein einziges Flüchtlingslager. Eines Abends Ende November sah der Hindu Davi Dutta, Panipats geängstigter Bahnhofsvorstand, wie eine Bande rachedurstiger Sikhs von einem fahrenden Zug absprang und sich auf den ersten Moslem stürzte, den sie zu fassen bekam. Es war Duttas Gehilfe. Die ergrimmten Sikhs schwangen ihre *kirpans* und bemächtigten sich des wehrlosen Mannes. Der entsetzte Bahnhofsvorstand schrie die einzigen Worte, die seinem braven, ordnungsliebenden Beamtenhirn einfielen:

«Bitte, kein Massaker auf dem Bahnsteig!»

Die Sikhs beherzigten seine Aufforderung. Sie schleppten seinen Gehilfen hinter das Bahnhofsgebäude und schlugen ihm dort den Kopf ab. Dann machten sie sich auf den Weg zu den Moslemvierteln von Panipat.

Neunzig Minuten später raste ein Kombiwagen zum Eingang des Bahnhofsgebäudes. Ihm entstieg der einzige Mann, der an diesem Nachmittag den Moslems von Panipat zu Hilfe kam, Mahatma Gandhi. Panipat hatte seit der Zeit, als seine strategische Lage am Ufer des Dschumma die Stadt zum Schlüsselpunkt für den Zugang nach Delhi machte, eine starke mohammedanische Einwohnerschaft, und diese Moslems waren dem Retter von Kalkutta besonders wichtig.

Er ging ungeschützt in die Menge der Flüchtlinge, die rings um den Bahnhof quirlte. «Geht und umarmt die Moslems in dieser Stadt», sagte er. «Bringt sie davon ab, daß sie nach Pakistan gehen.»

Ein verblüfftes, wütendes Gebrüll war die Antwort. «Haben sie deine Frau vergewaltigt?» – «Haben sie dein Kind in Stücke gehackt?» schrie man ihm zu.

«Ja», antwortete Gandhi, «es war meine Frau, die sie vergewaltigt, mein Sohn, den sie umgebracht haben, denn eure Frauen sind meine Frauen und eure Söhne auch meine Söhne.» Während er sprach, funkelte ringsum in der Sonne eine Girlande aus Schwertern, Messern und Speeren. «Diese Werkzeuge der Gewalt und des Hasses werden kein Problem lösen», sagte er seufzend.

In Windeseile ging die Nachricht von seiner Ankunft durch Panipat. Auf dem Marktplatz ließ die Stadtverwaltung in aller Eile eine Lautsprecheranlage für eine improvisierte Gebetsversammlung aufstellen. Aus ihren verbarrikadierten Quartieren erschienen Moslems. Ihnen folgten Hindus und Sikhs bis, wie zweieinhalb Monate vorher der Maidan von Kalkutta beim *Id-el-Kebir*-Fest, der Hauptplatz von Panipat mit einer Menschenmenge angefüllt war, die wie gebannt auf den alten Mann blickte, von dem sie ein neues Wunder erwartete. Gandhi, der sich immer wieder räuspern mußte, als hemmte ihm die innere Erregung die Stimme, richtete die einzige Waffe, über die er an diesem Nachmittag verfügte, gegen die Menge: seine Worte. Wieder einmal sprach er über seine politische Überzeugung, «das Ideal, das uns alle, Hindus, Sikhs, Moslems und Christen, zu den Söhnen und Töchtern unserer gemeinsamen Mutter Indien macht». Er sprach den verbitterten Flüchtlingen das tiefste Mitgefühl seiner Seele aus, aber er flehte sie an, ihre Herzen nicht vom unmenschlichen Geist der Grausamkeit und Rache versteinern zu lassen. «Findet in euren Leiden», beschwor er sie, «die Saat eines edleren Sieges.»

In der Menge machte sich eine zaghafte Bewegung bemerkbar. Hier und da streckte ein bewaffneter Sikh einem Moslem die Hand hin. Ein Moslem schenkte einem Sikhflüchtling, der im kalten Wind zitterte, einen Mantel oder eine Weste. Andere Moslems begannen aus ihren Wohnungen Nahrungsmittel und Wasser für die Flüchtlinge zu bringen.

Gandhi, der mit Verwünschungen begrüßt worden war, konnte sich zwei Stunden später unter stürmischen Jubelrufen verabschieden. Er wurde im Triumph zu seinem Auto getragen. Indessen erwies sich, zu seinem tiefen Kummer, daß sein Sieg nur vorübergehend war. Sein Eingreifen an diesem Nachmittag hatte zwar vielen Menschen das Leben gerettet, aber es hatte nicht die Furcht in den Herzen der Moslembevölkerung von Panipat auszurotten vermocht. Einen knappen Monat nach Gandhis Besuch beschlossen zwanzigtausend Menschen, Nachkommen einer der ältesten Moslemgemeinden in Indien, ihren Geburtsort zu verlassen und nach Pakistan zu ziehen. «Der Islam», bemerkte Gandhi traurig, als sie aufbrachen, «hat die vierte Schlacht von Panipat verloren.» Auch Gandhi hatte eine Niederlage erlitten.

Der Sadhu mit dem schmutzigen orangefarbenen Dhoti und dem ungepflegten Bart, den Narayan Apte, der Herausgeber der *Hindu Rashtra*, so intensiv anblickte wie sonst nur seine Schülerinnen, war mitnichten ein Sadhu. Digamber Badge war in der Provinz Bombay weniger wegen seiner Frömmigkeit als wegen seines polizeilichen Leumundes bekannt. Das orangefarbene Gewand und die priesterliche Aufmachung waren nur die Tarnung, in der er am liebsten seinem Gewerbe als Kleinwaffenhändler nachging.

Innerhalb von siebzehn Jahren hatte Badge die Rekordleistung vollbracht, siebenunddreißigmal verhaftet zu werden, unter der Beschuldigung des Bankraubs, des Mordes, der schweren Körperverletzung und eines Dutzends Verstöße gegen die Waffengesetze. Doch nur ein einziges Mal hatte die Polizei ihm etwas nachweisen können: 1930 hatte er während einer von Gandhis Kampagnen des zivilen Ungehorsams in einem geschützten Waldgebiet Bäume gefällt. Das Vergehen hatte Badge eine einmonatige Gefängnisstrafe eingetragen.

Hinter der harmlosen Fassade eines Buchladens in Poona betrieb er ein *Shastra Bhandar*, ein Geschäft für Kleinwaffen. Der hintere Raum seines Ladens war angefüllt mit einem Sammelsurium von selbstgebastelten Bomben, Munition, Dolchen, Beilen, «Tigerklauen», Schlagringen, Taschenmessern, all den groben Mordwerkzeugen, die im Pandschab beliebt geworden waren. Wenn es keine Kunden zu bedienen gab, knüpften Badge und sein betagter Vater die Kleidungsstücke, derentwegen sie in ganz Poona bei Killern, Schmugglern, korrupten Politikern und Schlägern, die Gewerkschaftsversammlungen sprengten, bekannt waren: eine Art Kettenhemd, eine kugelsichere West, die eine erstaunliche Ähnlichkeit mit einer mittelalterlichen Ritterrüstung hatte.

Apte war einer seiner besten Kunden. Seit Juni hatte er bei Badge Waffen im Wert von 3000 Rupien gekauft. Apte plante, wie der Waffenhändler wußte, immerfort Anschläge. Einmal wollte er bei einer Versammlung der Moslemliga in Delhi Handgranaten werfen lassen. Er hoffte, daß Jinnah dabei getötet würde. Später hatte Apte beschlossen, mit einem Trupp Terroristen in die Schweiz zu reisen, um Jinnah während eines Besuches in Genf umzubringen. Zu Aptes Kummer hatte der leidende Jinnah Pakistan jedoch überhaupt nicht verlassen. In jüngerer Zeit hatte Apte Partisanenaktionen in Haiderabad organisiert und die Möglichkeit eines Attentats auf den Nizam ausgekundschaftet.

«Ich habe etwas vor», flüsterte er nun Badge zu. «Etwas Großes. Ich brauche dafür Handgranaten, Schießbaumwolle und ein paar Pistolen.»

Badge überlegte kurz. Im Augenblick hatte er nichts von den gewünschten Dingen auf Lager, und Pistolen waren sehr schwer aufzutreiben. Doch Badge war nicht der Mann, sich ein Geschäft entgehen zu lassen. Einen «habgierigen Pfennigfuchser» nannte ihn später jemand, der ihn gut kannte. Apte solle warten, meinte er, er werde das Zeug bis Ende Dezember beisammen haben.

Gandhis Kreuzweg, dreizehnte Station: «Wir haben den lebenden Christus gekreuzigt»

Auf Pyarelal Nayar, seinen getreuen Sekretär, der ihm seit Jahren diente, wirkte Mahatma Gandhi in den ersten Dezembertagen des Jahres 1947 wie «der traurigste Mensch, den man sich vorstellen kann». Gandhi spürte, daß sich eine psychologische Barriere zwischen ihm und den Männern erhob, die er im Kampf um die Unabhängigkeit geführt hatte und die sich nun in den Zentren der Macht niedergelassen hatten. Gandhi fragte sich immer häufiger, ob er in dem Land, zu dessen Befreiung er so viel beigetragen hatte, nicht allmählich zu einem Anachronismus werde, der seinen Kollegen lästig war.

«Wenn Indien die Gewaltlosigkeit nicht mehr braucht», bemerkte er, «braucht es dann mich noch?» Es würde ihn nicht überraschen, wenn die indischen Führer eines Tages sagten: «Wir haben genug von diesem alten Mann. Warum läßt er uns nicht in Ruhe?»

Doch bis es so weit war, war er nicht gesonnen, Frieden zu geben. Er kritisierte die um sich greifende Korruption und die üppigen Bankette, welche die Minister des Landes gaben, während Flüchtlinge verhungerten. Er warf ihnen vor, sie seien «vom Blendwerk des wissenschaftlichen Fortschritts und der ‹Wirtschaftsexpansion› im Westen hypnotisiert». Er wandte sich gegen Nehrus Traum von einem Wohlfahrtsstaat, wegen der Machtzusammenballung, die damit einhergehen werde. Dies führe dazu, daß die Menschen «zu einer Herde Schafe werden und sich immer darauf verlassen, daß ein Hirte sie zu saftigen Weiden treibt. Der

Schäferstab», warnte er, «verwandelt sich bald in Eisen, und die Schäfer werden zu Wölfen.»

Indiens städtische Intellektuelle, tadelte er, entwickelten sich zu einer neuen Elite, die in ihren Plänen für die Industrialisierung des Landes keine Rücksicht auf die Interessen der Dorfbewohner nehme. Es erinnert an Mao Tse-tung, wenn er vorschlug, die städtischen Technokraten «mit ihren in der Stadt groß gewordenen Körpern» auf die Dörfer zu schicken. Dort sollten sie «das Wasser aus den Teichen trinken, in denen die Dörfler baden und in denen sich ihr Vieh wäscht und suhlt; sie sollen ihren Rücken unter der heißen Sonne beugen, wie sie es tun», die Dorfbewohner. Dann würden ihnen vielleicht die Sorgen und Probleme der Menschen auf dem Lande allmählich aufgehen.

Wenn Indiens Führer über ihn hinweggingen, dann konnte Gandhi ebenso über sie hinweggehen. Eines Tages im Dezember lud er den Baumwollmakler aus Bombay, in dessen Strandhaus er sich 1944 nach der Entlassung aus einem britischen Gefängnis erholt hatte, zu sich ins *Birla House* ein. Er beauftragte ihn mit einer Geheimmission, in die er niemanden in Indien einweihen dürfe, nicht einmal Nehru und Patel. Es ging um die Verwirklichung eines Traumes, der Gandhi schon seit Wochen beschäftigte. Er bat seinen Besucher, nach Karatschi zu reisen und einen Gandhi-Besuch in Pakistan vorzubereiten.

Der Makler war entgeistert. «Das ist heller Wahnsinn», sagte er. «Man wird Sie ermorden, wenn Sie Ihr Vorhaben ausführen.»

«Niemand kann mein Leben auch nur um eine Minute verkürzen», erwiderte Gandhi. «Es gehört Gott.»

Doch ehe er nach Pakistan aufbrach, wollte der Mahatma noch einen Versuch machen, in Indien die Ordnung wiederherzustellen. «Wie soll ich den Pakistanis in die Augen blicken», sagte er, «wenn hier noch alles in Flammen steht?»

Am meisten bekümmerten ihn die Feuersbrünste in Delhi. Die Führer der Moslems bedrängten ihn nach wie vor, daß seine Anwesenheit in der Hauptstadt ihre einzige Sicherheitsgarantie sei. Die Polizei, durch Hindu- und Sikhflüchtlinge aus dem Pandschab verstärkt, war moslemfeindlich eingestellt. Hindu- und Sikhflüchtlinge nahmen für ihren eigenen Gebrauch Moscheen und Moslemwohnungen in Beschlag, die teils aufgegeben, teils nicht aufgegeben waren.

Am meisten bekümmerte Gandhi, daß nur ein starkes Truppenkontingent den Ausbruch neuer Gewalttaten zu verhindern vermochte. Er grämte sich, daß der Friede in der Hauptstadt des unabhängigen Indien allein auf der Gewalt der Waffen beruhte und nicht auf der «seelischen Kraft» ihrer Bewohner. Immer häufiger verfiel er in jenes nachdenkliche Schweigen, das bei ihm stets einem bedeutenden Entschluß vorausging. Als sich das Jahr seinem Ende zuneigte, schien seine Melancholie noch zuzunehmen.

«Von jeher hat die Welt ihre Propheten gesteinigt und hinterher ihrem Gedächtnis Kathedralen errichtet», sagte er eines Abends zu einer Gruppe Engländer. «Heute beten wir Christus an, aber der lebende Christus wurde ans Kreuz geschlagen.»

Jedenfalls, sagte er, wolle er sich nach dem alten Ausspruch des Konfuzius richten: «Das Gute zu kennen, es aber nicht zu tun, ist Feigheit.»

Die dunklen kleinen Flecken, die der Röntgenapparat eines Arztes auf der Lunge von Mohammed Ali Jinnah entdeckt hatte, vermehrten sich gnadenlos. Die Prognose seines ärztlichen Freundes in Bombay war nicht zu bestreiten. Einige Zeit schien Jinnahs Lebenswille den Fortgang der Krankheit vorübergehend aufgehalten zu haben. Doch nun, da nach der Verwirklichung seines alten Traumes seine Energie matter wurde, schritt das Leiden wieder voran.

Am 26. Oktober, einem Sonntag, hatte Jinnah Karatschi zu einem kurzen Besuch in Lahore verlassen. Als er abreiste, wirkte er auf seinen englischen Militärsekretär, Oberst William Birnie, wie ein Mann von sechzig Jahren. Als er zurückkehrte, erschien er Birnie um zwanzig Jahre gealtert zu sein. Jinnah hatte die fünf Wochen, die dazwischenlagen, mit fiebrigem Husten im Bett verbracht.

Als der Moslemführer spürte, daß ihn seine Kräfte allmählich verließen, ergriff ihn eine seltsame Melancholie. Er zog sich noch mehr als sonst von seiner Umgebung und seinen Anhängern zurück. Es war fast, als brächte er es in den letzten Monaten seines Lebens nicht fertig, seinen Wirklichkeit gewordenen Traum fremden Händen anzuvertrauen. Er faßte in seinen schwach gewordenen Händen alle Fäden der Macht in Pakistan zusammen und lehnte es ab, sie mit anderen zu teilen. Er war nicht bereit, Befugnisse zu delegieren, und während er krank war, stapelten sich auf seinem Schreibtisch die Akten, die ungelesen und unerledigt auf seine Entscheidung warteten. Er wurde überempfindlich für Kritik. Er war, vertraute Birnie seinem Tagebuch an, «wie ein Kind, das durch ein Wunder den Mond geschenkt bekommen hat und ihn niemandem auch nur für einen Augenblick leihen will».

Eine merkwürdig kleinliche Gesinnung befiel den Mann, der seinen Adjutanten damit beauftragt hatte, die Krocketausrüstung wiederzubeschaffen. Wochenlang stand die Präsidentenmaschine herum, hatte die Besatzung nichts zu tun, aber er weigerte sich, sie irgend jemandem zur Verfügung zu stellen, nicht einmal für Flüchtlingstransporte. Als Grund gab er an, daß er keinen «Präzedenzfall schaffen» wolle. Er brachte seine Umgebung zur Verzweiflung, weil er sich um die kleinsten Dinge kümmerte, an Pfennigbeträgen sparte und gleichzeitig jeden Abend die besten Speisen und Bordeauxweine auf seiner Tafel zu sehen wünschte.

Vor allem wurde Jinnah von der Idee verfolgt, seine alten Hindufeinde in der Kongreßpartei wollten verhindern, daß sein Staat Wurzeln fasse, und Pakistan nach seinem Tod vernichten. An allen Ecken und Enden, in Dschunagadh, in Kaschmir, im Pandschab, glaubte er Anzeichen einer großen indischen Intrige zu sehen, mit der die Teilung rückgängig gemacht werden sollte. Der letzte Schlag kam Mitte Dezember. Nach wochenlangen, mühsamen Verhandlungen einigten sich Indien und Pakistan schließlich über die Aufteilung der letzten finanziellen und materiellen Aktiva, die ihnen geblieben waren. Als die beiden Staaten unabhängig wurden, hatte Indien insgesamt über vier Billionen Rupien Bargeldbestände verfügt. Davon hatte Pakistan sofort eine Anzahlung von 200 Millionen Rupien erhalten. Nach dem inzwischen geschlossenen Abkommen sollte Jinnahs Staat als Restzahlung für seinen Anteil noch einmal 550 Millionen Rupien (damals 166 Millionen Dollar) erhalten. Doch Indien argumentierte, daß dieses Geld für Waffenkäufe – und damit zur Tötung indischer Soldaten – verwendet werden würde, und weigerte sich, die Summe herauszugeben, bis das Problem Kaschmir gelöst war.

Dieser Beschluß brachte Jinnah in eine verzweifelte Situation. Sein neuer Staat war fast bankrott. Von den 200 Millionen, die er am Anfang erhalten hatte, waren nur noch zwanzig übrig. Die Beamtengehälter wurden gekürzt. Schließlich mußte der stolze Jinnah noch eine bittere Demütigung hinnehmen. Seine Regierung hatte bei der Fluggesellschaft British Overseas Airways Corporation Maschinen für den Transport von Flüchtlingen gechartert und mit einem Scheck bezahlt. Die Fluggesellschaft reichte den Scheck zurück – «mangels Deckung».

Vieles hatte sich verändert seit ihren wichtigen Gesprächen in diesem Arbeitszimmer im Frühjahr 1947. Damals hatten Louis Mountbatten und Mahatma Gandhi anscheinend das Schicksal von 400 Millionen Menschen in ihren Händen gehalten. Nun, am Abend des 12. Januar 1948, schien die Entwicklung an diesen beiden Männern vorübergegangen zu sein. Der Notstandsausschuß, mit dem Mountbatten noch einmal insgeheim und für einen kurzen Augenblick Indien unter britische Herrschaft gestellt hatte, war aufgelöst. Er war wieder das Oberhaupt eines konstitutionellen Staates, dessen Einfluß weitgehend von seiner Freundschaft zu den führenden Männern Indiens bestimmt wurde.

Gandhi saß ihm im Sessel gegenüber. Er hatte nach seiner Gewohnheit die bloßen Füße unter den Rand seines Dhoti hochgezogen, seine Haltung war traurig und bekümmert. In seiner Erscheinung schien sich das ganze Elend seines Volkes zu sammeln. Viele seiner alten Anhänger wandten sich von seinen Lehren ab, viele seiner Landsleute verwarfen die Gewaltlosigkeit, und so wirkte er wie ein Stück Treibholz, das von der Flut mitgeschwemmt wurde.

Doch Gandhi empfand, trotz seines Schmerzes über die Teilung Indiens, die durchzusetzen Mountbatten für seine Pflicht gehalten hatte, eine wachsende Achtung vor der Persönlichkeit des Engländers. Er war der Ansicht, daß nur Mountbatten den Sinn seines Handelns seit dem 15. August begriffen habe. Als die Mountbattens zur Vermählung von Prinzessin Elizabeth mit ihrem Neffen Prinz Philip nach London geflogen waren, zeigte Gandhi ihnen seine Zuneigung durch eine rührende Geste. In ihrer York war zusammen mit den Elfenbeinschnitzereien, den Mogulminiaturen, den Edelsteinen, dem Silbergeschirr, Geschenken der ehemaligen indischen Fürsten, auch ein Hochzeitsgeschenk des Befreiers Indiens für die junge Frau verstaut gewesen, die eines Tages Victorias Krone tragen würde: eine Teetischdecke aus Garn, das Gandhi selbst gesponnen hatte.

Der Mahatma hatte einen solch selbstverständlichen Glauben an Mountbattens Integrität, daß er überzeugt war, dieser werde als Generalgouverneur keine unehrenhafte Handlung der indischen Regierung dulden. Tatsächlich hatte Mountbatten während des vergangenen Monats sich für ein Ziel eingesetzt, das in Gandhis Augen das ehrenvollste war: einen Krieg um Kaschmir zwischen Indien und Pakistan zu verhüten. Seine Freundschaft mit Nehru hatte er einer fast unerträglichen Belastung ausgesetzt, als er ihn drängte, das Problem den Vereinten Nationen vorzulegen. Er hatte sogar Premierminister Clement Attlee vorgeschlagen, nach Indien zu fliegen und zwischen den beiden Dominions zu vermitteln. Er hatte sich gegen den Beschluß ausgesprochen, die 550 Millionen Rupien zurückzuhalten, die Pakistan zustanden, weil er befürchtete, daß der bankrotte Jinnah in seiner Verzweiflung zum Krieg getrieben werden könnte. Auch war er der Ansicht, daß diese Handlungsweise moralisch ungerechtfertigt sei. Das Geld gehöre Pakistan, und es nicht herauszugeben sei beinahe ein Akt zwischenstaatlicher Unterschlagung.

Doch seine Argumente machten auf Nehru und Patel keinen Eindruck. Sie waren nicht bereit, das Risiko einzugehen, die ohnedies unruhige öffentliche Meinung in Wallung zu bringen und Pakistan Geld zu geben, das fast mit Sicherheit für Waffenkäufe verwendet würde.

Nun enthüllte der alte Mann mit seiner noch immer geschwächten Stimme Mountbatten einen Entschluß, den er bis dahin weder mit Nehru noch mit Patel besprochen hatte. Seit Wochen schon, sagte er, bäten ihn seine Moslemfreunde in Delhi um Rat: Sollten sie in Indien bleiben und ihr Leben riskieren oder den Kampf aufgeben und nach Pakistan gehen?

Er habe immer dazu geraten, «zu bleiben und lieber den Tod auf sich zu nehmen als wegzulaufen». Doch nun könne er nicht länger dazu raten, ohne selbst ein schweres Risiko einzugehen.

Mountbatten werde hoffentlich nicht böse werden, sagte er zum Generalgouverneur, aber er habe sich zu einem Hungerstreik bis zum Tod entschlossen, um «eine Versöhnung aller Religionsgemeinschaften in Delhi» zu erreichen, nicht durch «äußeren Druck, sondern durch ein wiedererwecktes Pflichtgefühl».

Der Generalgouverneur lehnte sich verblüfft zurück. Er wußte genau, daß man mit Gandhi nicht streiten konnte. Außerdem bewunderte er Gandhis «außergewöhnlichen Mut, der auf dem Glauben und den Überzeugungen eines ganzen Lebens beruhte».

«Warum sollte ich Ihnen böse sein?» sagte er. «Ich finde, das ist das Großartigste und Schönste, was irgend jemand tun könnte. Ich bewundere Sie außerordentlich, und außerdem meine ich, daß Sie dort Erfolg haben werden, wo die andern gescheitert sind.»

Bei diesen Worten kam Mountbatten plötzlich ein Gedanke. Gandhis Vorhaben würde ihm eine einzigartige moralische Stärkung geben. In den Stunden oder Tagen, in denen er auf seiner Strohmatte im *Birla House* langsam dem Tod entgegenfastete, würde er eine Macht über die indische Regierung haben, wie sie niemand besaß. Was Nehru und Patel ihm – Mountbatten – abschlagen konnten, das würden sie niemals einem Gandhi verweigern können, der in Qualen dem Hungertod entgegenging.

Indiens Weigerung, den Pakistanis die ihnen zustehenden Rupien auszuhändigen, sagte er zu Gandhi, sei die einzige unehrenhafte Handlung, welche die Regierung bewußt begangen habe.

Gandhi richtete sich auf. Ja, sagte er, das sei eine unehrenhafte Handlung. Wenn ein Mensch oder eine Regierung aus freien Stücken und öffentlich einen Vertrag geschlossen habe wie Indien in diesem Fall, gebe es kein Zurück. Außerdem wolle er, daß Indien durch sein Verhalten gegenüber anderen Staaten der ganzen Welt ein Beispiel an «seelischer Kraft» gebe. Es sei ihm unerträglich, daß Indien schon so kurz nach der Unabhängigkeit sich eine so unmoralische Handlung habe zuschulden kommen lassen.

Sein Hungerstreik, erklärte er dem Generalgouverneur, werde diesmal eine neue Dimension erhalten. Er werde nicht nur für den Frieden in Delhi fasten, sondern für die Ehre Indiens. Für den Abbruch des Hungerstreiks werde er die Bedingung stellen, daß Indien seine internationalen Verträge auf den Buchstaben getreu respektiere und Pakistan seine Rupien aushändige. Es war ein ehrenvoller und mutiger Entschluß. Aber er war auch, wie sich zeigen sollte, verhängnisvoll.

Mit einem lausbübischen Lächeln sagte er zu Mountbatten: «Jetzt werden sie nicht auf mich hören. Aber», setzte er hinzu, «wenn mein Hungerstreik erst begonnen hat, werden Sie es mir nicht mehr abschlagen.»

17

«Laßt Gandhi doch sterben!»

Mohandas Gandhi begann seinen letzten Hungerstreik am 13. Januar 1948, einem Dienstag, vormittags um 11.55 Uhr. Wie an jedem Tag in diesem kühlen Winter, war Gandhi um 3.30 Uhr zu seinem Morgengebet aufgestanden. «Der Weg zu Gott», hatte Gandhi in seinem dunklen, ungeheizten Zimmer gesungen, «ist ein Weg für die Mutigen, nicht für die Feigen.»

Um 10.30 Uhr nahm er eine letzte Mahlzeit ein: zwei *chapatis*, einen knappen halben Liter Ziegenmilch und drei Grapefruitschnitzel. Anschließend wurde der offizielle Beginn seines Hungerstreiks mit einem improvisierten Gottesdienst im Garten des *Birla House* begangen. Nur ein paar enge Freunde waren anwesend: Manu, deren Strohmatte nach wie vor allnächtlich neben der seinen auf dem Fußboden im *Birla House* lag; Abha, die andere Großnichte, die sein zweiter «Krückstock» war; sein Sekretär Pyarelal Nayar; Nayars Schwester Sushila, die sich als Ärztin um Gandhi während seines Hungerstreiks kümmern würde; und sein geistiger Erbe Jawaharlal Nehru. Der Gottesdienst endete damit, daß Sushila das englische Kirchenlied sang, dessen Worte Gandhi schon gerührt hatten, als er sie zum erstenmal in Südafrika hörte: «When I survey the Wondrous Cross» – «Wenn ich das wundersame Kreuz schaue».

Als sie die letzten Töne gesungen hatte, streckte sich Gandhi auf seiner Matte aus, um in der Sonne ein Mittagsschläfchen zu halten. Zufriedenheit schien sich auf seinem Gesicht auszubreiten, auf dem sich in den zurückliegenden Wochen soviel Kummer gespiegelt hatte. Seit seiner Rückkehr nach Delhi, fand sein Sekretär, hatte Gandhi nicht mehr so «fröhlich und unbesorgt» gewirkt wie nun, da sein Hungerstreik begonnen hatte.

Die Anwesenheit der indischen Presse und ausländischer Journalisten in Delhi gab Gandhis neuem Opfergang von vornherein eine Dimension, die sein Hungerstreik in Kalkutta nicht gehabt hatte. Aber viele waren auch überrascht, daß der Mahatma fastete, denn seinem jähen Entschluß war kein Ausbruch von Gewalt vorausgegangen. Die Atmosphäre in Delhi war zwar gespannt, doch die Massaker zwischen den Religionsgemeinschaften in der Stadt hatten aufgehört. Mit all seinem intuitiven Gespür für sein Volk hatte Gandhi jedoch geahnt, was anderen entging: daß eine weitere, massive Gewalteruption in Indien gefährlich nahe war.

Seine Landsleute nahmen die Nachricht von Gandhis Hungerstreik und der Bedingung, die er für seinen Abbruch gestellt hatte, mit einer

Mischung aus Verblüffung und offener Feindseligkeit auf. Die Verhältnisse in Delhi waren einem Erfolg viel weniger günstig, als es die Situation in Kalkutta gewesen war. Die Stadt quoll über von Flüchtlingen, die ihren Haß auf die Moslems laut hinausschrien. Um der Kälte und dem Elend in den Flüchtlingslagern zu entfliehen, hatten sie überall in der Stadt Moscheen und Wohnungen von Moslems mit Beschlag belegt. Und nun wollte ihr Mahatma, daß sie diese Behausungen den verhaßten Eigentümern zurückgäben und in die Lager zurückkehrten. Gandhis Entschluß, die Zahlung der 550 Millionen Rupien zu einer Bedingung für den Abbruch seines Hungerstreiks zu machen, hatte außerdem einen großen Teil der öffentlichen Meinung aufgebracht und die indische Regierung gespalten.

Doch all diese Überlegungen lagen nun hinter dem alten Mann, der vor dem *Birla House* in der Sonne schlief. Wochen-, ja monatelang hatte vielleicht so mancher gedacht, Gandhi sei in Indien ein vergessener Mann und die Lehre, die er gepredigt hatte, habe man beiseite gelegt. Das war nun vorbei. Indem er die uralte Waffe der Rischis, die er mit so dramatischem Erfolg gegen die Engländer eingesetzt hatte, gegen seine Landsleute richtete, hatte der Mahatma unversehens ganz Indien daran erinnert, wer er war und was er vertrat. Zum letztenmal zwang er seine Landsleute, über die Bedeutung seines Lebens und der Botschaft nachzudenken, die er ihnen hatte predigen wollen.

Tausendzweihundert Kilometer von der indischen Hauptstadt entfernt standen in dem weißgetünchten Schuppen, in dem sie vor knapp zehn Wochen die neue Zentrale der *Hindu Rashtra* eingeweiht hatten, zwei Männer wie angewurzelt vor dem Fernschreiber. Die Nachrichten, die an diesem Mittag, dem 13. Januar 1948, über das Gerät kamen, sollten das Schicksal von Nathuram Godse und Narayan Apte unwiderruflich verändern. Der Fernschreiber meldete den Beginn von Gandhis Hungerstreik und die Bedingungen, die der Mahatma für den Abbruch gestellt hatte. Eine dieser Nachrichten wirkte wie ein Katalysator auf die innere Erregung der beiden Hindufanatiker und trieb sie auf den Weg zu einem Verbrechen, das die Welt entsetzen sollte. Es war Gandhis Forderung, die 550 Millionen Rupien herauszugeben, die Pakistan zustanden.

Nathuram Godse erbleichte. Das war politische Erpressung. Dieser Mann, für den er einmal ins Gefängnis gegangen war und den er nun so abgrundtief haßte, versuchte die indische Regierung zu nötigen, vor den muslimischen Schändern und Mördern im Pandschab zu kapitulieren! Wie Apte, wie alle anderen hinduistischen Fanatiker in Poona hatte Godse oft und laut die Ansicht geäußert, daß es ein Segen für Indien wäre, wenn Gandhi mit Gewalt vom politischen Schauplatz entfernt würde. Doch bis zu diesem Augenblick waren Godses Worte nicht mehr gewesen als die Phantastereien enes Eiferers.

Nun wandte er sich Apte zu. Alle seine großartigen Pläne für einen Partisanenkrieg in Haiderabad, für die Ermordung Jinnahs, seien Belanglosigkeiten, sagte er. Jetzt gehe es für sie nur noch um eines – sie müßten all ihre Energien, ihre ganze Kraft auf ein höchstes Ziel richten. «Wir müssen Gandhi töten», verkündete Godse.

Die letzten Strahlen der winterlichen Sonne über Delhi erwärmten den alten Mann, als er mit sicheren Schritten über den tadellos gestutzten Rasen des *Birla House* ging. Die eine Hand leicht auf Manus, die andere auf Abhas Schulter gelegt, schlurfte der Mahatma die vier roten Sandsteinstufen zum Zentrum des Gartens hinauf, einer höhergelegenen Rasenfläche von der Größe eines Tennisplatzes, die von einem Saum dunkler Rosen umgeben war. In der friedvollen Schönheit dieses Gartens hatte Gandhi den idealen Ort für seine abendlichen Gebetsversammlungen gefunden. Unter dem Vordach eines Sandsteinpavillons am Rande der Rasenfläche hatte Gandhis Begleitung eine Holzplattform errichtet. Darauf befanden sich eine Strohmatte und ein Mikrofon für den Mahatma. Manu hatte die drei Dinge, die Gandhi immer zu seinen öffentlichen Gebeten begleiteten, neben die Matte gelegt: seine Gita, sein Notizbuch und seinen Spucknapf. Wegen der ungewöhnlichen Bedeutung dieses Tages hatten sich mehr als sechshundert Menschen vor der Plattform versammelt. Gandhi begann die Gebetsversammlung damit, daß er seine Gehilfen bat, gemeinsam mit ihm Tagores Hymne zu singen, die er auf seinem Marsch durch das Sumpfland von Noakhali täglich gesungen hatte: «Wenn sie deinem Ruf nicht folgen, geh allein, geh allein.»

Unter den Versammelten trat Schweigen ein, als er sich zu sprechen anschickte. Sein Hungerstreik, erklärte er, sei «ein Appell an Gott, die Seelen aller zu reinigen und sie gleichzumachen. Hindus, Sikhs und Moslems müssen den Entschluß fassen, in diesem Land als Freunde und Brüder zusammen zu leben.»

Als die Fotografin Margaret Bourke-White diese Worte hörte, jedes mit tiefer Überzeugung gesprochen, dachte sie: Das ist es, er hat seine eigene Religion, seinen Glauben an die Brüderlichkeit der Menschen zu verteidigen. Wie viele an diesem Abend im Garten des *Birla House* spürte sie «eine Größe um die gebrechliche Gestalt, die bei Einbruch der Dunkelheit mit solchem Ernst sprach».

«Delhi muß sich jetzt bewähren», sagte er warnend. «Ich bitte die Menschen in unserer Hauptstadt, sich selbst durch die ärgsten Massaker in Indien oder Pakistan nicht von ihrer Pflicht abbringen zu lassen.» Auch wenn alle Hindus und Sikhs in Pakistan getötet würden, «muß selbst das Leben des schwächlichsten Moslemkindes in unserem Land geschützt werden». Alle Volksgruppen, alle Inder sollten wieder «wahre Inder» werden und «die Menschlichkeit an die Stelle der Bestialität setzen. Wenn sie dazu nicht imstande sind, ist es für mich sinnlos, in dieser Welt zu leben.»

Eine angstvolle Stille erfüllte den Garten, während Manu den Spucknapf und die Gita des Mahatma aufhob. Dann bildeten die Menschen schweigend eine Gasse für den kleinen Mann, damit er über den Rasen ins *Birla House* zurückkehren konnte. Margaret Bourke-White beobachtete ihn, wie er davonging, und fragte sich mit vielen anderen, «ob wir Gandhiji jemals wiedersehen werden».

Kein spähendes Auge beobachtete diesmal die vier Männer, die sich in der Redaktion der *Hindu Rashtra* trafen. Der Polizeibeamte, der drei Monate vorher die Einweihung der Druckerpresse diskret überwacht hatte, war angewiesen worden, die Beschattung einzustellen. Das war sehr bedauerlich, denn die Worte, die Nathuram Godse an diesem Abend sprach, wären für die indische Polizei höchst bedeutsam gewesen. Neben ihm saß, ungewohnt schweigsam, sein Geschäftspartner Apte. Ihm gegenüber hatten zwei Männer Platz genommen. Der eine war Vishnu Karkare, der Besitzer des *Deccan Guest House*. Der andere war der Flüchtling Madanlal Pahwa.

Godse gab ihnen einen Überblick über die politische Situation in Indien. Dann sagte er entschlossen: «Wir müssen handeln. Wir müssen Gandhi töten.»

Seine Worte lösten bei Madanlal Pahwa sofort Zustimmung aus. Endlich war die Gelegenheit zur Rache gekommen, nach der er sich gesehnt hatte, seit er vom Krankenbett seines Vaters im Hospital von Ferozepore weggegangen war.

Die vier Männer verließen das Redaktionsbüro der *Hindu Rashtra* und suchten den Waffenhändler auf, der sich als Sadhu verkleidet in der Provinz Bombay herumtrieb. Wie ein Juwelier seine Ohrringe und Halsketten auf schwarzem Samt ausbreitet, so breitete Digamber Badge auf einem Teppich die erlesensten Stücke aus seinem Waffenlager aus. Er hatte alles beschafft, mit Ausnahme des wichtigsten Gegenstandes, einer automatischen Pistole, die sich leicht verstecken ließ. Sie suchten sich Handgranaten, Sprengkapseln und hochbrisanten Sprengstoff aus. Apte forderte alle auf, sich am Mittwoch, dem 14. Januar, nach Einbruch der Dunkelheit in der Zentrale der Hindu Mahasabha in Dadar, einem Bombayer Arbeiterviertel, zu treffen. Dann verschwanden sie in der Dunkelheit.

Ehe Godse seine Vaterstadt Poona verließ, blieb ihm noch ein Letztes zu tun. Wie der Mann, den er ermorden wollte, besaß auch Nathuram Godse wenig irdische Güter. Sein ganzer Besitz bestand aus zwei Blättern Papier, die er einem Angestellten der Lebensversicherung *Oriental Life Insurance Company* in Poona vorlegte. Es waren zwei

Lebensversicherungspolicen, die Godse bis dahin noch niemandem vermacht hatte. Die erste, Nr. 1166101, über einen Betrag von 3000 Rupien, ließ er auf die Frau seines jüngeren Bruders Gopal überschreiben, der sich bereit erklärt hatte, am Komplott teilzunehmen. Die zweite, Nr. 1166102, mit 2000 Rupien, ließ er der Ehefrau seines Partners Apte zukommen. Wie ein Mann, der dem Tod entgegengeht und sein Testament gemacht hat, war Godse nun bereit, sein Leben zu opfern und jenen Mann zu ermorden, den die halbe Welt als einen Heiligen betrachtete.

Gandhis Kreuzweg, vierzehnte Station: Nur ein Glas lauwarmen Wassers

Wenn Gandhi fastete, bestand er darauf, seinen normalen Tagesablauf einzuhalten, solange seine Kräfte es zuließen. So war er auch am Mittwoch, dem 14. Januar, in der kalten Morgenfrühe wie üblich um halb vier Uhr aufgewacht und las aus seiner Gita. Ein paar Minuten später, während er sich den Gaumen und seine paar verbliebenen Zähne mit seiner «Zahnbürste» massierte, einem sorgsam eingekerbten Stück Holz, hörte ihn Manu laut sagen: «Ach, heute ist mir wirklich nicht nach Fasten zumute!»

Manu, die während der Nacht zweimal nachgesehen hatte, ob ihr Mahatma auch richtig gegen die Kälte geschützt war, reichte Gandhi seine erste «Mahlzeit» des Tages, ein Glas lauwarmes Wasser mit Natriumbikarbonat.

Als er das Glas geleert hatte, wandte er sich der Angelegenheit zu, die ihn schon seit gestern abend beschäftigte. Er beantwortete den rührenden Appell seines jüngsten Sohnes Devadas, der ihn gebeten hatte, auf seinen Hungerstreik zu verzichten. «Was Du erreichen kannst, wenn Du lebst», hatte sein Sohn geschrieben, «kannst Du nicht erreichen, wenn Du stirbst.» Gandhi rief Manu zu sich und diktierte ihr seine Antwort.

«Nur Gott, der mir diesen Hungerstreik auferlegt hat, vermag mich davon abzubringen. Du und all die anderen, Ihr solltet Euch darüber im klaren sein, daß es gleichermaßen unwichtig ist, ob Gott meinem Leben ein Ende setzt oder ob er mich weiterleben läßt. Ich habe nur ein einziges Gebet: ‹O Gott, gib mir Kraft bei meinem Fasten, damit ich es nicht aus Todesfurcht vorzeitig abbreche.›»

Die junge Frau, die seine Ärztin war, dachte bereits mit Sorge an Gandhis Überlebenschancen. Seit seiner Rückkehr nach Delhi waren seine körperlichen Reserven merklich geschwunden. Seine Nieren hatten sich noch nicht von der Belastung erholt, die der Hungerstreik in Kalkutta mit sich gebracht hatte. Der Kummer über die Geschehnisse im Pandschab hatte ihm den Appetit geraubt und zu Schwankungen des Blutdrucks geführt, dessen jäher Anstieg Spasmen in den Blutgefäßen auslösen konnte. Die einzige Arznei dagegen, zu deren Einnahme ihn Dr. Sushila Nayar bewegen konnte, war ein Trank aus der Rinde des Sarpagandhabaumes. Aber selbst dies war jetzt nach den rigorosen Vorschriften verboten, die der Mahatma für seinen Hungerstreik festgelegt hatte. Eines aber vor allem ließ sich durch kein Medikament bessern: sein Alter. Als sie ihren Patienten zum Wiegen geleitete, das für sie zu einem bangen täglichen Ritual werden sollte, gestand sich Sushila Nayar ein, daß sie nicht wisse, wieviel die Konstitution des großen Mannes neben ihr noch werde aushalten können.

Der Zeiger ihrer Waage gab eine beunruhigende Antwort auf ihre Frage. In den ersten vierundzwanzig Stunden des Hungerstreiks hatte Gandhi fast zwei Pfund Gewicht eingebüßt. Am Morgen dieses Mittwochs, des 14. Januar, wog er 49,5 Kilogramm. An seiner schmächtigen Gestalt war nicht mehr viel Fett, und Sushila wußte, daß das wenige, was er noch hatte, bald verbrannt sein würde. Wie für jeden Menschen, der fastet, mußte für Gandhi der Augenblick kommen, wo die Fettreserven aufgebraucht waren und der Körper sein eigenes Protein zu verzehren begann. Damit setzte ein Prozeß ein, der zum Tod führen mußte, wenn er nicht abgebrochen wurde. Es war die kritische Phase. Sushila Nayar war sich darüber im klaren, daß sie angesichts des geschwächten Zustands, in dem sich der Mahatma befand, jederzeit plötzlich eintreten konnte.

Daß Gandhi in diesen kritischen Stunden seine ärztliche Betreuung einer jungen Frau anvertraut hatte, war ein wesentlicher Bestandteil seiner Philosophie. Seit seiner Kampagne des zivilen Ungehorsams in Südafrika hatten Frauen immer in der vordersten Reihe seiner Bewegung gestanden.

Unermüdlich hatte er erklärt, daß es keine Hoffnung für die Emanzipation Indiens gebe, solange Indiens Frauen nicht emanzipiert seien. Die Frauen seien «die unterdrückte Hälfte der Menschheit», und die Wurzeln ihrer Versklavung lägen in dem engen Kreis häuslicher Plackerei, zu der sie eine von Männern beherrschte Gesellschaft verurteile. Als er in Südafrika sein erstes *Ashram* gründete, hatte er verfügt, daß Männer und Frauen sich gleichermaßen in die häuslichen Arbeiten teilen müßten. Er schaffte die gesonderten Familienküchen ab und ersetzte sie durch eine Gemeinschaftsküche. Von der Schufterei im Haushalt entlastet, wären die Frauen in der Lage, gleichberechtigt mit den Männern an den sozialen und politischen Aktivitäten der Gemeinschaft teilzunehmen.

Und wie sie daran teilnahmen! In jeder Phase des indischen Befreiungsringens hatten sie sich ebenso wie die Männer der englischen Polizei entgegengestellt. Sie hatten die Gefängnisse gefüllt und die

Massenaktionen einer Gesellschaft mit angeführt, die zu Gandhis Gram noch immer den Witwen das Recht auf Wiederverheiratung vorenthielt und aus der Kinderheirat einen Kult machte.

Doch Gandhi wäre nicht Gandhi gewesen, wäre sein Eintreten für die indischen Frauen nicht von einigen Widersprüchlichkeiten begleitet gewesen. Den jungen Frauen und Mädchen im Pandschab, denen die Vergewaltigung drohte, hatte er geraten, sich auf die Zunge zu beißen und den Atem anzuhalten, bis sie das Leben verließ. Er hatte stets die moderne Geburtenkontrolle als Instrument zur Senkung des Bevölkerungszuwachses abgelehnt, weil er die Auffassung vertrat, Verhütungsmittel seien mit natürlicher Medizin unvereinbar. Er ließ als einzige Form der Geburtenkontrolle nur die sexuelle Enthaltsamkeit gelten, die er selber praktizierte.

Immerhin hatte sich die indische Gesellschaft, die noch weniger als hundert Jahre vorher ihre Witwen gezwungen hatte, in die flammenden Scheiterhaufen ihrer verstorbenen Männer zu springen, dank Gandhis Einsatz so entwickelt, daß dem ersten Kabinett des freien Indien eine Frau angehörte.

Kurz vor Mittag versammelten sich die Mitglieder dieses Kabinetts um den Mann, der wieder einmal zum Gewissen Indiens wurde. Angeführt von Nehru und Patel, hatten sie ihre Ministerien verlassen, um am Lager des Mannes, der ihnen die Türen zu ihren Ämtern geöffnet hatte, eine Ministerratssitzung abzuhalten. Sie waren wegen der 550 Millionen Rupien gekommen, die Indien Pakistan schuldete und deren Herausgabe Gandhi verlangt hatte.

Diese Forderung hatte die meisten Kabinettsmitglieder schockiert und aufgebracht, allen voran Vallabhbhai Patel. Nehru und nach ihm Patel versuchten den Beschluß der Regierung zu rechtfertigen. Gandhi lag matt und etwas benommen auf seiner Strohmatte und starrte schweigend zur Decke hinauf, während sie auf ihn einredeten. Langsam und mühevoll, mit Tränen in den Augen, stützte sich Gandhi auf seine Ellbogen und blickte den Mann an, der in so manchem schweren Kampf an seiner Seite gestanden hatte.

«Du bist nicht mehr der Sardar, den ich einmal gekannt habe», flüsterte er und sank auf seine Matratze zurück.

Den ganzen Tag über zogen angesehene Moslems, Hindus und Sikhs an Gandhis Lager vorbei und baten ihn inständig, seinen Hungerstreik abzubrechen. Sie wollten ihn dazu bewegen, weil sie etwas wußten, was Gandhis Umgebung hinter den schützenden Mauern des *Birla House* unbekannt geblieben war. Zum erstenmal löste ein Hungerstreik des Mahatma bei vielen seiner Landsleute offenen Zorn aus. Im Geschäftszentrum Neu-Delhis, dem Connaught Circus, in den engen Gassen der Altstadt drehten sich alle Gespräche um den fastenden Gandhi. Aber die Menschen waren diesmal nicht von dem glühenden Wunsch beseelt, sein Leben zu retten. Viele sahen in dem Leiden des alten Mannes nichts anderes als einen Schachzug zugunsten der Moslems, die sie haßten und mit Argwohn betrachteten. «Wann hört der Alte endlich auf, uns zu belästigen?» fragte man erbittert. Im Stadtzentrum trieb sogar eine Gruppe aufgebrachter Flüchtlinge einen Demonstrationszug auseinander, der zum Frieden zwischen den Religionsgemeinschaften aufforderte.

Am frühen Abend näherte sich ein schwaches, doch vertrautes Geräusch Gandhis Quartier. Voll freudiger Hoffnung horchten seine Gefährten. Sie kannten diesen Ton aus Kalkutta, die im Chor gerufenen Parolen einer leidenden Bevölkerung, die ihren Mahatma anflehte, seinen Hungerstreik aufzugeben. Einer von Gandhis Sekretären lief zum Tor. Im undeutlichen Schein der Straßenlampen sah er den Zug, der die Albuquerque Road entlang auf ihn zukam, ein Wald flatternder Fahnen und verschwommener Gestalten.

In dem abgedunkelten Raum, in dem Gandhi lag und zu schlafen versuchte, waren die Geräusche immer lauter zu hören. Als die Demonstranten schließlich das Tor erreicht hatten, hallte das Echo ihrer Parolen durch das Zimmer. Gandhi winkte seinen Sekretär Pyarelal zu sich.

«Was ist los?» fragte er.

«Es sind Flüchtlinge, die demonstrieren», antwortete Pyarelal.

«Sind es viele?» wollte Gandhi wissen.

«Nein, nicht viele», sagte Pyarelal.

«Was tun sie?» fragte Gandhi.

«Sie rufen Parolen», antwortete sein Sekretär.

Gandhi lauschte einen Augenblick, um das donnernde Echo ihrer Rufe zu verstehen.

«Was rufen sie denn?» fragte er.

Pyarelal schwieg einen Augenblick und überlegte, was er antworten sollte. Dann schluckte er.

«Sie rufen: ‹Laßt Gandhi doch sterben!›» sagte er dann.

Die drei Männer, die Gandhi töten wollten, standen in der Dunkelheit vor einem Eisengitter, das den Zugang zu einem einstöckigen Gebäude aus verwittertem Beton in einem nördlichen Vorort Bombays versperrte. Die einzige Spur von Eleganz an der Fassade war eine Marmortafel, die in eine Mauer eingelassen war. Darauf stand in Marathi der Name des Eigentümers: *Savarkar Sadan* – Savarkars Haus.

Wenige Inder haßten den Mann auf seinem *charpoy* im *Birla House* mit solcher Inbrunst wie der selbsternannte Diktator des militanten Hinduismus. Veer, «der Tapfere», verabscheute fast alle Prinzipien, die Gandhi vertrat. Wenn das *Birla House* und jedes andere Quartier, das

Gandhi bewohnt hatte, Tempel der Gewaltlosigkeit waren, so war das *Savarkar Sadan*, das sich hinter den Palmen und Mispelsträuchern der Keluksar Road in Bombay so unschuldig ausnahm, eine Wallfahrtsstätte der Gewalt. Nichts war für die Männer, die Gandhi ermorden wollten, natürlicher, als sofort nach ihrer Ankunft in Bombay dieses Haus aufzusuchen.

Einer der drei trug unter dem Arm eine *tabla*, eine indische Trommel. Für diesen Abend hatte Digamber Badge sich nicht als Sadhu, sondern als Musiker maskiert, eine naheliegende Verkleidung für einen Mann aus der Kaste der fahrenden Musikanten, die im frühen Indien singend und tanzend durchs Land gezogen waren. In der Trommel unter seinem Arm waren die Waffen versteckt, welche die Verschwörer in seinem Laden in Poona ausgewählt hatten.

Ein Leibwächter führte das Trio in Savarkars unaufgeräumtes Empfangszimmer. Nur wenige waren berechtigt, durch diesen Raum hindurch über die Treppe zum Domizil des Diktators der Hindu Rashtra Dal hinaufzugehen. Nathuram Godse und Narayan Apte hatten dieses Recht. Digamber Badge aber nicht, und deshalb nahmen sie ihm seine *tabla* ab und gingen ohne ihn nach oben.

Wie sie es immer taten, bekräftigten sie Savarkar zuerst mit einer servilen Geste die blinde Treue, die sie ihm persönlich gelobt hatten: Sie küßten ihm die Füße. Der Mann, der aus dem Hintergrund zwei der großen politischen Attentate der vergangenen vierzig Jahre in Indien gesteuert hatte, umarmte die beiden. Dann untersuchte Savarkar neugierig den Inhalt der Trommel.

Godse, Apte und Badge waren nicht die ersten, die an diesem Januartag den Weg in Veer Savarkars Hauptquartier gefunden hatten. Zuvor schon hatte Karkare Madanlal Pahwa vor seinen Herrn geführt und den jungen Pandschabi als «einen sehr wagemutigen Arbeiter» vorgestellt. Savarkar hatte sein eisiges Lächeln auf Madanlal gerichtet und ihm den Arm gestreichelt, wie man ein Kätzchen liebkost. «Arbeiten Sie weiter so brav», hatte er ihn ermahnt.

Als ihre Zusammenkunft mit Savarkar beendet war, trennten sich die drei Männer für die Nacht. Badge ging zum Gemeinschaftsschlafsaal der Hindu Mahasabha. Apte und Godse, die beiden *Chitpawan*-Brahmanen, begaben sich in eine standesgemäßere Unterkunft, das Sea-Green-Hotel.

Kaum waren sie in dem Hotel eingetroffen, meldete der unverbesserliche Apte ein Telefongespräch an. Die Nummer, mit der er sich verbinden ließ, war die letzte, die man von einem Mann erwartet hätte, der ein Jahrhundertverbrechen begehen wollte. Es war die Nummer der Zentralvermittlung des Polizeipräsidiums von Bombay. Als sich die Vermittlung meldete, verlangte Apte den Apparat 305. Dann war am anderen Ende der Leitung die freudig-erregte Stimme des Mädchens zu hören, das an diesem Abend Aptes Bett teilen sollte. Es war die Tochter des obersten Polizeiarztes von Bombay.

Der kritische Augenblick, auf den Gandhis junge Ärztin seit Beginn seines Hungerstreiks gewartet hatte, kam so erschreckend rasch, daß selbst sie nicht darauf gefaßt gewesen war. Als Sushila Nayar am Vormittag des 15. Januar seinen Urin untersuchte, fand sie darin, was sie so sehr gefürchtet hatte, Azeton und Essigsäure. Der verhängnisvolle Prozeß hatte begonnen. Gandhis Reserven an Kohlehydraten waren abgebaut. Sein Körper begann nun an seinen eigenen Eingeweiden zu nagen, sein lebenserhaltendes Eiweiß aufzuzehren. Kaum achtundvierzig Stunden nach dem Beginn seines Hungerstreiks ging der erschöpfte alte Mann bereits dem Tod entgegen.

Doch war dies nicht das einzige Symptom, das die junge Frau beunruhigte, die ein Stipendium der Vereinten Nationen für einen Aufenthalt in den Vereinigten Staaten aufgegeben hatte, um Gandhi zu betreuen. In den zurückliegenden vierundzwanzig Stunden hatte er 1928 Gramm von dem lauwarmen Wasser mit Natriumbikarbonat, das ihn so anwiderte, zu sich genommen. Ihre sorgfältig geführten Tabellen zeigten, daß er davon nur 794 Gramm wieder ausgeschieden hatte. Gandhis Nieren, die durch seinen Hungerstreik in Kalkutta Schaden genommen hatten, arbeiteten nicht mehr richtig. Tiefbesorgt versuchte die junge Ärztin Gandhi den Ernst seines Zustandes klarzumachen und warum er sich diesmal von der Strapaze vielleicht nicht mehr erholen werde. Doch er wollte nichts davon hören.

«Wenn ich Azeton im Urin habe», murmelte er, «dann weil mein Glaube an Rama unvollkommen ist.»

«Rama hat damit nichts zu tun», antwortete Sushila. Geduldig erläuterte sie den biologischen Prozeß, der mit dem Auftauchen der fremden Substanzen in seinem Urin eingesetzt hatte. Er hörte ihr schweigend zu. Als sie ihren Vortrag beendet hatte, faßte er sie ins Auge.

«Und weiß Ihre Wissenschaft wirklich alles?» fragte er. «Haben Sie Krischnas Worte im zehnten Gesang der Gita vergessen – ‹Mit einem Bruchteil meines Seins durchdringe ich die ganze Welt?›»

Am 15. Januar um 7.20 Uhr morgens, während Gandhi seiner jungen Ärztin die Grenzen ihrer Wissenschaft vorhielt, trat Narayan Apte in das Verkaufsbüro der Air India in Bombay. Er verlangte zwei Tickets für die DC-3-Verbindung zwischen Bombay und Delhi am Nachmittag des 17. Januar auf die Namen von D. N. Karmarkar und S. Marathe. Während er den Flugpreis, 308 Rupien, hinzublättern begann, erkundigte sich der Angestellte höflich, ob er auch einen Rückflug buchen wolle.

Narayan Apte blickte ihn an und lächelte. Nein, sagte er, sein Kollege und er planten keinen Rückflug. Sie brauchten nur Tickets für den Hinflug.

Trotz seines stark geschwächten Zustandes bestand Gandhi, wie fortan an jedem Tag seines Hungerstreiks, auf dem Ritual, das zu seinem hygienischen Verhaltenskodex gehörte, dem regelmäßigen Klistier. Der Einlauf, so meinte er, reinige den Leib wie ein Gebet die Seele. Für diese delikate und intime Aufgabe war die aufopferungsvolle Manu zuständig.

Sie hatte es nicht leicht. Das zarte Mädchen sah sich von seiten des Mannes, der nach außen so heiter wirkte und über den Dingen zu stehen schien, überraschend vielen kleinlichen Forderungen und Unmutsausbrüchen ausgesetzt. Schon wenn sie nur das warme Wasser für sein Klistier ein paar Augenblicke später als üblich brachte, konnte sich Gandhi vor Zorn ereifern. Dann bereute er seine Unbeherrschtheit wieder und sank erschöpft auf das Bett. «Man bemerkt seine Fehler erst, wenn man eine Strapaze wie einen Hungerstreik durchmacht», flüsterte er Manu zerknirscht zu.

Das Klistier, bemerkte Manu, nahm ihm alle Kraft, und er war danach «weiß wie Watte». Als sie sah, wie er sich auf seinem Lager zusammenkrümmte, bekam sie Angst, er könnte sterben, und wollte Hilfe holen. Doch Gandhi merkte, was sie vorhatte, und winkte sie mit einer schwachen Bewegung des Handgelenks zu sich.

«Nein», sagte er zu ihr. «Gott wird mich am Leben erhalten, wenn er mich hier noch braucht.»

Nun, da sein Hungerstreik schon in den dritten Tag ging, begann er endlich die Stimmung in der indischen Hauptstadt zu beeinflussen. Zehntausend Menschen kamen zum Roten Fort und hörten, wie Nehru mit Bewegung sagte: «Der Verlust von Mahatma Gandhis Leben würde bedeuten, daß Indien seine Seele verliert.» Im Gouverneurspalast hatte Louis Mountbatten aus Respekt vor dem Dulden des gebrechlichen Mannes, den er so sehr bewunderte, alle Empfänge und Bankette abgesagt. In den Straßen von Delhi zeigten sich schüchtern ein paar Demonstrationszüge, die zum Frieden zwischen Hindus, Moslems und Sikhs aufriefen und Gandhis Leben retten wollten. Als Manu die Gleichgültigkeit der Hauptstadt fühlte, überkam sie ein ungutes Gefühl, die Furcht, Delhi werde den Mahatma schließlich doch sterben lassen.

In Pakistan schien der Hungerstreik den stärksten Eindruck zu machen. In einem Telegramm aus Lahore wurde Gandhi mitgeteilt, daß «sich hier alle nur eines fragen: Wie können wir helfen, Gandhis Leben zu retten?» Allerorten in ihrem neuen Staat begannen führende Persönlichkeiten der Moslemliga ihren alten Feind unversehens als «Erzengel der Brüderlichkeit» zu preisen. In den Moscheen des Landes beteten die Scheichs für ihn. In der Abgeschlossenheit der Frauengemächer flehten Tausende von Mohammedanerinnen Allah um Barmherzigkeit für den achtundsiebzigjährigen Hindu an, der den indischen Moslems die Bruderhand hinstreckte.

Doch keine Nachricht aus Delhi machte in Pakistan einen so dramatischen Eindruck wie die Meldung, die am Spätnachmittag des Donnerstag über die Fernschreiber der Nachrichtenagenturen kam. Gandhi hatte seinen ersten Sieg errungen. Die Strapazen und die Hungerqualen, denen er sich unterwarf, hatten Mohammed Ali Jinnahs Staat vor dem Bankrott gerettet. Als Geste zur Wiederherstellung des Friedens auf dem Subkontinent, vor allem aber «um dem Dulden der Seele Indiens» ein Ende zu bereiten, gab die indische Regierung bekannt, daß sie die sofortige Auszahlung der Pakistan zustehenden 550 Millionen Rupien angeordnet habe.

Die Verschwörer ließen sich wie Würfelspieler auf dem Fußboden des Bombayer Hindutempels nieder, in dem Badge am Abend vorher seine mit Waffen gefüllte *tabla* versteckt hatte. Der falsche Sadhu öffnete seine Trommel und breitete ihren Inhalt vor ihnen aus. Mit der Geduld eines Verkäufers, der auf einem Jahrmarkt ein neues Küchenmesser vorführt, zeigte er ihnen, wie man an hochexplosivem Sprengstoff Zündschnüre befestigt, wie sie ihre Handgranaten scharf zu machen hatten.

Während Badge sprach, betrachtete Apte mit Mißvergnügen die letzte Waffe, die Badge aus seiner *tabla* geholt hatte, die Pistole, die sie am dringendsten brauchten. Es war ein plumpes, selbstgebasteltes Schießeisen, das, wie Apte Godse zumurmelte, ihnen ebensogut in den Händen explodieren wie Gandhi töten konnte. Das unerläßliche Werkzeug für ihren Mordplan, eine Pistole, zu finden, erwies sich als ungeheuer schwierig. Sie hatten genug Sprengstoff aufgetrieben, um ein zweistöckiges Haus in die Luft zu jagen, aber noch immer fehlte ihnen die Waffe, ohne die es nicht ging. Selbst an Geld war leichter heranzukommen als an eine Pistole. Apte hatte einen Tag lang seine Gesinnungsfreunde um Geld und einen Revolver gebeten. Nun hatte er in der Tasche ein Bündel von 1000-Rupien-Scheinen, aber kein Schießeisen.

Während er Badges bewegliche Finger über die Dynamitstäbe tanzen sah, kam Apte plötzlich der Gedanke, daß die Kenntnisse des Waffenhändlers vielleicht in Delhi unbedingt nötig seien. Badge war in ihr Komplott nicht eingeweiht. Weder Apte noch Godse vertrauten ihm ganz. Doch nun schien seine Hilfe so wichtig, daß Apte ihn auf den Hof des Tempels rief. Er legte Badge den Arm um die Schulter und flüsterte: «Komm mit uns nach Delhi.» Savarkar wünsche, daß Gandhi, Nehru und Suhrawardy «erledigt» würden. Er und Godse seien damit beauftragt worden. Dann sprach er den Satz, der den habgierigen Badge überzeugte: «Wir zahlen die Spesen.»

Die Aufnahme eines Waffenexperten vervollständigte den Kreis der Verschwörer. Nun war die Stunde gekommen, die Reise über den Subkontinent nach Delhi und zu ihrer schicksalhaften Begegnung mit dem Baumeister der indischen Unabhängigkeit anzutreten. Das Material, das Badge beschafft hatte, war sorgfältig in Madanlals Bettzeugrolle versteckt. Er und Karkare würden am Abend mit dem *Frontier Mail* vom Victoria-Bahnhof aus nach Delhi fahren. Badge und Gopal Godse, Nathurams jüngerer Bruder, sollten achtundvierzig Stunden später folgen, jeder in einem anderen Zug. Apte und Godse würden standesgemäßer reisen, mit den Flugtickets, die Apte an diesem Vormittag gekauft hatte. In der Hauptstadt war als Treffpunkt das *Hindu Mahasabha Bhavan* vereinbart. Das Gebäude befand sich direkt neben dem Lakshmi-Narayan-Tempel, einem Heiligtum in neohinduistischem Stil, das der Stadt von der Familie des Industriellen Birla gestiftet worden war, in dessen Villa sich Gandhi aufhielt.

Hunderte getreuer Anhänger drängten sich am Donnerstag, dem 15. Januar, auf den Rasenflächen hinter dem *Birla House*. Es war die Stunde des Abendessens, und die Menschen hofften, daß durch irgendein Wunder die legendäre Gestalt an ihrer Gebetsversammlung teilnehmen könne. Diese Hoffnung war vergebens. Gandhi hatte nicht mehr die Kraft, zu gehen oder sich auch nur ohne Hilfe auf seinem Lager aufzurichten. Er gab den Versammelten das einzige, was er ihnen geben konnte, ein paar Worte, die er in ein Mikrofon neben seinem Bett flüsterte und die über einen Lautsprecher nach draußen übertragen wurden. Die vertraute Stimme, die drei Jahrzehnte lang Indiens Massen elektrisiert hatte, war so matt, daß manche der Menschen, die sich an diesem Abend auf der Rasenfläche eingefunden hatten, fast den Eindruck hatten, sie spreche bereits aus dem Jenseits zu ihnen. Sie sollten, mahnte er, ihre Gedanken auf ihr Volk und sein Bedürfnis nach Brüderlichkeit richten. «Macht euch über mich keine Sorgen», sagte er. «Wer in diese Welt geboren wird, kann dem Tod nicht entgehen . . . Der Tod ist für alle ein guter Freund. Er verdient immer unsere Dankbarkeit, denn er erlöst uns endgültig von so viel Elend.»

Als die Gebete gesprochen waren, erhob sich aus der Versammlung der Ruf nach *darshan*, die Menschen wollten wenigstens einen kurzen Blick auf ihren geliebten Mahatma werfen. Zuerst formierten sich die Frauen, dann die Männer zu einer langen Reihe. In bewegendem Schweigen, die Handflächen in der rituellen *namaste*-Geste gegeneinandergepreßt, begannen sie an der Glasveranda vorüberzuziehen, in der Gandhi schlief, von den wenigen Worten erschöpft, die er zu ihnen gesprochen hatte. Er lag zusammengekauert wie ein Kind im Mutterleib, die ausgemergelte Gestalt von einem weißen Dhoti bedeckt, die Augen geschlossen. Das Gesicht war von Falten zerfurcht. Seine Hände ruhten in der *namaste*-Gebärde, als wollte er noch im Schlaf den Gruß seiner trauernden Bewunderer erwidern.

Manu wollte ihren Augen nicht trauen. Der unberechenbare alte Mann, der noch am Abend vorher zu schwach gewesen war, sich im Bett aufzurichten, stand plötzlich auf und schlurfte mühsam durch den Raum, um seinen Platz beim Frühgebet einzunehmen. Nach dem Gebet setzte sich Gandhi an eine Arbeit, die höchst seltsam für einen Mann war, der seit vier Tagen keine Nahrung zu sich genommen hatte und vom Tod bedroht war. Er begann sein tägliches Studium der bengalischen Sprache, die er seit seinem Marsch durch Noakhali zu erlernen versuchte. Dann diktierte er mit überraschend fester Stimme die Botschaft, die bei seiner abendlichen Gebetsversammlung verlesen werden sollte.

Doch seine scheinbare Kräftigung war eine Illusion, vergleichbar der trügerischen Besserung im Befinden eines Krebskranken, der unentrinnbar dem Abgrund entgegengeht. Als er ein paar Minuten später allein ins Badezimmer gehen wollte, wurde ihm plötzlich schwarz vor Augen, und er sank ohnmächtig zu Boden.

Sushila Nayar eilte hinzu und half ihn ins Bett zurückzutragen. Sie wußte, was geschehen war. In Gandhis abgemagertem Körper begann sich das Wasser anzustauen, weil die geschädigten Nieren die Flüssigkeit, die er zu sich nahm, nicht mehr abzusondern vermochten. Diese Belastung zog nun das Herz in Mitleidenschaft. Sie hatte es einige Minuten vorher kommen sehen, als sie ihn auf die Waage stellte. Der Zeiger war wieder bei der Zahl stehengeblieben, die er schon achtundvierzig Stunden vorher angegeben hatte: 48,5 Kilogramm. Eine Überprüfung von Blutdruck und Puls bestätigte die Diagnose der jungen Ärztin. Das Kardiogramm eines Herzspezialisten, der in aller Eile ins *Birla House* gerufen worden war, lieferte die letzte Bestätigung, daß das lebenswichtige Organ des achtundsiebzigjährigen Gandhi immer schwächer wurde. Nun war es leicht möglich, daß Gandhis Hungerstreik mit einem jähen Tod zu Ende ging. Fast schlimmer noch war, daß ein längeres Weiterfasten, auch wenn es zum Erfolg führte, bleibende und irreparable Schädigungen an seinen wichtigsten Organen verursachen könnte.

Sushila, der selbst das Herz weh tat, nahm einen Bleistift zur Hand und schrieb das erste ihrer zweimal täglich veröffentlichten Bulletins über Gandhis Gesundheitszustand nieder. Es war der Warnruf eines tiefbekümmerten Herzens. Wenn seinen Leiden nicht bald ein Ende gesetzt würde, schrieb sie, würde der Mahatma infolge der körperlichen Belastungen nie wieder gesunden.

Wieder einmal erlebte das indische Volk jene mystische Verbundenheit mit seiner «großen Seele». Selbst ohne die Warnung, die in Sushila Nayars Bulletin zu lesen war, hatte Indien an diesem Freitagmorgen, dem 16. Januar, instinktiv gespürt, daß Gandhis Leben in Gefahr war. Wie so oft während seiner Hungerstreiks schlug die Stimmung jählings und verblüffend um, und die Nation mit der zweitgrößten Bevölkerung der Welt begann wie gebannt auf das Ringen eines alten Mannes zu starren, der mit seinem Gewissen kämpfte.

Der Allindische Rundfunk ging dazu über, Bulletins über Gandhis Zustand zu senden. Dutzende indischer und ausländischer Journalisten versammelten sich am Eingang des *Birla House*. Auf Hunderten von Maidans in sämtlichen großen und kleinen Städten Indiens versammelten sich plötzlich die Menschen, schwenkten Fahnen und riefen Parolen wie «Brüderlichkeit», «Einigkeit zwischen Hindus und Moslems», «Schont Gandhis Leben». Überall in Indien wurden Komitees gegründet, um Gandhis Leben zu retten. Ihre Mitglieder setzten sich aus allen Parteien und Religionsgemeinschaften des Landes zusammen. In ganz Indien stempelten an diesem Tag die Postangestellten die Briefe nicht ab, sondern schrieben über die Marken: «Rettet Gandhis Leben – haltet Frieden!» Tausende versammelten sich zu öffentlichen Gebetsversammlungen, um für die Rettung des Mahatma zu beten. In ganz Indien gab es keine Moschee, in der beim Freitagsgottesdienst nicht für ihn gebetet worden wäre. Die Unberührbaren in Bombay schickten Gandhi ein rührendes Telegramm: «Ihr Leben gehört uns.»

Am erstaunlichsten jedoch war der Stimmungsumschwung in Delhi, das sich bis dahin so gleichgültig gezeigt hatte. Aus jedem Wohnviertel, jedem Basar, jedem *mahalla* strömten die Menschen zum *Birla House*. Läden und Werkstätten schlossen zu Ehren von Gandhis Opfergang. Hindus, Sikhs und Moslems bildeten «Friedensbrigaden», die mit untergehakten Armen durch die Straßen zogen und Flugblätter verteilten, in denen Gandhi gebeten wurde, seinen Hungerstreik abzubrechen. Durch die Stadt rollten Lastwagen, auf denen dicht an dicht klatschende Jugendliche standen, die riefen: «Gandhijis Leben ist wertvoller als unseres!» Schulen und Universitäten schlossen. Der bewegendste Augenblick kam, als zweihundert Frauen und Kinder, denen das Blutbad im Pandschab ihre Männer und Eltern genommen hatte, zum *Birla House* zogen und erklärten, sie wollten auf ihre armseligen Flüchtlingsrationen verzichten und aus Mitgefühl mit Gandhi ebenfalls in einen Hungerstreik treten.

Es war ein außergewöhnlicher, überwältigender Gefühlsausbruch, aber er ließ den Mann auf seinem Lager im *Birla House* ungerührt. Länger als sonst hatte es gedauert, bis sein Hungerstreik seine Landsleute aufgerüttelt hatte. Nun war er entschlossen, nicht aufzugeben. Er wollte sich so weit an den Rand der schwarzen Nacht treiben lassen, wie er nur konnte, um die tiefe Veränderung herbeizuzwingen, die er in den Herzen seiner Landsleute bewirken wollte.

«Es eilt mir nicht», sprach er zu den bekümmerten Teilnehmern seiner Gebetsversammlung. Seine Stimme war, obwohl durch Lautsprecher verstärkt, kaum mehr als ein Flüstern. «Ich will keine Halbheiten.» Vor jedem Wort nach Atem ringend, sagte er: «Das Leben interessiert mich nicht mehr, wenn nicht überall, in ganz Indien, in ganz Pakistan Frieden eintritt. Das ist der Sinn dieses Opfers.»

Nehru brachte eine Abordnung politischer und religiöser Führer an sein Lager, um ihm zu zeigen, daß es in Delhi zu einer radikalen Veränderung der Atmosphäre gekommen war. Beinahe fröhlich sagte Gandhi zu ihnen: «Keine Sorge, ich kratze schon nicht plötzlich ab. Alles, was Sie tun, sollten Sie ernst meinen. Ich will solide Arbeit sehen.»

Während sie sich unterhielten, traf ein Telegramm aus Karatschi ein, in dem angefragt wurde, ob Moslems, die in Delhi aus ihren Wohnungen vertrieben worden waren, wieder zurückkehren könnten.

«Das ist ein Testfall», murmelte Gandhi, als man ihm den Text des Kabels vorlas.

Gandhis getreuer Sekretär Pyarelal Nayar nahm das Telegramm und brach zu einer eiligen Rundfahrt durch die Flüchtlingslager der Hauptstadt auf. Er erläuterte den verbitterten Hindus und Sikhs, die in den Lagern hausten, daß Gandhis Leben nun in ihren Händen liege. Mehr als tausend unterschrieben an diesem Abend eine Erklärung, in der sie versprachen, zurückkehrende Moslems in deren Wohnstätten willkommen zu heißen, selbst wenn dies bedeutete, daß sie mit ihren Angehörigen die winterliche Kälte in einem Zelt oder auf den Straßen aushalten müßten. Eine Abordnung der Flüchtlinge kam ins *Birla House*, um den Mahatma zu überzeugen, daß wirklich ein Gesinnungswandel eingetreten sei.

«Ihr Hungerstreik hat in der ganzen Welt die Herzen gerührt», erklärte ihr Sprecher. «Wir werden dafür arbeiten, daß Indien für die Moslems ebenso zur Heimat wird wie für die Hindus und Sikhs. Bitte brechen Sie doch Ihren Hungerstreik ab und retten Sie Indien vor dem Elend.»

Sushila Nayar beobachtete die Ausschläge des Zeigers an der Waage mit tiefbesorgtem Blick. Es erschien paradox, aber am fünften Tag von Gandhis Hungerstreik wünschte sie sehnlichst, daß ihr geschwächter Patient Gewicht verlor. Doch ihr Wunsch blieb unerfüllt. Der Zeiger kam in einem fast unmeßbar kleinen Abstand unterhalb der Zahl zur Ruhe, bei der er während der letzten drei Tage stehengeblieben war: 48,5 Kilogramm. Gandhis Nieren waren einfach nicht mehr imstande, den knappen Liter Wasser auszuscheiden, den er regelmäßig jeden Tag zu sich nahm. Zu der Belastung, welche fünf Tage ohne Nahrung bedeuteten, kam nun noch die ständig größer werdende Last der Körperflüssigkeit, die seine versagenden Nieren nicht mehr ausscheiden konnten.

Sämtliche weiteren Untersuchungen, die sie und drei von ihr beigezogene Spezialisten vornahmen, erbrachten ebenso beunruhigende Resultate. Der überhohe Essigsäuregehalt in seinem Urin wurde höchst bedenklich. Selbst sein Atem roch nach Essig. Sein Blutdruck betrug 184 zu 104, der Puls ging rasch und schwach, der Herzschlag war unregelmäßig.

Die vier Ärzte hätten auch ohne die Hilfe ihrer Instrumente Gandhis Zustand beurteilen können. Schon ein Blick hätte genügt, um ihnen zu sagen, daß es verzweifelt um ihn stand. Sie kamen rasch zu einem einhelligen Ergebnis. Gandhi könne seinen Hungerstreik nur noch höchstens zweiundsiebzig Stunden überleben. Schlimmer aber noch: sämtliche Bedingungen waren gegeben, die in weniger als vierundzwanzig Stunden seinen Tod herbeiführen konnten. Ihr erstes Bulletin an diesem Sonnabend, dem 17. Januar, war ernst und ungeschminkt.

«Es ist unsere Pflicht», schrieben sie, «zu sofortigem Handeln aufzufordern, um die notwendigen Voraussetzungen für ein unverzügliches Ende des Hungerstreiks zu schaffen.»

Ein Frösteln innerer Erregung erfaßte die Frau, als der *Bombay Express* in einer zischenden Dampfwolke auf dem Bahnhof Poona zum Stehen kam. «Ich bin die einzige», dachte sie, während ihre Augen die Gesichter der Menschen musterten, die an ihrem Mann vorbei zu den Wagen der Dritten Klasse drängten, «ich bin die einzige, die weiß, warum mein Mann nach Delhi fährt.»

Gopal Godse fuhr an diesem Vormittag, dem 17. Januar, nach Delhi, um Mahatma Gandhi zu töten. Er hielt das Versprechen, das er seinem Bruder Nathuram gegeben hatte. In seiner Bettzeugrolle war eine Pistole, Kaliber 32, versteckt, die er einem Arbeiter im militärischen Materialdepot in Poona für zweihundert Rupien abgekauft hatte. Er hatte sie sogar in einem Wald in der Nähe seiner Wohnung ausprobiert. Seine Frau, die seinen politischen Fanatismus teilte, war der einzige Mensch, dem er anvertraut hatte, was er mit dieser Pistole anfangen wollte. Sie segnete ihn dafür.

Nun hielt sie ihm ihre vier Monate alte Tochter Asilata – «Schwertschneide» – zu einer letzten Umarmung hin. «Wir waren in der Blüte unserer Jahre», sagte sie fünfundzwanzig Jahre später, als sie an diesen Abschied auf dem Bahnhof von Poona zurückdachte. «Wir haben von Romantik und Revolution geträumt.»

Als Gopal sein Abteil erreicht hatte, zog sie ihn an sich. «Was auch passiert, mache dir keine Sorgen», flüsterte sie ihm zu. «Ich werde schon einen Weg finden, für mich und das Kind zu sorgen.» Sie drückte im einen Stoß *chapatis* in die Hand, die sie als Reiseproviant für ihn gemacht hatte. Dann trat sie zurück und sah ihm zu, wie er sich auf seinem Platz einrichtete. Bald setzte sich der Zug keuchend in Bewegung. Sie schwenkte den Arm ihrer Tochter und rief ein letztes Lebewohl. Wie gebannt stand sie auf dem Bahnsteig, sah die Gestalt ihres Mannes entschwinden, und wünschte ihm «allen Erfolg», als Gattin und mit der ganzen Inbrunst einer militanten Hinduistin.

Trotz des kritischen Zustandes war Gandhis Geist völlig ungetrübt. Der Mahatma war in die dritte und letzte Phase seines Hungerstreiks eingetreten. Während der ersten achtundvierzig Stunden traten jedesmal schwere Magenkrämpfe und Hungerschmerzen auf. Dann verschwand das Eßbedürfnis, worauf zwei oder drei Tage körperlichen Übelbefindens und Schwindelanfälle folgten. Sobald auch sie vorüber waren, kam eine seltsame Ruhe über ihn. Abgesehen von ständigen Schmerzen in den Gelenken, die Manu mit halbflüssiger Büffelmilchbutter massierte, litt er nicht mehr. Während Sushila und ihre drei Kollegen darüber diskutierten, wie viele Stunden er noch leben würde, schrieb Gandhi seelenruhig auf die Rückseiten seiner alten Kuverts einige Worte in Bengali, der Sprache des Dichters Rabindranath Tagore, der ihn als erster «Mahatma» genannt hatte.

Als er damit fertig war, gab er seinem Sekretär Pyarelal Nayar ein Zeichen. Er hatte sein unfehlbares Gefühl für den richtigen Zeitpunkt nicht verloren. Wenn, wie seine Begleitung ihm sagte, sein Hungerstreik dicht vor dem Ziel stand, dann war es Zeit, dafür zu sorgen, daß der Erfolg von Dauer war und nicht das Ergebnis eines mitleidvollen Wunsches, sein Leben zu retten. Er diktierte Pyarelal eine Liste mit sieben Bedingungen für den Abbruch seines Hungerstreiks. Die Führung sämtlicher politischer Organisationen in Delhi, einschließlich seiner Gegner von der Hindu Mahasabha, müßten sie unterschreiben. Erst dann werde er seine Bedingungen als erfüllt betrachten. Die Liste war ein durchdachter Katalog von Forderungen, die das gesamte Leben der Stadt betrafen: Von der Rückgabe der 117 gewaltsam übernommenen und in Tempel oder Wohnungen verwandelten Moscheen an die Moslems bis zur Aufhebung des Boykotts mohammedanischer Händler in den Basaren von Alt-Delhi und zum Schutz muslimischer Fahrgäste in der indischen Eisenbahn.

Nayar machte sich eilends auf den Weg, um diese Bedingungen dem «Friedenskomitee» vorzulegen, das gegründet worden war, um Gandhis Leben zu retten. In Delhi herrschte eine Spannung und Erregung wie nie seit dem 15. August. Vom Connaught Circus bis zu den entlegensten Gassen gingen in der Bevölkerung die Wogen der Leidenschaft hoch. Büros, Läden, Fabriken, die Basare der Handwerker,

Kaffeehäuser – alles war geschlossen. Das Geschäftsleben der Stadt war zum Stillstand gekommen. Fast hunderttausend Menschen aus allen Kasten und Religionsgemeinschaften hatten sich zu einer Massenversammlung vor der Dschammu-Moschee in Alt-Delhi eingefunden und forderten in Rufen ihre Führer auf, Gandhis Bedingungen anzunehmen. Die hinduistischen Obstverkäufer von Sabzimandi, einer der kritischen Gegenden der Hauptstadt, eilten zum *Birla House*, um ihm zu melden, daß sie den Boykott ihrer moslemischen Kollegen einstellen wollten, wie er es in seiner siebenten Bedingung gefordert hatte.

Drinnen im Haus ging es Gandhi von Stunde zu Stunde schlechter: Auf Augenblicke, in denen er bei klaren Sinnen war, folgten komaähnliche Zustände. Jemand schlug vor, dem Wasser, das er trank, ein paar Teelöffel Orangensaft beizumengen. Er wurde aufmerksam, schlug die Augen auf und erklärte, das wäre ein Sakrileg und würde ihn zwingen, einundzwanzig Tage zu fasten. Sushila Nayar bat ihn, er möge ihr erlauben, seine Nieren mit Saugtassen zu bedecken, weil sie dadurch vielleicht wieder rascher arbeiten würden. Er lehnte ab.

«Aber Bapuji», protestierte sie, «das ist doch eine natürliche Heilmethode, wie Sie sie akzeptieren.»

«Heute», murmelte er schwach, «ist Gott meine einzige Heilung.»

Jawaharlal Nehru verließ sein Amt, um sich neben Gandhis Strohmatte zu setzen. Das Dulden des Mahatma war zuviel für den Staatsmann, der während der langen Jahre ihres gemeinsamen Kreuzzuges sein Lieblingsschüler gewesen war. Nehru wandte den Kopf ab und weinte.

Auch Louis Mountbatten und seine Frau erschienen. Der ehemalige Vizekönig stellte erstaunt fest, daß Gandhi trotz der Qualen, die er ausgestanden hatte, noch kleiner Anwandlungen von Humor fähig war.

«Sieh an», sagte Gandhi, als er das Paar begrüßte, «ich muß erst fasten, bis der Berg zu Mohammed kommt.»

Edwina Mountbatten war bestürzt. Als sie das Zimmer verließen, brach sie in Tränen aus. «Sei nicht traurig», tröstete sie ihr Ehemann. «Er gewinnt seinen Kampf.»

Kein Phänomen ist in der indischen Psyche so tief verwurzelt und durch eine präzise Definition so schwer faßbar wie der mystische Ritus des *darshan*. *Darshan* erlebt ein Bauer, wenn er nach Hunderten von Kilometern, die er barfuß zurückgelegt hat, zum erstenmal die Wasser der heiligen Mutter Ganges schaut. Er erlebt es abermals, wenn ihm zum erstenmal das heilige Wasser in kleinen Bächen über die Haut herabrieselt. Es kann einem in den heiligsten Tempeln des Hinduismus widerfahren, bei einer Verbrennung, einer politischen Versammlung, in der Menge, die einen großen Volksführer umringt, vor allem aber in der Gegenwart eines heiligen Mannes. Dabei entsteht eine nicht zu definierende Strömung vom Spender zum Empfänger, eine segnende spirituelle Kraft.

Am Nachmittag dieses Sonnabends, des 17. Januar, richtete sich das uralte, gebieterische Bedürfnis des Inders nach *darshan* auf zwei Männer, die tausend Kilometer und eine unüberbrückbare Kluft des Fühlens und Denkens voneinander trennten. Und dennoch sollte der gnadenlose Gang der Geschichte ihre beiden Namen schon bald miteinander verknüpfen.

Die Stimme, die sich während der abendlichen Gebetsversammlung an die zahlreichen Gläubigen vor dem *Birla House* wandte, war nur noch ein mattes Flüstern. Gandhi hatte kaum die Kraft, drei Minuten lang zu sprechen, und selbst diese Minuten waren durch lange Schweigepausen unterbrochen, in denen er mühsam Kraft sammelte. «Niemand vermag mein Leben zu retten oder es zu beenden», sagte er. «Das steht allein in Gottes Hand.»

Er sehe heute, erklärte er seinen Zuhörern, «keinen Grund», den Hungerstreik abzubrechen. Die Menge schwieg betroffen. Als das Gebet beendet war, stellten sich alle in einer langen Reihe auf, um ihr abendliches *darshan* zu empfangen. Sorge um den Mahatma erfüllte diese Männer und Frauen. Alle wußten sie inzwischen, wie nahe Gandhi dem Tod war. Viele Inder, die in der rasch einbrechenden Dunkelheit über den Rasen des *Birla House* gingen, fragten sich bang, ob sie Indiens «große Seele» wohl zum letztenmal sehen würden. Beinahe eine Stunde währte dieses bewegende *darshan*; schweigend zog die lange Reihe der Menschen vorbei, während sich der gebrechliche alte Mann, dem ihre ganze Aufmerksamkeit galt, unter seinem weißen Umschlagtuch im unruhigen Schlaf wälzte.

Das *darshan* Nathuram Godses und Narayan Aptes, der beiden Fanatiker, die Gandhi töten wollten, ereignete sich am anderen Ende Indiens, in dem heruntergekommenen Haus, das der Messias des militanten Hinduismus, Veer Savarkar, bewohnte. In seinem Namen hatten sie vor, ihr Verbrechen zu begehen.

Alles war nun bereit. Madanlal und Karkare befanden sich mit ihren Handgranaten, Zeitbomben und der primitiven Pistole, die Badge ihnen beschafft hatte, in Delhi. Gopal Godse war mit einer zweiten Pistole unterwegs, um sich ihnen anzuschließen. Badge sollte an diesem Abend aufbrechen. Und in einer knappen Stunde würden Apte und Nathuram Godse an Bord der DC-3 gehen und damit unwiderruflich unterwegs zum *Birla House* sein.

Die beiden Männer wurden im *Savarkar Sadan* ebenso respektvoll aufgenommen wie am Mittwochabend. Diesmal war ihr Aufenthalt kurz. Savarkar geleitete sie über die Treppe nach unten bis zu dem

Gitter, das den Zugang zu seinem Haus sicherte. Seine eifrigsten Jünger machten sich auf den Weg, einen Mann zu ermorden, den Veer Savarkar mit dem ganzen Haß seiner fanatischen Seele verabscheute. Und dennoch war seiner gesammelten Miene nicht zu entnehmen, was dieser ungeheure Augenblick für ihn bedeutete. In seinem eisigen Blick zeigte sich kaum eine Spur von Erregung. Die zusammengepreßten Lippen verrieten nichts. Er legte Godse und Apte die Hände auf die Schulter.

«Viel Erfolg», wisperte er, «und kommt zurück!»

In Neu-Delhi zog ein endloser Strom von Menschen zum *Birla House*, um Gandhi anzuflehen, seinen Hungerstreik zu beenden. Eine Kolonne von hunderttausend Menschen, die ein Meer bunter Fahnen und Transparente schwenkten, wälzte sich durch die Albuquerque Road. Ihr Ruf «Gandhi, bleib am Leben!» war tausendmal lauter als die Schreie «Laßt Gandhi doch sterben!», die fünf Tage vorher in derselben Straße zu hören gewesen waren.

Der Verband der Tongakutscher, die Eisenbahnergewerkschaft, die Vereinigung der Post- und Bahnbediensteten, die Harijans von der Straßenfegerkolonie Bangi, die Frauenliga von Delhi – sie alle vertraten ein Volk, das von dem dringenden Verlangen erfaßt worden war, zu der Strohmatte zu eilen, auf der sein Mahatma im Sterben lag. Sie drängten sich durch das Tor des Hauses, zertrampelten den Rasen und die Blumenbeete, unzählige Männer und Frauen, die nach Brüderlichkeit riefen und ihr Leben boten, um Gandhi nicht sterben zu lassen.

Nehru spürte ihre Stimmung, spürte, daß Gandhi kurz vor seinem Ziel stand. Er ging zum Mikrofon auf der Plattform, von der aus der Mahatma zu seinen Anhängern zu sprechen pflegte.

«Die Erde unseres Landes», rief er, «besitzt eine solche Lebenskraft, daß sie einen Gandhi hervorzubringen vermag. Kein Opfer ist zu groß, um sein Leben zu retten, denn nur er kann uns zum Ziel führen, und nicht das Trugbild unserer Hoffnungen.»

Plötzlich antwortete seinen Worten ein dissonanter Ton, der zornige Protestruf eines Flüchtlings in der Menge vor dem *Birla House*. Er kam von den Lippen Madanlal Pahwas. In einer Anwandlung krankhafter Neugier hatten Karkare und Madanlal sich der Menge angeschlossen, die zum *Birla House* zog, um Gandhi zum Abbruch seines Hungerstreiks zu bewegen. Bei Nehrus Worten hatte den zwanzigjährigen Madanlal die Empörung übermannt, und er beging die unglaubliche Dummheit, seinen Protest hinauszuschreien.

Karkare sah verzweifelt mit an, wie zwei Polizisten Madanlal abführten. Wenn der verhaßte Mann in dem Haus seinen Hungerstreik überlebt, ging es ihm durch den Kopf, dann bleibt ihm jetzt durch Madanlals hirnverbranntes Verhalten vielleicht auch das Attentat erspart.

Karkares Befürchtungen waren unbegründet. Ein paar Minuten später, als die Menge sich langsam zerstreute, wurde Madanlal wieder auf freien Fuß gesetzt. Verbitterte Flüchtlinge waren in Delhi etwas Alltägliches. Die Polizisten hatten sich nicht einmal die Mühe gemacht, ihn auszufragen oder seinen Namen zu notieren.

Spätabends eilte ein Mann ins *Birla House.* Pyarelal Nayar trug in seinen Händen die einzige Nachricht, die Gandhi vor dem Tod retten konnte, der nach Ansicht seiner Ärzte unmittelbar bevorstand. Gandhis Leben hing in dieser Nacht an einem seidenen Faden. Sein Puls ging schwach und unregelmäßig. Am frühen Abend hatte er bereits phantasiert. Die anhaltende Unfähigkeit, Wasser zu lassen, schien einen allgemeinen Zusammenbruch der Körperorgane anzukünden.

Gandhi schlief, als Pyarelal den Raum betrat, aber das Zimmer war von der Atmosphäre des Todes erfüllt. Pyarelal flüsterte seinem geliebten Herrn etwas ins Ohr, doch dieser rührte sich nicht. Schließlich rüttelte er ihn an der Schulter. Gandhi regte sich und schlug die Augen auf. Pyarelal zog ein Blatt Papier aus der Tasche, entfaltete es und hielt es dem Mahatma vor die Augen. Es sei ein Abkommen, soeben vom Friedenskomitee unterzeichnet, erklärt er, eine gemeinsame Verpflichtung, «Frieden, Harmonie und Brüderlichkeit zwischen den Bevölkerungsgruppen wiederherzustellen».

Gandhi stieß einen Seufzer der Befriedigung aus. Dann fragte er, ob alle führenden Männer der Stadt unterschrieben hätten. Pyarelal zögerte einen Augenblick. Es fehlten noch zwei Unterschriften, gestand er, die der lokalen Chefs der beiden Organisationen, die seine unversöhnlichsten Feinde waren, der Hindu Mahasabha und der R.S.S.S.

Sie würden am nächsten Tag unterschreiben, sagte Pyarelal. Die anderen verbürgten sich dafür, daß sie sich dem Abkommen anschließen würden. Gandhi solle doch seinen Hungerstreik jetzt abbrechen und etwas zu sich nehmen, um die kommende Nacht zu überstehen.

Mit einer schwachen, ungeduldigen Bewegung schüttelte Gandhi den Kopf. Mühsam drehte er sich seinem Sekretär zu.

«Nein», murmelte er, «übereilt darf nichts geschehen. Ich werde erst dann zu fasten aufhören, wenn auch das härteste Herz erweicht ist.»

Das Läuten des Telefons unterbrach die Zusammenkunft im Arbeitszimmer von Dr. Rajendra Prasad, dem Präsidenten der Kongreßpartei. Der Anruf kam aus dem *Birla House.* Gandhis Zustand hatte sich plötzlich verschlechtert. Wenn die Resolution – diesmal mit der Unterschrift *sämtlicher* politischer Führer versehen – nicht schleunigst an sein Lager gebracht werde, könne es zu spät sein. Es war elf Uhr vormittags, Sonntag, der 18. Januar. Seit fast einer Stunde drohte die Gefahr, daß Gandhi ins Koma glitt.

Mit bestürzter Miene gab Prasad die Nachricht an die Männer weiter, die sich in seinem Arbeitszimmer drängten. Sie hatten sich hier versammelt, um die letzten Unterschriften unter das kritische Dokument zu setzen, das Gandhis Sekretär am Abend vorher dem Mahatma gezeigt hatte. Mit ein paar Männern brach Prasad in höchster Eile zum *Birla House* auf. Die anderen sollten ihnen folgen, so rasch sie könnten. Gandhi lag bewußtlos auf seinem Lager. Wie am Abend vorher rief Pyarelal seinen Namen und versuchte ihn dann zu wecken, indem er ihm sanft die Stirn streichelte. Er reagierte nicht. Jemand brachte eine feuchte Kompresse, die man ihm auf den Kopf legte. Als die Kühle in ihn eindrang, regte sich Gandhi. Dann öffnete er die Augen. Als er die Versammlung um sein Bett sah, huschte ein schwaches Lächeln über sein Gesicht. Er hatte ein Wunder zustande gebracht, das nur er wirken konnte.

Die Männer, die um sein Bett standen, waren durch Ströme von Blut und eine jahrhundertealte Feindschaft voneinander getrennt. Da standen Sikhs mit den blauen Turbanen der militanten Akalisekte neben Moslems mit Fes; Kongreßmitglieder im Dhoti; Parsen und Christen in Maßanzügen aus London; Unberührbare aus der Straßenfegerkolonie Bangi; Sadhus in ihren orangefarbenen Gewändern; der Führer der extremistischen Hindu Mahasabha und sogar der mysteriöse Chef der R.S.S.S., jener Brüderschaft fanatischer Hindus – sie alle hatten sich schweigend neben dem pakistanischen Hochkommissar aufgestellt.

Rajendra Prasad kniete sich neben der zusammengekauerten Gestalt auf dem *charpoy* nieder. Sein Sieben-Punkte-Abkommen, sagte er zu Gandhi, trage nun sämtliche Unterschriften. Es sei ihr einhelliger, tiefempfundener Wunsch, daß er seinen Hungerstreik abbreche. Einer nach dem anderen bekräftigten die um das Bett versammelten Männer Prasads Worte. Ein Ausdruck abgeklärter Heiterkeit verbreitete sich auf Gandhis Gesicht. Er gab zu verstehen, daß er sprechen wolle.

Manu drückte ihr Ohr an seine Lippen. Sie notierte jeden Satz in ein Notizheft und reichte es dann Pyarelal, der den Versammelten Gandhis Worte vorlas.

Sie hätten ihm alles gegeben, was er verlangt habe, aber er sei trotzdem noch nicht bereit, die Worte zu sprechen, die sie so erwarteten. Was sie in Delhi zustande gebracht hätten, müßten sie nun auch in ganz Indien zu erreichen versuchen. Wenn sie in Delhi Frieden gelobten, aber anderwärts gleichgültig gegen Gewalttaten blieben, wäre ihr Gelöbnis wertlos, und er würde falsch handeln, wenn er seinen Hungerstreik beendete.

Selbst an der Schwelle des Todes wußte der listige Prophet der Brüderlichkeit, daß er die Männer um ihn herum dahin gebracht hatte, wo er sie haben wollte, und er beabsichtigte, das Äußerste an Einigungsbereitschaft aus ihnen herauszupressen. Keuchend schwieg er zwei Minuten, um Kraft zu sammeln, ehe er weitersprach. Pyarelal, den die Bewegung übermannte, war nicht mehr imstande, die Sätze zu verlesen, die Manu ihm auf Zetteln reichte. Er ließ sich von seiner Schwester Sushila ablösen.

«Nichts wäre dümmer, als zu glauben, Indien dürfe nur den Hindus und Pakistan allein den Moslems gehören. Es mag schwierig erscheinen, ganz Indien und Pakistan mit einem neuen Geist zu erfüllen, aber wenn wir uns eine Aufgabe von ganzem Herzen vornehmen, gelingt sie uns. Wenn Sie, nachdem Sie das alles gehört haben, immer noch wollen, daß ich meinen Hungerstreik aufgebe, dann tue ich es. Aber wenn es in Indien nicht besser wird, sind alle Ihre Versprechungen nur eine Farce gewesen. Dann bleibt mir nichts mehr, als zu sterben.»

Ein Beben der Erleichterung ging durch den Raum. Einer nach dem anderen traten die anwesenden Männer an seinen *charpoy* und versicherten ihm, daß sie die volle Bedeutung seiner Botschaft begriffen hätten. Der Führer der R.S.S.S. – der Organisation, der das Kommando angehörte, das Gandhi in Delhi ermorden wollte – schloß sich der Friedenszusicherung der anderen an. «Ja», gelobte er, «wir schwören, Ihre Befehle voll auszuführen.»

Als die letzten Beteuerungen der Versöhnungsbereitschaft gesprochen waren, winkte Gandhi Manu wieder zu sich. «Ich werde zu fasten aufhören. Gottes Wille geschehe», schrieb sie in ihr Heft. Ein Freudenschrei brach aus aller Mund, als sie den Versammelten diese Worte vorlas.

Eine Stimmung ungehemmter Erleichterung, des Triumphes erfüllte den Raum, eine Begeisterung, fast so überschwenglich wie beim Wahlsieg eines populären Kandidaten. Als wieder Ruhe eintrat, forderte Gandhi alle Besucher auf, an einem gemeinsamen Gebet teilzunehmen: Es umfaßte ein buddhistisches Mantra, Lesungen aus der Bhagavadgita, dem Koran, der Bibel, das Gebet der Zarathustraanhänger und zum Abschluß eine Hymne auf den großen Guru der Sikhs, Gobind Singh, dessen Festtag gerade begangen wurde. Gandhis Augen blieben geschlossen. Strahlende Freude erleuchtete sein verkniffenes kleines Gesicht, während er lauschte. Bei jedem Gebet bewegten sich seine Lippen.

Durch das Gewimmel der Reporter und Pressefotografen, die auf die Nachricht, daß Gandhi seinen Hungerstreik abbrechen wolle, in den Raum geströmt waren, bahnte sich Abha ihren Weg und brachte ein Glas Orangensaft mit Traubenzucker an das Lager des Mahatma. Maulana Azad, ein Moslem und früherer Präsident der Kongreßpartei, und Jawaharlal Nehru, beide vor Bewegung zitternd, nahmen gemeinsam das Glas und hielten es Gandhi an die Lippen. Die zuckenden Blitzlichter tauchten den Raum in blendendweißes Licht, als Gandhi den ersten Schluck trank. Es war 12.45 Uhr mittags. Mohandas Gandhi, nun achtundsiebzig Jahre alt, nahm zum erstenmal Nahrung zu sich, nachdem er 121 Stunden und 30 Minuten nur von lauwarmem Wasser mit Natriumbikarbonat gelebt hatte.

Tosender Jubel brach in dem von Menschen wimmelnden Garten des *Birla House* und auf den Gassen ringsum aus, als die Nachricht kam, daß Gandhi endlich seinen Hungerstreik abgebrochen hatte. Im Haus selbst traten alle Frauen aus Gandhis Begleitung mit Tabletts voll Orangenschnitzen an sein Bett. Es war *prasad*, die Gabe Gottes. Mit einer matten Bewegung der Hand gab der Mahatma dem Geschenk seinen Segen. Tränen der Freude rannen den Frauen übers Gesicht, während sie sich durch die Menge den Weg bahnten und Berge von Orangenschnitzen anboten, Hostien einer gewaltigen mystischen Vereinigung, die jene von Zwietracht erfüllten Menschen nun miteinander verband.

Als dieser Akt zu Ende war, befand sich Gandhi infolge der Aufregung und der Kraft, die es ihn gekostet hatte, zu den Versammelten zu sprechen, in einem Zustand solcher Erschöpfung, daß die Ärzte das Zimmer räumten. Nur ein einziger Mann blieb zurück. Mit einem Gesichtsausdruck, den das Glück verklärte, hockte sich Jawaharlal Nehru mit untergeschlagenen Beinen neben seinem alten Lehrmeister nieder. Nach einem Augenblick der Meditation beugte er sich vor, bis seine Lippen dicht an Gandhis Ohr waren, und flüsterte ihm ein Geheimnis zu, von dem er zu niemandem, nicht einmal zu seiner Tochter, gesprochen hatte. Seit dem Abend vorher hatte auch er gefastet, eine symbolische Geste der Sympathie mit seinem geistigen Vater.

So wie der Triumph seinen Geist neu belebt hatte, so hatte der Traubenzucker seinem Körper neue Kraft gegeben, und die Stimme, die in den vergangenen sechsunddreißig Stunden nur noch hatte flüstern können, gewann etwas von ihrer alten Stärke zurück, als Gandhi an diesem Abend zu den im Garten versammelten Gläubigen sprach.

«Ich werde mein Leben lang nicht die Güte vergessen, die ihr mir alle entgegengebracht habt», sagte er. «Macht keinen Unterschied zwischen Delhi und anderen Orten», beschwor er die Menschen. In ganz Indien und Pakistan solle wieder Frieden einziehen. «Wenn wir bedenken, daß alles Leben eines ist, gibt es keinen Grund, einander als Feinde zu behandeln.» Jeder Hindu, sagte er, solle den Koran lesen, und die Moslems sollten über die Bedeutung der Bhagavadgita und des heiligen Buches der Sikhs, des *Granth Sahib*, nachdenken.

«So wie wir unsere eigene Religion achten, müssen wir auch die anderer Menschen achten», erklärte er. «Was gerecht und wahr ist, ist gerecht und wahr, ob es nun in Sanskrit, Urdu, Persisch oder sonst einer Sprache niedergeschrieben ist.»

«Möge Gott uns und der ganzen Welt Vernunft schenken», schloß er, «möge Er uns weiser machen und uns enger an sich ziehen, damit Indien und die Welt ihr Glück finden.»

Sein *darshan* an diesem Abend war ein außergewöhnliches, bewegendes Schauspiel. Auf einem Stuhl sitzend und wie ein neugeborenes Kind in eine warme Decke gewickelt, wurde er, für alle sichtbar, auf die Terrasse seines Domizils getragen. Dann hoben ihn seine Anhänger auf ihre Schultern, und wie ein siegreicher Boxer, der soeben seinen Gegner mit einem K. o. bezwungen hat, winkte der Mahatma fröhlich der Menge zu.

Drei Stunden später, während das festlich gestimmte Delhi das Ende des Hungerstreiks feierte, nahm Gandhi seine erste Mahlzeit zu sich: einen viertel Liter Ziegenmilch und vier Orangen. Als er damit fertig war, verlangte er nach seinem Spinnrad. Die Bitten seiner Ärzte und seiner Begleitung vermochten ihn nicht abzuhalten. Kaum kehrten die ersten körperlichen Kräfte zurück, setzten seine zitternden Finger das Rad in Bewegung.

«Brot, das man nicht selbst verdient hat, ist gestohlenes Brot», sagte er flüsternd. «Ich habe jetzt angefangen, Nahrung zu mir zu nehmen, also muß ich auch arbeiten.»

18

Eine Bombe im Birla House

Seit Jahren hatte Pyarelal Nayar Gandhi nicht so fröhlich, so voller Eifer und Begeisterung erlebt wie nach dem Hungerstreik. Der erfolgreiche Abschluß hatte freie Bahn für «grenzenlose Träume und Hoffnungen» geschaffen. Seit dem Salzmarsch im Jahr 1929 hatte keine seiner Aktionen die Welt so erregt und ihm solche Sympathien eingebracht.

Eine Flut von Gratulationstelegrammen ergoß sich ins *Birla House*. In der ganzen Welt feierten Zeitungen Gandhis Tat. «Die geheimnisvolle Macht eines gebrechlichen achtundsiebzigjährigen Mannes erschüttert die Welt und beflügelt sie mit neuer Hoffnung», schrieb der *News Chronicle* in London. Gandhi «hat eine Macht gezeigt, die vielleicht größer ist als die Atombombe, und die der Westen mit neidvoller Hoffnung betrachten sollte». Die *Times*, die nicht immer zu seinen Bewunderern gezählt hatte, stellte fest: «Gandhis mutiger Idealismus hat sich noch nie klarer gerechtfertigt», und der *Manchester Guardian* kommentierte, Gandhi «ist vielleicht ein Politiker unter Heiligen, aber nicht weniger ein Heiliger unter den Politikern». In den Vereinigten

Staaten schrieb die *Washington Post*, die «Welle der Erleichterung» überall in der Welt, weil Gandhi vom Tod verschont geblieben war, zeige, wie sehr man ihn als einen Heiligen betrachte. Ägypten feierte ihn als «einen edlen Sohn des Ostens, der sein Leben dem Frieden, der Toleranz und der Brüderlichkeit weiht», und in Indonesien sah man in seinen Erfolgen «die Morgendämmerung der Freiheit für ganz Asien».

Der kleine alte Mann im *Birla House* war nicht unempfindlich für diese Lawine von Huldigungen und Lobeshymnen. Der 19. Januar, ein Montag, war, wie jeder Montag für ihn ein Tag des Schweigens, doch seine quecksilbrige Fröhlichkeit steckte seine ganze Umgebung an. Die düstere Verzweiflung, die während der letzten Tage seines Hungerstreiks über dem *Birla House* gelegen hatte, war gewissermaßen einer mystischen Euphorie gewichen, der Überzeugung, daß sich für Gandhi und seine Lehre der Gewaltlosigkeit weite neue Horizonte auftaten.

Der Mahatma war zwar noch schwach und durfte nur flüssige Nahrung, Fruchtsäfte, Gerstenschleim und Traubenzucker zu sich nehmen. Dennoch schien sich der neue Geist auch auf seinen Gesundheitszustand auszuwirken. Für seine Gefolgschaft kam der beruhigendste Augenblick bei der täglichen Zeremonie, die während seines Fastens immer größere Besorgnisse ausgelöst hatte, dem Wiegen. Am Morgen des 19. Januar zeigte sich, daß er abgenommen hatte, auf achtundvierzig Kilogramm. Es war die schönste Freudenbotschaft für seine Getreuen im *Birla House*. Gandhis blockierte Nieren begannen wieder zu funktionieren. Abermals tauchte Indiens unbezwingbare «große Seele» aus dem Schatten des Todes auf.

Ungefähr um die Zeit, als Gandhi auf die Waage stieg, traten sechs Männer auf eine kleine Lichtung in dem dichten Gehölz hinter dem Birlatempel in Neu-Delhi. Dort, weit außer Hörweite jedes neugierigen Tempelbesuchers, blieben sie stehen. Nathuram Godse und Narayan Apte wollten vor ihrem Attentatsversuch auf Gandhi die Waffen prüfen, mit denen sie ihn zu töten beabsichtigten.

Gopal Godse zog unter seiner Jacke die 32kalibrige Pistole hervor, die er in Poona für 200 Rupien erstanden hatte. Er lud sie, suchte sich einen Baum aus, ging siebeneinhalb Meter rückwärts und drückte ab. Es geschah nichts. Er schüttelte die Waffe und drückte noch einmal ab. Wieder nichts.

Apte gab Badge ein Zeichen, seine Pistole herauszuholen. Unter den gespannten Blicken seiner Mitverschworenen richtete Badge die Waffe auf den Baum, auf den Gopal gezielt hatte. Er drückte ab. Diesmal hörte man einen scharfen Knall. Die Verschwörer liefen zu dem Baum, um den Einschlag der Kugel festzustellen. Doch es war nichts zu sehen. Die Kugel war auf halber Strecke zu Boden gefallen. Badge feuerte noch einmal. Diesmal ging der Schuß daneben, die Kugel landete ziemlich weit rechts des Baumes. Er schoß noch viermal. Nicht ein einziges Mal wurde das Ziel getroffen. Die Pistole konnte, wie Apte schon in Bombay befürchtet hatte, ebensogut sie selbst wie Gandhi töten.

Bedrücktes Schweigen verbreitete sich unter den Verschwörern. Nathuram Godse beobachtete mit wortlosem Grimm, wie sein Bruder mit seinen unerfahrenen Händen an seiner Pistole herumzufingern begann. Wenn Gopal seine Waffe nicht in Ordnung bringen konnte, mußten sie Gandhi mit einer Pistole, die nicht funktionierte, und einer zweiten, die nicht traf, zu töten versuchen.

Der wichtigste Besucher, der an diesem Montag, dem 19. Januar, ins *Birla House* kam, war der Baumwollmakler aus Bombay, den Gandhi zur Vorbereitung seines Besuches nach Pakistan entsandt hatte. Während der Mahatma seine schwere Prüfung durchlitt, hatte Jehangir Patel mit Jinnah Geheimgespräche über eine Reise geführt, die mit jedem Tag, der verging, unwahrscheinlicher wurde. Jinnah hatte sich zuerst ablehnend und feindselig verhalten. Sein tiefverwurzeltes Mißtrauen gegen den Mann, dessen Taktik ihn Jahre vorher aus der Kongreßpartei vertrieben hatte, blieb unerschüttert. Dazu kam, daß sein schon an Verfolgungswahn grenzender Argwohn gegenüber den Absichten Indiens ihn nach einem verborgenen Motiv in dem Vorschlag des Mannes suchen ließ, den er einst als einen «durchtriebenen Hindufuchs» bezeichnet hatte.

Doch Indiens Entschluß, ihm die Rupien auszuzahlen, die er so dringend brauchte, und die bei seinen Landsleuten wachsende Einsicht, daß sich Gandhi schließlich für ihre moslemischen Brüder in Indien aufopferte, hatten Jinnah nachgiebiger gestimmt. Wenn Gandhis Hungerstreik ihm auch nicht die Tür zu Jinnahs Herzen geöffnet hatte, so doch die Tore seines neuen Staates. An dem Tag, an dem Gandhi zu fasten aufhörte, willigte Jinnah endlich ein, seinen alten politischen Gegner auf dem Boden Pakistans willkommen zu heißen.

Jinnahs Entscheidung weckte bei Gandhi einen Ausbruch zielstrebiger Energie. Er hatte einen großen Wendepunkt in seinem Leben erreicht. Endlich konnte er seine Lehre von der Gewaltlosigkeit über die Grenzen Indiens hinaustragen. Vorher hatte er das immer abgelehnt, weil die Unabhängigkeit Indiens seine erste Aufgabe sei. Nun war die Unabhängigkeit erreicht, und sein Hungerstreik hatte seine Landsleute auf den Weg zurückgeführt, den er für sie abgesteckt hatte. Wo konnte er seine Mission besser beginnen als in Pakistan? Der indische Subkontinent hatte seine äußere Einheit verloren, aber er wollte sich wenigstens bemühen, seine geistige Einheit wiederherzustellen.

Er wollte sich nicht nur nach Pakistan begeben, sondern hatte auch schon eine Vorstellung, wie das geschehen sollte. Es war ein Traum, der ihn schon seit Wochen bewegte. Jinnah wünschte, daß er zu Schiff von Bombay nach Karatschi reise, aber dies war für einen Mann wie Gandhi viel zuwenig dramatisch. Wie er über die Grenze Transvaals, wie er zu Fuß zum Meer gezogen war, um dort eine Handvoll Salz aufzuheben, wie er durch tausend Dörfer gewandert war, um brüderliche Gesinnung, Gewaltlosigkeit und Hygiene zu predigen, so wollte er auch nach Pakistan gehen – zu Fuß. Er wollte auf eigenen Füßen zu Jinnahs neuem Staat wandern, über die wunde Erde des blutenden Pandschabs, auf den Straßen des Exodus, auf denen so viele seiner Mitmenschen gelitten hatten und gestorben waren. Genau ein Jahr vorher war er zu Fuß durch das Sumpfland von Noakhali gezogen und hatte auf seiner Pilgerfahrt seine heilende Botschaft verkündet. Nun würde er wiederum zu einer Pilgerfahrt aufbrechen, zu einer Pilgerfahrt der Hoffnung, um die Wunden seines Volkes zu verbinden und die greifbaren Bande, welche die Teilung zerschnitten hatte, durch ein geistiges Band der Bruderliebe und Gerechtigkeit zu ersetzen.

Doch im Augenblick trugen ihn die Füße, die ihn bis Pakistan tragen sollten, nicht einmal über den Rasen des *Birla House*. Obwohl seine Umgebung in ihn drang, er sei noch zu schwach, um selbst an der abendlichen Gebetsversammlung teilzunehmen, bestand er darauf, sich auf einem Sessel hinaustragen zu lassen. Auf den Schultern von zwei Anhängern schwebte er wie ein orientalischer Potentat durch die wartende Menge. Er hatte die Hände zum *namaste* zusammengelegt und neigte grüßend den Kopf vor den Menschen, die auf ein neues *darshan* mit ihrem ins Leben zurückgerufenen Propheten warteten.

Aller Augen folgten ihm, wie er längs des langen Spaliers mit seinen orangefarbenen und dunkelroten Bougainvillea-Blüten dahinschwebte, die wenigen Sandsteinstufen hinauf und über den Rasen zu der Plattform, von der aus er eine Woche vorher seinen Hungerstreik angekündigt hatte. Doch nicht alle Augen, die ihm zuschauten, wie er sich auf seiner Strohmatte niederließ, beobachteten ihn voll ehrfürchtiger Scheu. Weit voneinander entfernt warteten auf der Rasenfläche drei Attentäter.

Zum erstenmal in seinem Leben hatte der dreiundzwanzigjährige Gopal Godse Gandhi gesehen. Er war von dem Mahatma, der auf seiner Plattform hockte, nicht beeindruckt. Gopal sah nur «einen kümmerlichen Greis». Er spürte keine Aufwallung von Haß, als er zu ihm hinsah. «Ihn umzubringen», sagte er später, «war für mich etwas Unpersönliches. Er hatte einen schlechten Einfluß auf die Menschen.» Was der mißtrauische Gopal Godse nicht ahnte, war die Anwesenheit mehrerer Polizeibeamter in Zivil, die sich in der Menge verteilt hatten. Als er den Gebetsplatz verließ, bemerkte er eine Maschinenpistole auf dem Klapptisch des Polizeizeltes am Tor.

«Wir haben nur eine geringe Chance, davonzukommen», dachte er.

Eine Dreiviertelstunde später trafen die Verschwörer, die darauf achteten, daß ihnen niemand folgte, nacheinander im Zimmer Nr. 40 des Hotels Marina am Connaught Circus in Neu-Delhi ein, wo Apte und Godse sich als S. und N. Deshpande angemeldet hatten. Karkare bestellte für sich und Apte Whisky.

Apte sagte, die Zeit sei gekommen, eine Entscheidung zu treffen. Seine Beobachtungen im Garten des *Birla House* hätten ihn überzeugt, daß es nur einen einzigen Augenblick während des Tages gebe, in dem sie sicher sein könnten, daß Gandhi verwundbar sei. Um fünf Uhr nachmittags, am Dienstag, dem 20. Januar, würden sie ihn während seiner Gebetsversammlung ermorden.

Kurz nach neun Uhr morgens am 20. Januar fuhr ein Taxi die rote Ziegelmauer an der Rückseite des *Birla House* entlang bis zu dem weißgestrichenen Holztor, das für Lieferanten bestimmt war. Völlig unbehelligt gingen die beiden Fahrgäste durch den Eingang in einen kleinen Innenhof, dessen eine Seite eine einstöckige Betonbaracke einnahm, die in zellenartige Zimmer aufgeteilt war. Darin war das Personal des Hauses untergebracht. Die Rückseite der Baracke bildete die rote Sandsteinmauer des Pavillons, vor dem Gandhi seine abendlichen Gebetsversammlungen abhielt.

Die beiden Männer schlenderten weiter, in den Garten. Er lag still und leer in der Morgensonne. Noch schimmerte der Tau auf dem Rasen und den Rosensträuchern längs der kleinen Sandsteinbrüstung, welche die äußere Umgrenzung der Rasenfläche bildete. Narayan Apte und sein falscher Sadhu, Digamber Badge, waren beruhigt. Niemand störte sie bei ihrer wichtigen Aufgabe, genau festzulegen, wie sie das Verbrechen begehen wollten. Als Apte den Sandstein-Pavillon musterte, vor dem sich Gandhis Gebetsplattform befand, erstarrte er plötzlich. In die Mauer war eine Reihe kleiner Gitter eingelassen, die auf den Gebetsplatz führten. Es waren offensichtlich Fenster der Personalunterkünfte hinter dem Pavillon. Eines davon befand sich unmittelbar hinter dem Mikrofon, von dem aus Gandhi zu seiner abendlichen Versammlung sprach.

Apte trat an das Gitter heran und stellte eine rasche Berechnung an. Die Entfernung zwischen diesem offenen Fenster und Gandhis Hinterkopf, wenn er seine Ansprache hielt, würde nur knapp drei Meter betragen. Auf diesen Abstand mußte selbst Badges unzuverlässige Pistole ihr Ziel treffen.

Das war die Offenbarung, derentwegen er in den Garten gekommen war. Er brauchte lediglich Badge mit einer Pistole in dem Raum hinter jenem Fenster zu postieren. Außerdem würde er Gopal Godse mit Badge in den Raum schicken. Gopal Godse würde, im gleichen Augenblick, in dem Badge das Feuer eröffnete, eine Handgranate zwischen den Gitterstäben hindurchwerfen. Der Zwischenraum zwischen den Stäben genügte, die Handgranate mitten zwischen Gandhi und seine Begleitung zu befördern.

Etwas Letztes prägte Apte sich ein, als sie den Gebetsplatz auf dem gleichen Weg verließen, auf dem sie ihn betreten hatten. Die Kammer des Dieners, deren Fenster sich hinter dem Mikrofon befand, war die drittletzte von links. Befriedigt kehrten die beiden Besucher zu ihrem wartenden Taxi zurück. In knapp acht Stunden, versicherte Apte seinem Begleiter, werde Gandhi tot auf seiner Gebetsplattform unter dem vergitterten Fenster liegen, das sie gerade entdeckt hatten.

Fünf Augenpaare verfolgten gespannt jede Fingerbewegung des falschen Sadhu. Er hockte auf dem Boden seines Badezimmers im Marina-Hotel und steckte langsam die Sprengkapseln in die Handgranaten. Bleich und unruhig stand Nathuram in der Tür und sah ihm zu. «Badge», flüsterte er heiser, «die Handgranaten sind unsere einzige Chance. Sorge dafür, daß sie richtig funktionieren.»

Als Badge damit fertig war, schnitt er mit einem Messer ein Stück Zündschnur ab und sagte zu Apte, er solle eine Uhr in die Hand nehmen. Sie müßten die Brenngeschwindigkeit der Lunte berechnen. Badge zündete sie an. Sie flammte in einer Wolke beißenden Rauchs auf, so daß die sieben Verschwörer nach Luft rangen und husteten. Sie zündeten sich rasch Zigaretten an und zogen hastig daran, um nicht durch den Rauch der Zündschnur verraten zu werden.

Als sie sich wieder gefaßt hatten, versammelte Apte sie im Schlafzimmer um sich, um jedem seine Aufgabe zuzuweisen. Der Mann, dessen plötzlicher Entschluß, Gandhi zu töten, sie nach Delhi geführt hatte, nahm an den Diskussionen nicht teil; Nathuram Godse war durch einen Migräneanfall außer Gefecht gesetzt und lag stöhnend auf seinem Bett, Madanlal erläuterte Apte, würde eine Zeitbombe am äußeren Rand der Ziegelsteinmauer hinter dem *Birla House* nahe dem Gebetsplatz verstecken. Die Explosion, die für sie der Startschuß war, würde eine Welle der Panik auslösen und dadurch das Attentat erleichtern.

Unterdessen würden Badge und Gopal Godse die Kammer betreten, die sie an diesem Morgen ausgekundschaftet hatten. Falls jemand sie aufhielt, sollten sie behaupten, sie wollten den Mahatma von hinten fotografieren, während er zu der Versammlung sprach. In dem Augenblick, in dem Madanlals Bombe hochging, sollte Badge auf Gandhi, der fast in Kernschußweite stehen würde, das Feuer eröffnen und Gopal neben ihm eine Handgranate durch das Gitter werfen.

Um absolut sicherzugehen, daß ihnen ihr Opfer nicht entkam, sollte sich Karkare mit einer Handgranate unter die Gläubigen mischen und vor Gandhi postieren. Auch er hatte seine Handgranate auf Gandhi zu schleudern, wenn Madanlals Bombe explodierte. Nathuram und Apte würden die Operation steuern. Nathuram würde Apte ein Zeichen geben, wenn Karkare seine Position vor Gandhi eingenommen hatte, und Apte würde Madanlal signalisieren, seine Bombe zu zünden.

Ihre gnadenlose Entschlossenheit, Gandhi zu beseitigen, werde, wie Apte einräumte, unschuldige Opfer fordern. Das sei unvermeidlich. Ein paar unschuldige Tote mehr seien der Preis, den Indien für den Tod des Mannes zahlen müsse, der an der Niedermetzelung so vieler Hunderttausender Hindus im Pandschab schuldig sei.

Eine fast unerträgliche Spannung verbreitete sich in dem Hotelzimmer. Nathuram Godse lag immer noch auf seinem Bett und stöhnte leise unter der Folter seiner Migräne. Damit man sie nicht als zusammengehörig erkannte, zogen sie sich so verschieden wie möglich an. Apte, der sonst gutgeschnittene Tweedjacken trug, legte einen Dhoti an. Karkare schwärzte sich die Augenbrauen und drückte sich einen roten Punkt auf die Stirn. Madanlal zog einen neuen blauen Anzug an, den er in Bombay gekauft hatte. Der Flüchtling aus dem Pandschab ging zu seiner Begegnung mit der Geschichte, die ihm die Astrologen bei der Geburt prophezeit hatten, in der Kleidung eines Gentleman; zum erstenmal in seinem Leben trug Madanlal Pahwa Jackett und Krawatte.

Die Spannung im Zimmer Nr. 40 stieg aufs höchste, während die Stunden dahinschlichen. Schweigend und ohne einander anzublicken, hockten die Verschwörer auf den Boden des Hotelzimmers und zählten die Minuten. Nathuram Godse schlug einen feierlichen Abschiedstrunk vor. Er beauftragte den Zimmerkellner, für sie alle Kaffee zu holen. Als sie ausgetrunken hatten, war es Zeit zum Aufbruch; Madanlal, Karkare und Nathuram Godse gingen als erste. In Abständen von fünf Minuten verließen sie das Hotel, um jeweils in einer anderen Tonga zum *Birla House* zu fahren. Zehn Minuten später brachen Apte und die übrigen auf, um ihnen im Taxi zu folgen. Statt in das erste Taxi zu steigen, das er fand, begann Apte in diesem wichtigen Augenblick um die Höhe des Fahrpreises zum *Birla House* und zurück zu feilschen. Eine volle Viertelstunde ging er rings um den Connaught Circus von Taxi zu Taxi und versuchte den Preis zu drücken. Schließlich entschied er sich für einen grünen Chevrolet mit der Nummer PBF 671, den er vor dem Regal-Kino fand. Es war Viertel nach vier. Dank seiner Zähigkeit hatte er es fertiggebracht, den Fahrpreis zu dem Kalvarienberg, den sie für Indiens Propheten ausgewählt hatten, von sechzehn auf zwölf Rupien zu drücken.

Im *Birla House* wurde Gandhi, der noch zu geschwächt war, um zu Fuß zur Gebetsversammlung zu gehen, auf einen Sessel gesetzt und über den Rasen zu seiner Plattform getragen. In der Menge, die die

Hände gegeneinander preßte und respektvoll den Kopf beugte, als sich der Mahatma näherte, stand Madanlal Pahwa. Auch er preßte die Hände zusammen und beugte ehrfurchtsvoll den Kopf vor dem Mann, den er zu töten beabsichtigte. Seine Zeitbombe war an Ort und Stelle, an der Mauer hinter ihm unter Blättern und Gras versteckt. Als Gandhi vorüberkam, hob Madanlal die Augen, um ihn anzublicken. Er ist mein Feind, dachte er. Er sah nicht die kleine Gestalt, die da vor ihm der Gebetsplattform entgegenschwankte, sondern vor seinen Augen stand ein anderes Bild, das seines Vaters im Krankenhaus von Ferozepore.

Der Mahatma hatte sich kaum zurechtgesetzt, als jemand aus der Menge hervorstürzte, sich Gandhi zu Füßen warf und ihn aufforderte, sich zu einer Inkarnation Gottes zu erklären. Gandhi verabscheute solche Vorschläge. Trotzdem lächelte er den Mann nachsichtig an. «Setzen Sie sich hin und schweigen Sie», sagte er, «ich bin genauso ein Sterblicher wie Sie.»

Auf der Rückseite des *Birla House* fuhr gerade Aptes grüner Chevrolet am Lieferanteneingang vor. Apte kam mit Verspätung zur wichtigsten Verabredung seines Lebens, weil er vier Rupien hatte sparen wollen. Karkare sagte ihm, daß die Bombe an Ort und Stelle und zündfertig sei. Man werde ohne Schwierigkeiten in die Kammer gelangen, deren Fenster sich hinter Gandhis Kopf befand. Karkare hatte dem Mann, der sie bewohnte, zehn Rupien gegeben, um sie benutzes zu dürfen. Dann verschwand der Besitzer des *Deccan Guest House*, um seine eigene Position in der Menschenmenge vor Gandhi einzunehmen.

Apte winkte Badge zu sich, deutete auf den Mann, dem Karkare die zehn Rupien gegeben hatte, und wies Badge an, in dessen Zimmer zu gehen. Badge machte ein halbes Dutzend Schritte auf die Tür zu und blieb wie erstarrt stehen. Nichts konnte ihn dazu bringen, diesen Raum zu betreten. Kein Haß, keine Leidenschaft, keine Drohung war stark genug, ihn über die Schwelle zu treiben. Der Bewohner des Zimmers war einäugig. Es gab kein böseres Omen in Indien als dies. Badge kam zu Apte zurück. «Er ist einäugig», wisperte er, «ich gehe nicht in sein Zimmer.»

Apte war einen Augenblick unschlüssig. Auf dem Gebetsplatz waren die Hymnen verklungen, und Gandhi begann soeben zu sprechen. Seine Stimme war so schwach, daß nicht einmal das Mikrofon sie aufnehmen konnte. Sushila Nayar mußte jeden Satz wiederholen, den er zu den Versammelten sprach. Offensichtlich würde er nicht lange reden. Apte erkannte, daß er keine Zeit für eine Diskussion mit Badge hatte. Er sagte zu Gopal Godse, er solle wie geplant in die Kammer gehen und seine Handgranate durch das Fenstergitter stoßen, wenn er Madanlals Bombe explodieren höre. Dem zögernden Badge teilte er eine neue Aufgabe zu: Er solle sich unter die Menge mischen, die vor

Gandhi stand. «Geh so nahe wie möglich ran und schieß direkt auf ihn, wenn es soweit ist», sagte er.

Gopal Godse ging zu dem Zimmer des Dieners, nickte dem einäugigen Bewohner zu und schloß die Tür hinter sich. In der Dunkelheit bewegte er sich auf das Licht zu, das durch das vergitterte Fenster hereinfiel.

Draußen auf dem Gebetsplatz setzte Gandhi seine Ansprache fort. «Wer ein Feind der Moslems ist, der ist ein Feind Indiens», erklärte er. Gopal hörte, wie Sushila Nayar seine Worte wiederholte, während er im Dunkeln auf das Gitter zutappte. Als er es erreicht hatte, entdeckte er zu seinem Entsetzen den ersten schweren Fehler in Aptes Planung. Apte hatte sich bei seiner Inspektion am Morgen nicht die Mühe gemacht, die Kammer zu betreten. Das Gitter, durch das Godse seine Handgranate werfen sollte, befand sich fast zweieinhalb Meter über dem Fußboden. Apte hatte nicht begriffen, daß der Rasen des Gebetsplatzes beträchtlich höher lag als der Hof, an dem sich die Unterkünfte des Personals befanden. Selbst wenn Gopal die Arme in ganzer Länge ausstreckte, reichten seine Fingerspitzen kaum bis zum unteren Rand des Gitters. Verzweifelt tastete er im Dunkeln nach dem *charpoy* des Einäugigen. Als er es schließlich gefunden hatte, zerrte er es hastig unter das Fenster, um daraufzusteigen und seine Handgranate durch das Gitter stoßen zu können.

Es war soweit. Nathuram Godse sah Karkare in seiner Position, offenbar bereit, seine Granate auf den Mann zu schleudern, der in diesem Augenblick über die «grausame Behandlung» von Schwarzen in Amerika sprach. Nathuram führte die Hand ans Kinn und kratzte sich. Apte sah ihn. Er hob seinerseits den Arm, um Madanlal das Zeichen zu geben. Der Pandschabi war bereit. Der Augenblick, auf den er wartete, seit er an jenem Augustnachmittag über die Brücke von Suleimanki Head gegangen war, war endlich da. Er sollte seine Rache bekommen. Es war eine Chance, die er sich nicht entgehen lassen würde. Seelenruhig zog er an seiner Zigarette. Dann beugte er sich nach unten und drückte die Glut gegen die Zündschnur zu seinen Füßen.

«Wenn wir an den vortrefflichen Entscheidungen festhalten», wiederholte Sushila Gandhis letzten Satz, «werden wir uns auf eine höhere moralische Ebene erheben . . .»

Genau in diesem Augenblick explodierte Madanlals Zeitbombe mit furchtbarem Getöse. Von der Stelle, wo sie losgegangen war, stieg eine Rauchsäule auf. «O Mutter!» stieß Sushila hervor.

«Was für einen besseren Tod könnt ihr euch wünschen», sagte Gandhi, «als beim Beten zu sterben?»

In der Kammer hinter ihnen stieg Gopal gerade auf die Bettstatt, um das Gitter oben zu erreichen. Die Stricke des Gestells, auf die er sich stellen wollte, waren jedoch so schlaff, daß sie fast bis auf den Lehmboden durchhingen. Auf dem Holzrahmen balancierend, zog sich Gopal so weit hinauf wie möglich. Dennoch konnte er noch nicht über den unteren Rand der Öffnung schauen. Es blieb ihm nichts anderes übrig, als die Handgranate blind durch das Gitter zu stoßen und sie auf denjenigen fallen zu lassen, der gerade dort saß. Er griff nach der Granate. Plötzlich wurde ihm bewußt, daß vom Gebetsplatz weder Schüsse noch die Explosion von Karkares Handgranate zu hören waren. Er vernahm nur Gandhis Stimme, die zur Ruhe aufforderte.

Mit der ganzen Kraft, die er seinem geschwächten Körper abringen konnte, beschwor Gandhi die Menschen. «Hört doch! Hört doch!» sagte er. «Es ist ja nichts. Es ist nur die Armee, die irgendeine Übung abhält. Setzt euch und seid ruhig! Die Gebete gehen weiter.»

Die Detonation von Madanlals Bombe hatte ein panikartiges Durcheinander im Garten ausgelöst. Zwar war niemand verletzt worden, aber die Explosion hatte genau die Konfusion bewirkt, in deren Schutz die Verschwörer das Attentat ausführen wollten. Karkare nutzte die Verwirrung, um sich bis auf fünf Meter Entfernung zu Gandhi vorzuarbeiten.

Der geschwächte alte Mann war ein hilfloses Ziel, wehrlos wie ein Krüppel in einem Rollstuhl.

Karkare begann die Handgranate herauszuziehen. Zugleich spähte er zu dem Gitter hinter Gandhi, ob dort ein Pistolenlauf oder die Umrisse einer Handgranate zu sehen waren. Es war nichts zu erkennen. Karkare erstarrte.

Gopal Godse sprang vom Bettgestell herab. Er wollte nicht mehr. Sollen die anderen zuschlagen, dachte er. Er war nicht bereit, seine Handgranate hinauszuwerfen, ohne eine Ahnung, wen er damit umbringen würde. Er rannte durchs Dunkel zur Tür und tastete nach dem Knauf. Er konnte ihn nicht finden. Als seine nervösen Finger ihn endlich entdeckt hatten, brachte er ihn nicht auf. Panik ergriff ihn. Er würde hier in der Falle sitzen, im Zimmer des Einäugigen.

Draußen im Garten starrte Karkare, der seine Handgranate umklammert hielt, noch immer auf das Gitter und wartete auf den Pistolenlauf. Mit jeder Sekunde, die verging, sank ihm der Mut immer mehr. Plötzlich sah er zehn Meter weiter Badge in der Menge. Was tut er dort? dachte Karkare. Warum unternimmt er nichts?

Badge wollte nichts mehr unternehmen, er wollte nur noch weg. Nach seinen siebenunddreißig Verhaftungen hatte er nicht vor, sich noch eine weitere einzuhandeln. Er war kein Idealist oder politischer Fanatiker, sondern ein Geschäftsmann. Mein Geschäft, sagte er sich, besteht darin, Waffen zu verkaufen, nicht sie zu benutzen. Er wich Karkares starrem Blick aus und verschwand in der Menge.

Hinter dem *Birla House* hatte die Mutter eines dreijährigen Jungen, der hinter der Ziegelsteinmauer spielte, gesehen, wie Madanlal seine

Bombe zündete und wegging. Nun machte sie einen Fliegeroffizier auf ihn aufmerksam. «Der war's! Der war's!» kreischte sie.

Gopal, der endlich das Rätsel des Türschlosses gelöst hatte, tauchte aus der Kammer auf und blinzelte in die Sonne. Er hörte die Frau schreien, dann sah er, wie zwei Männer, der eine in einer blauen Uniform, Madanlal zu Boden rissen. Er erspähte Apte und seinen Bruder in der Menge. Sie wirkten verblüfft, schienen noch nicht zu begreifen, was geschah. Gopal arbeitete sich zu ihnen durch. Die drei *Chitpawan*-Brahmanen zögerten eine Sekunde. Dann war ihnen klargeworden, daß alles schiefgegangen war, und sie machten sich auf den Weg zu dem grünen Chevrolet-Taxi, das Apte für zwölf Rupien gemietet hatte. Ohne einen Gedanken an ihre Mitverschwörer stiegen sie ein und sagten dem Fahrer, er solle so rasch wie möglich in die Innenstadt von Delhi fahren.

Ein paar Sekunden später sah Karkare Polizisten, die Madanlal zu dem Zelt schleppten, das sie vor dem Haus aufgeschlagen hatten. Der letzte Rest Entschlossenheit hatte Karkare verlassen. Er lockerte den Griff um die Handgranate. Jetzt hatte er nur noch einen Gedanken: fliehen.

Gandhi auf seiner Plattform hatte endlich die Ruhe wiederhergestellt. Während sich in seiner Zuhörerschaft das Gerücht verbreitete, «ein verrückter Pandschab-Flüchtling» habe gegen Gandhi demonstrieren wollen, gab er in aller Ruhe bekannt: «Ich werde jetzt vielleicht nach Pakistan gehen. Wenn die Regierung und die Ärzte es mir erlauben, kann ich mich sofort auf den Weg machen.»

Dann wurde der fröhlich lächelnde alte Mann, der keine Ahnung von seiner wundersamen Rettung hatte, wieder auf seinen Sessel gehoben und im Triumph vom Gebetsplatz getragen.

Eine tiefe Niedergeschlagenheit wegen des mißglückten Attentats bedrückte Apte und die Brüder Godse, während sie in ihrem Taxi in die Stadt zurückfuhren. Nathuram vergrub den Kopf in den Händen; die Migräne war unerträglich geworden. Sie hatten keinerlei Vorstellung, was sie als nächstes tun sollten. Ihr Vertrauen in Aptes Plan war so blind gewesen, daß keiner von ihnen auch nur die Möglichkeit eines Scheiterns ins Auge gefaßt hatte. Sie schwebten nun in ernster Gefahr. Madanlal kannte zwar nicht ihre Namen, aber er wußte, daß sie aus Poona stammten, und er kannte den Namen ihrer Zeitung. Bald würden sie die Polizei auf den Fersen haben.

Zu der bitteren Realität ihres Scheiterns kam noch die blamable Demütigung. Sie hatten die Fanatiker in Bombay enttäuscht, von denen sie Geld für ihre «wichtige Mission» bekommen hatten. Vor allem aber hatten sie ihren Messias im *Savarkar Sadan* verraten, dem sie Treue geschworen hatten.

Nathuram raffte sich aus seinem Betäubungszustand auf und sagte auf Marathi zu seinem Bruder, er solle nach Poona zurückfahren und sich ein Alibi besorgen. Er habe schließlich Frau und Kinder. Er selbst und Apte würden über den nächsten Schritt beschließen. Apte befahl dem Taxifahrer anzuhalten. Gopal stieg aus. Das Taxi, in dem Apte und Nathuram zurückgeblieben waren, verschwand im Straßenverkehr.

Im *Birla House* herrschte eine ähnliche Stimmung wie nach Gandhis Errettung vom Tod zwei Tage vorher, als er seinen Hungerstreik abgebrochen hatte. Ein Strom von Telegrammen traf ein, in denen der Mahatma beglückwünscht wurde. Das Telefon läutete pausenlos. Nehru und Patel eilten herbei, um ihn zu umarmen. Scharen von Besuchern fanden sich in seinem Domizil ein. Einer der ersten war Edwina Mountbatten.

«Ich war gar nicht tapfer», sagte Gandhi fröhlich zu der ehemaligen Vizekönigin. Er hatte wirklich geglaubt, die Detonation von Madanlals Bombe sei durch die Übung einer Armee-Einheit ausgelöst worden.

«Ja», meinte er, «wenn jemand vor mir stünde und auf mich feuerte und wenn ich mit Ramas Namen auf den Lippen seiner Kugel lächelnd entgegenschaute, dann würde ich Glückwünsche verdienen!»

Am 20. Januar abends gelangten drei Meldungen an das Bett von D. W. Mehra, dem stellvertretenden Generalinspekteur der Polizei in Delhi. Der Mann, der für den Attentatsversuch auf Gandhi zuständig gewesen wäre, lag mit Grippe und neununddreißig Grad Fieber im Bett. In der ersten Meldung wurde ihm lediglich mitgeteilt, daß bei Gandhis Gebetsversammlung eine Bombe explodiert und daß der Mann, der sie gezündet hatte, festgenommen worden sei. Die zweite, die zwei Stunden nach der ersten eintraf, informierte ihn, daß der Bombenleger jede Aussage verweigere. Mehra gab die Genehmigung für ein Verhör dritten Grades.

Die dritte und letzte Nachricht, die er erhielt, sollte den Verlauf der Ermittlungen bestimmen. Sie kam von dem Mann, der nomineller Polizeichef von Delhi war, D. J. Sanjevi. Er hatte dieses Amt durch politische Beziehungen erhalten, und seine wirkliche Aufgabe bestand in der Leitung des indischen Geheimdienstes. Zwischen den beiden Männern bestand eine stillschweigende Übereinkunft. Sanjevi hatte sich im Dezember die Spitzenstellung in Delhi zuteilen lassen, weil er, wie er Mehra erläuterte, vor seiner Pensionierung «einen Stander am Wagen, eine Eskorte in Jeeps und eine Wache haben» wollte, die «das Gewehr präsentiert, wenn ich mein Amt betrete». All das hatte er bekommen, als er Polizeichef von Delhi geworden war, aber die Arbeit hatte er immer Mehra überlassen. Nun teilte Sanjevi dem überraschten Mehra kurz und bündig mit: «Machen Sie sich keine Gedanken über den Fall Madanlal. Ich nehme die Ermittlungen selbst in die Hand.»

In seiner Zelle auf der Polizeiwache in der Parliament Street begann Madanlal den Preis seines zweifelhaften Ruhms zu zahlen. Mit blauen Flecken am Körper und geschwollenem Gesicht brach er allmählich unter den bohrenden Fragen der drei Polizeibeamten zusammen, die ihn seit zwei Stunden verhörten. Madanlal wahrte die Loyalität gegenüber seinen Mitverschwörern. Obwohl er als einziger gehandelt hatte, war er überzeugt, daß sie einen zweiten Versuch unternehmen würden. Durch seine Weigerung zu «singen» wollte er möglichst viel Zeit für sie gewinnen.

Dennoch hatte er ganz zu Beginn eine wichtige Information preisgegeben. Er gab zu, daß er kein wirrköpfiger Flüchtling aus dem Pandschab sei, der auf eigene Faust gehandelt hatte, sondern daß er einer Gruppe von Killern angehörte. Er nannte die Zahl der Beteiligten – sechs. Sie hätten sich gemeinsam vorgenommen, Gandhi umzubringen, weil er die Flüchtlinge gezwungen habe, die Moscheen zu räumen, weil er schuld daran sei, daß Pakistan seine Rupien bekomme, und weil er den Moslems auf jede Weise helfe.

Als nach seiner Berechnung seine Komplicen genügend Zeit zur Flucht gehabt hatten, gab er der Polizei eine harmlose Schilderung ihres Treibens in Delhi. Plötzlich, in einer Aufwallung von Geltungsbedürfnis, verhalf er seinen Vernehmern zu einem zweiten Hinweis. Er gestand, daß er mit seinen Mitverschwörern im *Savarkar Sadan* gewesen war, und rühmte sich, er habe diesen berühmten Politiker persönlich kennengelernt. Dann zwangen ihn die Beamten, jeden seiner Mitverschwörer zu beschreiben. Seine Schilderungen waren nicht sehr ergiebig. Er nannte nur einen einzigen Namen, den Karkares, und außerdem gab er ihn noch falsch an – als «Kirkre».

Doch die Beschreibung, die er von Godse gab, enthielt einen dritten wichtigen Hinweis. Er verriet seinen Beruf. Er sei, sagte Madanlal, «Chefredakteur der Marathi-Zeitung *Rashtriya* oder *Agrani*». Der Name des Blattes war unvollständig und fehlerhaft, dennoch lieferte diese Auskunft der Polizei die wertvollste Information dieser Nacht.

Während die Vernehmung andauerte, rasten Polizisten zur Hindu Mahasabha und zum Hotel Marina, um beide Gebäude zu durchsuchen. Sie fanden niemanden. Badge und sein Diener waren bereits über alle Berge, sie saßen in einem Zug nach Poona. Unter falschen Namen hatten sich Karkare und Gopal Godse in einem Hotel in Alt-Delhi einquartiert. Bereits Stunden vorher waren Apte und Nathuram Godse Hals über Kopf aus dem Hotel Marina verschwunden. Doch auf dem Schreibtisch im Zimmer Nr. 40 entdeckte die Polizei etwas, was ihr einen vierten wichtigen Hinweis lieferte. Es war ein maschinengeschriebenes Schriftstück, das sich gegen das Abkommen wandte, mit dem die führenden Männer Delhis den Mahatma zur Aufgabe seines Hungerstreiks bewegen wollten. Der Mann, dessen Unterschrift unter dem Blatt stand, Ashutosh Lahiri, der Generalsekretär der Hindu Mahasabha, war seit acht Jahren mit Apte und Nathuram Godse gut bekannt. Er wußte selbstverständlich, daß die beiden der Herausgeber und Chefredakteur einer in den Diensten Savarkars stehenden Marathi-Zeitung namens *Hindu Rashtra* waren.

Um Mitternacht brachen die Beamten Madanlals Vernehmung für diese Nacht ab. Sie hatten allen Anlaß, mit den Ergebnissen der ersten sieben Stunden ihrer Arbeit zufrieden zu sein. Sie wußten, daß sie es mit einer Verschwörung zu tun hatten. Sie wußten, wie viele Personen daran beteiligt waren. Sie hatten herausgefunden, daß es sich dabei um Anhänger von Veer Savarkar handelte, dessen Organisation seit Mai des Jahres unter polizeilicher Überwachung stand. Sie verfügten über Informationen, die es ihnen ermöglichen würden, Godse und Apte zu identifizieren. Es war eine eindrucksvolle Leistung. Kein klardenkender Polizeibeamter in Delhi hätte in dieser Nacht den Verschwörern mehr als ein paar Stunden gegeben, bis ihre Identität festgestellt war und sie vor ihrer Verhaftung standen. Doch die Untersuchung, die einen so guten Anfang genommen hatte, wurde nun so unentschlossen und energielos weitergeführt, daß noch fast dreißig Jahre danach in Indien leidenschaftliche Kontroversen darüber geführt werden.

19

«Wir müssen Gandhi töten, bevor uns die Polizei fängt»

An Gopal Godses Oberlippe hing ein angebissener Keks. Bei dem Anblick, der sich ihm bot, war ihm plötzlich der Mund trocken geworden. Ein Mann in Handschellen, den Kopf mit einer Kapuze bedeckt, in die Sehschlitze geschnitten waren, wurde von einem Trupp Polizisten auf den Imbißstand im Bahnhof von Alt-Delhi zugetrieben, an dem Gopal und Karkare standen. Der versteinerte Gopal erkannte den zerknitterten blauen Anzug des Mannes. Es war der Anzug, den Madanlal Pahwa am Tag vorher so stolz angezogen hatte.

So unauffällig wie möglich wandte sich Godse wieder der Theke zu. Unter seiner Kapuze, die ihm kaum Luft zum Atmen ließ, setzte Madanlal seinen Weg fort. Zum fünftenmal seit Tagesanbruch zwang ihn die Polizei, die nach seinen Mitverschwörern fahndete, sich die Fahrgäste anzusehen, die im Bahnhof von Delhi die Züge bestiegen.

Hungrig und von Müdigkeit betäubt, musterte er die Menschen, die zu den Waggons des *Bombay Express* strömten. Als sein Blick auf den vertrauten breiten Rücken Karkares fiel, der sich über die Theke beugte, fuhr er zusammen. Ein Polizist, der die Bewegung bemerkt hatte, packte ihn am Arm. Madanlal hustete, um seine Unvorsichtigkeit zu kaschieren. Dann trottete er an Godse und Karkare vorbei zum Bahnsteig. Die beiden letzten Verschwörer, die sich noch in Delhi aufhielten, sollten unentdeckt entkommen.

Nach der Explosion von Madanlals Bombe ging es der Polizei in erster Linie darum, Gandhis Sicherheit zu gewährleisten. Wenn auch D. Mehras nomineller Chef Sanjevi die Untersuchung an sich gezogen hatte, so war doch Mehra, der mit Grippe im Bett lag, nach wie vor für Gandhis Schutz verantwortlich. In einen dicken Mantel gehüllt und noch nicht fieberfrei, fand er sich mittags im *Birla House* ein.

«Ein zweifaches *mubarak*», sagte er, als er sich vor dem Mahatma verbeugte.

«Warum ein zweifaches *mubarak*?» fragte Gandhi.

«Erstens, weil Sie mit Ihrem Hungerstreik Erfolg gehabt und Delhi den Frieden gegeben haben. Und zweitens, weil Sie der Bombe entgangen sind.»

«Bruder», antwortete Gandhi mit seinem zahnlosen Lächeln, «mein Leben steht in Gottes Hand.» Für Mehra lag Gandhis Leben vor allem in seinen, des Polizeichefs Händen. Der Mann, der ihn hatte töten wollen, setzte er Gandhi auseinander, sei kein Einzelgänger gewesen, sondern habe einer Gruppe von sieben Verschwörern angehört. Es sei anzunehmen, daß die anderen den Attentatsversuch wiederholen würden. Er bat den Mahatma um die Genehmigung, die Bewachung des *Birla House* zu verstärken und verdächtige Personen zu durchsuchen, die zu seinen Gebetsversammlungen kamen.

«Das werde ich niemals zulassen», antwortete Gandhi außer sich. «Durchsuchen Sie Leute, die in einen Tempel oder in eine Kapelle zum Beten gehen?»

«Nein», antwortete Mehra, «aber dort gibt es auch niemanden, auf den ein Attentäter schießt.»

«Rama ist mein einziger Schutz», erwiderte ihm Gandhi. «Wenn er meinem Leben ein Ende bereiten will, kann niemand mich retten, selbst wenn Sie hier eine Millionen Polizisten zu meiner Bewachung aufstellen. Die Herrscher in diesem Land haben kein Vertrauen zu meiner Idee der Gewaltlosigkeit. Sie glauben, daß Ihre Polizisten mich beschützen und mir das Leben retten werden. Aber ich sage Ihnen, Rama beschützt mich, und Sie werden meine Gebetsversammlungen nicht durch Ihre Polizei schänden oder Leute abhalten, sie aufzusuchen. Wenn Sie es dennoch tun, werde ich Delhi verlassen und Ihnen die Schuld geben, daß ich fortgegangen bin.»

Mehra war bestürzt. Er kannte Gandhi gut genug, um zu wissen, daß er sich nicht umstimmen lassen werde. Er mußte einen Weg finden, um den Mahatma gegen seinen Willen zu beschützen.

«Werden Sie mir», sagte Mehra, «wenigstens erlauben, jeden Tag zu Ihrer Gebetsversammlung zu kommen?»

«Ja», sagte Gandhi, «Sie selbst sind immer willkommen.»

Zehn Minuten vor fünf Uhr war Mehra trotz seines Fiebers in Zivilkleidung wieder im Garten des *Birla House*. Er hatte bereits das Polizeikontingent rings um das Haus von fünf auf sechsunddreißig Mann verstärkt, zumeist Kriminalbeamte in Zivil, die angewiesen waren, sich unter die Gebetsversammlung zu mischen. Unter Mehras Mantel war eine schußbereite Webley and Scott, Kaliber 38, verborgen. Der kampferprobte Grenzveteran konnte die Waffe in weniger als fünf Sekunden von der Hüfte reißen und einem sieben Meter entfernten Stier drei Kugeln ins Auge jagen. Als der Mahatma sein Quartier verließ, um die Gebetsversammlung zu beginnen, nahm Mehra den Platz ein, den er in Zukunft jeden Nachmittag einzunehmen gedachte, solange der Mahatma in Delhi blieb. Er stand rechts neben Gandhi. Solange er sich dort befand, war der Polizeibeamte einigermaßen sicher, daß niemand Gandhi umbringen werde.

Wieder mußte Gandhi zu der Plattform getragen werden. Seine ersten Worte galten dem haßerfüllten jungen Flüchtling, der sich für das Leid rächen wollte, das die Teilung ihm und seinen Angehörigen gebracht hatte. «Empfindet keinen Haß gegen den Unglücklichen, der die Bombe geworfen hat, verurteilt ihn nicht», bat er die Versammelten. Die Polizei forderte er auf, Madanlal freizulassen. «Wir haben kein Recht, einen Menschen zu bestrafen, den wir für böse halten.»

Für Sanjevi, der die Ermittlungen persönlich übernommen hatte, lag eines auf der Hand: Die Verschwörung war in der Provinz Bombay ausgeheckt worden. Madanlal hatte erkennen lassen, daß seine Mitverschwörer sämtlich aus Maharaschtra stammten. Er selbst war aus Bombay gekommen und hatte gestanden, in Bombay Savarkars Haus aufgesucht zu haben.

Um die Ermittlungen in Bombay mit seinen eigenen zu koordinieren, erteilte Sanjevi zwei Beamten der Kriminalpolizei in Delhi Weisung, nach Bombay zu fliegen und dem Beamten, der dort mit dem Fall betraut war, «sämtliche Fakten», zu geben, die man in Delhi zutage gefördert hatte.

Ihre Reise begann mit dem ersten, geradezu unbegreiflichen Schnitzer dieser merkwürdigen Untersuchung. Die beiden Kriminalbeamten aus Delhi nahmen nicht einmal eine Abschrift des Schlüsseldokuments der Untersuchung mit, Madanlals erster Aussage, die am Abend vorher abgeschlossen und getippt worden war. Das einzige Schriftstück, das sie mitnahmen, war ein kleiner Zettel, auf dem ein paar wichtige Punkte handschriftlich notiert waren, darunter Karkares Name, den man fehlerhaft «Kirkre» geschrieben hatte. Es fehlte die wichtigste Information: die weitgehende Identifizierung der Zeitung, die Apte und Godse in Poona herausgaben.

Der Polizeibeamte, dem sie berichten sollten, hatte auf seinem Schreibtisch bereits eine nützlichere Information als die wenigen Notizen auf dem Blatt Papier. Jamshid «Jimmy» Nagarvalla, zweiunddreißig Jahre alt, unterstanden die Sektionen eins und zwei der Sonderabteilung der Kriminalpolizei von Bombay, die Sammlung lokalen Nachrichtenmaterials und die Fremdenüberwachung. Doch nicht wegen seiner Fähigkeiten als Fahnder hatte man Nagarvalla den Fall Madanlal zugeteilt. Der Grund dafür sprach Bände und zeigte das ganze Dilemma der indischen Polizei. Man hatte ihm wegen seiner Religionszugehörigkeit diese Aufgabe übertragen. Den Fall einem Moslem anzuvertrauen, wäre ein Sakrileg gewesen. Einen Hindu damit zu betrauen, barg das Risiko, daß der Beamte vielleicht insgeheim gegen Gandhi eingestellt war. Nagarvalla war zum Glück weder Moslem noch Hindu. Er war Parse.

Der Innenminister der Provinzregierung vom Bombay, Moraji Desai, hatte ihm den Fall zusammen mit einer wertvollen Information übergeben. Desai hatte sie von einem Gewährsmann erhalten, vor dem sich Madanlal eine Woche zuvor gebrüstet hatte, Gandhi zu töten. Madanlals wichtigster Bundesgenosse sei ein Mann namens Karkare. Er stamme aus Ahmednagar.

Nagarvalla setzte die Maschinerie zu seiner Identifizierung in Bewegung.

Für den jungen Beamten schien es an diesem Abend, dem 21. Januar, keine Frage zu sein, wie die Sache ablaufen werde. Früher oder später mußte der Weg der Männer, die Gandhi zu ermorden versucht hatten, zu dem stillen Haus zwischen den Palmen und Mispelsträuchern der Keluksar Road führen, wo der mysteriöse Messias des militanten Hinduismus wohnte. Nagarvalla hatte Desai um die Genehmigung ersucht, Savarkar auf Grund des Besuches, den Madanlal in der Woche vorher bei ihm gemacht hatte, verhaften zu lassen. Dasai hatte entsetzt abgelehnt. «Sind Sie verrückt? Glauben Sie, ich will, daß die ganze Provinz in Rauch aufgeht?»

Doch wenn Nagarvalla Savarkar auch nicht hinter Schloß und Riegel bringen konnte, so konnte er ihn wenigstens einer brillanten, von den Engländern ins Leben gerufenen Organisation anvertrauen, die der Stolz der Kriminalpolizei von Bombay war: seinem Beschattungskorps. Dieses Korps bestand aus hundertfünfzig Männern und Frauen, deren Identität nur ihrem Kommandeur bekannt war. Es waren Blinde,

Bettler mit verstümmelten Gliedmaßen, Mohammedanerinnen im *burqa*, Straßenhändler, die Obst verkauften, Straßenfeger. Seit einem Vierteljahrhundert überwachten sie die politischen Agitatoren Bombays. Während all dieser Jahre war ihnen keine einzige Person entgangen, die man ihrer Wachsamkeit anempfohlen hatte. Jamshid Nagarvallas erste Amtshandlung bestand darin, ihre wachsamen Augen auf Veer Savarkar und seine Behausung zu lenken.

Nagarvallas Ermittlungen begannen ebenso ermutigend rasch wie die in Delhi. Bereits nach wenigen Stunden kannte er die volle Identität von Vishnu Karkare, wie auch den Umstand, daß er seit dem 6. Januar nicht mehr in Ahmednagar gesehen worden war. Kurz danach erfuhr er durch einen Polizeispitzel, daß «ein gewisser Badge aus Poona», ein Kleinwaffenhändler, zusammen mit Karkare an dem Mordkomplott gegen den Mahatma beteiligt gewesen sei.

Die Polizei in Poona, die davon sofort unterrichtet wurde, schickte Beamte zu Badges Laden, mußte aber feststellen, daß er nicht anwesend war. Man teilte Nagarvalla mit, Badge halte sich vermutlich «in den Wäldern um die Stadt» versteckt.

Unglücklicherweise prüfte die Polizei von Poona nicht nach, ob der gesuchte Waffenhändler auch weiterhin abwesend sei. Ein paar Stunden nach der ersten Haussuchung kehrte Badge nämlich von seinem Ausflug nach Delhi in die Stadt zurück. Während die Polizei nach ihm fahndete, saß der falsche Sadhu volle zehn Tage im rückwärtigen Raum seines Waffengeschäftes und knüpfte die kugelsicheren Westen, auf die er so stolz war.

Angesichts der Fortschritte, die seine eigene Untersuchung machte, war Nagarvalla von den Informationen, die ihm die beiden Beamten aus Delhi überreichten, nicht sonderlich beeindruckt. Obendrein hatten sich die beiden – einer von ihnen ein Sikh – in einem Hotel einquartiert, dessen Besitzer der Kriminalpolizei von Bombay als extremistischer Sikhagitator bekannt war. Das schien Nagarvalla nicht gerade klug von Beamten, die den Auftrag hatten, ein Mordkomplott gegen Gandhi zu untersuchen.

Er kam zu dem Schluß, daß er ihre Hilfe nicht brauche. Brüsk wies er sie an, in ihr Hotel zurückzukehren und erst dann wiederzukommen, wenn er sie holen lasse. Am nächsten Tag, dem 23. Januar, bestellte er sie zu sich, gab ihnen die Informationen, die er eruiert hatte, und befahl ihnen, nach Delhi zurückzukehren.

Nach ihrer Rückkehr reichte der ranghöhere der beiden Beamten einen schriftlichen Bericht über ihren Besuch in Bombay ein. Darin fand sich eine erstaunliche Behauptung. Sie hätten, schrieb er, «besonderes Gewicht» auf die «unverzügliche Festnahme» des Chefredakteurs «der Zeitung *Hindu Rashtriya* beziehungsweise *Agrani*» gelegt.

Um seiner Behauptung Nachdruck zu verleihen, fügte der Beamte seinem Bericht ein Schriftstück dieses Inhalts bei, das er Nagarvalla gezeigt haben wollte. Der Bombayer Beamte hatte es nie zu sehen bekommen. Jahre später wurde schlüssig bewiesen, daß das Schriftstück geschrieben worden war, nachdem die Beamten aus Delhi Bombay wieder verlassen hatten, und daß sie es nach ihrer Rückkehr in die Hauptstadt dem Bericht angefügt hatten.

Um die Mittagsstunde des 23. Januar machte die Untersuchung des Komplotts in der indischen Hauptstadt einen gewaltigen Schritt nach vorn. Madanlal wurde endlich weich und erklärte seinen Vernehmern, daß er bereit sei, ein umfassendes Geständnis abzulegen. Der Pandschab-Flüchtling behauptete später, daß er durch Folterungen zu diesem Schritt gebracht worden sei, was die Polizei von Delhi immer bestritt.[30] Seine Vernehmer brauchten volle zwei Tage, um sein vierundfünfzig Seiten umfassendes Geständnis zu protokollieren und mit der Maschine abzuschreiben. Zuletzt las Madanlal es am 24. Januar abends in seiner Zelle noch einmal durch und unterschrieb es. Es wurde sofort im Triumph zu Sanjevi gebracht.

Diesmal hatte Madanlal ausgepackt. Seine Aussage enthielt alles, was er wußte. Er identifizierte zwar Badge nicht namentlich, bezeichnete ihn aber als Besitzer des *Shastra Bhandar* in Poona. Er gab Karkares Namen und Einzelheiten seiner politischen Betätigung an. Vor allem aber stimmte diesmal der Titel von Godses und Aptes Zeitung, den Madanlal nannte, fast buchstabengetreu: *Hindu Rashtriya.* Am wichtigsten war, daß er den Standort, Poona, angab. Den Herausgeber und Chefredakteur zu identifizieren, war für Sanjevi nun beinahe ein Kinderspiel. Er brauchte nur einen Inspektor zum Innen- oder Informationsministerium zu schicken und in einem dünnen Band nachschlagen zu lassen, dem *Jahresverzeichnis der Presse in der Provinz Bombay.* Unter dem Buchstaben H stand zu lesen: «*Hindu Rashtra*, auf Marathi erscheinende Tageszeitung in Poona. Chefredakteur: N. V. Godse. Besitzer: N. D. Apte. Ein Organ der Savarkar-Gruppe.»

Der endgültige Beweis, daß der Gesuchte «N. V. Godse» war, fiel der Polizei in Delhi einige Stunden später in die Hände: ein Haufen schmutziger Wäsche, den die Bewohner des Zimmers Nr. 40 im Hotel Marina bei ihrem überstürzten Aufbruch am 20. Januar zurückgelassen hatten. Die Kleidungsstücke in dem Bündel, das der Wäscher des Hotels der Polizei aushändigte, trugen dasselbe Wäschezeichen, die Initialen N. V. G.

Von Anfang an hatte D. J. Sanjevi die Ermittlungen mit erstaunlich geringem Eifer betrieben. Er war ein eitler, verschlossener Mann und hatte eifersüchtig darüber gewacht, daß kein Untergebener sich an der

Aufklärung des Falles beteiligte. Selbst die Mitwirkung Mehras hatte er sich verbeten.

Mit Madanlals Geständnis hatte Sanjevi nun das Material, das er brauchte, um rasch die Identität von wenigstens fünf der sechs Männer festzustellen, die an dem Mordkomplott gegen Gandhi beteiligt waren. Trotzdem machte sich kein Polizeibeamter aus Delhi auch nur die Mühe, die Liste der Zeitungen in der Provinz Bombay durchzusehen, in der sich Godses Name befand. Ebensowenig wurde der Mann von der Hindu Mahasabha befragt, dessen Schreiben man im Hotel Marina gefunden hatte und der Apte und Godse seit fast zehn Jahren kannte. Sanjevi übermittelte Madanlals Geständnis nicht per Eilkurier an Nagarvalla nach Bombay. Schlimmer noch, er telefonierte nicht einmal mit der Polizei in Poona, um die Identität des Chefredakteurs der *Hindu Rashtra* festzustellen. Er ließ sich eine ganze Serie von unglaublichen Pfuschereien, die schließlich sogar ans Kriminelle grenzten, zuschulden kommen, so daß man sich noch ein Vierteljahrhundert später in Indien fragte, wie dies möglich gewesen sei.[31]

Sanjevi war nicht der einzige Polizeibeamte, dessen Verhalten sich nie befriedigend erklären ließ. An diesem Sonntag, dem 25. Januar, hielt sich U. H. Rana, der bei der Polizei in Poona für die Verbrechensaufklärung zuständig war, zu einer Besprechung in Delhi auf. In seinen Unterlagen befand sich das Material, an Hand dessen Godse, Apte, Bagde und Karkare sofort zu identifizieren gewesen wären. Sie enthielten Fotografien von Karkare und Apte, die man den Polizisten um das *Birla House* hätte geben können, um zu verhindern, daß die Verschwörer wieder bei den Gebetsversammlungen des Mahatma auftauchten. In diesen Akten befanden sich sämtliche Berichte, die seine eigenen Beamten seit Monaten regelmäßig über die Hinduextremisten erstatteten.

Sanjevi ließ Rana in sein Arbeitszimmer kommen und ging mit ihm zwei Stunden lang Madanlals Geständnis Seite für Seite durch. Fast jede Zeile dieses Textes hätte den Polizeibeamten aus Poona aufhorchen lassen müssen. Darin stand klar und deutlich, daß zumindest zwei der Männer, die Gandhi hatten ermorden wollen, aus Poona kamen. Unvorstellbar, daß die Zeitung *Hindu Rashtra* ihm nicht ebenso vertraut war wie die *Times of India*. Das Blatt war im vorhergehenden Juli wegen Hetzpropaganda verboten worden, und er selbst hatte im November verfügt, die polizeiliche Überwachung des Herausgebers und des Chefredakteurs einzustellen! Apte war sogar namentlich als Beschaffer der einzigen Bombe genannt, die im Sommer zuvor in Poona explodiert war.

Seine Reaktion angesichts dieser Fülle wichtiger Informationen, die sein eigenes Amt betrafen, war unverständlich und sollte immer unverständlich bleiben. Er machte sich nicht die Mühe, seinen Untergebenen in Poona die Information telefonisch mitzuteilen. Er gab keine Anweisung nach Poona durch, sofort eine Ermittlung einzuleiten. Ebensowenig flog er sofort nach Poona zurück, um die Sache selbst in die Hand zu nehmen. Er flog nicht gern, weil ihm dabei übel wurde. Also fuhr er mit der Eisenbahn nach Hause. Er nahm nicht einmal einen Schnellzug, sondern einen Bummelzug, der für die Strecke Delhi-Bombay mehr als sechsunddreißig Stunden brauchte, und wählte sogar noch einen Umweg, der seine Reise um sechs weitere Stunden verlängerte.

Er behauptete später, sein unverständliches Verhalten sei durch die Einstellung des Mannes bestimmt gewesen, der die Ermittlung leitete. Hinter Sanjevis Handlungen stand die felsenfeste Überzeugung, daß die Killer kein zweites Mal zuschlagen würden. Er tat sie als einen Verein von Verrückten ab. Für ihn stand fest, daß sie nach dem kläglichen Fiasko nie mehr den Mut zu einem zweiten Anschlag aufbringen würden. Darin täuschte er sich. Sanjevi und der achtundsiebzig Jahre alte Mann, der im Garten des *Birla House* so knapp dem Tod entgangen war, hatten nicht mehr viel Zeit. Was Sanjevis Ermittlungen am nötigsten gehabt hätten, war ausgerechnet das, was ihnen mangelte: Dringlichkeit.

Ein Gefühl vor allem beherrschte den Anführer der vier Männer, die auf dem Bahnsteig des kleinen Bahnhofs von Thana, einem Vorort von Bombay, im Dunkeln hockten. Es war das Gefühl der Dringlichkeit. Was ein hoher Polizeibeamter in Neu-Delhi als völlig unwahrscheinlich abgetan hatte, bereitete sich vor. Die Killer kamen zurück. Diesmal sollte ihre Tat nicht die Arbeit einer schlechtorganisierten Bande sein. Sie folgte dem klassischen Muster politischer Attentate: ein Mann, eine Waffe; ein zu allem entschlossener Fanatiker, der bereit war, für den Mord sein Leben zu opfern.

Seit ihrer Flucht aus Delhi hatten Nathuram Godse und Narayan Apte in ständiger Furcht vor der Verhaftung gelebt. Sie waren sicher, daß man nach ihnen eine der schärfsten Menschenjagden in der indischen Geschichte entfesselt habe. Sie hatten Gopal Godse und Karkare zu dem Geheimtreffen bestellt, um ihnen ihre Entscheidung mitzuteilen.

«Der Anschlag ist uns mißglückt», sagte Nathuram Godse leise, «weil zu viele daran beteiligt waren.» Es gebe nur einen einzigen Weg, Gandhi umzubringen. «Die Sache muß ein einzelner machen.»

Gopal sah seinen Bruder an, der sein ganzes Leben lang ein Versager gewesen war, der es nie in einer Stellung ausgehalten hatte. Sein verschrobener Bruder mit seiner Kaffeesucht und seinem hysterischen Weiberhaß wirkte wie umgewandelt. Von Nathuram, der in Delhi bleich und ängstlich gewesen war und sich vor Migräneschmerzen fast nicht hatte rühren können, ging nun eine innere Ruhe aus, wie Gopal sie noch nie an ihm bemerkt hatte. Selbst der energiestrotzende

Apte, der üblicherweise das Heft in der Hand hatte, schien beeindruckt zu sein.

Nathuram sprach ruhig und gesammelt. Er, der die Zukunft aus dem Ruß gelesen hatte, schien nun den Sinn seines eigenen Lebens entdeckt zu haben. Nathuram Godse wollte die Rolle übernehmen, zu der ihn seine Reden seit der Teilung unbewußt getrieben hatten. Das verstümmelte, geschändete Indien verlangte nach einem Rächer. Dieser Rächer wollte er sein.

«Ich werde es tun», erklärte er. Niemand habe ihm diesen Entschluß aufgenötigt. «Das eigene Leben hinzugeben ist kein Entschluß, den man sich aufnötigen läßt.»

Er werde Gandhi so bald wie möglich töten, gelobte er. Dazu brauche er zwei Helfer. Apte würde ihn begleiten. Er forderte Karkare auf, sich ihnen anzuschließen. Zusammen würden sie ein neues *trimurti* bilden, eine Dreieinigkeit der Rache ähnlich der heiligen Dreizahl von Erde, Wasser und Feuer, von Wischnu, Brahma und Schiwa.

Karkare erklärte sich bereit. Godse trug ihm auf, so rasch wie möglich nach Delhi zu fahren. Er solle jeden Mittag am Brunnen vor dem Bahnhof in Alt-Delhi auf sie warten.

Inzwischen würden er und Apte ihre ganze Energie darauf verwenden, eine absolut zuverlässige Pistole aufzutreiben. Diesmal müsse die Sache sicher sein.

Das allerwichtigste, flüsterte er ihm eindringlich zu, sei Eile. «Die Polizei hat Madanlal verhaftet», warnte er, «jetzt muß sie uns früher oder später kriegen. Wir müssen Gandhi töten, bevor die Polizei uns fängt.»

In Neu-Delhi war am Abend des 25. Januar eine kleine Veränderung im stets gleichbleibenden Ablauf von Gandhis Gebetsversammlungen eingetreten. D. W. Mehra, der Polizeibeamte, der sich vorgenommen hatte, jeden Abend an Gandhis Seite zu sein und eine entsicherte Pistole an der Hüfte zu tragen, lag wieder mit Grippe zu Bett. Er hatte seine Rolle einem anderen Kriminalbeamten übertragen, A. N. Bhatia. Zwar war Bhatia kein ganz so perfekter Schütze wie Mehra, aber er hatte den Vorteil, daß er Gandhi persönlich kannte. Dank dieser Bekanntschaft konnte er jeden Abend die wichtige Position eines Leibwächters an der Seite des Mahatma einnehmen.

Der 26. Januar 1948 war ein besonders denkwürdiger Tag im Leben Mahatma Gandhis und seiner Landsleute. Genau achtzehn Jahre vorher, am 26. Januar 1930, hatten in jeder indischen Stadt, in Hunderttausenden von Dörfern – fast überall, wo eine Zelle der Kongreßpartei bestand – Millionen männlicher und weiblicher Kongreßparteimitglieder zum erstenmal geschworen, ihrem Land die volle Unabhängigkeit zu erkämpfen. Gandhi selbst hatte den Text des Gelöbnisses verfaßt, das sie an jenem Tag ablegten. Seitdem galt den indischen Patrioten der 26. Januar als Tag der Unabhängigkeit. Heute feierten Gandhi und Millionen seiner Landsleute diesen Jahrestag zum erstenmal in einem Indien, in dem endlich jenes Gelöbnis Wirklichkeit geworden war.

Es paßt gut zu diesem Jubiläum, daß Gandhi an diesem winterlichen Tag damit beschäftigt war, auf Nehrus Ersuchen eine neue Satzung für die Kongreßpartei auszuarbeiten, ein Manifest, das ihre Rolle und Aufgabe in einem freien Indien umriß.

Wieder einmal bewies der Mahatma seine robuste Natur. Am Morgen begann der Greis, dem die Ärzte nur noch vierundzwanzig Stunden zu leben gegeben hatten, feste Nahrung zu sich zu nehmen. Außerdem hatte er seine alte und geliebte Gewohnheit des morgendlichen Spaziergangs wieder aufgenommen. Als er munter über den Rasen des *Birla House* ging, tat er gewissermaßen die ersten Schritte auf seinem Marsch nach Pakistan, quer durch den heimgesuchten Pandschab.

Ein moslemischer Besucher aus Pakistan hatte am Tag vorher ein Bild beschworen, das zum letzten großen Traum im Leben des Mahatma wurde. «Voller Ungeduld erwarte ich den Tag, an dem ein hundert Kilometer langer Zug von Hindus und Sikhs mit Gandhiji an der Spitze nach Pakistan zurückkehrt!»

Welch begeisternde Aussicht! Der Mahatma, der Indien solange vorangegangen war, machte sich wieder einmal auf den Weg, mit dem Bambusstab in der Hand, und führte Menschen, die alles verloren hatten, auf der Straße ihres grausamen Exodus ihrer alten Heimat entgegen. Und wer konnte wissen? Wenn er Erfolg hatte, was konnte ihn davon abhalten, den gleichen Weg in der Gegenrichtung zu ziehen und heimatlose Moslems zu ihren Höfen und Hütten in Indien zurückzuführen, von denen sie vertrieben worden waren. Welch ein Sieg der Gewaltlosigkeit, was für ein Triumph für seine Lehre der Brüderlichkeit! Es wäre die krönende Leistung seines Lebens, ein «Wunder», das an Bedeutung und Ausmaß sämtliche «Wunder», die ihm seine begeisterten Anhänger zuschrieben, in den Schatten stellen würde. Selbst Gandhis demütige Seele geriet über eine solche Möglichkeit in Erregung. Er konnte nur zu Gott beten, er möge ihm den Glauben, die Kraft und die Zeit geben, diese Vision zu verwirklichen.

Als er von seinem Spaziergang zurückkehrte, rief er seine Ärztin, Sushila Nayar, zu sich; doch nicht, weil er eine medizinische Auskunft von ihr haben wollte, sondern um ihr eine Mission in Pakistan als Teil seiner Vorbereitungen für den großen Zug zu übertragen. Wie er es sich und seiner Begleitung zur Gewohnheit gemacht hatte, setzte er seiner hübschen jungen Ärztin einen präzisen Termin für die Durchführung ihres Auftrags: drei Tage.

Sushila Nayar ging immer unmittelbar vor Gandhi, wenn er zu seiner abendlichen Gebetsversammlung unterwegs war. Wollte Gott, daß sie rechtzeitig wieder in Delhi war, um am Freitag, dem 30. Januar, ihren gewohnten Platz vor Gandhi einzunehmen?

Zum zweitenmal innerhalb von zehn Tagen saßen Nathuram Godse und Narayan Apte im Flugzeug nach Delhi, um Gandhi zu ermorden. In der letzten Sitzreihe der *Air India*-Maschine saßen sie nebeneinander und vertrieben sich die Zeit – jeder auf seine Weise. Godse hatte den Kopf in das Buch gesteckt, das die große Inspiration seines Lebens war, Veer Savarkars *Hindutva*. Apte gab sich einer prosaischeren Beschäftigung hin. Er konnte nicht die Augen von der attraktiven Stewardess lassen, die mit ihren Frühstückstabletts durch den Mittelgang auf und ab schritt.

Ihr letzter Tag in Bombay war für die beiden jungen Männer höchst entmutigend verlaufen. Der Gegenstand, dessen Beschaffung ihnen schon vor dem ersten Attentatsversuch so viele Schwierigkeiten bereitet hatte, war auch diesmal einfach nicht aufzutreiben gewesen. Den ganzen Tag waren sie von einem befreundeten Hindunationalisten zum anderen gegangen und hatten um Geldspenden und ein Schießeisen gebeten. Apte hatte in seine Hosentasche das Resultat ihres Bittgangs gesteckt, die enorme Summe von 10000 Rupien. Doch eine gute Pistole hatte er nicht einmal in Aussicht.

In der Angst, daß die Polizei ihnen bereits auf den Fersen sitze, hatten sie sich entschlossen, Bombay ohne Pistole zu verlassen. Sie wollten sich die Waffe in Delhi beschaffen, in einem der Flüchtlingslager, jenen Zentren des Hasses und Elends rund um die Hauptstadt.

Doch im Augenblick waren Aptes Gedanken mit anderem beschäftigt. Als die Stewardess mit dem Einsammeln der Frühstückstabletts fertig war, winkte er sie zu sich. Er könne in den Händen lesen, sagte er zu ihr. Sie habe ein faszinierendes Gesicht, was immer auf eine faszinierende Handfläche deute. Er schlug ihr vor, ihr die Zukunft aus der Hand zu lesen. Erfreut setzte sich das Mädchen auf die Armlehne seines Sitzes und streckte ihm die Hand hin. Dabei bemerkte sie, daß der Mann neben Apte, der in seine Lektüre vertieft war, wegrückte und sich vor Widerwillen gegen ihr Treiben an das Flugzeugfenster preßte.

Die letzte amouröse Eroberung, die Narayan Apte in Angriff nahm, hatte sich verheißungsvoll angelassen. Als die Maschine Delhi erreichte, hatte Apte mit der Zukunftsprophezeiung für das Mädchen seine eigene unmittelbare Zukunft gesichert, die ihm so wichtig war. Die Stewardess hatte zugesagt, sich um acht Uhr abends mit ihm im Hotel Imperial in Delhi zu treffen.

Nichts konnte für Gandhi den Hungerstreik, den er auf sich genommen hatte, mehr rechtfertigen als das Schauspiel, das ihn am 27. Januar vormittags in der Quwwat-ul-Islam-Moschee («Macht des Islam») in Mehrauli, fünfzehn Kilometer südlich von Delhi, erwartete. Diese Andachtsstätte, aus den Trümmern von siebenundzwanzig Hindu- und Dschainatempeln erbaut, ist die älteste Moschee in Indien. Einmal jährlich, am Todestag des Erbauers Kut-ud-din, Delhis erstem mohammedanischem Sultan, strömen Tausende von Gläubigen zu einem großen religiösen Fest in der Moschee zusammen.

Eine der sieben Bedingungen, die Gandhi für den Abbruch seines Hungerstreiks gestellt hatte, war die Forderung gewesen, daß dieses Fest nicht behindert würde und die Moslems «keiner Gefahr für ihr Leben» ausgesetzt wären. Doch selbst er hätte sich nicht einen so großen Erfolg seines Fastens vorstellen können.

Hindus und Sikhs, die noch zwei Wochen vorher Moslems in Mehrauli mit Dolchen und *kirpans* empfangen hätten, standen am Eingang zur Moschee und bekränzten die ankommenden Pilger mit Girlanden aus Jasmin, Nelken und Rosen. Im Hof der Moschee hatten andere Sikhs kleine Buden aufgeschlagen, an denen sie den Pilgern kostenlos Tee ausschenkten. Als Gandhi, auf Manus und Abhas Schultern gestützt, sich unter diese riesige, brüderliche Menge aus Moslems, Sikhs und Hindus mengte, traten ihm fast Tränen ins Auge.

Als höchsten Ausdruck ihrer Dankbarkeit forderten die *maulvis* der Moschee Gandhi auf, im Innern ihres Gotteshauses zu den Gläubigen zu sprechen. Für Manu und Abha machten sie sogar eine Ausnahme von der strengen islamischen Tradition, die weiblichen Wesen den Zugang zum Sanktuarium einer Moschee verbietet, weil die beiden Mädchen, wie die frommen Männer erklärten, «Gandhijis Töchter» seien.

Der tiefbewegte Mahatma bat alle – Hindus wie Sikhs und Moslems –, «an diesem heiligen Ort den Entschluß zu fassen, als Freunde und Brüder zu leben. Selbst wenn wir getrennt leben, sind wir doch Blätter vom gleichen Baum.»

Danach fuhr er, dankbar und müde, ins *Birla House* zurück. Als er sich unter seiner Schlammpackung entspannte, sank er in eine seltsame, grüblerische Stimmung. Diese Stimmung war in den letzten Tagen immer über ihn gekommen, wenn er darüber nachsann, was es bedeutete, daß er Madanlals Bombe entgangen war.

Er sei, sagte er, dank «der Gnade Gottes» davongekommen. Aber, fügte er hinzu, «ich bin ganz bereit, seinem Befehl zu folgen, wenn es soweit ist. Am 2. Februar will ich Delhi verlassen, doch ich glaube selbst nicht, daß ich von hier werde fortgehen können. Wer weiß denn, was morgen geschieht?»

Wie ihn Nathuram Godse angewiesen hatte, wartete Karkare am 27. Januar seit Mittag am Brunnen vor dem Bahnhof von Alt-Delhi. Plötzlich sah er seine beiden Freunde durch die Menge der Flüchtlinge auf sich zukommen.

Godse und Apte waren völlig niedergeschlagen. Stundenlang hatten sie ergebnislos die Flüchtlingslager um Delhi abgesucht. Sie hatten sicher damit gerechnet, in diesen Elendslagern eine Pistole aufzutreiben, aber nur Leid und Haß gefunden. Wieder war ein Tag mit der vergeblichen Suche nach einer Waffe vergeudet, wieder ein Tag, an dem die Polizei ihnen näher auf den Hals rückte, ein weiterer Tag, an dem die Schutzmaßnahmen für Gandhi vervollkommnet wurden. Ihre Frist war fast abgelaufen.

Es gab noch einen einzigen Ort, wo sie vielleicht eine Pistole finden würden, noch eine letzte Hoffnung, das Attentat auszuführen – im dreihundert Kilometer entfernten Gwalior. War auch dort keine Waffe zu beschaffen, würden sie aufgeben und Savarkar und ihren Gesinnungsgenossen in Bombay ihr klägliches Scheitern eingestehen müssen.

Sie sagten zu Karkare, er solle sich in vierundzwanzig Stunden am gleichen Platz wieder mit ihnen treffen. Dann verabschiedeten sie sich deprimiert und verschwanden in den Bahnhof, um den letzten Zug nach Gwalior zu erreichen. Narayan Apte sollte sein Rendezvous versäumen, zu dem er sich für acht Uhr abends mit der hübschen Stewardess von der *Air India* im Hotel Imperial verabredet hatte. Er verzichtete auf die letzte Eroberung seiner Karriere als Frauenheld, um nach Gwalior zu fahren und dort nach einer Pistole zu suchen. Diese Reise sollte ihn das Leben kosten.

Es war kurz vor Mitternacht am 27. Januar, als die Nachtglocke den Homöopathen Dattatraya Parchure in Gwalior aus dem Schlaf riß. Schlaftrunken stolperte er zur Tür, wo er eine verstörte Mutter vorzufinden erwartete, die ihr an Lungenentzündung erkranktes Kind an sich drückte. Statt dessen standen zwei alte Freunde davor, deren nationalistischer Fanatismus sogar seinen eigenen übertraf. Der Arzt, der viereinhalb Monate vorher Madanlal auf den Weg gebracht hatte, der in einer Gefängniszelle in Delhi endete, war Nathuram Godses letzte Hoffnung bei seiner verzweifelten Suche nach einer Pistole.

Den ganzen folgenden Tag saßen Apte und Godse auf den kargen Holzbänken in Parchures Wartezimmer, wo an der Wand ein primitives Ölgemälde von Parchures Guru hing, einem Hinduasketen, der in den Dschungeln von Gwalior sein Leben mit Kontemplation zugebracht hatte. Die beiden niedergeschlagenen jungen Männer schienen der Betreuung des Arztes ebenso zu bedürfen wie jeder der bedauernswerten hustenden Patienten, deren Lunge von der Bronchitis oder einer Lungenentzündung befallen war. Während die medizinischen Gehilfen des Medikus die Märkte von Gwalior nach Kardamomsamen, Zwiebeln, Bambussprossen, *guggal-mukul*-Gummi und anderen Ingredienzen absuchten, die er täglich zu seinen heilsamen Mixturen zusammenmischte, kämmten seine politischen Helfer die Stadt ab, um das zu beschaffen, was Parchure seinen beiden Freunden Apte und Godse verschrieben hatte.

Am 28. Januar um zehn Uhr abends verließen die beiden schließlich mit dem Nachtexpreß Gwalior. Ihre Odyssee war vorüber. Die verzweifelte Suche, die sie zweimal über den halben Subkontinent – in Flüchtlingslager, Hindutempel, die Slums von Bombay, in Wäschereien, Druckereien und ins *Savarkar Sadan* – geführt hatte, hatte in der nach Kräutern und Gewürzen riechenden Praxis des Homöopathen ihr Ende gefunden. In einer Tüte, die Godse unter den Arm geklemmt hielt, befand sich eine mit einem Lappen umwickelte automatische Beretta-Pistole, Nr. 606824-P, mit zwanzig Schuß Munition. Endlich besaßen sie die Waffe, nach der sie so lange gesucht hatten. Jetzt brauchte Nathuram Godse nur noch das Geschick und die Entschlossenheit, von ihr Gebrauch zu machen.

Ungefähr zur gleichen Zeit, als im Bahnhof von Gwalior Apte und Godse ihren Schnellzug bestiegen, hatte ein anderer Mann seine Reise beendet. Die lange, umständliche Heimfahrt U. H. Ranas, des stellvertretenden Chefs der Kriminalpolizei von Poona, war endlich vorüber. Der Beamte, dessen Akten die Informationen enthielten, die Godse und Apte hätten identifizieren und ihnen den Zugang zum *Birla House* verwehren können, war an seine Wirkungsstätte zurückgekehrt. Doch der Mann, der im Bahnhof von Poona aus dem Zug stieg, hatte es nicht eilig. Er machte sich nicht die Mühe, noch an diesem Abend sein Büro aufzusuchen. Nach der langen Reise war er müde. Er ging nach Hause, um sich schlafen zu legen.

«Wir haben sie! Karkare, diesmal haben wir sie wirklich!» Der jubelnde Nathuram Godse zog den Besitzer des *Deccan Guest House* von den Menschen weg, die den Brunnen gegenüber dem Bahnhof von Alt-Delhi umlagerten. Wie ein Schmuggler, der einen raschen Blick auf seine verbotenen Waren gewährt, schlug er einen kurzen Augenblick seinen schäbigen braunen Mantel auf. In seinem Gürtel steckte die Pistole, nach der sie so verzweifelt gesucht hatten.

Nichts konnte den Mord mehr aufhalten.

Geständnis von Vishnu Karkare

Als wir dort neben dem Brunnen standen, sagte Apte zu uns: «Diesmal darf nichts schiefgehen. Wir müssen sichergehen, daß die Pistole ihr Ziel trifft, daß sie funktioniert. Wir haben genügend Munition, sieh mal!»

Bei diesen Worten zog er eine Tasche seines Mantels auf. Er hatte recht. Ich sah viele Patronen drin. Also haben wir alle drei beschlossen, uns eine Stelle zu suchen, wo wir ein Probeschießen machen konnten. Aber überall, wohin wir gingen, war alles voll von Menschen. Die Flüchtlinge hatten sich über ganz Delhi ausgebreitet.

Schließlich entschlossen wir uns, dorthin zu gehen, wo wir schon einmal zum Schießen hingegangen waren, und die Stelle war gleich hinter dem Birla Mandir oder Birlatempel. Wir sind also da hingegangen. Wir mußten uns fragen, ob Gandhiji sitzen oder stehen würde, wenn die Zeit zum Schießen gekommen war. Wir konnten nicht wissen, ob er das eine oder andere tun würde. Es war eine Sache des Zufalls, und so mußten wir beides probieren.

Also hat Apte einen Baum ausgesucht, einen Bulbulbaum, der für sich allein stand. Er setzte sich daneben, um zu sehen, wie groß Gandhiji im Sitzen sein würde. Dort, wo sein Kopf war, schnitt er mit einem Messer eine Markierung in den Baum. «Also», sagte er zu Nathuram, «das soll Gandhijis Kopf sein; hier ist sein Körper. Jetzt ziele.» Nathuram ging rückwärts, bis er ungefähr acht bis zehn Meter weit weg stand. Von dort feuerte er auf das Ziel. Er schoß mehrmals, viermal nacheinander. Apte ging zu dem Baum hin. Er schaute an die Stelle, wo er Gandhijis Kopf markiert hatte. Die Kugeln waren alle dort eingeschlagen.

«Gut, Nathuram», hat er gesagt, «perfekte Arbeit!»

Gandhis Werk in Delhi war fast getan. Als er vier Monate vorher eingetroffen war, war es eine Stadt der Toten gewesen, die großen Boulevards waren mit Leichen gesäumt, in den Wohnvierteln herrschten Panik und Furcht, die Regierung war ratlos. Nun herrschte Ruhe in der Hauptstadt. Das moralische Klima hatte sich dramatisch verändert. Der Mahatma konnte aufbrechen.

Während auf einer nahe gelegenen Lichtung, weniger als fünfhundert Meter entfernt, vier Schüsse widerhallten, die seinen Tod ankündigten, setzte der Mahatma das Datum seiner Abreise aus Neu-Delhi fest. Er entschied sich für den 3. Februar. Zuerst wollte er etwa zehn Tage im *Ashram* Wardha verbringen, um sich ein wenig zu erholen. Danach würde er den Weg über die Straßen antreten, auf denen so viele Menschen niedergemetzelt worden waren. Mit seinem Pilgerzug nach Pakistan hoffte er, ein letztes Wunder zu bewirken.

Wie immer war jeder Augenblick von Gandhis Tagesablauf an diesem Donnerstag, dem 29. Januar, sorgfältig eingeteilt. Er saß am Spinnrad, nahm seine Schlammpackung und sein Klistier, lernte Bengali und schrieb ein Dutzend Briefe. Er arbeitete am Entwurf seiner neuen Satzung für die Kongreßpartei, empfing einen Strom von Besuchern, scherzte mit Indira Gandhi und ihrer Kusine Tara Pandit und signierte eine Aufnahme von Margaret Bourke-White, während er zu ihr sagte,

Amerika solle die Atombombe aufgeben. Gewaltlosigkeit sei die einzige Macht, welche die Bombe nicht vernichten könne. Bei einem Atombombenangriff werde er seine Anhänger auffordern, ruhig stehenzubleiben, «nach oben zu blicken, ohne Angst zu beobachten und für den Piloten zu beten».

Plötzlich drang, so jäh wie ein Monsunregen, ein dissonanter Ton in diesen betriebsamen, friedlichen Tag. Eine Gruppe Hindus und Sikhs, Überlebende eines furchtbaren Massakers in Pakistan an dem Tag, an dem Gandhi seinen Hungerstreik begonnen hatte, verlangte Einlaß. Noch bevor ihnen Gandhi sein Mitgefühl ausdrücken konnte, fauchte ihn einer der verbitterten Flüchtlinge an: «Du hast uns genug geschadet. Fort mit dir! Zieh dich in eine Höhle im Himalaja zurück!»

Die Worte trafen Gandhi schwer. Der kleine Körper schien sich zusammenzukrümmen, als wäre eine furchtbare Last auf ihn gefallen. Mühsam legte er den Weg zum Gebetsplatz zurück. Die Hände, die sonst leicht wie Baumwollflaum auf Manus und Abhas Schultern geruht hatten, stützten sich nun schwer auf sie, um Halt zu finden.

Mit leiser, matter Stimme und einer abgrundtiefen Traurigkeit in jeder einzelnen Silbe begann der Mahatma, zum letztenmal zu seinen Landsleuten zu sprechen.

«Auf wen soll ich hören?» fragte er die schweigende Versammlung vor ihm. «Manche bitten mich, hier zu bleiben, und andere fordern mich auf fortzugehen. Die einen machen mir Vorwürfe und schmähen mich, die anderen heben mich in den Himmel. Was also soll ich tun? Ich werde tun, was Gott mir befiehlt. Ich suche den Frieden inmitten des Aufruhrs.»

Nach einem langen, nachdenklichen Schweigen schloß Gandhi mit den Worten: «Mein Himalaja ist hier.»

Ungefähr zur selben Stunde erhielt der Polizeichef von Delhi einen Telefonanruf aus Bombay. Seit Madanlal sein Geständnis abgelegt hatte, waren Sanjevis Ermittlungen kaum vorangekommen. Nach wie vor war er der unerschütterlichen Überzeugung, daß die Killer nicht zurückkommen würden. Eile schien nicht geboten. Sanjevi erkannte die Stimme Nagarvallas.

Auch er konnte keine großen Fortschritte melden. «Jimmy» Nagarvallas Ermittlungen in Bombay hatten nach den ersten achtundvierzig Stunden nur wenig Neues erbracht. Sein Beschattungskorps beobachtete zwar nach wie vor das *Savarkar Sadan*, aber der verschlagene Bewohner des Hauses war zu schlau, um sich eine Blöße zu geben. Dennoch erregte die Anzahl der Besucher den Verdacht Nagarvallas.

«Fragen Sie mich nicht warum», sagte er zu Sanjevi, «aber mein Instinkt sagt mir, daß ein zweiter Anschlag kommt. Ich spüre es in der Atmosphäre hier.»

«Was soll ich denn tun?» explodierte Sanjevi. «Sowohl Nehru als auch Patel haben Gandhi gedrängt, der Polizei zu erlauben, daß sie die Besucher des *Birla House* durchsucht. Wissen Sie, was er geantwortet hat? Wenn er bei seinen Gebetsversammlungen nur einen einzigen Polizisten in Uniform sieht, beginnt er ein Fasten bis zum Tod. Was können wir tun?»

Die Antwort auf Sanjevis Frage lag auf dem Schreibtisch eines Polizeibeamten in Poona, eintausendzweihundert Kilometer von Delhi entfernt. U. H. Rana hatte an diesem Donnerstag, dem 29. Januar, endlich die Information erhalten, die er sich vier Tage früher durch einen einfachen Telefonanruf hätte verschaffen können. Neun Tage nach Madanlals erster Aussage, fünf Tage nach seinem umfassenden Geständnis kannte ein Polizeibeamter endlich die Identität des Rächertrios, das sich geschworen hatte, Gandhi im *Birla House* zu töten. Doch Rana schickte weder telefonisch noch telegrafisch eine Beschreibung von Godse und Apte nach Neu-Delhi. Er unternahm nichts, um ihre Fotografien raschestens den Wachen am Tor des *Birla House* zuzustellen. Badge knüpfte den ganzen Tag über in seinem Waffengeschäft in Poona seine kugelsicheren Westen, ohne von Ranas Leuten behelligt zu werden. Die gleiche Überzeugung, die Sanjevis Verhalten in Delhi bestimmte, diktierte anscheinend auch Ranas Handlungen in der Metropole des hinduistischen Extremismus. Er war offenbar felsenfest überzeugt, daß die Männer, denen das Fiasko vom 20. Januar passiert war, niemals ein zweites Attentat wagen würden. Die wichtigste Information, über welche die indische Polizei an diesem Donnerstag, dem 29. Januar, verfügte, verließ nie seinen Schreibtisch.

Die drei Männer, an deren Rückkehr man nicht glaubte, waren bereits im «Bahnhofshotel» von Alt-Delhi, Zimmer Nr. 6, und beobachteten das Gewimmel der Tongakarren, Pferdefuhrwerke und quietschenden Omnibusse, die drunten auf der Straße vorbeifuhren. Der indischen Polizei blieben nur noch Stunden, um Gandhis Leben zu retten. Godse, Apte und Karkare hatten soeben in der düsteren Bahnhofshalle den Zeitpunkt ihres Verbrechens festgelegt. Nathuram Godse wollte am Freitag, dem 30. Januar, um fünf Uhr nachmittags zuschlagen.

Fortsetzung des Geständnisses von Vishnu Karkare

Nathuram war gut aufgelegt. Er war sehr lustig und entspannt. Ungefähr um halb neun hat er wehmütig gesagt: «Kommt, wir müssen zum letztenmal miteinander essen gehen. Wir müssen etwas Gutes essen, ein Festmahl. Wir haben vielleicht nie mehr die Gelegenheit dazu.»

Wir gingen nach unten und durch den Bahnhof, bis wir zu einem

Restaurant kamen, das Brandon's hieß und einem Unternehmer gehörte, der eine ganze Kette solcher Restaurants in allen Bahnhöfen hat. «Da können wir nicht rein», hat Apte gesagt, «Karkare ist Vegetarier.»

Nathuram legte mir den Arm um die Schulter und sagte: «Du hast recht. Heute abend müssen wir alle beieinander sein.» Also haben wir uns ein anderes Lokal gesucht.

Wir bestellten uns ein üppiges Mahl: Reis, Currygerichte mit Gemüsen, chapatis. *Der Kellner sagte, sie hätten keine saure Ziegenmilch, das Festgetränk zu einem vegetarischen Essen. Nathuram ließ den Oberkellner kommen und gab ihm fünf Rupien. «Hören Sie», hat er gesagt, «das ist ein Festessen. Wir möchten Dickmilch dazu. Gehen Sie irgendwohin, wo Sie sie bekommen. Zahlen Sie jeden Preis, aber bringen Sie uns Dickmilch.»*

Zufrieden mit unserem Mahl, gingen wir zum Hotelzimmer im Bahnhof zurück. Wir wollten eigentlich dort bleiben und plaudern, aber Nathuram hat gesagt: «Nein. Ihr müßt mich jetzt ausruhen lassen. Ich will allein sein.»

Als Apte und Karkare das Zimmer verließen, drehte sich Karkare um und warf noch einen Blick auf Godse. Der Mann, der Gandhi töten wollte, lag bereits ausgestreckt auf seinem Bett und las in einem der beiden Bücher, die er nach Delhi mitgenommen hatte. Es war ein Perry-Mason-Kriminalroman von Erle Stanley Gardner.

Gandhi verbrachte den letzten Abend seines Lebens damit, seinen Entwurf für eine neue Satzung der Kongreßpartei fertigzustellen. Um Viertel nach neun war die Arbeit, die zu seinem Testament werden sollte, endlich abgeschlossen, und er stand auf.

«In meinem Kopf geht alles durcheinander», klagte er.

Er streckte sich auf seiner Matte aus und legte den Kopf in Manus Schoß, um ihn sich mit Öl einreiben zu lassen. Für seine engsten Gefährten bildeten diese kurzen Augenblicke vor dem Schlafengehen immer eine Insel der Ruhe im Wirbel des Tagesablaufs, eine kleine Viertelstunde, in der ihr *bapu* ihnen gehörte und nicht der Welt. Entspannt und heiter zog Gandhi gewöhnlich eine Bilanz des Tages und machte dabei kleine Scherze.

An diesem Abend jedoch war der Mahatma nicht heiter. Er konnte den haßerfüllten Flüchtling, der ihn verflucht hatte, nicht vergessen und schwieg mehrere Minuten lang, während Manus Finger die Haut auf seinem Schädel dehnten und zusammenzogen. Dann begann er über ein Thema zu sprechen, auf das ihn seine Arbeit an dem Satzungsentwurf gebracht hatte, die zunehmende Korruptionsanfälligkeit der Männer, deren unbestrittener Führer er gewesen war.

«Wie stehen wir vor der Welt da, wenn das so weitergeht?» fragte er.

«Die Ehre der ganzen Nation hängt von den Männern und Frauen ab, die am Kampf um die Freiheit teilgenommen haben. Wenn auch sie die Macht mißbrauchen, ist das Schlimmste für unser Land zu befürchten.»

Wieder sank er in ein melancholisches Schweigen. Dann sprach er fast flüsternd auf Urdu die Worte eines Dichters:

«Kurz ist die Spanne des Frühlings im Garten der Welt. Sieh zu, solange sie währt.»

Fortsetzung des Geständnisses von Vishnu Karkare

Apte und ich waren ziemlich nervös, als wie Nathuram verlassen hatten. Wir hatten keine Lust, schlafen zu gehen. Wir sind umherspaziert und in das erste Kino gegangen, das wir gesehen haben. Es war ein Film nach einer Erzählung Rabindranath Tagores. In der Pause standen wir im Vorraum und unterhielten uns. Ich war besorgt, weil bei unserem Abschiedsessen Nathuram gesagt hatte: «Morgen oder übermorgen ist alles vorbei.»

«Erinnerst du dich daran, was Nathuram gesagt hat?» habe ich Apte gefragt.

«Ja», hat er geantwortet.

«Wird er es wirklich schaffen?» habe ich gefragt. «Es ist ja eine schwere Sache.»

«Hör zu, Karkare», hat Apte gesagt, «ich kenne Nathuram besser als du. Ich sag dir, was passiert ist, und dann kannst du deine Schlüsse ziehen. Als wir am 20. Januar Delhi verließen, fuhren wir in der Ersten Klasse nach Cawnpore. Wir haben lange geplaudert und nicht gut geschlafen. Ungefähr um sechs Uhr morgens, als wir nicht mehr weit von Cawnpore waren, ist Nathuram von seiner oberen Schlafkoje heruntergesprungen. Er hat mich gerüttelt. ‹Apte, bist du wach?› fragte er. ‹Hör mir zu, ich werde die Sache machen, ich und kein anderer. Das muß jemand übernehmen, der bereit ist, sich selbst zu opfern. Ich werde das sein. Ich tue es allein.›»

Apte sah mich an. In leidenschaftlichem Ton, aber so leise, daß uns keiner der Umstehenden hören konnte, sagte er: «Hör zu, Karkare, als ich Nathuram diese Worte sprechen hörte, sah ich vor meinen Augen, auf dem Fußboden des Waggons, die Leiche des Mahatma.»

Ein schrecklicher Hustenanfall quälte Gandhi. Der treuen Manu, die in den zurückliegenden Jahren so viele Schmerzensstunden des Mahatma geteilt hatte, traten Tränen in die Augen, als sie sah, wie es seinen Körper schüttelte.

Manu wußte, daß Sushila Nayar für solche Fälle eine Packung Penicillin-Lutschbonbons bereitgelegt hatte. Aber sie wagte es nicht, Gandhi ein Bonbon anzubieten: den *bapu* zu pflegen, wurde immer schwieriger. Als sie es schließlich doch tat, fiel Gandhis Antwort genauso aus, wie sie es befürchtet hatte. Sie war vorwurfsvoll. Ihr Vorschlag, sagte er, zeige, daß sie kein Vertrauen zu Rama habe, seinem einzigen Beschützer.

«Wenn ich an einer Krankheit oder auch nur an einer Pustel sterbe», stieß er zwischen Hustenanfällen hervor, «dann ist es deine Pflicht, der Welt zu sagen, daß ich ein falscher Mahatma war. Dann wird meine Seele, wo sie auch sei, in Frieden ruhen. Wenn aber», fügte er hinzu, wobei er Manu zärtlich anblickte, «eine Bombe explodiert wie letzte Woche oder jemand auf mich schießt und die Kugel mir in die Brust dringt und ich ohne einen Seufzer, nur mit Ramas Namen auf den Lippen, sterbe, dann, nur dann sollst du sagen, daß ich ein echter Mahatma war. Das wird gut für das indische Volk sein.»

Karkare und Apte öffneten leise die Tür des Hotelzimmers und spähten hinein. Am anderen Ende lag Nathuram Godse, auf seinem Bett ausgestreckt, in tiefem Schlaf. Es schien Karkare, «als schlafe er tief, ohne die geringste Sorge». Neben ihm auf dem Fußboden lag das Buch, das er an diesem Abend ausgelesen hatte, sein Perry-Mason-Kriminalroman.

20

Die zweite Kreuzigung

Der kühle Morgen des 30. Januar 1948 begann für Gandhi wie immer mit einem Gebet. Mit gekreuzten Beinen hockte er im Lotussitz auf seiner Matte, den Rücken an die Wand gelehnt, und sang mit seiner kleinen Schar Getreuer zum letztenmal die Verse der Bhagavadgita. An diesem Freitag hatte er die ersten beiden der achtzehn Gesänge der Gita ausgewählt.

Denn untergehn muß, was entsteht,
Und wiederkehren, was verschwand,
Drum klage nicht um das, was du
Als unvermeidlich hast erkannt.

Als das Gebet beendet war, führte Manu den Mahatma in das kleine Zimmer, in dem er arbeitete. Er träumte davon, zu Fuß nach Pakistan zu ziehen, und war doch noch nicht kräftig genug, ohne Hilfe von einem Zimmer ins andere zu gehen. Als er sich an dem Holztisch niederließ, der ihm als Schreibtisch diente, bat er Manu, sie möge ihm die christliche Hymne vorsingen, die er besonders gern hatte: «Ob du müde bist oder nicht, o Mensch, raste nicht!»

Fortsetzung des Geständnisses von Vishnu Karkare

Wie ausgemacht, traf ich mit Apte um sieben Uhr morgens Nathuram im Zimmer Nr. 6 des Bahnhofshotels. Er war bereits wach. Zwei Stunden saßen wir in dem Zimmer, plauderten, tranken zusammen Tee und Kaffee. Wir machten Scherze, lachten und diskutierten. Dann wurden wir allmählich ernst. Der Grund unseres Ernstes war, daß Nathuram zwar beschlossen hatte, am Abend dieses Tages Gandhiji umzubringen, daß wir aber überhaupt noch keine Ahnung hatten, wie er es anstellen wollte.

Wir mußten also einen Plan entwerfen. Wir konnten uns denken, daß nach der Bombenexplosion die Umgebung Gandhijis im Birla House *stark überwacht wurde. Die Leute, die zu der Gebetsversammlung gingen, wurden vermutlich nach Waffen durchsucht, und deshalb war uns klar, daß wir einen sicheren Weg finden mußten, um die Waffe hereinzubekommen und die Tat auszuführen.*

Wir diskutierten einige Zeit, und dann hatte Nathuram folgenden Einfall: Wir sollten auf die Straße gehen und einem Fotografen eine dieser altmodischen Kameras mit einem Dreibeinstativ und dem schwarzen Tuch abkaufen, das sich der Fotograf über den Kopf zieht. Wir würden die Pistole unter der Kamera verstecken. Nathuram würde seine Kamera vor dem Mikrofon aufstellen, an dem Gandhi sprechen würde. Er würde sich das Tuch über den Kopf ziehen, die Pistole herausholen und unter dem Tuch versteckt Gandhiji erschießen, während dieser seine Rede hielt.

Wir sind also auf die Straße gegangen und haben nach einem Fotografen gesucht, dem wir seine Kamera abkaufen könnten. Wir fanden einen in der Nähe des Bahnhofs, aber nachdem wir ihn uns eine Weile angesehen hatten, meinte Apte, das sei keine gute Idee. Er sagte, solche Kameras benutze heute niemand mehr, und jeder, der Gandhiji bei seiner Gebetsversammlung fotografieren wolle, nehme dafür eine kleine deutsche oder amerikanische Kamera.

Wir gingen in das Hotelzimmer zurück, um uns etwas anderes auszudenken. Irgendeiner von uns schlug vor, eine burqa *zu benutzen, den Schleier, den die Mohammedanerinnen auf der Straße tragen. Damals kamen viele Moslemfrauen zu Gandhijis Gebetsversammlungen, weil er ihr Retter war. Außerdem waren die Frauen ihm meistens am nächsten, so daß Nathuram auf diese Weise aus naher Entfernung schießen konnte. Wir waren von dieser Idee sehr angetan. Wir gingen in einen Basar und kauften eine* burqa, *die größte, die wir finden konnten. Wir brachten sie in das Hotelzimmer.*

Als Nathuram sie anlegte, stellte er sofort fest, daß die Idee nicht zu verwirklichen war. Die Falten waren ihm im Weg und behinderten ihn. «Ich bekomme unmöglich die Pistole heraus», hat er gesagt. «Sie werden mich zu meiner ewigen Schande in dieser Weiberkleidung fangen, ohne daß ich Gandhiji umgebracht habe.»

Also mußten wir uns etwas anderes einfallen lassen. Wir hatten schon den größten Teil des Vormittags an schlechte Ideen verschwendet. Jetzt blieben uns nur noch sechs Stunden bis zu dem Zeitpunkt, wo Gandhi umgebracht werden sollte, und wir hatten immer noch keinen Plan. Schließlich hat Apte gesagt: «Ach, Nathuram, manchmal sind die einfachsten Dinge die besten.» Wir sollten Nathuram in eine Khakiuniform stecken, wie sie damals viele ehemalige Soldaten getragen haben. Es war eine lockere Hemdjacke, die über die Hose herunterhing und die Pistole an seiner Hüfte verdecken würde. Da wir schon etwas verzweifelt waren, fanden wir das unsere beste Idee. Wir sind also wieder in den Basar gegangen und haben die Uniform für Nathuram gekauft. Dann haben wir nochmals den Fotografen aufgesucht, dem wir zuerst die Kamera abkaufen wollten. Und dort begingen wir eine hirnverbrannte Dummheit: Wir haben uns zusammen fotografieren lassen.

Wir gingen ins Hotelzimmer zurück, um auszuruhen und festzulegen, wie wir vorgehen wollten. Nathuram sollte als erster zum Birla House *gehen, Apte und ich etwas später. Wenn der Zeitpunkt der Tat gekommen war, würden wir uns rechts und links von Nathuram stellen. Falls ihn jemand am Schießen hindern wollte, konnten wir ihn vielleicht abhalten, und Nathuram hätte Zeit genug, genau zu zielen, bevor er feuerte. Inzwischen war es Zeit geworden, das Zimmer zu räumen. Nathuram holte die Pistole und lud sie sorgfältig mit sieben Patronen. Dann hat er sie an der Hüfte verstaut, und wir sind gegangen.*

Wir gingen in den Wartesaal, um dort die Stunden zu verbringen, bis die Zeit zum Aufbruch gekommen war. Als wir einige Zeit dort gesessen hatten, sagte Nathuram, er hätte Lust auf Erdnüsse. Das war keine große Bitte, und wir hatten ihn so gern, daß wir alles für ihn getan hätten. Er war bereit, sein Leben zu opfern. Nichts sollte ihn beunruhigen oder ablenken.

Also ist Apte losgezogen, um Erdnüsse zu besorgen. Nach einiger Zeit kam er wieder zurück und sagte, leider seien in Delhi keine Erdnüsse aufzutreiben. Ob es auch Marknüsse oder Mandeln sein könnten?

Nathuram hat gesagt: «Nein. Bring mir nur Erdnüsse.»

Wir wollten ihn nicht aufregen, weil er doch seine große Aufgabe vor sich hatte. Darum ist Apte noch mal losgezogen, um nach Erdnüssen zu suchen. Schließlich kam er zurück und hatte eine große Tüte voll von diesen

Nüssen. Nathuram nahm sie und begann sie eifrig zu vertilgen. Als er damit fertig war, war es Zeit, uns auf den Weg zu machen. Wir beschlossen, zuerst zum Birlatempel zu gehen. Besonders Apte und ich wollten dort zu den Göttern um darshan *beten. Nathuram hatte kein Interesse daran. Er wartete im Garten hinter dem Tempel auf uns, in der Nähe des Waldes, wo wir unsere Schießübungen gemacht hatten.*

Wir zogen am Eingang des Heiligtums die Schuhe aus und gingen barfuß hinein. Beim Eintreten läuteten wir die Messingglocke, die über unseren Köpfen hing. Damit werden die Götter aufmerksam gemacht, daß man da ist. Wir gingen zuerst zu Lakshmi Narayan, einer Gottheit, die den Hindus gnädig ist. Dann verließen wir diesen Altar und gingen zu Kali, der Göttin der Zerstörung, um dort unser darshan *zu empfangen. Zuerst senkten wir schweigend den Kopf und falteten die Hände.*

Wir warfen ein paar Münzen vor die Füße der Göttin. Dann gaben wir dem anwesenden Brahmanenpriester auch ein paar. Der Brahmane gab uns dafür einige Blumenblätter und etwas dhista, *das heilige Wasser vom Yamuna. Wir warfen die Blumenblätter der Göttin zu Füßen und baten sie um Erfolg für unser Vorhaben. Dann benetzten wir uns die Augen mit dem heiligen Yamuna-Wasser.*

Draußen fanden wir Nathuram im Garten. Er stand neben einer Statue von Schiwadschi, dem großen Hindukrieger. Er fragte uns: «Habt ihr euch euer darshan *geholt?»*

Wir haben «Ja» gesagt, und Nathuram hat gesagt: «Nun, ich habe meines auch bekommen.»

Nathuram Godse hatte sich nicht mit irgendeiner Hindugottheit in der mystischen Vereinigung des *darshan* verbunden. Seine Gottheit war die Figur auf der Säule über ihm, der sehnige Krieger, der die Moguln aus dem Hügelland um Poona vertrieben hatte. In Schiwadschis Namen und für den Traum eines kriegerischen Hindureiches war Godse bereit, in genau einer Stunde einen Mord zu begehen, der die Welt entsetzen sollte.

Die drei Männer schlenderten einige Minuten durch den Garten. Schließlich sah Apte auf seine Uhr. Es war halb fünf.

«Nathuram», sagte er, «es ist soweit.»

Nathuram schaute auf Aptes Uhr. Dann blickte er seine beiden Genossen an. Er legte die Handflächen vor der Brust gegeneinander und nickte ihnen zu.

«Namaste», sagte er. «Wir wissen nicht, ob und wie wir noch einmal zusammen sein werden.»

Karkares Blick folgte ihm, als er die Tempelstufen hinabstieg und durch die Menschenmenge ging, um eine Tonga zu suchen. Er setzte sich neben den Kutscher. Ohne sich umzublicken, fuhr er zu seiner Begegnung mit Gandhiji, dem Vater Indiens.

Getreu der Hymne «O Mensch, raste nicht!» hatte Gandhi einen arbeitsreichen Tag hinter sich. Zum erstenmal seit seinem Hungerstreik hatte er ohne Hilfe gehen können, was bei seinen Gefährten große Freude hervorrief. Er hatte ein knappes halbes Pfund zugenommen, seine geschwächte Konstitution kräftigte sich wieder. Gandhi sah darin ein Zeichen, daß Gott noch große Aufgaben für ihn bereithalte. – Nach seiner Mittagsruhe absolvierte er ein Dutzend Gespräche. Das schwierigste war das letzte, mit dem er sich eben abmühte. Sein Partner war einer seiner ältesten und treuesten Anhänger, Valabhbhai Patel, der Gandhis Kongreßpartei geformt hatte. Der unvermeidliche Konflikt zwischen dem Realisten Patel und Nehru, dem sozialistischen Idealisten, war schließlich ausgebrochen. Auf Gandhis kleinem Schreibtisch lag eine Kopie von Patels Rücktrittsgesuch. Vor seinem Hungerstreik hatte Gandhi die Auseinandersetzung zwischen Patel und Nehru mit Lord Mountbatten erörtert. Der Generalgouverneur hatte Gandhi gedrängt, Patels Rücktritt nicht zuzulassen.

«Sie können ihn nicht gehen lassen», hatte Mountbatten gesagt. «Sie können auch Nehru nicht gehen lassen. Indien braucht beide Männer, und sie müssen lernen, zusammenzuarbeiten.»

Gandhi war auch dieser Ansicht. Er brachte Patel dazu, seinen Rücktritt aufzuschieben. Zu dritt würden sie – er, Patel und Nehru – sich zusammensetzen, wie sie es in den alten Zeiten, in den kritischen Stunden ihres Kampfes um die Freiheit getan hatten. Sie würden sich gründlich aussprechen und gemeinsam das Problem aus der Welt schaffen.

Während er sprach, brachte Abha sein Abendessen, Ziegenmilch, Gemüsesaft und Orangen. Kaum hatte er dieses karge Mahl verzehrt, ließ er sich sein Spinnrad bringen. Während er das lebhafte Gespräch mit Patel fortsetzte, begann er das knarrende hölzerne Rad zu drehen, das Symbol seiner Botschaft. Bis zum letzten Augenblick seines Lebens blieb er seinem Grundsatz treu: Brot, das man ohne zu arbeiten gegessen hat, ist gestohlenes Brot.

Draußen unter der Menge, die auf den Beginn der Gebetsversammlung wartete, befanden sich bereits die Attentäter. Fünf Minuten nach Nathuram hatten auch Apte und Karkare eine Tonga zum *Birla House* genommen.

Fortsetzung des Geständnisses von Vishnu Karkare

Zu unserer großen Erleichterung stellten wir fest, daß der Zutritt zum Birla House *überhaupt kein Problem war. Zwar waren die Wachen verstärkt worden, aber niemand durchsuchte die Leute, die hineingingen, nach Waffen. Wir atmeten auf, denn nun wußten wir, daß Nathu-*

ram sicher hineingekommen war. Wir gingen zum Garten, und dort sahen wir Nathuram, der sich unter die Menge mischte. Er wirkte heiter und gesammelt. Natürlich sprachen wir nicht miteinander. Die Leute hatten sich auf dem Rasen verteilt. Da es kurz vor fünf Uhr war und bald Zeit für die Gebete, begannen die Menschen zusammenzuströmen. Wir stellten uns rechts und links neben Nathuram. Wir sagten nichts und blickten ihn nicht an, um nicht aufzufallen. Er war ganz mit sich beschäftigt und schien gar nicht zu bemerken, daß wir da waren.

Nach unserem Plan sollte Nathuram auf Gandhi schießen, sobald er auf der Plattform gegenüber seinem Publikum Platz genommen hatte. Um Nathuram die Aufgabe möglichst zu erleichtern, gingen wir mitten unter die Menge und stellten uns etwas rechts der Plattform auf. Zwischen Nathurams Revolver und Gandhiji lagen etwa zehneinhalb Meter. Als ich die Entfernung abschätzte, fragte ich mich im stillen: Schafft Nathuram das? Er war kein erfahrener oder besonders guter Schütze. Wird er zittern und danebentreffen? Ich warf einen Blick auf Nathuram. Er schaute starr geradeaus, ruhig, ganz Herr seiner selbst. Ich sah auf meine Uhr. Gandhiji hatte sich verspätet. Ich begann mich zu fragen warum. Ich war ein wenig nervös.

Manu und Abha waren ebenfalls nervös. Es war schon zehn Minuten nach fünf. Der sanfte Tyrann, der über ihr Leben bestimmte, haßte nichts so sehr wie Unpünktlichkeit, vor allem bei seinen Gebetsversammlungen. Doch der Ton seines Gespräches mit Patel war so ernst, daß keine der beiden es gewagt hatte, die Unterhaltung zu stören und Gandhi auf die Uhrzeit aufmerksam zu machen. Schließlich fing Manu seinen Blick auf und deutete auf ihre Armbanduhr.

Gandhi schaute auf seine alte Ingersoll-Uhr und stand von der Matte auf. «Oh», sagte er zu Patel, «Sie müssen mich entschuldigen. Es ist Zeit für meine Begegnung mit Gott.»

Als er aus dem Haus in den Garten trat, formierte sich zum letztenmal der kleine Zug, der Gandhi zum Gebetsplatz geleitete. Zwei, die sonst dabei waren, fehlten. Sushila, die Ärztin, war noch in Pakistan. Auch der Polizeibeamte, den der bettlägerige D. W. Mehra beauftragt hatte, seinen Platz an Gandhis Seite zu übernehmen, war abwesend. Man hatte ihn zu einer dringenden Sitzung gerufen, auf der die Maßnahmen der Polizei gegen einen für den nächsten Tag angekündigten Streik der städtischen Arbeiter und Angestellten besprochen wurden.

Wie an jedem Abend nahm Manu seinen Spucknapf, seine Brille und sein Notizbuch, in das er den Text seiner Ansprache geschrieben hatte. Manu und Abha traten neben Gandhi und boten ihm als seine «Krükken» die Schulter. Gandhi legte die Hände darauf und machte sich auf den Weg.

Weil sie sich verspätet hatten, beschloß er, direkt über den Rasen zum Gebetsplatz zu gehen, und nicht den Weg durch den Laubengang mit der Bougainvillea zu nehmen. Unterwegs schalt er sie immer wieder, weil sie es zugelassen hatten, daß er sich verspätete.

«Ihr seid meine Uhren», sagte er. «Warum soll ich auf eine Uhr sehen? Diese Verspätung ist mir gar nicht recht. Beim Gebet ist mir schon eine Minute Verspätung zuviel.»

Er nörgelte noch immer, als sie die vier Sandsteinstufen erreichten, die zum Rasen führten, wo die Menschen warteten. Die Sonne umspielte mit ihren letzten Strahlen das Gesicht des Mahatma. Gandhi nahm die Arme von den Schultern der beiden Mädchen, grüßte die Menge mit zusammengelegten Handflächen und schlurfte ohne Hilfe die Stufen hinauf. In dem Augenblick, als er die oberen Stufen erreichte, hörte Karkare hinter sich ein respektvolles Raunen, das durch die Menge ging: *«Bapuji, Bapuji.»*

Vishnu Karkare erinnert sich:

Ich wandte mich um. Auch Nathuram machte eine halbe Drehung nach rechts. Plötzlich sahen wir, wie die Menge sich teilte, und durch diese Gasse zwischen den Leuten kam Gandhiji geradewegs auf uns zu. Nathuram hatte die Hände in den Taschen. Er zog eine Hand heraus, die freie. Die andere, in der er die Waffe versteckt hielt, behielt er in der Tasche. Er entsicherte rasch seine automatische Pistole.

In einem winzigen Augenblick hatte er berechnet: Jetzt ist der Zeitpunkt gekommen, Gandhiji zu töten. Er wußte, daß ihm die Vorsehung eine viel bessere Chance gegeben hatte, als er sie gehabt hätte, wenn Gandhiji auf seiner Plattform gesessen hätte. Er wußte, er brauchte nur zwei Schritte bis zum Rand des engen Korridors zu tun. Zwei Schritte. Drei Sekunden. Dann war die Tat kinderleicht, rein mechanisch. Schwierig war es nur, sich zu dem Willensakt aufzuraffen und den ersten Schritt zu tun, der Gandhiji unvermeidlich den Tod brachte.

Plötzlich sah Manu, wie «ein kräftiger junger Mann in Khakiuniform» diesen Schritt nach vorn tat.

Karkare ließ Nathuram nicht mehr aus den Augen:

Er zog die Pistole aus der Tasche und versteckte sie zwischen seinen Handflächen. Er hatte beschlossen, Gandhiji eine Huldigung für seine Verdienste um das Vaterland darzubringen. Als Gandhiji nur noch drei Schritte von uns entfernt war, trat Nathuram in den Korridor. Er hielt die Pistole zwischen den Händen versteckt. Langsam verneigte er sich und sagte zu ihm: «Namaste, Gandhiji.»

Manu dachte, er wolle Gandhi die Füße küssen. Sanft streckte sie einen Arm aus, damit er beiseite trete. «Bruder», sagte sie, *«bapu* kommt schon zwanzig Minuten zu spät.»

In diesem Augenblick schoß Nathurams linker Arm nach vorn und stieß sie brutal zur Seite. Die schwarze Beretta lag offen in seiner rechten Hand. Nathuram drückte dreimal ab. Dreimal zerriß ein scharfer Knall die Stille auf dem Gebetsplatz. Nathuram Godse hatte nicht daneben getroffen. Alle drei Schüsse drangen Gandhi in die bloße Brust.

Manu, die am Boden nach dem Spucknapf und dem Notizbuch umhertastete, die ihr Nathuram aus der Hand geschlagen hatte, hörte die Schüsse. Sie schnellte auf. Die Hände grüßend zusammengelegt, schien ihr geliebter *bapu* noch vorwärts zu gehen, als wollte er einen letzten Schritt auf die Menge zu tun. Sie sah die roten Flecke auf dem weißen Baumwolltuch. Gandhi stöhnte auf: *«He Ram!»* – «Mein Gott!» Dann sank er langsam ins Gras, die Hände zu der letzten Gebärde verklammert, die ihnen sein Geist befohlen hatte: zu einem Gruß für seinen Mörder. In den Falten des blutgetränkten Dhoti sah Manu die alte Ingersoll-Uhr, über deren Verlust Gandhi sich zehn Monate vorher so gegrämt hatte. Es war genau siebzehn Minuten nach fünf Uhr.

Louis Mountbatten erhielt die Nachricht, als er von einem Ausritt zurückgetrabt kam. Seine ersten Worte waren eine Frage, die in den nächsten Minuten Millionen von Menschen stellten: «Wer hat es getan? Ein Mohammedaner oder ein Hindu?»

«Wir wissen es nicht, Sir», antwortete der Adjutant, der ihm das Attentat gemeldet hatte. Mountbatten eilte ins Haus und zog sich in höchster Eile um. Als er wenige Minuten später den Gouverneurspalast verließ, entdeckte er seinen Presseattaché Alan Campbell-Johnson. Er nahm ihn in seinem Wagen mit.

Als die beiden Männer das *Birla House* erreichten, hatte sich bereits eine riesige Menschenmenge auf dem Gelände versammelt. Während Mountbatten sich einen Weg durch das Gewühl bahnte, kreischte ein Mann mit hysterisch verzerrtem Gesicht: «Ein Moslem hat es getan!»

Die Menge erstarrte schweigend. Mountbatten wandte sich dem Mann zu.

«Sie Narr», rief er, so laut er konnte, «wissen Sie denn nicht, daß es ein Hindu war?»

Einige Sekunden später, als sie das Haus betraten, sah ihn Campbell-Johnson erstaunt an. «Sie können doch unmöglich wissen, daß es ein Hindu gewesen ist», sagte er.

«Ich weiß es auch nicht», antwortete Mountbatten. «Aber wenn es wirklich ein Moslem war, wird Indien eines der grausamsten Massaker erleben, das die Welt jemals gesehen hat.»

Tausende teilten Mountbattens Befürchtung. Die Gewißheit, daß ein apokalyptisches Unglück über Indien hereinbräche, falls sich herausstellen sollte, daß ein Moslem Gandhis Mörder war, veranlaßte den Leiter des Allindischen Rundfunks zu einer ungewöhnlichen, verantwortungsbewußten Entscheidung: Statt die landesweit ausgestrahlten Programme zu unterbrechen und die Schreckensnachricht zu verbreiten, ordnete er an, die Sendungen weiterlaufen zu lassen. Unterdessen setzten Polizei- und Armeeführung die Ordnungskräfte im ganzen Land in Alarmbereitschaft.

Aus dem *Birla House* gab die Polizei an den Rundfunk die Meldung durch: Der Täter Nathuram Godse war ein Hindu aus der Brahmanenkaste.

Erst um sechs Uhr, dreiundvierzig Minuten nach dem Verbrechen, erfuhr das indische Volk durch den Rundfunk vom Tod des Mannes, der ihm die Freiheit gebracht hatte. Jedes einzelne Wort der Rundfunkmeldung war sorgfältig abgewogen:

«Heute nachmittag, um 17.17 Uhr, fiel Mahatma Gandhi in Neu-Delhi einem Attentat zum Opfer. Der Attentäter war ein Hindu.»

Das Massaker war abgewendet; nun blieb Indien die Trauer.

Aus dem Garten, in dem Gandhi erschossen worden war, wurde seine Leiche in das Zimmer gebracht, in dem er noch wenige Minuten vorher am Spinnrad gesessen hatte. Man legte den Mahatma auf seine Strohmatte. Abha nahm eine Decke und legte sie über seinen blutgetränkten Dhoti. Irgend jemand stellte seine wenigen Habseligkeiten neben die Matte: seine hölzernen Schuhe, die Sandalen, die er bei seiner Ermordung getragen hatte, seine drei Affen, seine Gita, die Ingersoll-Uhr, den Spucknapf, die Blechschüssel aus dem Yeravda-Gefängnis.

Als Louis Mountbatten in den Raum trat, war er bereits mit Trauernden angefüllt. Nehru hockte mit aschgrauem Gesicht auf dem Boden. Er lehnte den Kopf gegen die Wand. Tränen strömten ihm übers Gesicht. Unweit von ihm saß der tiefbetroffene Patel wie ein steinerner Buddha, die Augen starr auf den Mann gerichtet, mit dem er kaum eine Stunde vorher noch gesprochen hatte.

Ein leiser Singsang schwebte durch den Raum – die Frauen um Gandhis Totenbahre psalmodierten die Gita. Ein Dutzend Öllampen warfen ein sanftes rötliches Licht auf den Leichnam des Mahatma. In der Luft hing der Duft von Räucherstäbchen.

Manu weinte lautlos und streichelte zart die Stirn ihres geliebten *bapu*.

Ein Ausdruck völliger Ruhe lag auf Gandhis Antlitz. Nie, ging es Mountbatten durch den Sinn, hatte er die Züge Gandhis so friedvoll und gesammelt gesehen. Irgend jemand reichte Mountbatten eine Tasse voll Rosenblätter. Traurig ließ er sie auf den Toten fallen, die Abschiedshuldigung des letzten indischen Vizekönigs für den Mann, der dem Imperium seiner Urgroßmutter das Ende bereitet hatte. Als er die

Rosenblätter fallen sah, kam Mountbatten ein Gedanke, den er bald darauf aussprach: «Mahatma Gandhi wird ebenbürtig mit Buddha und Jesus Christus in die Geschichte eingehen.»

Mountbatten ging zu Nehru und Patel. Jedem der beiden Männer legte er den Arm auf die Schulter.

«Sie wissen beide, wie sehr ich Gandhiji geliebt habe. Nun will ich Ihnen etwas erzählen. Als wir uns das letzte Mal unterhielten, sagte er mir, wie bekümmert er über das Zerwürfnis zwischen Ihnen beiden sei, seinen alten Gefährten, den Menschen, die er am meisten auf der Welt liebe und bewundere. Er sagte zu mir: ‹Sie hören heute mehr auf Sie als auf mich. Tun Sie Ihr Bestes, um sie wieder zusammenzubringen.› Das war sein letzter Wunsch vor seinem Tod. Wenn sein Andenken Ihnen heilig ist, wie Ihr Kummer zu zeigen scheint, dann umarmen Sie einander und begraben Sie Ihre Differenzen.»

Von seinen Worten sichtlich bewegt, fielen sich Patel und Nehru in die Arme.

Mountbatten erkannte bald, daß er der Nation, die ihm das Amt ihres ersten Generalgouverneurs angetragen hatte, den nützlichsten Dienst leisten konnte, wenn er sich des Leichenbegängnisses annahm. Im ersten Schock der Trauer und des Verlustes hatte niemand daran gedacht.

Mit Nehrus und Patels Zustimmung schlug Mountbatten vor, Gandhis Leichnam einzubalsamieren und seine sterblichen Reste mit einem Sonderzug durch Indien zu fahren, damit das Volk, das er geliebt und dem er gedient hatte, die Möglichkeit zu einem letzten *darshan* mit seinem Mahatma hätte. An Gandhis Sekretär Pyarelal Nayar scheiterte dieser Vorschlag. Der Mahatma, sagte er, habe unmißverständlich klargemacht, es sei sein Wunsch, daß man seine sterblichen Reste gemäß der Hindutradition binnen vierundzwanzig Stunden nach seinem Tod verbrenne.

«Sie sind sich doch im klaren», sagte Mountbatten zu Nehru und Patel, «daß wir in diesem Fall einen Massenansturm in Delhi erleben werden, wie ihn Indien noch nie gesehen hat. Unter diesen Umständen gibt es nur eine einzige Institution, die einen Trauerzug organisieren und durchführen kann: das Militär.»

Die beiden Politiker blickten ihn bestürzt an. Die Vorstellung, daß ausgerechnet ein Mann wie Gandhi von Männern, deren Handwerk der Krieg war, zu seinem Scheiterhaufen getragen werden sollte, entsetzte sie.

Gandhi, versicherte Mountbatten den beiden, habe die Disziplin der Armee bewundert. Er hätte nichts dagegen einzuwenden gehabt, daß sie diese Aufgabe übernähme.

Mit widerstrebendem Nicken gaben Nehru und Patel ihre Zustimmung.

Nachdem Mountbatten seine Befehle erteilt hatte, wandte er sich Nehru zu. «Sie wissen», sagte er, «daß Sie eine Rede an die Nation halten müssen. Die Menschen erwarten von Ihnen jetzt ein wegweisendes Wort.»

«Das ist unmöglich», stöhnte Nehru. «Ich bin zu aufgewühlt. Ich weiß nicht, was ich sagen soll.»

«Machen Sie sich keine Gedanken», tröstete ihn Mountbatten. «Gott wird Ihnen eingeben, was Sie sagen sollen.»

Mit intuitiver Spontaneität wählte Indien auf die Nachricht von Gandhis Tod die Geste, die seiner Trauer und seinem Schmerz entsprach. So wie der Mahatma mit einem *hartal*, einem nationalen Trauertag, sein Volk auf den Weg zur Unabhängigkeit geführt hatte, so beging nun Indien seinen Tod mit dem trauernden Schweigen eines *hartal*.

Über den weiten Ebenen, über den Dschungeln der Städte war die Luft kristallklar. Der feine Dunst der Kuhdung-Feuer, die sonst in Millionen Herdstellen brannten, war verschwunden. Aus Trauer um den Mahatma waren in dieser Nacht die Feuerstellen kalt geblieben.

Bombay war eine Geisterstadt. In den vornehmen Villen von Malabar Hill und den Elendsquartieren in Parlal, überall weinten die Menschen. Der große Maidan in Kalkutta war fast menschenleer. Durch die Straßen wanderte ein barfüßiger Sadhu, das Gesicht mit Asche beschmiert, und rief: «Der Mahatma ist tot. Wann kommt wieder einer seinesgleichen?»

In Pakistan zerbrachen Millionen Frauen in der traditionellen Geste der Trauer ihren Schmuck und Flitterkram. In Lahore, wo nun fast nur noch Moslems lebten, wurden die Zeitungsverlage von Menschenmassen bestürmt, die nach Nachrichten schrien. Es kam auch zu Ausschreitungen. Polizisten mußten den weiß gestrichenen Schuppen in Poona schützen, der die Druckerpresse der *Hindu Rashtra* beherbergte. Etwa tausend Menschen versuchten, das *Savarkar Sadan* in Bombay zu stürmen. In zahlreichen Städten wurden die Zentralen der Hindu Mahasabha und der R.S.S.S. angegriffen.

Ranjit Lal, der Bauer aus dem Dorf Chatharpur in der Nähe von Delhi, der mit seiner Familie am 15. August zu den Unabhängigkeitsfeiern nach Delhi gepilgert war, hörte die Nachricht an einem Radiogerät, das dem Dorf vom Landwirtschaftsministerium geschenkt worden war. Als Gandhis Tod gemeldet wurde, machten sich Lal, die dreitausend Bewohner von Chatharpur und die ungezählter anderer Dörfer auf den Weg in die Hauptstadt. Sie kehrten in die Prachtstraßen zurück, wo sie Indiens Freiheit gefeiert hatten, um ihren Baumeister zu betrauern – die Vorboten der menschlichen Flut, die sich nach Mountbattens Prophezeiung im Morgengrauen in die Hauptstadt ergießen werde.

Mit Rosenblättern und Jasminblüten bedeckt, wurde Gandhis Leichnam auf einen offenen Balkon im ersten Stockwerk des *Birla House* getragen. Zu seinen Häupten stellte man fünf Öllampen auf, Symbole der vier Elemente Feuer, Wasser, Luft und Erde sowie des Lichts, das sie vereint. Dann wurde die Bahre angehoben, um dem indischen Volk ein letztes *darshan* mit seiner «großen Seele» zu ermöglichen.

Schon seit Stunden forderten Tausende von Menschen das Recht, von ihrem Befreier Abschied zu nehmen. Tausende hatten den Garten bevölkert, wo Gandhi erschossen worden war, und Blumen und Grasblätter als persönliche Erinnerung an den Mahatma abgepflückt. Nun strömten sie in unabsehbarer Zahl unter dem Balkon vorbei, in weißen Baumwoll-Dhotis und Kleidern, die Veteranen einer Geisterarmee, die gekommen waren, ihren gefallenen General zu betrauern.

Auf der anderen Seite von Delhi trat ein gebrochener Mann vor das Mikrofon des Allindischen Rundfunks. In der Tiefe seines Schmerzes fand Jawaharlal Nehru den Mut und die Kraft zu einer Ansprache an das indische Volk:

«Das Licht ist erloschen in unserem Leben, und überall herrscht Finsternis. Unser geliebter Führer, *bapu*, wie wir ihn nannten, der Vater der Nation, ist nicht mehr. Das Licht ist erloschen, habe ich gesagt, und doch hatte ich nicht recht. Denn das Licht, das in unserem Lande leuchtete, war kein gewöhnliches Licht. In tausend Jahren», prophezeite er, «wird man dieses Licht noch sehen. Die Welt wird es sehen, und es wird unzählbaren Herzen Trost schenken. Denn dieses Licht verkörperte nicht nur die unmittelbare Gegenwart; es vertrat die lebendigen, die ewigen Wahrheiten, mahnte uns, den rechten Weg zu gehen, behütete uns vor Irrtum, hat dieses uralte Land zur Freiheit geführt.»

Das Licht, dessen Verlöschen Nehru beklagt hatte, gehörte nicht nur Indien, sondern auch der Welt. Aus allen Ländern der Erde trafen Beileidsbekundungen in Neu-Delhi ein.

Die Nachricht von Gandhis Tod löste in Großbritannien eine Erschütterung aus wie kein Ereignis seit dem Ende des Zweiten Weltkrieges. Auf den Straßen Londons reichten die Menschen einander die Exemplare der rasch ausverkauften Abendblätter, die das Attentat auf Gandhi gemeldet hatten. König Georg VI., Premierminister Clement Attlee, Gandhis alter Gegner Sir Winston Churchill, Sir Stafford Cripps, der Erzbischof von Canterbury und Tausende anderer sandten Kondolenzschreiben nach Indien. Keines war so denkwürdig wie die knappe Reverenz des irischen Bühnendichters, dem Gandhi 1931 in London begegnet war, George Bernard Shaw. Seine Ermordung, stellte Shaw fest, «zeigt, wie gefährlich es ist, ein guter Mensch zu sein».

In Paris erklärte Ministerpräsident Georges Bidault: «Alle, die an die

Brüderlichkeit der Menschen glauben, werden um Gandhi trauern.» Aus Südafrika schickte Gandhis erster politischer Gegner, Feldmarschall Jan Smuts, eine schlichte Huldigung: «Ein Fürst unter uns ist dahingegangen.» Papst Pius XII. erwies «einem Friedensapostel und Freund des Christentums» seine Reverenz. Die Chinesen, die Indonesier waren bestürzt über den Tod des Mannes, der der Vorkämpfer der Unabhängigkeit Asiens gewesen war. In Washington erklärte Präsident Harry Truman, daß «die ganze Welt mit Indien trauert».

Jawaharlal Nehrus Schwester, Mrs. V. L. Pandit, legte in ihrer neu eröffneten Botschaft in Moskau ein Kondolenzbuch auf. Zahlreiche Moskauer trugen sich ein, aber kein einziger von Stalins Ministern, kein hoher sowjetischer Funktionär.

«Angesichts des Todes kann es keine Kontroverse geben», schrieb Gandhis politischer Hauptgegner Mohammed Ali Jinnah in seiner Beileidsbotschaft. «Er war einer der größten Männer, den die Gemeinschaft der Hindus hervorgebracht hat.» Als bei der Durchsicht des Textes einer von Jinnahs Mitarbeitern meinte, Gandhi sei größer gewesen als seine Religionsgemeinschaft, wollte Jinnah nichts davon hören. Der Mahatma hatte zwei Wochen vorher sein Leben aufs Spiel gesetzt, um Indiens Moslems zu retten und Jinnahs islamische Republik vor dem Bankrott zu bewahren, doch der Quaid-e-Azam blieb unnachgiebig wie immer.

«Nein», sagte er. «Genau das war er – ein großer Hindu.»

Die denkwürdigste Huldigung brachten die Inder selbst dar. Sie erschien auf der ersten Seite des *Hindustan Standard*. Die Seite war schwarz umrahmt. In der Mitte stand ein einziger Absatz in riesigen Buchstaben:

«Gandhiji wurde von seinem eigenen Volk umgebracht, für dessen Erlösung er gelebt hat. Diese zweite Kreuzigung in der Weltgeschichte fand an einem Freitag statt – am gleichen Tag, an dem vor 1915 Jahren Jesus zu Tode gebracht wurde. Vater, vergib uns!»

Kurz nach Mitternacht wurde Gandhis Leichnam vom Balkon des *Birla House* nach unten gebracht. Ein paar kurze Stunden gehörte er noch einmal der kleinen Gemeinschaft, die sein karges Leben geteilt hatte: Manu und Abha, Pyarelal, seinem Sekretär, seinen Söhnen Devadas und Ramdas und den wenigen Menschen, die in den Triumphen und Qualen seines letzten Lebensjahres an seiner Seite gewesen waren.

Gemäß den strengen Vorschriften der hinduistischen Tradition schmierten Manu und Abha frischen Kuhdung auf den Marmorboden im *Birla House*, um ihn für die Aufnahme von Gandhis Leichnam vorzubereiten. Als Gandhis Söhne und Sekretäre ihn ein letztes Mal gebadet hatten, wurde der Leichnam in ein Wickeltuch aus selbstgesponnener Baumwolle gehüllt und auf ein Holzbrett auf dem Boden gelegt. Ein Brahmanenpriester salbte ihm mit Sandelholzpaste und Safran die Brust. Manu drückte ihm einen roten *tilak* auf die Stirn. Dann fügten sie und Abha liebevoll Lorbeerblätter zu einem *«He Ram»* (O Gott) um seinen Kopf, aus Rosen bildeten sie zu seinen Füßen die heilige Silbe *«Om»*. Es war halb vier Uhr morgens, die Zeit, zu der Gandhi zu seinem Frühgebet aufzustehen pflegte. Leise weinend setzten sich seine Gefährten neben seine Bahre und sangen eine Abschiedshymne für den Toten, der vor ihnen lag.

«Bedecke dich mit Staub», sangen sie, «weil du zuletzt eins wirst mit dem Staub. Nimm dein Bad und lege frische Gewänder an. Denn es gibt keine Rückkehr von dem Ort, zu dem du gehst.»

Dann taten sie noch ein Letztes, bevor sie den Leichnam ihres geliebten *bapu* der wartenden Welt zurückgaben. Sie wußten alle, wie verhaßt Gandhi die Hindusitte gewesen war, die Toten mit Blumen zu umkränzen. Und so legte Devadas seinem Vater den einzigen Schmuck um den Hals, den Mohandas Karamchand Gandhi auf seine Reise in die Ewigkeit mitnehmen würde, ein geknüpftes Band aus Baumwolle. Es bestand aus den Fäden, die der Tote am Nachmittag seines letzten Tages mit den letzten Umdrehungen seines Spinnrades selbst gesponnen hatte.

In der ruhigen Gelassenheit des Todes bot der Mahatma seinem Volk ein letztes, bewegendes *darshan*. Noch einmal wurde sein Leichnam auf dem Balkon des *Birla House* der Öffentlichkeit gezeigt. Von dem unwiderstehlichen Wunsch getrieben, einen letzten Blick auf den Mahatma zu werfen, hatten die Wogen der Trauernden schon bei Tagesanbruch das Haus umdrängt.

Kurz nach elf Uhr vormittags trugen Gandhis Gefährten die hölzerne Bahre vom Balkon nach unten und setzten sie sanft auf das Militärfahrzeug, das den Toten durch die trauernde Hauptstadt zu seiner letzten irdischen Stätte bringen sollte, dem Scheiterhaufen, der ihn auf dem Radsch Ghat, der Verbrennungsstätte der Könige, am Ufer des Yamuna erwartete. Aus Respekt vor Gandhis Ablehnung des Maschinenzeitalters ließ man den Motor des Fahrzeugs nicht an: Es wurde von zweihundertfünfzig Soldaten aller vier Waffengattungen an vier Seilen gezogen, die an der Stoßstange befestigt waren. – Jawaharlal Nehru und Vallabhbhai Patel vollzogen zusammen mit Manu und Abha eine letzte rituelle Geste. Sie legten Streifen aus rotem und weißem Leinen über Gandhis Leichnam. Der Verstorbene hatte ein erfülltes Leben gehabt, und sein Tod war ein freudiger Aufbruch in die Ewigkeit. Dann bedeckten sie seinen Leichnam mit dem ruhmreichsten Tuch, das der Vater der Nation bei seiner Verbrennung tragen konnte, der safrangelb-weiß-grünen Fahne des unabhängigen Indien.

Generalleutnant Sir Roy Bucher, der britische Chef der indischen

Armee, der für die Organisation des Leichenbegängnisses verantwortlich war, warf einen letzten Blick auf die wartende Kolonne. Eine seltene Ironie der Geschichte wollte es, daß dies das zweite Leichenbegängnis war, das der General für Mohandas Gandhi vorbereitet hatte. Das erste Mal war 1942 gewesen, während Gandhis berühmtem einundzwanzigtägigem Hungerstreik im Yeravda-Gefängnis, aber der zähe kleine Mann hatte sich geweigert, daran teilzunehmen.

Auf ein Zeichen von Bucher setzte sich die Prozession in Bewegung und zog langsam in das Menschenmeer vor dem Tor des *Birla House*. Vier gepanzerte Fahrzeuge und eine Schwadron der Leibgarde des Generalgouverneurs eröffneten den Zug. Ihre Teilnahme an Gandhis Trauerzug war Mountbattens letzte Geste für seinen «traurigen Spatzen». Es war das erste Mal, daß die ehemalige vizekönigliche Leibwache einen Inder ehrte.

Minister und Kulis, Maharadschas, Unberührbare, Straßenfeger, Gouverneure, verschleierte Mohammedanerinnen, Vertreter jeder Kaste, Klasse, Rasse, Religion und Hautfarbe in Indien folgten in gemeinsamem Schmerz Gandhis Leichnam.

Der acht Kilometer lange Weg, den der Leichenzug zum Yamuna nahm, war mit einem Teppich aus Rosen- und Jasminblüten belegt. An jedem Meter längs der Route standen die Menschen auf Baumästen, sie beugten sich aus Fenstern, säumten die Häuserdächer, hockten auf Laternenpfählen, hielten sich an Telefonstangen fest, an den Armen von Statuen. In den Menschenmassen, die den Kingsway säumten, befand sich, an einen Laternenpfahl geklammert, auch der Bauer Ranjit Lal, der sich am Abend vorher auf die Nachricht von Gandhis Ermordung in seinem Dorf auf den Weg gemacht hatte. Als der Leichenzug sich langsam unter ihm vorbeibewegte, sah Ranjit Lal zum erstenmal in seinem Leben den Mahatma, der auf einem Kissen aus Blumen lag. Er fühlte brennende Tränen in seinen Augen. Ein schlichter, dankbarer Gedanke erfüllte sein Innerstes, als er Gandhis Leichnam vorbeiziehen sah: «Er hat mir die Freiheit gegeben.»

Von der Kuppel der Durbar Hall aus beobachtete Mountbattens Presseattaché Alan Campbell-Johnson, wie der Kondukt sich fast unmerklich auf dieser imperialen Prachtstraße voranbewegte. Das Fahrzeug in seiner Mitte war von unübersehbaren Menschenmassen eingeschlossen. Auf diesem Boulevard, der gebaut worden war, um die Triumphe der britischen Herrschaft zu feiern, empfing nun Gandhi «im Tode eine Huldigung, wie sie sich kein Vizekönig hätte erträumen können».

Fünf Stunden lang zog diese Prozession durch die trauernden Massen zum Ufer des Yamuna und zu Gandhis Scheiterhaufen. Dort warteten auf den weiten Wiesen hinter der Pyramide aus Scheiten mindestens noch einmal eine Million Menschen.

Auf einer kleinen Lichtung in diesem Wald von Menschen erwarteten hundert Würdenträger, die nur von einer dünnen Kette indischer Luftwaffensoldaten geschützt wurden, den Leichenzug. Am Fuß des Scheiterhaufens stand Mountbatten mit seiner weißen Admiralsmütze.

Als schließlich seine Söhne und Großnichten Gandhis Leichnam über die Köpfe der Menge hinweg zum Scheiterhaufen trugen, stieß eine Welle unbeherrschbarer Hysterie die Massen vorwärts. ‹Das wird eine schöne Aufregung in London geben, wenn sie erfahren, daß Mountbatten, seine Frau, seine Töchter und sein Stab zusammen mit Gandhi verbrannt worden sind›, dachte Major Martin Gilliat, ein Mitglied dieses Stabes.

Mountbatten, der die Gefahr spürte, drängte geduldig die Gruppe der Diplomaten, Würdenträger und Minister fünfzehn Meter von der gewaltigen Scheiterpyramide weg. Dann gab er allen ein Zeichen, sie sollten sich auf die Erde setzen, die sie mit ihren Füßen bereits zu Schlamm zertrampelt hatten. Ohne auf seine makellos saubere Marineuniform Rücksicht zu nehmen, gab er zusammen mit seiner Frau und seinen Töchtern das Beispiel.

Schließlich erreichte die Bahre, auf der Gandhis Leiche lag, den Scheiterhaufen. Seine beiden Söhne legten den Toten auf die großen runden Sandelholzblöcke, den Kopf nach Norden, wie es der hinduistische Ritus vorschrieb. Es war vier Uhr nachmittags, und die Zeit drängte, wenn die Strahlen der Sonne den Toten segnen sollten, dessen Körper von den Flammen verzehrt wurde.

Ramdas, Gandhis zweiter Sohn, dem nach Hindutradition in Abwesenheit seines älteren Bruders Harilal das Amt zufiel, die Zeremonie zu leiten, stieg auf die Pyramide. Zusammen mit Devadas, dem jüngsten Gandhisohn, übergoß er den Scheiterhaufen mit halbflüssiger Büffelmilchbutter, die mit Kokosnußöl, Kampfer und Weihrauch vermischt war.

Tiefbewegt blickte Louis Mountbatten auf die sterbliche Hülle des Mannes, dem er sich so verbunden fühlte. «Er sah aus, als schliefe er friedlich vor unseren Augen», erinnerte er sich, «und doch würde er, während wir ihn anblickten, in ein paar Sekunden in den aufzüngelnden Flammen entschwinden.»

Ramdas Gandhi umschritt nun fünfmal den Scheiterhaufen, während Priester in safrangelben Gewändern ihre Mantras psalmodierten. Dann reichte ihm jemand eine Fackel, die an einem Stück glühender Holzkohle entzündet worden war, das man vom ewigen Feuer im Tempel der Toten gebracht hatte. Ramdas hob sie über den Kopf und stieß sie in den Scheiterhaufen. Während die ersten Flammen zaghaft über die Sandelholzscheite züngelten, sang eine zitternde Stimme das uralte Gebet aus den Weden, dessen Worte sich in den verzehrenden Flammen erfüllten:

Führe mich aus dem Unwirklichen ins Wirkliche,
Aus dem Dunkel ins Licht,
Aus dem Tod in die Unsterblichkeit.

Als der Rauch aufstieg, drängte die ungeheure Menschenmasse in einem Aufschrei nach vorn. Pamela Mountbatten sah hinter sich Dutzende von Frauen, die hemmungslos weinten, sich das Haar und ihre Saris zerrauften und sich dann an den machtlosen Polizisten vorbeizudrängen versuchten, in der Hoffnung, dem uralten traditionellen Brauch der Witwen folgen zu können, die sich in die Scheiterhaufen ihrer toten Ehemänner stürzten. Nur die Voraussicht ihres Vaters, der sie alle genötigt hatte, sich in den Schlamm zu setzen, bewahrte die Würdenträger davor, daß sie von den unaufhaltsam herandrängenden Massen in die Flammen getrieben wurden und alle zusammen eines unfreiwilligen Todes starben.

Als die Flammen auf die leicht entzündbare Büffelmilchbutter stießen, schlugen sie plötzlich hoch auflodernd über dem Scheiterhaufen zusammen. Ein wütender Geysir spie einen Funkenregen in die Luft, als die prasselnden Flammen die Pyramide aus Sandelholzscheiten verschlangen. Das friedliche Antlitz in der Mitte verschwand für immer hinter dem Feuervorhang. Der Winterwind, der über den Yamuna blies, peitschte die Flammen noch höher und trug den dichten, öligen Rauch des Scheiterhaufens mit sich fort. Als die Rauchsäule sich mit den letzten Strahlen der untergehenden Sonne traf, drang aus einer Million Kehlen ein Schrei der Trauer, der die Ebene längs des Yamuna erzittern ließ: *»Mahatma Gandhi amar ho gaye!»* – «Mahatma Gandhi ist unsterblich geworden!»

Die ganze Nacht hindurch, während die Asche des Scheiterhaufens sich abkühlte, zogen die Trauernden schweigend an den rauchenden Überresten des Toten vorüber. Unter ihnen war auch, unerkannt und unbemerkt, der Mann, der den Scheiterhaufen hätte anzünden sollen, eine von Alkohol und Schwindsucht verwüstete Gestalt, Mahatma Gandhis ältester Sohn Harilal.

Noch jemand hielt die ganze Nacht hindurch Totenwache an der Aschenglut des Feuers. Eine Epoche in Jawaharlal Nehrus Leben war zu Ende gegangen, die Flammen hatten ihm seinen Vater genommen. Beim ersten Tageslicht legte er einen kleinen Rosenstrauß auf die noch schwelende Asche.

«Bapuji», flüsterte er, «hier sind Blumen. Heute kann ich sie nur noch deinen Gebeinen und deiner Asche bringen. Wo werde ich sie morgen niederlegen und für wen?»

Wie es die Hindusitte vorschrieb, wurde die Asche Gandhis am zwölften Tag nach seiner Verbrennung einem Fluß anvertraut, der zum Meer strömte. Die Stelle, die man wählte, war eine der heiligsten Stätten der Hindus, das *sangam* bei Allahabad, wo die schlammigen Fluten der Ewigen Mutter Ganges sich mit dem klaren Wasser des Yamuna und dem mystischen Saravasti vereinen. Dort, am Zusammenfluß dieser großen Ströme, die seit Menschengedenken mit ihren majestätischen Fluten die Asche von Millionen Indern forgetragen hatten, sollte Gandhi – wie ein Tropfen Wasser im endlosen Meer – für immer mit der Seele seines Volkes eins werden.

Die Kupferurne, die seine Asche barg, wurde die 615 Kilometer lange Strecke von Neu-Delhi nach Allahabad in einem Zug befördert, der nur aus Dritter-Klasse-Waggons bestand und auf seinem Weg durch einen Korridor aus Millionen Indern fuhr, die Indiens «großer Seele» ein letztes Mal huldigten. Auf dem Bahnhof von Allahabad wurde die Urne zu einem Lastwagen getragen, der sie durch eine riesige Menschenansammlung zum Flußufer brachte. Dort wartete ein weißes, blumengeschmücktes Amphibienfahrzeug der indischen Armee, um sie in die Strommitte zu bringen.

Nehru, Patel, Gandhis Söhne Devadas und Ramdas, Manu, Abha und die übrigen Gefährten nahmen auf dem Amphibienfahrzeug neben der Urne ihre Plätze ein. Vom Ufer sahen drei Millionen Menschen ihrer Fahrt über das Wasser zu.

Als sich der erhabene Augenblick näherte, begann die Menge wedische Gesänge zu psalmodieren, in die sich der helle Klang Tausender Glöckchen und das Klagen der indischen Flöte mischten. Zu Hunderttausenden, die Stirn mit Asche und Sandelholzpaste bestrichen, stiegen die Trauernden in den Fluß, um sich in mystischer Vereinigung mit dem Toten zu verbinden. Sie warfen Kokosnußschalen, die mit Blumen, Früchten, Süßigkeiten, Milch und Haarlocken gefüllt waren, in die Strömung. Dann schöpften sie mit den hohlen Händen Wasser und tranken dreimal aus dem heiligen Fluß.

Als das Amphibienfahrzeug die Stelle erreichte, wo die drei Flüsse sich vereinigen, füllte Ramdas Gandhi die Urne, in der sich die Asche seines Vaters befand, mit der Milch einer heiligen Kuh. Sanft schwenkte er die Urne hin und her, während die trauernden Gefährten eine letzte Hymne sangen: «Heilige Seele, mögen Sonne, Luft und Feuer dir günstig sein; mögen die Wasser aller Flüsse und aller Meere dir hilfreich sein und dir stets bei deinen guten Werken dienen.»

Als der Gesang verklungen war, beugte sich Ramdas über den Rand des Fahrzeugs und ließ den Inhalt der Urne langsam ins Wasser fließen. Von der Strömung erfaßt, glitt die milchige Lache, die mit dunkler Asche gefleckt war, am Rumpf des Fahrzeugs entlang. Danach beugte sich jeder über das Wasser und streute Rosen auf den Fleck, der einstmals ein Mensch gewesen war.

Unaufhaltsam trug die Strömung den Teppich aus Blumen, Asche und Milch mit sich, einem fernen Horizont entgegen. Mohandas Gandhis Asche hatte die letzte Pilgerfahrt eines frommen Hindus angetreten. Sie hatte sich auf ihre lange Reise zum Meer begeben, dem geheimnisvollen Augenblick entgegen, da der Ganges, die Ewige Mutter, sie mit der Ewigkeit der Meere vereinigen würde. Dann würde sich Gandhis Seele «aus den Schatten der Nacht» emporschwingen, um eins zu werden mit dem *Mahat*, dem höchsten Wesen, dem Gott seiner Bhagavadgita.

Epilog

Mahatma Gandhi erreichte im Tod, was er in den letzten Monaten seines Lebens nicht erreicht hatte. Nach seiner Ermordung hörten die Massaker zwischen den Religionsgruppen in den Dörfern und Städten Indiens endgültig auf. Die Antagonismen auf dem Subkontinent blieben zwar bestehen, doch sie verlagerten sich nun auf die übliche Ebene eines Konflikts zwischen Staaten und wurden von regulären Armeen auf dem Schlachtfeld ausgetragen. Das Opfer im Garten des *Birla House* blieb der Höhepunkt des Triumphes und der Tragödie, die der indische Subkontinent in den Jahren 1947 und 1948 erlebte.

Der Attentäter, Nathuram Godse, wurde mit der Pistole in der Hand festgenommen. Er machte keinen Versuch, sich seiner Verhaftung zu widersetzen. Die übrigen Verschwörer wurden bald danach festgenommen. Aptes erotische Leidenschaft brachte die Polizei auf seine und Karkares Spur. Am 14. Februar klopfte es an der Tür des Hotelzimmers, in dem er sich seit achtundvierzig Stunden versteckt hielt. Er nahm an, daß seine Freundin vor der Tür stehe, und öffnete. Statt dessen sah er sich drei Polizisten aus Bombay gegenüber. Die Polizei hatte seine Liaison mit der Tochter des Polizeiarztes entdeckt und das Telefongespräch abgehört, in dem er sie ein paar Minuten vorher zu sich ins Hotel bestellt hatte.

Am 27. Mai 1948 begann gegen acht Männer, Narayan Apte, Nathuram und Gopal Godse, Madanlal Pahwa, Vishnu Karkare, Veer Savarkar, Parchure und Digamber Badges Diener der Prozeß wegen Verschwörung zum Mord an Mahatma Gandhi. Nathuram Godse erklärte von Anfang an, er allein sei für diesen politischen Mord verantwortlich und bestritt, daß die anderen sich mit ihm an einer Verschwörung beteiligt hätten. Er verlangte niemals eine psychiatrische Untersuchung, die ihn vielleicht hätte retten können.

Digamber Badges bemerkenswerter Rekord von siebenunddreißig Verhaftungen bei nur einer einzigen Verurteilung wurde durch seine Teilnahme an dem Mord nicht beeinträchtigt. Der falsche Sadhu wurde Kronzeuge und mußte sich nie wegen des Verbrechens verantworten. Weitgehend auf Grund seiner Aussagen wurden sieben der acht Männer verurteilt. Veer Savarkar kam mangels Beweisen mit einem Freispruch davon.

Nathuram Godse und Narayan Apte wurden zum Tod verurteilt. Apte mußte am Galgen büßen, daß er sich am Abend des 27. Januar in Neu-Delhi sein Rendezvous mit der Stewardess von der *Air India* hatte entgehen lassen. Er erhielt die Todesstrafe, weil er in Gwalior dabeigewesen war, als die Mordwaffe beschafft wurde. Die fünf übrigen bekamen lebenslange Haftstrafen, doch hob im Fall Parchures und des Dieners von Badge die Berufungsinstanz das Urteil auf.

Nachdem die Berufungsanträge von Nathuram Godse und Narayan Apte abgelehnt worden waren, wurde ihre Hinrichtung auf den 15. November 1949 festgesetzt. Zwei von Gandhis Söhnen, seine engen Freunde und Gefährten richteten ein Gnadengesuch an den Mann, der der treueste Anhänger des Propheten der Gewaltlosigkeit gewesen war, Jawaharlal Nehru. Das Gesuch wurde abgelehnt. Im Morgengrauen des 15. November 1949 wurden, wie es das indische Strafvollzugsgesetz vorschrieb, Narayan Apte und Nathuram Godse aus ihren Zellen abgeholt, auf den Hof des Ambala-Gefängnisses geführt und «am Halse bis zum Eintritt des Todes aufgehängt».

Apte war der unerschütterlichen Überzeugung, daß ihn der Mord an Mahatma Gandhi nicht das Leben kosten werde, bis ein Gehilfe des Henkers seine Zelle aufschloß. Er «wußte», daß eine Begnadigung in letzter Minute ihm den Hals retten werde, weil er es aus den Linien auf seiner Hand gelesen hatte. Als Narayan Apte am Fuß des Galgens stand, überwältigte ihn die furchtbare Erkenntnis, welch eine unzuverlässige Wissenschaft die Handlesekunst ist. Er brach zusammen und mußte zur Schlinge getragen werden.

Nathuram Godse erklärte in seinem Testament, daß er seinen Angehörigen nur seine Asche vermachen könne. Er entschied sich dafür, seinen Eintritt in die Unsterblichkeit so lange hinauszuschieben, bis der Traum, um dessentwillen er gemordet hatte, Wirklichkeit geworden war. Entgegen den Vorschriften der Hindusitte bestimmte er, daß seine Asche nicht einem Fluß anvertraut werde, sondern von Generation zu Generation weiterzugeben sei: Erst wenn der Indus durch ein Land fließe, das unter der Herrschaft der Hindus wiedervereinigt sei, dürfe seine Asche auf den Wassern des Stromes den Weg zum Meer antreten.

Veer Savarkar, der Fanatiker, der aus dem Hintergrund den Ablauf von mindestens drei Attentaten gesteuert hatte, lebte bis ins hohe Alter und starb 1966 mit dreiundachtzig Jahren im *Savarkar Sadan*.

Dattatraya Parchure kehrte nach der Aufhebung seines Urteils in seine Praxis zurück, wo er noch heute unter dem Ölbild seines Gurus sitzt und den lungenleidenden Bürgern von Gwalior seine Mixturen aus Kardamomsamen, Bambussprossen, Zwiebeln und Honig verschreibt.

Digamber Badge, der in Poona um sein Leben fürchtete, zog nach dem Prozeß in ein Domizil um, das ihm die Polizei von Bombay beschaffte. Dort richtete er sich wieder in dem Gewerbe ein, dessentwegen er in der ganzen Provinz Bombay geschätzt war, im Knüpfen seiner kugelsicheren Westen. Badge hat es inzwischen zu etwas gebracht. Seine Westen kosten 1000 Rupien (ca. 420 DM) das Stück, und seine Lieferfristen liegen bei sechs Monaten. Er verkauft sie an Abnehmer in ganz Indien, namentlich an Politiker, die Grund haben, einen

Anschlag auf ihr Leben zu befürchten.

Karkare, Madanlal und Gopal Godse wurden, nachdem sie gemäß den indischen Gesetzbestimmungen ihre Strafe abgesessen hatten, Ende der sechziger Jahre aus der Haft entlassen. Karkare kehrte nach Ahmednagar zurück, wo er wieder die Leitung des *Deccan Guest* House übernahm und Reisenden den fragwürdigen Komfort seiner *charpoys*, von denen sieben in ein Zimmer gepfercht waren, zum Preis von 1,25 Rupien (0,60 DM) anbot. Er starb im April 1974 an einem Herzanfall. Madanlal Pahwa ließ sich in Bombay nieder. In einem Lagerhaus hinter seiner Behausung stellt er Spielzeug her und versucht, so gut er kann, mit den japanischen Industriebossen zu konkurrieren, die mit ihren Produkten die Märkte Indiens und des Fernen Ostens überschwemmen. Der Mann, der Gandhi mit einer Bombe im *Birla House* umbringen wollte, fabriziert heute als seine stolzeste Erfindung eine kleine Rakete, die durch Preßluft achtzig Meter hoch geschossen wird und dann an ihrem eigenen Fallschirm zur Erde zurückkehrt.

Gopal Godse wohnt heute im zweiten Stock eines bescheidenen Wohnhauses in Poona. An der einen Wand seiner Terrasse ist eine riesige Karte des indischen Subkontinents zu sehen. Alljährlich, am 15. November, stellt Gopal die Urne mit der Asche seines Bruders vor diese Landkarte. Auf der Karte zeigen leuchtende Glühbirnen den heiligen Lauf des Indus ein. Vor diesem Symbol des ungeteilten Indien versammelt Gopal Godse seine Familie und die fanatischsten Anhänger Veer Savarkars.

Keine Spur von Reue, kein Hauch von Zerknirschung ist bei ihrer Gedenkstunde zu spüren. Sie finden sich hier ein, um des «Märtyrers» Nathuram Godse zu gedenken und sein Verbrechen vor der Nachwelt zu rechtfertigen. Vor Gopals Landkarte, durch Sitarmusik angefeuert, recken die Fanatiker die rechte Faust in die Luft und geloben vor Nathuram Godses Asche die Rückeroberung «des aus dem lebenden Leib unserer Mutter Indien geschnittenen Teiles, ganz Pakistans, um Indien von den Ufern des Indus, wo die heiligen Verse der Weden aufgezeichnet wurden, bis zu den Wäldern jenseits des Brahmaputra unter der Herrschaft der Hindus wiederzuvereinigen».

Wie Louis Mountbatten angekündigt hatte, als er Indiens erster Generalgouverneur wurde, legte er im Juni 1948 sein Amt nieder. Seine letzten Wochen in Indien waren ganz mit dem erfolglosen Versuch ausgefüllt, den Nizam von Haiderabad, der als einziger Fürst noch auf seinem Thron saß, zum friedlichen Anschluß an Indien zu bewegen.

Die letzte offizielle Handlung seiner Frau Edwina bestand in einem Besuch zweier großer Flüchtlingslager. Zu Tausenden eilten die Lagerbewohner herbei, um von ihr Abschied zu nehmen, mit dem einzigen Geschenk, das diese Ärmsten der Armen ihr geben konnten: Tränen.

Am Abend vor ihrer Abreise ehrte Jawaharlal Nehru die Mountbattens bei einem Abschiedsbankett im Speisesaal des alten vizeköniglichen Palastes. Er hob sein Glas auf das Paar, mit dem ihn eine freundschaftliche Zuneigung verband, und brachte einen Trinkspruch aus:

«Überall, wo Sie erschienen sind», sagte er zu Edwina Mountbatten, «haben Sie Trost gespendet, haben Sie Hoffnung und Zuspruch gebracht. Ist es also erstaunlich, daß das indische Volk Sie ins Herz geschlossen hat und Sie als eine der Seinen betrachtet?»

«Sir, Sie sind mit einer großen Reputation hierhergekommen», wandte er sich an Lord Mountbatten, «aber in Indien ist so manche Reputation zerbrochen. Sie haben eine Zeit großer Schwierigkeiten und schweren Krisen durchlebt, und dennoch ist Ihr Ansehen nicht geschmälert. Dies ist eine bemerkenswerte Leistung.»

Als die Mountbattens am nächsten Vormittag in der gleichen vergoldeten Kutsche, die sie fünfzehn Monate vorher zu der großen Prunktreppe des *Viceroy's House* gebracht hatte, abfuhren, scheute eines der Pferde des Sechsergespanns. Beim Anblick des Tieres, das nicht weitertraben wollte, rief eine Stimme aus der Menge: «Das ist ein Zeichen vom Himmel. Sie müssen in Indien bleiben!»

Die furchtbare Krankheit, die ein Arzt in Bombay in Mohammed Ali Jinnahs Lunge entdeckt hatte, bereitete seinem Leben am 11. September 1948 in Karatschi ein Ende, nur acht Monate nach der Ermordung seines alten politischen Gegners und ein knappes Vierteljahr nach dem Ablauf der Frist, die ihm sein ärztlicher Freund gegeben hatte.

Mit dem Mut, der all sein Handeln bestimmt hatte, mühte sich Jinnah, solange seine Kräfte reichten, die Zukunft seines geliebten Pakistan zu sichern. Selbst im Sterben blieb Jinnah seinem unbeugsamen Willen treu. Am Abend seines letzten Tages beugte sich sein Arzt dicht an das Ohr des sterbenden Quaid-e-Azam und flüsterte: «Sir, ich habe Ihnen eine Injektion gegeben. Wenn Gott will, werden Sie weiterleben.»

Jinnah blickte seinen Arzt fest an:

«Nein, das werde ich nicht. Ich weiß, daß ich sterben werde.» Eine halbe Stunde später war er tot.

Sein Staat überstand die schwierige Periode nach seiner Geburt, die demokratischen Institutionen erwiesen sich als nicht von Dauer. 1958 machte ein Militärputsch unter Führung von Feldmarschall Ayub Khan dem parlamentarischen Regime, das von der Korruption zerrüttet war, ein Ende. Nach zehn Jahren autoritärer, aber tatkräftiger Herrschaft wurde Ayub Khans Regime durch einen zweiten Militärputsch gestürzt.

Die traumatische Erfahrung des Bangladeschkrieges von 1971, der Louis Mountbattens Prophezeiung wahrmachte, daß die Verbindung der beiden Hälften Pakistans kein Vierteljahrhundert halten werde, brachte in Pakistan unter Zulfikar Ali Bhutto wieder eine Zivilregierung an die Macht. Trotz der Aufstände abtrünniger Stämme in Belutschistan und in der Nordwestlichen Grenzprovinz kann Pakistan mit einigem Vertrauen in die Zukunft blicken: Es dürfte des wirtschaftlichen Beistands seiner ölreichen moslemischen Nachbarn sicher sein.

Auf einem Hügel über Karatschi birgt ein stolzes Mausoleum die marmorne Grabstätte des Gründers von Pakistan, die Huldigung eines Volkes an seinen letzten großen Mogul.

Wie Mahatma Gandhi prophezeit hatte, sollte das furchtbare Erbe der Teilung den Subkontinent noch Jahre peinigen. Zweimal, 1965 und 1971, standen Indien und Pakistan einander auf dem Schlachtfeld gegenüber. Der anhaltende Konflikt zwischen den beiden Staaten legte Indien wie Pakistan enorme Kosten auf und entzog ihre begrenzten Mittel den notwendigen Entwicklungsmaßnahmen für ihre hungernden Völker.

Beide Staaten bewältigten in einem knappen Jahrzehnt die gewaltige Aufgabe, Millionen Flüchtlinge neu anzusiedeln und einzugliedern. Der fruchtbare Pandschab, dessen Erde im Herbst 1947 mit dem Blut so vieler unschuldiger Opfer getränkt worden war, fand wieder zu den Farben glücklicherer Zeiten zurück, zum Gold der Weizen- und Senfkrautfelder, dem Weiß der Baumwollpflanzungen, dem Grün der Zukkerrohrplantagen. Der indische Teil der Provinz leistete, vor allem dank seiner rührigen Sikhbevölkerung, einen großen Beitrag zur «Grünen Revolution». Im Jahr 1970 konnte Indien zum erstenmal seinen Getreidebedarf aus eigener Produktion decken. Zwei Dürrekatastrophen Mitte der siebziger Jahre und die Ölkrise haben diese Entwicklung vorerst unterbrochen.

Doch der wirtschaftliche Aufschwung konnte nicht die Erinnerung an den Alptraum des Exodus auslöschen. Auf beiden Seiten der Grenze, die Cyril Radcliffes Bleistift gezogen hatte, schwelte der Haß weiter. Das unglückliche Schicksal Boota Singhs, jenes Sikhlandwirts, der eine junge Mohammedanerin ihrem Entführer abgekauft hatte, verkörperte für Millionen Pandschabis die tragischen Folgen der Teilung, aber auch die Hoffnung, daß die Fähigkeit des Menschen zur Liebe stärker sei als aller Haß.

Elf Monate nach ihrer Hochzeit wurde Boota Singh und Zenib, seiner Frau, die er für 1500 Rupien gekauft hatte, eine Tochter geboren. Gemäß der Sikhtradition schlug Boota das heilige Buch der Sikhs, den *Granth Sahib*, aufs Geratewohl auf und gab seiner Tochter einen Namen, der mit dem ersten Buchstaben des Wortes begann, das er am Beginn der Seite fand. Der Buchstabe war ein «T», und so wählte er den Namen Tanveer – «Wunder des Himmels».

Acht Jahre später verrieten zwei Neffen Boota Singhs aus Wut, weil sie sich um ihr Erbe gebracht sahen, Zenib und ihre Tochter den Behörden, die während des Exodus verschleppte Frauen ausfindig zu machen suchten, um sie zu repatriieren. Zenib wurde Boota Singh weggenommen und in ein Lager gebracht, während man sich bemühte, ihre Angehörigen in Pakistan zu finden.

Der verzweifelte Bauer eilte nach Neu-Delhi und vollbrachte in der großen Moschee den schwersten Akt, zu dem ein Sikh sich überwinden kann. Er schor sich das Haar und wurde Moslem. Unter seinem neuen Namen Jamil Ahmed Boota Singh begab er sich zur pakistanischen Hohen Kommission und verlangte die Rückgabe seiner Frau. Sein Opfer war umsonst gewesen. Die beiden Staaten hatten sich auf eine Reihe starrer Vorschriften für den Austausch entführter Frauen geeinigt: Sie sollten, ob verheiratet oder nicht, den Familien zurückgegeben werden, von denen sie mit Gewalt getrennt worden waren.

Sechs Monate besuchte Boota Singh täglich seine Frau im Lager. Schweigend saß er neben ihr und weinte um ihr zerbrochenes Glück. Schließlich erfuhr er, daß man ihre Familie gefunden hatte. Die beiden umarmten sich in einem tränenreichen Abschied. Zenib gelobte, sie werde ihn nie vergessen und so bald wie möglich zu ihm und ihrer Tochter zurückkehren.

In seiner Verzweiflung bewarb sich Boota Singh darum, als Moslem nach Pakistan einwandern zu dürfen. Sein Antrag wurde abgelehnt. Er beantragte ein Visum. Als man ihm auch das nicht gewährte, nahm er schließlich seine Tochter, die in Sultana umbenannt worden war, und ging illegal über die Grenze. Er ließ das Mädchen in Lahore zurück und machte sich auf den Weg zu dem Dorf, wo Zenibs Familie sich angesiedelt hatte. Dort erwartete ihn ein grausamer Schlag. Seine Frau war mit einem Vetter wiederverheiratet worden, wenige Stunden nachdem der Lastwagen, der sie aus Indien zurückbrachte, sie in dem Dorf abgesetzt hatte. Der Ärmste, der die Behörden weinend anflehte, ihm seine Frau zurückzugeben, wurde von Zenibs Brüdern und Vettern zusammengeschlagen und anschließend als illegaler Grenzgänger der Polizei übergeben.

Als Boota Singh vor Gericht gestellt wurde, brachte er vor, daß er Moslem sei, und bat den Richter, ihm seine Frau zurückzugeben. Er wäre schon zufrieden, sagte er, wenn er seine Frau sehen und sie fragen dürfe, ob sie mit ihm und seiner Tochter nach Indien zurückkehren wolle.

Von seiner inständigen Bitte gerührt, erteilte der Richter seine Zustimmung. Die Begegnung fand eine Woche danach statt, in einem Gerichtssaal, in dem sich die Zuschauer drängten, die durch Zeitungsberichte auf den Fall aufmerksam geworden waren. Die geängstigte Zenib war von einer Schar wütender Verwandter umgeben, die sie nicht herausgeben wollten. Der Richter wies auf Boota Singh.

«Kennen Sie diesen Mann?» fragte er.

«Ja», erwiderte das zitternde Mädchen, «das ist Boota Singh, mein erster Ehemann.»

Dann identifizierte Zenib ihre Tochter.

«Möchten Sie mit ihnen nach Indien zurückkehren?» fragte der Richter.

Zenib wandte sich um und schaute auf ihre Verwandtschaft, die männlichen Mitglieder ihres Klans, deren Blicke sie warnten, die Stimme ihres Blutes zu mißachten. Eine unerträgliche Spannung herrschte in dem Saal. Boota Singh hielt den Atem an.

Zenib senkte den Kopf. «Nein», flüsterte sie.

Ein schmerzerfülltes Stöhnen entrang sich Boota Singhs Brust. Er taumelte gegen das Geländer hinter ihm. Als er seine Haltung wiedergefunden hatte, nahm er sein Kind bei der Hand und ging quer durch den Saal.

«Ich kann dir deine Tochter nicht wegnehmen, Zenib», sagte er. «Ich überlasse sie dir.» Er zog ein Bündel Geldscheine aus der Tasche und bot sie zusammen mit dem Kind seiner Frau. «Mein Leben ist zu Ende», sagte er schlicht.

Der Richter fragte Zenib, ob sie ihre Tochter zu sich nehmen wolle. Wieder erfüllte qualvolle Stille den Gerichtssaal. Zenibs männliche Verwandte schüttelten wütend den Kopf. Sie wollten nicht, daß ihre Sippe durch das Blut eines Sikh entehrt werde.

Voll Verzweiflung blickte Zenib ihre kleine Tochter an. Sie zu sich zu nehmen, würde für sie ein Leben des Elends bedeuten. Ein schreckliches Schluchzen schüttelte sie. «Nein», stieß sie hervor.

Die Tränen strömten Boota Singh aus den Augen, während er einen langen Augenblick auf seine schluchzende Frau blickte. Dann hob er sanft seine Tochter auf und verließ mit ihr den Gerichtssaal, ohne sich noch einmal umzublicken.

Weinend und betend verbrachte er die Nacht im Grabmal des mohammedanischen Heiligen Data Gang Baksh, während seine kleine Tochter am Fuß einer Säule schlief. Als der Tag anbrach, nahm er das Kind in einen nahe gelegenen Basar mit. Dort kaufte er ihm mit den Rupien, die er am Nachmittag des gestrigen Tages seiner Frau angeboten hatte, ein neues Kleid und bestickte Goldbrokat-Sandalen. Dann gingen der alte Sikh und seine Tochter Hand in Hand zum unweit gelegenen Bahnhof von Shahdarah. Während sie auf dem Bahnsteig auf die Ankunft des Zuges warteten, erklärte der weinende Boota Singh seiner Tochter, daß sie ihre Mutter nie wiedersehen werde.

In der Ferne war das Pfeifen einer Lokomotive zu hören. Boota Singh hob zärtlich seine Tochter auf und küßte sie. Er trat an den Rand des Bahnsteigs. Als die Lokomotive in den Bahnhof brauste, spürte sie, wie die Arme ihres Vaters sie fester umschlangen. Dann stürzte sie plötzlich nach vorn. Boota Singh war vor die herandonnernde Lokomotive gesprungen. Das Mädchen hörte das Pfeifensignal und einen furchtbaren Schrei. Dann war sie in der schwarzen Nacht unter der Lokomotive.

Boota Singh wurde auf der Stelle getötet, doch seine Tochter kam wie durch ein Wunder unversehrt davon. In der Kleidung des verstümmelten alten Sikh fand die Polizei einen blutgetränkten Abschiedsbrief an die junge Frau, die ihn abgewiesen hatte.

«Meine liebe Zenib», lautete er, «du hast auf die Stimme der vielen gehört, aber diese Stimme spricht niemals aufrichtig. Dennoch ist es mein letzter Wunsch, bei Dir zu bleiben. Lasse mich bitte in Deinem Dorf beerdigen und komme von Zeit zu Zeit und lege eine Blume auf mein Grab.»

Boota Singhs Selbstmord löste in Pakistan eine Welle der Anteilnahme aus, und sein Leichenbegängnis wurde zu einer nationalen Angelegenheit. Doch selbst noch im Tod blieb der alte Sikh, der zur Zeit des furchtbaren Exodus geglaubt hatte, das Glück mit 1500 Rupien kaufen zu können, ein Opfer des Hasses. Zenibs Familie und die Bewohner ihres Dorfes weigerten sich, Boota Singh auf dem Friedhof des Dorfes begraben zu lassen. Am 22. Februar 1957 verwehrten die Männer, von Zenibs zweitem Ehemann angeführt, dem Sarg den Zutritt.

Um keinen Aufruhr zu provozieren, ordneten die Behörden an, daß der Sarg und die Tausende von Pakistanis, die Boota Singh auf seinem letzten Weg gefolgt waren, nach Lahore zurückzukehren hätten. Dort wurden Boota Singhs sterbliche Reste unter einem Berg von Blumen zur Ruhe gebettet.

Doch Zenibs Familie ließ die Ehre, die man Boota Singh erwies, nicht ruhen. Ergrimmt schickte sie einen Trupp nach Lahore, der sein Grab verwüstete. Diese brutale Tat entrüstete die Einwohner der Stadt. Boota Singh wurde abermals unter einem Berg von Blumen beigesetzt. Diesmal meldeten sich Hunderte von Moslems freiwillig, das Grab des konvertierten Sikh zu bewachen. Mit dieser Geste drückten sie die Hoffnung aus, daß die Zeit eines Tages vielleicht die bittere Erinnerung an das Jahr 1947 im Pandschab auslöschen werde.[32]

Die Gedenkstätte, die Indien seinem Mahatma errichtete, war eine einfache schwarze Steinplatte, die am 31. Januar 1948 am Radsch Ghat an der Stelle angebracht wurde, wo sein Scheiterhaufen gestanden hatte. Auf einer Gedenktafel erinnern ein paar Worte in Hindi und Englisch an die Botschaft Mohandas Gandhis:

«Ich möchte Indien frei und stark sehen, daß es sich als ein williges und reines Opfer für eine bessere Welt darbieten kann. Jeder einzelne soll sich für seine Familie aufopfern, die Familie für das Dorf, das Dorf für den Distrikt, der Distrikt für die Provinz, die Provinz für die Nation, die Nation für alle. Ich will *Khudai Raj*, das Reich Gottes auf Erden.»

Doch Gandhis Vision sollte ein unerfüllter Traum bleiben. Es zeigte sich, daß seine Landsleute für die Lockrufe der Technik und des industriellen Fortschritts ebenso empfänglich waren wie alle anderen Völker. Seine Erben wandten sich von seiner Lehre ab, wie er es im letzten Jahr seines Lebens befürchtet hatte. Indien entschied sich für die im 20. Jahrhundert geltenden Maßstäbe von Macht und Erfolg, für den Aufbau einer starken Industriegesellschaft und nicht für den Weg, den Gandhi mit seinem Spinnrad hatte weisen wollen. Zentrale Planung, Wachstumsraten, Grundstoffindustrie, Infrastruktur, die Revolution der steigenden Ansprüche, die gemeinsame Sprache einer Welt, die auf materiellen Fortschritt versessen ist, wurden zum Vokabular der ersten Führungsgeneration des neuen Indien. Die Interessen der halben Million Dörfer, von denen Gandhi das Heil Indiens erwartet hatte, wurden den Interessen der Städte untergeordnet, wo die großen Industriekomplexe entstanden, die Gandhis Erben herbeisehnten. Die Kongreßpartei, von der der Mahatma gehofft hatte, sie werde sich zu einer Liga im Dienst des Volkes entwickeln, blieb zwar die dominierende politische Kraft des Landes, wurde aber zusehends eine Beute der um sich greifenden Korruption.

Das paradoxeste Geschehnis ereignete sich im Frühjahr 1974 in der Wüste von Radschasthan. Die Regierung des Landes, dessen berühmtester Bürger am Tag vor seinem Tod Amerika aufgefordert hatte, von der Atombombe zu lassen, setzte die Mittel eines Landes, das kaum seine Bevölkerung zu ernähren imstande ist, dafür ein, eine Nuklearwaffe zu zünden. Diese Explosion besiegelte die endgültige Abkehr von der Lehre der *ahimsa*, den Eintritt des Landes, in dem der Prophet der Gewaltlosigkeit gewirkt hatte, in den exklusiven Klub der Staaten, die über die Atombombe verfügen, die stärkste Waffe im Arsenal der Gewalt.

Indessen, wenn Indien auch nicht dem Weg folgte, den Gandhis Traum vorzeichnete, so nahm es doch andererseits auch nicht von all seinen Idealen Abschied. Noch heute ist das einfache Baumwolltuch, das zu tragen er seine Landsleute aufforderte, die Uniform vieler indischer Minister und Beamten, ein Zeichen, daß der Träger wennschon nicht die Botschaft, so doch das Gedächtnis des Mannes ehrt, der sie verfocht. Jawaharlal Nehru trug bis zu seinem Tod die einfache Kleidung, die der Mahatma ihm empfohlen hatte. Getreu Gandhis Mahnung an die Regierenden, in ihrer Lebensführung bescheiden und maßvoll zu sein, fuhr er nicht in einem Rolls-Royce, Mercedes oder Cadillac durch die Hauptstadt seines Landes, sondern in einem kleinen indischen Wagen; seine ganze Eskorte bestand aus seinem Fahrer.

Trotz der zentrifugalen Tendenzen, die von der Vielfalt der Sprachen, Kulturen und Völker ausgehen, und entgegen der zynischen Erwartung so mancher Engländer, daß diese Kräfte die Einheit Indiens zerstören würden, sobald die britische Herrschaft beseitigt sei, blieb Indien das, was es am 15. August 1947 wurde, eine starke, geeinte Nation. Relativ schmerzlos wurden die gewaltigen Territorien und die so unterschiedlichen Völker der alten Fürstenstaaten in die Verwaltungsstruktur des neuen Indien integriert.

Nicht wenige von Gandhis Ideen, die früher als Verschrobenheiten eines alten Mannes erschienen, haben heute, fast drei Jahrzehnte nach seinem Tod, für eine Welt, in der die Ressourcen knapp werden und die Bevölkerungszahl hochschnellt, überraschend neue Bedeutung gewonnen. Briefumschläge zu Notizpapier zu zerschneiden, statt sie wegzuwerfen, nur die lebensnotwendige Nahrungsmenge zu sich zu nehmen, mit der Herstellung unnützer Produkte aufzuhören, der Rückgriff auf die Heilkräfte der Natur, all dies erschien in den siebziger Jahren unversehens nicht mehr als liebenswerte Marotte, sondern als ein vielleicht brauchbares Rezept für die unsichere Zukunft des Menschen auf einem ausgeplünderten Planeten.

Vor allem in einem war Indien bestrebt, dem Vermächtnis des Mahatma treu zu bleiben, der die hungernden Massen des Landes zur Freiheit geführt hatte. Indien wurde als freies Land geboren, es bemühte sich unter seinem ersten Ministerpräsidenten, ein freies Land zu bleiben. Das Land widerstand der Versuchung, dem Beispiel seines chinesischen Nachbarn zu folgen und den Fortschritt durch die Gängelung der Menschen zu erkaufen.

Leider wurde die Dauerhaftigkeit dieser Errungenschaft durch die Geschehnisse seit Juni 1975 und das unbedachte Handeln von Ministerpräsidentin Indira Gandhi in Frage gestellt, der Tochter des Mannes, der die Demokratie in Indien konsolidiert hatte.

Fünfzehn Tage nach der Versenkung von Gandhis Asche schloß eine kurze Zeremonie im Schatten des Gateway of India die Ära ab, die im Januar 1915 begonnen hatte, als Gandhi mit einem Exemplar des *Hind Swaraj* unter dem Arm aus Südafrika zurückkehrte und durch diesen Triumphbogen geschritten war. Vor einer salutierenden Ehrengarde aus Sikhs und Gurkhas und zum Spiel einer Musikkapelle der indischen Marine verließen die letzten britischen Soldaten indischen Boden. Die Männer vom *Somerset Light Infantry*-Regiment zogen durch den hochgewölbten Bogen und marschierten langsam zur Anlegestelle.

Als die Soldaten durch den Triumphbogen entschwanden, begann die Menge, die an der Seeseite von Bombay dem Abmarsch zuschaute, zu singen. Zuerst sangen nur einzelne, dann immer mehr, bis schließlich Tausende in den Gesang einfielen. Es war die wehmütige Weise von

Auld Lang Syne. Alte Veteranen der Kongreßpartei, von denen manche noch die Narben von den Hieben englischer Schlagstöcke trugen, weinende Frauen im Sari, halbwüchsige Schüler, zahnlose alte Bettler, selbst die strammstehenden Soldaten der indischen Ehrengarde, sie alle wurden sich plötzlich der Bedeutung dieses Augenblicks bewußt und stimmten in den Chor ein. Während die letzten Briten in ihre Boote stiegen, erklang dieser spontane Gesang über die Esplanade um den Gateway of India, ein seltsames, schmerzlich-schönes Abschiedslied für die Engländer, die in See gingen.

Eine Epoche ging vor dem Gateway of India zu Ende, ein neues Zeitalter begann, das Gandhi für drei Viertel der Weltbevölkerung eröffnet hatte, die Epoche der Entkolonialisierung. Die letzten Männer aus dem Volk der Kapitäne und Könige verließen Indien, und die auffrischende Brise, die ihre Heimfahrt beschleunigte, kündigte den Sturm an, der die Karte der Welt umschreiben und das Gleichgewicht der Kräfte neu gestalten sollte. In den kommenden Jahren würde so manche Hafenstadt eine ähnliche Zeremonie erleben wie jene, die am 28. Februar 1948 in Bombay stattfand.

Doch nicht viele dieser Zeremonien waren von der gleichen Versöhnlichkeit bestimmt, die sich an jenem Vormittag im Schatten des einstigen Triumphbogens der Briten kundgab. Es war ein letzter Sieg des ermordeten Mahatma, eine letzte Huldigung für die Inder und Engländer, die so weise gewesen waren, die unerbittliche Logik seiner Botschaft zu erfassen.

Zeittafel

I. Indien vor der Ankunft der Engländer

1500 v. Chr.: Die aus dem Iran kommenden Indoarier erobern das Indus-Tal.
563 v. Chr.: Geburt Buddhas.
327 v. Chr.: Alexander der Große erobert einen Teil des Pandschabs.
273 v. Chr.: Aschoka gründet das erste indische Reich.
50 n. Chr.: Gründung des Kuschanreiches im Norden Indiens.
320–455: Blütezeit des Reiches der Guptadynastie.
700: Rascher Niedergang des Buddhismus in Indien, der sich in ganz Asien ausgebreitet hat.
711: Erster arabischer Einfall.
1398: Tamerlan zerstört Delhi.
1498: Vasco da Gama erschließt den Seeweg nach Indien.
1526–1858: Herrschaft der Großmoguln in Indien.

II. Indien und die Engländer

1600: Der erste Engländer segelt nach Indien. Großbritanniens koloniales Engagement beginnt.
1746: Französisch-englischer Krieg um den Besitz Indiens.
1757: Der Sieg des englischen Generals Clive bei Plassey öffnet England den Weg nach Nordindien.
1763: Der Vertrag von Paris schließt die Franzosen aus Indien aus.
1773: Indien wird der direkten Herrschaft der britischen Krone unterstellt.
1803: Die Engländer nehmen Delhi ein.
1849: Die Engländer annektieren den Pandschab.
1857: Die Sepoys meutern gegen ihre englischen Offiziere.
1858: Indien wird der Souveränität der britischen Krone unterstellt.
1869: Geburt Mohandas Karamchand Gandhis.
1876: Geburt Mohammed Ali Jinnahs.
1877: Königin Victoria nimmt den Titel «Kaiserin von Indien» an.
1889: Geburt Jawaharlal Nehrus.
1906: Gründung der Moslemliga.
1911: Delhi wird die Hauptstadt Indiens.
1920: Gandhis erste Kampagne des bürgerlichen Ungehorsams.
1930: Gandhis zweite Kampagne des bürgerlichen Ungehorsams.
1940: Gandhis dritte Kampagne des bürgerlichen Ungehorsams. Die Moslemliga fordert einen islamischen Staat Pakistan.
1942: Gandhi beginnt seine Kampagne «Verlaßt Indien!»
1947: Indien wird geteilt. Am 15. August werden Pakistan und die Indische Union unabhängige Staaten.

III. Indien nach dem Ende der britischen Herrschaft

1947: Am Streit um Kaschmir entzündete sich der erste indisch-pakistanische Krieg.
1948: Am 30. Januar wird Gandhi ermordet.
1949: Waffenstillstand und Teilung Kaschmirs.
1950: Verkündung der Verfassung der Indischen Union.
1955: Konferenz von Bandung, auf der Nehru für Indien die Führung der bündnisfreien Staaten anstrebt.
1962: Bewaffneter Konflikt zwischen China und Indien.
1964: Am 27. Mai stirbt Nehru. Sein Nachfolger wird Shastri.
1965: Zweiter indisch-pakistanischer Krieg um den Besitz Kaschmirs.
1966: Konferenz von Taschkent; Unterzeichnung einer Kompromißvereinbarung über Kaschmir. Indira Gandhi wird Ministerpräsidentin.
1971: Indisch-pakistanischer Krieg um Bangladesch.
1974: Explosion der ersten indischen Atombombe.
1975: Start des ersten indischen Forschungssatelliten.

IV. Pakistan nach dem Ende der britischen Herrschaft

1948: Am 11. September stirbt Mohammed Ali Jinnah.
1956: Proklamation der Islamischen Republik Pakistan.
1958: Machtübernahme durch General Ayub Khan.
1963: Grenzabkommen mit China.
1965: Krieg mit Indien um Kaschmir.
1969: Machtübernahme durch General Yahia Khan.
1971: Sezession von Ostpakistan, das sich den Namen Bangladesch gibt. Zulfikar Ali Bhutto wird Ministerpräsident von Pakistan.

Was aus ihnen geworden ist

Lord Mountbatten: Konteradmiral Louis Mountbatten kehrte im Oktober 1948 in den aktiven Dienst bei der englischen Marine zurück und übernahm in Malta das Kommando über das Erste Kreuzergeschwader, das für ihn vorgesehen war, als er zum Vizekönig von Indien ernannt wurde. Hatte er im Empire als Vizekönig den zweithöchsten Rang hinter dem König-Kaiser bekleidet, so fand er sich nun in der Rangordnung der Insel an dreizehnter Stelle.

Er stieg rasch in die oberen Ränge der Marinehierarchie auf und erreichte am 18. April 1955 das Ziel seines Lebens: Er wurde zum Ersten Seelord der Royal Navy ernannt und bekleidete damit das Amt, aus dem 1914 sein Vater durch den Druck einer engstirnigen, antideutschen Öffentlichkeit gejagt worden war. Als Erster Seelord war er für die Modernisierung der Royal Navy zuständig, die Englands vornehmster Waffengattung ihr erstes atomgetriebenes Unterseeboot und ihre ersten Lenkwaffen-Zerstörer brachte. 1958 übernahm er als Chef der Verteidigungsstreitkräfte seine letzte große öffentliche Aufgabe, die Reorganisation und Vereinheitlichung der englischen Streitkräfte.

Mountbatten nahm im Juli 1965 seinen Abschied, neunundvierzig Jahre nachdem er im Ersten Weltkrieg zum erstenmal zur See gefahren war, und teilt heute seine Zeit zwischen dem Besitztum Broadlands in der Nähe von Southampton, einer Stadtwohnung in London und einem Schloß in Irland. Königin Elizabeth II. ernannte ihn zum Gouverneur der Insel Wight. Zum Leidwesen seiner Töchter und seines Arztes frönt er nach wie vor seinem verzehrenden Arbeitshunger. Er ist aktives Mitglied von fast zweihundert Organisationen, darunter des Instituts für Flottenbau, des Instituts für Elektrotechnik, des Instituts für Bautechnik, der Londoner Zoologischen Gesellschaft, der Gesellschaft für Ahnenforschung und des Kricket-Klubs der Grafschaft Hampshire.

Seine Haupttätigkeit gilt jedoch dem Nationalen Elektronik-Rat, dessen Gründer und Präsident er ist, dem Wissenschaftlichen Informationsausschuß der Royal Society und dem United World College, das mehr als fünfhundert Studenten an Universitäten in England, Kanada und Singapur unterstützt.

Lord Mountbatten zeigt nach wie vor reges und engagiertes Interesse an Indien. 1969 übernahm er die Präsidentschaft der Jubiläumsfeiern zu Gandhis hundertstem Geburtstag und hielt eine Rede beim Gedächtnisgottesdienst, der am 30. Januar 1969 in der St. Paul's Cathedral stattfand. Er beteiligte sich an der Gründung und Verwaltung des Jawaharlal-Nehru-Fonds, der zu Ehren seines alten verstorbenen Freundes ins Leben gerufen wurde, um indische Wissenschaftler zum Studium ins Vereinigte Königreich zu schicken. – Fast täglich gelangen mit der Post Bitten auf seinen Schreibtisch. Sie kommen von Maharadschas und Gouverneuren, Kulis und Bankiers, und darin wird er gebeten, den Absender an irgend jemanden in England zu empfehlen, bei komplizierten Pensionsproblemen zu helfen oder die für das Vereinigte Königreich geltenden Einwanderungsbestimmungen zu erklären. Dieser endlose Strom unterschiedlichster, rührender Bitten zeigt eine seltsame Wandlung: Indiens letzter Vizekönig ist gewissermaßen zu Indiens Ombudsman in England geworden.

Lady Mountbatten: Edwina Mountbatten widmete sich weiterhin dem Roten Kreuz und der Str.-John-Ambulance-Brigade und lehnte es ab, ihren Tätigkeitsbereich einzuschränken, selbst als ihre Ärzte sie warnten, daß sie sich zu sehr strapaziere. Vier Tage nach der Hochzeit ihrer jüngeren Tochter Pamela im Februar 1960 trat sie in ihrer Eigenschaft als Chefin der St.-John-Ambulance-Brigade und Präsidentin des «Rettet-die-Kinder-Hilfswerks» eine Rundreise in den Fernen Osten an. Obwohl sie offensichtlich schwer erschöpft war, sagte sie die Reise nicht ab. Sie starb am 21. Februar 1960 in Borneo. Als im indischen Parlament die Nachricht von ihrem Tod bekanntgegeben wurde, erhoben sich die Abgeordneten spontan von den Sitzen und ehrten sie mit einer Schweigeminute.

Vier Tage nach ihrem Tod wurde, wie sie es testamentarisch bestimmt hatte, ihr Leichnam vor Spithead ins Meer gesenkt. Die Fregatte *Wakeful* von der Royal Navy wurde von der indischen Fregatte *Trishul* begleitet, eine bewegende Abschiedsgeste des Landes, das sie so geliebt hatte, an die letzte seiner *memsahibs.*

Jawaharlal Nehru: Jawaharlal Nehru bekleidete bis zu seinem Tod am 2. Mai 1964 das Amt des indischen Ministerpräsidenten, das er am 15. August 1947 übernommen hatte. Er wurde zu einem international geachteten Staatsmann, zu einer der bekanntesten Gestalten in der Dritten Welt und zum wichtigsten Baumeister der Politik der Bündnisfreiheit, der sich die meisten afro-asiatischen Staaten anschlossen, die in den fünfziger und sechziger Jahren von der kolonialen Bevormundung frei wurden. Er unternahm ausgedehnte Reisen und besuchte die meisten europäischen Hauptstädte, die Vereinigten Staaten, die Sowjetunion und China. In Indien leitete er die Durchführung von drei Fünfjahresplänen für die soziale und industrielle Entwicklung seines Landes, er kümmerte sich um die Konsolidierung der demokratischen Institutionen und stimmte zögernd der gewaltsamen Eingliederung der portugiesischen Enklave Goa in den indischen Staatsverband zu.

Seine bitterste Enttäuschung erlebte er im Oktober 1962 mit dem massiven Einmarsch chinesischer Truppen in Nordindien. Nehru überwand nie ganz den Schock über diese Aktion Chinas, denn freundschaftliche Beziehungen zwischen Indien und China waren seit fünfzehn Jahren der Eckstein seiner Außenpolitik gewesen. Von diesem Augenblick an ging es mit seiner Gesundheit bergab. Im Januar 1964 erkrankte er schwer, erholte sich zwar vorübergehend, starb jedoch vier Monate später. Unter den Persönlichkeiten, die nach Neu-Delhi eilten, um an seiner Einäscherung teilzunehmen, war auch Louis Mountbatten. Wie es Nehru gemäß war, bestand das Abschiedsgeschenk dieses überaus redebegabten Mannes an seine Landsleute in Worten, den Worten seines Testaments, die heute an der Nehru-Gedächtnisbibliothek auf dem Gelände des früheren Amtssitzes des Oberkommandierenden der indischen Armee in Neu-Delhi zu lesen sind. Darin bat er, seine Asche aus einem Flugzeug zu verstreuen, «über die Felder, auf denen sich die Bauern Indiens mühen, damit sie sich mit dem Staub der indischen Erde vermische und sich untrennbar mit ihr vereine . . . und eine Handvoll dem Ganges in Allahabad anzuvertrauen, damit sie dem endlosen Ozean entgegengetragen werde, der die Küsten Indiens umspült».

Vallabhbhai Patel: Nach Gandhis Ermordung wurde Innenminister Patel das Opfer einer Flüsterkampagne. Man unterstellte ihm, er sei mitverantwortlich gewesen, daß die Polizei die Mörder des Mahatma zwischen dem 20. Januar und dem Tag des Attentats nicht festnahm. Einige seiner politischen Gegner verbreiteten sogar die völlig unbegründete Beschuldigung, daß ihm wegen seiner Meinungsverschiedenheiten mit Gandhi dessen Schicksal gleichgültig gewesen sei. Nachdem Lord Mountbatten Indien verlassen hatte, organisierte und leitete er die «Polizeiaktion» gegen Haiderabad, durch die der Fürstenstaat gewaltsam in den indischen Staatsverband eingegliedert wurde. Sein Konflikt mit seinem alten Rivalen Nehru, der in den Monaten nach Gandhis Ermordung zeitweilig vertagt worden war, kam Anfang 1950 erneut zum Ausbruch. Patel erlag am 15. Dezember 1950 einem Herzanfall.

Die Maharadschas: Die Fürsten, die einst über ein Drittel der Einwohner Indiens herrschten, sind von der indischen Szene verschwunden. Die Tage ihrer Herrlichkeit liegen so fern wie die der Großmoguln. Ihre Paläste sind heute Museen, Schulen, Hotels oder verfallende Ruinen. Manche sind ins Ausland gegangen, andere ins Geschäftsleben oder den Staatsdienst eingetreten. Einige wie die Radsch Matas von Gwalior und Dschaipur sind aktiv politisch tätig. Nach dreijährigen zähen Bemühungen und trotz eines Urteils des indischen Obersten Gerichtshofes zugunsten der Fürsten konnte Indira Gandhis Kabinett 1974 in beiden Kammern des Parlaments die notwendige Stimmenmehrheit zusammenbringen, um eine Verfassungsänderung herbeizuführen und die Zugeständnisse zu beseitigen, die den Fürsten 1947 für ihren friedlichen Anschluß an Indien gemacht worden waren. Die vergoldeten Pfauen sind für immer von der Bühne Indiens verschwunden.

Die Polizeibeamten: Zwei der Schlüsselfiguren der Untersuchung von Gandhis Ermordung sind noch am Leben, D. W. Mehra und «Jimmy» Nagarvalla, der die Ermittlungen in Bombay führte. Beide haben ihren Abschied genommen. Mehra ist heute leitender Angestellter in einer Brauerei außerhalb von Delhi. Nagarvalla widmet sich einer Beschäftigung, die für einen Mann, der den größten Teil seines Lebens mit der Fahndung nach Kriminellen verbrachte, eigenartig wirkt: Er führt ein Reiseunternehmen.

Dank

Um Mitternacht die Freiheit ist – wie zwei unserer früheren Bücher, *Brennt Paris?* und *O Jerusalem* – das Ergebnis von fast drei Jahre währenden langwierigen, geduldigen Recherchen. Mehr als sechshundert Menschen – Inder, Pakistanis, Engländer, Franzosen – haben direkt oder indirekt an der Vorbereitung dieses Buches mitgewirkt, das uns vom Khaiber-Paß bis zum Fort St. George in Madras, von Kalkuttas *bustees* bis zu Landhäusern in stillen Dörfern der Grafschaften Sussex und Kent über zweihundertfünfzigtausend Kilometer weit geführt hat.

Im Arbeitszimmer des einzigen Überlebenden jener fünf großen Männer, die im Jahr 1947 weitgehend für die Geschicke des Subkontinents verantwortlich waren, begannen unsere Recherchen, beim Admiral der Flotte Earl Mountbatten of Burma. 1972 und 1973 ließ sich der letzte indische Vizekönig im Verlauf von fünfzehn Tonband-Interviews ausführlich über seine Erfahrungen und Erlebnisse in Indien befragen. Allein diese Interviews erbrachten Tonbandaufnahmen von fast dreißig Stunden Dauer und sechshundert maschinengeschriebene Seiten; sie bilden für sich eine einzigartige Darstellung des vizeköniglichen Amtes unter Mountbatten.

Der letzte Vizekönig bewahrt auf seinem Besitztum Broadlands in Romsey die vermutlich umfassendste Sammlung von Dokumenten und Schriftstücken auf, die sich auf seine Amtszeit als Vizekönig und auf die Periode nach dem 15. August 1947 beziehen, in der er Indiens erster Generalgouverneur war. Lord Mountbatten hat in diesem Archiv jedes für diese Zeit relevante Schriftstück aufbewahrt, von dem handgeschriebenen Brief, den ihm König Georg VI. bei seiner Abreise nach Indien sandte, bis zu den Speisekarten und Sitzordnungen seiner Staatsbankette. Daneben gibt es fünf Kategorien von Dokumenten, die das unerläßliche historische Material für jene Periode darstellen:

1. Die Aufzeichnungen der Gespräche, die Lord Mountbatten mit allen Personen führte, die sein Arbeitszimmer betraten, insbesondere mit den Schlüsselfiguren Gandhi, Nehru, Jinnah und Patel. Wie aus den Seiten 97ff hervorgeht, empfing Lord Mountbatten diese Männer unter vier Augen, begrenzte die Gespräche auf eine Dauer von fünfundvierzig Minuten und diktierte, sobald der Betreffende gegangen war, einem Sekretär eine Zusammenfassung der Unterredung. Die Resümees dieser Gespräche sind überaus anschaulich und gehen ins einzelne. Sie wirken noch heute so frisch, wie sie gewirkt haben müssen, als sie 1947 diktiert wurden.
2. Die Protokolle seiner fast täglichen Beratungen mit seinem Stab, bei denen sich der Vizekönig mit großer Offenheit zu äußern pflegte.
3. Die Protokolle der Sitzungen des Notstandsausschusses des indischen Kabinetts während der Krise im Pandschab, dessen Vorsitz er führte.
4. Seine siebzehn Wochenberichte mit den umfangreichen Anhängen, die er in seiner Amtszeit als Vizekönig an das Indienministerium in London sandte.
5. Sein Monatsbericht an den König während seiner Amtszeit als Generalgouverneur.

Lord Mountbatten konnte während der Stunden unserer gemeinsamen Arbeit ständig diese Materialien zu Rate ziehen, um sein Gedächtnis aufzufrischen und seine Tätigkeit in Indien mit der notwendigen historischen Authentizität zu rekonstruieren. Unser Dank gilt daher zunächst und vor allem Lord Mountbatten.

Besonderen Dank schulden wir auch zweien seiner persönlichen Mitarbeiter – John Barratt, seinem Privatsekretär, und Mrs. Mollie Travis, der Archivarin des Broadlands-Archivs –, die uns beide in großzügiger Weise Zeit und Mühe widmeten. Lord Mountbattens Töchter, Lady Brabourne und Lady Pamela Hicks, hatten die Liebenswürdigkeit, uns ihre Erinnerungen an ihre Eltern und an ihre Erlebnisse in Indien zu schildern. Lord Brabourne – selbst Sohn eines ehemaligen Gouverneurs der Provinzen Bombay und Bengalen, der einen Monat lang Vizekönig war – gestattete uns als Chefkurator des Broadlands-Archivs freundlicherweise in dem ihm unterstehenden Bereich zu arbeiten.

Die noch lebenden Mitglieder von Lord Mountbattens Stab in Indien 1947/48 stellten uns ohne Ausnahme großzügig ihre Zeit zur Verfügung und ließen willig unsere langen und strapaziösen Interviews über sich ergehen, in vielen Fällen drei oder vier Tonbandsitzungen, die jeweils mindestens zwei Stunden in Anspruch nahmen. Sie bemühten sich nicht nur geduldig, ihre Erinnerungen an die Zeit durchzugehen, sondern suchten auch auf Speichern und in Landhäusern nach Tagebüchern, die bis 1947 zurückreichten, und nach Briefen an Ehefrauen und Eltern, in denen sie ihre Erlebnisse schilderten. All dies war uns für die Rekonstruktion der Atmosphäre in jenen ungewöhnlichen Tagen außerordentlich wertvoll.

Besonders ergiebig war der Beistand, den uns Alan Campbell-Johnson gewährte, Lord Mountbattens Presseattaché in den Jahren 1947/48, der selbst einen ausgezeichneten Bericht aus erster Hand über diese Periode geschrieben hat, *Mission with Mountbatten.* Das gleiche gilt für Sir George Abell, seinen glänzenden Privatsekretär; Vizeadmiral Sir Ronald Brockman, seinen persönlichen Sekretär; Konteradmiral Peter Howes, Lord Mountbattens ersten Adjutanten; Elizabeth Collins und Muriel Watson, die Sekretärinnen von Lady Mountbatten, deren Erinnerungen an die letzte Vizekönigin uns besonders nützlich waren; G. Vernon Moore, ein Mitglied des vizeköniglichen Sekretariats, der uns höchst hilfreiche Schilderungen zur Verfügung stellte; Oberstleutnant Sir Martin Gilliat, Mountbattens zweiten Militärsekretär, so wie für seine Adjutanten Oberstleutnant Frederick Burnaby-Atkins, Lord Allendale und Sir James Scott. Sie alle gaben uns mit ihren Schilderungen der Atmosphäre des *Viceroy's House* im Jahr 1947 wertvolle Aufschlüsse.

Besonders zu Dank verpflichtet sind wir dem ungewöhnlichen Mann, der so viele der wichtigen juristischen Arbeiten seiner Zeit geprägt hat, dem Right Honourable Viscount Radcliffe. Innerhalb der Beschränkungen, die er sich bei Unterhaltungen über seinen Schiedsspruch auferlegte – er weigerte sich, über die Überlegungen zu sprechen, die ihn zu irgendeiner bestimmten Entscheidung geführt hatten –, war er im Verlauf von zwei Interviews bemerkenswert offen und hilfreich. Unsere Recherchen über die indische Armee brachten uns mit zahlreichen Veteranen dieser ungewöhnlichen Organisation in Kontakt – General Sir Robert Lockhart; General Sir Roy Bucher; dem verstorbenen General Sir Frank Messervy, erstem Chef der pakistanischen Armee; Oberstleutnant John R. Platt, Regimentschef der *Somerset Light Infantry*, die als letzte Einheit der britischen Armee den Boden des unabhängig gewordenen Indien verließ; Oberst E. S. Birnie, der uns über die letzten Lebensmonate von Mohammed Ali Jinnah berichtete, dem er als erster Militärsekretär zu dienen die Ehre hatte.

Ebenso hatten wir das Vergnügen und die Auszeichnung, mehrere Angehörige des Indian Civil Service, der drei Jahrhunderte die Geschicke Indiens lenkte, kennenzulernen und befragen zu können. Besonderen Dank schulden wir Sir Olaf Caroe, dem letzten Gouverneur der Nordwestlichen Grenzprovinz, wahrscheinlich im Westen der beste Kenner der Pathanenstämme, die er liebte und denen er so lange diente; Sir Conrad Corfield, dem letzten Fürsprecher der Maharadschas, und seinem ersten Stellvertreter, Sir Herbert Thompson; Lord Trevelyan, der als Humphrey Trevelyan eine faszinierende Schilderung seines Lebens als I.C.S.-Beamter in Indien schrieb, *The India We Left*; H. V. Hodson, dem Verfasser von *The Great Divide*; Richter H. C. Beaumont, Lord Radcliffes Assistenten vom Indian Civil Service; sowie Maurice und Taya Zinkin, die so freundlich waren, uns ihre Tagebuchaufzeichnungen vorzulesen, die sie im unruhigen Sommer 1947 in Delhi niedergeschrieben hatten.

Unter den vielen anderen, deren Hilfe für uns von unschätzbarem Wert war, sind zu nennen der Earl of Listowel, Großbritanniens letzter Indienminister; Sir Alexander Symon, Großbritanniens erster stellvertretender Hochkommissar im unabhängigen Indien; und Mr. G. R. Savage, der uns über das Mordkomplott gegen Jinnah und Mountbatten berichtete, das am 14. August 1947 in Karatschi durchgeführt werden sollte.

In Frankreich schulden wir besonderen Dank Baron und Baronin Geoffrey de Courcel, die als französisches Botschafterpaar in London liebenswürdigerweise unsere erste Begegnung mit Lord Mountbatten vermittelten.

Zu Dank verpflichtet sind wir auch Francis Deloche de Noyelle und Jean Badbedat vom französischen Außenministerium für ihre Unterstützung sowie Max Olivier Lacamp, der 1947 in Indien als Korrespondent tätig war, für die Schilderung seiner dortigen Erlebnisse. Lacamp selbst hat das bemerkenswerte Buch *Impasse Indienne* geschrieben. Ebenso möchten wir Vitold de Golish, dessen enzyklopädisches Wissen über das Leben der Maharadschas sowie seine ausgezeichneten Arbeiten über dieses Thema wir uns als Einführung in ihre sagenumrankte Welt zunutze machten, und Gerald MacKnight für seine Schilderungen Londons in der Nachkriegszeit danken.

In Indien gilt unser Dank vor allem Ministerpräsidentin Indira Gandhi, die uns liebenswürdigerweise gestattete, ihre Erinnerungen an ihren Vater Jawaharlal Nehru und an ihre eigenen Erlebnisse im Jahr 1947 aufzunehmen; sodann ihrer Tante Mrs. V. L. Pandit, Nehrus Schwester, die uns wertvolle Einblicke in den Charakter ihres Bruders gewährte. Auch vier seiner ehemaligen Privatsekretäre, M. A. Baig, M. O. Matthai, Tarlok Singh und H. V. R. Iyengar, sowie Russy K. Karanjia, der erste indische Botschafter in China, steuerten wertvolle Erinnerungen an Nehru bei.

Zu den vielen anderen, deren Unterstützung für uns besonders hilfreich war, gehören der inzwischen verstorbene Krishna Menon; General und Mrs. D. W. Mehra, Sohn und Schwiegertochter von V. P. Menon; Miss Maniben Patel, Tochter Vallabhbhai Patels, deren Erinnerungen an ihren Vater für uns überaus wertvoll waren; Seine Hoheit, der inzwischen verstorbene Maharadscha Yadavindra Singh von Patiala; Ihre Hoheiten, die Radsch Matas von Dschaipur und Gwalior, zwei ungewöhnlich tüchtige Frauen, die zu bedeutenden politischen Persönlichkeiten geworden sind; Dr. Karan Singh, Sohn des letzten Maharadschas von Kaschmir; Ashwini Kumar, Generalinspekteur der Polizei, der uns eine faszinierende und bewegende Schilderung seiner Erlebnisse als junger Polizeioffizier im Pandschab 1947 gab; Khushwant Singh, Verfasser eines Romans über die Massaker von 1947, *Train to Pakistan*, der uns seine persönlichen Erlebnisse aus der damaligen Zeit beschrieb; Mrs. Dina Wadia, die Tochter von Mohammed Ali Jinnah, die über ihre Erinnerungen an ihren Vater und seinen Arzt, Dr. J. A. L. Patel, berichtete; Mrs. Sulochna Panigrahi, der wir einen besonders bewegenden Bericht über den 15. August verdanken; Acharya Kripalani, die letzte noch lebende bedeutende Gestalt aus dem indischen Unabhängigkeitskampf; Miss Padmaja Naidu, die eine Reihe präziser Beobachtungen beisteuerte; Mr. M. S. Oberoi, der das Leben im alten Simla schilderte; Rajeshwar Dayal, der eine interessante Darstellung des Lebens eines I. C. S.-Beamten aus indischer Sicht gab; Scheich Abdullah, der «Löwe von Kaschmir», der über den Pathaneneinfall berichtete; und Sir Chandulal Trivedi vom I. C. S., der uns eine wichtige Darstellung der Flüchtlingsbewegung und der Massaker gab.

Was unser Material zu Gandhi betrifft, so sind wir Mr. Pyarelal Nayar, seinem Sekretär, der vier anstrengende Interviews auf sich nahm, zu ganz besonderem Dank verpflichtet. Er selbst hat das unzweifelhaft profundeste Werk über Gandhis letzte Lebenszeit verfaßt, eine monumentale, dreibändige Studie mit dem Titel *Mahatma Gandhi – The Last Phase*. Auch seiner Schwester Sushila, Gandhis Ärztin, und seinem treuen Helfer Brikshen Chandiwallah schulden wir großen Dank. Wir hätten das Attentat auf Gandhi nie mit solcher Exaktheit rekonstruieren können ohne die Zusammenarbeit einer kleinen Gruppe von Männern, die die Justiz ihres Landes und die öffentliche Meinung Indiens und der Welt wegen ihrer Tat verurteilen. Die Komplicen der beiden Hauptattentäter, die 1949 gehängt wurden, aufzufinden, war nicht gerade die geringste Schwierigkeit unserer langwierigen Nachforschungen. Wir möchten Gopal Godse, Madanlal Pahwa, Vishnu Karkare, Digamber Badge und Dr. Parchure danken, daß sie bereit waren, sich einem wahren Polizeiverhör durch uns zu unterziehen. Gopal Godse und Vishnu Karkare sind mit uns nach Neu-Delhi gefahren, an die Orte, wo sie das Verbrechen mit den Attentätern vorbereitet hatten, und schließlich zum *Birla House*, dem Tatort. Wir haben sogar mit ihnen den Baum wiedergefunden, an dem sie vor sechsundzwanzig Jahren ihren Revolver ausprobierten.

Als wir auf dem Rasen des *Birla House* mit Gopal Godse und Vishnu Karkare die letzten Augenblicke im Leben Gandhis rekonstruierten, waren mehrere Dutzend Pilger anwesend. Während Gopal Godse die drei Schüsse seines Bruders mimte, fürchteten wir, die Menge würde sich auf die beiden Attentäter stürzen. Aber Indien gab uns an jenem Tag Unterricht in Toleranz. Kaum war Gopal Godse mit seinem Bericht fertig, gingen mehrere Pilger auf die Attentäter zu und baten sie um ein Autogramm.

Wir möchten auch einer ganz besonderen Gruppe von Offizieren der indischen Armee unsere Dankbarkeit aussprechen, die uns nicht nur großzügig bei unserer Arbeit unterstützt, sondern mit denen wir auch schöne und anregende Stunden verbracht haben: General Jangu T. Sataravala, dessen Gastfreundschaft wir nie vergessen werden; General J. N. Chauduri; General M. S. Chopra; General Harbaksh Singh. Schließlich wäre eine Übersicht über unseren Aufenthalt in Indien unvollkommen ohne ein Wort des besonderen Dankes an Botschafter und Madame Jean Daniel Jurgensen, Frankreichs bezaubernde Repräsentanten in Neu-Delhi, die überaus liebenswürdig zu uns waren; an Francis Doré, den französischen Kulturattaché in der indischen Hauptstadt; an unsere Freunde René und Claude de Choiseul Praslin sowie Francis und Annick Wacziarg, die unsere Besuche in Bombay so angenehm machten; und an Florence Prouverelle, eine alte Freundin aus anderen Tagen, die heute Presseattaché an der französischen Botschaft in Neu-Delhi ist.

Unter den vielen Persönlichkeiten in Pakistan, die Wichtiges zu unserer Arbeit beigetragen haben und denen wir unsere besondere Dankbarkeit aussprechen möchten, sind Admiral Syed Ahsan, der sowohl Lord Mountbatten als auch Mohammed Ali Jinnah als Marineadjutant diente und uns eine persönliche Schilderung des langen Weges gab, der den Quaid-e-Azam zu seinem neuen Staat führte; Badshah Khan, der «Gandhi der Grenze», trotz der Bürde seiner Jahre geistig noch überaus rege; A. I. S. Dara, der uns so liebenswürdig und gastfreundlich aufnahm und wertvolle Informationen über die Geschehnisse in Lahore im Sommer und Herbst 1947 lieferte; General Shanid Hanid; Botschafter Yacoub Khan, der uns eine bewegende und lebendige Schilderung seines Entschlusses gab, für Pakistan zu optieren; Botschafter Akhbar Khan und Sairab Khayat Khan, die beide über den Pathaneneinfall in Kaschmir berichteten; Begum Feroz Khan Noon, eine überaus liebenswerte Gastgeberin, die uns freundlicherweise ihr Abenteuer im Pandschab 1947 ausführlich erzählte; Chauduri Mohammed Ali, der zusammen mit seinem indischen Kollegen H. M. Patel (mit dem er in Indien gearbeitet hatte) die gewaltige Aufgabe zu bewältigen hatte, das Vermögen des Subkontinents aufzuteilen; Nassim Ahmed, Generalsekretär des Informationsministeriums, der uns den Zugang zu zahlreichen Dokumenten in den staatlichen Archiven Pakistans erschloß.

Dies sind natürlich nur einige von den vielen, ohne die dieses Buch nicht zustande gekommen wäre, hätten sie uns nicht mit ihrer Hilfe und Ermutigung beigestanden und großzügig ihre Zeit zur Verfügung gestellt. Der begrenzte Raum läßt es nicht zu, ihnen allen die tiefe Dankbarkeit auszusprechen, die wir ihnen schulden, englischen Missionaren, pensionierten Armeeoffizieren, Geschäftsleuten, Beamten, Wissenschaftlern, führenden Persönlichkeiten der Kongreßpartei und der Moslemliga, Lehrern, Journalisten, Hunderten von ehemaligen Flüchtlingen auf beiden Seiten der heutigen Grenze, die es auf sich nahmen, uns ihre qualvollen Erinnerungen an das Grauen des Exodus von 1947 zu schildern; und viele liebe Freunde, Inder wie Pakistanis, die uns ersucht haben, sie nicht namentlich zu nennen. Ihnen allen, wo sie sich auch befinden, sei unser Dank und mit ihm die Versicherung ausgesprochen, daß wir ihre Unterstützung nicht vergessen haben.

Wir möchten auch nicht versäumen, Yves Thernisien und Jean François Luquet in Neu-Delhi sowie den Fluggesellschaften Air India, Pakistan International Airways und Indian Airline zu danken, die sich alle die größte Mühe gaben, unsere zahlreichen Reisen zu arrangieren.

Was die gewaltige Aufgabe betrifft, das recherchierte Material zu kollationieren und systematisch zu ordnen, so hatten wir zu unserem großen Glück ein ungewöhnlich tüchtiges Team als Gefährten und Mitarbeiter. Die Schlüsselstellung nahm Mlle. Dominique Conchon ein, für die *Um Mitternacht die Freiheit* schon das dritte unserer Bücher ist, an dem sie mitgearbeitet hat. Wie immer war sie eine unschätzbar wertvolle und unermüdliche Arbeiterin. Sie überwachte die komplexe Aufgabe, das recherchierte Material zu organisieren, so daß während des ganzen Jahres, in dem das Buch geschrieben wurde, keine einzige der 6342 Seiten Recherchen, mit denen wir uns herumschlagen mußten, verlegt wurde.

Mit ihr arbeitete ein charmanter Neuzugang in unserem Team zusammen, Julia Bizieau. Immer gut aufgelegt, stand sie uns in den langen Monaten des Recherchierens und Schreibens zur Seite, als tüchtige Helferin für Mlle. Conchon, bereit, jede Aufgabe zu übernehmen. Von unseren Rechercheuren möchten wir besonders Michel Renouard, Professor für englische Literatur an der Universität Rennes, danken, der 1972 seine Sommerferien opferte und für uns Interviews in Großbritannien durchführte. Es war für uns eine besonders bewegende Wiederbegegnung, denn Michel war, damals ein siebzehnjähriger Student, der erste Rechercheur, der mit uns zusammenarbeitete, als wir die Arbeit an *Brennt Paris?* begannen. Unsere engen Freunde Alain und France Danet führten uns liebenswürdigerweise bei ihren zahlreichen Bekannten in Indien ein. M. Hohberg hat sich unseren Dank durch die Sorgfalt verdient, mit der er unsere Reisen koordinierte.

Jeannie Nagy schrieb für uns lange Stunden Tonbandinterviews ab; sie brachte für diese Aufgabe das schärfste schottische Ohr mit, das sich in Südfrankreich findet. Jeanne Conchon, Michel Foucher, Jacqueline de la Cruz und Marjorie Rolt haben sich alle irgendwann mit uns um die Erstellung unseres Schlußmanuskripts gemüht.

Mit Trauer bekunden wir unsere Dankbarkeit gegenüber dem verstorbenen Raymond Cartier von *Paris Match*. Seinem Zuspruch ist es zuzuschreiben, daß wir den Weg beschritten, an dessen Ende *Um Mitternacht die Freiheit* stand. Zweimal in seinen letzten Lebensmonaten las er das Manuskript und unterstützte uns jedesmal mit überaus hilfreicher und konstruktiver Kritik. Wir bedauern es tief, daß er nicht lange genug lebte, um ein Manuskript lesen zu können, zu dem er so viel beigetragen hat.

Zu besonderem Dank sind wir auch Nadia Collins verpflichtet, die in langen Stunden unverdrossen unseren englischen Text ins Französische übertrug. Unsere große Dankbarkeit hat sich Colette Modiano verdient, die großzügig die Aufgabe übernahm, die französische Fassung des Manuskripts zu korrigieren und zu redigieren. Sie selbst ist gegenwärtig mit einer Studie über Königin Victoria beschäftigt. Paul Andreota, Pierre Amado und Francis Doré nahmen sich die Zeit, das französische Manuskript von *Um Mitternacht die Freiheit* zu lesen, und unterstützten uns mit Kommentaren und Kritik.

Abschließend möchten wir unseren Verlegern, Michael Korda von Simon and Schuster, Robert Laffont von den Éditions Laffont, Phillip Ziegler von Collins Ltd., Mario Lacruz von Plaza y Janés, Donato Barbone von Mondadori, Olaf Paeschke, Dr. Andreas Hopf, Dieter Lang von C. Bertelsmann und unserem deutschen Übersetzer Christian Spiel, Narendra Kumar von Vikas und unserem Agenten Irving Lazar für ihre verläßliche Unterstützung in den schwierigen Monaten danken, an deren Ende *Um Mitternacht die Freiheit* stand.

La Biche Niche – L. C.
Les Bignoles D. L. P.
Ramatuelle, Frankreich
3. März 1975

Nachbemerkung des Übersetzers

Um Mitternacht die Freiheit bringt für die Übertragung ins Deutsche eine Reihe sprachlicher Schwierigkeiten mit sich, die nicht in jedem Fall in idealer Weise zu lösen sind. Es handelt sich dabei vor allem um die Schreibweise von Personen-, Orts- und Provinznamen, geographisch-topographischen Bezeichnungen, Namen von Dynastien, Religionsgruppen und ähnliches mehr.

Es schien lange Zeit eine gewisse Tradition der Wiedergabe indischer Namen und Bezeichnungen im Deutschen zu geben, die eine phonetische Annäherung an das Original anstrebte. Diese Tradition befindet sich offensichtlich in einer gewissen Auflösung und vermengt sich mit der Neigung, sich an die englische Umschrift anzuschließen. Dieser Prozeß, der in Zeitungsberichten, in der Literatur und in Kartenwerken zu beobachten ist, hat zu einem Zustand beträchtlicher Konfusion auf diesem Gebiet geführt. So wird in zunehmendem Maß der Name der indisch-pakistanischen Provinz Pandschab durch das englische «Punjab» wiedergegeben, während man andererseits noch an Kaschmir (englisch: Cashmere) oder Bengalen (englisch: Bengal) festhält. Der Name des ehemaligen Fürstentums Haiderabad findet sich ebenso häufig in der englischen Schreibweise Hyderabad.

So ist, will man sich nicht konsequent dem Englischen anschließen, dieses Problem notgedrungen nur durch einen Kompromiß zu lösen. Die vorliegende Übersetzung bemüht sich, soweit wie möglich an der im Deutschen bisher eingebürgerten Schreibweise festzuhalten (die allerdings ebenfalls Inkonsequenzen aufweist und phonetisch ihre Probleme hat; so müßte etwa Kalkutta eher mit «Kälkatta» wiedergegeben werden). Die Namen von Personen aus der Gegenwart und jüngeren Vergangenheit werden durchweg in ihrer englischen Form übernommen, historische Namen und Bezeichnungen hingegen, wie die von Göttern, Herrschern, Dynastien, Religionen etc., in der Form, wie die Tradition sie wiedergab, also Schiwa statt «Shiva», Dschainismus statt der Mischform «Jainismus». Ebenso wurde mit Ortsnamen (Peschawar statt «Peshawar») und geographischen Bezeichnungen (Himalaja an Stelle von «Himalaya») verfahren.

Der Übersetzer hat sich zu diesem Kompromiß entschlossen, um der allzu bequemen Praxis auszuweichen, schlicht die englische Schreibweise zu übernehmen, die im Deutschen vielfach phonetische Verwirrung stiftet und in letzter Konsequenz dazu führen müßte, Indien in «India» zu verwandeln.

Christian Spiel

Anmerkungen

1 Mountbatten hatte keine Ahnung, daß der Gedanke, ihn nach Indien zu entsenden, Attlee von dem Mann eingegeben worden war, der während des geschilderten Gesprächs neben ihm saß: Schatzkanzler Sir Stafford Cripps. Die Idee war im Dezember 1946 bei einer geheimen Unterredung zwischen Cripps und Krishna Menon, einem linken Mitglied der Kongreßpartei und engem Vertrauten des Kongreßführers Jawaharlal Nehru, zur Sprache gekommen. Menon hatte Nehru erklärt, daß wenig Aussicht auf Fortschritte in Indien bestehe, solange Wavell Vizekönig sei, und als Nachfolger einen Mann ins Spiel gebracht, der bei Nehru höchstes Ansehen genoß: Louis Mountbatten. Nachdem Indien seine Unabhängigkeit erlangt hatte, wurde Menon der erste indische Hochkommissar in London und später Botschafter bei den Vereinten Nationen.

2 Interessanterweise hatte auch Wavell, bei einem Besuch in London im Dezember 1946, die Festlegung eines Abzugstermins empfohlen.

3 Dyer erhielt für seine Aktion einen scharfen Verweis und wurde aufgefordert, seinen Abschied einzureichen. Man beließ ihm jedoch seine ungeschmälerte Pension und andere Vergünstigungen. Die meisten Engländer in Indien billigten sein Vorgehen. Überall im Land sammelten in den Klubs seine Landsleute Geld für ihn, um die Entbehrungen seiner vorzeitigen Pensionierung zu lindern, und brachten die für damalige Verhältnisse gewaltige Summe von 26000 Pfund zusammen.

4 Cripps reiste nicht sofort ab. Es gelang ihm beinahe, die Kongreßführung zum Bruch mit dem Mahatma zu bewegen. Dabei ging es um die Frage, wieweit der Kongreß Indiens Kriegsbeitrag überwachen dürfe. Wiederum war es Churchill, der den Abschluß einer Übereinkunft verhinderte.

5 Das Kabinett Attlee war mit Wavell besonders hart umgesprungen. Er hatte sich zu der Zeit, als seine Nachfolge Mountbatten angeboten wurde, in London aufgehalten, aber keinerlei Andeutung erhalten, daß man ihm in Kürze den Laufpaß geben wollte. Von seiner Ablösung erfuhr er erst wenige Stunden, bevor Attlee sie öffentlich bekanntgab. Nur auf Mountbattens nachdrückliches Verlangen gewährte ihm Attlee die Erhöhung in den Pairsrang, die traditionsgemäß einem scheidenden Vizekönig zuteil wurde.

6 Als der junge Mountbatten seinen Vetter, den Prinzen von Wales, 1921 nach Indien begleitete, hatte er vergeblich versucht, ein Zusammentreffen zwischen Gandhi und dem Erben der Kaiserkrone Indiens zustande zu bringen. Er hatte ohne Schwierigkeit die Zustimmung seines abenteuerlustigen Vetters erlangt. Gandhi jedoch hatte einen Boykott des Prinzenbesuches organisiert, und der Vizekönig, Lord Reading, war nicht gesonnen, eine Begegnung der beiden Männer zuzulassen. Er erlaubte auch Mountbatten nicht, Gandhi allein zu sehen.

7 Fast ein halbes Jahr später, im September 1947, als Gandhi sich im *Birla House* in Neu-Delhi aufhielt, erschien eines Nachmittags ein Unbekannter, der den Mahatma sehen wollte. Er wollte zuerst seinen Namen nicht nennen und Gandhis Sekretär auch nicht angeben, warum er den Mahatma sprechen

wollte. Schließlich gestand er, daß er Gandhis Uhr gestohlen habe. Er sei gekommen, um sie zurückzugeben und um Verzeihung zu bitten. «Verzeihen?» rief der Sekretär. «Er wird dich umarmen.» Er führte den Mann zu Gandhi. Der Dieb hockte sich vor dem Mahatma nieder und wechselte mit ihm einige Worte, die der Sekretär nicht verstehen konnte. Dann umarmte Gandhi ihn und rief, vor Freude strahlend wie ein Kind, das ein verlorenes Spielzeug wiedergefunden hat, seine Gefolgsleute zu sich, damit sie den verlorenen Sohn sahen, der die Uhr zurückgegeben hatte.

8 Diese Entsagung war nicht ohne Unbequemlichkeiten für seine Kollegen in der Kongreßpartei. Kurz nach seiner Ankunft in Delhi fragte Lord Mountbatten eine von Gandhis engsten Parteigängerinnen, die Dichterin Sarojini Naidu, ob angesichts seiner Entschlossenheit, in Armut zu leben, die Kongreßpartei ihn wirklich beschützen könne. «Ach», sagte sie lachend, «Sie und Gandhi stellen sich vielleicht vor, daß er allein ist, wenn er in Kalkutta den Bahnsteig entlanggeht, bis er einen Dritter-Klasse-Waggon findet. Oder daß er ungeschützt ist, wenn er in seiner Hütte in der Unberührbarenkolonie sitzt. Er hat keine Ahnung, daß ein Dutzend unserer Leute als Unberührbare verkleidet hinter ihm hergehen und sich in den gleichen Wagen drängen.» Als er in die Bangikolonie in Delhi einzog, erzählte sie, schickte man eine Gruppe von Kongreßleuten, ebenfalls als *harijans* maskiert, in die Hütten rings um das Quartier Gandhis. «Mein lieber Lord Louis», schloß sie, «Sie werden nie erfahren, wieviel Geld die Kongreßpartei schon ausgegeben hat, damit Gandhi in Armut leben kann.»

9 Mountbattens Amtsvorgänger Lord Wavell vermerkte am 10. Januar und 28. Februar 1947 in seinem Tagebuch Meldungen, daß Jinnah «ein kranker Mann» sei. Die Tagebucheintragungen enthalten jedoch keinen Hinweis, ob der Vizekönig wußte, wie ernst es um Jinnah wirklich stand. Mountbatten selbst erhielt bei seinen Stabsbesprechungen niemals einen Hinweis, daß Jinnah ein todkranker Mann war. Wenn diese Information, bemerkte er ein Vierteljahrhundert nach Jinnahs Tod, ihm zugegangen wäre, hätte sie sein Handeln entscheidend beeinflußt. Es gibt Hinweise, die dafür sprechen, daß Jinnahs zweiter Mann, Liaquat Ali Khan, während des letzten halben Jahres vor Jinnahs Tod Kenntnis von seiner Krankheit hatte. Seine Tochter Wadia sagte den Autoren in einem Interview, das im Dezember 1973 in Bombay stattfand, sie habe erst nach dem Tod ihres Vaters erfahren, daß er Tuberkulose hatte. Sie ist überzeugt, daß Jinnah sich lange vor seinem Tod seiner Schwester Fatima anvertraut, ihr aber wahrscheinlich verboten habe, einen anderen Menschen ins Vertrauen zu ziehen oder nach Hilfe für ihn zu suchen.

10 Dies war nicht das erste Mal, daß Mountbatten entgegen dem Rat seines gesamten Stabes einem «Riecher» folgte. Als er im Februar 1941 mit vier Schiffen seiner Flotille von Zerstörern der K-Klasse im Golf von Biskaya nach Gibraltar unterwegs war, erhielt er eine Eildepesche des Ersten Seelords, in der ihm mitgeteilt wurde, die deutschen Panzerschiffe *Scharnhorst* und *Gneisenau* seien soeben mit Kurs auf St. Nazaire gesichtet worden. Er erhielt Befehl, sie abzufangen. Es war bei Sonnenuntergang. Mountbatten gab seinen Schiffen den Befehl, Kurs auf Brest zu nehmen. Sein Stab eilte auf die Brücke und protestierte, weil er St. Nazaire, nicht Brest ansteuern sollte. Nein, sagte Mountbatten, sie hätten Weisung, die beiden deutschen Schiffe

abzufangen, und er habe einen Riecher. Wenn er der Admiral wäre, der diese beiden Schiffe befehligte, würde er bei Sonnenuntergang, wenn die letzten Aufklärungsflugzeuge unterwegs seien, nicht seinen wirklichen Kurs steuern. Daß sie mit Kurs auf St. Nazaire gesichtet wurden, heiße, daß ihr wirkliches Ziel der Hafen von Brest sei. Die Zerstörer würden auf dem Kurs bleiben, den er befohlen hatte. Wie sich zeigte, hatte Mountbattens Riecher genau das Richtige getroffen. Die beiden Panzerschiffe waren tatsächlich nach Brest unterwegs. Die britischen Zerstörer rasten zwar mit zweiunddreißig Knoten in Richtung Brest, unglücklicherweise aber war der Vorsprung der Deutschen zu groß. Sie erreichten den französischen Hafen unversehrt.

11 Am 21. Juni 1941 war Mountbatten zusammen mit dem Zeitungsverleger Max Beaverbrook bei Churchill zum Mittagessen eingeladen. Als der Premierminister seine Gäste begrüßte, sagte er: «Ich habe eine höchst aufregende Neuigkeit. Hitler will morgen Rußland angreifen. Wir haben den ganzen Vormittag damit verbracht, rauszubekommen, was das bedeutet.»
«Ich werde Ihnen erzählen, was passieren wird», sagte Beaverbrook. «Sie werden durch die Russen durchbrechen wie ein Abführmittel. Sie werden sie fürchterlich aufs Haupt schlagen. In einem Monat oder sechs Wochen sind sie durch.» – «Well», sagte Churchill, «die Amerikaner meinen, es wird eher an die zwei Monate dauern, und unsere eigenen Stabschefs glauben, daß sie [die Deutschen] mindestens so lange brauchen werden. Ich selber schätze, sie [die Russen] werden sich vielleicht doch drei Monate halten können, aber dann werden sie zusammenklappen, und wir stehen wieder wie vorher mit dem Rücken zur Wand.»
Die beiden Männer vergaßen Mountbatten eine Zeitlang, bis Churchill sich ihm zuwandte und, fast entschuldigend, sagte: «Ach, Dickie, erzählen Sie uns doch von Ihrer Schlacht um Kreta.» – «Das ist jetzt Vergangenheit», antwortete Mountbatten. «Aber darf ich meine Ansicht äußern, was in Rußland passieren wird?» Churchill forderte ihn, etwas zögernd, dazu auf.
«Ich bin anderer Ansicht als Max», sagte Mountbatten, «ich bin anderer Ansicht als die Amerikaner, als unsere Stabschefs und, ganz ehrlich gesagt, auch als Sie, Herr Premierminister. Ich glaube nicht, daß die Russen zusammenklappen werden. Ich glaube nicht, daß sie besiegt werden. Das ist Hitlers Ende. Es ist der Wendepunkt des Krieges.»
«Nanu», sagte Churchill, «und warum denken Sie so anders?»
«Erstens», antwortete Mountbatten, «weil Stalin mit seinen Säuberungen einen großen Teil der potentiellen inneren Opposition, an die Hitler sich hätte wenden können, aus dem Weg geräumt hat. Zweitens, und es schmerzt mich, das zu sagen, weil meine Verwandten dort so lange regiert haben; aber jetzt haben die Menschen etwas zu verlieren. Diesmal werden sie wirklich kämpfen.»
Churchill war nicht so überzeugt. «Schön, Dickie», sagte er, «es ist sehr nett, eine junge, enthusiastische Stimme wie die Ihre zu hören. Aber warten wir mal ab.»

12 Vier Annas, ein Viertel einer Rupie, war der Beitrag, den damals die Mitglieder der Kongreßpartei jährlich zahlten.

13 Das Posthorn des Vizekönigs befindet sich heute, ein Vierteljahrhundert später, auf dem Kaminsims von Howes' Wohnzimmer. Howes, pensionier-

ter Admiral, erzählt manchmal abendlichen Gästen die Geschichte des Horns und bläst scherzhaft darauf, zur Erinnerung an die alten Zeiten.

14 Der brüderliche Geist, den der gemeinsame Dienst in der indischen Armee erzeugt hatte, blieb jedoch durch all die unruhigen Zeiten erhalten, die auf die Teilung folgten. Als ein Vierteljahrhundert später der Krieg um Bangladesch und damit der dritte Waffengang zwischen Indien und Pakistan geendet hatte, suchte eine Gruppe pakistanischer Panzeroffiziere nach einer vergleichbaren indischen Einheit, um sich dieser zu ergehen. Schließlich machten sie an der Bar eines soeben eroberten Klubs einen indischen Kavallerieoffizier ausfindig. Der Inder ließ es sich nicht nehmen, ihnen erst eine Runde zu spendieren, bevor er die Kapitulation entgegennahm.
Als sie anschließend ihre Einheit herbeiführten und die Waffen niederlegten, zogen die Inder und Pakistanis, die in den bengalischen Reisfeldern eben noch einander getötet hatten, eine Runde von Hockey- und Fußballspielen auf.
Die empörten Irregulären von Scheich Mudschibur Rahman sandten einen heftigen Protest nach Delhi. Der indische Kommandeur erhielt darauf einen strengen Verweis aus dem Amt von Indira Gandhi. «Krieg, nicht Kricket», sei seine Aufgabe, wurde er ermahnt.

15 Bei einer Stabsbesprechung kurz nach seiner Pressekonferenz hatte der Vizekönig lächelnd bemerkt, seinem Stab fehle es «an erstrangigen astrologischen Beratern». Um diesem Mangel «sogleich abzuhelfen», teilte er seinem tüchtigen jungen Presseattaché Alan Campbell-Johnson die zusätzliche Aufgabe des vizeköniglichen Sterndeuters zu.

16 Gandhi und die Marxisten hatten wenig füreinander übrig. Für die meisten Marxisten war Gandhis Lehre unwissenschaftlich. Es wiederum verabscheute den Kommunismus mit seinem Atheismus und seiner inhärenten Neigung zur Gewalt. Die meisten Sozialisten waren nach seiner Ansicht «Fauteuil-Sozialisten», nicht bereit, ihre eigene Lebensführung zu verändern oder irgendeine ihrer Bequemlichkeiten zu opfern, während sie auf den Anbruch des sozialistischen Nirwana warteten.

17 Die berühmte Kiste blieb fast weitere zehn Jahre in sicherer englischer Obhut. Witcher bewahrte sie in seinem eigenen Heim auf, wo seine Frau, die Tochter eines anglikanischen Bischofs, sie entdeckte. Die Gute fiel beinahe in Ohnmacht, als sie in den «Giftschrank» hineinspähte, den ihr Ehemann versehentlich offengelassen hatte. Als Witcher dann das Land verließ, gab er die Kiste an Orr weiter. Doch als 1955 auch Orr Abschied von Indien nahm, schied mit ihm leider Gottes der letzte aus der Reihe hochgesinnter englischer Zollbeamter, die sich so sehr bemüht hatten, die Inder vor dem sittenverderbenden Einfluß solcher Dinge zu bewahren. Orr entnahm der Kiste zuerst zwei Bände, *Le Guide des Caresses* und *Les Nuits de Harem*, zum Zweck der Verbesserung seiner Französischkenntnisse, und beschloß dann, sie endlich indischen Händen zu überantworten. Angesichts dessen, daß dies vielleicht die letzte englische Kostbarkeit war, die in indischen Besitz überging, wählte er als neue Hüter eine Gruppe junger Männer, deren gesunder Appetit sie vielleicht einigermaßen immun gegen den Inhalt der Kiste machte, die Mitglieder des Rugby-Klubs von Bombay. Orr selbst kehrte nach England zurück. Kurz nach seiner Heimkehr brachte ihm die Post ein amtliches Schreiben ins Haus, in dem ihm mitgeteilt wurde, seine

Kollegen vom britischen Zoll in Southampton hätten sein Gepäck festgehalten, wegen illegaler Einfuhr von pornographischem Material.

18 Genaugenommen war Jinnah schon einmal verheiratet gewesen, mit einer Kind-Ehefrau, die er nie gesehen und die seine Familie für ihn ausgesucht hatte, ehe er zu seinem Studium nach England reiste. Nach mohammedanischer Sitte war sie bei der Hochzeit durch einen männlichen Verwandten vertreten worden. Sie starb noch vor Jinnahs Rückkehr aus England an einer Krankheit.

19 1921 saß sie auf einem Bankett in Delhi neben Vizekönig Lord Reading, der klagte, daß er in der Atmosphäre nach dem Ersten Weltkrieg nicht so leicht Deutschland besuchen könne. Aber warum, fragte Ruttie Jinnah, sei das so schwierig?

«Tja», erläuterte Reading, «die Deutschen mögen uns Engländer nicht so recht. Ich kann nicht hinfahren.»

«Und wieso», fragte Ruttie Jinnah ruhig, «seid ihr Engländer dann nach Indien gekommen?»

20 Die intensiven Bemühungen der Verfasser festzustellen, warum der Anschlag in Karatschi nicht ausgeführt wurde, ergaben nur eine indirekte Aussage von Pritham Singh, dem Inhaber eines Fahrradreparaturgeschäfts in Dschallandar. Singh wurde vom C.I.D. im Zusammenhang mit dem zweiten Teil der Aktion, den Anschlägen auf die pakistanischen Nachschubzüge festgenommen. Er behauptete, die R.S.S.S. habe tatsächlich ihre Männer nach Karatschi eingeschleust, aber den Führer des Trupps, dessen explodierende Handgranate für die anderen das Signal hätte sein sollen, die ihren zu werfen, habe der Mut verlassen, als der Wagen vorüberfuhr.

21 Antilope und Tiger gelten den gläubigen Hindus als besonders reine Tiere; ein Kastenhindu, der ihre Haut als Matte benutzt, verunreinigt sich damit nicht.

22 Diese letzte Geste Mountbattens blieb nicht ohne Folgen. Einige Tage später erhielt er von dem britischen Residenten beim Nawab, Sir William Croft, einen überschwenglichen Brief. Croft schrieb: «Ich kann Ihnen nicht genug danken. Ihr Akt war die hochherzigste und liebenswürdigste Geste, die Sie machen konnten. Ich bin Ihnen ebenso dankbar wir der Nawab, und wenn ich jemals in der Lage sein sollte, Ihnen einen Gefallen zu erweisen, wenden Sie sich bitte ohne Zögern an mich.»

Drei Jahre später, 1950, war Mountbatten Vierter Seelord. In diesem Amt war er unter anderem auch für die Zollvergünstigungen der Marine zuständig, für zollfreie Alkoholika, Zigaretten und andere Dinge, die als wichtig für die Moral der Seeleute Seiner Majestät galten. Der Chef der Zollbehörde, der von der Regierung gedrängt wurde, neue Staatseinkünfte zu erschließen, gab seine Absicht bekannt, diese Privilegien abzuschaffen. Die gesamte Hierarchie der Royal Navy versuchte erfolglos, den Gentleman umzustimmen. Schließlich erklärte Mountbatten dem Sekretär der Admiralität, Sir John Lang, er habe vor, sich selbst ins Mittel zu legen. Das sei aussichtslos, antwortete Lang, jedermann habe es schon versucht, der Zollchef wolle nicht nachgeben, und da die Maßnahme populär sei, werde sie sicher vom Kabinett gebilligt.

Doch Mountbatten ließ sich nicht von seinem Vorhaben abbringen und wurde schließlich in das Büro des Leiters der Zollverwaltung geführt. Zu

seiner großen Überraschung war der Mann, der sich zu seiner Begrüßung erhob, Sir William Croft. «Wie schön, Sie zu sehen!» rief Croft. «Sie wissen, ich kann Ihnen niemals genug danken für das, was Sie für die Begum von Palanpore getan haben.»
«Oh», sagte Mountbatten, «das können Sie schon.» – Die Marine behielt ihre Vergünstigungen.

23 Ein Mitglied der Verfassunggebenden Versammlung hatte sogar verlangt, eine Klausel in die indische Verfassung aufzunehmen, die Restaurants und Bars untersagen sollte, von ihren Gästen die beliebteste Kleidung der britischen Ära in Indien, den Smoking, zu verlangen.

24 Für den orthodoxen Hindu bildet der Nabel die Grenze seines Körpers. Für Verrichtungen unterhalb des Nabels wird die linke, oberhalb des Nabels im allgemeinen die rechte Hand benutzt.

25 Der dem Vizekönig zustehende Salut von einunddreißig Kanonenschüssen war für den Generalgouverneur auf einundzwanzig reduziert worden.

26 Ähnliches ereignete sich auch an anderen Orten. In Pakistan beschwerten sich die Hindus und Sikhs in einem Flüchtlingslager bitter bei ihren Bewachern, daß sie im Schmutz leben müßten, weil keine Unberührbaren da waren, die ihnen die Latrinen geleert hätten. In Karatschi, Jinnahs Hauptstadt, begannen die sanitäre Versorgung und die Straßenreinigung zusammenzubrechen, weil die Unberührbaren in panischer Angst aus der Stadt flüchteten. Um den Exodus zu bremsen, erklärte die mohammedanische Stadtverwaltung die Unberührbaren zu dem, was sie von jeher gewesen waren: ein eigenes Volk. Doch man machte sie nicht zu Parias, sondern zu einer privilegierten Sekte. Sie erhielten die Erlaubnis, grün-weiße Armbinden zu tragen, ähnlich denen der islamischen Nationalgarde. Die Polizei erhielt Order, jeden zu beschützen, der eine solche Armbinde trug.

27 *Stern Reckoning*, von Gopal Das Khosla, Bombay 1963.

28 *Divide and Quit*, von Penderel Moon, London 1961.

29 *The Great Divide*, von H. V. Hodson, London 1969.

30 In einer Reihe von Gesprächen mit den Verfassern dieses Buches im Frühjahr und Herbst 1973 sagte Madanlal, man habe ihm Eisstücke auf die Hoden gelegt, um ihn zum Sprechen zu bringen. Ein anderes Mal, behauptete er, habe man ihm Zuckerwasser aufs Gesicht gespritzt und dann rote Ameisen darauf gesetzt.

31 In den späten sechziger Jahren unternahm eine amtliche Untersuchungskommission den langwierigen und geduldigen Versuch, die Umstände des Attentats auf Mahatma Gandhi und Versäumnisse der Polizei bei der Aufklärung des Falles zu klären. Die Bemühungen der Kommission, die von J. L. Kapur, einem pensionierten Richter des Obersten Gerichtshofes, geleitet wurde, waren dadurch erschwert, daß viele der wichtigsten Polizeibeamten, die an den Ermittlungen mitgewirkt hatten, unter ihnen Sanjevi, inzwischen verstorben waren. Die Kommission entdeckte, daß der Eintrag in dem Bericht, den die Polizeibeamten aus Delhi nach ihrer Rückkehr aus Bombay ablieferten, gefälscht war, aber der dafür verantwortliche Beamte war ebenfalls verstorben.
Der sechsbändige Bericht der Kommission wurde am 30. September 1969 der indischen Regierung vorgelegt. Er kam zu dem unerfreulichen Ergebnis, daß die Ermittlungen im Mordkomplott gegen Gandhi in keinem Punkt

«mit dem Ernst und dem Eifer, den ein Anschlag auf Mahatma Gandhi verlangte oder verdiente», durchgeführt worden seien.

32 Boota Singhs Tochter Sultana wurde von Pflegeeltern in Lahore adoptiert und aufgezogen. Heute lebt sie, mit einem Ingenieur verheiratet und Mutter von drei Kindern, in Libyen.

Literaturverzeichnis

1. Bücher

Abbas, K. Ahmad, *A Report to Gandhi*, Bombay 1947. *I Write as I Feel*-I-*The Atom Bomb*, II – Lahore.

Ackerley, J. R., *Intermède Hindou*, Paris 1935.

Ali, Chaudhri Muhammad, *The Emergence of Pakistan*, New York 1967.

Anand, Balwant Singh, *Cruel Interlude*, Bombay 1961.

Anaryan, *A Group of Hindoo Stories*, London 1881.

Anwar, Muhammad, *Jinnah Quaid-e-Azam, A Selected Biography*, Karatschi 1970.

Ashe, Geoffrey, *Gandhi – A Study in Revolution*, Bombay 1968.

Atal, Amarnath, *The Maharajah of Jaijur – 1922–1947*, Allahabad o. J.

Azad, Maulana Abdul Kalam, *India Wins Freedom*, New York 1960.

Baig, M. R. A., *Muslim Delemma in India*, Delhi 1974.

Bamm, Peter, *Alexander oder die Verwandlung der Welt*, München 1963.

Bareau, André, *Bouddha*, Paris 1962.

Bary, Théodore de, *Sources of Indian Tradition* (2 Bde.), New York 1968.

Bettelheim, Charles, *L'Inde Indépendante*, Paris 1962.

Bhaitacharya, Sachidananda, *A Dictionary of Indian History*, New York 1967.

Biardeau, Madeleine, *Clefs pour la pensée hindoue*, Paris 1972.

Birkenhead, Lord, *Walter Monckton – The Life of Viscount Monckton of Brendley*, London 1969.

Bolitho, Hector, *Jinnah: Creator of Pakistan*, London 1954.

Bourke-White, Margaret, *Halfway to Freedom*, New York 1949.

Boxberger, R., u. von Glasenapp, H., *Bhagavadgita*, Stuttgart 1955.

Brecher, Michael, *Nehru – A Political Biography*, Boston 1970.

Brecknock, Countess of, *Edwina Mountbatten – Her Life in Pictures*, London 1961.

Cameron, James, *An Indian Summer*, London 1973.

Campbell, Alexander, *The Heart of India*, New York 1958.

Campbell-Johnson, Alan, *Mission with Mountbatten*, London 1951.

Caroe, Olaf, *The Pathans*, London 1964.

Chandiwallah, Brikshen, *At the Feet of Bapu*, Ahmedabad 1954.

Chatterji, Usha, *La Femme dans l'Inde*, Paris 1964.

Connell, Brian, *Manifest Destiny – A Study in Five Profiles of the Rise and Influence of the Mountbatten Family*, London 1953.

Coolidge, Olivia, *Gandhi*, Boston 1971.

Coomaraswamy, Ananda K., *The Dance of Shiva*, New York 1957.

Corbett, Jim, *Man-Eaters of Kumaon*, London 1946.

Coupland, R., *The Cripps Mission*, New York 1942.

Crocker, Walter, *Nehru – A Contemporary's Estimate*, New York 1966.

Danielou, Alain, *Histoire de l'Inde*, Paris 1971.

Das, Durga, *India – From Curzon to Nehru and After*, London 1969.

Dass, Diwan Jarmani, *Maharaja – Lives and Loves and Intrigues of Indian*

Princes, Neu-Delhi 1970.
– u. Bhan, Rakesh, *Maharani – Love Adventures of Indian Maharanis and Princesses*, Neu-Delhi 1972.
Doré, Francis, *L'Inde d'aujourd'hui*, Paris 1974.
–, *Les Régimes politiques en Asie*, Paris 1973.
Dowson, John, *A Classical Dictionary of Hindu Mythology and Religion, Geography, History and Literature*, London 1968.
Dreiberg, Trevor, *Indira Gandhi – A Profile in Courage*, Neu-Delhi 1973.
Dube, S. C., *Indian Village*, London 1955.
Dubois, J. A., *Hindu Manners, Customs and Ceremonies*, Oxford 1906.
Edwardes, Michael, *The Last Years of British India*, London 1963.
Eglar, Zekige, *A Punjabi Village in Pakistan*, New York 1960.
Elliott, Major General J. G., *The Frontier 1839–1947*, London 1968.
Erikson, Erik H., *Gandhi's Truth – On the Origins of Militant Non-Violence*, NewYork 1969.
Escarpit, Robert, *Rudyard Kipling*, Paris 1970.
Fischer, Louis, *The Life of Mahatma Gandhi*, New York 1950.
Forbes, Rosita, *India of the Princes*, London 1939.
Frédéric, Louis, *L'Inde au fil des jours*, Paris 1963.
Gandhi, Manuben, *Last Glimpses of Bapu*, Delhi 1962.
Gandhi, Mohandas Karamchand, *Mahatma Gandhis Autobiographie. Die Geschichte meiner Experimente mit der Wahrheit*, Freiburg/München 1960.
Gauba, K. L., *Assassination of Mahatma Gandhi*, Bombay 1969.
Gavi, Philippe, *Le Triangle indien – De Bandoeng au Bangladesh*, Paris 1972.
Ghosh, Sudhir, *Gandhi's Emissary – A Nonconformist's Inside Story of India's Past Twenty Years*, Boston 1967.
Golish, Vilold de, *L'Inde impudique des Maharajahs*, Paris 1973.
–, *Splendeur et crépuscule des maharajahs*, Paris 1963.
Gorwala, A. D., *The Queen of Beauty and Other Tales*, Bombay 1971.
Grant, W. J., *The Spirit of India*, London 1938.
Griffiths, Percival J., *The British Impact on India*, London 1952.
–, *The British in India*, London 1946.
Gross, John, *Rudyard Kipling – The Man, His Work and His World*, London 1972.
Guérin, Paul, *A l'Affût de Gandhi*, Paris 1949.
–, *Les Indes Familières*, Paris 1950.
Hodiwala, Shapurji Kavasji, *History of Holy Iranshah*, (Extracts), Bombay 1966.
Hodson, H. V., *The Great Divide – Britain – India – Pakistan*, London 1969.
Hutton, J. H., *Caste in India – Its Nature, Function and Origins*, Cambridge 1946.
Ismay, Lord, *The Memoirs of the General Lord Ismay*, London 1960.
Jain, J. C., *The Murder of Mahatma Gandhi – Prelude and Aftermath*, Bombay 1961.
Jones, Stanley, *Mahatma Gandhi – An Interpretation*, London 1948.
Kamensky, Anna, *La Bhagavad-Gita* (Le Chant Duseigneur), Paris 1947.
Karanjia, R. K., *The Mind of Mr. Nehru*, London 1960.
–, *The Philosophy of Mr. Nehru*, London 1966.
Khan, Akhbar, *Raiders in Kashmir – Story of the Kashmir War 1947/48*,

Karatschi 1970.
Khosla, Gopal Das, *The Murder of the Mahatma and Other Cases from am Judge's Notebook*, Bombay 1963.
Kincaid, Dennis, *British Social Life in India – 1608–1937*, London/Boston 1973.
Kipling, Rudyard, *Das Dschungelbuch*, Freiburg 1922.
–, *Gowinda, der Einäugige. 14 kleine Geschichten aus Indien*, München 1959.
Kripalani, Krishna, *Gandhi – A Life*, Neu-Dehli 1969.
Lacombe, O., *Gandhi ou la force de l'âme*, Paris 1964.
Lacy, Creighton, *The Conscience of India*, New York 1965.
Lakshmanna, C., *Caste Dynamics in Village India*, Bombay 1973.
Lassier, Suzanne, *Gandhi et la non-violence*, Paris 1970.
Le Bourgeois, Jacques, *L'Inde aux cent couleurs*, Paris 1935.
Llewellyn, Bernard, *From the Back Streets of Bengal*, London 1955.
Lord, John, *Die Maharadschas*, Frankfurt/Berlin/Wien 1973.
Lothian, Arthur Cunningham, *Kingdoms of Yesterday*, London 1951.
Mahadevan, T. M. P., *Outlines of Hinduism*, Bombay 1956.
Majumdar, S. K., *Jinnah and Gandhi – Their Role in India's Quest for Freedom.* Kalkutta 1966.
Malraux, André, *Antimemoiren*, Frankfurt o. J.
Masani, R. P., *Britain in India*, London 1960.
Mason, Philip, *Matter of Honour – An Account of the Indian Army – Its Officers and Men*, London 1974.
Masson, Madeleine, *Edwina, The Biography of the Countess Mountbatten of Burma*, London 1958.
Maule, Henry, *Spearhead General – The Epic Story of General Sir Frank Messervy and His Men in Eritrea, North Africa and Burma*, London 1961.
Megret, Christian, *Les Chimères bleues de Chandernagor*, Paris 1964.
Mehta, Krishna, *This Happened in Kashmir*, Delhi 1966.
Mehta, Ved, *Portrait of India*, Neu-Dehli 1971.
–, *Walking the Indian Streets, Neu-Dehli 1972.*
Menon, V. P., The Transfer of Power in India, Princeton 1957.
Mitra, Asok, *Delhi Capitol City*, Neu-Delhi 1970.
Moon, Penderel, *Divide and Quit*, London 1961.
–, *Gandhi and Modern India*, New York 1969.
Moorhouse, Geoffrey, *Calcutta*, London 1971.
Morris, James, *Pax Britannica*, London 1968.
Mosley, Leonard, *The Glorious Fault*, New York 1960.
–, *The Last Days of the British Raj*, London 1961.
Mountbatten, Louis, *Time Only to Look Forward*, Speeches of the Earl Mountbatten of Burma as Viceroy of India and Governor-General of the Dominion of India 1947–1948, London 1949.
Nair, Kusum, *Blossoms in the Dust – The Human Element in Indian Development*, Neu-Delhi 1961.
Nanda, B. R., *Mahatma Gandhi – A Biography*, London 1965.
Nayar, Kuldip, *Distant Neighbors – A Tale of the Subcontinent*, Delhi 1972.
–, *India – The Critical Years*, Delhi 1971.
Nayar, Pyarelal, *Mahatma Gandhi – The Early Phase*, Ahmedabad 1965.
–, *Mahatma Gandhi – The Last Phase* (2 Bde.) Ahmedabad 1965.
Nehru, Jawaharlal, *Summe meines Denkens*, München 1962.

–, *The Discovery of India*, New York 1946.
–, *Indiens Weg zur Freiheit*, Zürich 1918.
–, *Ma Vie et mes prisons*, Paris 1952.
–, *Toward Freedom – The Autobiography of J. Nehru*, New York 1941.
Nichols, Beverly, *L'Inde secrète*, Paris 1946.
Noon, Feroz Khan, *From Memory*, Lahore 1969.
Olivier-Lacamp, Max, *Impasse indienne*, Paris 1963.
–, *Les Deux Asies*, Paris 1966.
Paymaster, Rustom Burjori, *Early History of the Parsees in India*, Bombay 1954.
Privat, Edmond, *Aux Indes avec Gandhi*, Paris 1960.
–, *Vie de Gandhi*, Genf 1949.
Rai, Satya, M., *Partition of the Punjab – A Study of Its Effects on the Politics and Administration of the Punjab, 1947–1956*, Neu-Delhi 1965.
Rao, Shiva B., *India's Freedom Movement*, Neu-Delhi 1972.
Robinson, Donald H., *The Raj*, Greenwich, Conn., 1971.
Rolland, Romain, *Gandhi et Romain Rolland – Correspondance, Extraits du Journal et Textes Divers*, Paris 1960.
Sahni, J. N., *The Lid Off*, Neu-Delhi 1971.
Satprem, *Par le Corps de la Terre ou le Sannyasin*, Paris 1974.
Savarkar, V. D., *Hindutva – Who Is a Hindu?*, Bombay 1969.
Sayeed, Khalid B., *Pakistan – The Formative Phase 1857–1948*, London 1968.
Schmid, Peter, *India – Mirage and Reality*, London 1961.
Sen, L. P., *Slender Was the Thread*, Bombay 1969.
Sheean, Vincent, *Lead, Kindly Light*, London 1950.
–, *Mahatma Gandhi – A Great Life in Brief*, New York 1970.
Shujauddin, Muhammad, *The Life and Times of Noor Jahan*, Lahore 1967.
Singh, Joginder, *Sikh Ceremonies*, Chandigarh 1968.
Singh, Karan, *Contemporary Essays*, Bombay 1971.
–, *Prophet of Indian Nationalism*, Bombay 1970.
Singh, Kartar Duggal, *Banked Fires and Other Stories*, Bombay 1969.
–, *Death of a Song und Other Stories*, Neu-Delhi 1973.
–, *Nails and Flesh*, Bombay 1969.
Singh, Khushwant, *India – A Mirror für Its Monsters and Monstrosities*, Bombay 1969.
–, *The Sikhs Today*, Bombay 1967.
–, *Train to Pakistan*, London 1956.
Singh, Parkash, *Guru Nanak and His Japji*, Jullundur 1969.
Sinha, Durganaud, *Indian Villages in Transition – A Motivational Analysis*, Neu-Delhi 1969.
Spear, Percival, *A History of India*, London 1970.
Srinivas, M. N., *India's Villages*, Bombay 1960.
Stockqueller, J. H., *The Hand Book of British India*, London 1854.
Swinson, Arthur, *Mountbatten*, War Leader Book No. 6, New York 1971.
Symington, J. M. D., *In a Bengal Jungle – Stories of Life on the Tea Gardens of Northern India*, Chapel Hill, N. C., 1935.
Tandon, Prakash, *Punjabi Century – The Fascinating Story of a Virile People*, Delhi 1961.
Tendulkar, D. G., *Mahatma – Life of Mohandas Karamchand Gandhi* (8 Bde.),

Neu-Delhi 1963, Bd. III, 1947–1948.
Terraine, John, *The Life and Times of Lord Mountbatten*, London 1970.
Tinker, Hugh, *Experiment with Freedom – India and Pakistan 1947*, London 1967.
Tournaire, Hélène, *Poivre vert – L'Inde aux rayons X*, Paris 1965.
Trevelyan, Humphrey, *The India We Left*, London 1972.
Trotter, L. J., *The Life of Hodson of Hodson's Horse*, London 1912.
Tuker, François, *While Memory Serves*, London 1950.
Vasto, Lanza del, *Pèlerinage aux sources*, Paris 1943.
Verne, Jules, *La Maison à vapeur – Voyage à Travers l'Inde Septentrionale*, Paris 1968.
Wainwright, Philip und Doreen, Mary, *The Partition of India*, London 1970.
Woodruff, Philip, *The Men Who Ruled India* (Bd. 1, *The Founders*; Bd. 2, *The Guardians)*, London 1954.
Yeats-Brown, F., *Les Trois Lanciers du Bengale*, Paris 1955.
Young, Desmond, *All the Best Years*, New York 1961.

2. Zeitungen und Zeitschriften

England: *The Round Table*, London; *The Times*, London; *Time Magazine*, London.

Frankreich: *Histoire pour Tous* Nr. 146–147 – Juni/Juli 1972. Auszug: «L'Inde Déchirée» von Patrick Turnbull und Albert Vulliez; *Histoire pour Tous* Nr. 150 – Oktober 1972. Auszug: «Lord Mountbatten en Birmanie» von Albert Vulliez, Boulogne Billancourt 1972; *Le Monde*, Paris.

Indien: *Harijan*, Ahmedabad; *Illustrated Weekly of India*, Bombay; *The Times of India*, Bombay; *Dawn*, Neu-Delhi; *The Hindustan Times*, Neu-Delhi; *The Hindustan Times Weekly Review*, Neu-Delhi; *The Statesman*, Neu-Delhi.

Pakistan: *Civil and Military Gazette*, Lahore; *Pakistan Times*, Karatschi.

USA: *The New York Times*, New York.

3. Spezialdokumente über die Ermordung Gandhis und den Prozeß seiner Attentäter. Diese Dokumente konnten von den Autoren eingesehen werden.

Crime Reports von J. D. Nagarvalla. Vom 30. 1. 48 bis zum 28. 5. 48. Special Branch, C. I. D., Bombay. *Gandhi's Assassination and I* vom Gopal Godse, Asmita Prakashan, Poona 1967 (nur auf Marathi erhältlich). *Report of Investigation Murder*, Sec. 302 I. P. C. sowie Artikel 4 und 5. Explosives substances Act into the Conspiracy to Murder Mahatma Gandhi. Dossier No. 663/A. Office of the Deputy Commissioner of Police, Special Branch, C.I.D., Bombay. *Report of the Commission of inquiry into conspiracy to Murder Mahatma Gandhi* von J. L. Kapur, Judge of the Supreme Court of India (6 Bände), Neu-Delhi 1970.

Fotonachweis

Associated Press (3); Camera Press, Paris (2); Collection des Auteurs (38); Collection Viollet, Paris (1); Keystone, Paris (2); Photo Dominique Conchon (2); Photo Fox, London (2); Photo Harlingue-Viollet, Paris (1); Photo Maragaret Bourke-White, Time Life Inc. (1); Popperfoto London (7); Radio Times Hulton Picture Library, London (1). Sämtliche Karten wurden mit freundlicher Genehmigung des Verlages Éditions Robert Laffont, Paris, der französischen Ausgabe *Cette Nuit la Liberté* entnommen.

AFGHANISTAN
Peschawar
Khaiber-Paß
Srinagar
Rawalpindi
KASCHMIR
Indus
Jhelum
Chenab
PANDSCHA
Lahore
Amritsar
KAPUR THALA
Ravi
Ferozepore
Siml
Quetta
BELUTSCHISTAN
IRAN
Satledsch
PATIALA
Neu-Delhi
Indus
Bikaner
Alwar
RADSCHASTHAN
Dschaipur
Dschodhpur
SIND
Karatschi
Bundi
GWALIOR
Udaipur
I
N
D
WESTL. FÜRSTENSTAATEN
Ahmedabad
ZENTRAL INDIEN
Bhopal
Indore
Baroda
Dschunagadh
HALBINSEL KATHIAWAR
Surat
ZE
PR
BERAR
BOMBAY
Bombay
Poona
HAIDERA
Haidera
ARABISCHES
MEER
MYSORE
Bangalore
MAD
Travancore
Kap Komorin
0 100 500 Km

Britisch-Indien vor dem 15. August 1947

- 410 Millionen Einwohner, davon
  281 Millionen Hindus
  115 Millionen Moslems
  7 Millionen Christen
  6 Millionen Sikhs
- 150 000 Engländer
- Die Hindus sind in 3000 Kasten und Unterkasten aufgeteilt. Es gibt ungefähr 70 Millionen Unberührbare und Nachkommen der Ureinwohner.
- Indien unter direkter britischer Verwaltung: 310 Millionen Einwohner, zwei Drittel des Territoriums.
- Die 565 Fürstenstaaten: 100 Millionen Einwohner, ein Drittel des Territoriums.
- 15 Sprachen und 845 Dialekte
- 557 987 Dörfer
- 85% Analphabeten
- 200 Millionen Rinder
- Durchschnittliches Tageseinkommen: 0,30 DM

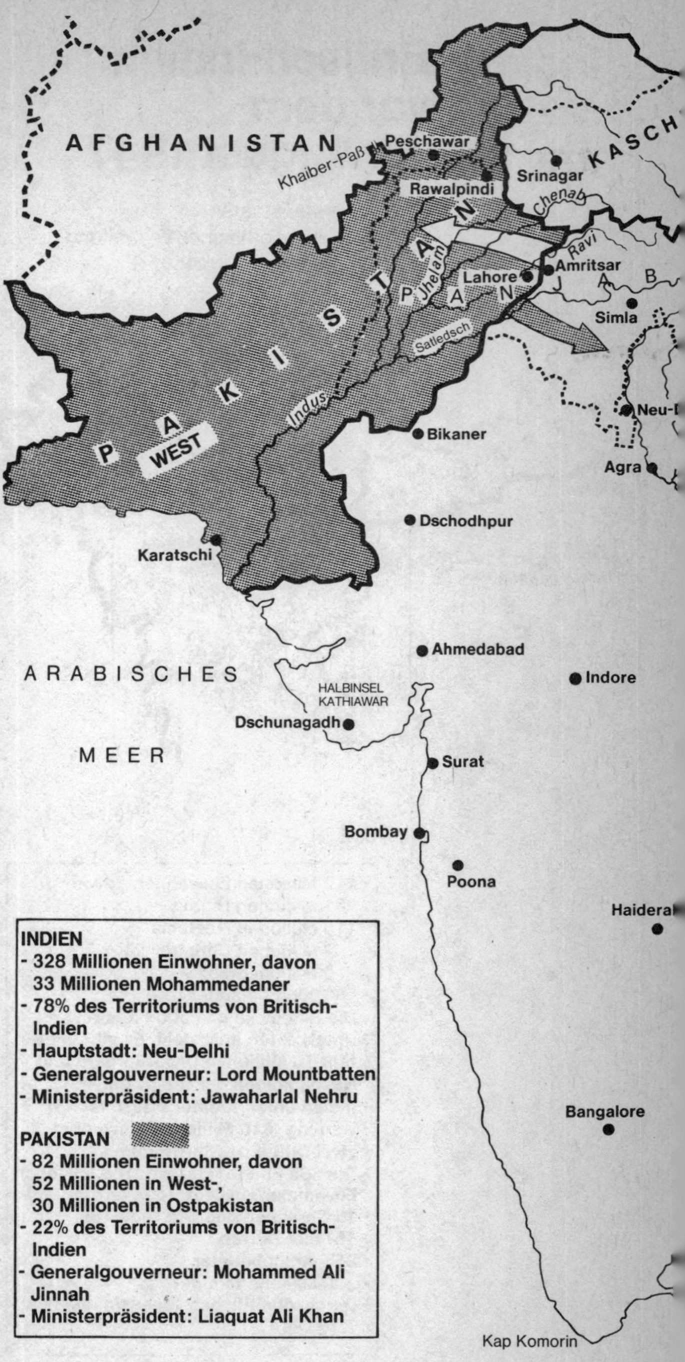

INDIEN
- 328 Millionen Einwohner, davon 33 Millionen Mohammedaner
- 78% des Territoriums von Britisch-Indien
- Hauptstadt: Neu-Delhi
- Generalgouverneur: Lord Mountbatten
- Ministerpräsident: Jawaharlal Nehru

PAKISTAN
- 82 Millionen Einwohner, davon 52 Millionen in West-, 30 Millionen in Ostpakistan
- 22% des Territoriums von Britisch-Indien
- Generalgouverneur: Mohammed Ali Jinnah
- Ministerpräsident: Liaquat Ali Khan

Indien und Pakistan als unabhängige Staaten am 15. August 1947